中国社会科学院老年学者文库

中国社会科学院**老年学者文库**

明代则例辑考

杨一凡 著

社会科学文献出版社
SOCIAL SCIENCES ACADEMIC PRESS (CHINA)

序　言

在中国古代法律体系中，"则例"作为一种法律形式的称谓，有其特定的内涵。"则"是标准或法则、准则、规则之意，"例"是指先例、成例或定例。"则例"是通过立法程序制定出来的，是通过删定编次先例、成例和定例并经统治者确认的行为规则。

"则例"由法律用语转化为法律形式，由位阶较低的法律形式上升为国家重要或基本的法律形式，经历了上千年漫长的变迁过程。

"则例"作为法律用语始于唐代，其内容是用以表述官员俸禄、官员本官品第升降和驿路支给等的标准。五代沿袭用之，制定有规定官吏俸禄、税收、礼仪等标准方面的则例。唐、五代时期"则例"的含义，实际上是"标准"的同义语，通常以皇帝诏、令、敕等的名义颁布，只是偶尔使用，还不是独立的法律形式。

进入宋代后，随着社会经济的发展和新问题的不断出现，在执法和司法过程中，常常出现法无明文规定的情况，原来的律令法律体系越来越不适应社会变化的需要，国家法律的实施，要求制定更加详细、具体的准则，"例"就在这种背景下逐渐发展成朝廷的一种立法形式。宋代"例"的称谓有数十种，"则例"作为"例"的一种形式，在立法中逐渐使用。现见的上百种宋代则例，其内容基本是食货管理等方面的标准及运作规则。元朝是传统的律令法律体系向明清典例法律体系过渡的时期，法律形式和法律体系都很不完备，多是一事一立法，"例"的称谓有近20种。然而立法中对于"则例"的运用，仍仿效宋代，主要是表述食货管理方面的事例，没有多少创新。宋元两代颁行的则例数量大大超过唐、五代，但其在法律体系中位阶较低，对国家法制的影响是很有限的。

明代法制建设的一个重大成就，是建立了"以典为纲、以例为目"的典例法律体系，"例"成为国家的基本法律形式。明代例的法律形式有条例、事例、则例、榜例的区分，"则例"作为"例"的形式之一，也随之上升为重要的法律形式。明开国初期，朱元璋为革除前朝法律形式和称谓纷杂多变的弊端，力主变革传统律令体系，以"当适事宜""当计远虑""法贵简当、稳定"为立法指导思想，创立了以《诸司职掌》表述国家的各项根本制度、以《大明律》《大明集礼》《宪纲》等12种法律为"常经之法"、以"例"表述"变通法"的法律体系。"则例"是事例的一种特殊形式，因其具有"分条列举"的特征，从广义上讲，也属于条例的范畴。则例作为明代重要的法律形式，虽然也适用于吏政、礼仪、军政、司法管理等领域，但主要用于表述食货管理的标准及运作规则。正德六年（1511年）《明会典》的颁行，标志着明代典例法律体系基本框架的确立。在这一法律体系中，《明会典》是规范国家基本制度、经久长行、在法律体系中居于"纲"的地位的"大经大法"；《大明律》和统治者精心修订的效力比较稳定的行政和刑事类条例，是国家的基本法律；包括则例在内的事例，是实施国家大法和基本法律的细则性和可变通的下位法。制定和颁行则例是明朝经常性的立法活动。明代则例的名类甚多，主要有赋役则例，漕运则例，开中则例，钱法、钞法则例，商税则例，马政则例，宗藩则例，官员俸给、考核、处罚则例，军士供给、赏赐、优给则例，捐纳则例，赎罪则例，等等。则例是国家法律的细则性规定，具有因地制宜实施国家食货法律制度的功能；则例具有法律规范具体、详细和数字化的特点，有利于在执法中准确遵行。在各地自然状况千变万化的情况下，则例为及时调整社会经济关系、保证国家机器正常运转发挥了重大作用。

关于明代则例的研究，到目前为止，除笔者发表的成果外，[①] 2016年出版的王旭著《则例沿革稽考》，内有一章简要地阐述了明代则例。总体而

[①] 杨一凡、刘笃才著《历代例考》（收入杨一凡主编《中国法制史考证续编》第1册，社会科学文献出版社，2009）中有"明代则例"一节。又，杨一凡《明代赎罪则例刍议》，载陈金全、汪世荣主编《中国传统司法与司法传统》，陕西师范大学出版社，2009；杨一凡《明代则例的编纂及其对调整社会经济秩序的作用》，载杨一凡著《重新认识中国法律史》，社会科学文献出版社，2013。

言，学界对明代则例的研究刚刚开始，还缺乏系统深入的探讨。要全面揭示明代例的体系及其在明代法制建设中的作用，必须重视则例的研究。

终明一代，各朝都颁布了大量的则例，但除崇祯二年（1629年）吕维祺辑《四译馆增定馆则》①外，明人未进行过明代则例的系统编纂。由于则例是朝廷因事随时发布的，又多有变化、更替，加之文书档案大多失传，很多则例已失传。然而，一些重要或具有代表性的则例，或因编入《明会典》、制书和国家基本法律，或因收入法律汇编性文献，或为《明实录》及其他史籍所记载，仍被保存了下来。这些则例少数为全文，多数系摘记，其中许多摘记性记载仍保留了例的重要规定。通过广泛辑佚，可大体复原明代则例的主要内容。要全面地了解和深入研究明代则例，必须从辑佚资料着手。

要撰写一部经得住历史检验的"辑考"类成果，围绕研究对象广泛挖掘、搜集、查阅一切可以利用的资料，集之大成，是这部成果成立的首要条件。基于这一认识，十余年来，我本着"力图穷尽资料"的要求，查阅了数千种文献。因许多文献所记则例或者内容彼此重复，或者只记则例称谓而未书法律规定，若一一记录在案，不仅非多年功力无法完成，且没有多少实际研究意义。为此，我在广泛辑佚和把所辑资料相互比较的基础上，以其内容"须有具体的法律规定""文字无较大重复"为标准，选编则例580件。应当说，现见的明朝代表性则例都基本收入。在形成初步的辑佚成果之后，又着重对各类则例的内容、颁行时间等一一考证，从不同角度进一步深入研究，以求比较全面地揭示明代则例的面貌。

本书题名"辑考"，前部分为研究成果，后部分为辑佚成果。考虑到明清两代则例的编纂有密切的承受关系，清代则例的编纂不仅扩大了适用范围，而且提升了则例的法律地位，用以规范中央机关办事活动的规则。为了便利读者就明清则例的沿革关系、异同进行比较研究，书后附录了前些年我写的《清代则例纂修要略》一文。

写作此书不只是希望能够进一步开拓明代法制的研究领域，更重要的

---

① （明）吕维祺辑，（清）曹溶、钱绖增补《四译馆增定馆则》，中国国家图书馆藏明崇祯刻清康熙十二年袁懋德补刻增修后印本。

是想通过参与"辑考"类成果的写作,对推动重述中国法律史的学术工程有所贡献。经过百年来几代学者的艰辛探索,中国法律史学已成为一门独立的学科,并取得了空前的发展。然而,由于明代以前的法律文献大都失传,明代许多重要的法律资料也已难寻觅,致使许多重大的法史课题无法深入研究,甚至出现了这样那样的认识上的误区;人们长期无法摆脱"以刑为主"阐述法史的桎梏,对古代法律体系和法制的面貌若明若暗,妨碍着对吏政、食货、礼仪、军政诸多领域的法律制度的开拓研究,古代法律文化的优良成分无法得到充分揭示。为了走出法史研究的困境,从2007年起,我先后约请多位有志于攻克难关的中青年学者,围绕"重述法史"亟须解决的近十个重大课题,采取辑佚和考证相结合的办法,分头撰写"辑考"类专著,《明代则例辑考》就是其中的选题之一。

《明代则例辑考》自2010年着手辑佚到最近定稿,历时十年之久。虽然这部著作仍有不尽如人意之处,但通过本课题的探索,以及多位进行"辑考"类课题研究的学者的实践,我们终于找到了在"资料匮乏"的情况下开拓法史研究的途径。通过辑佚与考证相结合的办法,我们完全能够突破"明以前法律资料匮乏"的难题,从总体上揭示古代法制的面貌,实现重述中国法律史的学术目标。

杨一凡

2022年4月19日

目 录
CONTENTS

一 唐、五代、宋、元则例沿革考 …………………………………… 001
  （一）唐、五代则例 ……………………………………………… 001
  （二）宋代则例 …………………………………………………… 010
  （三）元代则例 …………………………………………………… 020

二 明代典例法律体系的确立及则例的功能 …………………………… 029
  （一）明代典例法律体系的初创与洪武朝则例的颁行 ………… 029
  （二）永乐至弘治间则例的颁行 ………………………………… 044
  （三）明代典例法律体系的确立及《明会典》所载则例 ……… 052

三 散见明代则例资料考述 ……………………………………………… 078
  （一）法典、法律和官修典制专书所载则例考述 ……………… 079
  （二）法律汇编文献所载则例考述 ……………………………… 085
  （三）《明实录》所载则例考述 ………………………………… 097
  （四）其他明代史籍和通史式政书所载则例考述 ……………… 099

四 明代则例类考 ………………………………………………………… 107
  （一）赋役则例 …………………………………………………… 107
  （二）漕运则例 …………………………………………………… 115
  （三）开中则例 …………………………………………………… 119
  （四）钱法、钞法则例 …………………………………………… 125
  （五）商税则例 …………………………………………………… 129

（六）马政则例 …………………………………………… 138
　　（七）宗藩则例 …………………………………………… 141
　　（八）官吏俸给、考核、处罚则例 ……………………… 145
　　（九）军士供给、赏赐、优给则例 ……………………… 149
　　（十）捐纳则例 …………………………………………… 153
　　（十一）赎罪则例 ………………………………………… 157
　　（十二）其他则例 ………………………………………… 165
　　结　语 ……………………………………………………… 171
五　明代则例辑佚 ……………………………………………… 174
　　（一）法典、法律和官修典制专书散见则例辑佚 ……… 176
　　（二）法律汇编文献散见则例辑佚 ……………………… 338
　　（三）《明实录》所载则例辑佚 ………………………… 435
　　（四）其他明代史籍和通史式政书散见则例辑佚 ……… 474
附　录 …………………………………………………………… 558
　　清代则例纂修要略 ……………………………………… 558
主要参阅文献 …………………………………………………… 605

一 唐、五代、宋、元则例沿革考

明代则例是在总结前代制例经验的基础上形成的，清代则例是对明代则例的创新和发展。要厘清明代则例的历史渊源，有必要弄清唐、五代、宋、元则例的沿革关系。

（一）唐、五代则例

"则例"成为法律用语和诸多"例"中的一种称谓，始于唐代。《通志·艺文略三》记有"《唐中书则例》一卷"①。《宋史·艺文志二》记有"杜儒童《中书则例》一卷"②。杜儒童是武后时人，著有《隋季革命记》五卷，唐天授元年（公元690年）八月被武则天所杀。清人杭世骏在为其友王莪山《中书典故汇纪》所作序中，记述了包括《唐中书则例》在内的39种唐、宋、元、明中书文献。古人所说的"典故"，通常是指常例、典制和掌故。《中书典故汇纪》纪事限于官制、职掌、仪式、恩遇、建置、题名六个方面，③ 具体内容已不可考，但其记述无论是常例，还是典制、掌故，都不会超越限定的范畴，皆属中书故事，因此，把"中书则例"解读为唐中书省的"先例"，应当是成立的。

---

① （宋）郑樵撰《通志》卷六五《艺文略三》，浙江古籍出版社，1988，第776页。
② 《宋史》卷二〇三《艺文志二》，中华书局，1977，第5109页。
③ （清）杭世骏撰《道古堂文集》卷五《中书典故汇纪序》，《清代诗文集汇编》第282册，上海古籍出版社，2010，第50~51页。

据史载，唐穆宗李恒长庆三年（公元823年）十二月浙西观察使李德裕奏疏中，记有"本官品第升降则例"。"今百姓等丧葬祭奠，并请不许以金银锦绣为饰。其陈设音乐者，其葬物稍涉僭越者，并勒毁除。结社之类，任充亡丧服粮食等用使。如有人犯者，并准法律科罪。其官吏已上不能纠察，请加惩责。仍请委出使郎官、御史察访台司，伏请令文及故实不载者，令更条检校官。令文不载，令请检校官一品、二品，请同五品；三品已下，请并同九品。如有曾任正官，依本官品第仪则。其准敕试官，亦同九品仪。如升朝官者，请据本官品第升降则例……右具本朝旧本例如前。"① 唐代对于丧葬的礼仪和品级不同的官员参加葬礼的服制、仪则、支请官物标准等有严格规定。所谓"升朝官"，是指参加君王常朝的高级官员。这段记载最后一句的意思是，升朝官参加葬礼的服制、仪则、支请官物等标准，按照朝廷旧例即"本官品第升降则例"办理。

《唐会要》中有关于官吏驿路支给则例的记载。唐文宗大和四年（公元830年）十月御史台奏："近日皆显陈私便，不顾京国，越理劳人，逆行县道，或非传置，创设供承。况每道馆驿有数，使料有条，则例常逾，支计失素。使偏州下吏，何以资陪？"② 这段话是说国家规定的有关官员路经馆驿待遇支取标准的则例往往得不到遵守，开支标准常被超过，反映了唐代官员经常违制，致使馆驿开支增加、不堪重负的情况。

《册府元龟》记有唐武宗李炎会昌六年（公元846年）三月颁布的一件官吏俸禄方面的则例，就官吏俸禄中原定其中一半支给匹段，现改为支给现钱的标准作了规定："户部奏百官俸料一半匹段给见钱则例。敕旨：其一半先给元估匹段者，宜令户部准元和十二年四月十三日敕例，每贯给见钱四百文，使起四月以后支给。"③ 这件则例是以皇帝"敕旨"的名义发布的，要求支给官吏俸禄中的现钱的数额按唐宪宗李纯元和十二年（公元817年）"敕例"规定的标准执行。

---

① （宋）王溥撰《五代会要》卷八《丧葬上》，中华书局，1998，第103~104页。
② （宋）王溥撰《唐会要》卷六一《御史台中·馆驿》，中华书局，1955，第1064页。
③ （北宋）王钦若等编《册府元龟》卷五〇八《邦计部·俸禄四》，中华书局，1960，第6094页。

一　唐、五代、宋、元则例沿革考 | 003

在《文苑英华》中，记有唐懿宗李漼咸通八年（公元867年）五月十八日发布的《疏理囚徒量移左降官等德音》，"德音"系皇帝"恩诏"，内云："应京畿及天下见禁囚徒，暑毒之时，要令疏理。牢狱之内，虑有滞冤，宜令台府及诸军司并所在州县长吏，据见禁囚徒流限，德音到后七日内，亲详罪名，疏理讫闻奏，不得更延引时日。除非巨蠹，有碍去年赦条外，余并节级递减一等，从轻处分。左降官及诸色流人，近虽累有赦令，皆以沾恩，欲其悔过自新，岂吝频施霈泽。经去年赦条已得量移者，更与量移，合复资者，准则例处分。"① 这里所说的"量移"，是指罪谪官员遇赦流放地量情由远及近迁移，"资"是官员品级资格之意，故"则例"应是罪谪官员遇赦按照品级资格量移标准方面的规定。这里需要指出的是，《唐大诏令集》卷八六也全文记录了唐懿宗发布的《咸通八年五月德音》，内容同《文苑英华》，但"准则例处分"中的"则例"二字，却记为"前例"。《文苑英华》系北宋李昉（925~996）等奉宋太祖命编写，成书于宋太宗雍熙三年（公元986年）。该书一千卷，内错讹不少，故南宋彭叔夏撰《文苑英华辨证》予以勘误。《唐大诏令集》系北宋大臣宋敏求（1019~1079年）根据其父辑稿整理，宋神宗熙宁三年（1070年）成书。宋敏求在仁宗、英宗、神宗时长期任编修官，在神宗时任集贤院学士、龙图阁学士，他撰写《唐大诏令集》时参阅《文苑英华》极为方便，但是否参阅，尚不可知。鉴于两书一称为"则例"，一称为"前例"，在考察唐代则例时，对这条史料应持慎重态度。然由此也可看出，"则例""前例"都是"例"的法律用语，二者有密切的关系。

传统文献中有关唐代则例的记载甚少，分析这些记载可知：

其一，就唐代则例的内容而言，涉及中书则例、官员俸禄则例、本官品第升降则例、官吏驿路支给则例、左降官等遇赦合资量移则例。除"中书则例"内容待考外，其他则例均是官吏俸禄、支给、优待标准方面的规定。

---

① （北宋）李昉等编《文苑英华》卷四四一《翰林制诏二三·德音八·杂音德二》，中华书局，1966，第2231~2232页。又见（宋）宋敏求编《唐大诏令集》卷八六《咸通八年五月德音》，中华书局，2008，第491~492页。

其二，就唐代则例的性质和法律效力而言，"百官俸料一半匹段给见钱则例"是以皇帝"敕旨"的形式颁布的，"本官品第升降则例"系重新申明实施的朝廷旧例，必须遵行，"官吏驿路支给则例"虽未载例的具体内容，但从御史台奏文中有"每道馆驿有数，使料有条""则例常逾"这些话看，其是关于官吏路经馆驿待遇的制度性规定，应具有法律效力。

其三，"则例"开始成为例的一种称谓。唐代时，行政和经济管理日趋细化，"例"作为表述法律实施细则的一种法律用语被逐步使用。唐例的名目较多，有条例、格例、则例等。① 从现存资料看，"条例"是"例"的泛称，适用于各个方面，凡是具有"分条列举"特征的例都称"条例"。"格例"与吏治关系较大，多数用于官吏的选拔、任用、考核等方面。至于"则例"，从上述列举的几处记载看，多与"先例""旧例""敕例"相关联，内容基本上是与财政开支相关的标准。则例在唐代未得到广泛的使用，只是偶尔用之，零星地发挥作用，因此，还不能说"则例"是一种独立的法律形式，但它已是唐代例的一种称谓。

因此，虽不能说唐代的则例已是独立的法律形式，但它已被作为表述"标准"或"规则"的法律用语，是可以确定的。

现见五代时期的则例，均为后唐、后周颁行。《全唐文》《五代会要》《册府元龟》记有后唐、后周则例7件，除后唐颁布的宽待官吏的"朝臣休假赐茶药则例"②

---

① 关于唐代例的称谓和条例、格例的制定情况，详见杨一凡、刘笃才著《历代例考》第二部分"魏晋隋唐例考·行政诸例：条例、格例、则例"，社会科学文献出版社，2012，第76~90页。
② （宋）王溥撰《五代会要》卷一二（中华书局，1998，第161~162页）载，明宗天成四年五月四日，颁布"朝臣休假赐茶药则例"："后唐天成四年五月四日，度支奏准敕中书门下奏：朝臣时有乞假觐省者，欲量赐茶药。奉敕：宜依者。切缘诸班官质省司，不见品秩高低，兼未则例，难议施行。各令据官品等第指挥，文班：左右常侍、谏议、给事、舍人、诸行尚书、太子宾客、诸寺太卿、国子监祭酒、詹事左右丞、诸行侍郎，宜各赐蜀茶三斤。起居拾遗补阙、侍御史、殿中监察御史、左右庶子、诸寺少卿、国子监司业、河南少尹、左右谕德、诸行郎中、员外郎、太常博士，宜各赐蜀茶二斤，蜡面茶二斤，草豆谷百枝，肉豆谷五十枝，青木香一斤半。国子博士、五经博士、两县令、著作郎、太常宗正、殿中丞、诸局奉御、大理正、太子中允洗马、左右赞善、太子中舍、司天五官正，宜各赐蜀茶二斤，蜡面茶一斤，草豆谷五十枝，肉豆谷五十枝，青木香一斤。武班：左右金吾上将军、左右诸卫上将军，宜各赐蜀茶三斤，蜡面茶二斤，草豆谷一百枝，（转下页注）

一　唐、五代、宋、元则例沿革考 ｜ 005

和"葬仪则例"①外，都是官吏俸禄类则例和税收则例。

后梁龙德三年（公元923年），晋王李存勖灭后梁，还矢太庙，国号唐，史称后唐。后唐历庄宗（李存勖）、明宗（李嗣源）、闵帝（李从厚）、末帝（李从珂）四世，十四年而亡。庄宗同光三年（公元925年），颁布了"重定诸道州县等官俸料则例"：

（接上页注②）肉豆谷一百枝，青木香二斤。左右诸卫大将军、左右诸卫将军，宜各赐蜀茶二斤，蜡面茶二斤，草豆谷一百枝，肉豆谷五十枝，青木香一斤半。左右率府、副率，宜各赐蜀茶二斤，蜡面茶一斤，草豆谷五十枝，肉豆谷五十枝，青木香一斤。奉敕：今后或有臣僚请假覲省，其所赐茶药，候辞朝之日，于阁门宣赐。至晋天福二年九月，度支奏朝臣请假覲省出入，皆有支赐茶药，今缘诸库无见之，伏乞权罢。从之。至五年三月，敕朝臣请假覲省，依天成四年敕，支赐茶药。"

① （宋）王溥撰《五代会要》卷九（中华书局，1998，第107～109页）载："后唐长兴二年十二月二十六日御史台奏……五品至八品升朝官、六品至九品不升朝官等及庶人丧葬仪制，谨具逐件如后。五品至六品升朝官：使二十人舁轝，车竿高七尺，长一丈三尺，阔五尺，以白绢全幅为带额。妇人以紫绢为带额，并画云气，周回遮蔽，上安白粉扫木珠节子二十道。魂车一，小香轝子一，并使结麻网幕；颡头车一，挽歌八人。练布深衣，披引、铎、翣各一。不得着锦绣。明器三十事。四神十二时在内，四神不得过一尺，余不得过七寸。园宅一方三尺。其明器物，不得以金银毛发装饰。共置八轝，内许两个纱笼。已上并不得使结络锦绣装饰。如事力不办，任自取便。七品至八品升朝官：使一十六人舁轝，车竿高七尺，长一丈三尺，阔五尺，以白绢全幅为带额。妇人以紫绢全幅为带额，周回遮蔽，上安白粉扫木珠节子二十道。魂车、香轝子各一，并使结麻网幕；颡头车一。明器二十事，以木为之。四神十二时在内，四神不得过一尺，余不得过七寸。不得使金银、雕、镂帖毛发装饰。园宅一方二尺五寸。共置六舁，挽歌一十六人。练布深衣，披引、铎、翣各一。已上并不得着锦绣结络装饰。如事力不办，任从所便。六品至九品不升朝官：使一十二人舁轝，车竿高六尺，长一丈一尺，阔四尺，以白绢全幅为带额。妇人以紫绢为带额，周回遮蔽，上安白粉扫木珠节子一十六道。魂车一，香轝子一，并使结麻网幕。明器一十五事，并不得过七寸，以木为之。不得使金银、雕镂、帖毛发装饰。共置五轝，挽歌四人。练布深衣，铎、翣各一。不得着锦绣及别有结络装饰。如事力不办，任自取便。检校兼试官，并依此例。庶人：使八人舁轝，车竿高五尺五寸，长一丈，阔四尺，男子以白绢半幅为带额。妇人以紫绢半幅为带额，周回遮蔽。魂车一，香轝子一，并使结麻网幕。明器十四事，以木为之，不得过五寸。共置五轝，不得使纱笼、金银、帖毛发装饰。陈此外，已上不得使结络锦绣等物色。如人户事力不便，八人已下，任自取便。其丧轝车，已准敕不全废，任陈灵轝之前者。已上每有丧葬，行人具所供行李单状，申知台巡，不使别令判状。如所供赁不依状内及逾制度，仍委两巡御史勒驱使官，与金吾司并门司，所由同加觉察。如有违犯，追勘行人，请依天成二年六月三十日敕文，行人徒二年，丧葬之家即不问罪者。皇城内近已降敕，命指挥每有丧葬，以色服盖身，出城外任自逐便。如回来，不得立引魂旛子，却着孝衣入皇城内者。今请再降敕，命指挥皇城内，此后每有人户丧葬，令至晚净后取便出门，不得取内外诸色趋朝官。右谨具定到。五品至八品升朝官、六品至九品不升朝官，及检校兼试官并庶人丧葬仪制，如右。奉敕：宜依。"

后唐同光三年二月十五日，租庸院奏：诸道州县官并防御团练副使、判官等俸料，各据逐处具到事例文帐内，点检旧来支遣则例，钱数不等，所给折支物色，又加钱数不定，难为勘会。今除东京管内州县官见支手支课钱且依旧外，其三京并诸州，于旧日支遣钱数等第，重定则例。兼切循本朝事体，防御团练副使、判官外，其余推、巡已下职员，皆是本处自要辟请，圆融月俸赡给，亦乞依旧规绳，省司更不支给钱物。谨具如后：防御团练副使、判官，副使逐月料钱三十千贯，判官逐月二十千贯，刺史州元兼副使，有者请废，其军事判官所有月俸，亦是刺史已俸内支赡。三京少尹支料钱逐月三十千贯。赤县令每月正授支料钱二十五千贯，考满并摄，比正官支一半；主簿每月正授支料钱一十二千贯，考满并摄，比正官支一半。畿县令每月正授支料钱二十千贯，考满并摄，比正官支一半；主簿每月支料钱一十千贯，考满并摄，比正官支一半。司录参军每月正授支料钱一十三千贯，考满并差摄，比正官支一半。诸曹判司官每月正授支料钱一十二千贯，考满并差摄，比正官支一半。文学每月正授支料钱五千贯，考满并差摄，比正官支一半。参军每月正授支料钱五千贯，考满并差摄，比正官支一半。诸州府录事参军，各依逐州上县令支，州判司各依逐州上县主簿支。一万户已上县令，每月正授支料钱二十三千贯，考满并差摄，比正官支一半；主簿每月正授支料钱一十三千五百贯，考满并差摄，比正官支一半。九千户已上县令，每月正授支料钱二十二千贯，考满并差摄，比正官支一半；主簿每月正授支料钱一十二千贯，考满并差摄，比正官支一半。八千户已上县令，每月正授支二十一千贯，考满并差摄，比正官支一半；主簿每月正授支一十一千五百贯，考满并差摄，比正官支一半。七千户已上县令，每月正授支二十千贯，考满并差摄，比正官支一半；主簿每月正授支一十一千贯，考满并差摄，比正官支一半。六千户已上县令，每月正授支一十九千贯，考满并差摄，比正官支一半；主簿每月正授支一十千五百贯，考满并差摄，比正官支一半。五千户已上县令，每月正授支一十八千贯，考满并差摄，比正官支一半；主簿每月正授支一十千贯，考满并差摄，比正官支一半。四千户巳上县令,每月正授支一十七千贯,考满并差摄,比正官支一半;主簿每月正授支九千五百贯,考满并差摄,比正官支一半。三千户巳上县令,每月正授支一十六千贯,考满并差摄,比正官支一半;主簿每月正授支九千贯,考满并差摄,比正官支一半。二千五百户巳上县令,每月正授支一十五千贯,考满并差摄,比正官支一半;主簿每月正授支八千五百贯,考满并差摄,比正官支一半。二千户巳上县令,每月正授支一十四千贯,考满并差摄,比正官支一半;主簿每月正授支八千贯,考满并差摄,比正官支一半。一千五百户巳上县令,每月正授支一十三千贯,考满并差摄,比正官支一半;主簿每月正授支七千五百贯,考满并差摄,比正官支一半。一千户巳上县令,每月正授支一十二千贯,考满并差摄,比正官支一半;主簿每月正授支七千贯,考满并差摄,比正官支一半。五百户巳上县令,每月正授支一十一千贯,考满并差摄,比正官支一半;主簿每月正授支六千五百贯,考满并差摄,比正官支一半。五百户巳下县令,每月正授支一十千贯,考满并差摄,比正官支一半;主簿每月正授支六千贯,考满并差摄,比正官支一半。右租庸使奏重定"料钱则例"如前。如诸道旧有取田处,今后不得占留开破,并依百姓例输税。奉敕:宜依。①

后唐同光四年(公元926年)四月,庄宗李存勖为伶人郭从谦所杀。李嗣源继位,帝号明宗。明宗李嗣源长兴元年(公元930年),颁布了"税收则例":

〔长兴元年〕三月,敕天下州府受纳秆草,每束纳一文足陌,每一百束纳纽子四茎,充积(草)〔年〕供使②,棘针一茎,充(撑)〔稓〕场院③。其草并柴蒿一束,只纳一束;其细绢𬘡布绫罗,每匹纳钱一十

---

① (宋)王溥撰《五代会要》卷二八,中华书局,1998,第337~339页。
② 充积年供使:积年,《册府元龟》作"积草",据《五代会要》卷二五改。
③ 充稓场院:稓,《册府元龟》作"撑",据《五代会要》卷二五改。

文足陌；丝绵绸线麻布等，每一十两纳耗半两；麻鞋每量纳钱一文足陌；见钱每贯纳钱七文足陌。省库受纳诸处上供钱物，元条流见钱每贯纳二文足陌，丝绵绸线子每一百两纳耗一两。其诸色匹段，并无加耗。此后并须依上件则例受纳。①

后汉乾祐三年（公元950年），汉平章事郭威废隐帝刘承祐，自改国号曰周，史称后周。后周历太祖（郭威）、世宗（柴荣）、恭帝（柴宗训）三世，国祚十年。郭威登基之初，针对富庶与边远地区官吏待遇相差悬殊的问题，于广顺元年（公元951年）四月发布"均禄敕"，重定和公布了"俸钱则例"：

牧守之任，委遇非轻，分忧之务既同，制禄之数宜等。自前有富庶之郡，请给则优，或边远之州，俸料数薄，以至迁除之际，拟议亦难，既论资序之高卑，又患禄秩之升降，宜分多益寡，均利同恩，冀无党偏，以劝勋效。今重定则例：诸州防御使料钱二百贯，禄粟一百石，食盐五石，马十匹草粟，元随三十人衣粮。团练使料钱一百五十贯，禄粟七十石，食盐五石，马十匹草粟，元随三十人衣粮。刺史料钱一百贯，禄粟五十石，食盐五石，马五匹草（料）〔粟〕，元随二十人衣粮。仍取今年五月一日后到任者，依前定例支。其已前在任者，所请如故。②

广顺三年（公元953年），郭威又发布"赐青州敕"，定"省司税收则例"：

敕青州在城及诸县镇乡村人户等，朕临御已来，安民是切，务除疾苦，俾逐苏舒。据知州阁门使张凝近奏陈八事，于人不便，积久相承，宜降指挥，并从改正。……其二，省司元纳夏秋税，四段每匹

---

① （北宋）王钦若等编《册府元龟》卷四八八《邦计部·赋税二》，中华书局，1960，第5840页。又见（宋）王溥撰《五代会要》卷二五，中华书局，1998，第307页。
② （清）董浩、阮文等编《全唐文》卷一二三《周太祖二》，清嘉庆十九年刻本。又见（宋）王溥撰《五代会要》卷二八，中华书局，1998，第340页。

纳十钱，每贯七钱，丝绵细线每十两纳耗半两，粮食每石耗一斗八钱，蒿草每十束耗一束，钱五分，鞋每两一钱，此外别无配率。今后青州所管州县，并依省司则例供输。如违，罪无轻恕。……已前事件，已降宣命处分，其属群淄、登、莱等州，如有前项旧弊，亦依青州例施行。①

后周世宗柴荣显德五年（公元958年）十二月，颁布"俸钱则例"：

> 显德五年十二月中书奏，诸道州府县官及军事判官，一例逐月各据逐处主户等第，依下项则例所定料钱及米麦等，取显德六年三月一日后起支，其俸户并停废。
>
> 一万户已上县令，逐月料钱二十千，米麦共五石；主簿料钱一十二千，米麦共三石。七千户已上县令，逐月料钱一十八千，米麦共五石；主簿料钱一十千，米麦共三石。五千户已上县令，逐月料钱一十五千，米麦共四石；主簿料钱八千，米麦共三石。三千户已上县令，逐月料钱一十二千，米麦共四石；主簿料钱七千，米麦共三石。不满三千户县令，逐月料钱一十千，米麦共三石；主簿料钱六千，米麦共二石。
>
> 五万户已上州司录事参军及两京司录，每月料钱二十千，米麦共五石；司户、司法每月料钱一十千，米麦共三石。三万户已上州司录事参军，每月料钱一十八千，米麦共五石；司户、司法每月料钱八千，米麦共三石。一万户已上州司录事参军，每月料钱一十五千，米麦共四石；司户、司法每月料钱七千，米麦共三石。五千户已上州司录事参军，每月料钱一十二千，米麦共四石；司户、司法每月料钱六千，米麦共二石。不满五千户州司录事参军，每月料钱一十千，米麦共三石；司户、司法每月料钱五千，米麦共二石。诸司军事判官，一例每月料钱一十千，米麦共三石。

---

① （清）董浩、阮文等编《全唐文》卷一二四《周太祖三》，清嘉庆十九年刻本。又见（北宋）王钦若等编《册府元龟》卷四八八《邦计部·赋税二》，中华书局，1960，第5843页。

右诸州府、京百司、内诸司、州县官课户、庄户、俸户、柴炭纸笔户等，望令本州及检田使臣，依前项指挥，勒归州县，候施行毕，具户数奏闻。仍差本州判官精细点数，后差使臣覆视，及有人论诉，称有漏落，抵罪在本州判官，及干系官典。如今后更有人户愿充此等户者，便仰本州勒充军户，配本州牢城执役。从之。①

五代十国时期，战争不断，政权频更，各国家财政都很困难，保障官僚机构的正常运转和军队的供给，是维护国家政权的当务之急。后唐、后周频繁颁行俸禄和税收方面的则例，是与当时的国家需求相吻合的。

后唐、后周虽短命而亡，但都很注重国家的法制建设。后唐以光复大唐为开国宗旨，立法照依唐制，以律、令、格、式为基本法律形式。后周编集的《大周刑统》《大周续编敕》等，实际上也是沿袭唐朝律令制。这两朝在立法中对"例"的运用，较唐代无大的变化，仅发布则例的件数有所增加，史籍中检索到的有关五代则例的记载有十余处，其中上述几则则例的内容比较完整。这一时期，则例大多是以皇帝诏敕的形式发布的，内容也多是官员俸禄、税收和礼仪方面的标准，无疑有其法律效力。但由于只是偶尔使用，则例还不是一种普遍使用的、独立的法律形式。

（二）宋代则例

宋代时，随着社会经济的日益发展和新问题的不断出现，在执法和司法的实践中，常常出现法无明文规定的问题，大量繁杂事务的管理也要求更加明确的标准，要求法律运行规则更加细致和规范，原来的律令体系越来越不适应社会变化的需要。在这种情况下，例作为对成文法的补充，加之其变通性较强，逐渐受到统治者的青睐。例的本义是"比"，是指对先前某一事案、准则、规则的参照。例的前身是秦汉的比和故事。魏晋至唐五代，例从法律用语到被统治者确认为国家的一种法律形式，经历了漫长曲

---

① （宋）王溥撰《五代会要》卷二八，中华书局，1998，第340~341页。

折的演变过程。宋朝继受前代制例传统，又根据国家治理实际需要，扩大了例的适用范围和功能。

宋例称谓众多，内容纷杂，层次多样，然从其表述的内容区分，有司法例和行政例两类。司法例主要是指断例，是在司法案件的基础上经过编修形成的，其是成文法的补充，在司法审判中可作为判决的依据。行政例主要有条例、格例、则例、事例，它们各具功能，但分工并不严格。一般来说，"条例"有"分条列举"的特征，法律编纂水平较格例、则例、事例相对规范，且适用于多个方面；"格例"多是用以表述官吏管理的有关规定；"事例"是一系列名称各异，用于处理各种具体事务的行政散例；"则例"主要用以表述与钱物管理相关的标准。①

从北宋太祖建隆元年（公元960年）至南宋末，各朝都很重视则例的制定。以"商税则例"为例。《文献通考·征榷考一》载："宋太祖皇帝建隆元年，诏所在不得苛留行旅赍装，非有货币当算者，无得发篋搜索。又诏榜商税则例于务门，无得擅改更增损及创收。"该段后记宋人陈傅良评论："此薄税敛初指挥也。恭惟我艺祖开基之岁，首定商税则例，自后累朝守为家法，凡州县小可商税，不敢专擅创取，动辄奏禀三司取旨行下。"②这表明，颁行则例于宋朝建国之初就开始了。"商税则例"是以"指挥"这一法律形式发布的。宋代对"商税则例"的制定和实施要求十分严格，自太祖颁布"商税则例"后，后世若有改动，即便是小可商税，也须经三司报皇帝批准。《文献通考·征榷考一》还记有南宋光宗绍熙元年（1190年）十一月诏："其有合税者，照自来则例，不得欺诈骚扰，如例外多收头子钱，许民越诉。"③可见，直到南宋后期，"商税则例"仍得到严格执行。

宋代则例的制定、颁行情况，许多史籍有记载，其中以《宋会要辑稿》为最多，据统计，该书中"则例"二字共出现337次。现将该书所记具有代表性的则例名称和出处列表于后（见表1-1）。

---

① 关于宋代断例、条例和格例的立法情况，详见杨一凡、刘笃才著《历代例考》，社会科学文献出版社，2012，第91~99、第110~115页。
② （元）马端临撰《文献通考》卷一四《征榷考一》，清乾隆十二年武英殿刻本。
③ （元）马端临撰《文献通考》卷一四《征榷考一》，清乾隆十二年武英殿刻本。

表 1-1 《宋会要辑稿》所载则例

序号	则例名称	出处
1	请给则例	帝系二 职官六、十四、三十二 食货三十二
2	宗室公使钱则例	帝系五
3	尚书侍郎则例	帝系六
4	禄式则例	后妃二、四
5	赏给则例	礼二十五
6	宫人禄格则例	礼四十三
7	赙赠则例	礼四十四
8	割股则例	礼六十一
9	支给则例	礼六十二
10	民间工直则例	职官四
11	请受则例	职官八、二十二、三十六
12	日支钱米等第则例	职官十九
13	折券则例	职官二十五
14	杂卖场见请则例	职官二十七
15	工食则例	职官二十九
16	见管人数职次请给则例	职官三十二
17	火耗则例	职官三十六
18	添支则例	职官三十七
19	支费则例	职官四十一
20	犒设馈送则例	职官四十四
21	大理寺则例	职官四十七、四十八
22	百官添饶折支则例	职官五十七
23	平章事则例	职官五十七
24	御厨折食钱则例	职官五十七
25	宁国府官属支给则例	职官五十七
26	吏职俸减半则例	职官五十七
27	均税则例	职官六十八
28	推恩则例	选举十二

续表

序号	则例名称	出处
29	锄田客户则例	食货二
30	苗税则例	食货六
31	州县衮折则例	食货十一
32	税前则例	食货十七
33	物名则例	食货十七
34	名件则例	食货十八
35	铁钱则例	食货二十八
36	分数则例	食货二十八、三十
37	加饶则例	食货三十四
38	收纳则例	食货三十四、三十五
39	陕西州军入中钱文则例	食货三十六
40	海州新茶入中则例	食货三十六
41	籴买粮草钱加饶支还则例	食货三十六
42	杂支见钱支还则例	食货三十六
43	粮草添饶钱数则例	食货三十六
44	榷茶入中则例	食货三十六
45	京城则例	食货三十七
46	支还客人行货则例	食货三十九
47	添饶支还则例	食货三十九
48	三司则例	食货四十
49	和雇客船则例	食货四十三
50	脚钱则例	食货五十一
51	赏钱则例	兵十三
52	庆寿赏给则例	兵二十
53	添支口累重大钱则例	兵二十
54	赦文则例	兵二十
55	买马则例	兵二十二
56	赏格则例	兵二十四

除《宋会要辑稿》外，还有许多史籍记载有宋代则例。现把《宋史》《续资治通鉴长编》等31种文献中有代表性的宋代则例名称和出处列表于后（见表1-2）。

表1-2　31种文献所载宋代则例

序号	则例名称	出处
1	收税则例	《宋史》卷一八四《食货下六》
2	驿券则例	《宋史》卷一五四《舆服六》
3	诸渡月解钱则例	《宋史》卷九七《河渠七》
4	苗税则例	《宋史》卷四一〇《范应铃传》
5	请给则例	（宋）陈耆卿《嘉定赤城志》卷一八《军防门》
6	戍边则例	（宋）陈耆卿《嘉定赤城志》卷一八《军防门》
7	秘书省请给则例	（宋）程俱《麟台故事》卷四《官联》
8	官人禄式则例	（宋）楼钥《攻媿集》卷二九《奏议》
9	禁减则例	（宋）楼钥《攻媿集》卷一〇六《志铭·参议方君墓志铭》
10	入纳则例	（宋）欧阳修《文忠集》卷一一五（论矾务利害状）
11	州军则例	（宋）欧阳修《文忠集》卷一四八
12	役钱则例	（宋）苏辙《栾城集》卷四〇《论傅尧俞等奏状谓司马光为司马相公状》
13	税钱则例	（宋）朱熹《晦庵集》卷二〇《论木炭利害札子一》
14	州学则例	（宋）朱熹《晦庵集》卷一〇〇《潭州委教授措置岳麓书院牒》
15	禁军则例	（宋）李纲《梁溪集》卷一〇〇《申省相度吉州将兵状》
16	义郎则例	（宋）赵鼎《忠正德文集》卷二《奏议中·条具宣抚处置使司画一利便状》
17	祭祀忌日则例	（宋）赵鼎《忠正德文集》卷一〇《家训笔录》
18	京西、淮南田土税役则例	（宋）王之道《相山集》卷二二《札子·乞将京西淮南逃绝田展免租课札子》
19	指挥则例	（宋）汪应辰《文定集》卷二《奏议·措置海道回奏》
20	取薪则例	（宋）黄榦《勉斋集》卷二八《公札·申两司言筑城事》
21	经界则例	（宋）真德秀《西山文集》卷六《奏乞为江宁县城南厢居民代输和买状》

续表

序号	则例名称	出处
22	酒课分隶则例	（宋）罗濬等《宝庆四明志》卷五
23	商税则例	（宋）罗濬等《宝庆四明志》卷五
24	分隶则例	（宋）罗濬等《宝庆四明志》卷五
25	请受则例	（宋）罗濬等《宝庆四明志》卷七
26	收税则例	（宋）周应合《景定建康志》卷二三《城阙志四》
27	义庄则例	（宋）周应合《景定建康志》卷二八《儒学志一》
28	正补官资则例	（宋）周应合《景定建康志》卷三五《文籍志三》
29	夏税科折则例	（宋）周应合《景定建康志》卷四〇《田赋志序》
30	人户输纳物帛则例	（宋）周应合《景定建康志》卷四〇《田赋志序》
31	赏赐则例	（宋）周应合《景定建康志》卷四〇《田赋志序》
32	南北义阡则例	（宋）周应合《景定建康志》卷四〇《风土志二》
33	卖盐则例	（宋）吴儆《竹洲集》卷二《奏议·论乞委漕臣同帅臣措置沿边》
34	各地秋苗税收纳则例	（宋）吴潜《许国公奏议》卷二
35	御厨折食钱则例	（宋）周辉《清波杂志》卷九
36	锄田客户则例	（元）马端临《文献通考》卷七《田赋考七》
37	商税则例	（元）马端临《文献通考》卷一四《征榷考一》
38	推恩则例	（元）马端临《文献通考》卷三三《选举考六》
39	请俸则例	（元）马端临《文献通考》卷五一《职官考五》
40	库藏则例	（元）马端临《文献通考》卷六五《职官考十九》
41	宴设则例	（清）徐松《中兴礼书》卷二〇四《嘉礼三十二》
42	使相生日支赐则例	（宋）高晦叟《珍席放谈》
43	收税则例	（宋）胡太初《画帘绪论》理财篇第九
44	差役则例	（宋）胡太初《画帘绪论》差役篇第一〇
45	商税则例	（宋）黄震《古今纪要》卷一七
46	祭祀则例	（宋）孔传《东家杂记》
47	审刑院则例	（南宋）李焘《续资治通鉴长编》卷八〇
48	收税则例	（南宋）李焘《续资治通鉴长编》卷一八〇

续表

序号	则例名称	出处
49	驿券则例	（南宋）李焘《续资治通鉴长编》卷一八七
50	驿券则例	（南宋）李焘《续资治通鉴长编》卷一八九
51	皇亲内外亲族吉凶吊省则例	（南宋）李焘《续资治通鉴长编》卷二〇二
52	敷钱则例	（南宋）李焘《续资治通鉴长编》卷二四七
53	资级请受则例	（南宋）李焘《续资治通鉴长编》卷三二四
54	官吏俸禄则例	（南宋）李焘《续资治通鉴长编》卷三五九
55	役钱则例	（南宋）李焘《续资治通鉴长编》卷三八六
56	南川寨御侮支给则例	（南宋）李焘《续资治通鉴长编》卷四〇二
57	禄廪则例	（南宋）李焘《续资治通鉴长编》卷四一九
58	太府寺指挥合支名目则例	（南宋）李焘《续资治通鉴长编》卷四四八
59	招纳爵赏锡赉则例	（南宋）李焘《续资治通鉴长编》卷四六九
60	荆湖南路役兵裁减人额则例	（南宋）李焘《续资治通鉴长编》卷四七六
61	驿券则例	（南宋）李焘《续资治通鉴长编》卷四八〇
62	支赐则例	（南宋）李焘《续资治通鉴长编》卷五一二
63	优赏诸军则例	（南宋）李焘《续资治通鉴长编》卷五二〇
64	诸色人食钱支给则例	（宋）李纲《梁溪集》卷五一《乞立定支破诸色人食钱札子》
65	禁军则例	（宋）李纲《梁溪集》卷一〇六《申省相度吉州将兵状》
66	俸给则例	（南宋）李心传《建炎以来系年要录》卷九四
67	国朝旧遣使命则例	（南宋）李心传《建炎以来系年要录》卷一二八
68	请给则例	（南宋）李心传《建炎以来系年要录》卷一三三
69	请给则例	（南宋）李心传《建炎以来系年要录》卷一五四
70	天申节燕设则例	（南宋）李心传《建炎以来系年要录》卷一五六
71	究折则例	（南宋）李心传《建炎以来系年要录》卷一六一
72	收税则例	（南宋）李心传《建炎以来系年要录》卷一七二
73	宗女嫁资则例	（宋）李攸《宋朝事实》卷八《玉牒》
74	差役则例	（宋）陈襄《州县提纲》卷二
75	免役则例	（宋）孙傅良《止斋文集》卷二一
76	支赐则例	（宋）高晦叟《珍席放谈》卷上

从表1-1、表1-2可以看出，宋代则例的名称，有税收、俸禄、请给、赏赐、考核、推恩、祭祀、差役、中纳、禁军、戍边、驿券、州学等数十种。查阅这些则例的内容，几乎都是钱物管理和财政收支标准方面的规定。也有极少数与钱物管理无关，如《朱熹文集》《晦庵集》记载的"推恩则例"，其内容是："以三等取人试入：上等有出身人转一官选人与改官，无出身人赐进士及第，并免召试除馆职。中等出身人减三年磨勘与堂除差遣，无出身人赐进士出身，择其尤召试馆职。下等有出身人减二年磨勘与堂除差遣一次，无出身人赐同进士出身，遇馆职有缺，亦许审察召试。"这是科举考试中上、中、下三等取士和授职的标准，属于行政事务运作准则。

现存宋代文献中，尚未发现当时颁行的则例原始文书。史籍中记载的宋代则例，大多是记述了则例的名称或"则例"二字，未记其内容；少数是简述了则例的主要规定，如《宋史·食货下六》载，宋仁宗景祐年间，采纳翰林学士叶清臣建议，制定了"收税则例"：

> 榷茶之利，凡止九十余万缗，通商收税，且以三倍旧税为率，可得一百七十余万缗，更加口赋之入，乃有二百一十余万缗，或更于收税则例，微加增益，即所增至寡，所聚逾厚，比于官自榷易，驱民就刑，利病相须，炳然可察。[①]

"收税则例"的内容是有关茶叶专卖的规定。宋代文献中记载内容完整的则例比较少见，《宝庆四明志》所记"分隶则例"[②]，《景定建康志》所记"收税则例"[③]，《宋会要辑稿》载"分数则例"[④]"重禄请给则例"[⑤]就是这方面有代表性的则例。如宁宗嘉定八年（1215年）十二月，针对军帅巧作

---

① 《宋史》卷一八四《食货下六》，中华书局，1977，第4495页。
② （宋）罗濬等撰《宝庆四明志》卷五《叙赋上》，景印文渊阁《四库全书》第487册，台湾商务印书馆，1986，第78~80页。
③ （宋）周应合纂《景定建康志》卷二三《城阙志四·诸仓》，景印文渊阁《四库全书》第489册，台湾商务印书馆，1986，第497~500页。
④ （清）徐松辑《宋会要辑稿·食货三〇》，中华书局，1957，第5321页。
⑤ （清）徐松辑《宋会要辑稿·食货三二》，中华书局，1957，第5361页。

名色、随意升胥吏职位的问题，制定了"见管人数职次请给则例"：

> 今开具见管人数职次请给则例：马军司提点文字一名，见阙；照检文字元管二名，见阙一名；见管一名正额效用白身，日请食钱三百文，口食米三升，大礼赏二贯文。例诸案职级元管二名，见阙一名，见管一名正额效用白身，日请食钱三百文，口食米三升，大礼赏二贯文。例诸案吏曹案元管一十三人，见阙贴司一名，见管一十二人，主押二人，一名旧管效用白身，日请食钱三百文，口食米三升，大礼赏二贯文。例一名额外效用守阙进勇副尉，日请食钱二百五十文，米二升，大礼赏二贯文。例手分五人，一名正额效用进勇副尉日请食钱三百文，米三升，大礼赏二贯文……例贴司见管六人，一名使臣守阙进勇副尉，日请食钱四百二十六文，一名额外效用摄进勇副尉，日请食钱二百五十文，米二升，大礼赏二贯文。例四人并额外效用白身，日请食钱一百文，米二升五合，每折麦钱七百二十文，粮米三斗，春冬衣绢各二匹，冬加绵一十二两，大礼赏一十五贯文。①

"见管人数职次请给则例"是宋代俸禄待遇则例的一种。该则例是笔者见到的篇幅最长、内容完整的则例，长达1500余字。就军帅所属胥吏的人数、职次和待遇作了详细规定。

宋代则例的制定，要经过一定的立法程序。则例主要来源于两种途径：一是皇帝以诏、令、指挥等形式发布的法令；二是臣僚的建议经皇帝批准形成的法令。也就是说，由朝廷制定和颁布的则例，必须经皇帝钦准。宋代严禁擅自创立则例，法律规定："诸州应供给、馈送监司（属官、吏人同），辄于例外增给及创立则例者，以违制论。"② 地方官府长官和朝廷派出巡察地方的官员及守边将领，处理特殊情况或关系重大的问题，如需制定则例，也必须报请中央乃至皇帝批准。据《续资治通鉴长编》，宋哲宗元祐

---

① （清）徐松辑《宋会要辑稿·职官三二》，中华书局，1957，第3016~3017页。
② 《庆元条法事类》卷九《职制门六·馈送》，见《中国珍稀法律典籍续编》第1册，黑龙江人民出版社，2002，第168页。

七年（1092年），守边官员为了招抚西夏边民投诚归顺，制定了有关奖赐投诚者的具体标准，即"招纳爵赏锡赉则例"，并奏闻皇帝："本路不往有落蕃人投来，及归顺蕃人，皆能详道其事。若今下诏，许其并边之羌纳款归命，锡以爵赏金帛，旌以服章银器，各许其耕垦故土，自为篱落，效顺者必众。所有拟定，已具状奏闻。"① 又如，建炎二年六月（1128年），高宗诏令"福建路提刑司募少壮武勇枪杖手五千人，专一准备东南捕盗使唤"，并"令提刑司立定则例，申尚书省"②。强调地方长官制定的则例必须经中央批准，才能生效。

宋朝统治者十分重视则例的公布和实施。为了使民众知晓则例的规定，以便遵守，也为了防止官吏曲法为奸，凡是与民间事务相关的则例特别是税收类则例，通常运用榜文、告示公布，张贴在收税衙门或街市、交通要道之处，广为传播。宋代史籍中这类记载甚多，如高宗绍兴五年（1135年），诏令"将诸色税物合收税钱则例文字榜示，使客旅通知"③；绍兴二十五年（1155年），采纳刑部尚书员外郎孙敏修建议，"以所收物名则例，大书版榜，揭务门外晓示"④；孝宗淳熙七年（1180年），诏"望下州郡，将旧来合收税钱则例，大书刻于板榜，揭寘通衢，令民旅通知"⑤；宁宗嘉定八年（1215年），令"诸郡凡税物巨细，立定则例，揭之版榜"⑥。为保障则例得以实施，朝廷对于违背则例的行为严加处罚，如徽宗政和四年（1114年），开德府税民乐珍等陈诉方田官新定的税钱数额与元丰元年（1078年）则例规定的数额出入较大，"轻重不当"，本路提刑司裁定"方田官刘恭革、赵希孟依政和二年十月朝旨，立定正次二十等，递减五厘，均定税钱委于元丰年所定则例上轻下重不均"⑦，给予刘赵二人降职处分。又如，宋朝法律还规定，在则例之外冒领请受者，予以刑事处罚。哲宗元祐五年（1090年），户部建言："起支官员、殿侍、军大将、选人、将校请

---

① （南宋）李焘撰《续资治通鉴长编》卷四六九，中华书局，2004，第11212页。
② （清）徐松辑《宋会要辑稿·兵一》，中华书局，1957，第6761页。
③ （清）徐松辑《宋会要辑稿·食货一七》，中华书局，1957，第5101页。
④ （清）徐松辑《宋会要辑稿·食货一八》，中华书局，1957，第5104页。
⑤ （清）徐松辑《宋会要辑稿·食货一八》，中华书局，1957，第5113页。
⑥ （清）徐松辑《宋会要辑稿·食货一八》，中华书局，1957，第5121页。
⑦ （清）徐松辑《宋会要辑稿·职官六八》，中华书局，1957，第6761页。

受添给,不以则例限内申户部者,杖一百;并擅给历,及不候分移历到而收并者,各徒二年。"皇帝采纳户部意见,颁布了相应的法律。据史家解释,"起支请给旧无法禁,故多重叠伪冒,有已分移而他处全请,已身亡而分移处犹请者,故立是法"①。总体来看,宋朝则例的实施情况是较好的,在严密朝廷的经济、财政管理方面发挥了一定的作用。

在宋代法律体系中,例是位阶较低的法律形式。宋代的法律形式,主要有律、令、格、式、编敕、制、敕、宣、御笔、断例、申明等。神宗元丰二年(1079年),朝廷对编敕、令、格、式的性质和功能作了新的界定,编敕为刑事法律规范,令、格、式为非刑事、制度性法律规范,格是令的实施细则,式是有关令的各种公文程式。除制、敕、御笔、申明为综合性规范外,其他法律形式可区分为两大系统,即律、编敕、断例为刑事法律形式,令、格、式为非刑事法律形式。宋代的例也有刑例与非刑例之分,则例属于非刑例的一种,在非刑事法律体系中位阶较低。以令、格、式和制、敕、御笔、申明表述的法律,在法律体系中处于上位,以例表述的法令,则处于下位。例与上位法的关系,是"法所不载,然后用例",例是对上位法的补充。宋例的称谓很多,则例是主要用于规范钱物管理和财政收支标准方面的事例。则例一般是用具体数字表述的,它的制定和颁行,使法律规范更加具体、明确,对于完善宋代经济法律制度发挥了重要作用。

(三)元代则例

元朝是中国历史上第一个由少数民族建立的全国性政权,疆域跨越欧亚,完整统治中原地区的时间仅89年。由于这一时期民族矛盾激化,社会激烈动荡,加之统治者缺乏立法经验,多是因事立法,故法律体系没有唐、宋那样完备。

---

① (南宋)李焘撰《续资治通鉴长编》卷四三九,中华书局,2004,第10569页。

元代法制的一大特色，是突破了秦汉以来沿相受继的律令体系，开始了向典例法律体系的过渡，以典、条格、断例为主要法律形式。元代的"条格"是令、格、式汇编，在诸法律形式中效力最稳定，《至元新格》《至正条格》两部重要的"法律"就是以"格"命名的。元代关于"例"的法律形式和用语有近20种，包括格例、条例、断例、分例、则例、旧例、禀例、事例等。其中"格例"用以规范某一基本法律制度或设定罪名、刑名，也常作为元代法律的总称，"断例"主要用以表述定罪量刑的原则和规制，"分例"的内容主要是各类往来使臣、官吏、公差及其随从人员的交通、住宿、饮食费用开支标准，"旧例"是指前朝的定例或惯例，"禀例"是指地方禀呈中央而形成的例，"事例"系君主因事因时发布的法令。元立法者没有对各种例的内涵和功能予以明确和严格的界定。以《元典章》为例，用"例"表述法律形式者有之、表述编纂体例者有之、表述法律用语者有之，含混不清，今人只有用心研究比较，才能理解立法者的本意，明确各种例的功能及彼此之间的区别。

则例作为元代诸例的一种，主要用以表述钱物管理的收支标准及相关运作规则。《通制条格》《元典章》《元史》《新元史》《新编群书类要事林广记》等书中记载了20多则元代则例，其中绝大多数是钱粮和税收管理类则例。

元朝政府对金、银、铜、铁、盐、酒等重要产品实行专利垄断政策，其形式各有不同，其中酒、醋及部分金、银、铁等矿业，由朝廷抽分而归商人和手工业者经营。世祖至元七年（1270年）六月，颁行了"祇应酒面则例"，就酿造黄酒每石黄糯米应出的酒量和每石小麦应磨成的面粉数量作了规定：

一、黄糯米出酒升斗，随路多少不一。为此，取到中都尚酝局并禀给司申："见酝造祇应杯酒，每米一石，出酒四十五瓶大。每瓶折酒二升，计酒九十升。"省部拟依中都尚酝局造酒升斗体例，每米一石，要出干好酒九十升。今将依禀给司见用升斗一样，成造到铁钉木升一柄，印烙作样，随此发去，仰照验依上施行。仍将发下升斗作样，常川收贮。更仰总管府依元样成造，比较相同，圆押印烙使用。却不得应副宣使人员酸薄杯酒，亦不得克减分例违错。

一、小麦变面斤重，随路多少不一。今公议得，每麦一石，要磨白面七十斤，却不得应副宣使人等不堪食用面货，亦不得克减斤重违错。①

元朝杂泛差役名目繁多，有修治河道、堤岸、道路、桥梁等公共设施的夫役，有修葺各类城池、殿宇等土木工程的工役，有为各衙门官员服务的差役。世祖至元二十五年（1288年）三月，朝廷针对各衙门应支工匠等盐粮人口管理混乱的问题，颁行了"工粮则例"，就工匠人户、驱口和本人每月口粮、食盐标准作了规定：

至元二十五年三月，尚书省户部呈：分拣到各衙门应支盐粮人口，除请钱住支外，不曾请钱人户拟四口，并只身人口，除已拣定四口为则外，验户请粮户数亦合一体，每户多者不过四口，少者验实有口数，正身月支米三斗、盐半斤，家属大口月支米一斗五升，家属小口并驱大口月支米七斗五升，驱口小口月支米七升五合。并印钞抄纸人匠、坝河倒坝人夫，每年俱有住闲月日，拟合实役月日，每名月支米三斗、盐半斤。都省准拟。②

在经济和财政管理方面，元代制定了大量的法律、法规，并以则例的形式颁行了一些实施国家法律的细则。成宗大德八年（1304年），为了解决京师缺乏喂马草料的问题，颁布了"盐折草则例"，规定"每年以河间盐，令有司于五月预给京畿郡县之民，至秋成，各验盐数输草，以给京师秣马之用"。盐折草的标准是："每盐二斤，折草一束，重一十斤。岁用草八百

---

① 《元典章》户部卷之二《分例·祗应》，陈高华等点校，天津古籍出版社，2011，第571~572页。
② 《通制条格》卷一三《禄令·工粮则例》，载《中国珍稀法律典籍续编》第2册，黑龙江人民出版社，2005，第503页。

万束，折盐四万引云。"①

成宗大德九年（1305年），为严密黄河渡口摆渡收费管理，颁布了"船钱则例"，就过往黄河上下渡口的大小官吏、公差者、百姓客旅和车骑行货孳畜等应收摆渡船钱的标准作了规定：

> 都省议得：除船钱照依定到则例，令船主收掌，修造船只，置备什物，并赡济梢水，不须官为收贮，余准部拟。除已移咨河南、陕西行省照会外，今开元定船钱则例于后，仰依上施行。元定到摆渡船钱分例，以至元钞为则：人一名，钞一分。凡随挑担负戴之物及老幼贫穷之人，并不算数。重大车一辆，钞二钱；空大车一辆，钞一钱。重小车一辆，钞五分；空小车一辆，钞二分。驮子一头，钞二分；空头匹一头，钞一分。羊、猪每五口，钞二分。②

元朝还制定了"皮货则例"，就市贸交易或向国家交税时，貂皮与虎皮，金钱豹皮，熊皮，土豹皮，鹿皮，葫叶豹金丝织皮，豺狼、青狼皮，山羊皮，粉獐皮，狐皮的折算标准作了规定：

> 元定折纳貂皮旧例：虎皮一张折五十张，金钱豹皮一张折四十张，熊皮一张折一十五张，土豹皮一张折一十张，鹿皮一张折七张，葫叶豹金丝织皮一张折六张，豺狼、青狼皮一张折十张，山羊皮一张折五张，粉獐皮一张折三张，狐皮一张折二张。
>
> 利用监新定折纳貂皮例：麈鹿皮系麋鹿皮，一张折七张；飞生皮一张折六张；貊皮即花熊皮，一张折一十五张；分鼠皮四张折一张；山鼠皮一张折一张；扫鼠皮五张折一张；鸡翎鼠皮一十张折一张。
>
> 抵张：花猫皮、花鹿羔儿皮、獭刺不花、石虎儿皮、香獐皮、野狸皮、青獭皮、黄鼬皮、黄腰皮、香猫皮、麂皮、竹狸皮、夜猴皮、香

---

① 《元史》卷九六《食货四》，中华书局，1976，第2470页。
② 《元典章》工部卷二《造作二·船只》，天津古籍出版社，2011，第1990页。

狸皮、山獭皮、水獭皮、獾皮、狇皮。①

在仓粮管理和运输方面，元朝多次修订"鼠耗则例"。据《大元海运记》：至元二十二年（1285年）时施行的"鼠耗则例"，规定"依江南民田税石，拟合依例每石带收鼠耗分例七升，内除养赡仓官斗脚一升外，六升与正粮一体收贮。如有短折数目，拟依腹里折耗例，以五年为则，准除四升。初年一升二合，次年二升，三年二升，四年三升四合，五年共报四升。余上不尽数目，追征完官。若有不及，所破折耗从实准算，无得因而作弊多破官粮。外据官田带收鼠耗分例，若依行省所拟，比民田减半，每石止收三升五合"。因实际破耗情况与则例规定"委实不敷"，次年，朝廷修正则例，对船运、站车运粮到不同地方的耗粮标准作了调整。由于"鼠耗则例"的施行能够给官员带来额外收入，因此，官场中多次要求提高鼠耗数量，朝廷也多次修正则例。比如，至元二十六年（1289年）闰十月省臣奏："各仓官员告称，往岁定到鼠耗分例数少，仓官赔偿，破其家产，鬻其妻小者有之，因此多欠粮数。"为此，朝廷又颁行了"南北仓添鼠耗则例"：

南粮：自直沽里运至河西务，每石元破七合，今添五合。河西务运至通州每石元破七合，今添八合。河西务仓内每石元破一升三合，今添七合。通州仓内每石元破一升三合，今添七合。坝河站车运至大都，每石元破一升，今添五合。省仓内每石元破三升，今添一升。

北粮内：自唐村等处运至河西务，每石元破五合，今添二合。河西务仓每石元破一升二合，今添三合。河西务船运至通州，每石元破二合，今添二合。通州仓每石元破一升三合，今添二合。坝河站车运至大都，每石元破七合，今添三合。省仓每石元破二升五合，今添五合。奏可。

至元二十九年（1292年）八月，又因官场要求提高鼠耗数量，朝廷再

---

① 《元典章》兵部卷五《捕猎》，天津古籍出版社，2011，第1314页。

次颁布了新的鼠耗则例：

> 今议拟听耗例：大都省仓元定破耗，南粮每石四升，北粮每石三升。今议拟限年听耗，初年听耗南粮每石二升，北粮每石一升五合；次年听耗南粮每石三升，北粮每石二升三合。贮经三年以上，依元定听耗：南粮每石四升，北粮每石三升。
>
> 河西务通州李二寺元定破耗，南粮每石二升，北粮每石一升五合，今拟限年听耗，初年依元定破耗南粮每石二升，北粮一升五合；次年听耗南粮每石三升，北粮每石二升三合。贮经三年以上听耗，南粮每石四升，北粮每石三升。
>
> 直沽仓除对船交装不须破耗外，今拟一年须要支运尽绝，南粮每石听耗二升，元定破耗一升三合。今拟添七合，香糯白粳破耗。

成宗大德三年（1299年），又制定了粳米、香莎、糯米等鼠耗则例："比附散装糙米破耗定例，三分中量减一分。海运至直沽每石破耗八合，河西务至通州李二寺每石破耗一升。如直沽装船经由通惠河径赴大都交卸，止依通州李二寺，每石破耗一升八合。"①

税收是元朝财政的主要来源。《通制条格》《元典章》中记有"市舶抽分则例"，所谓"抽分"，就是民户按一定的比例向国家交税。史载，元世祖忽必烈至元年间，曾颁行"市舶抽分则例"，规定"粗货十五分中一分，细货十分中一分"。在执行过程中，泉州市舶司却在商船按规定交税后，"更于抽讫物货内，以三十分为率，抽要舶税钱一分，通行结课"。其他市舶司也要求这样做。后经皇帝批准，确定各市舶司按泉州市舶司的做法办理，于至元三十年（1293年）颁行了新的"抽分则例"，要求"各处市舶司所在官员奉行谨守，不得灭裂违犯。行御史台、廉访司常加体察，毋致因循废弛"②。

---

① 以上见《大元海运记》卷下，《大元仓库记 大元海运记》，广文书局有限公司，1972，第87~88、90~93页。
② 《元典章》户部卷八《课程·市舶》，天津古籍出版社，2011，第875~882页。

仁宗延祐元年（1314年）七月十九日，鉴于"香货药物销用渐少，价直陡增，民用阙乏"，朝廷在恢复设立广东、泉州、庆元市舶提举司和"杭州依旧设立市舶库，专知市舶公事，直隶行省管领"的同时，重申严格执行"抽分则例"。"抽分则例：粗货十五分中抽二分，细货十分中抽二分，据舶商回帆已经抽解讫物货，市舶司并依旧例，于抽讫物货内以三十分为率，抽要舶税一分，通行结课，不许非理刁蹬舶商，取受钱物。违者，计赃以枉法论罪。"①

元朝还颁行了"抽分羊马牛则例"。蒙古贵族统治中国后，仍然保持着草原的习俗。羊是他们主要的肉食来源，马是运输工具和军队的主要装备，牛是主要的生产工具之一，元朝廷、军队、驿站也需要大量牲畜。元朝除设有专门的畜牧管理机构外，采用抽分制向牧民和牧户征收牲畜税。据《元典章》，成宗大德八年之前，羊、马、牛的税额是"各路分里一百口羊内，抽分一口羊者。不勾一百口羊，见群抽分一口者"。牧养一百口以下羊马牛者，无论养多养少，都按一口羊交税，显然很不公平。为此，大德八年七月，朝廷颁行了新的"抽分羊马牛则例"："今后依在先已了的圣旨体例，一百口内抽分一口，见群三十口抽分一口，不到三十口呵，休抽分。这般立定则例。宣徽院官人每根底说了，选差勾当里行的好人每，与各处管民官一员一同抽分。"②又据《新元史》，仁宗延祐元年，朝廷又重申严格执行"抽分羊马牛则例"："中书省奏：'前哈赤节次阅讫官牝羊三十余万口……拟依照原定则例，从实抽分。若有看循作弊，从严究治。'"③

至元到延祐年间，针对原先商税交纳中有关规定不够公平和严密的问题，朝廷修订了"抽分则例"，这有利于国家税率的统一，也有利于防止官吏伺机作弊。

历朝则例中，甚少见刑法方面的则例。《新编群书类要事林广记》记载了元朝颁发的"笞杖则例"：

---

① 《通制条格》卷一八《关市·市舶》，载《中国珍稀法律典籍续编》第2册，黑龙江人民出版社，2005，第572页。
② 《元典章》刑部卷一九《诸禁·杂禁》，天津古籍出版社，2011，第1947~1948页。
③ 柯劭忞：《新元史》卷一〇〇《兵志三》，上海古籍出版社、上海书店，1989，第471页。

笞杖则例：

五刑总序曰：昔唐太宗除鞭背刑，更以笞杖徒流绞，然罪轻者笞一十，笞乃夏楚。今我大元圣总又减轻笞七下，且易楚用柳，可见爱民如子也。

笞罪：一十，决七下；二十至三十，决十七下；四十至五十，决二十七下。

杖罪：六十至七十，决三十七下；八十至九十，决四十七下；一百，决五十七下。

徒罪：一年一年半，决六十七下；二年二年半，决七十七下；三年，决八十七下。四年，决九十七下；五年，决一百七下。右徒罪止五年。

绞罪至死。

诸杖罪大小则例：

皇帝圣旨：

谕中书省：

一、京府州郡见设司狱官，仰各常切录问罪囚，若有淹延枉禁，随即申报所属。其笞：杖大头径二分七厘，小头径一分七厘。杖：大头径三分二厘，小头径二分二厘。讯囚：杖大头径四分五厘，小头径三分五厘。皆削去节目，长三尺五寸，不得以诸物筋胶装钉。决杖者，并用小头。仰所在官司常切检校。不如法者，随即究治更改。

右仰准此。

中统五年八月　日[①]

上述元代则例中，凡是出于《通制条格》和《元典章》者，大多曾在较长的时间内实行。元代则例既有食货类则例，也有刑事类则例，都是事务管理方面标准的规定。

宋、元时期，"例"逐渐成为国家经常运用的立法形式，且称谓纷杂，是国家法律体系中位阶较低的法律形式。则例虽受到比较广泛的使用，但

---

① （宋）陈元靓等编《新编群书类要事林广记》，日本元禄十二年（1699年）刻本。

其在例的体系中的重要性并未超过"条例""格例""断例"。元例中的"格例""断例"已成为国家重要的法律形式,而则例却受到轻视。总体而言,宋、元两代的则例,还不是普遍适用的、重要的法律形式,在社会经济生活中发挥的作用也很有限。然而,这一时期则例编纂实践积累的经验,为明清时期则例更加广泛地使用开辟了道路。

二 明代典例法律体系的确立及则例的功能

在中国古代法律史上,以元代为分界线,法律体系发生了重大变化。秦汉至宋代是律令法律体系,明清则是以典为纲、以例为目的典例法律体系。明代的典例法律体系,初创于洪武,到明代中叶基本定型。则例作为例的一种形式,在明代新法律体系的形成和完善过程中发挥了重要作用。

(一)明代典例法律体系的初创与洪武朝则例的颁行

1. 明代新法律体系的初创及则例的性质

变革传统的律令法律体系,确立新的典例法律体系,是明王朝法制建设的重大成就。明代以前,中国古代法律体系从形成到不断完善,经历了四个历史发展阶段:战国是中国古代法律体系的生成时期;秦汉是以律为稳定之法、以令和其他法律为补充的律令法律体系,这一时期,律是用以表述吏政、食货、刑事、军政管理等方面的法律,是最基本的法律形式,令是仅次于律的重要法律形式;魏晋至唐宋是以令典、律典为纲的令律法律体系,学界习惯称其为律令法律体系。元代弃律用格、例,是律令法律体系向典例法律体系过渡的时期。明代确立并为清代沿用的典例法律体系,具有法律形式简约、包容量大的优点,堪称中国古代空前完善的法律体系。

明代的法律体系以正德六年颁行《明会典》为分界,前后的法律形式和内容构成有所不同。前者是以《诸司职掌》为国家"大经大法"、以《大明集礼》《大明律》等12种法律为"常经之法"、以"例"为"变通之法"的法律体系；后者是以典为纲、以例为目的法律体系。在后一种法律体系中，《明会典》是整合祖宗成法、居于"纲"的地位的国家"大经大法"，《大明律》和统治者精心修订的稳定性强的诸条例为"常法"，事例为"变通之法"。由于《诸司职掌》和《明会典》规范的都是国家的基本典章制度，《大明律》是《诸司职掌》和《明会典》的组成部分，例一直处于"目"的地位，是洪武朝以后国家立法使用的基本法律形式，也是立法的核心内容。因此，明一代法律体系始终是以"典为纲，例为目"的框架设计的，故可总称或简称为"典例法律体系"。多年来，学界一直以"律例为主的法律体系"表述明一代法律体系，现在看来，这种概括不够全面、准确。明太祖朱元璋曰："律者，常经也。条例者，一时之权宜也。"① 朱元璋的这一名言，通常被作为论述明代法律体系的依据。其实，这句话说的是律与刑例的关系。以"律例法律体系"表述明代刑事法律体系，应当说是合适的。然而，如把明一代法律体系统称为"律例法律体系"，就存在两个致命的缺陷：一是《明会典》《诸司职掌》《大明集礼》《宪纲》等国家大法、基本法律及吏、户、礼、兵、工诸例等至少三分之二的法律，都会被排除在外；二是《大明律》先后被列入《诸司职掌》和《明会典》，此说与当时的立法实际和明人的论述大相径庭。

注重制例，提升例的法律地位，是明代法律体系的显著特色。以《明会典》为"大经大法"，则是明代中后期完善法律体系的重大创举。明太祖朱元璋在洪武年间变革传统律令体系的实践，为明代新法律体系的确立奠定了基础。朱元璋之所以力主变革传统律令体系，注重制例，与明初的治国需要和他的立法指导思想有密切关系，是他推行"常经之法"与"权宜之法"并用法制方略的必然产物，也是中国古代法律形式和法律体系演变的必然结果。

---

① （明）吕本等辑《明太祖宝训》卷三，中国国家图书馆藏明万历三十年春秣陵周氏大有堂刻《新镌官板皇明宝训》本。

法律形式及其表述的立法成果是法律体系的基本构成要素。从秦汉至宋代,中国古代法律形式由简到繁。宋、元时期,随着社会经济的发展和时局的变化,原有的法律形式已不能适应立法的需要,统治者为区分效力层级、行为规范类别不同的立法,不断使用新的法律形式和法律用语,致使法律形式众多、混杂。如宋有律、令、格、式、编敕、制、敕、宣、御笔、断例、申明等;元于诏制、条格、断例之外,又有多种用以补充国家基本法律的"变通之法"形式,仅例的称谓就有格例、分例等近20种。随着法律形式的增多,立法数量也空前膨胀。仅就宋代的编敕和元代条格的编纂而言,当时的官吏就难以通晓和掌握。宋代时新皇帝即位或每次改元,都有一度或数度的编敕,且一州、一县和朝廷各部、司、监又别有敕,据《宋史·艺文志》不完全记载,宋代各种编敕有80多部。元代所颁格、例也很繁杂,如《大元通制》中有"条格"1151条、"断例"717条,《至正新格》中有"条格"1700条、"断例"1059条。在最高统治者的影响下,各级官吏也纷纷收集和汇编断例,有的甚至抄写几十册之多。由于法令冗繁,官吏任意出入,而"天下黔首蚩蚩然狼顾鹿骇,无所持循"①。显然,宋、元的法律体系已到了后世无法继受的境地。

明王朝建国之初,中原未平,军旅未息。经历连年战火,经济陷于崩溃境地,可谓"乱世"待治,百废待兴。如何尽快地变"乱世"为"海宇宁谧,民乐雍熙"的太平盛世?朱元璋认为,必须在恢复社会经济的同时,注重法律制度的重建。他把健全法制看作调整各种社会关系、恢复和巩固社会秩序的根本,说"纪纲法度为治之本","丧乱之后,法度纵弛,当在更张"②。为此,他提出了"当适时宜""当计远患""法贵简当、稳定""治乱世用重典"等一系列法制建设的指导原则。③

从"当适时宜""当计远患""法贵简当、稳定"的指导思想出发,朱元璋强调立法要"常经之法"与"权宜之法"并重。他说:"法令者,防民

---

① (明)陈邦瞻撰《元史纪事本末》卷一一《律令之定》,中华书局,1979,第84页。
② 《明太祖实录》卷一九。本书所引明代各朝实录,均据台湾"中央研究院"历史语言研究所校标印本。此书系该所据国立北平图书馆(今中国国家图书馆)红格钞本缩微卷影印。
③ 详见杨一凡《明代三部代表性法律文献与统治集团的立法思想》,载韩延龙主编《法律史论集》第2卷,法律出版社,1999,第520~591页。

之具、辅治之术耳，有经有权。"他主张"权宜之法"的制定须"贵不违时"，"常经之法"的制定要"贵存中道""可贻于后世"。朱元璋多次告诫臣下："谋国之道，习于旧闻者当适时宜，狃于近俗者当计远患。苟泥古而不通今，溺近而忘于远者，皆非也。故凡政事设施，必欲有利于天下，可贻于后世，不可苟且，惟事目前。盖国家之事，所系非小。一令之善，为四海之福；一令不善，有无穷之患，不可不慎也。"① 又说："法贵简当，使人易晓。若条绪繁多，或一事两端，可轻可重，吏得因缘为奸，非法意也。夫网密则水无大鱼，法密则国无全民。"② 也就是说，法律制度的创设要注意防止"泥古"和"惟事目前"两种倾向，内容和形式应达到"法贵简当，使人易晓"的要求。基于上述思想，洪武年间，朱元璋实行以"制书"名义颁布"常经之法"和以"例"的形式颁行权宜性质的"变通之法"的双轨制立法方略。"制书"类法律规范国家的基本典章制度，用以传之后世；"例"则是灵活性强、可随时变通、"当适时宜"的法律，用以补充常法之不足。洪武二十六年（1393年）颁行的《诸司职掌》，以职官制度为纲，下分十门，分述吏、户、礼、兵、刑、工六部和都察院、通政司、大理寺、五军都督府的官制及职掌，把《大明律》门目收入其内，全面规范了国家的基本法律制度，是国家的"大经大法"。洪武三十年（1397年），精心修订的《大明律》颁行天下，新的法律体系基本建成，其结构框架如下。

洪武朝法律体系构成

大经大法

　　《诸司职掌》（洪武二十六年颁）

常经之法

　　《大明令》[治国总章，洪武元年（1368年）颁]

　　《大明集礼》[礼制，洪武三年（1370年）修成]

　　《大明律》（刑事典章，洪武元年颁，三十年定型）

　　其他"常法"：

---

① 《明太祖实录》卷一六三。
② 《明史》卷九三《刑法一》，中华书局，1974，第2280页。

《宪纲》[监察，洪武四年（1371年）颁]

《孝慈录》[礼制，洪武七年（1374年）颁]

《洪武礼制》（礼制，洪武年间颁）

《大诰》[刑事，洪武十八（1385年）至二十年（1387年）颁]

《礼仪定式》（礼制，洪武二十年颁）

《皇明祖训》[皇室家法，洪武二十八年（1395年）颁]

《稽古定制》[礼制，洪武二十九年（1396年）颁]

《教民榜文》（民间事务，洪武三十年颁）

《军法定律》（军事，洪武年间颁，已失传）

权宜之法：例

条例

事例

则例（事例的一种，主要表述钱物管理和财政收支标准方面的事例）

榜例（除个别以榜文公布的条例外，均属于事例性质）

魏晋至唐宋法律体系中，"令典""律典"的法律地位最高即居于第一位阶，两"典"之下的"常法"处于第二位阶，它们与"典"是纲目关系，"变通之法"处于第三位阶。与魏、晋、隋、唐、宋的法律体系比较，明代新法律体系虽仍由三个位阶的法律构成，但与前代法律体系存在不同之处，一是以《诸司职掌》为国家最高典章，变前代的两典并举为一典为纲，《大明律》成为典的有机组成部分，二是处于第三位阶的各种形式的"权宜之法"即"变通之法"，一律以"例"表述。这种做法使法律体系的纲目更加清晰和统一，法律形式更加简约，更易掌握和操作。

在明初的法律文献中，有关例的称谓有"条例""事例""则例""榜例""例"五种，为了准确阐述则例的性质、功能以及它与其他形式之例的相互关系。这里对五种有关例的法律用语的内涵和相关情况作一概述。

①条例。明代时"条例"的概念是指"分条"编纂、列举"奏定之例"，是"条"与"例"合成意义上的法律用语。"条例"的含义有狭义和

广义两种。广义性质的"条例",是把各种形式的具有"条"与"事例"特征的例都称为"条例"。狭义性质的"条例",在洪武朝是指由抽象条文组成、复数结构的事例,而洪武以后各朝,多把朝廷精心修订、稳定性较强、具有"常法"性质的法律文件称为"条例"。洪武年间,以"条例"命名的法规法令甚少,仅有"升赏条例"①"马政条例"②等几种。另外,正德《明会典》卷一五《吏部十四·事例》收入了洪武二十三年(1390年)制定的"责任条例"③,卷三六《户部二十一》载,"洪武初,定盐引内目条例"。这两个条例在正德《明会典》中均记在"事例"项下。从洪武朝颁布的法律、当时的臣工题奏以及各种史籍的记载看,明初君臣所说的"条例",是广义上的条例,事例、则例、榜例都属于条例的范畴,条例也是事例的同义语。

②事例。事例的本义是"以前事为例"。它是在行政或审判活动中,通过处理某一事件或某一案例形成并被统治者确认为具有法律效力的定例。正德《明会典·凡例》对包括洪武朝在内的明代前期、中期颁行的事例的内涵作了这样的概述:"事例出朝廷所降,则书曰'诏',曰'敕'。臣下所奏,则书曰

---

① 《明太宗实录》卷一一。
② 《明武宗实录》卷四六。
③ (明)徐溥等纂修,(明)李东阳等重校《大明会典》卷一五《吏部十四·事例》,明正德六年司礼监刻本。"责任条例"颁行于洪武二十三年,共7条,就布政司、府、州、县分别治理管辖区域的职责及按察司、巡按御史究治渎职官员的责任做了明确规定。指出:"布政司治理亲属临府,岁月稽求,所行事务,察其勤惰,辨其廉能,纲举到任须知内事目,一一务必施行。少有顽慢,及贪污坐视恬忍害民者,验其实迹,奏闻提问。设若用心提调催督,宣布条章,去恶安善,倪耳目有所不及,精神有所不至,遗下贪官污吏及无籍顽民,按察司方乃是清。"府治理州、州治理县、县治理里甲,也要仿效布政司治理府的有关规定办理。"若布政司不能清府,府不能清州,州不能清县,县不能去恶安善,遗下不公不法,按察司乃是清。"该条例还规定:"按察司治理布政司、府、州、县,务要尽除奸弊,肃清一方。耳目有所不及,精神有所不至,巡按御史方乃是清。倪有通同贪官污吏,以致民冤事枉者,一体究治。"条例要求各级官府"置立文簿,将行过事迹逐一开写。每季轮差吏典一名,赍送本管上司查考。布政司考府,府考州,州考县,务从实效,毋得诳惑繁文,因而生事科扰。每岁进课之时,布政司将本司事迹,并府州县各赍考过事迹、文簿,赴京通考。敢有坐视不理,有违责任者,罪以重刑"。"责任条例"颁行后,明太祖令各司、府、州、县"刻而悬之,永为遵守"。正德、万历间修订《明会典》时,又将该条例全文收入。

'奏准',曰'议准',曰'奏定',曰'议定'或总书曰'令'。"① 也就是说,皇帝因事因时以诏、敕、令颁布的法令或某一定例,臣工以奏准、议准、奏定、议定方式或程序颁布的法令或某一定例,都称为事例。

③则例。"则"是指标准或法则、准则、规则,"例"是指先例、成例或定例。则例作为法律用语始于唐、五代,主要用于表述官员俸禄、税收和礼仪方面的标准。宋、元时期,则例逐步成为一种法律形式,但其在社会生活中的作用是很有限的。明代则例是事例的一种,是主要用以表述国家钱物管理和收支的标准及相关事项具体运作规则的事例。

④榜例。"榜例"作为国家确认的法律形式始见于明初,专指以榜文公布的定例。从先秦到元代,很多朝代都很重视运用榜文向臣民公布官方文书。就榜文的内容和功能而言,大体可分为两种类型。一是晓示、劝谕、教化类榜文,内容或是晓谕某一事项,或是公示某一案例,或是指陈时弊,申明纲常礼教和治国之道,意在使百姓周知,趋善避恶。二是公布朝廷和地方官府制定的法律、法令、政令,要求臣民一体遵守。明以前各代的榜文内容比较繁杂,各朝也未规定榜文是独立的法律形式。明建国后,朱元璋特别重视以榜文形式公布的法令,并把这类榜文称为"榜例"。

⑤例。各种例的总称或泛称,也可作某一形式例的简称,条例、事例、则例、榜例亦简称"例"。

在洪武朝创立的法律体系中,《诸司职掌》是国家的"大经大法",《大明集礼》《大明律》等祖宗成法是国家的基本法律。"例"是"变通之法",具有针对性强、灵活多变的特点,它是国家法律的实施细则,但稳定性较差。包括则例、榜例在内的事例在未经一定的法律程序上升为通行的定例之前,不具有适用全国的法律效力。

古代法律用语的使用,远不像现代法学这样严格。明代诸例的内涵,常有交叉之处,然而,则例的含义却相对明确。

则例是明代事例的一种。明太祖朱元璋变革传统法律体系,建立以例为核心的法律体系,提升了则例在法律体系中的地位。经过唐、五代、宋、

---

① (明)徐溥等纂修,(明)李东阳等重校《大明会典》书首《凡例》,明正德六年司礼监刻本。

元法律形式的变革，则例于明代成为重要的法律形式，并在法律体系中扮演越来越重要的角色。

2. 洪武朝则例的颁行及其作用

明王朝自开国至洪武二十六年《诸司职掌》颁行前，在很长一段时间内行用的基本法律，除《大明令》外，均属于刑事和礼仪类法律，而《大明令》的规定又过分简约，国家在行政、经济管理等很多方面无法可依，在这种情况下，明太祖朱元璋颁行了包括则例在内的大量事例，以弥补成文法的不足。

明初的则例始颁于何时？检阅史籍，可以肯定至迟在洪武元年就颁行了。《续文献通考》卷二一概述了洪武元年至洪武十六年（1383年）间制定的"优免则例"的主要规定：

> 太祖洪武元年，诏民年七十之上者，许一丁侍养，免杂泛差役。二年，令凡年八十之上，止有一子，若系有田产应当差者，许令雇人代替出官；无田产者，许存侍丁与免杂。三年，定凡民间寡妇，三十以前夫亡守志，至五十以后不改节者，旌表门闾，除免本家差役。四年，令免阙里孔氏子孙二十六户徭役。又令各府县军户，以田三顷为率，税粮之外悉免杂，余田与民同。七年，令山东正军全免差役贴，军免百亩以下，余田与民同役。又令官员亡故者，免其家徭役三年。十三年，令六部、都察院、应天府并两县判录司、仪礼司、行人司随朝官员，除本户合纳税粮外，其余一应杂泛差役尽免。又〔令〕各处功臣之家，户有田土，除合纳粮草夫役，其余粮长、里长、水马驿夫尽免。凤阳、扬州二府及和州民畜养马一匹者，免二丁。十六年，令凤阳、临淮二县，民免杂泛差。①

在明代史籍中，有不少有关"国初"颁行则例的记载，如万历《明会典》卷一八载：

---

① （明）王圻纂辑《续文献通考》卷二一《职役考》，明万历三十一年松江府刻本。

国初兵荒之后，民无定居，耕稼尽废，粮饷匮乏。初命诸将分屯于龙江等处，后设各卫所，创制屯田，以都司统摄。每军种田五十亩为一分，又或百亩，或七十亩，或三十亩、二十亩不等。军士三分守城，七分屯种，又有二八、四六、一九、中半等例，皆以田土肥瘠、地方冲缓为差。又令少壮者守城，老弱者屯种，余丁多者亦许。其征收则例，或增减殊数，本折互收，皆因时因地而异云。①

万历《明会典》卷一二三载：

明初论功行赏，皆临时取旨，差次重轻，不预为令。承平以后，意存激劝，率以首功定赏格，条例渐广。凡官及军有功，勘明造册至兵部。当升赏者，各照立功地方则例具奏升赏。其论功，以擒斩北敌为首，辽东外次之，西番及苗蛮又次之，内地反贼又次之。②

正德《明会典·凡例》对"国初"起讫时间作了这样的界定："洪武初，草创未定及吴元年以前者，则总书曰'国初'。"③ 这一编纂原则为万历《明会典》所沿用，并在书前全文刊载了正德《明会典·凡例》。因此，上述两件则例的颁行时间，应该是朱元璋吴元年或洪武初年。

能否尽快恢复残破的社会经济，保持国家机器的正常运转，关系到朱明政权的兴衰存亡。为加强经济、财政管理，朱元璋以则例的形式颁布了很多钱物管理及相关运作标准方面的事例。洪武年间，制定和颁行则例是治理国家的重要措施，也是经常的立法活动。这一时期到底颁行了多少则例，因文献缺失，无法全面统计。但就笔者查阅到的资料来看，朱元璋执政三十一年间，则例的颁行不曾中断。譬如，洪武三年六月，因大同粮储

---

① （明）祁伯裕、（明）施沛等纂辑《南京都察院志》卷一四《职掌七·屯田事宜·户部会典》，明天启刻本。又见（明）申时行等重修《明会典》卷一八《户部五·屯田》，中华书局，1989，第119页。

② （明）申时行等重修《明会典》卷一二三《兵部六·功次》，中华书局，1989，第631页。

③ （明）徐溥等纂修，（明）李东阳等重校《大明会典》书首《凡例》，明正德六年司礼监刻本。

自陵县运至太和岭路远费重，采纳山西行省的建议，定"中盐输米则例"："令商人于大同仓入米一石、太原仓入米一石三斗者，给淮盐一小引。"① 洪武六年（1373年），"又定给赏则例。北平军士：永平、居庸、古北口为一等，密云、蓟州为一等，北平在城为一等，通州、真定为一等"②。同年，"又令亲王钱粮就于王所封国内府分，照依所定则例期限放支，毋得移文当该衙门，亦不得频奏。若朝廷别有赏赐，不在已定则例之限"③。洪武八年（1375年）定"马夫免粮则例"："自京至宿州十三驿，马夫田租全免；自百善道至郑州，免三分之二；自荥阳至陕西、山西、北平二百二十一驿，免三分之一。"④ 洪武十三年（1380年）定"支给草料则例"："令广东、广西、福建、浙江、湖广、江西布政司，淮安、苏州等卫，马草不许科收，马料不许支给。"⑤ 洪武二十一年（1388年）十一月，编逃故军士鄙册，并颁布"军士月粮则例"："各处卫所军士有逃故者，令本官编成鄙册，送兵部照名行取，不许擅差人役于各府州县勾扰。其州县类造军户文册，遇有勾丁按籍起解。其民匠充军者，月支米八斗，牧马军士支一石。以后复令民丁充军在边操练者，月支米一石。"⑥ 洪武二十四年（1391年），朱元璋下令："公侯大官以及民人，不问何处，惟犁到熟田，方许为主。但是荒田，俱系在官之数，若有余力，听其再开。其山场、水陆田地，亦照原拨赐则例为主，不许过分占为己有。"⑦ 洪武二十六年春正月，户部奏定"云南乌撒中盐则例"："凡输米一斗五升给浙盐一引，输米二斗给川盐，输米一石八斗给安宁井盐，输米一石六斗给黑盐井盐。"⑧ 同年二月，免各处解约泥污绢布者之罪，遂定立"折纳则例"："令拣各布政司并直隶府州县解纳绢布。如泥污水迹堪染颜色及稍破坏者，皆不必赔。糜烂、破损不堪用

---

① （明）王圻纂辑《续文献通考》卷五《田赋考》，明万历三十一年松江府刻本。
② （明）申时行等重修《明会典》卷四〇《户部二十七·经费一·赏赐》，中华书局，1989，第283页。
③ （明）申时行等重修《明会典》卷三八《户部二十五·廪禄一·宗藩禄米》，中华书局，1989，第272页。
④ 正德《明会典》卷一一九《兵部十四·驿传一·马驿》。
⑤ （明）王圻纂辑《续文献通考》卷五《田赋考》，明万历三十一年松江府刻本。
⑥ 《秘阁元龟政要》卷一四，明抄本。
⑦ （明）申时行等重修《明会典》卷一七《户部四·田土》，中华书局，1989，第112页。
⑧ 《明太祖实录》卷二二四。

者，准赔补，亦不治罪。同月定'折纳绢布则例'：每丝二十两及十八两，折绢一匹长三丈二尺、阔二尺，绵布每匹长三丈二尺、阔二尺八寸，重三斤。"① 洪武二十七年（1394年），定"灾伤去处散粮则例"："大口六斗，小口三斗，五岁以下不与。"② 洪武二十八年，定"开中纳米则例"，令出榜召商，于缺粮仓分上纳。③

万历《明会典》中，载有洪武二十六年颁行且记有法律规定的则例9件，卷一二载：

〔洪武二十六年〕又定繁简则例。在外，府以田粮十五万石以上，州七万石以上，县三万石以上，或亲临王府、都司、布政司、按察司，并有军马守御，路当驿道，边方、冲要供给去处，俱为事繁。府州县田粮在十五万、七万、三万石之下，僻静去处，俱为事简。在京衙门，俱从繁例。④

卷一七载：

〔洪武〕二十六年定，凡各州县田土，必须开豁各户若干，及条段四至。系官田者，照依官田则例起科；系民田者，照依民田则例征敛。务要编入黄册，以凭征收税粮。如有出卖，其买者听令增收，卖者即当过割，不许洒派诡寄，犯者律有常宪。⑤

卷一七又载：

〔洪武〕二十六年，定凡民间一应桑林，各照彼处官司原定则例起科丝绵等物。其丝绵每岁照例折绢，俱以十八两为则折绢一匹，所司

---

① 《秘阁元龟政要》卷一六，明抄本。
② （明）舒化奉敕纂修《大明律附例》大明律卷五《户律二》，明万历十三年刻本。
③ （明）申时行等重修《明会典》卷三四《户部二十一·盐法三》，中华书局，1989，第238页。
④ （明）申时行等重修《明会典》卷一二《吏部十一·考核通例》，中华书局，1989，第76页。
⑤ （明）申时行等重修《明会典》卷一七《户部四·田土》，中华书局，1989，第112页。

差人类解到部,札付承运库收纳,以备赏赐支用。其树株、果价等项,并皆照例征收钱钞。除彼处存留支用外,其余钱钞一体类解户部,行移该库交收。仍将存用数目出给印信通关,具本入递奏缴,本部查领附卷作数。其进纳绢匹钱钞一节,俱照依后项金科课程条款,一体施行。①

卷二九载:

〔洪武二十六年〕又令凡在京征收刍草,俱于田亩内照例科征。当征收之时,户部先行定拟具奏,行移该征有司,限定月日,先取部运官吏姓名开报,候起运至日,照数填定拨各该卫所,并典牧千户所等衙门交纳,以备支用。其在外衙门,亦各照依已定则例征收施行。②

卷三〇载:

〔洪武二十六年〕又定各处折纳布绢则例:每丝二十两及十八两,折绢一匹,长三丈二尺,阔二尺;白绵布每匹长三丈二尺,阔一尺八寸,重三斤。③

卷三四载:

凡开中,洪武二十六年定,凡客商兴贩盐货,各照行盐地方发卖,不许变乱合用引目。各运司申报户部,委官关领。本部将来文立案,委官于内府印造。候毕日,将造完引目呈堂,关领回部。督匠编号,用印完备,明立文案,给付差来官收领,回还取领状,入卷备照。其各处有司,凡有军民客商中卖官盐,卖毕随即将退引赴住买官司,依

---

① (明) 申时行等重修《明会典》卷一七《户部四·农桑》,中华书局,1989,第116页。
② (明) 申时行等重修《明会典》卷二九《户部十六·征收》,中华书局,1989,第219页。
③ (明) 申时行等重修《明会典》卷三〇《户部十七·内府库》,中华书局,1989,第221页。

例缴纳。有司类解各运司，运司按季通类解部，本部涂抹不用。凡遇开中盐粮，务要量其彼处米价贵贱及道路远近险易，明白定夺则例，立案具奏，出榜给发各司府州并淮、浙等运司张挂，召商中纳。①

卷四〇载：

〔洪武〕二十六年定，凡在京赏赐该用钞锭，户部查数具奏，于内府关支。凡有钦赏官军人等，当该衙门将该赏人名、钞数，于户部委官处磨算相同，该赏数目附簿验名给散。其委官仍将日逐各起赏过钞数开呈户部，立案备照。候季终户部将原关并赏过钞数，通类具奏。及赏赐胡椒、苏木、铜钱等项亦如之。其在外，如有钦依赏赐官军及赈济饥民等项，户部酌量会计钞锭具奏，委官赴内府照数关领，点闸明白，于户科给批，差人管运，仍行移所在官司。如运钞到彼，照依坐去则例，眼同验名给散，造册回报户部，以凭稽考。②

卷一〇一载：

洪武二十六年定：一、优给则例。凡阵亡、失陷、伤故、淹没者，全支；边远守御出征并出海运粮病故者，减半。一品：米六十石，麻布六十匹。二品：米五十石，麻布五十匹。三品、四品：米四十石，麻布四十匹。五品、六品：米三十石，麻布三十匹。③

卷二〇六载：

〔洪武二十六年〕又定，凡在京城垣河道，每岁应合修缮，其用工数多，须于农隙之时。于近京免粮，应天、太平、镇江、宁国、广德

---

① （明）申时行等重修《明会典》卷三四《户部二十一·盐法三》，中华书局，1989，第238页。
② （明）申时行等重修《明会典》卷四〇《户部二十七·赏赐》，中华书局，1989，第283页。
③ （明）申时行等重修《明会典》卷一〇一《礼部五十九·恩恤》，中华书局，1989，第559页。该则例全文4900余字，因本书篇幅所限，仅引用了开头部分。

等五府州预先定夺奏闻，行移各府起取。除役占等项，照依钦定则例优免外，其余人户每四丁共辏一夫，着令各备锹杆篮担，委官部领，定限十月初赴京，计定工程分拨做造，满日放回。若有不当夫役及做工未满逃回者，并行治罪。及各处起到仓脚夫，俱发应天府收籍为民。遇有官差，度量差拨，着令轮流，周而复始。若差使数多，做工日久，照例每名月给工钱五百文。坊长减半，以周养赡。

优免则例

优免二丁：

水马驿夫　　递运船水夫　　会同馆夫

轮班人匠　　在京见役皂隶　　校尉力士

见任官员　　廪膳生员训导　　马船夫

光禄寺厨役　　防送夫　　军户

铺兵

免一丁：

凡年七十以上及废疾之人。①

万历《明会典》载洪武二十六年则例，多从《诸司职掌》中辑录而来。《诸司职掌》颁布于洪武二十六年，但所载则例并不一定是当年制定。万历《明会典·重修凡例》云："会典旧列，《诸司职掌》于前，历年事例于后。然《职掌》定于洪武二十六年，而洪武事例有在二十六年之前者，不无先后失序，今皆类事编年。凡《职掌》旧文，俱称洪武二十六年定。"② 因此，前述万历《明会典》所载9件则例，应视为洪武年间所颁。

明代史籍中，也有一些文献记载了某一则例在洪武年间或某一朝的编纂沿革情况。以《万历会计录》和《续文献通考》中这类记述居多。以《续文献通考》载洪武间"审编则例"为例：

---

① （明）申时行等重修《明会典》卷二〇六《工部二十六·夫役》，中华书局，1989，第1027页。

② （明）申时行等重修《明会典》书首《重修凡例》，中华书局，1989，第7页。

太祖洪武三年，令各处军民，凡有未占籍而不应役者，许自首。十七年，令各处赋役，必验丁粮多寡，产业厚薄，以均其力。违者，罪之。十八年，令有司第民户上、中、下三等为赋役册贮于厅事，凡遇徭役取验，以革吏弊。二十一年，令税课司局巡栏，止取市民殷实户应当，不许佥点农民。二十四年，令寄庄人户，除里甲原籍排定应役，其杂泛差役，皆随田粮应当。二十六年定，凡各处有司十年一造黄册，分豁上、中、下三等人户，仍开军民灶匠等籍。除排年里甲依次充当外，其大小杂泛差役，各照所分上、中、下三等人户点差。三十一年，令各都司卫所在营军士，除正军并当房家小，其余尽数当差。①

"审编则例"于洪武年间的补充修订和颁布不少于 7 次。其他很多则例编纂也有类似情况。这从一个侧面表明，明太祖在位期间，一直很重视则例的制定。

洪武年间，朱元璋还颁布了"官田则例""银钱则例""屯田则例""铸钱则例""吏员升用则例"等数十种则例。综合分析这一时期各种则例的制定背景、内容及实施状况，可以对则例的性质、功能有基本的认识。

其一，在明初法律体系中，则例是事例的一种，虽属于"变通之法"的范畴，但它是例的重要法律形式之一。明建国之初，百废待兴，统治者无暇精心编纂法典、法律，也缺乏立法经验，加之朱元璋为治乱世，法令数变，在很长的一段时间内，"常经之法"不够健全。则例的颁行，极大地完善了国家法制。

其二，则例是明初经济立法的重要形式。洪武年间颁行的法律，仅《大明令》《诸司职掌》《大明律》三者涉及经济、财政管理。《大明律》是刑事法律，内含惩处、打击经济犯罪方面的规定，对基本的经济制度较少涉及。《诸司职掌》颁行于洪武朝后期。《大明令》颁行于洪武元年，其中有关食货方面的立法不足 20 条，且都是言简意赅的原则性规定，用其是无法调整复杂多变的社会经济关系的。则例具有立法适时和法律规范

---

① （明）王圻纂辑《续文献通考》卷二一《职役考·审编则例》，明万历三十一年松江府刻本。

具体的双重优点，明初在经济和社会秩序极其混乱的情况下，朝廷通过颁行各种则例，有效地加强了国家对经济、财政和其他重要事务的管理。

其三，则例是国家"常法"的法源。洪武年间在制定国家基本法律的过程中，把一些普遍适用的则例编入了国家"常法"，如《御制大诰续编》中收入了食钱则例、路费则例，《诸司职掌》收入了繁简则例、田土起科则例、没官则例、民间桑株起科则例、灾伤赈济则例、赏赐则例、开中盐粮则例、在京征收刍草则例、优给则例、工役囚人则例、铸钱则例、赋役则例等。这些则例编入《诸司职掌》和《御制大诰续编》后，已成为国家"常法"的组成部分，具有长期的稳定性和广泛的适用性，不再属于"变通之法"。则例的编纂对于完善明代法律制度和法律体系也有重要的意义。

（二）永乐至弘治间则例的颁行

1. 则例在完善明代法律体系中的功能

《明会典》的编纂始于弘治十年（1497年）。在此之前，于洪武朝之后，明朝经历了惠帝、成祖、仁宗、宣宗、英宗、代宗、英宗、宪宗七帝，近100年。这一历史时期立法的基本状况可概括为：遵循祖宗成宪，广泛制例，以例补法。则例在弥补法律体系不足及进一步完善明代食货法律制度方面，扮演了重要角色。

"遵循祖宗成宪"是朱元璋为后嗣君主立下的一条戒规，也是他要求子孙在法律制度建设上必须恪守的原则。他死前留下遗训："已成之法，一字不可改易。"①"群臣有稍议更改，即坐以变乱祖制之罪。"② 朱元璋立此遗训，目的是保障他颁行的成法传之万世，但其忽略了"法随情变""当适时宜"这一立法精神，给后世创新法制造成了障碍。明成祖兴靖难之役，以建文帝"变乱祖制"为罪名，在法制建设方面极力推崇祖制。永乐之后的

---

① 《皇明祖训》序，载《中国珍稀法律典籍续编》第3册，黑龙江人民出版社，2002，第483页。
② 《明史》卷九三《刑法一》，中华书局，1974，第2279页。

仁宗、宣宗、英宗等君主，也都仿效明成祖，打起"恪守祖训"的旗号。在这种历史背景下，永乐到弘治中叶，累朝在健全"常法"方面，仅做了两件事，即在洪武朝颁行的《军政条例》和《宪纲》的基础上，续编了一些新的条款。在制定新的"常法"方面没有多少建树。

然而，刑书所载有限，天下之情无穷。随着社会的发展和各种新的问题不断出现，国家行政、财政运转和社会生活管理日趋复杂和多样化，明太祖制定的那些常经之法已难完全适应治理国家的需要。由于谁也不愿意承担"变乱祖制"的罪名，几朝君主只能以"事例""则例""榜例"等法律形式对原来的法律进行补充，或对一些不适用的条款进行间接修正。各朝的事例一般由中央各衙门议定或朝臣题奏，皇帝批准实施。

制例是这一历史时期各朝立法的基本活动，诸多史书都用"浩瀚"二字形容当时制例的状况。永乐至弘治各朝到底颁行了多少则例，尚难详考。检索《明史》《国榷》《国朝典汇》《续文献通考》《皇明条法事类纂》《明经世文编》《吏部四司条例》《军政条例类考》《皇明诏令》《大明律附例》《万历会计录》《南京都察院志》《嘉靖事例》《天下郡国利病书》《南京太仆寺志》《皇明大政记》《弇山堂别集》《西园闻见录》《典故纪闻》《炎徼纪闻》《登坛必究》等28种文献，所记载的这一时期须行的则例达171件（见表2-1）。

表2-1　28种文献所载永乐至弘治则例

制例时间	则例名称	出处
永乐二年	苏、松等府水淹去处给米则例	《续文献通考》卷三三
永乐二年	复定屯粮则例	《明史》卷一二五
永乐三年	更定屯田则例	《续文献通考》卷一四 《南京都察院志》卷一四
永乐三年	屯田子粒则例	《国榷》卷九五
永乐七年	兑运加耗则例	《明史》卷九九
永乐十年二月	减凉州盐粮则例	《国朝典汇》卷九六
永乐十年	在京文官俸粮本折则例	《万历会计录》卷三四
永乐十六年春正月	开中四川、河东、云南、福建盐粮则例	《明太宗实录》卷一九七

续表

制例时间	则例名称	出处
永乐二十二年九月	用钞中盐则例	《续文献通考》卷一〇
永乐年间	天下卫所军事月粮本折则例	《明史》卷八二
洪熙元年	各盐司中盐则例	《续文献通考》卷二〇 《明史》卷八〇
宣德三年	更定纳米中盐则例	《续文献通考》卷二〇 《明史》卷八〇
宣德五年四月	各处中纳盐粮则例	《明宣宗实录》卷六五
宣德六年十一月	官军兑运民粮加耗则例	《国朝典汇》卷九七 《明史》卷七九 《天下郡国利病书·苏松备录》
宣德七年	在京文官俸粮本折则例	《万历会计录》卷三四
宣德八年六月	松潘中纳盐粮则例	《明宣宗实录》卷一〇三
宣德九年八月	辽东广宁卫于淮浙等处支盐则例	《明宣宗实录》卷一一二
宣德十年十二月	中盐运粮则例	《明英宗实录》卷一二
宣德十年	造胖袄则例	《登坛必究》卷二九
宣德年间	内外官岁俸本色折色则例	《明史》卷一〇五
正统元年九月	运粮官军兑运各处民粮来京输纳加耗则例	《明英宗实录》卷二二
正统三年二月	独石、马营、云州召商中纳盐粮则例	《明英宗实录》卷三九
正统三年	宁夏卫冬衣布花则例	《万历会计录》卷二七
正统四年	江西、浙江、福建等地官民田起科则例	《大明律附例》卷五 《续文献通考》卷三
正统七年春正月	在京宣课、都税二司税钞则例	《明英宗实录》卷八八 《续文献通考》卷一八
正统八年冬十月	陕西沿边中盐则例	《明英宗实录》卷一〇九
正统八年	征解夏税、丝绢蒙则例	嘉靖《仁和县志》卷四
正统十年九月	定边等卫中盐纳马则例	《明英宗实录》卷一三三 《弇山堂别集》卷八九 《西园闻见录》卷七一

续表

制例时间	则例名称	出处
正统十二年	秋粮加耗则例	嘉靖《仁和县志》卷四
正统十三年五月	云南腾冲卫指挥司中纳盐粮则例	《明英宗实录》卷一六六
正统十三年	寺观庄田减轻则例	《大明律附例》卷五
正统十三年	沙垱、东湾埠等处起科则例	《万历会计录》卷一六
正统十三年	纳马中盐则例	《万历会计录》卷二七
正统十四年冬十月	囚犯运米则例	《明英宗实录》卷一八四
正统十四年	官员依品级合用皂隶数则例	《国朝典汇》卷三五 《典故纪闻》卷一一
景泰元年	各处中盐则例	《皇明大政记》卷八
景泰元年六月	山西代州纳米中盐则例	《明英宗实录》卷一九三
景泰元年秋七月	囚犯减轻纳米则例	《明英宗实录》卷一九四
景泰元年八月	湖广五开、清浪、偏桥等处减轻中盐则例	《明英宗实录》卷一九五
景泰元年十一月	纳粮冠带则例	《明英宗实录》卷一九八
景泰二年十二月	辽海、三万、铁岭等卫开中盐粮则例	《万历会计录》卷一七 《明英宗实录》卷二一一
景泰二年	民田则例	《万历会计录》卷二三
景泰二年	肃州卫等处中盐减轻则例	《万历会计录》卷二八
景泰二年	崇文门分司收税则例	《嘉靖事例》
景泰三年九月	江西纳粟冠带则例	《明英宗实录》卷二二〇
景泰三年闰九月	遵化县召商中纳粮米则例	《明英宗实录》卷二二一
景泰三年十月	贵州平越、都匀、普定、毕节四卫召商中盐则例	《明英宗实录》卷二二二
景泰三年十一月	山西民纳米冠带则例	《明英宗实录》卷二二三
景泰三年十一月	直隶等处罪人纳米赎罪则例	《明英宗实录》卷二二三
景泰四年二月	犯笞、杖、徒、流、杂犯死罪纳米赎罪则例	《明英宗实录》卷二二六
景泰四年夏四月	山东、河南等地罪人纳米赎罪则例	《明英宗实录》卷二二八
景泰六年六月	山东、河南、北直隶并顺天府减轻起科则例	《明英宗实录》卷二五四

续表

制例时间	则例名称	出处
景泰六年秋七月	在京法司并北直隶囚犯运米赎罪则例	《明英宗实录》卷二五六
景泰六年	北直隶并顺天府无额田地减轻起科则例	《万历会计录》卷一五下
景泰七年	浙江嘉、湖、杭官民田征粮则例	《明英宗实录》卷二七〇
景泰七年	永平府等地民田则例	《万历会计录》卷一八
景泰十三年	福建、河东盐引米豆则例	《万历会计录》卷一七
景泰十七年	登、莱沿海瘠地轻科则例	《万历会计录》卷三八
天顺初	杭、嘉、湖官民田平米则例	《续文献通考》卷二
天顺二年八月	辽东各处召商中纳盐粮则例	《明英宗实录》卷二九四
天顺二年	徐州中纳盐粮则例	《明英宗实录》卷二八七
天顺三年	新开无额田地及佃种荒地减轻起科则例	《续文献通考》卷二
天顺五年二月	淮、浙及河东运司召商中纳盐粮则例	《明英宗实录》卷三二五
天顺五年十二月	赎罪则例	《明英宗实录》卷三三五
天顺六年	隐漏地土起科则例	《天下郡国利病书》引《杞乘》
成化元年八月	赎罪通行收钞不准则例	《皇明条法事类纂》卷一
成化二年二月	在京杂犯死罪并徒流笞杖纳豆则例	《皇明条法事类纂》卷一
成化二年三月	陕西纳草赎罪则例	《明宪宗实录》卷二七
成化二年三月	吏典纳草则例	《吏部四司条例》
成化二年闰三月	在京各衙门办事官吏纳豆出身则例	《皇明条法事类纂》卷一〇
成化二年闰三月	申明办事官吏纳豆则例	《皇明条法事类纂》卷一〇
成化二年	马数、瘦损并倒失不即报官则例	《南京太仆寺志》卷四
成化二年	征收夏税则例	《皇明条法事类纂》卷二
成化二年	成造军器则例	《军政条例类考》卷一
成化三年	漕运加耗则例	《明经世文编》卷四一
成化四年三月	有力囚人运石则例	《皇明条法事类纂》卷一
成化五年十一月	征收秋粮则例	《皇明条法事类纂》卷二
成化六年五月	吏典纳草则例	《吏部四司条例》
成化六年七月	监生拨历则例	《国榷》卷三六
成化六年十月	太仓起剥则例	《续文献通考》卷三七

续表

制例时间	则例名称	出处
成化六年十二月	河南、陕西杖罪以上官吏人等上纳粮米则例	《皇明条法事类纂》卷一
成化六年十二月	纳米赎罪则例	《皇明条法事类纂》卷一
成化六年十二月	广平府官粮则例	《明宪宗实录》卷八六
成化六年	各王府及功臣之家赐田土佃户纳银则例	《续文献通考》卷三
成化七年五月	茶课则例	《皇明诏令》卷一六
成化八年春正月	在外罪囚罚纸俱照在京则例减等不许多收滥罚例	《皇明条法事类纂》卷二
成化八年八月	山东囚犯纳米则例	《皇明条法事类纂》卷二
成化九年三月	收受粮斛则例	《皇明条法事类纂》卷一五
成化十二年十二月	流民、逃囚等附籍田地减轻起科则例	《明宪宗实录》卷一六〇
成化十三年秋七月	辽东军士冬衣布花折色则例	《明宪宗实录》卷一六八
成化十四年三月	陕西秦、庆、肃、韩四府郡王以下府第工价则例	《明宪宗实录》卷一七六
成化十四年五月	辽宁二十五卫杂犯死罪以下纳草赎罪则例	《明宪宗实录》卷一七八
成化十四年十月	运米则例	《明宪宗实录》卷一八四
成化十五年八月	笞杖罪囚例该做工者出备工价修理监墙厅库则例	《皇明条法事类纂》卷二
成化十六年正月	船料则例	《皇明条法事类纂》卷二
成化十六年五月	河间府东光县开垦荒田则例	《明宪宗实录》卷二〇三
成化十七年正月	军民耕赁住起科则例	《皇明条法事类纂》卷二
成化十七年春正月	云南救荒则例	《明宪宗实录》卷二一一
成化十七年二月	银钱通融则例	《明宪宗实录》卷二一二
成化十七年六月	知引、承差、吏典捐纳米则例	《明宪宗实录》卷二一六
成化十七年	长芦、山东中支引盐比照淮南正盐则例	《万历会计录》卷三九
成化十八年三月	苏、松等地三年、六年考满官员赈济纳米则例	《明宪宗实录》卷二二五
成化十八年三月	陕西西六年考满官岩济纳米则例	《明宪宗实录》卷二二五

续表

制例时间	则例名称	出处
成化十八年九月	各王府坟茔准照夏邑郡王增减则例	《明宪宗实录》卷二三二
成化十九年五月	周府庄田征租则例	《明宪宗实录》卷二四〇
成化十九年十二月	南京刑部、都察院问过囚犯纳米赎罪则例	《皇明条法事类纂》卷二
成化十九年	凤阳等府折银则例	《续文献通考》卷四二
成化二十年秋七月	陕西秦州借贷则例	《明宪宗实录》卷二五四
成化二十年九月	浙江杭州府城南税课司抽分则例	《明宪宗实录》卷二五六
成化二十年九月	军职照地方品级上纳杂粮则例	《明宪宗实录》卷二五六
成化二十年冬十月	山西各府并天下生员游学山西者纳粟入监则例	《明宪宗实录》卷二五七
成化二十年	顺、永二府等处杂犯死罪以下囚犯运米则例	《皇明条法事类纂》卷二
成化二十一年三月	指挥以上官种熟地则例	《明宪宗实录》卷二六三
成化二十一年闰四月	山西、陕西知印等役纳银冠带则例	《明宪宗实录》卷二六五
成化二十一年八月	漕运兑运则例	《明宪宗实录》卷二六九
成化二十一年	夏秋二岁改科数目则例	弘治《徽州府志》卷三
成化二十二年夏四月	畿内庄田减轻纳税则例	《明宪宗实录》卷二七七
成化二十三年	俸禄则例	《弇山堂别集》卷七六
成化年间	梧州商税则例	《炎徼纪闻》卷二
成化年间	成造军器则例	《军政条例类考》卷一
弘治元年二月	巡捕官兵拿贼不获住俸等项则例	《皇明条法事类纂》附编
弘治元年三月	各钞关税课司局钱钞折银则例	《皇明条法事类纂》卷一三
弘治元年四月	崇文门抽分禁革奸弊则例	《皇明条法事类纂》卷二
弘治元年八月	囚犯纸札则例	《皇明条法事类纂》卷二
弘治元年	钞关、税课司局折收银两则例	《万历会计录》卷四二
弘治二年九月	顺天、保定等府已故太监庄田照民田起科则例	《明经世文编》卷八五

续表

制例时间	则例名称	出处
弘治二年十一月	赃物估钞则例	《皇明条法事类纂》卷五
弘治二年	各场灶丁折银则例	《古今鹾略》卷四
弘治二年	官军月粮则例	《万历会计录》卷二八
弘治三年	积粮则例	《嘉靖事例》
弘治五年	养马贴户则例	《南京太仆寺志》卷二
弘治六年	各王府及功臣之家赐田佃户该纳子粒征银则例	《万历会计录》卷一五下 《续文献通考》卷六
弘治六年	淮安、扬州、杭州船税则例	《天下郡国利病书·浙江备录上》
弘治六年	大同地土纳粮草则例	《万历会计录》卷七
弘治六年	江西、浙江等地税课司局收税按月稽考则例	《续文献通考》卷二九
弘治六年	河西务、苏州、九江、临清钞折银则例	《续文献通考》卷二二
弘治六年	丁田则例	《南京太仆寺志》卷一〇
弘治七年	协济水夫则例	《续文献通考》卷一〇〇
弘治十年	山东长芦盐引减轻则例	《万历会计录》卷一七
弘治十四年	广东、肇庆河泊所随船大小取银则例	《万历会计录》卷四三
弘治年间	灾伤免粮则例	《续文献通考》卷一九

注：本表共列举则例141件。《明宪宗实录》记成化朝"开中则例"30件（见杨一凡、刘笃才著《历代例考》，社会科学文献出版社，2012，第201~202页）未列入。

表2-1所列则例，内容涉及田土、税粮、草料、起运、漕运、仓庾、钱法、钞法、盐法、商税、时估、官员俸禄、军事供给、赏赐、马政、军器、捐纳、救荒、囚犯赎罪等，详细规定了相关事宜的运行规则和标准，从各个方面弥补了成法之不足。

明初颁行的法律中，《诸司职掌》规定了明朝的基本经济法律制度，但其中的田土、户口数字，税粮、盐茶等课额，各类物料的价值，官员俸禄和军事供给的标准，囚犯物赎、力赎的标准等，均是按照洪武朝中后期的国情实际确定的。随着时间的推移，很多规定已与发展变化了的经济状况不相适宜。永乐后各朝颁布的则例，适时对相关标准和规则作了调整，较好地保障了国家食货法律制度的实施。

（三）明代典例法律体系的确立及《明会典》所载则例

1. 两朝《明会典》的颁行是明代典例法律体系确立和完善的标志

明代中后期法制建设的重大成就，是颁行了正德《明会典》和万历《明会典》。正德《明会典》的颁行，是明代典例法律体系基本框架定型的标志。而万历《明会典》的颁行，使典例法律体系进一步完善。

《明会典》的编纂始于弘治十年三月。其时，孝宗以累朝典制散见于简册卷牍之间，百司难以查询，民间无法悉知，于弘治十年三月敕大学士徐溥、刘健等编纂《明会典》。十五年（1502年）十二月成书，凡180卷，但未及颁行，明孝宗去世。明武宗继位后，于正德四年（1509年）五月，命大学士李东阳等重校，六年颁行，世称"正德《明会典》"。

正德《明会典·凡例》云："《会典》之作，一遵敕旨，以本朝官职制度为纲，事物名数仪文等级为目。"由此可知，《明会典》编纂之始，就确立了以典制为纲、以事则为目的指导思想和编纂原则。修成的正德《明会典》，以六部和其他中央机构官制为经，以事例为纬，分述开国初至弘治十五年百余年间各行政机构的建置及所掌职事。其书1卷为宗人府，2~163卷为六部掌故，164~178卷为诸文职，末2卷为诸武职。该书事类纲目，一依洪武二十六年刊布的《诸司职掌》。通过修订，保留了《诸司职掌》全文和《大明律》458条，从《大明令》《皇明祖训》《大诰》《大明集礼》《洪武礼制》《礼仪定式》《稽古定制》《孝慈录》《教民榜文》《军法定律》《宪纲》等11种法律中，选编了仍适合明代中期行用的有关条款；从国初至弘治十五年颁行的事例中，编选了当时仍可行用和具有参阅价值的事例，编成"足法万世"的一代之典。

正德《明会典》是全面整合明太祖颁行的诸法律和历年事例的结晶，它的颁行，标志着明朝典例法律体系的基本定型。此后直到明末，虽然《明会典》在嘉靖、万历间曾经重修，但只是内容和体例的进一步完善，国家的法律体系框架始终未有大的变化。正德《明会典》颁行后明代法律体系的构成详见表2-2。

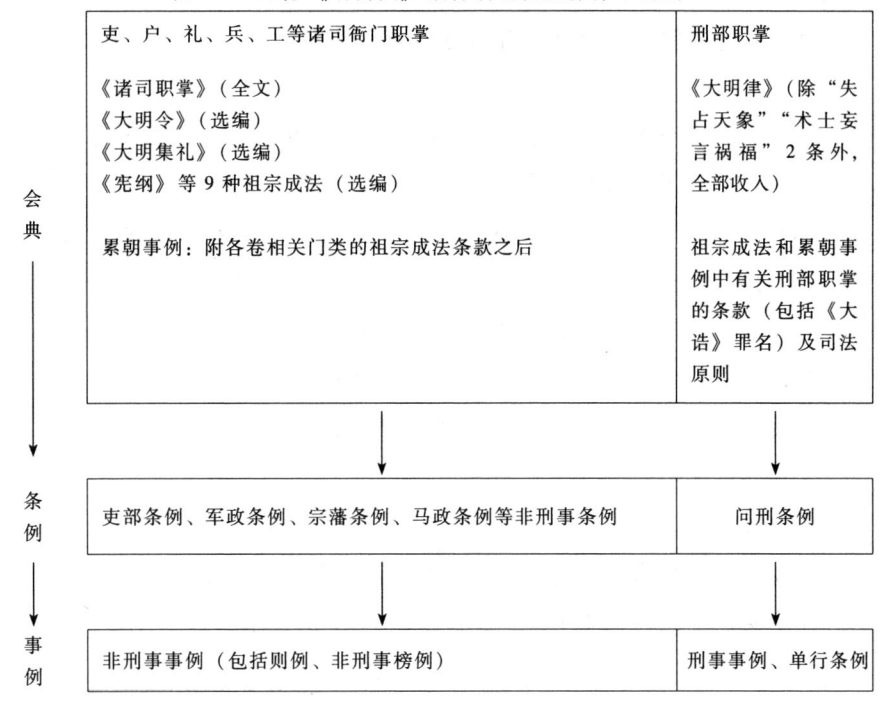

表 2-2 正德《明会典》颁行后明代法律体系构成

	吏、户、礼、兵、工等诸司衙门职掌	刑部职掌
会典	《诸司职掌》（全文） 《大明令》（选编） 《大明集礼》（选编） 《宪纲》等 9 种祖宗成法（选编） 累朝事例：附各卷相关门类的祖宗成法条款之后	《大明律》（除"失占天象""术士妄言祸福"2 条外，全部收入） 祖宗成法和累朝事例中有关刑部职掌的条款（包括《大诰》罪名）及司法原则
条例	吏部条例、军政条例、宗藩条例、马政条例等非刑事条例	问刑条例
事例	非刑事事例（包括则例、非刑事榜例）	刑事事例、单行条例

正德《明会典》整合的 13 种祖宗成法中，"《诸司职掌》见今各衙门遵照行事"，"《大明律》已通行天下，尤当遵奉"①，故《诸司职掌》全文收入，《大明律》除 2 条外，其他 458 条均全文收入。选编的《大明令》《大明集礼》《宪纲》等 11 种法律的有关条款，也都是经久可行的法律规定。至于《明会典》整合的累朝事例，现行事例无疑具有法律效力，而远年事例亦有行用或参用价值。明朝规定"远年事例，不许妄援"②，如援引要报请皇帝批准。总之，《明会典》并非单纯的史料汇编，而是一部在法律体系中居于"纲"的地位、各级官府、臣民务必遵行的"大经大法"。

从正德六年到万历十五年（1587 年），正德《明会典》实施了 76 年之久。嘉靖年间，由于两方面的原因，一是正德、嘉靖年间又颁行了大量的事例，二是《明会典》本身也有编纂不精到之处，《明会典》的续修工作被

---

① （明）徐溥等纂修，（明）李东阳等重校《大明会典》书首《凡例》，明正德六年司礼监刻本；又见（明）申时行等重修《明会典》书首《弘治间凡例》，中华书局，1989。

② 《明神宗实录》卷五〇六。

提上了议事日程。《明世宗实录》卷八一就嘉靖六年（1527年）十月己酉世宗皇帝同意续修《明会典》事作了这样的记载：

> 上阅《会典》，内载冠礼之仪，成化十四年有"礼成谒谢奉先奉慈殿"之文。因问彼时未有奉慈殿，何差误若此？辅臣杨一清等言：《会典》一书，乃弘治九年孝庙命官纂修，大学士李东阳等议定凡例，以《诸司职掌》乃圣祖旧制，开具于前，而以累朝节年事例循序系于后。书久不完，传旨督责，乃催攒成编，故多差误。正德间，又尝略为校正，而有未尽者。此一代通典，百司之所遵行，后世以之为据，诚为至要。但纂修稍迟，故老凋丧案卷磨灭，如前项差错，恐益多矣。合令部院等衙门各委属官，将续定事例再行检勘，送史馆润色改正，庶几失之于前，犹可正之于后也。上曰：会典我朝之制，祖宗建造，如此之误可乎！朕每观览，不能无疑。卿谓今不图之，后愈无考也。诚宜修复，以成一代之制。

也有臣工以正德《明会典》采集的资料有重大遗漏，要求续修《明会典》。如嘉靖八年（1529年）十二月丁丑，四川巡抚都御史唐凤仪上书云：

> 臣往年曾将法司相传辑录《条例全文》，誊一部，计六十四卷。始天顺八年讫弘治七年，所载皆列圣因时沿革之政令也。今重修《会典》，请得增入。诏送史馆采择。①

《明会典》在嘉靖年间两次续修。嘉靖八年将弘治十五年至嘉靖七年（1528年）续定事例，照前例查出纂集，以类附入。嘉靖二十四年（1545年）至二十八年（1549年），又诏阁臣续修新例。嘉靖间前后续修达53卷，世称"嘉靖续纂《明会典》"，然未颁行。

神宗万历四年（1576年）六月，重修《明会典》，十三年（1585年）书成，十五年二月刊行，世称"万历重修《明会典》"，题为申时行等纂

---

① 《明世宗实录》卷一〇八。

修，共228卷，增补了嘉靖二十八年至万历十三年事例。今存《明会典》有内容简繁不同的两种版本，一般称引的《明会典》，多指万历本。

万历《明会典》以六部和其他中央机构官制为纲，以事则为目，分述明代开国至万历十三年200余年间各行政机构的建置沿革及所掌职事。全典分文职衙门与武职衙门两大部分。其中文职衙门共226卷，宗人府1卷，吏部12卷，户部29卷，礼部75卷，兵部41卷，刑部22卷，工部28卷，都察院3卷，通政使司和中书舍人、六科、大理寺、太常寺、詹事府等、光禄寺、太仆寺、鸿胪寺、国子监、翰林院、尚宝司、钦天监、太医院、上林苑监等、僧录司等各1卷。武职衙门共2卷，涉及五军都督府和锦衣卫等22卫。南京衙门事例附于各相关衙门之后。

万历《明会典》详细记述了各国家机构的设置、有关制度和活动原则、冠服仪礼，并附有插图。在各官职下多列有详细统计数字，如田土、户口、驻军和粮饷等。正如序文所说，"辑累朝之法令，定一代之章程，鸿纲纤目，灿然具备"①，是明朝新的典章之大全。

与正德《明会典》比较，万历《明会典》更加规范和完善，主要表现在三个方面。

其一，把祖宗"制书"条款与累朝事例整合，以事分类，实现了典、例融合，使"大经大法"更加规范。万历重修《明会典》，是在修订正德《明会典》和未颁行的嘉靖《明会典》的基础上完成的。旧典"列《诸司职掌》于前，历年事例于后。然职掌定于洪武二十六年，而洪武事例有在二十六年之前者，不无先后失序"②。加之书首无总目，很多卷目次下制书条款与事例的内容往往有交错之处，条理不够分明。万历《明会典》改为把制书条款和相关事例合编，"从事分类，从类分年，而以凡字冠于事类之首，各年俱以圈隔之"③。制书条款收入其中时，俱称其刊布时间，如《大明令》称洪武元年、《诸司职掌》称洪武二十六年。《御制大诰》《大明集礼》《洪武礼制》等书，也是仅称年份，不用书名。这样，各类事例按刊布

---

① （明）申时行等重修《明会典》书首万历十五年《御制重修明会典序》，中华书局，1989，第2页。
② （明）申时行等重修《明会典》书首《重修凡例》，中华书局，1989，第2页。
③ （明）申时行等重修《明会典》书首《重修凡例》，中华书局，1989，第2页。

年份排列,总目列于书首,各卷下标有事类名称。卷帙虽然浩瀚,但纲目分明,因革清晰。在整合祖宗成法和累朝事例时,正德《明会典》收入了《大明律》及所附万历《问刑条例》全文,而融《大明令》等12种祖宗成法与累朝事例为一体。此种做法,意味着这些曾以"制书"名义颁布的祖宗成法作为独立的法律从此淡出法律舞台,因而进一步实现了法制一统,使以典为纲、以例为目的法律体系更加完善。

其二,万历重修《明会典》按照"至精且当"的要求校订,对旧典的款目和内容也多有损益。该书前《重修凡例》云:"《会典》款目事件,有遗漏当补者,如常朝无御门仪之类;有重复当并者,如粮储、税粮、草料、刍草之类;有次第未当者,如官制列选官后之类;有增目未尽者,如马政、军政之类;有合提纲而列为目者,如推升列选官下之类;有应立目而止附载者,如官舍、比试之类;有应合而分者,如朝觐、考察、水马驿之类;有应两载而未备者,如殿试附科举之后,而策士另载之类。今皆增补厘正。其有字义未妥者,皆更之,如吏部'贡举'改为'访举',(诸司职掌)改为'责任条例'之类。""兵部镇戍,旧本纪载甚略,而别有文臣总督之目。然巡抚兵备官,皆有兵戎之寄,而九边各镇要害,节年经理,事例甚繁,皆宜备录。今以督抚兵备列于将领之次,各镇则有分例、有通例。凡边海防御事宜可考据者,皆书之。若各省直地方有未详者,姑阙以俟后。其九边仍括为图,列于图本之下,以备参考。其文臣总督旧目,则删之。""内府营造,不载宫殿门楼,似为阙漏,今补书之。"经修改、校订、补辑,内容更为精当。

其三,万历《明会典》在"嘉靖续纂《明会典》"所收续定事例的基础上,又增补了嘉靖二十八年至万历十三年事例。全书共续编弘治十五年至万历十三年事例4991件,使法典内容高度完善。

关于《明会典》的性质,学界长期存在争议。有些学者认为其是典章制度史料汇编,其性质为"官修史书";有些学者认为皇帝明令"照依《会典》""永远遵守",其性质为"行政法典"。笔者以为,正德和万历《明会典》的内容虽多寡不一,但实际上都是由国家典章制度和累朝事例构成,两朝会典的编纂体例虽有所变化,但都把《大明律》458条收入,并收入了诸多刑事事例。此外,正德《明会典》收入了"真犯死罪""杂犯死罪"罪名,万历《明会典》收入了万历《问刑条例》。"官修史书"说忽视了《明会典》与其他政书的不同，它通过立法活动修成，所载必经久可行之制，具有最高的法律效力，史籍中有关行用《明会典》的记载比比皆是。"行政法典"说忽视了《明会典》收有《大明律》和诸刑例这一基本事实。因此，还是按照明代统治者对《明会典》性质的表述，称其为"大经大法"更为妥当。用现代法律语言则可表述为：《明会典》是全面规范国家政务和各项基本制度、经久常行、在国家法律体系中居于"纲"的地位的大法。

本书以"大经大法"表述《明会典》的性质，主要理由如下。其一，关于《明会典》编纂的宗旨，《御制〈大明会典〉序》云："俾内而诸司，外而群服，考古者有所依据，建事者有所师法。"明统治者编纂《明会典》有双重意图，一是明法度令官民共守，二是诏示一代典籍备后世查考。其二，《明会典》是一代典章和法律的汇编，它不同于一般典制体史书的编纂，自始至终都是国家的立法活动。内容选编以"不得与《会典》之制有违"为原则，现行法律须经严格清理、选择，可通行于世者，呈报皇帝定夺后方可入典。《明会典》要由皇帝明令公布，命天下遵行。其三，从《明会典》的内容看，除现行法律外，收入的前朝颁行的法律，基本上是两种情况，或是长期通行的基本法律制度，或是可作为百司行用、参用的法律条款。其四，查阅《明实录》等明代史籍，在立法与执法实践中有很多"照依《会典》""查照《会典》""按《会典》开载"的记载，说明《明会典》在治国实践中是作为一代大法被遵行的。

《明会典》为国家的"大经大法"，自颁行之日起，一直要求天下臣民严格遵守。孝宗皇帝所写《御制〈大明会典〉序》云："朕祗承天序，即位以来，夙夜孜孜，欲仰绍先烈，而累朝典制，散见叠出，未会于一。乃敕儒臣，发中秘所藏《诸司职掌》等诸书，参以有司之籍册，凡事关礼度者，悉分馆编辑之。百司庶府以序而列，官各领其属，而事皆归于职名，曰《大明会典》。……百有余年之典制，斟酌古今，足法万世者，会稡无遗矣。特命工锓梓，以颁示中外，俾自是而世守之。"① 明代史籍中有关"遵《明

---

① （明）徐溥等纂修，（明）李东阳等重校《大明会典》书首《御制〈大明会典〉序》，明正德六年司礼监刻本。

会典》"和依据《明会典》处理行政事务的记载比比皆是。《明实录》中即有很多遵守《明会典》行事的记载。仅以《明世宗实录》所载为例。如嘉靖元年（1522年）三月，"己未，鲁府新蔡王当浮，乞赐食盐，以《会典》有禁，不允。仍定为例"①。嘉靖二年（1523年）三月，"辛未，户部上言……今宜严禁私茶，陕西责之巡茶御史，四川、湖广守巡兵备，一切市茶未卖者验引，已卖者缴引截角，凡引俱南京户部印发，郡县无得擅印。痛革私税，一归于批验茶引所茶课司。其总镇守备家人头目豪贩者，抚按论劾无赦，仍以《大明会典》及律例所载申明榜示"②。此建议得到世宗皇帝批准。嘉靖九年（1530年）六月丙戌，吏科都给事中夏言上书，建议祭祀太庙、世庙时，由六科都给事中参与陪祭，世宗皇帝要求礼部议定，礼部"以与《会典》事例不合，罢之"③。嘉靖十四年（1535年）正月丁丑，"周王睦播奏，王亲瑶役，乞一户全免。部覆：'宜遵《会典》例，免二丁。'诏从部议"④。《明世宗实录》卷四九七载，嘉靖四十年（1561年）闰五月癸卯，"云南抚按官以近例裁革关文，请给本省会试举人及乡试考官勘合。兵部言：各省新科举人，例应起关，仍照《会典》遵行。其骋取考官亦系公务，宜如顺天府事例一体应付。从之"。

2. 则例入典及其意义

正德《明会典》的内容由祖宗成法及累朝事例组成，内有国初至弘治十五年颁行的大量则例。把《明会典》所收事例与《明实录》等史籍记载的则例比较，可知《明会典》中收入的很多用数字表述钱物和财政收支标准的事例，在最初颁行时，也称为则例。收入正德《明会典》时，仍保留则例称谓的有27件。

这里需要说明的是，表2-3所列的部分正德《明会典》所载则例中，有7件在编纂万历《明会典》时被收入。考虑到目前学界通用的《明会典》版本是已影印出版的万历刊本，而正德《明会典》传本甚少，为节省行文

---

① 《明世宗实录》卷八。
② 《明世宗实录》卷二四。
③ 《明世宗实录》卷一一四。
④ 《明世宗实录》卷一七一。

二　明代典例法律体系的确立及则例的功能 | 059

篇幅，笔者在编写统计表时，凡两部《明会典》所载则例重复者，在正德《明会典》所载则例举要中，不再详记则例内容。

表 2-3　正德《明会典》所载则例举要

则例名称	内容概要	出处
繁简则例	万历《明会典》卷一二《吏部十一·考核通例》又载	卷一四《吏部十三·考核通例》
赏赐布花则例	〔景泰三年〕又定后军都督府所属通州右等卫所，并大宁、万全二都司所属卫所赏赐布花则例。通州左右、永平、蓟州、遵化、忠义中、镇朔、隆庆、东胜左右、密云中、兴州中屯左屯右屯前屯后屯、营州中屯右屯左屯前屯后屯、定州、河间、大同中屯、沈阳中屯、茂山、保定前后左右中、定边、开平中屯、天津、天津左右、武清、抚宁、真定、涿鹿左、涿鹿、卢龙、涿鹿中、神武中右等卫，及广昌、平定、蒲州、梁城、宽河等守御千户所，正军、恩军有家小，该布三匹者，内一匹折钞五锭，绵花一斤八两；只身旗军及发去异姓军士，巡营、守门铺、养马、看仓、看草、老幼久病残疾、复役未及三年逃军，该布二匹者，内一匹折钞五锭，绵花一斤八两。平定、蒲州二守御千户所，正军及巡营、守门铺、养马、看仓、看草、老幼久病残疾、复役未及三年逃军，该布二匹者，内一匹折钞五锭，绵花一斤八两。宣府前左右、万全左右、怀来、山海、密云后、开平、蔚州、保安、保安右、永宁、怀安、隆庆左右、龙门等卫，兴和、美峪、龙门等守御千户所，除夜不收守墩旗军，布四匹，全支本色，其余正军、恩军并旗手等卫，调去入伍军匠有家小，该布四匹者，内一匹折钞，绵花一斤八两；只身旗军调去入伍军匠只身者，及养羊小厮，巡营、守门铺、养马、看仓、看草、老幼久病残疾、复役未及三年逃军，及习学军匠，不分有无家小，全支布二匹，绵花一斤八两	卷二六《户部十一·赏赐》
亲王钱粮放支则例	凡亲王钱粮，就于王所封国内府分，照依所定则例期限放支，毋得移文当该衙门，亦不得频奏。若朝廷别有赏赐，不在已定则例之限	卷二八《户部十三·禄米》
税课则例	〔弘治〕六年，令差官于江西、浙江、苏州、扬州、淮安、临清税课司局，查照旧例，定为则例。收税按月稽考，自后不许再委隔别衙门官员侵管，重复扰民。仍各照额办岁办之数，年终通照钞关事例，造册奏缴	卷三二《户部十七·课程》
塌房收税则例	万历《明会典》卷三五《户部二十二·课程·商税》又载	卷三二《户部十七·课程》

续表

则例名称	内容概要	出处
续定官员祭葬则例	凡公侯承袭病故者，祭二坛。若管府事有功绩，加太子太保以上及守备南京者，俱祭十六坛。 凡驸马都尉病故者，祭十五坛。 凡伯爵承袭病故者，祭二坛。其年幼袭爵不久而故者，祭一坛。若管事有功绩，加太子太保以上者，祭十五坛。 凡公侯驸马伯病故，俱辍朝一日。斋粮麻布，取自上裁。其葬礼俱照依定制。若公侯伯为事病故者，祭葬等项恩典俱无。 凡公侯伯母与妻，俱祭二坛。系皇亲者加祭坛数，取自上裁。 已上公侯伯驸马例 凡两京二品以上文官并父母妻，三品文官并父母曾授本等封者，俱照例祭葬。其三品父母止授四品封及四品官并父母授本等封者，俱止赐祭一坛。若止授五品以下封者，祭葬俱无。其有出自特恩者，不在此限。 凡一品官病故者，辍朝一日，祭九坛。父母授封至一品者，祭二坛。妻祭一坛。 凡尚书、左右都御史在任病故者，祭二坛。其加有东宫三少或兼大学士赠一品者，祭四坛。父母妻祭俱一坛。 凡两京三品官病故者，俱祭一坛。致仕者亦然。其以侍郎兼学士赠尚书者，祭二坛。 凡两京三品以上官，葬祭制度俱照依品级。其四品、五品官得特恩赐葬者，亦以本等品级为定。惟衍圣公葬祭，照一品礼行。 已上文官例 凡左右都督至都督佥事管府事病故者，俱祭六坛。斋粮麻布，取自上裁。其先有功后闲住病故者，祭二坛。母妻祭俱一坛。 凡都督佥事以上，葬礼俱照品级。若署都督佥事，祭一坛，无葬。 凡中都留守正副，俱祭一坛。 凡在京亲军卫分，带俸都指挥使及同知佥事、在御马监把总，或出充游击参将等官，有功无过者，祭一坛。 凡锦衣卫管事、指挥使、同知佥事，或带都指挥职衔者，俱祭一坛。其系于皇亲者，祭葬取自上裁。 凡在京在外文武官员，不拘品级，其以死勤事者，恩典取自上裁。 已上武官例 凡女直都督等官，永乐间差官赍香钞谕祭。近例：因其奏请，给与表里祭文，令带回自祭。 凡达官都督等官，永乐、宣德间来京病故者，随时遣官谕祭，或给棺赐葬。近例：本部年终类奏，分遣官祭之。若在边没于战阵者，不在此例。 凡外国使臣病故者，令所在官司赐棺及祭，或欲归葬，听从其便。 已上四夷官例	卷九四《礼部五十三·丧葬》

二　明代典例法律体系的确立及则例的功能 | 061

续表

则例名称	内容概要	出处
优给则例	万历《明会典》卷一〇一《礼部五十九·恩恤》又载	卷九四《礼部五十三·丧葬》
管待物件则例	一、管待物件则例：每正一桌，果子五色，按酒五色，汤三品，小割，正饭用羊。 一、支送下程则例：五日，每正一名，猪肉二斤八两，干鱼一斤四两，酒一瓶，面二斤，盐酱各二两，茶油各一两，花椒二钱五分，烛每房五枝	卷一〇三《礼部六十二·膳羞一》
筵宴番夷土官桌面则例	永乐元年 　上桌：按酒五般，果子五般，烧炸五般，茶食汤三品双下，大馒头，羊肉饭，酒七钟。中桌：按酒、果子各四般，汤二品双下，馒头，牛马羊肉饭，酒五钟。 天顺元年 　上桌：高顶茶食，云子麻叶，大银锭油酥八个，棒子骨二块，凤鹅一只，小银锭笑靥二碟，茶食、果子、按酒各五般，米糕二碟，小馒头三碟，菜四色，花头二个，汤三品，大馒头一分，羊背皮一个；添换小馒头一碟，按酒一般，茶食一碟，酒七钟。中桌：宝妆茶食，云子麻叶二碟，甘露饼四个，鲊鱼二块，大银锭油酥八个，小银锭笑靥二碟，果子、按酒各五般，菜四色，花头二个，汤三品，马肉饭一块，大馒头一分；添换小馒头一碟，羊肉一碟，茶食一碟，酒七钟	卷一〇三《礼部六十二·筵宴》
立功地方则例	万历《明会典》卷一二三《兵部六·功次》又载	卷一〇六《兵部一·升赏功次》

续表

则例名称	内容概要	出处
升赏功次则例	〔成化〕十四年，申明升赏功次。 一、甘肃、宁夏、陕西、延绥、偏头关、大同、宣府、山海关一带：虏贼一人，擒斩一名颗，升一级；至三名颗，升三级。二人共擒斩一名颗，为首升一级；至三名颗，升三级。验系壮男与实授幼男、妇女与署职为从，及四名颗以上，俱给赏。 一、辽东女直：一人擒斩二名颗，升一级；至六名颗，升三级。验系壮男与实授幼男、妇女与七名颗以上，并不及数者，俱给赏，不升。 一、陕西、甘肃、四川、贵州、湖广、两广番贼苗蛮：一人擒斩三名颗，升一级；至九名颗，升三级。验系壮男与实授幼男、妇女与十名颗以上，并不及数者，俱给赏。 一、内地反贼：一人擒斩六名颗，升一级；至十八名颗，升三级。验系壮男与实授幼男、妇女与十九名以上，并不及数者，俱给赏。其功次须验，不系一日一处者，方如前例。若系一日一处之数，止拟一级。其余给赏阵亡官军，与哨探被杀，夜不收人等，俱升一级。 一、阵前刀箭重伤者，升署职一级，当先次数多者，分别等第加赏。无伤而当先数多者，止给赏。有轻伤者，亦加赏。 一、俘获贼属人口，夺获头畜、器械并齐力助阵者量赏，人口就给俘获原主。 一、把总领军官所部五百人，擒斩鞑贼五名颗，升一级，每五名加一级。所部一千人者，十名颗升一级，每十名加一级。俱至三级而止，二级实授一级署职。若系都指挥使以上，止升署职二级，其余加赏。别种贼寇，推类而行。已升之外功次更多，并不及数者，给赏。 一、阵前当先殿后，斩将搴旗，擒斩贼首等项奇功，临时奏拟升赏。 一、土官功次，各照前项地方则例，升散官，至三级而止。其余功次，与土人俱厚赏，不升。 一、报捷官舍人等，以擒斩虏贼多寡为等第。七十名颗以上，赏衣服一套；九十名颗以上，赏钞一千贯，升一级；一百十名颗以上，赏衣服一套，升试所镇抚。别种贼寇递加，女直三倍，番贼苗蛮六倍，反贼十倍。 一、军人有功升一级，至小旗。舍人升一级，至冠带小旗。小旗升一级，至总旗。冠带小旗升一级，至冠带总旗。总旗升一级，至试百户。冠带总旗升一级，至实授百户。试所镇抚升一级，至实授所镇抚。实授所镇抚升一级，至实授百户。百户升副千户，副千户升正千户，正千户升指挥佥事，佥事升指挥同知，同知升指挥使。该升都指挥、都督者，类推而行。其军人，舍人至小旗，小旗至总旗，舍人至试所镇抚，总旗至试百户，俱无署职，惟百户以上，听以次署升。其署职至实授，亦作一级，有缘事该降，即以此为则递降。 一、官军人等争夺擒斩功次者，不许纪录。 一、诈冒功次者勘问，降一级，功次不准。 一、出师监督、总兵等官，并镇守总兵、巡抚、纪功、供给等官，班师之日，本部照功次册具奏升赏。凡远年功次，不许奏扰。	卷一〇六《兵部一·升赏功次》

续表

则例名称	内容概要	出处
马夫免粮则例	洪武八年,定马夫免粮则例:自京至宿州十三驿,马夫田租全免;自百善道至郑州,免三分之二;自荥阳至陕西、山西、北平二百二十一驿,免三分之一	卷一一九《兵部十四·马驿》
运灰脚价则例	〔成化二年〕又令在京文武官员军民人等,犯该徒二年以上者,送兵部,照运灰脚价则例估算,纳马一匹,准银十两外,剩脚价银两不勾买马一匹,该司照数追收在官,会太仆寺委官随时买马	卷一三三《刑部八·五刑赎罪》
给价则例	万历《明会典》卷一八一《工部一·营造一》又载	卷一四七《工部一·郡王府制》
准工则例	万历《明会典》卷一八八《工部八·工匠一》又载	卷一五四《工部八·工役囚人》
造胖袄则例	宣德十年,定造胖袄则例:每件长四尺六寸,装绵花绒二斤,裤装绵花绒半斤,鞾鞋各长九寸五分至一尺,或一尺二分	卷一五六《工部十·军器军装》
成造军器则例	万历《明会典》卷一九三《工部十三·军器军装二》又载	卷一五六《工部十·军器军装》
铸造则例	窑冶烧造、铸造诸器物,及纸札之费,皆官府取用。若铜钱与钞兼行于民间尤不可缺者,今并载之,而铸造则例加详焉	卷一五七《工部十一·窑冶》
造粮船则例	一、清江提举司每年该造船五百三十三只,每只该用银一百两。以三分为率,原船旧料一分,旗军自备一分,官给一分,该银三十三两三钱,共该银一万七千七百四十八两九钱。 一、卫河提举司每年该造船一百三十只,遮洋船三十五只,每只该用银一百二十两。以十分为率,除原船旧料三分外,官给新料银八十四两,共该银二千九百四十两。浅船九十五只,每只以三分为率,原船旧料一分,旗军自备一分,官给一分,该银三十三两三钱,共该银三千一百六十二两五钱,通该银六千一百三两五钱。 成化十七年议定:清江、卫河二提举司造船,料价银一万七千两。二十一年议准:浅船旧料一分,每只添银一十一两六钱六分有零,连前官给共银四十五两。二提举司出批差人于浙江杭州、湖广荆州二抽分厂领回,分给官军,听其买料,从便造完。顺运粮赴本部原差提督二提举司官处,查验印烙。 弘治三年议准:每船一只,官给银五十两,军自办五十两,旧船准二十两,共银一百二十两。十四年议准:每只增银五两。荆州银价,悉于芜湖取用	卷一六〇《工部十四·船只》

万历重修《明会典》把制书中的相关条款与累朝事例合编，其中明确标有"则例"字样的定例有 63 件。详见表 2-4。

表 2-4　万历《明会典》所载则例

则例名称	内容概要	出处
繁简则例	〔洪武二十六年〕又定繁简则例。在外，府以田粮十五万石以上，州七万石以上，县三万石以上，或亲临王府、都司、布政司、按察司，并有军马守御、路当驿道边方、冲要供给去处，俱为事繁。府州县田粮在十五万、七万、三万石之下，僻静去处，俱为事简。在京衙门，俱从繁例	卷一二《吏部十一·考核通例》
官田、民田则例	〔洪武〕二十六年定，凡各州县田土，必须开豁各户若干，及条段四至。系官田者，照依官田则例起科；系民田者，照依民田则例征敛。务要编入黄册，以凭征收税粮。如有出卖，其买者听令增收，卖者即当过割，不许洒派诡寄，犯者律有常宪	卷一七《户部四·田土》
浙江嘉、湖、杭官民田则例	景泰七年，定浙江嘉、湖、杭官民田则例。官田每亩科米一石至四斗八升八合，民田每亩科米七斗至五斗三升者，俱每石岁征平米一石三斗。官田每亩科米四斗至三斗，民田每亩科米四斗至三斗三升者，俱每石岁征平米一石五斗。官田每亩科米二斗至一斗四合，民田每亩科米二斗七升至一斗者，俱每石岁征平米一石七斗。官田每亩科米八升至二升，民田每亩科米七升至三升者，俱每石岁征平米二石二斗	卷一七《户部四·田土》
直隶等府田地科则	嘉靖九年，令直隶苏、松、常、镇，浙江杭、嘉、湖等府田地科则，只照旧行，不必纷扰。其有将原定则例更改生奸作弊，通行禁革	卷一七《户部四·田土》
拨赐则例	〔洪武〕二十四年，令公侯大官以及民人，不问何处，惟犁到熟田，方许为主。但是荒田，俱系在官之数，若有余力，听其再开。其山场、水陆田地，亦照原拨赐则例为主，不许过分占为己有	卷一七《户部四·田土》
减轻则例	〔天顺〕三年，令各处军民，有新开无额田地及愿佃种荒闲地土者，俱照减轻则例起科：每亩粮三升三合，草一斤。存留本处仓场交收，不许坐派远运	卷一七《户部四·田土》
民田则例	凡查豁税粮田土，正统四年奏准：浙江、江西、福建并直隶苏、松等府，凡官民田地有因水塌涨去处，令所在有司逐一丈量，涨出多余者，给与附近小民承种，照民田则例起科。塌没无田者，悉与开豁税粮	卷一七《户部四·田土》

续表

则例名称	内容概要	出处
各宫田土征银轻重则例	凡各宫田土，嘉靖八年题准：查勘过丰润县仁寿宫余地九百一十四顷三十七亩有零，泊南、泊北、梁城所东及水泊余地，共九百八十顷九十九亩有零，芦苇地一千三百二十二顷九十三亩有零。行令该县俱照原拟轻重则例，征银解部，以备边储	卷一七《户部四·田土》
各处寺观僧道田土减轻则例	正统十三年，令各处寺观僧道，除洪武年间置买田土，其有续置者，悉令各州县有司查照，散还于民。若废弛寺观遗下田庄，令各该府州县踏勘，悉拨与招还无业及丁多田少之民，每户男子二十亩，三丁以上者三十亩。若系官田，照依减轻则例，每亩改科正粮一斗。俱为官田，如有绝户，仍拨给贫民，不许私自典卖	卷一七《户部四·田土》
编纳差粮则例	隆庆二年，令天下有王府去处，或有仪宾军校，诱引奸豪，投献田宅，及宗室公然借名置买，恃强不纳差粮者，有司验契查实，先将投献人依律究遣，田宅入官。另将军民管种输租，以补各宗禄粮之缺。中有宗室执留占吝，就照民间编纳差粮则例；尽数抵扣应得禄粮，方行补给。有司滥受馈遗，阿纵不举者，抚按纠劾重治	卷一七《户部四·田土》
赐勋戚庄田佃户该纳子粒则例	凡赐勋戚庄田，成化六年题准：各王府及功臣之家，钦赐田土佃户，照原定则例，将该纳子粒，每亩征银三分，送赴本管州县上纳。令各该人员关领，不许自行收受	卷一七《户部四·给赐》
八府庄田税租折收银钱则例	〔嘉靖〕十六年敕：差科道部属官各一员前去，会同巡按查勘八府庄田。但自正德以来，朦胧投献及额外侵占者，尽行查出，各依拟给主召佃，管庄人员尽数取回，着管屯田金事兼带督管。该征税租，照依原定则例，折收银钱。原系皇庄者，解部类进。系皇亲者，赴部关领，不许自行收受	卷一七《户部四·给赐》
民间桑株起科则例	〔洪武〕二十六年，定凡民间一应桑株，各照彼处官司原定则例起科丝绢等物。其丝绢每岁照例折绢，俱以十八两为则折绢一匹，所司差人类解到部，札付承运库收纳，以备赏赐支用。其树株、果价等项，并皆照例征收钱钞。除彼处存留支用外，其余钱钞一体类解户部，行移该库交收。仍将存用数目出给印信通关，具本入递奏缴，本部查领附卷作数。其进纳绢匹钱钞一节，俱照依后项金科课程条款，一体施行	卷一七《户部四·农桑》

续表

则例名称	内容概要	出处
江南折银则例	成化十九年奏准：凤阳等府被灾，秋田粮以十分为率，减免三分。其余七分，除存留外，起运者，照江南折银则例，每石征银二钱五分，送太仓银库另项收贮备边。以后事体相类者，俱照此例	卷一七《户部四·灾伤》
灾伤去处散粮则例	〔洪武〕二十七年，定灾伤去处散粮则例。大口六斗，小口三斗，五岁以下不与	卷一七《户部四·灾伤》
苏、松等府水淹去处给米则例	永乐二年，定苏、松等府水淹去处给米则例。每大口米一斗，六岁至十四岁六升，五岁以下不与。每户有大口十口以上者，止与一石。其不系全灾，内有缺食者，原定借米则例：一口借米一斗，二口至五口二斗，六口至八口三斗，九口至十口以上者四斗。候秋成，抵斗还官	卷一七《户部四·灾伤》
征收则例	国初兵荒之后，民无定居，耕稼尽废，粮饷匮乏。初命诸将分屯于龙江等处，后设各卫所，创制屯田，以都司统摄。每军种田五十亩为一分，又或百亩，或七十亩，或三十亩、二十亩不等。军士三分守城，七分屯种，又有二八、四六、一九、中半等例，皆以田土肥瘠、地方冲缓为差。又令少壮者守城，老弱者屯种，余丁多者亦许。其征收则例，或增减殊数，本折互收，皆因时因地而异云	卷一八《户部五·屯田》
顺圣拨军耕种地土起科则例	景泰六年题准：顺圣地土肥饶，筑立城堡，拨军耕种，定为则例起科	卷一八《户部五·屯田》
山东登、莱沿海瘠地轻科则例	〔弘治十七年〕又议准，山东登、莱沿海瘠地，照轻科则例，每亩三升三合	卷一八《户部五·屯田》

二 明代典例法律体系的确立及则例的功能 | 067

续表

则例名称	内容概要	出处
各城堡月粮则例	隆庆二年，令宣镇屯种官地，每亩原征粮不及一斗者，照旧征纳；如一斗以上者，亦以一斗为止。其地亩起科、新增牧地等项田土，应征粮石酌量定为三等。除本色照旧，米豆中半折色，照各城堡月粮则例上纳。该镇屯田地亩等粮，以原额为准，以后虚增粮数，尽行除豁。将来征收，务足一十八万四千五百三十五亩之数	卷一八《户部五·屯田》
屯田则例	〔永乐〕三年，更定屯田则例。令各屯置红牌一面，写刊于上。每百户所管旗军一百一十二名，或一百名、七八十名；千户所管十百户，或七百户、五百户、三四百户；指挥所管五千户，或三千户、二千户；总以提调屯田都指挥。所收子粒多寡不等，除下年种子外，俱照每军岁用十二石正粮为法比较，将剩余并不敷子粒数目通行计算，定为赏罚。令按察司、都司并本卫隔别委官点闸是实，然后准行。直隶卫所，从巡按御史并各府委官及本卫隔别委官点闸。岁收子粒，如有稻、谷、粟、薯、秫、大麦、荞麦等项粗粮，俱依数折算细粮。如各军名下除存种子并正粮及余粮外，又有余剩数，不分多寡，听各该旗军自收。不许管屯官员人等巧立名色，因而分用	卷一八《户部五·屯田》
优免则例	〔嘉靖〕二十四年，议定优免则例。京官一品，免粮三十石，人丁三十丁；二品，免粮二十四石，人丁二十四丁；三品，免粮二十石，人丁二十丁；四品，免粮十六石，人丁十六丁；五品，免粮十四石，人丁十四丁；六品，免粮十二石，人丁十二丁；七品，免粮十石，人丁十丁；八品，免粮八石，人丁八丁；九品，免粮六石，人丁六丁。内官内使亦如之。外官各减一半。教官、监生、举人、生员，各免粮二石，人丁二丁。杂职省祭官、承差、知印、吏典，各免粮一石，人丁一丁。以礼致仕者，免十分之七。闲住者，免一半。其犯赃革职者，不在优免之例。如户内丁粮不及数者，止免实在之数。丁多粮少，不许以丁准粮。丁少粮多，不许以粮准丁。俱以本官自己丁粮照数优免，但有分门各户，疏远房族，不得一概混免	卷二〇《户部七·赋役》
顺、永二府罪囚运米则例	成化二十年，令辽东管粮官会同抚按等官，将附近顺、永二府所属州县，并永平、卢龙卫所见问罪囚，内有杂犯死罪以下，酌量地里远近，定拟则例，发山海卫仓关领粮米，送广宁前屯、广远二城仓收贮。及将辽东所属官吏人等有犯各项罪名者，亦照例于辽阳城六仓关领粮米，运送东州、叆阳、清河、碱场、马根单五堡备用	卷一八《户部十五·边粮》
在京征收刍草则例	〔洪武二十六年〕又令凡在京征收刍草，俱于田亩内照例科征。当征收之时，户部先行定拟具奏，行移该征有司，限定月日，先取部运官吏姓名开报，候起运至日，照数填定拨各该卫所，并典牧千户所等衙门交纳，以备支用。其在外衙门，亦各照依已定则例征收施行	卷二九《户部十六·征收》

续表

则例名称	内容概要	出处
折纳布绢则例	〔洪武二十六年〕又定各处折纳布绢则例：每丝二十两及十八两，折绢一匹，长三丈二尺，阔二尺；白绵布每匹长三丈二尺，阔一尺八寸，重三斤	卷三〇《户部十七·内府库》
折禄折俸罪赎则例	国初宝钞，通行民间，与铜钱兼使，立法甚严。其后钞贱不行，而法尚存。今具列于此。其折禄折俸罪赎及各项则例，轻重不等，详见各部	卷三一《户部十八·钞法》
折银则例	〔弘治〕二年，令各场灶丁，离场三十里内者，全数煎办；三十里外者，全准折银。每年十月以里，征送运司解部。其折银则例，每一大引，浙西六钱，浙东四钱	卷三二《户部十九·盐法一》
盐法则例	〔隆庆四年〕又令山西太原府所属阳曲等十州县，并汾州及所属三县，共十四州县，以后通食票盐，每票抽税银六分。责令屯盐道督理完解运司，每年终，巡盐御史题解户部济边。其关防稽考之法，悉照盐法则例举行。其原派阳曲等十四州县引目，准令均摊河东运司行盐地方	卷三三《户部二十·盐法二》
盐课征银则例	〔嘉靖〕十年题准：四川大宁、安云等一十五场额办盐课，俱照弘治十五年则例，征银存留本省，以备接济松茂运粮脚价之费。每年按季征收，与秋种一体起解。其小民边粮本色，止征正米价银，不许重派脚价	卷三三《户部二十·盐法二》
开中盐粮则例	凡开中，洪武二十六年定，凡客商兴贩盐货，各照行盐地方发卖，不许变乱合用引目。各运司申报户部，委官关领。本部将来文立案，委官于内府印造。候毕日，将造完引目呈堂，关领回部。督匠编号，用印完备，明立文案，给付差来官收领，回还取领状，入卷备照。其各处有司，凡有军民客商中卖官盐，卖毕随即将退引赴住买官司，依例缴纳。有司类解各运司，运司按季通类解部，本部涂抹不用。凡开中盐粮，务要量其彼处米价贵贱及道路远近险易，明白定夺则例，立案具奏，出榜给发各司府州并淮、浙等运司张挂，召商中纳	卷三四《户部二十一·盐法三》
开中纳米则例	〔洪武〕二十八年，定开中纳米则例，出榜召商，于缺粮仓分上纳。仍先编置勘合并底簿，发各布政司并都司卫分及收粮衙门收掌。如遇客商纳粮完，填写所纳粮并该支引盐数目，付客商赍赴各该运司及盐课提举司，照数支盐。其底簿发各运司及盐课提举司收掌，候中盐客商纳米完，赍执勘合到，比对朱墨字号相同，照数行场支盐	卷三四《户部二十一·盐法三》
余盐征银则例	〔嘉靖〕四十年题准：自今以后，每正盐一引之外，许带余盐一引。正盐在各边报中，上纳粮草。余盐在各运司，查照题定则例，征银解部，永为遵守	卷三四《户部二十一·盐法三》

续表

则例名称	内容概要	出处
长芦运司灶户编审则例	〔正德〕十一年议准：长芦运司灶户，照依有司上中下户则例，编审造册。除上中户丁多力壮者，量将二三丁帮贴办盐。此外多余人力，照旧编当别项差役。下户者，止令营办盐课。一切夫役、民快、边饷、马价、军器等杂差，俱与优免	卷三四《户部二十一·盐法三》
均徭则例	〔正德十一年〕又令长芦运司每五年一次，选委能干佐贰官一员，亲诣有场分州县，会同各堂印官，将概场人户照依均徭则例，逐一编审。丁力相应者为上户，独当总催一名，次者两户朋当一名，贫下者听其著灶	卷三四《户部二十一·盐法三》
九江、金沙洲监收钱钞则例	〔成化〕二年，差主事二员，于九江、金沙洲监收钱钞，定为则例。候一年满日，该府各委佐贰官一员，照例轮收	卷三五《户部二十二·钞关》
钞折银则例	弘治六年，令各关照彼中则例，每钞一贯折银三厘，每钱七文折银一分	卷三五《户部二十二·钞关》
塌房收税则例	〔景泰〕二年，令大兴、宛平二县于和远店等塌房，每塌房佥殷实大户二名或四名看管。顺天府及二县俱集各行，依时估计物货价直，照旧折收钞贯，仍造册二本，一本发都税司，一本送部查考。巡视塌房御史，务禁管店小脚，不得揽纳客商课程，以不堪钞抵数送官，及邀截客货骗害商人。其收税则例：上等罗缎每匹，税钞、牙钱钞、塌房钞各二十五贯，中等罗缎每匹，税钞、牙钱钞、塌房钞各一十五贯，下等罗缎每匹，税钞、牙钱钞、塌房钞各一十贯	卷三五《户部二十二·商税》
正阳门等门税则例	正德七年，令正阳门等七门门官，凡日收大小车辆、驴、骡、驼驮钱钞，眼同户部官吏、监生，照依则例收受，即时附簿。钱钞簿籍，俱封贮库。不许纵容门军家人伴当，出城罗织客商，阻截车辆，索取小门茶果、起筹等项铜钱	卷三五《户部二十二·商税》
亲王钱粮放支则例	〔洪武六年〕又令亲王钱粮，就于王所封国内府分，照依所定则例期限放支，毋得移文当该衙门，亦不得频奏。若朝廷别有赏赐，不在已定则例之限	卷三八《户部二十五·宗藩禄米》
楚府则例	〔嘉靖〕八年题准：湖广各宗室禄米，俱照楚府则例，亲王每石折银七钱六分三厘，郡王每石折银七钱，将军、中尉、郡主、夫人、仪宾每石折银五钱	卷三八《户部二十五·宗藩禄米》

续表

则例名称	内容概要	出处
主君病故仪宾禄粮则例	〔嘉靖十三年〕又题准：郡县等主君病故，仪宾禄粮务要遵奉先年题准一九、二八则例，毋得妄行奏扰	卷三八《户部二十五·宗藩禄米》
客兵行粮则例	〔嘉靖〕四十一年题准：蓟、辽、曹家寨军士专随游击操练，与别项班军不同。令照客兵行粮则例，每月支米四斗五升	卷三九《户部二十六·行粮马草》
岁给军士冬衣、布、花则例	国朝赏赐，用钞锭、胡椒、苏木、铜钱，并银两、衣服等项，其系礼、兵掌行者，具见二部。惟岁给军士冬衣、布、花等项，沿革则例不一，系户部掌行。备载于此	卷四〇《户部二十七·赏赐》
北平军士给赏则例	〔洪武〕六年，又定给赏则例。北平军士：永平、居庸、古北口为一等，密云、蓟州为一等，北平在城为一等，通州、真定为一等	卷四〇《户部二十七·赏赐》
赏赐则例	〔洪武〕二十六年定，凡在京赏赐该用钞锭，户部查数具奏，于内府关支。凡有钦赏官军人等，当该衙门将该赏人名、钞数，于户部委官处磨算相同，该赏数目附簿验名给散。其委官仍将日逐各起赏过钞数开呈户部，立案备照。候季终户部将原关并赏过钞数，通类具奏。及赏赐胡椒、苏木、铜钱等项亦如之。其在外，如有钦依赏赐官军及赈济饥民等项，户部酌量会计钞锭具奏，委官赴内府照数关领，点闸明白，于户科给批，差人管运，仍行移所在官司。如运钞到彼，照依坐去则例，眼同验名给散，造册回报户部，以凭稽考	卷四〇《户部二十七·赏赐》
山西都司所属卫分布花则例	〔永乐〕十七年，定赏山西都司所属卫分布花则例。振武卫：正军有家小，绵布四匹，绵花一斤八两。太原左右中三护卫、太原左右前三卫、镇西卫、宁化千户所：正军校尉、续添校尉并各护卫牧养马匹军人有家小，绵布三匹，绵花一斤八两。山西行都司所属大同左右前后、朔州、天城、阳和、安东中屯等卫正军、恩军校尉并旗手等卫：调去入伍军匠有家小者，绵布四匹，绵花一斤八两。凡各卫所只身旗军校尉，巡营守门铺、养马、看仓、看草、老幼久病、残疾、复役未及三年逃军，及沈阳中护卫、平阳潞州卫、沁州、汾州千户所，正军校尉并旗手等卫，调去入伍军匠，俱各绵布二匹，绵花一斤八两	卷四〇《户部二十七·赏赐》

续表

则例名称	内容概要	出处
优给则例	洪武（略） 永乐以后续定 凡公侯承袭病故者，祭二坛，若管府事有功绩，加太子太保以上及守备南京者，俱祭十六坛。凡驸马都尉病故者，祭十五坛。凡伯爵承袭病故者，祭二坛，其年幼袭爵不及而故者，祭一坛。若管事有功绩，加太子太保以上者，祭十五坛。凡公侯驸马伯病故，俱辍朝一日，斋粮麻布取自上裁。其葬礼照依定制。若公侯伯为事病故者，祭葬等项俱无。凡公侯伯母与妻，俱祭三坛，有葬，系皇亲者加祭坛数，取自上裁。凡两京二品以上文官并父母妻，三品文官并父母曾授本等封者，俱照例赐葬，其三品父母止授四品封。及四品官并父母，授本等封者，俱止赐祭一坛，若止授五品以下封者，祭葬俱无，其有出自特恩者，不在此限。凡一品官病故者，辍朝一日，祭九坛。父母授封至一品者，祭二坛，妻祭一坛。凡尚书，左右都御史在任病故者，祭二坛。其加有东宫三少或兼大学士赠一品者，祭四坛，父母妻祭俱一坛。凡两京三品官病故者，俱祭一坛，致仕者亦然。其以侍郎兼学士赠尚书者，祭二坛。凡两京三品以上官，葬祭制度俱照依品级。其四品、五品官得特恩赐葬者，亦以本等品级为定。惟衍圣公葬祭照一品礼行。凡左右都督至都督金事管府事病故者，俱祭六坛，斋粮麻布取自上裁。其先有功后闲住病故者，祭二坛；母妻俱一坛。俱有葬。凡都督金事以上，葬礼俱照品级。若署都督金事，祭一坛，无葬。凡中都留守正副俱祭一坛。凡在京亲军卫分带俸都指挥使及同知金事在御马监把总或出充游击参将等官，有功无过者祭一坛。凡锦衣卫等官、指挥使、同知金事或带俸都指挥职衔者，俱祭一坛。以上俱无葬。其系于皇亲者，祭葬取自上裁。凡在京在外文武官员，不拘品级，其以死勤事者，典礼取自上裁。凡女直都督等官，永乐间差官赍香钞谕祭，近例因其奏请给与表里祭文，令带回自祭。凡达官都督等官，永乐、宣德间，来京病故者随时遣官谕祭，或给棺赐葬。旧例礼部年终类奏，分遣官祭之。今不行。若在边殁于战阵者，不在此例。凡外国使臣病故者，令所在官司赐棺及祭，或欲归葬，听从其便。凡在京文武官员及夫人病故者，嘉靖六年令止与应得祭葬，其斋粮麻布一体裁革。凡公侯伯爵殁于王事者，嘉靖八年题准于本爵应得祭外，加祭二坛。凡二品以上大臣在任病故者，嘉靖二十八年议准，行兵部应付船只脚力，差官一员护送还乡 隆庆三年更定（略） 万历六年更定（略） 万历十二年续定（略）	卷一〇一《礼部五十九·恩恤》
立功地方则例	国初论功行赏，皆临时取旨，差次重轻，不预为令。承平以来，意存激劝，率以首功定赏格，条例渐广。凡官及军有功，查勘明白，造册到部。当升赏者，各照立功地方则例，具奏升赏。其论功，以擒斩北虏为首，辽东女直次之，西番及苗蛮又次之，内地反贼又次之	卷一二三《兵部六·功次》
立功地方则例	各照地方则例，于正赏外，仍加一倍	卷一二三《兵部六·赏格》

续表

则例名称	内容概要	出处
协济水夫则例	凡水夫,弘治七年,定协济水夫则例。每船一号夫十名,岁征工食过关银一百二十两。每三年加修理船只铺陈银四十两,每十年加置造船只铺陈银八十八两。其水夫,从该驿雇倩本处诚实土民应当	卷一四八《兵部三十一·驿递事例》
应合给驿及应付脚力则例	国初,公差人员应合给驿及应付脚力,各有等差。累朝以来,给驿渐广,事例不一。嘉靖中,申明旧制,公差俱改给勘合,其应给勘合及拨夫俱有则例。今首载洪武初制及嘉靖间定例,而累朝事例,以次列焉	卷一四八《兵部三十一·应付通例》
比较马匹则例	凡比较马匹则例,洪武间定:凡管马官吏,时常下乡提督看验马匹,要见定驹若干,显驹若干,重驹若干,明白附写,以俟太仆寺官出巡比较。正月至六月,报定驹;七月至十月,报显驹;十一月至十二月,报重驹。凡季报原领马为旧管,买补孳生为新收,事故交俵等项为开除,季终为实在。春季二月二十四五,夏季六月二十四五,秋季九月二十四五,冬季十二月二十四五,径送太仆寺类缴。其有质奇异与种马不同者,明白申报。凡比较点马文簿,要开原领孳生儿骡马数,分豁该算驹者若干,不该算驹者若干,已生及未生者若干,原马齿色及所生驹毛色,逐一开报。凡倒失种马,亏欠马驹,俱在年终完备。如是不完,府州县正佐首领官吏决杖二十,管马官吏加考痛治。凡管马官有阘茸贪污害民者,分管及所在掌印官开奏,以除民害	卷一五三《兵部三十六·比较》
马船水夫则例	嘉靖元年题准:马船水夫逃回,行各该司府州县,查照江西则例,计日扣算歇役银两,追征解部,作修理船只等项支用。逃夫解部,照例参问	卷一五八《兵部四十一·车驾清吏司》
船只则例	〔嘉靖〕三十一年题准:会同内外守备礼、工二部并科道等官,将南京各衙门起运品物共四十七起,逐一查议,某项原额若干,续添若干,某项相应照旧供运,某项应并,某项应省。先论物数轻重,次计用扛多寡,后定船只数目。如制帛龙衣等扛,计宽以计之,其余则加加多载。内官监饩金、膳桌、铜器等件,约二三年起运一次。巾帽局苎布等物,就于原来箱内带回添造,新箱应当查革,如竹器节年供造已多,可以会计暂停。将快船四十只改造平船,以便装载板枋、竹木。自后一应取用物料,俱由该科抄出,兵部咨送本部,转行各该衙门查照供应。即将议过船只则例,刻石记载,永为遵守	卷一五八《兵部四十一·车驾清吏司》
囚犯赎罪则例	赎罪囚犯,除在京已有旧例外,其在外审有力、稍有力二项,俱照原行则例拟断,不许妄引别例,致有轻重。其有钱钞不行去处,若妇人审有力,与命妇军职正妻及例难的决之人,赎罪应该兼收钱钞者,笞杖每一十,折收银一钱。其老幼废疾及妇人、天文生,余罪收赎钞贯者,每钞一贯,折收银一分二厘五毫。若钱钞通行去处,仍照旧例收纳,不在此限	卷一六〇《刑部二·名例上》

续表

则例名称	内容概要	出处
时估则例	问刑衙门，以赃入罪。若奏行时估则例该载未尽，及虽系开载而货物不等，难照原估者，仍各照时值估钞拟断	卷一六〇《刑部二·名例上》
给价则例	凡王府给价，成化十四年奏准：自郡王至乡君出府之日，奏请勘报。无房屋者，有司给价自行起盖。 给价则例 山西 晋、代、潘府 郡王一千两。 镇国将军六百两。 辅国将军并郡主五百两。 奉国将军、镇国、辅国中尉并县主郡君、县君四百两。 奉国中尉并乡君三百两。 庶人一百两。 湖广（略） 陕西（略） 河南（略） 山东（略） 江西（略） 淮、宁府有地基（略） 　　无地基（略） 四川（略） 　　弘治以后续定（略） 广西（略）	卷一八一《工部一·营造一》
准工则例	每徒一年，盖房一间。余罪三百六十日准徒一年，共盖房一间。杖罪不拘杖数，每三名共盖房一间，每正工一日。 钞买物料等项八百文为准。 杂工三日为准。 挑土并砖瓦，附近三百担，每担重六十斤为准，半里二百担，一里一百担，二里五十担，三里三十五担，四里二十五担，五里二十担，六里一十七担，七里一十五担，八里一十三担，九里一十一担，十里一十担。 打墙，每墙高一尺，厚三尺，阔一尺，就本处取土为准	卷一八八《工部八·工匠一》
成造军器则例	成化二年，令天下卫所照依原定则例，督匠按季成造军器，完日会同原办物料有司掌印官，查点试验堪中，用油漆调朱于背面，书某卫所某年某季成造字样。候至五年，本部通行，巡按御史查盘。敢有仍前侵欺物料，及造不如法者，指挥千百户各降一等叙用，不许管事；旗军人等各发极边卫分充军	卷一九三《工部十三·军器军装二》

续表

则例名称	内容概要	出处
铸钱则例	（铸钱）洪武间则例 　　当十钱：一千个熏模用油一十一两三钱，铸钱连火耗用生铜六十六斤六两五钱、炭五十三斤一十五两二钱。 　　当五钱：二千个熏模用油一斤四两，铸钱连火耗用生铜六十六斤六两五钱、炭五十三斤一十五两二钱。 　　当三钱：三千三百三十三个熏模用油一斤一十四两，铸钱连火耗用生铜六十五斤九两二钱五分、炭五十三斤八两三钱五分。 　　折二钱：五千个熏模用油二斤五两五钱，铸钱连火耗用生铜六十六斤六两五钱、炭五十三斤一十五两二钱。 　　小钱：一万个熏模用油一斤四两，铸钱连火耗用生铜六十六斤六两五钱、炭五十三斤一十五两二钱。 穿钱麻 　　当十钱：每串五百个用一两。 　　当五钱：每串五百个用八钱。 　　当三钱：每串一千个用一两。 　　折二钱：每串一千个用七钱。 　　小钱：每串一千个用五钱。 　铜一斤铸钱不等，外增火耗一两，弘治十八年题准，每铜一斤加好锡二两。 　　当十钱：一十六个折小钱一百六十文。 　　当五钱：三十二个折小钱一百六十文。 　　当三钱：五十四个折小钱一百六十文。 　　折二钱：八十个折小钱一百六十文。 　　小钱：一百六十文。 铸匠每一名一日铸 　　当十钱：一百二十六个。 　　当五钱：一百六十二个。 　　当三钱：二百三十四个。 　　折二钱：三百二十四个。 　　小钱：六百三十个。 锉匠每一名一日锉 　　当十钱：二百五十二个。 　　当五钱：三百二十四个。 　　当三钱：四百六十八个。 　　折二钱：六百四十八个。 　　小钱：一千二百六十个。 嘉靖中则例（略） 万历中则例（略）	卷一九四《工部十四·铸钱》

续表

则例名称	内容概要	出处
各处铸钱则例	凡在外各处铸钱，洪武二十六年定，在外各布政司一体鼓铸。本部类行各司，行下宝源局委官监督人匠照依在京则例，铸完钱数，就于彼处官军收贮，听候支用。 各处炉座钱数 　北平二十一座，每岁铸钱一千二百八十三万四百文。 　广西一十五座半，每岁铸钱九百三万九千六百文。 　陕西三十九座半，每岁铸钱二千三百三万六千四百文。 　广东一十九座半，每岁铸钱一千一百三十七万二千四百文。 　四川一十座，每岁铸钱五百八十三万二千文。 　山东二十二座半，每岁铸钱一千二百一十二万二千文。 　山西四十座，每岁铸钱二千三百三十二万八千文。 　河南二十二座半，每岁铸钱一千三百一十二万二千文。 　浙江二十一座，每岁铸钱一千一百六十六万四千文。 　江西一百一十五座，每岁铸钱六千七百六万八千文	卷一九四《工部十四·铸钱》
造浅船遮洋船则例	今例：清江提举司每年该造船六百八十只，俱用楠木料。内南京并中都留守司江北直隶等卫，浅船五百三十三只，每只用银一百二十两，底船准二十两；军自办三十五两，官给六十五两；无底船者，在运贴军办料银二十两。北直隶、山东都司浅船九十五只，每只用银一百二两八钱，底船准二十两；军自办三十二两八钱，官给五十两；无底船者，在运贴军办料银二十两。遮洋船五十二只，每只用银一百二十七两三钱三分；军自办六十五两六钱，官给六十一两七钱三分；底船不准银数，听拆卸相兼成造	卷二〇〇《工部二十·桥道》
优免则例	〔洪武二十六年〕又定，凡在京城垣河道，每岁应合修缮，其用工数多，须于农隙之时。于近京免粮，应天、太平、镇江、宁国、广德等五府州预先定夺奏闻，行移各府起取。除役占等项，照依钦定则例优免外，其余人户每四丁共辏一夫，着令各备锹杵篮担，委官部领，定限十月初赴京，计定工程分拨做造，满日放回。若有不当夫役及做工未满逃回者，并行治罪。及各处起到仓脚夫，俱发应天府收籍为民。遇有官差，度量差拨，着令轮流，周而复始。若差使数多，做工日久，照例每名月给工钱五百文。坊长减半，以周养赡。 优免则例 优免二丁： 　水马驿夫　　递运船水夫　　会同馆夫 　轮班人匠　　在京见役皂隶　　校尉力士 　见任官员　　廪膳生员训导　　马船夫 　光禄寺厨役　防送夫　　　　　军户 　铺兵 免一丁： 　凡年七十以上及废疾之人	卷二〇六《工部二十六·夫役》

两部《明会典》所收则例共 82 件，其中内容不重复的则例为 75 件。这些则例的内容涉及官吏考核、田土、屯田、赋役、夫役、农桑、灾伤、边粮、征收、仓库、钞法、盐法、商税、官员俸禄、宗藩禄米、给赐、赏格、驿传、营造、铸钱、窑冶、军器军装、工匠、河渠、恩恤、丧葬、膳羞、囚犯赎罪等方面，明确规定了相关事宜的运作规则和标准。

则例收入《明会典》后，成为国家"大经大法"的组成部分，与作为"变通之法"的则例不同，具有长期稳定的法律效力，可以在全国范围内广泛适用。即便是远年则例，也有重要的参阅价值。

在明王朝始终未制定统一的食货法典的条件下，则例入典，不仅提升了这部分则例的法律地位，而且从各个方面极大地完善了明代的经济、财政、货币法律制度。

《明会典》作为国家的大经大法，具有其他法律不得与其抵触的最高法律地位。在国家钱物管理和财政收支方面，基本上遵行的是《明会典》的有关规定。由于社会经济仍在不断发生变化，万历、天启、崇祯各朝也针对实际需要颁布了不少新的则例作为《明会典》的补充。据史载，这一时期颁行的则例仍有相当的数量，仅《万历会计录》记的万历则例就有 100 余件。这一时期的则例多数为万历十五年以后所颁，如万历十六年（1588）七月颁布了"派征粮差则例"①，十七年颁布了"陆饷货物抽税则例"②，十八年十月颁布了"输银助边升赏则例"③，二十七年颁布了"应追桩银则例"④，四十三年颁布了"货物抽税见行则例"⑤。

天启、崇祯年间颁行的则例也相当不少，因本文篇幅所限，仅举几例，如天启年间颁布了"水灾漕粮改折则例"⑥ "优免则例"⑦ "抽分楠木则

---

① （明）翁汝遇等辑，（明）史继辰等校定《增修条例备考》户部卷二，明万历刻本。
② （明）张燮撰《东西洋考》卷七，清惜阴轩丛书本。
③ （明）翁汝遇等辑，（明）史继辰等校定《增修条例备考》户部卷三，明万历刻本。
④ （明）王士琦撰《三云筹俎考》卷四，明万历刻本。
⑤ （明）张燮撰《东西洋考》卷七，清惜阴轩丛书本。
⑥ （明）毕自严撰《度支奏议》浙江司卷一，明崇祯刻本。
⑦ （明）祁伯裕、（明）施沛等纂辑《南京都察院志》卷二〇，明天启刻本。

例"①"抽分杉条苗竹则例"②等。崇祯元年七月颁布了"钱粮则例"③,十年七月颁布了"应支廪粮料草则例"④,十三年颁布了"监生则例"⑤"六曹则例"⑥。

明代则例作为主要用以表述钱物管理和财政收支标准的定例,它在完善国家法律体系和推动明代经济发展方面发挥了其他法律形式所无法代替的重大作用。

---

① (明)祁伯裕、(明)施沛等纂辑《南京都察院志》卷二三,明天启刻本。
② (明)祁伯裕、(明)施沛等纂辑《南京都察院志》卷二三,明天启刻本。
③ (清)孙承泽撰《春明梦余录》卷三五,清乾隆内府刻本。
④ (明)孙传庭撰《白谷集》卷一,清文渊阁四库全书补配清文津阁四库全书本。
⑤ 《明史》卷七四,中华书局,1974。
⑥ 《明史》卷七四,中华书局,1974。

三　散见明代则例资料考述

　　明代则例散见于各类史籍中。为了比较准确地阐述则例的内容、性质、功能和发展变化规律，也为了给后人研究提供必要的资料，多年来，笔者在整理明代法律文献①的同时，对有价值的则例资料作了比较全面的辑佚和系统整理。最近三年间，又集中精力进行了这一工作，凡是利用现代检索手段可以查阅的中国古籍图书都已查阅。明代的法律文献绝大多数尚未数字化，笔者对许多文献通读后进行了则例资料的整理。到目前为止，查阅古籍上千部，经选编整理，辑佚明代则例580件。在这些成果中，许多资料是从网络上检索不到的。当然辑佚工作可能还有不少遗漏，但最具代表性的明代则例应该说已基本收入。

　　记述明代则例的文献众多，一些则例被史籍重复记载，很多则例记述杂乱，或冠以其他称谓，为使辑佚达到"尽可能穷尽资料，力图全面、准确"的要求，笔者在整理时采取了下述选编原则。（1）仅选编明确标有"则例"字样且含有例的具体内容的资料，只记有则例称谓但未涉及其内容的资料未予收录。（2）根据文献的性质、类别、所记则例的可靠程度及表述形式，把辑佚到的资料分为"法典、法律和官修典制专书散见则例辑佚""法律汇编文献散见则例辑佚""《明实录》所载则例辑佚""其他明代史籍和通史式政书散见则例辑佚"四类，凡是前一类文献已收入的则例，后一类文献不再收入。（3）同一类文献中记载的则例，按照原书颁行或刊刻的时间先后为序选编。同一则例，凡前一种文献收入的，后一种文献不再编入。在法律、法典辑佚中，凡是单行

---

① 到目前为止，本人标点整理和影印出版的明代法律文献资料有《皇明制书》《大明律》《诸司职掌》等330余种。

法律收入而《明会典》重复收入的，从《明会典》中辑佚时不再收入和统计。

资料辑佚为明代则例研究奠定了比较扎实的基础，也向我们清晰地展现了明代则例编纂的概貌。

（一）法典、法律和官修典制专书所载则例考述

就法律效力层级而论，明代法律体系由"大经大法""常经之法""变通之法"组成。《明会典》为大经大法，于正德、万历年间分别颁行，世称"正德《明会典》""万历《明会典》"。明廷颁布的"常经之法"，现存于世的有《大明集礼》、《大明律》、四编《大诰》、《皇明祖训》、《洪武礼制》、《礼仪定式》、《教民榜文》、《学校格式》、《军政条例》、《宪纲事类》、《吏部条例》、《问刑条例》等 20 余种。皇帝以制书形式颁行的法律文件，都是国家的重要法律，现有明张卤校勘的《皇明制书》存世。① 在明朝颁行的会典和法律中，有 14 种收入了一些则例。现把这些文献的版本、内容和收入则例的情况简述于后。

（1）《御制大诰续编》。该书是明初朱元璋颁布的四编《大诰》中的一编，其他三编为《御制大诰》《御制大诰三编》《大诰武臣》。四编《大诰》系明太祖朱元璋于洪武十八年至二十年分别颁行，共 236 个条目，其中《御制大诰》74 条、《御制大诰续编》87 条、《御制大诰三编》43 条、《大诰武臣》32 条。各编《大诰》诰文由案例、峻令和明太祖的"训诫"三个方面内容组成，是具有教育作用和法律效力的特种刑法。朱元璋亲自编纂的《大诰》峻令，风行于洪武十八年至二十五年（1392 年）。洪武二十六年后，朱元璋采用引诰入例的方法，屡次减轻刑罚，《大诰》峻令逐渐废止

---

① 现见的《皇明制书》的版本，主要有嘉靖年间（1522—1566 年）南直隶镇江府丹徒县官刊《皇明制书》十四卷本（简称"十四卷本"）、万历四十一年（1613 年）镇江府知府康应乾补刻本（简称"十四卷补刻本"）、明万历七年（1579 年）钦差巡抚保定等府地方兼提督紫荆等关都察院右副都御史张卤校勘大明府刊《皇明制书》二十卷本（简称"二十卷本"），以及明刻《皇明制书》不分卷本（简称"不分卷本"）。1976 年（日本昭和四十二年），日本古典研究会影印了《皇明制书》。笔者校勘整理的《皇明制书》，2013 年7 月由社会科学文献出版社出版。

不用。明《大诰》有多种版本传世，本次辑佚使用的是明洪武内府刻本，从该书选收洪武则例1件。

（2）《诸司职掌》。明太祖朱元璋敕定，洪武二十六年三月内府刊印。该文献以职官制度为纲，下分十门，分别详细地规定了吏、户、礼、兵、刑、工六部及都察院、通政司、大理寺、五军都督府的官制及其职掌。《诸司职掌》全面规范了国家的各项基本制度，《大明律》门目也收入其内，是明朝的国家"大法"。现见的《诸司职掌》版本有多种，本次辑佚使用的是明嘉靖刻《皇明制书》十四卷本，从该书选收洪武则例14件。

（3）《皇明祖训》。其为明太祖朱元璋为朱氏天下长治久安、传之万世，给子孙制定的"家法"。《皇明祖训》是在《祖训录》多次修订的基础上形成的。洪武年间，朱元璋曾多次修订《祖训录》，洪武二十八年闰九月庚寅，"重定《祖训录》，名为《皇明祖训》"①。在《皇明制书》诸版本中，仅部分卷本收录了《皇明祖训》。此外，中国国家图书馆藏有《皇明祖训》明洪武礼部刻本，故宫博物院、台湾"中研院"史语所藏有该书明刻本。本次辑佚使用的是明刻《皇明制书》不分卷本，从该书选收洪武则例1件。

（4）《宪纲事类》。明英宗正统四年（1439年）十月刊行。全书95条，其中"宪纲"34条、"宪体"15条、"出巡相见礼仪"4条、"巡历事例"36条、"刷卷条格"6条，内容均系风宪官的职守、行事规则、礼仪、纪纲禁例及对违背纪纲者如何处置的法律规定。在《皇明制书》十四卷本、十四卷补刻本、二十卷本中收录有《宪纲事类》。另外，上海图书馆藏《宪纲事类》明嘉靖三十一年（1552年）曾佩刻本，南京图书馆藏《宪纲事类》三卷明刻本。本次辑佚使用的是明嘉靖刻《皇明制书》十四卷本，从该书选收则例1件。

（5）《吏部条例》。弘治十一年（1498年）七月吏部奉敕编纂刊行。全书辑官吏违碍事例97条，其中给由纸牌违碍事例2条，给由官吏违碍事例40条，丁忧起复官吏违碍事例33条，听选官吏并阴阳、医生人等给假等项违碍事例16条，听拨吏典违碍事例3条，除授给由官员违碍新例3条。这

---

① 《明太祖实录》卷二四二。关于《皇明祖训》的定本和颁行时间，学界尚有不同看法。张德信在《〈祖训录〉与〈皇明祖训〉比较研究》（《文史》第45辑，中华书局，1998）一文中认为："《皇明祖训》颁行，不是一般论者所说洪武二十八年闰九月的定本，而应该是洪武二十八年十月的定本，或者洪武二十九年十二月的定本。"

些事例大多为先年旧例，因各级官吏常不遵守，故重新申明，并将有关现行事例与其通类编纂，颁示天下大小衙门施行。在《皇明制书》十四卷本、十四卷补刻本中收录有《吏部条例》，本次辑佚使用的是明嘉靖刻《皇明制书》十四卷本，从该书选收洪武则例1件。

（6）正德《明会典》和万历《明会典》。关于明代两朝会典的编纂体例和内容等，前文已述。这次辑佚使用的是明徐溥等纂修，明李东阳等重校正德《明会典》，明正德六年司礼监刻本，从该书选收则例27件；明申时行等重修万历《明会典》中华书局1989年影印本，从该书选收则例45件。

（7）《漕运议单》。不分卷，明嘉靖二十一年（1542年）户部议定，天一阁藏明蓝丝栏抄本。漕运是以水路转运南粮至京师或其他指定地点的运输方式。该书系户部根据旧例重新议定的有关漕运的各种规制，内有漕运总额、各省兑运米数额、改兑米额数、每年秋粮夏税折米因灾停免拨补之数等。从该书选收则例2件。

（8）《洲课条例》。不分卷，明嘉靖时南京工部营缮司员外郎王㣧编，台湾"中研院"史语所傅斯年图书馆藏明抄本。书前有嘉靖七年（1528年）敕谕一道，正文由"各府州县课银总数""各卫课银总数""本部每年取用课银""芦课各年题准条例""各年领敕部司酌处芦课事宜"五部分组成，其中"芦课各年题准条例"记弘治元年（1488年）二月至嘉靖二十一年工部奏章8件；"各年领敕部司酌处芦课事宜"记弘治九年（1496年）至嘉靖二十六年（1547年）八月历任奉提督芦洲官员提出的酌处事宜奏章9件。全书对明时芦洲分布、课银数目、洲田管理等作了详细规定。从该书选收则例2件。

（9）《问刑条例》。《问刑条例》是明代中后期最重要的刑事法律。初颁于明孝宗弘治十三年（1500年），计279条。嘉靖二十九年（1550年），刑部尚书顾应祥奉诏主持重修《问刑条例》，增至385条。万历十三年，刑部尚书舒化主持再次重修《问刑条例》，计382条，并以律为正文，将例附于各相关刑名之后，律例合刊，颁行于世。现存的《问刑条例》版本有多种，本次辑佚使用的是明雷梦麟撰《读律琐言》嘉靖四十二年（1563年）徽州府歙县知县熊秉元重刻本，该书载有嘉靖重修《问刑条例》，从该书选收则例1件。

（10）《万历会计录》。43卷，明人张学颜等奉敕撰，万历十年（1582

年）刊行。该书详记全国田亩、户数、税额、各项费用和沿革事例、新订章程，是当时国家财政收支的依据，要求各级衙门遵行。本次辑佚使用的是中国国家图书馆藏明万历十年刻本，从该书选收则例124件。

（11）《大明律附例》（附万历十三年《问刑条例》）。明舒化奉敕纂修，万历十三年颁行。该书收入《大明律》，内容同洪武三十年颁《大明律》，只改动了当时误刻误传的50字。书后附万历十三年颁行的《问刑条例》382条。这次辑佚使用的是明万历十三年刻本，从该书选收则例1件。

（12）《重订赋役成规》。明熊尚文等撰，明万历四十三年（1615年）刻本。该书系明南直隶扬州府及所属高邮州、通州、泰州三州和江都、泰兴、兴化、宝应、仪真、海门诸县，每年应承担各类赋役的数额与相关事项的规定，其内容多为各州县"田亩起派则例""丁田起派则例"。这是一部不可多见的篇幅较大的地方法规。从该书选收则例17件。

（13）《南京都察院志》。40卷，明祁伯裕、施沛等纂辑。明代是我国历史上少有的两都并立的朝代，于南京保留着一整套包括司法机构在内的相对完整的中央机构。该书分皇论、廨宇、职官、职掌、仪注、奏疏奏议、公移本式、艺文志、人物、志余等部分，就明初至隆庆年间南京都察院的沿革变化情况作了详细记述。本次辑佚使用的是日本内阁文库藏明天启刻本，从该书选收则例6件。

从上述14种文献中，辑佚则例243件，详见表3-1。

表3-1　法典、法律和官修典制专书所载则例

文献名	文献作者及版本	所载则例总数	内容	发布则例的朝代及件数
《御制大诰续编》	（明）朱元璋撰，明洪武内府刻本	1件	路费则例	洪武1件
《诸司职掌》	（明）朱元璋敕定，明嘉靖刻《皇明制书》十四卷本	14件	吏部类2件 户部类7件 礼部类2件 工部类3件	洪武14件
《皇明祖训》	（明）朱元璋撰，明刻《皇明制书》不分卷本	1件	亲王钱粮则例	洪武1件

三 散见明代则例资料考述 | 083

续表

文献名	文献作者及版本	所载则例总数	内容	发布则例的朝代及件数
《宪纲事类》	（明）官修，明嘉靖刻《皇明制书》十四卷本	1件	开垦荒田起科则例	未记时间1件
《吏部条例》	（明）吏部奉敕编纂，明嘉靖刻《皇明制书》十四卷本	1件	繁简则例	洪武1件
正德《明会典》	（明）徐溥等纂修，（明）李东阳等重校，明正德六年司礼监刻本	27件	户部类15件 礼部类2件 兵部类3件 刑部类1件 工部类6件	洪武4件 永乐4件 宣德1件 正统2件 景泰3件 天顺1件 成化4件 弘治4件 通代2件 未记时间2件
《漕运议单》	（明）户部议定，明抄本	2件	兑运粮米加耗则例、折银则例	嘉靖1件 未记时间1件
《洲课条例》	（明）王侹编，明抄本	2件	洲地起科则例、草地则例	弘治1件 嘉靖1件
《问刑条例》	（明）顾应祥等纂修，明嘉靖重修本	1件	原行赎罪则例	嘉靖1件
《万历会计录》	（明）张学颜等奉敕撰，明万历十年刻本	124件	税粮则例、减轻起科则例、屯田则例、盐引米豆则例、官吏俸粮则例、主兵月粮则例、主兵兼食行粮则例、主兵马骡料草则例、冬衣布花则例、放粮折银则例、俸给则例、民田则例、马匹料草则例、客兵行粮料草则例、南兵粮料丁食则例、卫所官员俸粮则例、中盐则例、在京文官俸粮本折则例、各衙门吏典监生等役月粮则例、五军都督府并京卫武官俸粮则例、席木则例、脚价则例、折色则例、卫仓支放则例、正耗则例、杂支则例、长船则例、河赣船则例、船料则例、空船则例等	正统2件 景泰5件 成化1件 弘治4件 正德6件 嘉靖8件 隆庆3件 万历94件 通代1件

续表

文献名	文献作者及版本	所载则例总数	内容	发布则例的朝代及件数
《大明律附例》	（明）舒化奉敕纂修，明万历十三年刻本	1件	王府及功臣之家佃户则例	成化1件
万历《明会典》	（明）申时行等重修，中华书局，1989	45件	户部类26件 礼部类3件 兵部类7件 刑部类1件 工部类7件 太常寺1件	洪武7件 景泰1件 成化3件 弘治1件 正德4件 嘉靖18件 隆庆4件 万历4件 通代1件 未记时间2件
《重订赋役成规》	（明）熊尚文等撰，明万历四十三年刻本	17件	田亩起派则例、丁田起派则例、田粮起派则例等	万历17件
《南京都察院志》	（明）祁伯裕、（明）施沛等纂辑，明天启刻本	6件	征收则例、优免则例、兵部则例、抽分杉条苗竹则例、审编则例	洪武1件 万历1件 天启4件
合计		243件		洪武29件 永乐4件 宣德1件 正统4件 景泰9件 天顺1件 成化9件 弘治10件 正德10件 嘉靖29件 隆庆7件 万历116件 天启4件 通代4件 未记时间6件

表3-1大体反映了《明会典》、制书、国家常法所载则例的概况。这里有几点需作补充说明。

其一，上述文献记载的则例，因编入《明会典》或国家常法，与君主因时因事颁行的具有"变通之法"性质的则例法律效力不同，法律地位已由原本在法律体系中处于下位的事例上升为常法，具有长期稳定的法律效力，是各级行政和司法机关必须遵守的法律。

其二，《诸司职掌》所记则例基本上都被《明会典》收入。表3-1中所列各种其他法律所载则例，也有一些被收入了《明会典》。凡是《诸司职掌》和其他法律所载者，均未统计在《明会典》栏目下，因此，《明会典》记载的则例，实际上比表3-1中所列的件数要多。

其三，因篇幅所限，《诸司职掌》《明会典》内容栏未列则例的名称，这里补充如后。

《诸司职掌》所载则例，有繁简则例、官田则例、没官则例、民间桑株起科则例、赏赐则例、盐法则例、在京征收刍草则例、优给则例、工役因人则例、铸钱则例、夫役优免则例等。

《明会典》除收有《诸司职掌》所载则例外，还载有民田则例，屯田则例，田粮起科则例，灾伤去处散粮则例，折银则例，苏、松等府水淹去处给米则例，征收则例，折纳布绢则例，开中纳米则例，塌房收税则例，楚府则例，客兵行粮则例，北平军士给赏则例，协济水夫则例，比较马匹则例，囚犯赎罪则例，给价则例，准工则例，成造军器则例，造浅船遮洋船则例等。

（二）法律汇编文献所载则例考述

法律汇编型文献大多是官员或谙熟法律的文人编纂的。在当时"事例浩繁"的情况下，编纂的目的主要是方便司法官员查阅使用。这类文献虽然不是官方编刊，但收入的包括则例在内的事例应是朝廷允准或颁布的，是可信的。

明代私家编纂的法律汇编型文献有上百种，内有25种（其中《条例全文》所载则例因选自两种馆藏抄本计为2种）记载了则例。现把这些文献的版本、内容和所记则例情况述后。

（1）《律解辩疑》。30卷，明初人何广撰，明刻本。何广字公远，华亭人，后徙上海。洪武年间以明经为江西令，永乐二年（1404年）三月擢御史，五月由浙江道监察御史升为陕西按察副使。此书前有洪武丙寅春正月望日松江何广自序，书末有洪武丙寅（十九年）春二月四明却敬后序。后序云："松江何公名儒，书通律意，由近臣任江西新□□□。未仕之暇，于我圣朝律内，潜心玩味，深究其理，参之于《疏议》，疑者而解之，惑者而□之，释之为别集，名曰《律解辩疑》。"从两序所记成书时间看，书中辑录的《大明律》当系洪武十九年（1386年）前所颁。该书原藏北平图书馆，后曾被美国国会图书馆收藏，再之后迁至台湾"中央图书馆"，中国国家图书馆藏有该书缩微胶卷。从该书选收则例1件。

（2）《条例全文》。不分卷，辑者不详，明抄本。原书40册，天一阁博物馆存8册，即第11、13~15、19、35、39~40册。这8册收入《天一阁藏明代珍本丛刊》第3、4册，已于2010年由线装书局影印出版。该书是成化、弘治年间条例题奏文本的汇编，按年月先后编排。据《明史·艺文志》故事类存目记载，有《条例全文》30卷，然至今未见有刻本传世。天一阁所藏《条例全文》8册与《明史·艺文志》所记是否为同一部书，有待考证。此外，中国国家图书馆藏《成化二十三年条例》1册，收入成化二十三年（1487年）正月至十二月条例34条。据黄彰健《明代律例汇编》，台湾"中研院"史语所傅斯年图书馆藏有成化七、十一、十三、十四、十六至十九、二十二年条例，共9册；另存成化十四、十五年条例各1册；还存有弘治元年至四年（1491年）条例20册，史语所藏成化、弘治条例抄本与天一阁藏本是否属于同一个系列，也有待查阅后确定。笔者曾把中国国家图书馆藏《成化二十三年条例》、天一阁藏《条例全文》中的《弘治六年条例》与《皇明条法事类纂》所辑《成化二十三年条例》和《弘治六年条例》逐字作过对勘，发现《皇明条法事类纂》所收条例与此两朝条例不仅条数篇名大多一致，各篇内容也基本一样。不同的是，两朝条例以题本、奏本的进呈时间为序编排，而《皇明条法事类纂》以类编次。据初步考证，笔者认为两朝条例成书在前，《皇明条法事类纂》成书在后。《皇明条法事类纂》作为成化、弘治两朝条例的分类汇编，二者参照对校，可以厘正彼此的失错之处。本次收入的《条例全文》所载则例 8 件，有 4 件源于天一阁藏该书明抄本，另 4 件为台湾"中研院"史语所傅斯年图书馆藏明抄本。

（3）《皇明条法事类纂》。正编 50 卷，书后附编不分卷。全书实辑的 1269 件文书中，除个别外均属于刑事事例，其中除有英宗正统朝、世宗嘉靖朝各 1 件外，均系明宪宗、孝宗两朝各部及都察院等衙门于天顺八年（1464 年）至弘治七年（1494 年）31 年间事例。这次辑佚使用的是日本东京大学综合图书馆藏明抄本，从该书选收则例 16 件。

（4）《吏部四司条例》不分卷，原抄本注录该书系明蹇义编。蹇义系明初四川巴县人，字宜之。洪武十八年进士，授中书舍人。建文时超擢吏部右侍郎。明成祖废建文帝登基后，被任为吏部尚书，于永乐朝 22 年间和仁、宣两朝，长期担任吏部尚书一职，宣宗宣德十年（1435 年）卒。书前无序目，天一阁藏明抄本 6 册。前 2 册是有关中央、地方官制和职掌的规定，为永乐初吏部尚书蹇义奉诏恢复洪武旧制呈奏永乐帝的造册文书。后 4 册分别为文选、验封、稽勋、考功四清吏司条例，其内容是洪武至正德年间各朝奏准、题准的定例。其中"文选司条例"168 件，是关于官员秩迁、改调的定例；"验封司条例"144 件，是关于封爵、荫叙、褒赠及散官、吏役、皂隶管理制度的定例；"稽勋司条例"41 件，是关于官员丁忧、俸给方面的定例；"考功司条例"128 件，是关于官吏考课、黜陟的定例。现存文选、验封、稽勋、考功四司条例，多为英宗、景帝、宪宗、孝宗时制定。原注录有误，该书后 4 册应是后人续编而成。从该书选收则例 3 件。

（5）《兵部武选司条例》。不分卷，不著撰者，天一阁藏明嘉靖抄本。该书所辑条例，均是正德《明会典》未载或"略节"的明初至正德十六年（1521 年）皇帝钦准的规范兵部武选司选授武官的各类条例。全书仿照《明会典》体例，采取"先分门，次分类"，每类"以编年为序"的编辑方法。按书前所列"目录"，该书分为"铨选""除授""升赏""推举""考选""袭替""比试""旗役""贴黄""优给""诰敕""赏赐"12 门。其中"铨选"门下"官制""勋禄""武官资格""土官资格"4 类因《明会典》有详载而未刊；"赏赐"门下"给赏""加赏""量赏"3 类无文。其他门下各类虽有不少正文标题、内容与目录相异之处，但多数名类及其包括条例的内容，与目录相符。如"除授"门下记有"有功升除""调除别卫""为事复职""王府官选授""都指挥铨注""军官给凭"等类条例；"升赏"门下记有"北方功次""番贼功次""流贼功次""内地反贼功次""升赏通行"等类条例；"推举"门下有"推举五府官""推举锦衣卫官""推举留守官""推举都司官"等类条例；"考选"门下有"在外军政""两京军政""腾骧等卫"等类条例；"袭替"门下有"流官承袭""犯堂减革""不由军功""年远袭职""降调袭职""庶长袭职""将军儿男袭替""纳级袭职""阵亡袭升""保勘袭替""土官袭替"等类条例；"贴黄"门下有"续写贴黄""清理贴黄""岁报贴黄""罢职揭黄""武官选簿""更名复姓"等类条例。如把正德《明会典》所载兵部武选司职掌与该书结合研究，就能够对明代的武官选授制度有更全面的了解。从该书选收则例2件。

（6）《军政备例》。不分卷，明嘉靖年间广信府知府赵堂辑，天津图书馆藏清抄本。该书是明代军政事例的汇编，收入宣德四年（1429年）至嘉靖三十九年（1560年）130余年间累朝制定的重要军政事例894件，分为清理、册籍、逃故、清解、优恤、替放、首补、调卫、改编、逃绝等10类编纂。在这些事例中，除各朝颁布的事例外，还收入明宣德四年制定的"军政条例"33件。从该书选收则例2件。

（7）《六部事例》。不分卷，不著撰者，明抄本，原著6册，天一阁博物馆藏该书"礼律""兵律""工律"，中山大学图书馆藏该书"吏律""户律""刑律"。是书各册首页题"某律"，但书根处分别标为"某部事例"。其内容为各部臣工题准事例，共计122件，起自成化元年（1465年），止于弘治三年（1490年），推测其成书应在弘治初年。其中"吏律"17件，系文官尤其是风宪官选任、出巡等方面的事例；"户律"19件，系转解官物、守掌在官钱物等方面的事例；"礼律"26件，系祭享、仪制等方面的事例；"兵律"29件，系清解军人、卫所军人犯罪、官军失班等方面的事例；"刑律"14件，系犯奸、阉割、放火及其他杂犯等方面的事例；"工律"17件，系营造、物料等方面的事例。从该书选收则例2件。

（8）《六部纂修条例》。不分卷，不著撰者，明抄本，现藏于天津图书馆。此书所载条例，起自弘治五年（1492年），止于嘉靖三十二年（1553年），其中尤以嘉靖年间条例最多，故成书应在嘉靖后期。是书以六部分类，主要是明代官员的题本，涵盖官员举劾、钱粮征收、科举、军解、人命、成造等诸事，共计456条。从该书选收则例3件。

(9)《律解附例》。30卷，明胡琼纂辑，明正德十六年（1521年）刻本。胡琼，字国华，南平人。正德六年（1511年）进士，由慈溪知县入为御史，历按贵州、浙江有声。嘉靖三年（1524年）哭谏，受杖卒。书前有明太祖朱元璋洪武三十年五月《御制大明律序》、洪武七年刑部尚书刘惟谦等《进大明律表》及五刑、狱具、丧服、本宗九族五服正服、妻为夫族服、妾为家长族服、出嫁女为本宗降服、外亲服、妻亲服、三父八母服、六赃等图。书后附胡琼正德十六年仲春望日《律解附例序》、正德十六年十一月都察院右副都御史兼云南巡抚何孟春《书九峰胡侍御律解后》。正文辑明太祖洪武三十年颁460条《大明律》，分名例、吏、户、礼、兵、刑、工七门。律条下"解"栏阐明律意，"取诸家之说折衷之，删繁节要，略其所易知，补其所未备"。律条下"例"栏，附弘治《问刑条例》与律文相关的条款。"名例"门相关条款下附有"在京罚运则例""在京折收钱钞则例""王府事例十二条""厨役里甲犯罪例""在京妇人余罪收赎折钱例""收赎则例""在京老疾折钱例""徒年限内老疾收赎则例""奏行时估则例"；"刑律"门"诬告"条后附"诬轻为重反坐所剩未论决例"，"官司出入人罪"条后附"官司出入人罪例"。《律解附例》是现存的完整收入《大明律》的较早版本之一。从该书选收则例2件。

(10)《大明律疏附例》。30卷，8册。不著撰者。编纂体例为首录律文，而于诸律条后附以《问刑条例》，再附以《续例附考》及《新例》。书末附有《新例补遗》。其所附《问刑条例》与单刻本弘治《问刑条例》例文文句相同。其所附《续例附考》，辑者注云："凡正德年间事例，已悉停革。间有题行于弘治十八年以前，可以参酌遵行者，兹附载备考。"可知《续例附考》系弘治十三年颁行《问刑条例》以后至弘治十八年（1505年）明孝宗死以前陆续制定的条例。此外，从吏律"官吏给由"条所附例下注有"正德五年九月吏部题准"看，亦有少数例为明武宗正德年间所定。其所附《新例》，均注明为嘉靖某年所定，最晚者制定于嘉靖二十二年（1543年）四月。据此推测，《大明律疏附例》一书应写于明嘉靖二十二年后不久。又，此书末所附《新例补遗》的例，有嘉靖二十四年（1545年）十月所定者，而此书原刊本，河南巡抚李邦珍于嘉靖二十九年中进士、初筮仕时即已购得，所以，增补《新例》和刊刻此书的时间当是嘉靖二十四年后不久。其书原刊本已不得见，中国国家图书馆藏有该书明隆庆二年（1568年）河南府重刊本。兹据之整理点校。从该书选收则例2件。

（11）《六部条例》。不分卷，不著撰者，明抄本，现藏中山大学图书馆。原书7册，前6册分别为吏、户、礼、兵、刑、工六部条例，第七册为都察院条例。全书收入弘治朝至嘉靖朝条例233条，其中吏部29条、户部48条、礼部22条、兵部64条、刑部20条、工部23条、都察院27条。内容涉及职掌、举劾、钱法、防边、恤刑、审囚、营造等方面。从该书选收则例1件。

（12）《条例备考》。24卷，不著辑者。该书辑明初至嘉靖三十七年（1558年）明代累朝皇帝敕准颁行的各种定例共1474件，分为8类编辑。其中，吏部条例3卷，90件；户部条例2卷，98件；礼部条例3卷，82件；兵部条例9卷，890件；刑部条例3卷，84件；工部条例1卷，37件；都察院条例2卷，108件；都察院、通政司、大理寺条例1卷，85件。本次辑佚使用的是日本尊经阁文库藏该书明嘉靖刻本，从该书选收则例2件。

（13）《皇明诏令》。21卷，明人傅凤翔于嘉靖十八年（1539年）任巡按浙江监察御史、福建按察司副使期间辑成刊行。斯后，浙江布政使司又于嘉靖二十七年（1548年）校补重刊。此书收录自小明王韩林儿龙凤十二年（1366年）至明嘉靖二十六年（1547年）共182年间明代十位皇帝的诏令507篇。这些以皇帝名义发布、具有最高法律效力的诏敕和文告，内容涉及军国大政、律例刑名、职官职掌、户婚钱粮、赋役税收、钱法钞法、马政漕运、监茶课程、祭祀礼仪、宗藩勋戚、科举学校、军务征讨、关津海禁、营造河防、外交事务、抚恤恩宥等各个方面，均系明代十朝有关朝政要事和法律、制度的决策性文献。现知的该书善本，有美国国会图书馆藏《皇明诏令》二十一卷明嘉靖刻本、《皇明诏令》二十七卷明嘉靖刻本和中国国家图书馆藏《皇明诏令》二十一卷明嘉靖二十七年刻本。本次辑佚使用的是嘉靖二十七年刻本,从该书选收则例1件。

（14）《嘉靖新例》。1卷,明嘉靖年间御史萧世延、按察使杨本仁、左参政范钦编,该书收入嘉靖元年（1522年）至二十四年各部题准的事例202条。现见的此书版本有：天一阁藏《嘉靖新例》不分卷明抄本、日本东京大学东洋文化研究所藏明嘉靖二十七年梧州府知府翁世经刻本、南京图书馆藏翁世经原刊本《玄览堂丛书三集》影印本。本次辑佚使用的是嘉靖二十七年梧州府知府翁世经刻本,从该书选收则例2件。

（15）《嘉靖各部新例》,不分卷,原书辑者及抄录者姓名不详,台湾"中研院"史语所傅斯年图书馆藏明崇祯抄本。该书辑明世宗嘉靖元年至二十六年（1547年）兵、礼、刑诸部题奏经皇帝钦准的定例及重申行用的历朝定例计477条,其中历朝定例362条,分为考选、推举、袭替三部分,下分在外军政、两京军政、腾骧等卫、锦衣卫官、留守官、都司官、流官承袭、犯堂减革、土官袭替。从该书选收则例1件。

（16）《嘉靖事例》。不分卷,明人梁材等辑。中国国家图书馆藏有该书明抄本。该书辑录明嘉靖八年（1529年）至十九年（1540年）朝臣所上题奏经皇帝敕准颁行的事例73件。其中嘉靖八年20件、九年23件、十年7件、十五年9件、十六年5件、十八年2件、十九年4件、题奏时间不明确者3件。这些事例的内容是有关屯田、征田、国公田土、寺田、屯种、田粮、田租、赈田、盐法、茶法、钱法、酒醋、马羊、鱼课、草料、瓜果蔬菜、菜户、积谷造册、桑园、采矿、边储、边饷、禄米、香钱、军粮及内府收纳、米俸、仓粮除耗、赈济灾民、议处荒政、商税门摊、内府丝料、织染所填缴、官引、违例支俸等方面的法律规定。《嘉靖事例》是现存不多见的同一朝经济管理类事例的汇编。从该书选收则例5件。

（17）《军政条例类考》。6卷,明嘉靖年间侍御史霍冀辑。中国国家图书馆、日本尊经阁文库藏有该书明嘉靖三十一年刻本。该书辑录了明代宣德四年至嘉靖三十一年120余年间累朝颁布的军政条例169条,还辑录了朝臣有关清理军务的题本、奏本24件。这些题本、奏本均是经皇帝圣旨"准拟"的通行之例,具有法律效力。这次辑佚使用的是中国国家图书馆藏该书明嘉靖三十一年刻本,从中选收则例1件。

(18)《读律琐言》。30卷附1卷,明嘉靖时刑部郎中雷梦麟撰。该书采取在《大明律》条文后附琐言的形式,对319条律文和该书所附嘉靖《问刑条例》的文本、律义和司法适用诸问题作了甚有见解的诠释。《读律琐言》是明代律学名著,有明嘉靖三十六年庐州府知府汪克用刻本,亦有明嘉靖四十二年(1563)徽州府歙县知县熊秉元重刻本。本次辑佚使用的是熊秉元重刻本,从该书选收则例2件。

(19)《嘉隆新例》(附万历新例)。6卷,明万历刻本。辑者张卤,明河南仪封人,字召和,号浒东。此书辑嘉靖朝、隆庆朝及万历元年(1573年)至六年(1578年)定例338条,依吏、户、礼、兵、刑、工六例分类逐年编排,其中吏例71条、户例59条、礼例16条、兵例126条、刑例57条、工例9条。在这些定例中,嘉靖朝定例166条、隆庆朝定例76条、万历朝定例96条。嘉靖新例中的许多定例,为嘉靖、万历年间重修《问刑条例》时所采纳。《嘉隆新例》万历刊本现藏台湾"中央图书馆",中国国家图书馆藏有原书缩微件。《玄览堂丛书续集》第104册收入该书影印本。本次辑佚使用的是台湾"中央图书馆"藏明万历刻本,从该书选收则例1件。

(20)《盐法条例》。不分卷,不著撰者,明万历十三年刻本。书前有万历四年两淮盐运使崔孔昕序,正文收录万历朝前期两淮巡盐御史的题本17篇,大多是针对当时的盐政弊端,就两淮食盐的生产、运输、行政建制、管理制度的改善及赈济灾荒等提出建议的奏疏,反映了这一时期两淮盐政制度的演变。此书系孤本,现藏中国社会科学院近代史研究所图书馆。从该书选收则例1件。

(21)《增修条例备考》。24卷,明人翁汝遇等辑,史继辰等校定。因嘉、隆以来条例文书甚繁,辑者奉江西巡抚之命,对原《条例备考》重新删定并续入嘉、隆以来部、院通行条例而成此书。其中吏部条例3卷,户部条例4卷,礼部条例2卷,兵部条例6卷,刑部条例2卷,工部条例2卷,通政司、大理寺条例合1卷,都察院条例4卷。该书收入吏、户、礼、兵、刑、工六部和通政司、大理寺、都察院条例1062件。日本尊经阁文库藏该书明万历刻本,南京图书馆藏明万历刻本残卷本。这次辑佚使用的是日本尊经阁文库藏该书明万历刻本，从中选收则例5件。

（22）《吏部职掌》。不分卷。此书是记载明代吏部职掌及铨选、考核与勋封等文官制度的重要文献。嘉靖三十年，吏部尚书李默主持、属官黄养蒙等编纂的《吏部职掌》首次刊行，其书在万历、天启年间多次增订。现存的该书版本主要有：中国国家图书馆藏嘉靖刻残卷本，北京大学图书馆、台北市"国家图书馆"藏万历刻本，哈佛燕京图书馆、上海图书馆藏明天启刻本。本书收入的"积谷则例"选自上海图书馆藏张瀚纂、宋启明增补的明天启刻本。从该书选收则例1件。

（23）《皇明诏制》。明孔贞运等辑，明崇祯七年重刻本，收入明太祖洪武元年至明思宗崇祯三年（1630年）明代十五位皇帝发布的代表性诏令249篇，其中太祖76篇、成祖32篇、仁宗6篇、宣宗14篇、英宗28篇、景帝4篇、宪宗12篇、孝宗8篇、武宗8篇、世宗23篇、穆宗8篇、神宗16篇、光宗2篇、熹宗9篇、思宗3篇。内容多是有关国家重大事项的政令、军令。除极少数属于祭祀大地、遇灾异自省、慰谕公卿、告诫朝臣的诏、敕外，绝大多数是具有法律效力的命令文告，内容涉及军国大政、律例刑名、职官职掌、户婚钱粮、赋役税收、钱法钞法、马政漕运、盐茶课程、祭祀礼仪、宗藩勋戚、科举学校、军务征讨、关津海禁、营造河防、外交事务、抚恤恩宥等各个方面，均系明初至嘉靖年间有关重大朝政要事和法律、制度的决策性文献。从该书选收则例2件。

（24）《新刻校正音释词家便览萧曹遗笔》。4卷，明豫人闲闲子订注，清道光二十五年（1845年）刻本。"萧""曹"，指辅佐刘邦创建汉朝基业的开国功臣萧何、曹参。萧何任宰相定法度规章，曹参继任宰相随之。因二人原为秦朝刀笔吏，熟律令，精诉讼，后世民间讼学常以"萧曹遗墨"标榜。闲闲子订注此书亦是如此。该书内容涉及讼师管见、词状格式、法家箴规、申招之法、词状用语、呈禀说帖、律学要领、审语判语等方面，并结合案例，列举了盗贼、坟山、人命、争占、骗害、婚姻、债负、户役、斗殴、继立、奸情、脱罪、执照、呈结等法律文书的写作范式，是供讼师和基层官吏写作司法文书的参用之书。从该书选收则例1件。

上述 25 种文献记载了则例 67 件，详见表 3-2。

表 3-2　法律汇编文献所载则例

文献名	文献作者及版本	所载则例总数	内容	发布则例的朝代及件数
《律解辩疑》	（明）何广撰，明刻本	1 件	照刷文卷罚俸则例	洪武 1 件
《条例全文》	（明）不著撰者，天一阁藏明抄本	4 件	纳粟赎罪则例、罪囚罚纸则例、纳米赎罪则例、收受粮斛则例	成化 4 件
《条例全文》	（明）不著撰者，台湾"中研院"史语所傅斯年图书馆藏明抄本	4 件	公使人役金拨则例、捐纳则例、折银则例、减轻则例	弘治 4 件
《皇明条法事类纂》	（明）不著撰者，明抄本	16 件	赎罪街市行使则例、在京杂犯死罪并徒流笞杖纳豆则例、纳马赎罪则例、有力因人运石则例、修砌道路则例、囚犯运粮则例、问囚纸札则例、赃物估钞则例、在京各衙门办事官吏纳豆出身则例、许令军民耕赁住起科则例、各钞关税课司局钱钞折银则例、折纳条石则例、定拟巡捕官兵拿贼不获住俸等项则例等	成化 12 件 弘治 4 件
《吏部四司条例》	（明）蹇义编，明抄本	3 件	纳草则例、纳米参充吏典则例、考满官员纳米则例	成化 2 件 弘治 1 件
《兵部武选司条例》	（明）不著撰者，明抄本	2 件	存留俸粮养亲则例、都司地方支俸则例	成化 1 件 嘉靖 1 件
《军政备例》	（明）赵堂辑，清抄本	2 件	折色事体则例、地方则例	成化 1 件 嘉靖 1 件
《六部事例》	（明）不著撰者，中山大学图书馆藏明抄本	2 件	成造军器则例、加耗脚价银两则例	未记时间 2 件

三 散见明代则例资料考述

续表

文献名	文献作者及版本	所载则例总数	内容	发布则例的朝代及件数
《六部纂修条例》	（明）不著撰者，明抄本	3件	折银则例、积粮则例、运炭折收赎银则例	弘治1件 嘉靖1件 未记时间1件
《律解附例》	（明）胡琼纂辑，明正德十六年刻本	2件	在京罚运则例、在京折收钱钞则例	正德2件
《大明律疏附例》	（明）不著撰者，明隆庆二年河南府重刻本	2件	囚犯折纳工银则例、赎罪收赎钱钞则例	嘉靖2件
《六部条例》	（明）不著撰者，明抄本	1件	廪给口粮则例	嘉靖1件
《条例备考》	（明）不著辑者，明嘉靖刻本	2件	工价工食则例、时估则例	嘉靖2件
《皇明诏令》	（明）傅凤翔辑，明嘉靖二十七年刻本	1件	茶课则例	成化1件
《嘉靖新例》	（明）萧世延、（明）杨本仁、（明）范钦编，明嘉靖二十七年梧州府知府翁世经刻本	2件	在京运灰赎罪则例、王府高墙则例	嘉靖2件
《嘉靖各部新例》	（明）不著撰者，明抄本	1件	廪给口粮折银则例	嘉靖1件
《嘉靖事例》	（明）梁材等辑，明抄本	5件	掣支则例、运茶则例、开中盐粮则例、收税则例、楚府则例等	嘉靖5件
《军政条例类考》	（明）霍冀辑，明嘉靖三十一年刻本	1件	成造军器则例	成化1件

续表

文献名	文献作者及版本	所载则例总数	内容	发布则例的朝代及件数
《读律琐言》	（明）雷梦麟撰，明嘉靖四十二年徽州府歙县知县熊秉元重刻本	2件	原行赎罪则例、徒限内老疾收赎则例	嘉靖2件
《嘉隆新例》	（明）张卤辑，明万历刻本	1件	纳赎则例	嘉靖1件
《盐法条例》	（明）不著撰者，明万历十三年刻本	1件	救灾	万历1件
《增修条例备考》	（明）翁汝遇等辑，（明）史继辰等校定，明万历刻本	5件	议给水脚则例、灾伤改折银数则例、派征粮差则例、输银助边升赏则例、班匠则例	嘉靖1件 万历4件
《吏部职掌》	（明）张瀚纂，（明）宋启明增补，明天启刻本	1件	积谷则例	隆庆1件
《皇明诏制》	（明）孔贞运等辑，明崇祯七年重刻本	2件	关给则例、庄田租银则例	正德1件 嘉靖1件
《新刻校正音释词家便览萧曹遗笔》	（明）豫人闲闲子订注，清道光二十五年刻本	1件	纳纸则例	通代1件
合计		67件		洪武1件 成化22件 弘治10件 正德3件 嘉靖21件 隆庆1件 万历5件 通代1件 未记时间3件

需要说明的是，由于多个文献记载的则例往往重复，表 3-2 只列举了彼此不重复的则例，其中一些文献实际收入的则例，要比表 3-2 中所记为多。

这些文献记载的 67 件则例中，有洪武朝 1 件、成化朝 22 件、弘治朝 10 件、正德朝 3 件、嘉靖朝 21 件、隆庆朝 1 件、万历朝 5 件、通代 1 件、未记时间 3 件。

25 种文献所辑则例，绝大多数是题奏的条例文书全文或删节件，内容包括臣工题本、事例的内容和皇帝的圣旨，读后可使人了解当时则例的本来面貌，尤为珍贵。

（三）《明实录》所载则例考述

《明实录》系明朝官修史书，也可以说是明代皇帝的编年记。现存的明代各朝"实录"有多种版本，学界通常使用的是台湾"中研院"史语所校印的红格抄本。"实录"记载的是皇帝和朝廷的活动，其依据的资料为各级衙门的档案文册及其他记述皇帝活动的材料。虽然该书的纂修存在"为尊者讳"的缺陷，亦因受统治集团内部斗争的影响，曲笔甚多，但所记基本制度和法律法规的内容还是可信的。《明实录》中记述的则例数量较多，因则例当时也被称为事例，"实录"记载的许多事例，实际上也属于则例。也有不少则例，"实录"记述时未书其名称。"实录"所记则例，都属于摘记性质。笔者在从《明实录》中辑佚则例时，为确保准确无误，仅辑佚了明确标明称谓是则例的资料。现把从《明实录》中选收的 123 件有例文内容规定和定例名称的则例列表述后（见表 3-3）。

表 3-3 《明实录》所载则例

文献名	年号	所载则例总数	内容
《明太祖实录》	洪武	1 件	云南乌撒中盐则例
《明太宗实录》	永乐	1 件	开中四川、河东、云南、福建盐粮则例

续表

文献名	年号	所载则例总数	内容
《明仁宗实录》	洪熙	1件	用钞中盐则例
《明宣宗实录》	宣德	4件	中纳盐粮则例、官军兑运民粮加耗则例、松潘中纳盐粮则例、淮浙盐开中则例
《明英宗实录》	正统	8件	中盐运粮则例、民粮来京输纳加耗则例、召商中纳盐粮则例、税钞则例、陕西沿边中盐则例、定边等卫中盐纳马则例、云南腾冲卫指挥司中纳盐粮则例、运米则例
《明英宗实录》	景泰	20件	中盐则例、囚犯减轻纳米则例、开中盐粮则例、召商中盐则例、赎罪则例、减轻起科则例、官民田征粮则例、纳粮冠带则例、纳米冠带则例等
《明英宗实录》	天顺	4件	召商中纳盐粮则例、赎罪则例等
《明宪宗实录》	成化	55件	独石马营各仓中盐纳豆则例、诏减徐州淮安仓中盐则例、纳草赎罪则例、辽东边卫开中盐粮则例、大同开中盐草则例、命减四川盐引纳米则例、蓁莲台新设万亿仓开中淮浙官盐粮草则例、河东盐运司开中银马则例、官粮则例、减中长芦盐则例、大同玉林等草场开中盐草则例、辽东开中盐米则例、淮浙山东长芦福建河等运司盐课开中则例、淮安徐州临清德州诸仓开中盐引随纳米麦则例、改定淮安常盈仓并临清广积仓所中盐课则例、辽东各仓开中成化九年十年盐引则例、辽东军士冬衣布花折色则例、时价则例、宣府柴沟马营葛峪堡开中河东盐引则例、陕西秦等四府府第工价则例、辽东杂犯死罪以下纳草赎罪则例、辽东开中淮浙河东盐课则例、宣府沿边开中成化十三年引则例、辽东等仓中盐则例、开垦荒田则例、救荒则例、成化十年以后两淮盐引则例、银钱通融则例、周府庄田征租则例、陕西纳粟则例、山陕纳银冠带则例、陕西庆阳府灵州花马池等处盐池中盐则例等
《明孝宗实录》	弘治	6件	捕盗则例、盐课则例、岁办皮张折收则例、各驿工食则例等
《明武宗实录》	正德	3件	征收则例、西宁洮河三卫茶马则例、京城九门车辆纳税则例
《明世宗实录》	嘉靖	6件	蠲免则例、王府禄米折银则例、赎罪与收赎钱钞则例、楚府则例、通欠屯粮降罚则例等

续表

文献名	年号	所载则例总数	内容
《明穆宗实录》	隆庆	4件	户丁田粮则例、边商仓钞则例、屯田则例、价银则例
《明神宗实录》	万历	9件	买马则例、拖欠钱粮住俸开俸降级革职改调则例、物料则例、杂物则例、查参则例、灾免则例、升赏则例、商税则例、科场则例
《明熹宗实录》	天启	1件	佃田户则例
合计		123件	

表3-3所列则例，大多是中盐、钱粮、税收、赎罪等方面的则例，并集中在英宗、宪宗两朝"实录"。与《明会典》等书比较，许多有关职制、军政、礼仪等方面的则例没有记载。然详阅"实录"，再与其他文献记述的则例比较，就可清楚地看到，明代颁布的各类代表性则例，"实录"大多有记载，只是未标明名称而已。

为何"实录"所记有些朝颁行的则例较多，而有些朝甚少？其原因可能是复杂的，或因所收集的档案文册内容所限，或因君主、纂修官对记载则例的重视程度不同。从上述记载中可以得出景泰、成化年间注重制定则例的结论，但不能因此就断言某一朝代不重视则例的颁行。

（四）其他明代史籍和通史式政书所载则例考述

除《明会典》、基本法律、官修典制专书、法律文献汇编、《明实录》外，明代史籍和通史式政书中也记载了大量的明代则例。笔者查阅了目前可供检索的上千种中国古籍，其中记载有明代则例的古籍上百种。这些文献记载的明代则例资料，很多与表3-1至表3-3中文献的记述相重复，彼此的记载也重复甚多，且大多记载得比较简单。辑佚整理这部分文献的工作量巨大。经辑佚整理，删除重复，按照"仅选编有实际内容的则例"的原则，从下述 42 种文献中，辑佚则例 147 件，详见表 3-4。

表 3-4 其他明代史籍和通史式政书所载则例

文献名	文献作者及版本	所载则例总数	内容	发布则例的朝代及件数
《明史》	（清）张廷玉等撰，中华书局，1974	6 件	中盐则例、军士月粮则例、本折则例、四夷馆则例、耗羡则例等	洪武 1 件 永乐 1 件 洪熙 1 件 宣德 1 件 通代 1 件 未记时间 1 件
《明史》	（清）万斯同撰，清抄本	8 件	监生则例、加耗脚米则例、中盐则例、官员岁俸本色折色则例、赏罚则例、海运则例等	洪武 1 件 永乐 1 件 宣德 1 件 成化 1 件 崇祯 1 件 通代 1 件 未记时间 2 件
《国榷》	（明）谈迁撰，中华书局，1958	6 件	减徐淮中盐则例、盐生拨历则例、赎钱钞则例、京运则例、钱粮则例、岁收屯田子粒则例	成化 2 件 嘉靖 1 件 万历 2 件 崇祯 1 件
《明经世文编》	（明）陈子龙等选辑，中华书局，1962	3 件	加耗则例、民田则例、收税则例	成化 1 件 弘治 1 件 未记时间 1 件
《明文海》	（清）黄宗羲编，中华书局，1987	1 件	征税则例	正德 1 件
《续文献通考》	（明）王圻纂辑，明万历三十一年松江府刻本	18 件	支给草料则例、官田则例、民田则例、审编则例、优免则例、三等价银则例、都城九门税课则例、关给则例、加耗脚米则例、太仓起剥则例、江南折银则例、赎罪则例、时估则例等	洪武 2 件 宣德 1 件 成化 3 件 弘治 2 件 嘉靖 2 件 隆庆 2 件 通代 4 件 未记时间 2 件

续表

文献名	文献作者及版本	所载则例总数	内　　容	发布则例的朝代及件数
《钦定续文献通考》	（清）嵇璜等纂修，清乾隆四十九年武英殿刻本	20件	减轻起科则例、屯田则例、王府及功臣家佃户纳子粒则例、收税则例、各盐司则例、中盐则例、水淹给米则例、借米则例、纳米赎罪则例等	洪武2件 永乐5件 洪熙1件 宣德1件 正统1件 景泰5件 天顺1件 成化1件 弘治1件 嘉靖1件 万历1件
《续文献通考补》	（清）朱奇龄撰，清抄本	3件	灾伤免粮则例、收税则例等	弘治1件 通代2件
《天下郡国利病书》	（明）顾炎武撰，四部丛刊三编本	21件	赎罪则例、清查则例、起科则例、征收则例、时估则例、收税则例、均徭则例、官田则例、抽分则例等	天顺1件 正德1件 嘉靖3件 隆庆1件 万历1件 通代2件 未记时间12件
《名臣经济录》	（明）黄训辑，清文渊阁四库全书本	1件	征粮则例	嘉靖1件
《秘阁元龟政要》	（明）不著撰者，明抄本	6件	军士月粮则例、折纳则例、吏员升用则例、寺观僧道则例、中纳边米则例等	洪武6件
弘治《徽州府志》	（明）汪舜民撰，明弘治刻本	1件	夏税改科数目则例	成化1件
正德《松江府志》	（明）顾清撰，明正德七年刻本	1件	加耗则例	正德1件
《漕运通志》	（明）杨宏、（明）谢纯撰，明嘉靖七年杨宏刻本	2件	遮洋兑军加耗米则例、蓟州交洋耗米则例	正德1件 嘉靖1件
《燕对录》	（明）李东阳撰，明嘉靖十二年刻明良集本	1件	均徭则例	弘治1件

续表

文献名	文献作者及版本	所载则例总数	内容	发布则例的朝代及件数
《南京太仆寺志》	（明）雷礼撰，明嘉靖刻本	6件	贴户则例、马数瘦损倒失不即报官则例、马匹征银则例、丁田则例、荒熟顷亩三等则例等	成化2件 弘治2件 嘉靖2件
《盐政志》	（明）朱廷立撰，明嘉靖刻本	2件	秤掣则例、编审则例	嘉靖1件 未记时间1件
《国朝列卿纪》	（明）雷礼撰，明万历徐鉴刻本	1件	折纳绢匹灾伤去处散粮中纳米则例	洪武1件
《皇明大政纪》	（明）雷礼撰，明万历刻本	1件	苏松加耗则例	天顺1件
《刚峰集》	（明）海瑞撰，明刻本	2件	量田则例、均徭则例	嘉靖1件 隆庆1件
《四镇三关志》	（明）刘效祖撰，明万历四年刻本	4件	中纳则例、挖运则例、主客官军马匹支粮则例等	隆庆2件 万历2件
《皇明疏钞》	（明）孙旬辑，明万历十二年自刻本	2件	知人则例、官人则例	嘉靖2件
《备忘集》	（明）海瑞撰，清文渊阁四库全书本	1件	丈田则例	万历1件
《三云筹俎考》	（明）王士琦撰，明万历刻本	1件	应追桩银则例	万历1件
万历《温州府志》	（明）汤日昭撰，明万历刻本	1件	卫军食粮则例	万历1件
《王国典礼》	（明）朱勤美撰，明刻增修本	1件	楚府则例	嘉靖1件
万历《绍兴府志》	（明）萧良幹等修，（明）张元忭等纂，明万历刻本	1件	渔船监税则例	未记时间1件
《客座赘语》	（明）顾起元撰，明万历四十六年刻本	1件	官军粮赏则例	未记时间1件

续表

文献名	文献作者及版本	所载则例总数	内　容	发布则例的朝代及件数
《金陵梵刹志》	（明）葛寅亮撰，明万历刻天启印本	1件	布施则例	洪武1件
《国朝典汇》	（明）徐学聚撰，明天启四年徐与参刻本	4件	减凉州盐粮则例、代州纳米中盐则例、官军兑粮民粮加耗则例、赐祭则例	永乐1件 宣德1件 景泰1件 通代1件
《皇明从信录》	（明）陈建撰，（明）沈国元补订，明末刻本	1件	王府造坟夫价物料则例	成化1件
《度支奏议》	（明）毕自严撰，明崇祯刻本	1件	水灾漕粮改折则例	天启1件
《救荒策会》	（明）陈龙正撰，明崇祯十五年洁梁堂刻本	3件	劝借则例、赈放则例、稽考则例	未记时间3件
《炎徼纪闻》	（明）田汝成撰，清指海本	1件	梧州商税则例	成化1件
《古今鹾略》	（明）汪砢玉撰，清抄本	1件	均徭则例	正德1件
《东西洋考》	（明）张燮撰，清惜阴轩丛书本	2件	陆饷货物抽税则例、货物抽税见行则例	万历2件
《白谷集》	（明）孙传庭撰，清文渊阁四库全书补配清文津阁四库全书本	1件	应支廪粮料草则例	崇祯1件
《内阁藏书目录》	（明）孙能传撰，清迟云楼抄本	1件	开国以来节次赏赐则例	通代1件
嘉靖《仁和县志》	（明）沈朝宣纂修，清光绪武林掌故丛编本	2件	征解夏税丝绢则例、秋粮加耗则例	正统2件
《弇山堂别集》	（明）王世贞撰，清光绪间广雅书局刻本	1件	成化二十三年赏赐则例	成化1件
《典故纪闻》	（明）余继登撰，清畿辅丛书本	2件	文官品级则例、庄田则例	正统1件 正德1件

续表

文献名	文献作者及版本	所载则例总数	内　容	发布则例的朝代及件数
《春明梦余录》	（清）孙承泽撰，清乾隆内府刻本	4件	钱粮则例、配铸则例、僧人则例等	天顺1件 崇祯2件 未记时间1件
合计		147件		洪武14件 永乐8件 洪熙2件 宣德5件 正统4件 景泰6件 天顺4件 成化14件 弘治8件 正德6件 嘉靖16件 隆庆6件 万历11件 天启1件 崇祯5件 通代12件 未记时间25件

因作者编写的宗旨和视角不同，史籍在记载明代则例时有简有繁，全面介绍某一则例制定的背景、内容和实施情况者有之，但为数有限。更多的情况是，或记述则例内容，或记述臣工要求制定则例的题奏，或仅记某一则例的实施，或仅提及则例称谓而不言其他。有关明代则例的记载不胜枚举，本书收入的只是记述内容有法律规定的则例。这类记述占相关记述的一小部分。

综合前四部分所述，笔者从93种文献中共辑佚则例580件。从各类文献中选收则例的情况是：（1）法典、法律和官修典制专书所载则例243件；（2）法律汇编文献所载则例67件；（3）《明实录》所载则例123件；（4）其他明代史籍和通史式政书所载则例147件（见表3-5）。

表 3-5 93 种文献所载则例分类统计

单位：种，件

文献类别	文献数	所载则例件数
法典、法律和官修典制专书所载则例	14	243
法律汇编文献所载则例	25	67
《明实录》所载则例	12	123
其他明代史籍和通史式政书所载则例	42	147
合计	93	580

已辑佚的 580 件则例，按年号分类的情况是：（1）洪武朝则例 45 件；（2）永乐朝则例 13 件；（3）洪熙朝则例 3 件；（4）宣德朝则例 10 件；（5）英宗正统年间则例 16 件；（6）景帝景泰年间则例 35 件；（7）英宗天顺年间则例 9 件；（8）成化朝则例 100 件；（9）弘治朝则例 34 件；（10）正德朝则例 22 件；（11）嘉靖朝则例 72 件；（12）隆庆朝则例 18 件；（13）万历朝则例 141 件；（14）天启朝则例 6 件；（15）崇祯朝则例 5 件。另外，记述的各代通行的则例 17 件；未记则例发布时间的则例 34 件（见表 3-6）。

表 3-6 93 种文献所记明代各朝则例统计

单位：件

年号	则例件数	年号	则例件数
洪武	45	正德	22
永乐	13	嘉靖	72
洪熙	3	隆庆	18
宣德	10	万历	141
正统	16	天启	6
景泰	35	崇祯	5
天顺	9	通代	17
成化	100	未记时间	34
弘治	34	合计	580

表 3-6 统计的各朝颁布则例情况表明，从明初到明末，累朝都制定了则例，这类立法活动从未间断。现存的明代法律文献，以记载洪武、永乐、宣德、成化、弘治、嘉靖、万历和英宗正统年间、景帝景泰年间制定的法律为多。史籍记载的各朝代表性则例的颁行情况与现存文献记述的明代立法活动的总体情况相吻合。

四 明代则例类考

则例作为明朝重要的立法形式,广泛适用于国家食货、吏政、礼仪、军政、司法管理等领域。统治者制定和颁行了大量的赋役、漕运、盐法、钱法、钞法、商税、马政、宗藩、捐纳、赎罪及官吏俸禄和考核、军士供给和赏赐等方面的则例,就其内容而言,除极少数则例是用于规范某一事项的管理或运作规则外,大多都是钱物和朝廷财政收入、支给管理方面有关标准、数额等差的规定。明代则例的名目甚多,内容前后多有变化。因时间所限,尚难一一详考,这里仅对11类有代表性的则例进行考述。

（一）赋役则例

田赋和徭役是明朝财政来源的两大支柱。为了给政府征调赋役提供可靠的依据,明太祖洪武年间,命各府州县在丈量土地的基础上推行登记和管理土地的鱼鳞册制度,在核查户口的基础上推行编制黄册制度,制定了赋役之法。自明初始,各朝根据国情实际制定了不少实施细则性则例,不断完善了赋役制度。

为了确保田赋的征调和防止粮税严重不均,明朝依照土地的所有权和用途的不同,把土地区分为官田、民田两类。官田又有还官田、没官田、断入官田、学田、皇庄、牧马草场、庄田、职田、军屯、民屯、商屯等之别。因官田与民田、不同种类的官田承担的田赋不一,朝廷颁行了"官田则例"和"民田则例"。《明会典》卷一七载:"〔洪武〕二十六年定,凡各州县田土,必须开豁各户若干,及条段四至。系官田者,照依官田则例起科；系民田者，照依民田则例征敛。务要编入黄册，以凭征收税粮。如有出卖，其买者听令增收，卖者即当过割，不许洒派诡寄，犯者律有常宪。"①洪武二十六年，还重申了"民间桑株起科则例"："凡民间一应桑株，各照彼处官司原定则例起科丝绵等物。其丝绵每岁照例折绢，俱以十八两为则折绢一匹，所司差人类解到部，札付承运库收纳，以备赏赐支用。其树株、果价等项，并皆照例征收钱钞。除彼处存留支用外，其余钱钞一体类解户部，行移该库交收。仍将存用数目出给印信通关，具本人递奏缴，本部查领附卷作数。其进纳绢匹钱钞一节，俱照依后项金科课程条款，一体施行。"② 同年，还颁布了"没官则例"："凡民间有犯法律该籍没其家者，田土合拘收入官。本部书填勘合，类行各布政司府州县，将犯人户下田土、房屋，召人佃赁，照依没官则例收科。仍将佃户姓名及田地顷亩、房屋间数，同该科税粮赁钱数目，开报合干上司，转达本部知数。"③ 正统十三年（1448年），"令各处寺观僧道，除洪武年间置买田土，其有续置者，悉令各州县有司查照，散还于民。若废弛寺观遗下田庄，令各该府州县踏勘，悉拨与招还无业及丁多田少之民，每户男子二十亩，三丁以上者三十亩。若系官田，照依减轻则例，每亩改科正粮一斗。俱为官田，如有绝户，仍拨给贫民，不许私自典卖"④。成化六年（1470年）题准："各王府及功臣之家，钦赐田土佃户，照原定则例，将该纳子粒，每亩征银三分，送赴本管州县上纳。令各该人员关领，不许自行收受。"⑤ 世宗嘉靖八年（1529年）题准："查勘过丰润县仁寿宫余地九百一十四顷三十七亩有零，泊南、泊北、梁城所东及水泊余地，共九百八十顷九十九亩有零，芦苇地一千三百二十二顷九十三亩有零。行令该县俱照原拟轻重则例，征银解部，以备

---

① （明）申时行等重修《明会典》卷一七《户部四·田土》，中华书局，1989，第112页。又见《诸司职掌·吏户部职掌·州县》，明嘉靖刻《皇明制书》十四卷本。
② 《诸司职掌·吏户部职掌·州县》，明嘉靖刻《皇明制书》十四卷本。又见（明）申时行等重修《明会典》卷一七《户部四·农桑》，中华书局，1989，第116页。
③ （明）王圻纂辑《续文献通考》卷三《田赋考》，明万历三十一年松江府刻本。
④ （明）申时行等重修《明会典》卷一七《户部四·田土》，中华书局，1989，第114页。又见《大明律附例》卷五《户律二》。
⑤ （明）申时行等重修《明会典》卷一七《户部四·给赐》，中华书局，1989，第116页。

边储。"①

由于各地的自然条件千差万别,土地肥瘠相殊,朝廷又根据不同地区的实际情况,以则例的形式规定了某一或某些地区承担田赋的数量。洪武二十六年,制定了"在京征收刍草则例":"凡在京征收刍草,俱于田亩内照例科征。当征收之时,本部先行定拟具奏,行移该征有司,限定月日,先取部运官吏姓名开报,候起运至日,照数填定拨各该卫所,并典牧千户所等衙门交纳,以备支用。其在外衙门,亦各照依已定则例征收施行。"②景泰二年(1451年),景帝朱祁钰采纳浙江布政司右布政使杨瓒的建议,"将湖州府官田重租分派,民田轻租之家承纳,及归并则例"③。景泰七年九月,定"浙江嘉、湖、杭官民田征粮则例",规定这三个地区"官田每亩科米一石至四斗八升八合,民田每亩科米七斗至五斗三升者,俱每石岁征平米一石三斗。官田每亩科米四斗至三斗,民田每亩科米四斗至三斗三升者,俱每石岁征平米一石五斗。官田每亩科米二斗至一斗四合,民田每亩科米二斗七升至一斗者,俱每石岁征平米一石七斗。官田每亩科米八升至二升,民田每亩科米七升至三升者,俱每石岁征平米二石二斗"④。宪宗弘治十七年(1504年)议准:"山东登、莱沿海瘠地,照轻科则例,每亩三升三合。"⑤嘉靖九年(1530年),"令直隶苏、松、常、镇,浙江杭、嘉、湖等府田地科则,只照旧行,不必纷扰。其有将原定则例更改生奸作弊,通行禁革"⑥。

遇到灾年,朝廷往往根据受灾的严重程度,确定是否减免粮税,并制定或申明相关则例,以便有司遵行。如明英宗正统四年(1439年)奏准:"浙江、江西、福建并直隶苏、松等府,凡官民田地有因水塌涨去处,令所在有司逐一丈量,涨出多余者,给与附近小民承种,照民田则例起科。塌

---

① (明)徐溥等纂修,(明)李东阳等重校《大明会典》卷一七《户部四·田土》,明正德六年司礼监刻本,第113页。
② 《诸司职掌·吏户部职掌·征收》,明嘉靖刻《皇明制书》十四卷本。又见(明)申时行等重修《明会典》卷二九《户部十六·征收》,中华书局,1989,第219页。
③ (清)嵇璜等纂修《钦定续文献通考》卷二《田赋考》,清乾隆四十九年武英殿刻本。
④ 《明英宗实录》卷二七〇。
⑤ (明)申时行等重修《明会典》卷一八《户部五·屯田》,中华书局,1989,第121页。
⑥ (明)申时行等重修《明会典》卷一七《户部四·田土》,中华书局,1989,第112页。

没无田者,悉与开豁税粮。"① 宪宗成化十九年(1483年),凤阳等府受灾,朝廷明令:"秋田粮以十分为率,减免三分。其余七分,除存留外,起运者,照江南折银则例,每石征银二钱五分,送太仓银库另项收贮备边。以后事体相类者,俱照此例。"②

有明一代,扩大额田(登入册籍、向国家输租纳粮的田土)始终是朝廷确保田赋收入关注的重大问题。明太祖朱元璋鉴于明初因长期战乱,土地大量荒芜,实行鼓励开荒政策,并颁布了相应的则例。洪武二十四年,"令公侯大官以及民人,不问何处,惟犁到熟田,方许为主。但是荒田,俱系在官之数,若有余力,听其再开。其山场、水陆田地,亦照原拨赐则例为主,不许过分占为己有"③。明中后期又因奸豪兼并、欺隐,额田减半,朝廷在核实田土的同时,实行鼓励农民开荒的政策。明朝制定了一些则例,对新开垦的荒田、受灾后无人耕种土地负担的赋役及是否豁免、减轻田赋等作了具体规定。如景泰六年(1455年),"户部尚书张凤等奏:山东、河南、北直隶并顺天府无额田地,甲方开荒耕种,乙即告其不纳税粮,若不起科,争竞之涂终难杜塞。今后但告争者,宜依本部所奏减轻起科则例:每亩科米三升三合,每粮一石,科草二束。不惟永绝争竞之端,抑且少助仓廪之积"④。景帝批准了张凤等的题奏,颁布了新的则例。英宗天顺三年(1459年),"令各处军民,有新开无额田地及愿佃种荒闲地土者,俱照减轻则例起科:每亩粮三升三合,草一斤。存留本处仓场交收,不许坐派远运"⑤。

屯田是官田的一种,屯田制度是明代的重要田制。明建国之初,粮饷匮乏,朝廷命诸将分屯边疆各地,屯田制度由此形成。明代的屯田有军屯、

---

① (明)申时行等重修《明会典》卷一七《户部四·田土》,中华书局,1989,第113页。又见《大明律附例》卷五《户律二》。
② (明)申时行等重修《明会典》卷一七《户部四·灾伤》,中华书局,1989,第117页。
③ (明)申时行等重修《明会典》卷一七《户部四·田土》,中华书局,1989,第112页。又见《万历会计录》卷一五下。
④ (清)嵇璜等纂修《钦定续文献通考》卷二《田赋考》,清乾隆四十九年武英殿刻本。
⑤ (明)申时行等修《明会典》卷一七《户部四·田土》,中华书局,1989,第112页。又见《续文献通考补》卷一九《田土补》。

民屯、商屯三种,"其征收则例,或增减殊数,本折互收,皆因时因地而异云"①。成祖永乐三年(1405年),更定军士屯田则例。"令各屯置红牌一面,写刊于上。每百户所管旗军一百一十二名,或一百名、七八十名;千户所管十百户,或七百户、五百户、三四百户;指挥所管五千户,或三千户、二千户;总以提调屯田都指挥。所收子粒多寡不等,除下年种子外,俱照每军岁用十二石正粮为法比较,将剩余并不敷子粒数目通行计算,定为赏罚。令按察司、都司并本卫隔别委官点闸是实,然后准行。直隶卫所,从巡按御史,并各府委官及本卫隔别委官点闸。岁收子粒,如有稻、谷、粟、薯、秫、大麦、荞麦等项粗粮,俱依数折算细粮。如各军名下除存种子并正粮及余粮外,又有余剩数,不分多寡,听各该旗军自收,不许管屯官员人等巧立名色,因而分用。"② 景帝景泰六年(1455年),朝廷下令:"顺圣地土肥饶,筑立城堡,拨军耕种,定为则例起科。"③ 景泰七年(1456年),都御史李宾题议:"沿边腹里荒地四千九百三十三顷四十五亩,未拨屯种。查得永平府所属一州五县,并蓟州、丰润、玉田、遵化、平谷五州县,原选民壮春初务农,农隙操练,合无每名拨地一顷耕种,秋成照民田则例,上纳子粒五石。"④ 经户部覆准,皇帝钦准,颁行了民田则例。由此明王朝始实行民屯之制。正德八年(1513年),"巡抚张贯咨称:内外镇守等官退出田二百二十八顷八十三亩。尚书孙交题准:行管粮官,照屯田则例征纳本色"⑤。穆宗隆庆二年(1568年),"令宣镇屯种官地,每亩原征粮不及一斗者,照旧征纳;如一斗以上者,亦以一斗为止。其地亩起科、新增牧地等项田土,应征粮石酌量定为三等。除本色照旧,米豆中半折色,照各城堡月粮则例上纳。该镇屯田地亩等粮,以原额为准,以后虚增粮数,尽行除豁。将来征收,务足一十八万四千五百三十五亩之数"⑥。

---

① (明)申时行等重修《明会典》卷一八《户部四·屯田》,中华书局,1989,第119页。又见《南京都察院志》卷一四《职掌七》。
② (明)申时行等重修《明会典》卷一八《户部五·屯田》,中华书局,1989,第120页。
③ (明)申时行等重修《明会典》卷一八《户部五·屯田》,中华书局,1989,第120页。
④ (明)张学颜等奉敕撰《万历会计录》卷一八《蓟州镇沿革事例》,明万历十年刻本。
⑤ (明)张学颜等奉敕撰《万历会计录》卷一七《辽东镇沿革事例》,明万历十年刻本。
⑥ (明)申时行等重修《明会典》卷一八《户部五·屯田》,中华书局,1989,第121页。

明代于征收赋税外，还制定有役法。全国除皇室、勋臣、国戚及少数钦赐优免者外，均承担徭役。明太祖洪武十四年（1381年）至明世宗万历十年张居正实行一条鞭法期间，明朝依黄册制度把人户分为民户、军户、匠户三大类，不同的户类承担不同的差役。民户支应一般的差役，军户支应军役，匠户支应匠役。民户承担的徭役有三种，即里甲正役、均徭和杂役。里甲正役是指以里甲为单位承担的催征、解送钱粮等徭役，每里十甲，十年之内，每甲轮流在一年中的某些日子服役。均徭是朝廷向各地摊派的徭役，被佥派的对象以丁为单位。均徭又分为力役、银差两种。力役即亲身服役，银差即输银代役。杂役主要是指地方各级衙门的差役或在民间非经常性的差役。明代役法前后多变，加之民户"逋逃"、豪强和皇族侵占欺隐的问题始终没有解决，朝廷多根据实施役法过程中的具体情况，通过制定则例对有关事宜进行调整。《续文献通考》卷二一"审编则例"对洪武年间赋役制度特别是有关徭役的重要规定作了详细的记载：

> 太祖洪武三年，令各处军民，凡有未占籍而不应役者，许自首。十七年，令各处赋役，必验丁粮多寡，产业厚薄，以均其力。违者，罪之。十八年，令有司第民户上、中、下三等为赋役册贮于厅事，凡遇徭役取验，以革吏弊。二十一年，令税课司局巡拦，止取市民殷实户应当，不许佥点农民。二十四年，令寄庄人户，除里甲原籍排定应役，其杂泛差役，皆随田粮应当。二十六年定，凡各处有司十年一造黄册，分豁上、中、下三等人户，仍开军民灶匠等籍。除排年里甲依次充当外，其大小杂泛差役，各照所分上、中、下三等人户点差。三十一年，令各都司卫所在营军士，除正军并当房家小，其余尽数当差。①

又据《明会典》，洪武二十六年还制定有"夫役则例"："凡在京城垣河道，每岁应合修缮，其用工数多，须于农隙之时。于近京免粮，应天、太平、镇江、宁国、广德等五府州预先定夺奏闻，行移各府起取。除役占等项，照依钦定则例优免外，其余人户每四丁共辏一夫，着令各备锹杵篮担，

---

① （明）王圻纂辑《续文献通考》卷二一《职役考·审编则例》，明万历三十一年松江府刻本。

委官部领，定限十月初赴京，计定工程分拨做造，满日放回。若有不当夫役及做工未满逃回者，并行治罪。及各处起到仓脚夫，俱发应天府收籍为民。遇有官差，度量差拨，着令轮流，周而复始。若差使数多，做工日久，照例每名月给工钱五百文。坊长减半，以周养赡。优免则例：优免二丁：水马驿夫、递运船水夫、会同馆夫、轮班人匠、在京见役皂隶、校尉力士、见任官员、廪膳生员训导、马船夫、光禄司厨子、防送夫、军户、铺兵。免一丁：凡年七十以上及废疾之人。"①

关于明英宗、景帝、孝宗、世宗、穆宗五朝徭役"审编则例"的重要规定，《续文献通考》作了如下记载：

英宗正统五年，令各府州县每岁查见在人户，凡有粮而产去及有丁而家贫者，为贫难户，止听轻役。

景皇帝景泰元年，令里长户下空闲人丁，与甲首户下人丁一体当差。若隐占者，许甲首首告。

宪宗成化元年奏准：今后清理军匠外，其余一应事情粮差等项，止令该年里甲与同老人结勘催办，不许拘扰十年里甲。十五年，令各处差徭户分九等，门分三甲，凡遇上司坐派买办采办，务因所派多少定民输纳，不许隔年通征银两在官。

孝宗弘治元年，令各处编审均徭，查照岁额，差使于该年均徭人户丁粮，有力之家止编本等差役，不许分外加增余剩银两。贫难下户并逃亡之数，听其空闲，不许征银及额外滥设听差等项科差，违者，听抚按等官纠察问罪，奏请改调。不举者坐罪。镇守衙门不许干预均徭。又令在京事故校尉、力士、幼军、厨役，随住人口照回当差，其有在京潜住冒军匠者递回。五年，令顺天府所属人民，有私自投充陵户、海户及勇士、校尉、军厨躲避粮差者，除本役外，其户下人丁，照旧纳粮当差。七年，令布按二司及各府官马夫，于所属州县各佥中等三丁人户，十户共出银四十两，解送掌印官处，分给各官，自行买

---

① 《诸司职掌·兵刑工都通大职掌·夫役》。又见（明）申时行等重修《明会典》卷二〇六《工部二十六·夫役》，中华书局，1989，第1027页。"光禄司厨子"后者作"光禄寺厨役"。

马喂养。十三年奏准：各布政司并直隶府州掌印官，如遇各部派到物料，从公斟酌所属大小丰歉坐派，若豪猾规利之徒，买嘱该吏，妄票偏派下属承揽害民者，俱问发附近卫所充军。各该掌印官听从者，参究治罪。

世宗嘉靖六年，令巡抚等官查考各州县。（有）〔又〕令见年里甲本等差役之外，轮流直日，分投供给米、面、柴、薪、油、烛、菜蔬等项，及遇亲识往来使客经过，任意摊派下程，陈设酒席，馈送土宜，添拨脚力者，拿问罢黜。若二司官纵容不举，抚按官以罢软开报。九年，令各该司府州县审编徭役，先查岁额各项差役若干，该用银若干，黄册实在丁粮，除应免品官、监生、生员、吏典、贫难下户外，其应役丁粮若干，以所用役银酌量，每人一丁，田几亩，该出银若干，尽数分派。如有侵欺余剩听差银两入己者，事发，查照律例从重问拟。十五年题准：令后凡遇审编均徭，务要查照律例，申明禁约。如某州县银力二差，原额各该若干，实该费银若干，从公查审，刊刻成册。颁布各府、州、县候审编之时，就将实费之数，编作差银，分为三等九则，随其丁产量差重轻，务使贫富适均，毋致偏累。违者，纠察问罪。十六年议准：将昌平州岁派各项差银一千五百四十九两有零，于内量减三分之一，通融分派顺天府所属州县，以补原额之数。十七年，令辽东各卫所徭役，照依腹里地方，五年一次编审。三十二年，令查灶户新买民田，不拘年月远近，亩数多寡，照例与民编派。四十年奏准：河南均徭库子择殷实有力者，朋充协役，收掌遇派办一应公费，照数登记，听巡按及守巡官吊查。至于各仓斗级，俱令年终交盘，其后收支，皆见役承当，毋得牵系旧役。又令内府各监局司库等衙门，将各匠役定以一万七千一百名，锦衣卫各旗校定以一万六千四百名，光禄寺厨役定以三千六百名，太常寺厨役定以一千一百名，各为额数。如有事故，止许在册余丁查补，不得逾数滥收。四十四年，令凡流寓客户查入版籍，协济均徭，酌派丁粮。

穆宗隆庆四年题准：江西布政司所属府州县各项差役，逐一较量轻重，系力差者，则计其代当工食之费，量为增减。系银差者，则计其扛解交纳之费,加以赠耗。通计一岁共用银若干,照依丁粮编派,开载各户由帖,立限征收。其往年编某为某役、某为头户贴户者,尽行查革。如有丁无粮者,编为下户,仍纳丁银。有丁有粮者,编为中户。及粮多丁少与丁粮俱多者,编为上户。俱照丁粮并纳,著为定例。此一条鞭法之始。①

(二)漕运则例

漕运始于秦汉,终于近代,其方式有河运、水路递运和海运三种。明代时,为保障江南漕粮如额如期输往北方,以供应京师百官俸禄、京边卫军军饷和宫廷消费,维持国家机构的正式运转,建立了相当完备的漕运制度。漕运规模之大,组织之严密,为历代所不及。

这一时期,运输方式发生了一系列变革。洪武时以海运为主,永乐前期海陆兼运,永乐中期以后运法有三变,"初支运,次兑运、支运相参,至支运悉变为长运而制定"②。所谓支运,是江南民户运粮到所指定的各个官仓后,再分遣官军分段递运至京师。因各地官军运粮时先要从各仓支出再运,故称"支运法"。支运法推行后,民运漕粮到各地粮仓,往返时间甚长,经常耽误农时。宣宗宣德六年(1431年),朝廷决定运粮由官军承担,由民户向官军"加耗",即量路程远近,给予官军路费和耗米,这种做法称为"兑运"。

自宣德朝起至成化十年(1474年),南粮征调多采取兑运或兑运、支运相参的办法,朝廷颁布了不少则例,对兑运加耗的数量作出规定。宣德六年十一月,行在户部定"官军兑运民粮加耗则例",规定江南各地民向运军付给每石米"加耗"的数量是"每石湖广八斗,江西、浙江七斗,南直隶六斗,北直隶五斗;民有运至淮安兑与军运者,止加四斗",并规定"如有兑运不尽,令民运赴原定官仓交纳;不愿兑者,听自运官军补数不及,仍

---

① (明)王圻纂辑《续文献通考》卷二一《职役考·审编则例》,明万历三十一年松江府刻本。
② 《明史》卷九七《食货三》,中华书局,1974,第1915页。

于(杨)〔扬〕州卫所备倭官军内摘拨。其宣德六年以前军告漂流运纳不足者,不为常例,许将粟、米、黄黑豆、小麦抵斗,于通州上仓。军兑民粮,请限本年终及次年正月完就出通关,不许迁延,妨误农业。其路远卫所,就于本都司填给勘合"①。宣德十年(1435年)九月,又对兑运法有关"加耗"的规定作了调整:"湖广、江西、浙江每米一石,加耗六斗,南直隶五斗,江北直隶四斗,徐州三斗五升,山东、河南二斗五升。"比初行时有所减轻。同时又规定:"耗粮以三分为率,二分与米,一分以物折之。"②英宗正统元年(1436年)九月,定"运粮官军兑运各处民粮来京输纳加耗则例",规定:"湖广、江西、浙江每石六斗五升,南直隶五斗五升,江北扬州、淮安、凤阳四斗五升,徐州四斗,山东、河南三斗;若民人自运至淮安、瓜州等处兑与军运者三斗。正粮尖斛,耗粮平斛。务令军士装载原兑干圆、洁净粮输纳,抵易粗粝者罪之。民不愿兑,令自运至临清仓纳。"③

明宪宗朱见深执政期间,对漕运尤为重视。《续文献通考》载:"宪宗即位。命运军纳粮,每石加耗五升毋溢,勒索者治罪。"④又据《明经世文编》,成化三年(1467年)定"加耗则例":"湖广、江西、浙江六斗五升,江南、直隶并庐州府五斗五升,江北四斗五升,徐州四斗,山东、河南三斗。……兑运米以十分为率,京仓收六分,通州仓收四分,支运俱通州仓收。官军攒运,如遇风水坏船,百里内府州县正官,百里外所在官司视验,申漕运官依例处分。"⑤成化七年(1471年),朝廷再次改革漕粮运输之法,更变为"改兑法",又称"长运法"。新法规定所有纳漕地区的漕粮"悉改水次交兑",也就是纳漕民户将漕粮及相当于运费、补贴费的耗米、脚米和"轻赍银"送至本地水路码头,而不再继续北运,漕运任务由运军承担,"官军长运遂为定制"⑥。

---

① 《明宣宗实录》卷八四。
② 《明英宗实录》卷九。
③ 《明英宗实录》卷二二。
④ (清)嵇璜等纂修《钦定续文献通考》卷三一《国用考》,清乾隆四十九年武英殿刻本。
⑤ (明)陈子龙等选辑《明经世文编》卷四一《会议漕运事宜》,中华书局,1962,第322页。
⑥ 《明史》卷七九《食货三》,中华书局,1974,第1917页。

明代的运军是建立在卫所军户的基础上的。按明代军制规定，卫所军人属世袭军户，以三丁以上之户出成丁一名从军，称"正军"，其余为余丁、继丁，正军如死亡、出逃，则由余丁、继丁中签补。承担漕运任务的运军，由卫所中的正军担任。运军工作条件恶劣，待遇差，经常受到贪官污吏的勒索，还需承担沉重的赔偿责任。为保证"长运法"的实施，明廷颁行了一些则例。如成化二十一年（1485年）八月，针对"兑粮往往湿润，多不晒扬""交兑及上仓亏折，累军陪补"的问题，经宪宗皇帝批准，令漕运按"京、通二仓收粮原定则例"兑运，并规定"省粮止许分派于本省官军，有余方许分派别省，仍将各行事宜着为定例，揭榜禁约，及敕上司一体加意抚恤军士"①。据《漕运通志》，正德时曾制定"蓟州交粮耗米则例"，主要内容是："户部题：遮洋官军兑运山东、河南二布政司本色粮米，每石两尖，加耗三斗；蓟州交纳加八升。正德四年会议题准：兑运加耗三斗一升。正德五年会议单内，止开照旧加耗三斗。正德六年漕运衙门查例具奏议，户部会议题准：兑运加耗照旧三十，蓟州收受加耗减二十，每石六斗。正德十年议单内，仍照旧开写因循至今，合行改正，兑运每石照旧加耗三斗，蓟州止收耗米六升，不用一尖一平。"② 天启四年（1624年），朝廷定"水灾漕粮改折则例"："每石折银六钱五分，席板在内，共该折银一万三千三十六两三钱九分五厘四毫五丝。外随粮三六轻赍银两，仍应照旧征解。其带运辽米五千四百一十八石四斗五升，仍该带买本色米二千七百九石二斗二升五合。其余一半准将原银解部，另行设处。"③

做好漕船的营造和管理是保障漕运顺畅进行的重要条件。明代时漕船的称谓多样，史籍中称其为"粮船""漕船""运船"者有之，根据船式称其为"浅船""遮洋船"者有之，称其为"军船"者亦有之。人们还把运粮北上的船称为"重船"，回返的叫"回空船"。漕船的制造、装载、航行由漕运衙门管理，自成独立系统，其他衙门不得干预。明王朝运用则例等

---

① 《明宪宗实录》卷二六九。
② （明）杨宏、（明）谢纯撰《漕运通志》卷八，明嘉靖七年杨宏刻本。
③ （明）毕自严撰《度支奏议》浙江司卷一，明崇祯刻本。

形式，制定了一系列规章制度和措施，以完善漕船的制造和管理制度。以《明会典》载"造浅船遮洋船则例"为例：

旧例：清江提举司每年该造浅船五百三十三只，卫河提举司九十五只，每只该用银一百两，俱以三分为率，原船旧料一分，旗军自备一分，官给一分，该银三十三两三钱。遮洋船三十五只，每只该用银一百二十两，以十分为率，除原船旧料三分外，官给银八十四两。

今例：清江提举司每年该造船六百八十只，俱用楠木料。内南京并中都留守司江北直隶等卫，浅船五百三十三只，每只用银一百二十两，底船准二十两；军自办三十五两，官给六十五两；无底船者，在运贴军办料银二十两。北直隶、山东都司浅船九十五只，每只用银一百二两八钱，底船准二十两；军自办三十二两八钱，官给五十两；无底船者，在运贴军办料银二十两。遮洋船五十二只，每只用银一百二十七两三钱三分；军自办六十五两六钱，官给六十一两七钱三分；底船不准银数，听拆卸相兼成造。

江南直隶卫所每年该造船不等，用料不一。凡杉木、楠木者，十年一造，每只用银一百四十一两四钱六分，底船准二十八两。杂木者，十年一造，每只用银九十六两七钱一分，底船准二十一两五钱八分，余俱军三、民七出办。松木者，五年一造，每只用银七十四两六钱三分，军三、民七出办；底船不准银数，听拆卸相兼成造。

浙江都司每年该造船四百七只，俱用松木料。底船全者每只用银八十八两，沉水拆造者九十三两，无底船者九十七两。民出七十三两，余运军自备。

江西都司每年该造船不等，其料用株、松二木。株杂木者，七年一造，每只用银九十三两。松木者，五年一造，每只用银八十三两，底船各准十两。余俱军三、民七出办。

湖广都司每年该造船不等，用料不一。凡杉木者，十年一造，每只用银一百三两，底船准三十两。株杂木者，七年一造，每只用银九十两五钱，底船准二十七两。松木者，五年一造，每只用银七十三两九钱一分,底船准二十五两。余俱军三、民七出办。①

申时行等重修《明会典》颁行于万历十三年,上述则例中所说的"今例"是指万历《明会典》颁行时正在实行的"造浅船遮洋船则例","旧例"是指以前曾经实行的同名则例。该则例对各提举司每年所造浅船、遮洋船的数量、所用木料、经费作了详尽的规定。明朝颁行的类似的有关各类漕船营造的则例甚多,因篇幅关系,不再一一列举。这一时期,朝廷还就漕船的组织、漕船的航行管理、运粮的数额和期限以及沿途监督等各个方面作了严密规定。明代堪称中国历史上漕运空前发展的时期。

(三)开中则例

所谓开中,是指朝廷出榜召商,应召商人根据其上纳地点和数量,把朝廷需要的实物如粮、茶、马、豆、麦、帛、铁等,代为输送到边防卫所或其他地点,由朝廷酬之以相应的官盐。开中制是明代重要的盐政制度。开中制的实质是商人以力役或实物等方式为朝廷效力,并向其换取盐的专卖权。开中制源于宋、元时期的"入中"。"商输刍粟塞下而官给之盐"的中盐之法,起于北宋宋太宗赵炅雍熙年间(公元984~987年),当时是宋朝为解决与西夏政权战争所需军饷和物资供应而设。元代继续实行中盐之法,"募民中粮以饷边"。明开国之初,明太祖即制盐法,令商人贩盐,二十取一,以资军饷。太祖洪武三年,出于济边需要,"召商输粮而与之盐,谓之开中"②。《钦定续文献通考》对明王朝实行"开中"的缘由作了这样的记述:"(洪武)三年六月,以大同粮储自陵县运至太和岭,路远费重,从山西行省言,令商人于大同仓入米一石、太原仓入米一石三斗者,给淮盐一小引,以省运费而充边储,谓之'开中'。其后各行省边境,多召商中盐输

---

① (明)申时行等重修《明会典》卷二〇〇《工部二十·河渠五·船只》,中华书局,1989,第1004~1005页。
② 《明史》卷八〇《食货四》,中华书局,1974,第1935页。

米诸仓，以为军储计，道里远近，自五石至一石有差，先后增减则例不一。率视时缓急，米直高下，中纳者利否，道远地险，则减而轻之。"①

洪武年间，朝廷对制定开中则例十分重视。洪武四年，"定中盐例，输米临濠、开封、陈桥、襄阳、安陆、荆州、归州、大同、太原、孟津、北平、河南府、陈州、北通州诸仓，计道里近远，自五石至一石有差。先后增减，则例不一，率视时缓急，米直高下，中纳者利否"②。洪武二十六年正月，"户部奏定云南乌撒中盐则例：凡输米一斗五升给浙盐一引，输米二斗给川盐，输米一石八斗给安宁井盐，输米一石六斗给黑盐井盐"③。同年颁行的《诸司职掌》，就如何实行纳米中盐制度的相关事宜作了详细规定："凡天下办盐去处，每岁盐课各有定额。年终各该运司并盐课提举司，将周岁办过盐课，出给印信通关，具本入递奏缴。本部委官于内府户科领出，立案附卷作数。及查照缴到通关内该办盐课，比对原额，有亏照数追理。其客商兴贩盐货，各照行盐地方发卖，不许变乱。合用引目，各运司申报本部委官关领。本部将来文立案，委官于内府印造。候毕日将造完引目呈堂关领回部，督匠编号用印完备，明立文案，给付差来官收领回还，取领状入卷备照。其各处有司，凡有军民客商中卖官盐，卖毕随即将退引赴住卖官司，依例缴纳，有司类解各运司，运司按季通类解部。本部涂抹不用。凡遇开中盐粮，务要量其彼处米价贵贱，及道路远近险易，明白定夺则例，立案具奏，出榜给发各司府州并淮、浙等运司，张挂召商中纳。"④ 洪武二十八年，定"开中纳米则例"；"出榜召商，于缺粮仓分上纳。仍先编置勘合并底簿，发各该布政司并都司卫分及收粮衙门收掌。如遇客商纳粮完，填写所纳粮并该支引盐数目，付客商赍赴各该运司及盐课提举司，照数支盐。其底簿发各运司及盐课提举司收掌，候中盐客商纳米完，赍执勘合到，比对朱墨字号相同，照数行场支盐。"⑤

---

① （清）嵇璜等纂修《钦定续文献通考》卷五《田赋考》，清乾隆四十九年武英殿刻本。
② 《明史》卷八〇《食货四》，中华书局，1974，第1935页。
③ 《明太祖实录》卷二二四。
④ 《诸司职掌·吏户部职掌·盐法》，明嘉靖刻《皇明制书》十四卷本。又见（明）申时行等重修《明会典》卷三四《户部·课程三·盐法三》，中华书局，1989。
⑤ （明）申时行等重修《明会典》卷三四《户部·课程三·盐法三》，中华书局，1989，第238页。

明代的开中之制，因盐运而生，其开中方式和内容又多有变化。初期以纳米中盐为主，后期以纳银中盐居多，其间还有纳钞、纳马、纳豆、纳麦、纳铁、纳帛等形式。明朝在推行开中制的过程中，与开中方式、内容变化相适应，以则例的形式颁行了许多实施细则。纳钞中盐主要实行于宣宗、仁宗朝。《明史》载："仁宗立，以钞法不通，议所以敛之之道。户部尚书夏原吉请令有钞之家中盐，遂定各盐司中盐则例，沧州引三百贯，河东、山东半之，福建、广东百贯。"[①] 纳马中盐在英宗正统朝开始实施。"正统三年，宁夏总兵官史昭以边军缺马，而延庆、平凉官吏军民多养马，乃奏请纳马中盐。上马一匹与盐百引，次马八十引。"[②] 正统十年（1445年）九月，因"盐商以道路险远，中纳者少"，朝廷采纳总兵官都督黄真的建议，增定"定边等卫中盐纳马则例"："每上马一匹，盐一百二十引；中马一匹，盐一百引。"[③] 纳银中盐在宪宗成化朝已经出现，孝宗弘治五年，"商人困守支，户部尚书叶淇请召商纳银运司，类解太仓，分给各边。每引输银三四钱有差，视国初中米直加倍，而商无守支之苦，一时太仓银累至百余万"[④]。自此以后，朝廷颁布了多个则例，就如何实施中盐纳银作了具体规定。弘治六年（1493年），"令各关照彼中则例，每钞一贯折银三厘，每钱七文折银一分"[⑤]。世宗嘉靖十年（1531年），令"四川大宁、安云等一十五场额办盐课，俱照弘治十五年则例征银存留本省，以备接济松茂运粮脚价之费。每年按季征收，与秋种一体起解。其小民边粮本色，止征正米价银，不许重派脚价"。嘉靖四十年题准："自今以后，每正盐一引之外，许带余盐一引。正盐在各边报中，上纳粮草。余盐在各运司，查照题定则例，征银解部，永为遵守。"[⑥] 万历年间又颁行"中纳则例"，规定"淮盐：每引定价五钱，纳粟五斗。随凶丰量为增损。芦盐：每引定价二钱，纳粟

---

① 《明史》卷八〇《食货四》，中华书局，1974，第1936页。
② 《明史》卷八〇《食货四》，中华书局，1974，第1936页。
③ 《明英宗实录》卷一三三。
④ 《明史》卷八〇《食货四》，中华书局，1974，第1939页。
⑤ （明）申时行等重修《明会典》卷三五《户部二十二·课程四·钞关》，中华书局，1989，第246页。
⑥ （明）申时行等重修《明会典》卷三四《户部二十一·课程三·盐法三》，中华书局，1989，第239页。

二斗三升八合。凶丰无增损。浙盐：每引定价三钱五分。凶丰无增损"①。

考明一代开中制实施的情况，因钞法、钱法累更，粮草价格和各类物值多变，上纳的地点远近不一，加之客商与官吏勾结变乱盐法的事件时有发生，各朝针对各地的不同情况及新出现的问题，为推行开中制制定了大量的则例。如明成祖永乐十年（1412年）二月，"上以甘肃官军所用粮多，百姓转运繁劳"，命户部颁行了"减凉州盐粮则例"②；永乐十六年（1418年）制定了"开中四川、河东、云南、福建盐粮则例"③。仁宗于永乐二十二年（1424年）九月制定了"用钞中盐则例"④，又于洪熙元年（1425年）"定纳钞中盐例"⑤。宣宗宣德三年（1428年），"更定纳米中盐例，其年远守支者，改给以资本钞"⑥，宣德五年（1430年）夏四月制定了"各处中纳盐粮则例"⑦，宣德八年（1433年）六月制定了"松潘中纳盐粮则例"⑧，宣德九年（1434年）八月制定了"辽东广宁卫于淮浙等处支盐则例"⑨。英宗于宣德十年（1435年）十二月发布了"中盐运粮则例"⑩，正统三年（1438年）二月发布了"独石、马营、云州召商中纳盐粮则例"⑪，正统八年（1443年）十月发布了"陕西沿边中盐则例"⑫，正统十年九月"颁行了增定边等卫中盐纳马则例"⑬，正统十三年（1448年）五月发布了"云南腾冲卫指挥司中纳盐粮则例"⑭。景帝于景泰元年（1450年）六月颁布了新的"中盐则例"⑮，景泰二年（1451年）十二月颁布了"辽海、三万、铁岭等

---

① （明）刘效祖撰《四镇三关志》卷四《粮饷考》，明万历四年刻本。
② （明）徐学聚撰《国朝典汇》卷九六《户部》，明天启四年徐与参刻本。
③ 《明太宗实录》卷一九六。
④ 《明仁宗实录》卷二上。
⑤ （清）嵇璜等纂修《钦定续文献通考》卷二〇《征榷考》，清乾隆四十九年武英殿刻本。
⑥ （清）嵇璜等纂修《钦定续文献通考》卷二〇《征榷考》，清乾隆四十九年武英殿刻本。
⑦ 《明宣宗实录》卷六五。
⑧ 《明宣宗实录》卷一〇三。
⑨ 《明宣宗实录》卷一一二。
⑩ 《明英宗实录》卷一二。
⑪ 《明英宗实录》卷三九。
⑫ 《明英宗实录》卷一〇九。
⑬ 《明英宗实录》卷一三三。
⑭ 《明英宗实录》卷一六六。
⑮ 《明英宗实录》卷一九三。

卫开中盐粮则例"①，景泰三年（1452年）闰九月颁布了"遵化县召商中纳粮米则例"②，景泰三年十月颁布了"贵州平越、都匀、普定、毕节四卫召商中盐则例"③，景泰七年十月颁行了"临清、德州仓米麦中纳则例"④，景泰十三年颁布了"福建、河东盐引米豆则例"⑤。

明朝制定的中盐则例繁多，每一则例都对上纳物资的地点、数量和商人取得的盐引数有详细规定。因史料浩瀚，笔者不能一一列举。这里仅把《明宪宗实录》所载成化朝颁行的中盐则例的名称列表述后（见表4-1）。

表4-1 《明宪宗实录》所载成化朝颁行的中盐则例举要

制定时间	则例名称	出处
成化元年春正月壬戌	遵化县永盈仓开中淮盐则例	卷一三
成化二年二月丁亥	独石马营各仓中盐纳豆则例	卷二六
成化二年二月癸巳	诏减徐州淮安仓中盐则例	卷二六
成化二年十二月壬寅	辽东边卫开中盐粮则例	卷三七
成化三年五月辛未	大同开中盐草则例	卷四二
成化三年五月丁亥	辽东诸仓开中淮盐则例	卷四二
成化三年九月丙戌	命减四川盐引纳米则例	卷四六
成化三年冬十月甲寅	橐莲台新设万亿仓开中淮浙官盐粮草则例	卷四七
成化六年二月己巳	四川云南开中引盐则例	卷七六
成化六年十一月戊戌	河东盐运司开中银马则例	卷八五
成化七年十二月辛巳	减中长芦盐则例	卷九九
成化八年春正月乙卯	大同玉林等草场开中盐草则例	卷一〇〇
成化八年十一月戊戌	辽东开中盐米则例	卷一一〇
成化九年三月壬子	淮浙山东长芦福建河东等运司盐课开中则例	卷一一四
成化十年九月癸亥	淮安徐州临清德州诸仓开中盐引随纳米麦则例	卷一三三

---

① 《明英宗实录》卷二一一。
② 《明英宗实录》卷二二一。
③ 《明英宗实录》卷二二二。
④ 《明英宗实录》卷二七一。
⑤ （明）张学颜等奉敕撰《万历会计录》卷一七，明万历十年刻本。

续表

制定时间	则例名称	出处
成化十一年二月壬午	改定淮安常盈仓并临清广积仓所中盐课则例	卷一三八
成化十三年春正月戊辰	辽东各仓开中成化九年十年盐引则例	卷一六一
成化十三年十一月壬辰	宣府柴沟马营葛峪堡开中河东盐引则例	卷一七二
成化十四年十一月壬午	辽东开中淮浙河东盐课则例	卷一八四
成化十五年秋七月丁丑	宣府沿边开中成化十三年引盐则例	卷一九二
成化十五年八月戊申	辽东等仓中盐则例	卷一九三
成化十六年二月甲子	贵州都匀等处中纳粮则例	卷二〇〇
成化十六年八月壬戌	宁夏固原开中两淮存积盐纳粮豆则例	卷二〇六
成化十七年二月戊申	开中成化十年以后两淮盐引则例	卷二一二
成化十七年十一月丙子	改长芦运司卖盐则例	卷二二一
成化十八年三月丁丑	山西开中河东盐纳粮则例	卷二二五
成化十九年冬十月丙寅	运赴大同纳米中盐则例	卷二四五
成化二十一年闰四月乙巳	庄浪西宁二仓中盐纳粮则例	卷二六五
成化二十一年八月甲午	宁夏于陕西庆阳府灵州花马池等处盐池中盐则例	卷二六九
成化二十二年秋七月乙未	云南、黑、白、安、宁五提举司盐课召商中纳则例	卷二八〇

明宪宗在位23年，其在成化年间到底颁行了多少中盐则例，有待详考。然从《明宪宗实录》所记可以看出，成化朝几乎每年都颁行了此类则例。这些则例的内容以中盐纳粮为主，兼有纳豆、纳草、纳马、纳银，召商中盐主要是为了解决边防军需或赈灾急用。即使是同一上纳地点，或因路程远近不同，或因上纳物资不同，或因前一个则例规定的上纳物与盐引比价失当，都要颁行新的则例予以调整。成化朝颁行的中盐则例如此繁多，表明朝廷对推行开中制十分重视，也反映了实施中盐则例过程中的情况是多么复杂。

《明史》云："有明盐法，莫善于开中。"① 自太祖洪武三年到明末，虽然在实行这一制度的过程中发生过诸多的问题和弊端，但基本没有中断。究其原因，主要是以下三点。其一，盐业生产较为稳定，又由朝廷垄断，

---

① 《明史》卷八〇《食货四》，中华书局，1974，第1935页。

这为朝廷与盐商的长期交易提供了保障。其二，利用盐商供应军需或朝廷需要的其他物资，不仅减轻了朝廷和百姓的负担，对边地经济的发展也有促进作用。其三，对于开中商人而言，上纳物资数量的多少、道里远近及相关规定是否有利可图，是商人能否接受盐粮交易的前提，明代各朝从鼓励商人召商积极性出发，适时修正或颁布新的中盐则例，对推行开中制过程中出现的利益冲突适时调整，从而保障了开中制在曲折的实施过程中得以继续。

（四）钱法、钞法则例

明朝初年使用的货币主要有两种，一为白银，一为铜钱。洪武八年实行钞法，发行纸币"大明宝钞"，禁止使用白银。朝廷设立宝钞提举司作为宝钞的专门管理机构，并就宝钞的形态、价值、币制、流通办法作了规定。《明会典》云："国初宝钞，通行民间，与铜钱兼使，立法甚严。"[1]

《明史》载：明太祖"即位，颁'洪武通宝'钱，其制凡五等：曰'当十'、'当五'、'当三'、'当二'、'当一'。'当十'钱重一两，余递降至重一钱止。各行省皆设宝泉局，与宝源局并铸，而严私铸之禁。洪武四年改铸大中、洪武通宝大钱为小钱"[2]。洪武二十六年颁行的《诸司职掌》，设"铸钱则例"专条，详细列举"当十钱""当五钱""当三钱""折二钱""小钱"的用料标准，铸匠、锉匠每日铸锉的数量，以及各处炉座、钱数等，并规定："凡在京鼓铸铜钱，行移宝源局，委官于内府置局。每季计算人匠数目，其合用铜炭油麻等项物料，行下丁字库等衙门放支。如遇铸完收贮奏闻，差官类进内府司钥库交纳，取批回实收长单附卷。若在外各布政司一体鼓铸，本部类行各司，行下宝源局，委官监督人匠，照依在京则例，铸完钱数，就于彼处官库收贮，听候支用。"[3]

---

[1] （明）申时行等重修《明会典》卷三一《户部十八·库藏二·钞法》，中华书局，1989，第224页。
[2] 《明史》卷八一《食货五》，中华书局，1974，第1961页。
[3] 《诸司职掌·兵刑工都通大职掌·窑冶》，明嘉靖刻《皇明制书》十四卷本。

洪武以后各朝，曾铸有"永乐钱""宣德钱""弘治钱""嘉靖钱"等。为了解决铸币流通中出现的"钱法不通"和严重的私铸争利问题，明政府采取了包括制定则例在内的多种措施。《明会典》卷一九四详细地记载了洪武、嘉靖、万历时期的铸钱则例。

洪武间则例

当十钱：一千个，熏模用油一十一两三钱；铸钱连火耗用生铜六十六斤六两五钱，炭五十三斤一十五两二钱。

当五钱：二千个，熏模用油一斤四两；铸钱连火耗用生铜六十六斤六两五钱，炭五十三斤一十五两二钱。

当三钱：三千三百三十三个，熏模用油一斤一十四两；铸钱连火耗用生铜六十五斤九两二钱五分，炭五十三斤八两三钱五分。

折二钱：五千个，熏模用油二斤五两五钱；铸钱连火耗用生铜六十六斤六两五钱，炭五十三斤一十五两二钱。

小钱：一万个，熏模用油一斤四两；铸钱连火耗用生铜六十六斤六两五钱，炭五十三斤一十五两二钱。

穿钱麻

当十钱：每串五百个用一两。

当五钱：每串五百个用八钱。

当三钱：每串一千个用一两。

折二钱：每串一千个用七钱。

小钱：每串一千个用五钱。

铜一斤铸钱不等外增火耗一两

当十钱：一十六个折小钱一百六十文。

当五钱：三十二个折小钱一百六十文。

当三钱：五十四个折小钱一百六十文。

折二钱：八十个折小钱一百六十文。

小钱：一百六十文。

铸匠每一名一日铸

  当十钱：一百二十六个。

  当五钱：一百六十二个。

  当三钱：二百三十四个。

  折二钱：三百二十四个。

  小钱：六百三十个。

锉匠每一名一日锉

  当十钱：二百五十二个。

  当五钱：三百二十四个。

  当三钱：四百六十八个。

  折二钱：六百四十八个。

  小钱：一千二百六十个。

嘉靖中则例

通宝钱六百万文合用

  二火黄铜四万七千二百七十二斤。

  水锡四千七百二十八两。

  炸块一十四万五千斤。

  木炭三万斤。

  木柴二千三百五十斤。

  白麻七百七十斤。

  明矾七十七斤。

  松香一千五百六十六斤。

  牛蹄甲十万个。

  砂罐三千五百二十个。

  铸匠工食每百文银三分八厘。

万历中则例

金背钱一万文合用

  四火黄铜八十五斤八两六钱一分三厘一毫。

  水锡五斤一十一两二钱四分八毫八丝。

炸块二百三十九斤八两一钱一分六厘七毫。

木炭四十五斤六两二钱四厘四毫。

白麻一十一两六分六厘六毫。

松香二斤一十三两六钱二分四毫四丝。

砂罐六个。

铸匠工食三两六钱五分。

火漆钱一万文合用

二火黄铜斤两同前。

牛蹄甲一百八十五个一分八厘。

水锡、炸炭、白麻、松香、砂罐、工食并同前。①

明代钞法的实施，则经历了不断衰败的过程。洪武年间，钞法实行较好，此后宝钞日渐贬值，流通不畅。永乐到景泰年间，国家采取各种措施，使钞法得以维持。永乐二十二年九月，"时仁宗已即位，以钞法不通，定用钞中盐则例"②。景泰五年（1454年）八月，给事中陈嘉猷等奏："比闻户部将两京塌房、店舍、菜果园及街市各色铺行定立则例，按月输钞，而军民人等畏惧，纳钞艰难，有将铺面关闭不敢买卖者，有将园蔬拔弃而平为空地者，有将果树斫伐而减少株数者。"景帝采纳陈嘉猷的建议，令"将各色应纳钞贯暂且停止，俟丰稔然后举行"，并出榜晓谕百姓，"令钞与钱相兼行使，违者重罪"③。

在民间力量的推动下，正统至成化朝，白银逐渐成为实际主币。与此相适应，朝廷就维持法定货币和银、钱通融行使颁行了一些则例。据《明宪宗实录》，成化十七年（1481年）二月，"户部以京城内外私钱滥行，旧钱阻滞，是致钱轻物贵，不便于民，虽尝奏请禁约，犯者枷项示众，然愚民贪利，鼓铸私贩者益多，请严加禁治，且定银钱通融则例。上曰：今后只许使历代并洪武、永乐、宣德钱，每八十文，折银一钱；能告捕私造者，

---

① （明）申时行等重修《明会典》卷一九四《工部十四·铸钱》，中华书局，1989，第982~983页。
② （清）嵇璜等纂修《钦定续文献通考》卷一〇《钱币考》，清乾隆四十九年武英殿刻本。
③ （清）嵇璜等纂修《钦定续文献通考》卷一〇《钱币考》，清乾隆四十九年武英殿刻本。

量赏；及私贩者，官校用心缉捕；有知情容隐者，咸究问；见今拣钱枷项监问者，姑宥之"①。弘治元年三月，户部尚书李等题准"各钞关税课司局钱钞折银则例"："河西务、临清、淮安、扬州、苏州、杭州、九江、金州各钞关，在京崇（九）〔文〕门、上新河外张家湾、临清、淮安、扬州、苏州、杭州、刘家隔、正阳镇各税课司、局，及天下户口食盐俱折银两，每钞一贯折收白银三厘，每钱七文折收白银一分，倾泻成锭。该解京者，差的当官送部，类进内府该库，交收备用；该存留者，就存留本处官库收贮。准折官军俸粮等项，不分内外，俱照在京折俸事例，每银一两折钞七百贯。"②

由于朝廷对通货不能有效管理，此项改革最终以宝钞的贬值和铸钱的混乱而告终。这一结果有利于白银作为国家主币地位的确立，但同时也给明朝的财政金融体系和人民的生活造成了负面影响。

（五）商税则例

商税则例是商业活动中税法的实施细则。明朝税目繁多，"行赍居鬻，所过所止各有税"③。为了加强市场贸易的管理和保障商税的征收，统治者以则例为立法形式，就应征收的各类商税作出详细规定。由于明代商品经济经历了一个由复苏、发展到繁荣的过程，各朝商税的规定不尽相同，但总的趋势是前轻后重、前简后繁。洪武时期，基于恢复民力和社会经济的需要，商税较轻，三十税一。洪熙、宣德以后，市场贸易有了较快发展，政府征收门摊税，对商贾较多的地方提高了征收额度，并制定了一些商税则例。成祖永乐六年（1408年），"令六畜场塌房课钞，江东宣课司带收进纳，二名或四名看管，顺天府及二县拘集各行，依时估计物货价直，照旧折收钞贯"。并制定了相应的"收税则例"④。英宗正统七年（1442年），因

---

① 《明宪宗实录》卷二一二。
② 《皇明条法事类纂》卷之一三《户部类》，载刘海年、杨一凡主编《中国珍稀法律典籍集成》乙编第4册，科学出版社，1994，第588页。
③ 《明史》卷八一《食货五》，中华书局，1974，第1974页。
④ （明）王圻纂辑《续文献通考》卷二九《征榷考》，明万历三十一年松江府刻本。

在京宣课、都税二司收课钞则例不一，颁行了"在京宣课、都税二司税钞则例"，规定："每季缎子铺纳钞一百二十贯，油磨、糖、机粉、茶食、木植、剪（截）〔裁〕、绣作等铺三十六贯，余悉量货物取息及工艺受直多寡取税。"① 明代中后期，市场贸易日趋繁荣，商品经济在国家经济结构中所占比重增大，各朝进一步完善了商税征收则例。"景泰以后定收税则例：绫罗、绢布、器皿、食物，虽至纤至悉，如葱、胡萝卜之类，莫不估计多寡、贵贱，定为税钞，每钞一贯折收银三厘，每钱七文折收银一分。其令烦苛，不可殚述。"② 以明景帝景泰二年（1451年）制定的"收税则例"为例。《明会典》载：

> 〔景泰〕二年，令大兴、宛平二县于和远店等塌房，每塌房佥殷实大户二名或四名看管。顺天府及二县俱集各行，依时估计物货价直，照旧折收钞贯，仍造册二本，一本发都税司，一本送部查考。巡视塌房御史，务禁管店小脚，不得揽纳客商课程，以不堪钞抵数送官，及邀截客货骗害商人。其收税则例：上等罗缎每匹，税钞、牙钱钞、塌房钞各二十五贯。中等罗缎每匹，税钞、牙钱钞、塌房钞各一十五贯。下等罗缎每匹，税钞、牙钱钞、塌房钞各一十贯。上等纱绫锦每匹，青红纸每一千张，篦子每一千个，税钞、牙钱钞、塌房钞各六贯七百文。中等纱绫锦每匹，细羊羔皮袄每领，黄牛真皮每张，扇骨每一千把，税钞、牙钱钞、塌房钞各五贯。清三梭布每匹，红油纸每八千张，冥衣纸每四千张，铁锅每套四口，藤黄每斤，税钞、牙钱钞、塌房钞各四贯。褐子绵绸每匹，毛皮袄、毡衫每领，干鹿每个，税钞、牙钱钞、塌房钞各三贯四百文。官绢、官三梭布每匹，绒线每斤，五色纸每四千五百张，高头黄纸每四千张，税钞、牙钱钞、塌房钞各三贯。小绢、白中布、青䟙线夏布每匹，手帕每连三个，手巾每十条，皮裤每件，小靴每套三双，板门每合，响铜每斤，连五纸每千张，连七纸每一百五十张，税钞、牙钱钞、塌房钞各一贯。青大碗每二十五个，

---

① 《明英宗实录》卷八八。
② （明）朱奇龄撰《续文献通考补》卷二六《国用补》，清抄本。

青中碗每三十个，青大碟每五十个，税钞、牙钱钞、塌房钞各七百四十文。洗白夏布、青绿红中串二布每匹，包头每连二十个，毡条每条，大碌、铜青碌、枝条碌、生熟铜、苏木、胡椒、川椒、黄蜡、蘑菇、香蕈、木耳每斤，酒坛、土酒海每个，青中碟每五十个，白大盘每十个，书房纸每四篓，笔管每五百个，油秥每副，税钞、牙钱钞、塌房钞各六百七十文。青小碟每五十个，白中盘每十五个，税钞、牙钱钞、塌房钞各六百文。花布被面每段，白中串二布每匹，靛花青、红花、针条每斤，青靛、银杏、菱米、莲肉、软枣、石榴每十斤，青大盘每十二个，青盘每十五个，青小盘每二十个，青小碗每三十个，干鹅、天鹅等野味每只，南丰大篓纸每四块，竹椅每把，税钞、牙钱钞、塌房钞各五百文。喜红小绢每匹，税钞、牙钱钞、塌房钞各四百七十文。麻布每匹，花椒、水牛底皮每斤，土青盘每十五个，土青碗、小白盘每二十个，土青碟每五十个，青茶钟每七个，税钞、牙钱钞、塌房钞各四百文。小粗绵布每匹，毡袜每双，土降香、白砂糖饧每斤，草席每领，雨伞每把，翠花每朵，草花每十朵，刷印马纸每四块，土尺八纸每块，南丰篓纸每六块，连三纸每一千张，毛边纸、中夹纸每一百张，酒曲每十块，税钞、牙钱钞、塌房钞各三百四十文。灯草每斤，土青酒钟、土青茶钟每十二个，土青香炉、大白碗每十个，中白碗每十五个，白大碟每二十个，白小碟每二十五个，税钞、牙钱钞、塌房钞各三百文。马牙速香、鱼胶每斤，税钞、牙钱钞、塌房钞各二百四十文。药材每斤，白小碗每十五个，税钞、牙钱钞、塌房钞各二百文。荔枝、圆眼、冬笋、松子、桐油、柏油、黑砂糖、蜂蜜每斤，腊、胭脂每两，土粉、土硝、碱、松香、墨、煤、苘麻、肥皂、末香、槐花、胶枣、鸡头、螃蟹、蛤蜊每十斤，干兔、鸡、鸭每只，白茶钟每六个，甘蔗、藕每十根，竹箸每一百双，竹扫帚每十把，蒲席每领，杂毛小皮每张，毡帽每个，草鞋每十双，税钞、牙钱钞、塌房钞各一百七十文。明干笋、葡萄、海菜、金橘、橄榄、牙枣、苎麻每斤，税钞、牙钱钞、塌房钞各一百四十文。绵花、香油、紫草、红曲、紫粉、黄丹、定粉、芸香、柿饼、栗子、核桃、林檎、甘橘、雪梨、红枣、杨梅、枇杷、榛子、杏仁、蜜香橙、乌梅、五倍子、咸弹、黑干笋、叶茶、生姜、石花菜、虾米、鲜干鱼、鲜猪、羊肉、黑铅、水胶、黄白麻、钢、熟铁每斤，绵絮每套，芦席每领，绵胭脂每帖，西瓜每十个，税钞、牙钱钞、塌房钞各一百文。干梨皮、荸荠、芋头、鲜菱、乌菱、鲜梨、鲜桃、杏子、李子、鲜柿、柿花、焰硝、皂白矾、沥青、生铁每斤，干葱、胡萝卜每十斤，冬瓜每十个，萝卜、菠芥等菜四十斤，税钞、牙钱钞、塌房钞各六十五文。其余估计未尽物货，俱照价直相等则例收纳。其进塌房钞，并抽分布匹，及按月该纳房钞，俱为除免。①

这一则例是对各种货物的税钞、牙钱钞、塌房钞所作的规定，其涉及商品种类之周详，几乎达到了无所不包的地步。

"抽分"是唐代及以后各朝对国内外商贾实施的一种征税制度，也是明代的税种之一。《宋史·食货志》云："行者赍货，谓之'过税'……居者市鬻，谓之'住税'……"②"住税"指的是坐贾在市上贩卖商品所缴纳的税款，"过税"指的是行商贩货经过某地缴纳的税款。明代的"抽分"属于"过税"，内容主要是指竹、木、柴、炭抽分和番舶抽分，有时户部的钞关税收亦称为"抽分"。洪武二十六年颁行的《诸司职掌》规定，"凡龙江、大胜港，俱设立抽分竹木局，如遇客商兴贩竹木柴炭等项，照例抽分"，柴、草"三分取一"，杉木、棕毛等"三十分取二"，木、炭等"十分取二"。③永乐至弘治年间陆续设立了十五处抽分厂局，隶属工部，处理抽分事宜，所抽税款多用于工程营建、维修，以实物为主，后期因出现"解户不便""有解至不堪成造"等弊端，将所抽实物折银抽分。终明一代，朝廷多次颁发抽分则例，对所抽分的货物及纳税比例等进行调整。如成化二十年九月，巡按浙江监察御史刘魁奏："杭州府城南税课司物贷，以十分为率，

---

① （明）申时行等重修《明会典》卷三五《户部二十二·课程四·商税》，中华书局，1989，第255~256页。又见正德《明会典》卷三二《户部十七·库藏一·课程》。
② 《宋史》卷一八六《食货十八》，中华书局，1977，第4541页。
③ （明）官修《皇明制书》第2册，杨一凡点校，社会科学文献出版社，2013，第639页。

竹木七分。工部已行差官抽分，免其纳钞，而本司课额依旧，俱巡拦陪纳抽分。竹木卖银解部，初止三千余两，每岁增多，今至二万三千余两。乞减其半，仍查前十年，约其中数定为则例，不许过多。户部议：其言宜从。诏可。"①

明朝的抽分则例的规定都十分详尽。以《南京都察院志》载"楠木抽分则例"②为例：

> 圆五尺，长三丈二尺，价八两八钱。多围一寸，加银一钱七分六厘。多长一尺，加银二钱七分五厘。
>
> 圆六尺，长三丈二尺，价一十二两六钱七分二厘。多围一寸，加银二钱一分一厘二毫。多长一尺，加银三钱九分六厘。
>
> 圆七尺，长三丈二尺，价一十七两二钱四分八厘。多围一寸，加银二钱四分六厘四毫。多长一尺，加银五钱三分九厘。
>
> 圆八尺，长三丈二尺，价二十二两五钱二分七厘。多围一寸，加银二钱八分一厘五毫八丝七忽五微。多长一尺，加银七钱三厘九毫六丝八忽七微五纤。
>
> 圆九尺，长三丈二尺，价二十八两五钱一分二厘。多围一寸，加银三钱一分六厘八毫。多长一尺，加银八钱九分一厘。

明代自正德五年（1510年）起，为解决国家财政日益困难的问题，开始对外国船舶进行抽分，并制定了相关的抽分则例。正德四年（1509年）对"暹罗、满剌加国并吉闸国夷船货物，俱以十分抽三"，十二年（1521年）对占城国进贡附搭货物"十分抽二"，嘉靖五年（1526年）对暹罗国进贡附搭货物"十分抽二"。③ 万历十七年（1589年）重修境外商人"陆饷货物抽税则例"④：

---

① 《明宪宗实录》卷二五六。
② （明）祁伯裕、（明）施沛等纂辑《南京都察院志》卷二三《职掌十六》，明天启刻本。
③ （明）顾炎武撰《天下郡国利病书·交址西南夷备录》引《佛朗机国》，四部丛刊三编本。
④ （明）张燮撰《东西洋考》卷七《饷税考》，清惜阴轩丛书本。

胡椒每百斤，抽税银二钱五分。象牙成器者每百斤，税银一两；不成器者每百斤，税银五钱。苏木东洋木小每百斤，税银二分。西洋木大每百斤，税银五分。檀香成器者每百斤，税银五钱；不成器者每百斤，税银二钱四分。奇楠香，税银二钱八分。犀角每十斤，花白成器者税银三钱四分，乌黑不成器者税银一钱。沉香每十斤，税银一钱六分。没药每百斤，税银三钱二分。玳瑁每百斤，税银六钱。肉豆蔻每百斤，税银五分。冰片每十斤，上者税银三两二钱，中者税银一两六钱，下者税银八钱。燕窝每百斤，上者税银一两，中者税银七钱，下者税银二钱。鹤顶每十斤，上者税银五钱，次者税银四钱。荜拨每百斤，税银六分。黄蜡每百斤，税银一钱八分。鹿皮每百张，税银八分。子绵每百斤，税银四分。番被每床，一分二厘。孔雀尾每千枝，税银三分。竹布每匹八厘。嘉文席每床，税银五分。番藤席每床，税银一分。大风子每百斤，税银二分。阿片每十斤，税银二钱。交址绢每匹，税银一分。槟榔每百斤，税银二分四厘。水藤每百斤，税银一分。白藤每百斤，税银一分六厘。牛角每百斤，税银二分。牛皮每十张，税银四分。藤黄每百斤，税银一钱六分。黑铅每百斤，税银五分。番锡每百斤，税银一钱六分。番藤每百斤，税银二分六厘。乌木每百斤，税银一分八厘。紫檀每百斤，税银六分。紫棕每百斤，税银一钱。珠母壳每百斤，税银五分。番米每石，税银一分四厘。降真每百斤，税银四分。白豆蔻每百斤，税银一钱四分。血竭每百斤，税银四钱。孩儿茶每百斤，税银一钱八分。刺香每百斤，税银二钱一分。乳香每百斤，税银二钱。木香每百斤，税银一钱八分。番金每两，税银五分。丁香每百斤，税银一钱八分。鹦鹉螺每百个，税银一分四厘。毕布每匹，税银四分。锁服每匹，红者税银一钱六分，余色税银一钱。阿魏每百斤，税银二钱。芦荟每百斤，税银二钱。马钱每百斤，税银一分六厘。椰子每百个，税银二分。海菜每百斤，税银三分。没食子每百斤，税银二钱。虎豹皮每十张，税银四分。龟筒每百斤，税银二钱。苏合油每十斤，税银一钱。安息香每百斤，税银一钱二分。鹿角每百斤，税银一分四厘。番纸每十张，税银六厘。暹罗红纱每百斤，税银五钱。棕竹每百枝,税银六分。沙鱼皮每百斤,税银六分八厘。螺蚬每石,税银二分。獐皮每百张,税银六分。獭皮每十张,税银六分。尖尾螺每百个,税银一分六厘。番泥瓶每百个,税银四分。丁香枝每百斤,税银二分。明角每百斤,税银四分。马尾每百斤,税银一钱。鹿脯每百斤,税银四分。磺土每百斤,税银一分。花草每百斤,税银二钱。油麻每石,税银一分二厘。黄丝每百斤,税银四钱。锦鲂鱼皮每百张,税银四分。甘蔗鸟每只,税银一分。排草每百斤,税银二钱。钱铜每百斤,税银五分。

明代中后期,随着市场贸易的活跃,朝廷征收商税的名目越来越繁,有京城九门税、各种市易商品税、塌房库房税、门摊税、店舍税、驴车马车运输税等,并制定有相应的收税则例。成化年间,曾颁行"梧州商税则例"①。弘治六年,"令差官于江西、浙江、苏州、扬州、淮安、临清税课司局,查照旧例,定为则例"②。正德五年(1510年)十月,"监察御史李元言:九门车辆之税,自刘瑾专政,欲如成化初所入钞必五百四十余万贯,钱必六百二十余万文,而监(受)〔收〕官于常课之外又多私取,甚为民害。请斟酌议拟,勿拘定数。下户部再议,以为宜斟酌轻重,定为则例,每岁进纳约钞二百万贯,钱四百万文,庶国课易足。至于侵克过取之弊,皆当严禁。上是之。每年进纳定为钞三百三十万八千二百贯,钱四百二十万二千一百四十四文。监(受)〔收〕官若侵克,或过收及纵容索取,以致客商嗟怨,事觉,皆罪不宥"③。正德七年(1512年),"令正阳门等七门门官,凡日收大小车辆、驴、骡、驼、驮钱钞,眼同户部官吏、监生,照依则例收受,即时附簿。钱钞簿籍,俱封贮库。不许纵容门军家人伴当,出城岁织客商,阻截车辆,索取小门茶果、起筹等项铜钱"④。嘉靖四年(1525年),因"收商纳银两,代纳钱钞,奸弊滋生",原先则例为"每钞

---

① (明)田汝成撰《炎徼纪闻》卷二,清指海本。
② (明)王圻纂辑《续文献通考》卷二九《征榷考》,明万历三十一年松江府刻本。
③ 《明武宗实录》卷六八。
④ (明)申时行等重修《明会典》卷三五《户部二十二·课程四·商税》,中华书局,1989,第257页。

二十五贯，钱五十文，该银一钱","自本年为始，每钞一贯折银三厘，每钱七文折银一分"①。隆庆元年（1567 年）八月，申明"都城九门税课则例"②。隆庆六年（1572 年），修订"渔船监税则例"，加税额为"大双桅：每只连前共纳银二两四钱。中双桅：每只一两二钱。单桅：六钱。尖桅：四钱八分。厰艍船：三钱六分。兴河船：二钱四分。对桅船：四钱八分"③。万历八年（1580 年），"漕运总督凌云翼奏：淮安四税病商，实由监收官交代不常，巡缉人役增用太滥，欲行归并部官兼管。尚书张学颜覆奏：照原则例，榜示商牙，令管理淮安常盈仓主事委官收贮，作正支销。从之"④。万历三十一年（1603 年），"户部请厘正崇文门征收商税则例，并照各钞关委官题，差一年满日，方许回部考核，以明殿最。从之"⑤。

明王朝对各海关的税收管理也十分重视，万历十七年，曾制定内容详尽的"陆饷货物抽税则例"⑥。万历四十三年，又修订和实施了新的"货物抽税见行则例"：

胡椒每百斤，税银二钱一分六厘。象牙成器者每百斤，税银八钱六分四厘；不成器者每百斤，〔税银〕四钱三分二厘。苏木西洋每百斤，税银四分三厘，东洋每百斤，税银二分一厘。檀香成器者每百斤，税银四钱三分二厘；不成器者每百斤，税银二钱七厘。奇楠香每斤，税银二钱四分二厘。犀角每十斤花白成器者，税银二钱九分四厘；乌黑不成器者，税银一钱四厘。沉香每十斤，税银一钱三分八厘。没药每百斤，税银二钱七分六厘。玳瑁每百斤，税银五钱一分八厘。肉豆蔻每百斤，税银四分三厘。冰片每十斤，上者税银二两七钱六分五厘，中者税银一两三钱八分二厘，下者税银六钱九分一厘。燕窝每百斤，上者税银八钱六分四厘，中者税银六钱五厘，下者税银一钱七分三厘。

---

① （明）张学颜等奉敕撰《万历会计录》卷四一《钱法沿革事例》，明万历十年刻本。
② （明）王圻纂辑《续文献通考》卷三〇《征榷考》，明万历三十一年松江府刻本。
③ （明）萧良幹等修，（明）张元忭等纂万历《绍兴府志》卷三三《武备志一》，明万历刻本。
④ （清）嵇璜等纂修《钦定续文献通考》卷一八《征榷考》，清乾隆四十九年武英殿刻本。
⑤ 《明神宗实录》卷三八九。
⑥ （明）张燮撰《东西洋考》卷七《饷税考》，清惜阴轩丛书本。

鹤顶每十斤，上者税银四钱三分二厘，次者税银三钱四分六厘。荜拨每百斤，税银五分二厘。黄蜡每百斤，税银一钱五分五厘。鹿皮每百张，税银六分九厘。子绵每百斤，税银三分四厘。番被每床，税银一分。孔雀尾每千枝，税银二分七厘。竹布每匹，税银七厘。嘉文席每床，税银四分三厘。番藤席每床，税银一分二厘。大风子每百斤，税银一分七厘。阿片每十斤，税银一钱七分三厘。交址绢每匹，税银一分四厘。槟榔每百斤，税银二分一厘。水藤每百斤，税银九厘。白藤每百斤，税银一分四厘。牛角每百斤，税银一分八厘。牛皮每百张，税银三钱四分六厘。藤黄每百斤，税银一钱三分八厘。乌铅每百斤，税银四分三厘。番锡每百斤，税银一钱三分八厘。番藤每百斤，税银二分二厘。乌木每百斤，税银一分五厘。紫檀每百斤，税银五分二厘。紫椶每百斤，税银八分六厘。珠母壳每百斤，税银四分三厘。番米每石，税银一分。降真每百斤，税银三分四厘。白豆蔻每百斤，税银一钱二分一厘。血竭每百斤，税银三钱四分六厘。孩儿茶每百斤，税银一钱五分五厘。刺香每百斤，税银一钱八分一厘。乳香每百斤，税银一钱七分三厘。木香每百斤，税银一钱五分五厘。番金每两，税银四分三厘。丁香每百斤，税银一钱五分五厘。鹦鹉螺每百个，税银一分二厘。毕布每匹，税银三分四厘。锁服每匹红者，税银一钱三分八厘，余色税银八分六厘。阿魏每百斤，税银一钱七分三厘。芦荟每百斤，税银一钱七分三厘。马钱每百斤，〔税银〕一分四厘。椰子每百个，税银一分七厘。海菜每百斤，税银二分六厘。没食子每百斤，税银一钱七分三厘。虎豹皮每百张，税银三钱四分六厘。龟筒每百斤，税银一钱七分三厘。苏合油每十斤，税银八分六厘。安息每百斤，税银一钱四厘。鹿角每百斤，税银一分二厘。番纸每百张，税银五分二厘。暹罗红纱每百斤，税银四钱一分四厘。椶竹每百枝，税银五分二厘。沙鱼皮每百张，税银五分九厘。螺蚆每石，税银一分七厘。獐皮每百张，税银五分二厘。獭皮每百张，税银五分二厘。尖尾螺每百个，税银一分四厘。番泥瓶每百个，税银三分四厘。丁香枝每百斤，税银一分七厘。明角每百斤，税银三分四厘。马尾每百斤，税银九分。鹿脯每百斤，税银三分四厘。磺土每百斤，税银九厘。花草每百斤，税银一钱七分三厘。油麻每石，税银一分。黄丝每百斤，税银三钱四分六厘。锦魴鱼皮每百张，税银三分四厘。甘蔗鸟每只，税银九厘。排草每百斤，税银一钱七分三厘。钱铜每百斤，税银四分三厘。①

商税则例的实施，使朝廷的税收大大增加。以京城九门税为例。《明世宗实录》载："弘治十年京城九门岁入税钞六十六万五千八十贯，钱二百八十八万五千一百三十文。至十二年后，岁入钞七十一万五千八百二十贯，钱二百五万四千三百文。及正德七年以迄嘉靖二年，则岁入钞二百五十五万八千九百二十贯，钱三百一十九万三百六十文。"② 神宗万历时期，商税的名目繁多，税率加重，仅万历六年（1578年）九门商税就征得本色钞六十六万五千一百八十贯，折色钱二百四十三万二千八百五十文。明代的商税则例发挥了调节和规范市场贸易的作用，但由于制例太繁，苛捐杂税过多，在一定程度上阻碍了商品经济的发展。

（六）马政则例

马政是指古代国家对官马的采办、牧养、分派、使用等一系列相关事务的管理制度。"国家戎务，莫先于马政。"③ 从西周到明清，历朝都很重视官马的管理。明代为防止北边蒙古势力的入侵，提高骑兵的作战能力，对马政建设尤为重视。明代的马政除御马监负责皇室所需马匹的供应外，外厩的马匹分为官牧和民牧两种。近京各卫所和南北直隶、山东、河南六府民间马政事务由南北两京太仆寺掌管，各边镇马政事务由行太仆寺、苑马寺掌管。明朝制定了一系列有关民间孳牧、军卫孳牧、京府寄牧、营卫放牧、买补、印俵、禁约、比较等方面的马政管理制度，并颁布了大量的马

---

① （明）张燮撰《东西洋考》卷七《饷税考》，清惜阴轩丛书本。
② 《明世宗实录》卷四一。
③ （明）雷礼撰《南京太仆寺志》书首序，明嘉靖刻本。

政则例,细化了相关的管理制度。

在民间牧养方面,洪武八年朱元璋命刑部尚书刘惟廉申明马政,以"恐所司因循牧养失宜"①令畿甸之民养马。同年,为鼓励民间孳牧,定马夫免粮则例:"自京至宿州十三驿,马夫田租全免;自百善道至郑州,免三分之二;自荥阳至陕西、山西、北平二百二十一驿,免三分之一。"②洪武二十六年颁布的《诸司职掌》规定:"其养户俱系近京民人,或五户、十户共养一匹,每骒马岁该生驹一匹。若人户不行用心孳牧,致有亏欠倒死,就便着令补买还官。每岁将上年所生马驹,起解赴京调拨。本寺每遇年终比较,或群监官员怠惰,或人户奸顽,致有马匹瘦损亏欠数多,依例坐罪。"③

民间养官马,马户要确保马的健壮,完成孳息之额,否则如数赔偿,加之轮养常出现"丁多之家倚恃豪强欺压良善"之弊,解马"其费又高",民因牧马而困,为推行民间孳牧制度,明廷又颁行了不少则例,缓和马户与官方的矛盾。以弘治年间为例。弘治三年四月,因"浙民有充远驿马头者,多为彼处土人所苦,其弊万端",明孝宗"令就本处有司纳马价及工食草料之费,类解彼处,有司定与则例:马驴铺陈各三年,一易马铺陈分上、中、下三等,上者给银十五两,中十二两,下十两"④。弘治五年,"御史潘楷奏:验地方以均徭役,准行两京太仆寺转行各该分管寺丞,从公审勘,将马多户少去处,马匹分拨与户多马少去处,仍拟见编上、中、下等第,除有力者照旧充马头不动外,其中有消乏不堪充当马头者,就便改作贴户,另选丁多殷实之家替养。其马头不许恃强逼令各户轮养,止许均贴草料,及马有事故,管马官员定与贴户则例,出钱买补"⑤。弘治六年颁布江南、江北丁田则例:"人十丁,田二顷,养儿马一匹;人十五丁,田三顷,养骒马一匹。丁粮相兼者,编同前数。"⑥明代后期,民间牧养官马的弊端越来越突

---

① 《明太祖实录》卷九七。
② 正德《明会典》卷一一九《兵部十四·驿传一·马驿》。
③ (明)官修《皇明制书》第3册,杨一凡点校,社会科学文献出版社,2013,第583~584页。
④ 《明孝宗实录》卷三七。
⑤ (明)雷礼撰《南京太仆寺志》卷二,明嘉靖刻本。
⑥ (明)雷礼撰《南京太仆寺志》卷一〇,明嘉靖刻本。

出，牧马民为此耗尽劳力，政府亦陷入财政困难，万历初，朝廷不得已取消了民间孳牧。

边境马政是明代马政的重要内容。为了保证边镇的军马供给，明朝设立"行太仆寺、苑马寺及都司委官提督，每卫委指挥一员、所千百户一员，专管孳牧、其搭配骒驹、起解比较等项"①。由于边镇孳牧条件及防卫职守不同，军马也因用途不同分为征操马、征进马、起操马、城操马、塘拨马、正驮马、营操马、驿递马等数十种，明廷颁布了大量的事例、则例规范边境马政的管理。据《续文献通考·田赋考》，洪武至嘉靖期间，就曾30多次修订"支给草料则例"，完善这一则例的内容，如洪武十三年，"令广东、广西、福建、浙江、湖广、江西布政司，淮安、苏州等卫，马草不许科收，马料不许支给"。英宗正统二年（1437年），"令五军、三千、神机等营操备官军，马月支料豆九斗，添与一斗，以后照旧关支"。景帝景泰七年（1456年），"令宁夏等卫马队旗军，照甘肃例，每岁九月十六日起至次年四月十五日止，日支料豆三升"。宪宗成化十七年（1481年），"令听征官军，马一万五千匹，每匹月给草价银一钱，日支料豆三升，续因马匹瘦损，添给草价银一钱"。孝宗弘治二年（1489年），"令各营骑操马，本年十二月至春季内，一月每匹月添草价银一钱，以后该支月分仍旧"。武宗正德五年（1510年），"令各边镇巡等官，凡遇出哨征战追赶之日，马匹每日量加料豆二升，闲息之日照旧，明白造册开报"。嘉靖三十三年（1554年），"令大同镇主兵马匹，每马计冬春六个月，月支料豆九斗，旧支本色四斗，令加二斗共六斗，余三斗照旧折色，其草束夏秋采积，以备冬春，不许支"。又据《万历会计录》，万历年间为加强边境马政管理，曾颁布辽东镇"主兵马骒料草则例"，易州、延绥镇"马骒料草则例"，蓟州、密云、昌平、宣府、大同、山西、宁夏、甘肃、固原"马匹料草则例"。这些则例分别就各镇各种马匹支给的草料数额作了详细规定。

为了强化军马管理，明廷还多次颁行则例，细化了军马瘦损倒失的赔偿和军官责任制度。如成化二年（1466年）颁行的则例规定：军马"倒失等项，备报在官，定限三个月以里，督令（陪）〔赔〕偿。把总管队官自都

---

① 正德《明会典》卷一二〇《兵部十七·马政》。

指挥以下,定与马数瘦损并倒失不即报官则例:百户以瘦损二十匹、倒失十匹为则,三个月以外者,递相住俸。若有别项情弊干碍,重职奏闻区处"①。明代的边境马政,在洪武、永乐年间施行得较好。宣德以后,因马政机构互相牵制抗衡、牧马操场被大量侵占、周边少数民族入侵等,马政逐步衰弱。明代后期马政事务不再专立,战马的供给多是源于民牧或从马市购买。

(七)宗藩则例

明代实行封藩制度。封藩的用意大抵有三:一曰安边,二曰制臣,三曰亲亲。合而言之,即藩屏皇室,永享太平。藩王拥有政治、经济、军事、司法方面的诸多特权,随着宗室人数的膨胀及其为非作歹、横征暴敛事件的增多,宗藩的特殊待遇和权力成为妨害国家和社会发展的一大祸患。为了既确保藩王和皇族宗室人员享有优厚待遇,又防止他们坑害百姓,朝廷以则例的形式规定了其所享受的待遇,并对其特权进行严格限制。

明初封藩,供以岁禄,实行米(本)、钞(折)兼支的办法,但岁禄本色与折色的比例没有定制。明代前期,朝廷按时如数拨给藩府岁禄,宗禄方面出现的弊端,主要是藩府利用制度本身的漏洞,改变本色与折色比例,非法支取宗禄。明代中后期,宗室人口繁衍速度惊人,洪武时宗室人口为58人,正德年间已达2945人,嘉靖八年(1529年)增至8203人,② 嘉靖二十八年(1549年)达到1万余人,③ 加之国家财政困难,往往宗禄逋欠,多次发生越奏或宗众抢夺官府、冲击地方衙门的事件,造成局部的社会动荡。明王朝为了稳定藩府,并打击宗室犯罪,曾多次颁行规范宗禄的标准、岁额、本色和折色比例、给付办法的则例,要求藩府严格遵守。《续文献通考》载:"太祖洪武六年定:凡亲王每岁合得粮储,皆在十月终一次尽数支

---

① (明)雷礼撰《南京太仆寺志》卷四,明嘉靖刻本。
② (明)郑晓撰《今言》,中华书局,1984,第159页。
③ (明)陈子龙等选辑《明经世文编》卷三三五,中华书局,1962。

拨。其本府文武官吏俸禄及军士粮储，皆系按月支给，每月不过初五按缺拨付，所在有司照依原定数目，不须每次奏闻。敢有破调稽迟者，斩。又令亲王钱粮就于王所封国内府分，照依所定则例期限放支，毋得移文，当该衙门亦不得频奏。若朝廷别有赏赐，不在已定则例之限。"①成化十三年（1477年）题准："郡、县等主君病故我宾禄粮，务要遵奉先年题准一九、二八则例，毋得妄行奏扰。"② "弘治初，以宗室日繁，支费益广，官银不敷，遂命皆减半支给。至是复奏准：于减半数内，每一百两仍减二十两，斋粮麻布通革免。其郡主以上禄米，俱米钞中半兼支；郡王而下禄米，则俱本色四分、折钞六分。"③嘉靖八年（1529年），巡抚湖广都御史朱廷声题称，"湖广宗藩数多，岁支禄米约有二十万石。虽先年立有定规，但中间本折加耗，多寡不同，以致征收解纳，增减互异，亏官损民，深为未便"，为此，世宗朱厚熜下令，湖广各宗室禄米，"俱照楚府则例：亲王每石折银七钱六分三厘，郡王每石折银七钱，将军、中尉、郡主、夫人、仪（兵）〔宾〕每石折银五钱"④。嘉靖十三年（1534年），朱厚熜又题准："郡县等主君病故，仪宾禄粮务要遵奉先年题准一九、二八则例，毋得妄行奏扰。"⑤

　　明英宗天顺以前，自各王府郡王将军而下，宫室、坟茔皆由官府营造。其间宗室与官府勾结、吞公肥私、勒逼百姓事件累有发生。为此，成化年间制定则例："给价自行营造。湖广楚、辽、岷、荆、吉、襄等府房价：郡王一千两，镇国将军七百两，辅国将军六百六十两，奉国将军六百二十两，中尉并郡主五百两，县主四百六十两，县君三百六十两，乡君三百四十两。至各省王府房价，又颇有不同。其造坟夫价物料则例：郡王三百五十两，镇国将军二百四十五两，辅国将军二百二十五两，奉国将军一百四十七两，

---

① （明）王圻纂辑《续文献通考》卷一〇三《职官考》，明万历三十一年松江府刻本。见（明）申时行等重修《明会典》卷三八《户部二十五·廪禄一·宗藩禄米》，中华书局，1989。又见《皇明祖训》。
② （明）朱勤美撰《王国典礼》卷三，明刻增修本。
③ （明）陈建撰，（明）沈国元补订《皇明从信录》卷二五，明末刻本。
④ （明）梁材等撰《嘉靖事例·议处湖广王府禄米》，明抄本。又见（明）申时行等重修《明会典》卷三八《户部二十五·廪禄一·宗藩禄米》，中华书局，1989，第273页。
⑤ （明）申时行等重修《明会典》卷三八《户部二十五·廪禄一·宗藩禄米》，中华书局，1989，第273页。

中尉一百二十三两,郡主二百二十五两,县主二百一十五两,郡君一百九十六两,县君一百八十五两。此外,又有开矿银、冥器银及斋粮麻布,俱各有差。"① 成化十四年(1478年)三月,又制定"陕西秦、庆、肃、韩四府郡王以下府第工价则例",规定了郡王府第的规模和工价标准:"凡郡王府第,合造前门中门各三间五架,前殿后殿各七间七架,前后东西厢房各五间五架,典膳所、书堂各三间五架。其在陕西以内者,料价银五百两;在宁夏、平凉、兰县者,价银三百五十两。俱与夫千名,匠五十名,限一年有半成之。郡主前门三间五架,前后房各五间七架,左右厢房各三间五架,价银二百两,夫三百名,匠三十名,一年成之。今详各官所议甚当,但夫匠亦宜给与价银,每夫一名,与银一两,匠亦如之,庶免劳扰军民。凡府第既成,必五十年后乃许奏请修理。"② 同年,又颁行了"给价则例",就山西、湖广、陕西、河南、山东、江西、四川、广西各地的藩王、郡王、镇国将军、辅国将军、郡主、奉国将军、镇国和辅国中尉、县主、郡君、县君、乡君无房屋者,自行起盖所需银两的数额作了详细规定。成化十八年(1482年)九月,朝廷令各王府坟茔准照"夏邑郡工则例"量为增减,规定:"各府夫匠物料价银:郡王并妃三百五十两,镇国将军并夫人二百四十五两,辅国将军并夫人及郡主二百二十五两,县主二百一十五两,郡君一百九十六两,县君一百八十五两。"③ 孝宗弘治元年、二年、十四年,世宗嘉靖二十二年、二十九年、三十一年、四十四年和神宗万历十年,朝廷又多次补充完善"给价则例",就藩王和宗室人员自行起盖房屋的有关造价作了补充规定。④

明代自洪武三年起,陆续赐给诸王、勋臣、国戚大量土地,以庄田代之俸禄。随着皇庄和庄田的扩张,大量民田被侵夺。为此,朝廷就查勘庄田和打击奸豪、投献田宅制定了一些则例。宣德年间,明宣宗赐真定公主滦县张家庄草地三十二顷。景泰六年(1456年)六月,该县县民岳真投诉,说真定公主占地百顷有余,本人田地已被其侵占。经户部遣官查勘,真定

---

① (明)陈建撰,(明)沈国元补订《皇明从信录》卷二五,明末刻本。
② 《明宪宗实录》卷一七六。
③ 《明宪宗实录》卷二三二。
④ (明)申时行等重修《明会典》卷一八一《工部一·营造一·王府》,中华书局,1989,第919~921页。

公主占地超出六十八顷三十亩。景帝"欲移文顺天府",把其多占土地"拨与丁多田少、无田之家;真田四顷有余,仍还真,俱如减轻则例起科"①。宪宗成化六年(1470年)题准:"各王府及功臣之家,钦赐田土佃户,照原定则例,将该纳子粒,每亩征银三分,送赴本管州县上纳。令各该人员关领,不许自行收受。"②地处河南开封的周王府,无视朝廷的规定,每亩田征收佃户子粒租粮多至一斗五升,百姓苦不堪言。为此,宪宗成化十九年(1483年)五月,颁布了"周府庄田征租则例",明文规定"每田一亩征子粒八升"③。成化二十二年(1486年)四月,驸马游泰上奏,要求赐给武清县六道口苇地。户部上书,认为"勋戚势家所据太多,且不纳税",建议"请以先年赐予有文案可验者为准,其无者,悉从减轻则例纳税,以充国用。已经承佃起科者仍旧,侵占民地者,悉令给还"。宪宗皇帝支持户部的意见,并命户部清理畿内庄田。④嘉靖十六年(1537年),世宗敕谕:"差科道部属官各一员前去,会同巡按查勘八府庄田。但自正德以来,朦胧投献及额外侵占者,尽行查出,各依拟给主召佃,管庄人员尽数取回,着管屯田佥事兼带督管。该征税租,照依原定则例,折收银钱。原系皇庄者,解部类进。系皇亲者,赴部关领。不许自行收受。"⑤隆庆二年(1568年),穆宗朱载垕敕谕:"令天下有王府去处,或有仪宾军校,诱引奸豪,投献田宅,及宗室公然借名置买,恃强不纳差粮者,有司验契查实,先将投献人依律究遣,田宅入官。另给军民管种输租,以补各宗禄粮之缺。中有宗室执留占吝,就照民间编纳差粮则例,尽数抵扣应得禄粮,方行补给。有司滥受馈遗,阿纵不举者,抚按纠劾重治。"⑥

明代诸王分封制度,积弊深重,不仅宗室内部多次发生倾轧和叛乱,而且不少宗室子孙横行地方,违制违法,凌辱有司,为害乡里。朝廷惩治宗室犯罪,通常是依据明太祖《祖训》,把罪宗废为庶人,予以禁锢。明初

---

① 《明英宗实录》卷二五四。
② (明)申时行等重修《明会典》卷一七《户部四·给赐》,中华书局,1989,第116页。
③ 《明宪宗实录》卷二四〇。
④ 《明宪宗实录》卷二七七。
⑤ (明)申时行等重修《明会典》卷一七《户部四·给赐》,中华书局,1989,第116页。
⑥ (明)申时行等重修《明会典》卷一七《户部四·田土》,中华书局,1989,第115页。

采取的办法是把罪宗押往中都凤阳看守祖陵。天顺以后,则是实行"高墙"之制。所谓"高墙",就是在凤阳建筑四周高墙围绕的宅所,把罪宗及其亲属押送到高墙内监禁,非经皇帝恩赦不得释放。"高墙"实际上是囚禁犯罪宗室的特殊监狱。当时朝廷曾制定"高墙则例"①,对罪宗实行严密管束,令其改过自新。

(八)官吏俸给、考核、处罚则例

在中国古代,君主是通过官僚集团实现国家统治的。吏治状况如何,关系到国家的兴衰存亡。凡国祚较长的朝代,大都比较注重吏治,明代亦是如此。洪武年间,朱元璋在健全国家机构的同时,通过颁行《大明令》《大明律》《诸司职掌》等法律,不断完善包括吏治在内的国家基本法律制度。洪武以后各朝制定的《吏部条例》《宪纲》以及正德《明会典》、万历《明会典》,进一步完善了这一法律制度。因各朝政治、经济、社会状况不尽相同,官吏的设置、数额及品级、俸禄、考核制度也有所变化,则例作为国家法律制度的实施细则,主要用以表述官吏品级、俸禄、考核等方面的规定。因篇幅所限,本书着重论述俸禄则例。

明代的官俸是以品级制度为基础的。在中央和地方各种机构中任职的文武官吏,分为九品十八级,以此确定各个官吏在国家政权中地位的高低和权力的大小,作为官吏领取俸禄的基本依据。明代的文武官俸制度始定于洪武四年,其内容一是按年计的实物俸制,给米,以石计算;二是按月发放;三是据品级高低给俸有等差。洪武二十五年,官俸形成定制,其内容主要是:官俸与核定文武官吏的品、阶、勋相结合,统一官制和官俸;把原来禄米、俸钞两项,改为禄米一项;降低品官的官俸标准。官俸采用折支发放,把俸禄(米)分为本色、折色,折算办法曾有多次变化。累朝制定的"品级则例",不仅详细地规定了各类品级官吏的俸禄标准,而且还

---

① (明)萧世延、(明)杨本仁、(明)范钦编《嘉靖新例·明律例·应议者犯罪》,明嘉靖二十七年梧州府知府翁世经刻本。

规定了折色标准。《万历会计录》卷三四载"在京文官俸粮本折则例",详细记述了永乐至万历朝文官俸粮折色标准的变化:

> 永乐十九年定：一品至五品,三分米七分钞；六品至九品,四分米六分钞。其本色米,每月在京止支五斗,余在南京仓支,不愿者俱准在京折钞。二十二年,又令一品至九品改添本色米五斗,于折钞内扣除,连前本色米共足一石。宣德六年定：于京库生绢折支本色米两月,每绢一匹准米二石,余俱于南京关支。七年,将赃罚库布、绢、衣服等件,折支本色米一石。至正统四年,始定于折钞内再改添本色米每月一石,于京仓关支,其余本色米仍赴南京关支。至弘治十年,始定原该南京仓支本色米,改令每石折银七钱,于太仓库支。故今本色俸有三：本色米每月一石,正统四年例也；折绢米两个月,宣德六年例也；折银米十个月,弘治十年例也。嘉靖七年,又定绢一匹折银七钱,其折色俸先前亦有二项：有本色钞,有绢布折钞不等。至正统元年始,分上下半年之例：上半年支本色钞锭,下半年以胡椒、苏木折钞关支。成化七年以后,椒木不敷,议将甲字库绵布折支,每俸一石该钞二十贯,每钞二百贯折布一匹。嘉靖七年,始定每匹折银三钱,征解太仓库放支。本色钞锭,先年因库贮钞锭不敷于赃罚,广盈等库查有积贮附余绫罗、绢布、毡毯皮张、颜料、衣物、铜钱等件,估计折支,嘉靖以来渐不支给。

各朝制定的"俸禄则例",还具体规定了十八个品级官员各自的官俸数额及本色、折色标准。如宣德朝制定的"本色折色则例"规定："正一品：岁俸一千四十四石,内本色俸三百三十一石二斗,余为折色俸。本色俸内无大小,皆支米一十二石,余折银俸二百六十六石,折绢俸五十三石二斗,总为银二百四两八钱二分。折色俸内,半折布俸为银一十两六钱九分二厘,半折钞俸为钞七千二百二十八贯。从一品：岁俸八百八十八石,内本色俸二百八十四石四斗,余为折色俸。本色俸内,除支米,余折银俸二百二十七石,折绢俸四十五石四斗,总为银一百七十四两七钱九分。折色俸内,半折布俸为银九两五分四厘,半折钞俸为钞六千三十六贯。……正九品:岁俸六十六石,内本色俸四十四石四斗,余为折色俸。本色俸内,除支米,余折银俸二十六石,折绢俸五石四斗,总为银二十两七钱九分。折色俸内,半折布俸为银三钱二分四厘,半折钞俸为钞二百二十六贯。从九品:岁俸六十石,内本色俸四十二石,余为折色俸。本色俸内,除支米,余折银俸二十五石,折绢俸五石,总为银一十九两二钱五分。折色俸内,半折布俸为银二钱七分,半折钞俸为钞一百八十贯。"① 明张学颜等奉敕撰《万历会计录》,对明代文武官俸禄的沿革和万历"在京文官俸粮本折则例",以及蓟州、密云、昌平、易州、山西、延绥、甘肃、固原等处武官的俸给则例作了详细记载。

明代对各衙门吏典监生等人员的俸禄按月发放,并制定了"各衙门吏典监生等役月粮则例"。据史载,万历年间月粮则例规定:"府部院寺等衙门吏典俱月支一石。太常寺提点知观月支一石五斗,乐舞生月支四斗。府部等衙门历事监生有家小者,着历日为始,月支一石,三个月考勤后月支六斗;无家小者初支六斗,考勤后月支四斗。六科、鸿胪寺、尚宝司等衙门历事监生月支一石。国子监官吏除俸粮外,月支馔米三斗三升九合,监生有家小者月支八斗三升一合,无家小者月支三斗三升九合。钦天监天文生月支七斗,阴阳人月支四斗。太医院医士月支七斗,医生月支四斗有三斗者。五城兵马司、营缮所典吏、生药库、都税司、正阳等门宣课等司、批验茶引等所、通济等局各攒典俱月支六斗。"②

为了强化吏治,明王朝在以则例形式健全俸禄制度的同时,还制定了用于考核官吏的各种则例。据《明会典》,明太祖洪武年间颁行了"繁简则例"。该则例按照管理事务的复杂和重要程度,把中央各部门和各个地方政府划分为繁简两类:"在外,府以田粮十五万石以上,州七万石以上,县二万石以上,或亲临王府、都司、布政司、按察司,并有军马守御、路当驿道边方、冲要供给去处,俱为事繁。府州县田粮在十五万、七万、三万石之下,僻静去处,俱为事简。在京衙门,俱从繁例。"在事繁、事简不同衙

---

① 《明史》卷一〇五《食货十一·会计》,清抄本。
② (明)张学颜等奉敕撰《万历会计录》卷三四《文武官俸禄沿革事例》,明万历十年刻本。

门或地区任职的官员，因承担职责的不同，考核、晋级和处分的标准亦不同："繁而称职、无过，升二等。有私笞公过，升一等。有纪录徒流罪，一次本等用，二次降一等，三次降二等，四次降三等，五次以上杂职内用。繁而平常、无过，升一等。有私笞公过，本等用。有纪录徒流罪，一次降一等，二次降二等，三次降三等，四次以上杂职内用。简而称职，与繁而平常同。简而平常、无过，本等用。有私笞公过，降一等。有纪录徒流罪，一次降二等，二次杂职内用，三次以上黜降。考核不称职，初考繁处降二等，简处降三等。若有纪录徒流罪者，俱于杂职内用。"① 《明会典》未记"繁简则例"颁行于何年。查阅《明太祖实录》，洪武十四年冬十月壬申定考核之法，其内容与"繁简则例"同，可知该例制定于洪武十四年十月。"繁简则例"的特色是把官吏职务的升降与实绩考核结合起来，对于改变当时官场存在的不求有功，但求无过和只钻营升迁，不干实事的不良作风产生了一定作用。洪武二十六年六月，又颁行了"吏员升用则例"："奏准：各衙门吏三年役满，于本衙门见缺令吏书吏内升用。再历三年，给由赴京。如有余吏送赴吏部，不许一概县升于州，州升于府，府升于都、布、按等司衙门，及各王府长史司。托故不给由者，治罪。其各处布、按承差，奏准以能干人员选取，三年考满，役无私过，于杂职内叙用。其府私过，则充吏役。"② 弘治十一年颁行的"吏部条例"规定："在外有司大小官员，今后三年、六年，俱要赴部给由。虽有专责差占，三年、六年亦要一次赴部给由。违者送问，仍照繁简则例，降一级。"③

明代为提高官员的工作效率，严惩官员的失职行为，把俸禄处罚作为对官员过失在经济上的一种处罚方式，并制定了相应的"罚俸处罚则例"。明太祖洪武元年颁行的《大明令》规定："凡民官月俸、钱米，相兼罚俸，止罚俸钱。"④ 俸禄处罚有罚俸、住俸、奖俸、减俸和扣俸之分。明代法律规定的官员的失职行为有多种，各朝俸禄处罚的规定也不尽相同。然而，

---

① （明）申时行等重修《明会典》卷一二《考核通例》，中华书局，1989，第76页。
② 《秘阁元龟政要》卷一六，明抄本。
③ （明）吏部奉敕编纂《吏部条例·给由官吏违碍事例》，明嘉靖刻《皇明制书》十四卷本。
④ 《大明令·刑令》，载《中国珍稀法律典籍集成》乙编第1册，科学出版社，1994，第43页。

"照刷文卷罚俸则例"却始终没有变动。明代律学文献《律解辩疑》①《律条疏议》②《大明律直引》③等书都收录有这一则例,其内容是:

> 每俸一石,罚钞一百文。知府:例合罚俸十日,该钞八百文;若一月,该钞二贯四百文。同知:例合罚俸十日,该钞五百三十四文;若一月,止该钞一贯六百文。通判:十日,三百三十三文;一月,钞一贯。推官:十日,二百五十文;一月,七百五十文。知州:十日,四百六十文;一月,一贯四百文。州同知:十日,二百三十四文;一月,八百文。州判:十日,二百三十四文;一月,七百文。知县:十日,二百五十六文;一月,七百五十文。县丞:十日,二百一十七文;一月,六百五十文。主簿:十日,一百八十三文;一月,五百五十文。巡检:十日,四十文;一月,一百二十文。教官、训导同例。

《律解辩疑》系明初何广撰,成书于洪武十九年;《律条疏议》系弘治朝张楷撰,刊于明英宗天顺五年(1461年);《大明律直引》刊于明嘉靖二十三年(1544年)。多书刊载这一则例,表明它在明代曾长期实行。

(九)军士供给、赏赐、优给则例

《明史·兵志》曰:"明以武功定天下,革元旧制,自京师达于郡县,皆立卫所。外统之都司,内统于五军都督府,而上十二卫为天子亲军者不与焉。征伐则命将充总兵官,调卫所军领之,既旋则将上所佩印,官军各

---

① (明)何广撰《律解辩疑》,台湾"中央图书馆"藏该书明刻本。又见《中国珍稀法律典籍续编》第4册,黑龙江人民出版社,2002,第11~12页。
② (明)张楷撰《律条疏议》,上海图书馆藏明天顺五年刻本,日本尊经阁文库藏明嘉靖二十三年重刻本。又见《中国律学文献》第1辑第1、2册,黑龙江人民出版社,2004,第719~720页。
③ 《大明律直引》,日本尊经阁文库藏明嘉靖五年刻本。又见《中国律学文献》第3辑第1册,黑龙江人民出版社,2006,第142~144页。

回卫所。盖得唐府兵遗意。"① 鉴于明代逃军问题十分突出，为了稳定军心和确保武官的世袭，朝廷在不断清理军伍和勾捕逃军的同时，根据各处卫所自然条件、职责轻重和军士的身份、职守等差等，就保障军士及奖赏、抚恤事宜，制定了许多内容各有差异的则例。

保障军士月粮是官军供给的核心内容。《明史》载："洪武中，令京外卫马军月支米二石，步军总旗一石五斗，小旗一石二斗，军一石。守城者如数给，屯田者半之。民匠充军者八斗，牧马千户所一石，民丁编军操练者一石，江阴横海水军稍班、碇手一石五斗。阵亡病故军给丧费一石，在营病故者半之。籍没免死充军者谓之恩军，家四口以上一石，三口以下六斗，无家口者四斗。又给军士月盐，有家口者二斤，无者一斤，在外卫所军士以钞准。永乐中，始令粮多之地，旗军月粮，八分支米，二分支钞。后山西、陕西皆然，而福建、两广、四川则米七钞三，江西则米钞中半，惟京军及中都留守司，河南、浙江、湖广军，仍全支米。已而定制，卫军有家属者，月米六斗，无者四斗五升，余皆折钞。凡各卫调至京操备军兼工作者，米五斗。其后增损不一，而本折则例，各镇多寡不同。"② 宪宗成化十三年（1477年）七月，户部奏："辽东三万仓粮被雨浥烂，所司请以折军士冬衣之赐。"为此，朝廷制定了"辽东军士冬衣布花折色则例"："布一匹，准米豆兼支二石五斗；绵花一斤，兼支四斗，无得侵欺妄费。"③ 又据《明宪宗实录》："〔成化二十一年三月〕丙午，真定府知府余瓒奏……又陕西、山西大同、宣府、辽东等处，虏贼出没无常，而供饷无限，设法转运，亦不能济。访得边墙内地土肥饶，近皆为镇守内外等官私役，军士尽力开耕，所获粮草甚富，凡遇官民买纳，加倍取息。以此观之，则各边所出，皆足各边之用矣。请敕遣科道部属官刚正有为、深达大体者数员，往会巡抚、巡按、镇守内外等官堪视，凡堪种熟地，系军民并千百户以下者，听如旧管业。其在指挥以上者，请定则例，量拨多寡，以资其用。余皆计常操官军若干队分拨，每人宅地二亩，田地二十亩；每队分为班耕守，以备

---

① 《明史》卷八九《兵一》，中华书局，1974，第2175页。
② 《明史》卷八二《食货六》，中华书局，1974，第2004页。
③ 《明宪宗实录》卷一六八。

征操。亦但征取十一,则民可免转输之劳,军可无饥寒之苦矣。诏下其章于所司。"① 世宗嘉靖四十一年(1562年)定"客兵行粮则例",规定:"蓟、辽、曹家寨军士专随游击操练,与别项班军不同。令照客兵行粮则例,每月支米四斗五升。"② 据《万历会计录》,万历年间,就山西、辽东、蓟州、永平、密云、昌平、易州、宣府、大同、延绥、甘肃、固原诸镇的军士供给,制定了"主兵月粮则例""主兵兼食行粮则例""客兵行粮料草则例""南兵粮料工食则例""关营主兵月粮料草则例""卫所主兵月粮料草则例""冬衣布花则例""旗军冬衣布花则例"等数十种则例,对各种职守不同的军士月粮、行粮、冬衣布花及马、骡的草料等作了详细的规定。③

在赏赐军士方面,《明会典》对于行赏的原则、运作程序、赏赐的物品及赏赐则例的制定情况作了这样的概述:"国初论功行赏,皆临时取旨,差次重轻,不预为令。承平以来,意存激劝,率以首功定赏格,条例渐广。凡官及军有功,查勘明白,造册到部。当升赏者,各照立功地方则例,具奏升赏。"④ 又云:"国朝赏赐,用钞锭、胡椒、苏木、铜钱,并银两、衣服等项,其系礼、兵掌行者,具见二部。惟岁给军士冬衣、布、花等项,沿革则例不一。"⑤ 由此可知,明朝赏赐军士时,都要制定相应的则例,且则例的内容不尽相同。《明会典》记述了洪武、永乐、景泰年间四次颁行这类则例的情况。洪武六年,制定"北平军士给赏则例",规定:"北平军士:永平、居庸、古北口为一等,密云、蓟州为一等,北平在城为一等,通州、真定为一等。"⑥ 洪武二十六年,制定"赏赐则例":"凡在京赏赐该用钞锭,户部查数具奏,于内府关支。凡有钦赏官军人等,当该衙门将该赏人名、钞数,于户部委官处磨算相同,该赏数目附簿验名给散。其委官仍将

---

① 《明宪宗实录》卷二六三。
② (明)申时行等重修《明会典》卷三九《户部二十六·廪禄一·行粮马草》,中华书局,1989,第282页。
③ 见《万历会计录》卷一七至卷三七。
④ (明)申时行等重修《明会典》卷一二三《兵部六·功次》,中华书局,1989,第631页。
⑤ (明)申时行等重修《明会典》卷四〇《户部二十七·经费一·赏赐》,中华书局,1989,第283页。
⑥ (明)申时行等重修《明会典》卷四〇《户部二十七·经费一·赏赐》,中华书局,1989,第283页。

日逐各起赏过钞数开呈户部，立案备照。候季终户部将原关并赏过钞数，通类具奏。及赏赐胡椒、苏木、铜钱等项亦如之。其在外，如有钦依赏赐官军及赈济饥民等项，户部酌量会计钞锭具奏，委官赴内府照数关领，点闸明白，于户科给批，差人管运，仍行移所在官司。如运钞到彼，照依坐去则例，眼同验名给散，造册回报户部，以凭稽考。"① 永乐十七年（1419年），"定赏山西都司所属卫分布花则例。振武卫：正军有家小，绵布四匹，绵花一斤八两。太原左右中三护卫、太原左右前三卫、镇西卫、宁化千户所：正军校尉、续添校尉并各护卫牧养马匹军人有家小，绵布三匹，绵花一斤八两。山西行都司所属大同左右前后、朔州、天城、阳和、安东中屯等卫正军、恩军校尉并旗手等卫：调去入伍军匠有家小者，绵布四匹，绵花一斤八两。凡各卫所只身旗军校尉，巡营守门铺、养马、看仓、看草、老幼久病、残疾、复役未及三年逃军，及沈阳中护卫，平阳潞州卫，沁州、汾州千户所，正军校尉并旗手等卫，调去入伍军匠，俱各绵布二匹，绵花一斤八两"②。景泰三年（1452年），定后军都督府所属通州右等卫所，并大宁、万全二都司所属卫所"赏赐布花则例"。就供给正军、恩军、旗军及巡营、守门铺、养马、看仓、看草、老幼久病残疾、复役未及三年逃军的布匹、绵花数量作了规定。③ 嘉靖二十二年（1543年），定"各边募军赏银则例"："代州驻扎参将募军七百五十名，广武站驻扎守备募军一千七百五十名，照依各边募军则例，每名赏银五两，该银一万二千五百两。"④

优给是一种对伤残、亡故、年老军人及其家属的抚恤方式，其内容包括优给、优养两个方面。明代军士抚恤之制始于洪武朝。洪武元年十二月制定的"优给将士例"规定："凡武官军士，两淮、中原者，遇有征守病故、阵亡，月米皆全给之。若家两广、湖湘、江西、福建诸处阵亡者，亦全给。病故者，初年全给，次年半之，三年又半之。其有应世袭而无子及

---

① （明）申时行等重修《明会典》卷四〇《户部二十七·经费一·赏赐》，中华书局，1989，第283页。
② （明）申时行等重修《明会典》卷四〇《户部二十七·经费一·赏赐》，中华书局，1989，第283~284页。
③ （明）徐溥等纂修，（明）李东阳等重校《大明会典》卷二六《户部十一·经费一·赏赐》，明正德六年司礼监刻本。
④ （明）张学颜等奉敕撰《万历会计录》卷二五《山西镇沿革事例》，明万历十年刻本。

无应袭之人，则给本秩之禄，赡其父母终身。"① 洪武二十六年，颁布军士"优给则例"，规定："凡阵亡、失陷、伤故、淹没者，全支；边远守御出征并出海运粮病故者，减半。一品：米六十石，麻布六十匹。二品：米五十石，麻布五十匹。三品、四品：米四十石，麻布四十匹。五品、六品：米三十石，麻布三十匹。"② 洪武以后各朝遵循祖制，也颁行了不少类似的则例，虽对伤残、亡故、年老军人及其家属优给的布、米、绵等物的数量有所调整，但这一制度至明末未有大的变通。

（十）捐纳则例

捐纳又称资选、开纳、捐输、捐例，是中国古代朝廷以卖官爵增加财政收入的措施。古代入仕，有正、异途之分。正途是通过科举入仕。异途是通过捐纳取得官爵，其内容是官吏捐加级、封典，平民捐职衔，生员捐贡生、监生。朝廷卖官敛财的做法在汉代已经出现，历朝沿相援用。

明代洪武、永乐、洪熙、宣德四朝，尚无捐纳之举。自明景帝景泰朝起，朝廷常常在遇到灾荒或边防等急用时，出于筹措粮米或有关物资的需要，鼓励官民捐纳，根据出资多寡，给予官员以记录、加级，给予百姓以入仕的出身资格，对捐纳的官民给匾示旌、顶戴荣身等。捐纳以明码标价的公开方式进行，每逢捐纳都制定有相应的捐纳则例，就官民捐纳的数量和应受的待遇予以明确规定。史籍中记载了不少景泰年间颁布的捐纳则例。据《明英宗实录》，景泰元年（1450 年）十一月，"定纳粮冠带则例：大同二百五十石，山西四百石"③。景泰三年（1452 年）九月，因江西各州县赈济灾荒备用粮米不足，重定"纳粟冠带则例"，规定："山东、山西、顺天等八府，每名纳粟米八百石；浙江、江西、福建、南直隶，每名纳米一千

---

① 《明太祖实录》卷三七。
② （明）申时行等重修《明会典》卷一〇一《礼部五十九·丧礼六·恩恤》，中华书局，1989，第559页。
③ 《明英宗实录》卷一九八。

二百石；苏州、松江、常州、嘉兴、湖州五府，每名纳米一千五百石。各输本处官仓。有纳谷麦者，每石准米四斗，纳完通关缴部，给冠带以荣其身。"① 景泰三年十一月癸亥，"巡抚山西右副都御史朱鉴奏：户部原定则例，山西民能出米八百石或谷二千石助官者，给与冠带。缘山西民艰，其富贵大户亦止能出米四百石。事下，户部改拟，能出米五百石、谷一千石者，亦给冠戴；出一半者，立石旌异。从之"②。景泰三年十一月乙亥，"巡抚江西右佥都御史韩雍奏：户部原定则例，江西民能纳米一千二百石于官者，给冠带；六百石者，立石免役。缘今江西民艰难，乞减则例。户部请令出谷一千六百石以上者，给冠带；谷六百〔石〕者，立石免役。从之"③。

宪宗成化年间，因国家财力日益困乏，各地灾荒较多，朝廷出于应急之需，大力推行捐纳制度，制定了大量的相关则例。成化二年（1466 年）闰三月，湖广荆、襄及直隶保定、淮安等处俱系灾伤，人民饥窘，加之京仓缺料，马多羸瘦，不堪骑操，为解决急难朝廷颁行了"在京各衙门办事官吏纳豆出身则例"，规定："〔办事吏典〕一年以下，纳豆二百石；二年以下，纳豆一百五十石；三年以下，纳豆一百石。俱送吏部免其考试，给与冠带，照资格选用。……在京各衙门办事官，有该正、从八品，纳豆一百石；正、从九品选用，纳豆八十石；杂职选用，纳豆六十石。（者）俱定拨缺料仓场，依数上纳完足，取获通关缴报，俱送吏部，就便照依资格选用。"④ 成化十三年（1477 年）十月，因延绥粮豆草束不足，行巡抚官定拟时价则例："其陕西并各处军民人等，有能纳草一千二百束者，给正九品散官；加二百束者，正八品；加四百束者，正七品。但愿冠带者，纳银四十两于广有库。"⑤ 成化十五年夏四月己丑，"巡抚湖广右副都御史刘敷以属府灾伤，乞开中引盐存留解京银及听愿充承差、知印者，纳米以备赈济。户部议以淮、浙诸处盐课先已奏准，照新减则例，开中三十一万引，以济江西、湖广、河南灾伤之急。今宜即其数内拨两淮七万引，两浙四万引，令

---

① 《明英宗实录》卷二二〇。
② 《明英宗实录》卷二二三。
③ 《明英宗实录》卷二二三。
④ 《皇明条法事类纂》卷一〇。
⑤ 《明宪宗实录》卷一七一。

委官会同巡盐御史处变卖银价领回,俟秋成之日籴粮备用。民间子弟愿充承差者,纳米一百石,知印一百五十石……议上,从之"①。成化十七年春正月庚寅,"户部定拟巡抚云南都御史吴诚所言救荒则例。……保任阴阳、医学、僧道官者,纳米一百石,或银一百二十两;承差、知印者,米八十石,或银一百两。……军民、舍余、客商纳米,给授冠带。散官者,米四十石,或银五十两,给冠带;米五十五石,或银七十两,与从九品;米六十五石,或银八十两,正九品;米七十石,或银九十两,从八品;米八十石,或银一百两,正八品;米一百石,或银一百二十两,从七品;米一百二十石,或银一百五十两,正七品。……军职并总小旗纳米,免赴京比试。并枪指挥,米四十石,或银五十两;卫镇抚、千户,米二十四石,或银三十两;所镇抚、百户,米一十六石,或银二十两;总小旗,米八石,或银一十两;其役满土吏例不叙用者,纳米五十石,或银六十两,则给冠带。议上,从之"②。成化十七年六月庚戌,"户部议奏巡抚河南都御史孙洪等所言旱灾宽恤事宜……愿充知印、承差、吏典者,巡抚等官斟酌米价,定立则例,纳米完日,以次参充。议入,从之"③。成化十八年(1482年)三月,因"苏、松、常、镇、淮、扬、凤阳去岁春夏不雨,秋冬霖潦,米价腾踊,民不聊生",令"府州县卫所各衙门两考吏,纳米一百二十石者,起送赴部,免办事,就拨京考;二百石者,直隶于本府拨补,三考满日,赴京免考,就与冠带办事;三百石者,免其京考,冠带办事。其有三年、六年考满官员,则免赴京,径赴赈济官处,斟酌品级、地里定与纳米则例,以准给由"④。成化二十年九月戊子,"太子太傅吏部尚书兼华盖殿大学士万安等,以山西、陕西荒甚,上救荒策十事……凡舍余军民人等愿输粟者,赴山、陕缺粮所在上纳:百户二百石,副千户二百五十石,正千户三百石,指挥佥事倍百户,指挥同知倍副千户,指挥使倍正千户。从巡抚官定以卫分,带俸闲住。其有官者,每百石升一级,止终本身。若后有军功,仍照军功例升袭。军职有带俸欲见任者,亦从巡抚官。各照地方品级定与则例,

---

① 《明宪宗实录》卷一八九。
② 《明宪宗实录》卷二一一。
③ 《明宪宗实录》卷一六。
④ 《明宪宗实录》卷二二五。

令其上纳杂粮准令见任。……疏入,上嘉纳之,命所司悉举行"①。成化二十年冬十月丙辰,"巡抚山西右金都御史叶淇奏:山西岁歉民饥,而平阳尤甚。其廪增生员有愿纳粟入监者,令巡按并提学官考中,仍定则例,令于本处输纳为便。礼部覆奏:平阳一府有限,乞令山西各府并天下生员随亲仕宦及游学山西者,俱许纳粟如陕西则例,以五百名为率。奏上,制可。既而淇复奏人数少,所得粟不足赈饥,命仍以五百名益之"②。成化二十一年(1485年)闰四月,"户部奏:山、陕饥甚,监生林桓请令知印等役纳银,冠带出身。今议:知印历役一年以上,纳银五十五两;二年以上,四十五两;三年已满,三十两。承差未拨办事者,七十两;已办未一年者,四十五两;一年以上者,三十五两。其书算九年之数,仅余二年者,八十两;余四年者,六十两;六年者,四十两;余八年者,二十两。通事未食粮,未一年者,一百四十两;一年以上,一百两;二年以上,八十两;三年听考,七十两。食粮通事,余一年者,六十两;二年以上,五十两。俱免办事,就与冠带。食粮天文生、年深医生三十两,未食粮者五十两,亦与冠带,悉免考试,一依本等食粮资格事例取用。在京在外商贾、官民、舍余,纳银一百五十两者,给授正七品;一百两者,正八品;八十两,正九品;五十两者,冠带俱散官,悉赴本部告,送太仓交收"③。

  明代的捐纳制度,直到明末未改。各朝颁布的捐纳则例数以百计。万历时王圻对明代生员捐纳入监例的制定及实施情况作了这样的概述:"我朝宣德以前,科贡之途入太学者,犹须精择。至于景泰时,始开生员纳粟、纳马入监之例。然是时,多不过八、九百人。已而从礼部侍郎姚夔议,遂尼不行。成化初,复开纳粮、纳草、纳马之例,未久而止。二十年,山、陕大饥,民相食。大臣以救荒无策,不得已又令纳粟入监,限年余即止。时入监者已至六七千人。正德以后,纳银之途益广。世宗入继大统,诏严止之。嘉靖四年,又复暂开。近年太仆缺马,户部缺边费,开例益滥。市

---

① 《明宪宗实录》卷二五六。
② 《明宪宗实录》卷二五七。
③ 《明宪宗实录》卷二六五。

井恒人,皆得借俊秀名目,输粟入监,注选铨部者,至数万人。"① 王圻尚未言及官员捐纳加官晋级和富人捐纳官爵的情况,仅就生员捐纳入监而言,由此途入仕者的数字就相当惊人。捐纳对当时的政治、经济、军事产生了重大影响。从积极方面讲,在一定程度上解决了朝廷国库匮乏的困难,为一大批怀抱经世之志但屡试不第的知识分子提供了施展才华的机遇;从消极方面讲,以捐资入仕的人员在官吏队伍中占了很大的比重,加速了吏治的腐败。捐纳措置弊大于利。捐纳则例作为推行这一举措的实施细则,其历史作用也是弊大于利的。

(十一)赎罪则例

赎罪之制始于先秦。明代以前各朝,一般是对于依照法律应"议""请""减"者和品官及老幼笃疾、过失犯罪者适用赎刑。明代较之前代的一个重要发展,就是不仅通过制例特别是修订《问刑条例》,扩大了赎刑的适用范围,而且颁行了大量规范物赎或力赎具体数量的则例。赎罪则例作为赎罪之法的实施细则,为明王朝在不同时期和国情千变万化的情况下实施赎刑制度提供了法律保障。

明代的赎罪则例有律赎则例、例赎则例两种。这种区分是与当时的赎刑制度相适应的。明王朝的赎刑有律赎、例赎之别。律赎是"律得收赎"的简称,即按《大明律》有关条款的规定赎罪。律赎的规定主要是:文武官吏犯公罪该笞者,以俸赎罪;军官犯私罪该笞者,附过收赎;民年七十以上、十五以下及废疾犯流罪以下,收赎;妇人和习业已成、能专其事的天文生犯徒流罪者,各决杖一百,余罪收赎;家无次丁者犯徒流罪者,白杖一百,余罪收赎,存留养亲;过失杀伤人者,依律收赎;告二事以上情节有某些出入该笞者,收赎。然而,明太祖朱元璋因"明律颇严",基于"济法太重"和增加国家财政收入的双重目的,"自洪武中年已三下令,准

---

① (清)龙文彬撰《明会要》卷四九《选举三》,中华书局,1956,第931页。

赎及杂犯死罪以下"①。洪武二十六年颁行的《诸司职掌》载有"工役因人则例",其规定是:"每徒一年盖房一间。余罪三百六十日准徒一年,共盖房一间。杖罪不拘杖数,每三名共盖房一间。每正工一日,钞买物料等项,八百文为准。杂工三日为准。挑土并砖瓦,附近三百担。每担重六十斤为准。半里二百担,一里一百担,二里五十担,三里三十五担,四里二十五担,五里二十担,六里一十七担,七里一十五担,八里一十三担,九里一十一担,十里一十担。打墙:每墙高一丈,厚三尺,阔一尺,就本处取土为准。"②洪武三十年,明太祖又颁行了"赎罪事例":"凡内外官吏犯笞、杖者记过,徒流、迁徙者以俸赎之。"③同年所颁《大明律》序云:"杂犯死罪并徒、流、迁徙、笞、杖等刑,悉照今定赎罪条例科断。"④这样,自洪武朝起,赎罪除律赎外,还形成了例赎。例赎是"例得纳赎"的简称,即依照各类例规定的赎罪条款赎罪。明代的赎罪方式,一是以役赎罪,二是以物赎罪。役赎是指罪犯向国家无偿提供劳动力,通过承担种地、运粮、运灰、运砖、运水、运炭、做工、摆站、嘹哨、发充仪从和煎盐炒铁等劳役以赎其罪。物赎是指罪犯向国家无偿缴纳一定的财物以赎其罪,其财物可是实物,亦可是货币。律赎与例赎存在一定区别:一是律赎适用的范围是《大明律》确认的特定对象,例赎则适用于除真犯死罪外的所有罪犯;二是"律得收赎"是赎余罪,"例得纳赎"是赎全罪;三是律赎具有长期稳定性,例赎则因时权宜,经常发生变化。由于《大明律》系明太祖钦定,律赎不能更改,收赎对象又较少,明代的赎罪立法主要是制定例赎之例,赎刑范围的扩大主要体现在例赎上,司法实践中赎刑的运作也主要依例赎之例进行。因此,在现见的明代赎罪则例中,以例赎则例居多,律赎则例甚少。

明代律赎则例的内容,是在忠实律意和对有关律条的赎罪规定不作实质性变动的情况下,把原来的收赎铜数改为以纳钞计算,或在律赎与例赎

---

① 《明史》卷九三《刑法一》,中华书局,1974,第2293页。
② 《诸司职掌·兵刑工都通大职掌·工匠》,明嘉靖刻《皇明制书》十四卷本。
③ 《明太祖实录》卷二五三。
④ 《大明律·御制大明律序》。

轻重不一的情况下，对"律得收赎"如何以钞折银的数额等根据市值予以调整。《明史》曰："赎罪之法，明初尝纳铜，成化间尝纳马，后皆不行，不具载。惟纳钞、纳钱、纳银常并行焉，而以初制纳钞为本。故律赎者曰收赎律钞，纳赎者曰赎罪例钞。"① 明太祖颁行的《大明律》规定以铜钱赎罪，后来各朝对律赎又以纳钞计算，加之钞法日坏，就需要以则例的形式，对依律收赎的钞的数量予以重新规定。如《大明律》规定："徒一年，杖六十，赎铜钱一十二贯。"② 于明代中期实行的"老少废疾并妇人收赎则例"则变动为："杖六十，徒一年，全赎钞一十二贯。杖六十，该钞三贯六百文。徒一年，该钞八贯四百文，每月该钞七百文，每日二十三文三分三厘。每一下，该徒六日；十下，六十日；六十下，三百六十日，即一年也。"③ 又如，世宗嘉靖七年（1528年）十二月，颁行了"赎罪与收赎钱钞则例"。《明世宗实录》载："时巡抚湖广都御史朱廷声言：收赎与赎罪有异，在京与在外不同，钞贯止聚于都下，钱法不行于南方。故事审有力及命妇、军职正妻及例难的决者，有赎罪例钞；老幼废疾及妇人余罪，有收赎律钞。赎罪例钞原定钱钞兼收，如笞一十该钞二百贯，收钱三十五文，其钞一百贯折银一钱；杖一百该钞二千二百五十贯，收钱三百五十文，其钞一千二百五十贯，折银一两。今收赎律钞笞一十，止赎六百文，比例钞折银不及一厘；杖一百赎钞六贯，折银不及一分，似为太轻。盖律钞与例钞贯数既不同，则折银亦当有异，请更定为则。凡收赎者，每钞一贯折银一分二厘五毫；如笞一十，赎钞六百文，则折银七厘五毫。以罪轻重，递加折收。令天下问刑诸司，皆以此例从事。刑部议以为可，遂命行之。"④ 明代史籍中记载的赎罪则例，除极少数律赎则例外，其他均为例赎则例。

明代以例赎罪的规定，各朝均有更定，内容前后互异。考察明代例赎则例的变迁，其制定的起因及有关情况，大体可概括为以下五点。

---

① 《明史》卷九三《刑法一》，中华书局，1974，第2294页。
② 《大明律》卷一《名例律·五刑》。
③ 《大明律直引》卷一，日本尊经阁文库藏明嘉靖五年刻本。又见《中国律学文献》第3辑第1册，黑龙江人民出版社，2006，第71~72页。
④ 《明世宗实录》卷九六。

其一，明代的例赎则例，基本上都是为解决边防、赈灾或朝廷的其他急需而制定的。明朝疆域辽阔，边防开支浩大；永乐朝时迁都北京，与物资富庶的南方相距甚远，南粮北运常年不息；加之各地自然灾异颇多，仅《明实录》所载就有数千起。为解决国库匮乏和边防、京师急需的问题，朝廷制定了各种旨在增加国家财政收入的则例，罪犯例赎则例也因此屡颁。以景泰、成化年间为例。景泰元年（1450年）秋七月，因"贵州龙里等卫被贼攻围日久，将士饥馁"，制定了"囚犯减轻纳米则例"，"令湖广、四川、云南、贵州罪人，俱发贵州各卫纳米，以济一时之用"①。景泰三年（1452年）十一月，"定直隶等处纳米赎罪例……死罪九十石，三流并徒三年七十石，其余四等徒递减十石，杖罪每等二石，笞罪每等一石"②。景泰四年（1453年）二月，为赈济河南、山东并徐州等处被灾饥民，定内外问刑衙门"犯笞、杖、徒、流、杂犯死罪纳米赎罪则例"："死罪八十石，三流并徒三年六十石，余徒四等递减五石，杖罪每一十三石，笞罪每一十二石。"③同年夏四月，"巡按山东监察御史顾曈奏：山东、河南、北直隶民被水灾，缺粮赈济，乞敕罪人纳米赎罪。在山东者运纳济宁仓，在河南者运纳被灾府仓，其南京并南北直隶运纳徐州仓。事下，户部请如曈言，仍定则例：杂犯死罪纳米六十石，三流并徒三年纳米四十石，余徒递减五石，杖每一十一石，笞每一十五斗。从之"④。成化二年（1466年）二月初八日，针对"京仓料豆见在数少""刍豆之给，多折银两，军士易于使费，以致马多羸瘦，不堪骑操"的情况，颁行"在京杂犯死罪并徒流笞杖纳豆则例"，令"行内外问刑衙门，将所问罪犯杂犯死罪以下，审有力者，在京纳豆，在外纳米"。规定赎罪纳豆的数额是："死罪：八十石。流（年）〔罪〕：五十石。徒罪：三年，三十五石；二年半，三十石；二年，二十五石；一年半，二十石；一年，十五石。杖罪：一百，一十石；九十，一十石；八十，九石；七十，八石；六十，七石。笞罪：五十，六石；四十，五石；三十，

---

① 《明英宗实录》卷一九四。
② （清）嵇璜等纂修《钦定续文献通考》卷一三九《刑考》，清乾隆四十九年武英殿刻本。
③ 《明英宗实录》卷二二六。
④ 《明英宗实录》卷二二八。

四石；二十，三石；一十，二石。"① 成化二年三月，因花马池等处军士急需马草，重定"陕西纳草赎罪则例"："杂犯死罪一千束，三流五百束，五徒自四百束递减五十，止二百束。俱送右副都御史陈价定拨营分上纳。"② 成化四年三月，定"有力囚人运石则例"③。成化六年（1470年）十二月初十日，为处置顺天府救荒恤民事宜，制定"纳粟赎罪则例"，内容是："行移刑部、都察院及巡按北直隶监察御史，除笞、杖并真犯死罪外，但系杖罪以上囚犯，在京应该运炭、运灰等项者，俱各改顺天府，定立限期，押发前去灾重缺粮州县，自备粮米上纳。在外者，就发所在官司定拨缺赈去处上纳。取获通关，连人送回原问衙门，照例发落。若是各犯不行上紧完纳，过违限期者，每十日加米一斗上纳，候来年秋收，此例停止。"并规定纳米的标准是："斩、绞罪自备米二十石。三流并徒三年，自备米一十六石。徒二年，自备米一十三石三斗。徒一年半，自备米九石。徒一年，自备米六石五斗。杖罪，每十下，自备米四斗。"④ 成化八年（1472年），为赈恤山东饥荒，定"囚犯纳米则例"，规定："山东所属所问囚犯，除真犯及官吏枉法满贯，例该充军等项外，其杂犯死罪，纳米八十石；三流，纳米五十石；徒三年，纳米三十五石；徒二年半，纳米三十石；徒二年，纳米二十五石；徒一年〔半〕，纳米二十石；徒一年，纳米一十五石。杖笞罪，每一十，纳米一石。俱照时价折收银两，送布政司交收，籴粮赈济。"⑤ 成化十四年（1478年）五月，因辽东沿边旧草已尽，新草未收，命"凡有囚犯，除笞罪及真犯死罪外，杂犯死罪以下俱定则例，纳草赎罪"⑥。

其二，明代的例赎之法，因不同时期朝廷的急需不同而有变化。赎铜

---

① 《皇明条法事类纂》卷一，载《中国珍稀法律典籍集成》乙编第4册，科学出版社，1994，第11~13页。
② 《明宪宗实录》卷二七。
③ 《皇明条法事类纂》卷一，载《中国珍稀法律典籍集成》乙编第4册，科学出版社，1994，第24~25页。
④ 《皇明条法事类纂》卷一，载《中国珍稀法律典籍集成》乙编第4册，科学出版社，1994，第21~25页。
⑤ 虞浩旭主编《天一阁藏明代政书珍本丛刊》第3册《条例全文·皇明成化八年条例》，线装书局，2010，第282页。
⑥ 《明宪宗实录》卷一七八。

和运米之赎，始于洪武；纳钞和运砖、运灰、运炭，始于永乐；纳马之法，始于成化；折收银钱之制，确立于弘治；钱钞兼收之制，确立于正德。赎罪之法的每一重大变化，朝廷往往都会制定则例，把纳赎的细则从法律上确认下来，明令法司遵行。据史载，成祖永乐朝定有"京仓纳米赎罪例""运粮赎罪例""斩、绞、徒、流、笞、杖赎钞例"；宣宗宣德朝定有"纳米赎罪例""在外罪囚赎罪例"；英宗正统朝定有"罪囚赎银例""罪囚无力输赎者事例""纳草赎罪例"；景帝景泰朝定有"输作赎罪例""运砖赎罪例""纳米豆赎罪例"；宪宗成化朝定有"纳豆赎罪例""罪囚纳马赎罪例"；孝宗弘治朝定有"折收银钱赎罪例"；武宗正德朝定有"钱钞兼收赎罪例"；世宗嘉靖朝定有"赎罪条例"；思宗崇祯朝定有"赎罪例"等。检《明实录》《明史》《明会典》诸书，以上所述赎罪例的内容，除个别者外，均有较为详细的记载。从中可知，这些例的称谓中除标明"事例""条例""收赎"字样者外，均为例赎则例。

其三，纳赎的地点和路途远近的变更，也导致例赎则例屡颁。明代罪囚纳赎，不仅有以役赎罪与以物赎罪之分，纳赎地点也常有变化。每遇这种变化，朝廷就制定新的则例，对纳赎钱物、地点、不同刑罚纳赎的数量等予以详细规定。如景泰三年（1452年）十一月，景帝批准户部奏请，定"直隶等处罪人纳米赎罪地方则例"。规定："保定、真定、顺德府卫所属，俱倒马关；河间、大名、广平府卫所属并顺天府霸州等州县，俱紫荆关。其则例悉如右佥都御史邹来学所奏：杂犯死罪九十石，三流并徒三年七十石，余徒四等递减十石，杖罪每一十二石，笞罪每一十一石。"① 宪宗成化二十年（1484年），"令辽东管粮官会同抚按等官，将附近顺、永二府所属州县，并永平、卢龙卫所见问罪囚，内有杂犯死罪以下，酌量地里远近，定拟则例，发山海卫仓关领粮米，送广宁前屯、广远二城仓收贮。及将辽东所属官吏人等有犯各项罪名者，亦照例于辽阳城六仓关领粮米，运送东州、瑗阳、清河、碱场、马根单五堡各备用"②。

---

① 《明英宗实录》卷二二三。
② （明）申时行等重修《明会典》卷二八《户部十五·会计四·边粮》，中华书局，1989，第 208 页。

其四，一些例赎则例是针对赎刑实施过程中遇到的新情况，对原则例内容适当修正后重新颁布的。如英宗正统十四年（1449年）十月制定的"运米则例"规定："通州运至京仓，杂犯斩绞三百六十石；三流并杖一百、徒三年者，二百八十石；余四等递减四十石，杖每一十八石，笞每一十四石。通州运至居庸关、隆庆卫等仓，杂犯斩绞九十石，三流并杖一百、徒三年，七十石；余四等递减十石，杖每一十二石，笞每一十一石。"① 景帝景泰六年（1455年）七月，因北直隶一些地区粮食歉收，米价上涨，修订了"在京法司并北直隶囚犯运米赎罪则例"，对原则例规定的赎罪纳米的石数作了调整。规定："杂犯死罪九十石，三流并徒三年七十石，俱减二十石。杖九十、徒二年半，六十石，减其十五石。杖八十、徒二年，五十石。杖七十、徒一年半，四十石。杖六十、徒一年，三十石，俱减其十石。杖罪，每一十二石，减作一石五斗。笞罪不减。"②

其五，为纠正"赎罪轻重不一"的弊端，而制定有调整力赎、物赎数额及赃物估钞类例赎则例。在明代法律体系中，例赎则例为权宜之法。它发展的基本趋势是：随着赎例屡颁，例赎成为赎刑的主体；随着钞法日坏，钞与银的比价越来越低，赎例规定的钞数越来越高，例赎重于律赎；例赎的方式，明初以役赎为主，以后逐渐向物赎发展，罚役也多以折工值计算。为适应赎刑制度的变化，以则例的形式规范钱钞、白银以及与各种物品的比价，就成为保障赎刑的规定轻重适宜的重要举措。如英宗天顺五年（1461年）十二月，都御史李宾上疏曰："法司赎罪轻重不一，刑官得以为私，宜定则例，以革其弊。"英宗采纳了李宾的意见，经刑部、都察院、大理寺议定，颁布了"赎罪则例"："守卫操备官旗将军、校尉、边军、边民犯笞、杖，妇人犯笞、杖、徒，文官、监生犯笞，俱令纳钞。若官员与有力之人，仍如前例运砖、炭等物。笞一十：运灰一千二百斤，砖七十个，碎砖二千八百斤，水和炭二百斤，石一千二百斤，纳钞二百（实）〔贯〕。余四笞、五杖：灰各递加六百斤，砖各递加三十五个，碎砖各递加一千四百斤，水和炭各递加一百斤，石各递加六百斤，钞各递加一百贯。至杖六十：钞增为一千四百五十贯。余四杖：各

---

① 《明英宗实录》卷一八四。
② 《明英宗实录》卷二五六。

递加二百贯。徒一年：运灰一万二千斤，砖六百个，碎砖二万四千斤，水和炭一千七百斤，石一万二千斤。余四徒、三流：灰各递加六千斤，砖各递加三百个，碎砖各递加一万二千斤，水和炭各递加九百斤，石各递加六千斤。惟三流水和炭同减为加六百斤。杂犯二死：各运灰六万四千二百斤，砖三千二百个，碎砖一十二万八千斤，水和炭九千斤，石六万四千二百斤。"① 孝宗弘治二年十一月，颁行了"赃物估钞则例"②。明初制定《大明律》时，律文规定赃物以钞计算，每银一两值钞一贯。到弘治时，经百年之变迁，每银一两值钞八十贯。赃罪以原定的钞数论罪，明显轻重失宜。针对这一情况，朝廷制定了"赃物估钞则例"，就金银铜锡、珠玉、罗缎布绢丝绵、米麦、畜产、蔬菜、巾帽衣服、器用等各类物品应值的钞价，逐一详细规定，作为计算赃物价值时使用。嘉靖七年议准："老幼废疾并妇人、天文生余罪等项，律该收赎，原定钞贯数少，折银太轻。更定则例：每钞一贯，折银一分二厘五毫；如笞一十，赎钞六百文，则折银七厘五毫。以罪轻重，递加折收。令天下问刑诸司，皆以此例从事。"③ 万历十三年颁布的《明会典》进一步强调："赎罪囚犯，除在京已有旧例外，其在外审有力、稍有力二项，俱照原行则例拟断，不许妄引别例，致有轻重。其有钱钞不行去处，若妇人审有力，与命妇军职正妻及例难的决之人，赎罪应该兼收钱钞者，笞杖每一十，折收银一钱。其老幼废疾及妇人、天文生，余罪收赎钞贯者，每钞一贯，折收银一分二厘五毫。若钱钞通行去处，仍照旧例收纳，不在此限。"④ 这类则例在明代钞法贬值、通货膨胀、物价多变的情况下，为解决赎罪轻重不一、刑官得以为私的问题发挥了应有的作用。

  史籍中记载的明代赎罪则例，主要是有重大影响的赎例，且多是概述，使人难以得见则例的完整内容。一些明代律学文献中，收录了司法实践中常用的几则赎例。如《大明律直引》中收有"会定运砖运灰等项做工

---

① 《明英宗实录》卷三三五。
② 《皇明条法事类纂》卷五，载《中国珍稀法律典籍集成》乙编第 4 册，科学出版社，1994，第 206~224 页。
③ （明）申时行等重修《明会典》卷一七六《刑部十八·五刑赎罪》，中华书局，1989，第 897 页。
④ （明）申时行等重修《明会典》卷一六〇《刑部二·律例一·名例上》，中华书局，1989，第 823 页。

则例"①，明人胡琼纂辑《律解附例》中收有"在京罚运则例""在京折收钱钞则例"②，雷梦麟撰《读律琐言》中收有"原行赎罪则例""徒限内老疾收赎则例"③，《嘉隆新例》收入嘉靖"纳赎则例"④，《大明律疏附例》收入"赎罪收赎钱钞则例"。⑤ 这些赎例都经过了一个逐步完善的过程，也是明代司法实践中经常使用的则例。这些则例的内容是关于笞、杖、徒、流、杂犯死罪及各种刑等如何赎罪的规定，在每一种刑罚下，明确规定了各种赎罪的办法。如"会定运砖运灰等项做工则例"关于杖一百收赎的规定是："杖一百：灰六千六百斤，砖三百八十五个，碎砖一万五千四百斤，水和炭一千一百二十斤，石六千六百斤，米十石，做工六个月，钞二千二百五十贯，折铜钱七百文。"⑥ 在执行赎刑的过程中，罪囚可根据赎例的规定，选择赎罪的办法。

明代的赎刑律、例有别，赎例的规定多变，且京、外有异，南北不同，显得复杂和混乱。在实施赎刑制度的过程中，朝廷采用则例这一法律形式，对不同时期赎刑的执行作了具体规定，这是明代赎刑能够在多变中得以实施的主要原因。

（十二）其他则例

明朝除颁布上述各类则例外，还制定了一些行政、经济等事务管理中与财政收支标准有关的其他则例。

---

① 《大明律直引》，日本尊经阁文库藏明嘉靖五年刻本。又见《中国律学文献》第3辑第1册，黑龙江人民出版社，2006。
② （明）胡琼纂辑《律解附例》，中国国家图书馆藏明正德十六年刻本。
③ （明）雷梦麟撰《读律琐言》，台湾"中央图书馆"藏明嘉靖四十二年歙县知县熊秉元刻本。又见《中国律学文献》第4辑第2、3册，社会科学文献出版社，2007。
④ 《嘉隆新例》，载《中国珍稀法律典籍集成》乙编第2册，科学出版社，1994，第694~699页。
⑤ 《大明律疏附例所载续例附考使新例》，载《中国珍稀法律典籍集成》乙编第2册，科学出版社，1994，第339~340页。
⑥ 《中国律学文献》第3辑第1册，黑龙江人民出版社，2006，第661页。

1. 营造、军器军装则例

明代营造、军器军装事目烦琐，由工部掌管，累朝多有变更，所颁事例、则例甚多，征索纷纭。仅将检索到的几则则例录后。

（1）营造则例

王府坟茔营造则例。天顺朝以前，各王府郡王、将军以下，宫室坟茔皆由官方营造。成化年间，改为给价由王府自行营造。其则例规定："湖广楚、辽、岷、荆、吉、襄等府房价：郡王一千两，镇国将军七百两，辅国将军六百六十两，奉国将军六百二十两，中尉并郡主五百两，县主四百六十两，县君三百六十两，乡君三百四十两。至各省王府房价，又颇有不同，其造坟夫价物料则例：郡王三百五十两，镇国将军二百四十五两，辅国将军二百二十五两，奉国将军一百四十七两，中尉一百二十三两，郡主二百二十五两，县主二百一十五两，郡君一百九十六两，县君一百八十五两。此外，又有开矿银、冥器银及斋粮麻布，俱各有差。弘治初，以宗室日繁，支费益广，官银不敷，遂命皆减半支给。至是复奏准：于减半数内，每一百两仍减二十两，斋粮麻布通革免。其郡主以上禄米，俱米钞中半兼支；郡王而下禄米，则俱本色四分、折钞六分矣。"①

官吏解人违限折纳条石则例。成化元年（1465年）九月，颁行"官吏解人违限折纳条石则例"："给由省祭公差袭替等项官吏，违限（三）〔二〕月之上者，纳条石一丈；三月之上者，纳条石二丈。每月加一丈，多不过八丈。解折粮银两并绢布解人违限二月之上者，纳条石八尺；三月之上者，纳条石一丈二尺。每月加四尺，多不过五（尺）〔丈〕。解皮铁药材煮腊等项物料，并解军匠等项解人，违限二月之上者，纳条石四尺；三月之上者，纳条石六尺，每月加二尺，多不过二丈。俱阔一尺五寸，厚五寸。"②

宁夏镇修筑边墙则例。隆庆二年（1568年），重申"修筑边墙则例"。时宁夏镇修筑边墙，合用人工粮银二万二千两。兵部题奏按原定"户七兵三则例"执行，户部该付银一万五千四百两，但实际上仅发银一万两。③

---

① （明）陈建撰，（明）沈国元补订《皇明从信录》卷二五，明末刻本。
② 《皇明条法事类纂》卷五〇，载《中国珍稀法律典籍集成》乙编第5册，科学出版社，1994，第977页。
③ （明）张学颜等奉敕撰《万历会计录》卷二七《宁夏镇沿革事例》，明万历十年刻本。

(2) 军器军装则例

造胖袄则例。宣德十年（1435年），定造胖袄则例："每件长四尺六寸，装绵花绒二斤，裤装绵花绒半斤，鞾鞋各长九寸五分至一尺，或一尺二分。"①

督匠按季成造军器则例。成化二年（1466年），重申成造军器则例："天下卫所，照依原定则例，督匠按季成造军器。完日，会原办物料有司掌印官员，查点见数，如法试验。堪中，仍用油漆调朱，于点过军器背面，书写某卫、某所、某年、某季成造字样。候至五年，本部通行各该巡按御史查盘。若各该卫所官旗人等仍前侵欺物料，以致缺料成造，及不如法者，将指挥、千百户各降一级叙用，不许管事。旗甲人等，各发极边卫分充军。"②

弓箭弦条折价则例。嘉靖元年（1522年），工部题奏，因"江西弓箭解角，筋开漆脱，箭镞不利，翎叶披离，弦腹柔脆，一挽辄断。乞要比照京价，定为额例，行令办解赴部团局成造"。经工部覆议，制定"弓箭弦条折价则例"："解纳折价，每弓一张，该银六钱二分；箭一枝，银三分；弦一条，银五分，照数支解。局匠比照班匠则例，每名每季征银一两八钱，差委的当人员，每年上半年限六月内，下半年限十二月内，解部收贮，着落军器局匠作逐年带造。如该局人匠不敷，就将前项匠价并物料价内相兼，雇觅高艺匠作造完，随同年例军器，奏请科道等官，会同试验，送库交收备用。仍照成化、弘治、正德年间事例，俱以三年为率。如果弓箭有堪用之利，匠吏无侵欠之弊，经久可行，另议题请，以为定例。题奉钦依：通行。遵照。"③

造弓箭弦条物料则例。万历六年，"诏以弓箭弦条，今后南直、浙江等省解料年分，都着照京营议定物料则例，量加工食银两解纳"④。

2. 减免官吏及监生、举人、生员赋役方面的则例

嘉靖二十四年（1545年）发布了"优免则例"，规定："京官一品，免粮三十石，人丁三十丁；二品，免粮二十四石，人丁二十四丁；三品，免粮二十石，人丁十二丁；四品，免粮十六石，人丁十六丁；五品，免粮十四石，人丁十四丁；六品，免粮十二石，人丁十二丁；七品，免粮十石，人丁十丁；

---

① 正德《明会典》卷一五六《工部十·军器军装》。
② （明）霍冀辑《军政条例类考》卷之一《军卫条例·成造军器》，明嘉靖三十一年刻本。
③ （明）翁汝遇等辑，（明）史继辰等校定《增修条例备考·工部》卷一，明万历刻本。
④ 《明神宗实录》卷七七。

八品，免粮八石，人丁八丁；九品，免粮六石，人丁六丁。内官内使亦如之。外官各减一半。教官、监生、举人、生员，各免粮二石，人丁二丁。杂职省祭官、承差、知印、吏典，各免粮一石，人丁一丁。以礼致仕者，免十分之七。闲住者，免一半。其犯赃革职者，不在优免之例。如户内丁粮不及数者，止免实在之数。丁多粮少，不许以丁准粮。丁少粮多，不许以粮准丁。俱以本官自己丁粮照数优免，但有分门各户，疏远房族，不得一概混免。"①

3. 给驿和起运物品则例

《明会典》卷一四八载："国初，公差人员应合给驿及应付脚力，各有等差。累朝以来，给驿渐广，事例不一。嘉靖中，申明旧制，公差俱改给勘合，其应给勘合及拨夫俱有则例。"②并记述了洪武二十六年制定的"应合给驿例"6条、"应付脚夫例"6条，嘉靖三十七年制定的"应给勘合例"51条、"拨夫例"6款，就公差人员享受给驿和脚力的资格、交通工具、随从人员、口粮和其他事宜作了详尽的规定。又据《明会典》卷一五八："嘉靖元年题准：马船水夫逃回，行各该司府州县，查照江西则例，计日扣算歇役银两，追征解部，作修理船只等项支用。逃夫解部，照例参问。"③"〔嘉靖〕三十一年题准：会同内外守备礼、工二部并科道等官，将南京各衙门起运品物共四十七起，逐一查议，某项原额若干，续添若干，某项相应照旧供运，某项应并，某项应省。先论物数轻重，次计用扛多寡，后定船只数目。如制帛龙衣等扛，则宽以计之，其余则稍加多载。内官监饯金、膳桌、铜器等件，约二三年起运一次。巾帽局苎布等物，就于原来箱内带回添造，新箱应当查革，如竹器节年供造已多，可以会计暂停。将快船四十只改造平船，以便装载板枋、竹木。自后一应取用物料，俱由该科抄出，兵部咨送本部，转行各该衙门查照供应。即将议过船只则例，刻石记载，

---

① （明）申时行等重修《明会典》卷二〇《户部七·户口·赋役》，中华书局，1989，第135页。
② （明）申时行等重修《明会典》卷一四八《兵部三十一·驿传四·驿传事例》，中华书局，1989，第759页。
③ （明）申时行等重修《明会典》卷一五八《兵部四十一·南京兵部》，中华书局，1989，第813页。

永为遵守。"①

4. 救荒则例

明代时，各地遇到水旱灾伤，地方官府须把灾荒实情和赈灾措施紧急上报朝廷。朝廷派员覆踏是实，根据灾情的严重程度和受灾人户、姓名、田地顷亩、该征税粮数目，确定应发给受灾人员粮米斗数，或减免税粮数额，并以则例的形式予以规定，以便在赈灾中遵行。

《明会典》《明实录》《续文献通考补》记载，洪武二十七年，定"灾伤去处散粮则例"："大口六斗，小口三斗，五岁以下不与。"② 永乐二年，定"苏、松等府水淹去处给米则例"："每大口米一斗，六岁至十四岁六升，五岁以下不与。每户有大口十口以上者，止与一石。其不系全灾，内有缺食者，原定借米则例：一口借米一斗，二口至五口二斗，六口至八口三斗，九口至十口以上者四斗。候秋成，抵斗还官。"③ 弘治中，定"灾伤免粮则例"："全灾者，免七分；九分至四分者，递减一分；止于存留内除豁，不许将起运之数一概混免。"④ 万历十四年十月，"巡按御史韩国桢题议，畿辅灾伤地方，宜照彼灾轻重，遵依灾免则例，俱于本年存留粮内，照依分数，递行蠲免。开垦水田，借过丰润、玉田、遵化三县库银一万五千两，又蓟镇积贮银一万五千两，准与开豁，免其补还"⑤。

又据《救荒策会》卷五，明代为解决青黄不接时的民众缺粮问题，颁行了"劝借则例"和"赈放则例"，规定"丰年米贱之时，各里中户量与劝借一石。上户不拘石数"，送仓储存，以备灾荒。"每岁青黄不接、车水救禾之时，人民缺食，验口赈借，秋成抵斗还官……孤贫无倚之人，保勘是实，赈济食用，秋成还官。"

明廷除颁布上述各类则例外，还制定了不少吏政、食货等方面管理中与钱物、财政收支标准或某一事项操作规则有关的其他则例，如仓库则例、

---

① （明）申时行等重修《明会典》卷一五八《兵部四十一·南京兵部》，中华书局，1989，第816页。
② （明）申时行等重修《明会典》卷一七《户部四·灾伤》，中华书局，1989，第117页。
③ （明）申时行等重修《明会典》卷一七《户部四·灾伤》，中华书局，1989，第117页。
④ （清）朱奇龄撰《续文献通考补》卷一九《田土补》，清抄本。
⑤ 《明神宗实录》卷一七九。

折纳则例、物料则例、丧葬则例、学校经费管理和伙食待遇方面的则例等。明代则例名目繁多，不再一一赘述。

则例还适用于地方立法。明代时，有些地方官府和长官为加强地方经济事务的管理，也制定了则例。《明史·崔恭传》记述崔恭在天顺年间巡抚苏、松时，恢复了"耗羡则例"一事："初，周忱奏定'耗羡则例'，李秉改定以赋之轻重递盈缩。其例甚平，而难于稽算，吏不胜烦扰。恭乃罢去，悉如忱旧。"①《王阳明文集》记述了王守仁于正德朝后期至嘉靖朝初巡抚任内制定则例的情况。《知行录·公移二·颁定里甲杂办》云："今申前因，看与本院新定则例相同，及照宁都等九县，及南安所属大庾等县事体民情，当不相远，合就通行查编。"②《知行录·三征公移逸稿·奖劳剿贼各官牌》云："照得八寨积为民患，今克剿灭，罢兵息民，此实地方各官与远近百姓之所同幸。昨支库贮军饷银两，照依后开则例，买办彩币羊酒，分送各官，用见本院嘉劳之意。开报查考。"③《知行录·三征公移逸稿·督责哨官牌》中说："其各兵快义官百长人等口粮，各照近日减去五分则例。每月人各二钱，义官百长各三钱五分，总小甲各二钱五分，俱仰前去赣州府支给，亦不许冒名顶替关支，查访得出，定行追给还官，仍问重罪发落。"④海瑞为使赋役均平，民得安生，嘉靖年间在淳安知县任上，制定了"量田则例"⑤；隆庆年间，他在任应天巡抚时期又制定了"均徭则例"⑥，在琼山闲居时期还写了"拟丈田则例"⑦。万历年间直隶扬州府制定的《重订赋役成规》，其内容多为各州县的"田亩起派则例""丁田起派则例"，是一部内容相当完善的地方法规。⑧

---

① 《明史》卷一五九《崔恭传》，中华书局，1974，第4339页。
② （明）王守仁撰《知行录·公移二·颁定里甲杂办》，载《王阳明全集》，红旗出版社，1996，第234页。
③ （明）王守仁撰《知行录·三征公移逸稿·奖劳剿贼各官牌》，载《王阳明全集》，红旗出版社，1996，第335页。
④ （明）王守仁撰《知行录·三征公移逸稿·督责哨官牌》，载《王阳明全集》，红旗出版社，1996，第309页。
⑤ 陈义钟编校《海瑞集》，中华书局，1962，第190~201页。
⑥ 陈义钟编校《海瑞集》，中华书局，1962，第269~272页。
⑦ 陈义钟编校《海瑞集》，中华书局，1962，第278~287页。
⑧ （明）熊尚文等撰《重订赋役成规》，明历万四十三年刻本。

结　语

明代颁行的则例，因年代久远，大多已经失传。但是，考察诸多史籍中有关明代则例的记述，仍然能够揭示这一时期则例的大体面貌。大量资料表明，明代朝廷发布的则例，都是经过一定的立法程序，经皇帝批准，或官府、长官奉旨制定的，它是规范钱物管理、收支的标准、等差及有关事项具体运作规则的定例，具有法律效力。由于明代社会经济处于不断发展变化之中，各类则例的制定、修订和实施都很频繁，其作为明王朝的法律形式之一，始终居于"变通"或"权宜"之法的地位。

需要特别指出的是，则例在调整明代社会经济关系方面，具有其他法律形式不可替代的功能。

第一，它是国家食货等方面管理的立法重要形式和法律细则性定例，具有因时、因地制宜实施国家基本经济、财政、金融法律制度的功能。明代各地自然条件千差万别，经济发展状况前后多变，无法制定通行全国的食货法典或比较系统的食货等方面管理的法律，统一规范全国的经济活动。在明代法律体系中，律是刑事法律；经统治者精心修订的条例，除《问刑条例》外，基本上都是有关宗藩、吏政、军政等管理的单行法律，是与刑律并行的国家基本法律；事例、榜例往往是一事一立法，其内容涉及刑事和非刑事的多个方面，但较少涉及钱、物管理事项的标准和实施细则。为了健全国家食货法律制度和加强经济活动的管理，明王朝在《大明令》《诸司职掌》《明会典》中，对田制、赋役、税粮、会计、库藏、盐法、茶法、钱法、钞法、税法和漕运、马政、俸饷、营造、河防等方面的法律制度作了原则性的规定，在《明会典》中编纂了相关的现行、远年事例。但这些法律往往不能适应千变万化的各地经济活动的实际状况。在这种情况下，因时因地、有针对性地制定则例，就成为保障国家经济正常运转的重要立法举措，国家经济政策、社会生活中经济关系的调整及相关法律的执行，主要是通过实施各种则例得以实现的。

第二，则例具有法律规范具体、详细和数字化的特点，有利于在执法中准确遵行。则例基本上是根据在食货、吏政、军政、司法等管理中遇到的与钱物、运作相关的问题制定的，内容多是钱粮、税收、供给、赏赐、财政、俸禄等方面的收支标准。它与条例、事例、榜例内容的表述方式不同，绝大多数则例的规定都是用具体的数字表示的。譬如，根据不同田土的性质和土地瘠肥的等级，分别规定不同的赋役数量；根据不同的物品，规定不同的价格；等等。这样做是为了地方官员在执法中有具体的标准可以遵循，可以有效地加强钱物管理，也有利于防范官吏曲法为奸。

第三，则例兼有立法适时和具有稳定性的优点。则例的内容针对性很强，有些适用于某一地区，有些适用于某一群体，也有些适用于全国。在明代例的体系中，单行条例是统治者精心制定的，立法的周期相对较长，稳定性也较强，其公布后往往多年或数十年才进行修订。榜例、事例是统治者针对随时发生的问题及时制定的，立法适时，但稳定性相对较差。则例同榜例、事例一样，也是及时制定和颁行的，由于它只有在遇到经济条件变化时才进行修订，或颁行新的则例，因此，则例的稳定性虽然不及条例，但多数则例较榜例、事例的时效性要长。比如，"救荒则例"在完成赈灾任务后就失去效力，但针对某一地区制定的"赋役则例"则在较长时间内实施。

第四，则例是国家经济、财政、金融管理类基本法律和重要法规的法律渊源。明代统治者在立法过程中，很重视把那些能够普遍适用于全国的则例编入国家的"大经大法"、"常经之法"和重要法规。如本书选收的《诸司职掌》载则例14件、正德《明会典》载则例27件、万历《明会典》载则例45件、《万历会计录》载则例124件，都是规范钱、物管理的重要法规。这些则例被编入法典、法律和重要法规后，较长时间在全国通行，极大地完善了国家的基本食货法律制度。

明王朝在长达276年的治国实践中，针对不同时期、不同地区、不同行业的社会经济的变化情况，制定了大量的各种各样的则例，用以调整各种错综复杂、不断变动的社会经济关系。虽然由于国家基本政治、经济制度方面存在的重大缺陷，各地经济发展失衡、贫富悬殊和社会矛盾激化的问题始终没有得到有效解决,但是则例的制定和实施对于调整经济关系和缓和社会矛盾、保障国家经济在绝大多数时间内仍能基本正常运转发挥了重大作用。

明代以则例为食货等方面管理的重要立法形式,对清代法制建设发生了深刻影响。清初在法律未备的情况下,曾在经济、财政、金融管理的许多方面援用明朝则例。自顺治朝后期始,清朝突破了明代把则例局限于钱、物事务方面立法的模式,扩大了则例的适用范围,把这一法律形式运用于钱、物之外的其他领域立法,则例被提升为国家的基本法律形式,用以表述国家机关活动和重大事务管理的规则,成为行政立法的核心内容。清代则例编纂之所以能够取得辉煌成就,与清代统治者重视吸收明代则例立法经验是分不开的。

五　明代则例辑佚

本书将明代则例按四种类型进行辑佚，具体如下：
第一类，法典、法律和官修典制专书散见则例辑佚：

《御制大诰续编》　　《诸司职掌》　　　　《皇明祖训》
《宪纲事类》　　　　《吏部条例》　　　　正德《明会典》
《漕运议单》　　　　《洲课条例》　　　　《问刑条例》
《万历会计录》　　　《大明律附例》　　　万历《明会典》
《重订赋役成规》　　《南京都察院志》

第二类，法律汇编文献散见则例辑佚：

《律解辩疑》　《条例全文》（天一阁抄本）　《条例全文》（史语所抄本）
《皇明条法事类纂》　《吏部四司条例》　　《兵部武选司条例》
《军政备例》　　　　《六部事例》　　　　《六部纂修条例》
《律解附例》　　　　《大明律疏附例》　　《六部条例》
《条例备考》　　　　《皇明诏令》　　　　《嘉靖新例》
《嘉靖各部新例》　　《嘉靖事例》　　　　《军政条例类考》
《读律琐言》　　　　《嘉隆新例》　　　　《盐法条例》
《增修条例备考》　　《吏部职掌》　　　　《皇明诏制》
《新刻校正音释词家便览萧曹遗笔》

第三类，《明实录》所载则例辑佚：

《明太祖实录》　　　《明太宗实录》　　　《明仁宗实录》
《明宣宗实录》　　　《明英宗实录》　　　《明宪宗实录》
《明孝宗实录》　　　《明武宗实录》　　　《明世宗实录》
《明穆宗实录》　　　《明神宗实录》　　　《明熹宗实录》

第四类，其他明代史籍和通史式政书散见则例辑佚：

《明史》（中华书局，1974）		《明史》（清抄本）
《国榷》	《明经世文编》	《明文海》
《续文献通考》	《钦定续文献通考》	《续文献通考补》
《天下郡国利病书》	《名臣经济录》	《秘阁元龟政要》
弘治《徽州府志》	正德《松江府志》	《漕运通志》
《燕对录》	《南京太仆寺志》	《盐政志》
《国朝列卿纪》	《皇明大政纪》	《刚峰集》
《四镇三关志》	《皇明疏钞》	《备忘集》
《三云筹俎考》	万历《温州府志》	《王国典礼》
万历《绍兴府志》	《客座赘语》	《金陵梵刹志》
《国朝典汇》	《皇明从信录》	《度支奏议》
《救荒策会》	《炎徼纪闻》	《古今鹾略》
《东西洋考》	《白谷集》	《内阁藏书目录》
嘉靖《仁和县志》	《弇山堂别集》	《典故纪闻》
《春明梦余录》		

（一）法典、法律和官修典制专书散见则例辑佚

《御制大诰续编》　　《诸司职掌》　　　《皇明祖训》
《宪纲事类》　　　　《吏部条例》　　　正德《明会典》
《漕运议单》　　　　《洲课条例》　　　《问刑条例》
《万历会计录》　　　《大明律附例》　　万历《明会典》
《重订赋役成规》　　《南京都察院志》

《御制大诰续编》

(明)朱元璋撰　明洪武内府刻本

路费则例

今后每岁有司官赴京进纳诸色钱钞并朝觐之节，朕已定下各官路费脚力矣。若向后再指此名头科民钞锭脚力物件，官吏重罪。

每有司官壹员，路费脚力共钞一百贯，周岁柴炭钱五十贯。吾良民见此，若此官此吏仍前不改非为，故行搅扰，随即赴京伸诉，以凭问罪。

一、进商税路费脚力钞一百贯。

一、朝觐路费脚力钞一百贯。

一、周岁柴炭钞五十贯。

《路费则例》第六一

《诸司职掌》

(明)朱元璋敕定　明嘉靖刻《皇明制书》十四卷本

皂隶

凡本部额设皂隶，照依原定则例分拨，跟官听差。如有事故，行移兵部，照缺取补。

《吏户部职掌·皂隶》

繁简则例

在外，府以田粮十五万石以上，州以七万石以上，县以三万石以上，或亲临王府、都司、布政司、按察司，并有军马守御，路当驿道，边方、冲要供给去处①，俱为事繁。府、州、县，田粮在十五万、七万、三万石之

---

① 去处：原作"去后"，据万历《明会典》卷一二《考核二》改。

下,僻静去处,俱为事简。在京衙门,俱从繁例。

《吏户部职掌·考核》

田土

凡各州县田土,必须开豁各户若干,及条段四至。系官田者,照依官田则例起科;系民田者,照依民田则例征敛,务要编入黄册,以凭征收税粮。如有出卖,其买者听令增收,卖者即当过割,不许洒派诡寄,犯者律有常宪。其民间开垦荒田,从其自首首实,三年后官为收科,仍仰所在官司每岁开报本部,以凭稽考。

《吏户部职掌·州县》

凡民间有犯法律该籍没其家者,田土合拘收入官。本部书填勘合,类行各布政司府州县,将犯人户下田土、房屋,召人佃赁,照依没官则例收科。仍将佃户姓名及田地顷亩、房屋间数,同该科税粮赁钱数目,开报合干上司,转达本部知数。

十二布政司并直隶府州田土,总计八百四十九万六千五百二十三顷零①。

浙江布政司田土,计五十一万七千五十一顷五十一亩。

湖广布政司田土,计二百二十万二千一百七十五顷七十五亩。

河南布政司田土,计一百四十四万九千四百六十九顷八十二亩零。

江西布政司田土,计四十三万一千一百八十六顷一亩。

北平布政司田土,计五十八万二千四百九十九顷五十一亩。

陕西布政司田土,计三十一万五千二百五十一顷七十五亩。

广西布政司田土,计一十万二千四百三顷九十亩。

山东布政司田土,计七十二万四千三十五顷六十二亩。

山西布政司田土,计四十一万八千六百四十二顷四十八亩零。

广东布政司田土,计二十三万七千三百四十顷五十六亩。

四川布政司田土,计一十一万二千三十二顷五十六亩。

---

① 总计八百四十九万六千五百二十三顷零:《明史》卷七七《食货一》、万历《明会典》卷一七"田土"条作"八百五十万七千六百二十三顷"。

福建布政司田土，计一十四万六千二百五十九顷六十九亩。

云南布政司田土。

直隶苏州府田土，计九万八千五百六顷七十一亩。

宁国府田土，计七万七千五百一十六顷一十一亩。

徐州田土，计二万八千三百四十一顷五十四亩。

滁州田土，计三千一百五十顷四十五亩。

池州府田土，计二万二千八百四十四顷四十五亩。

扬州府田土，计四万二千七百六十七顷三十四亩。

庐州府田土，计一万六千二百二十三顷九十九亩。

安庆府田土，计一万一千二十九顷三十七亩。

松江府田土，计五万一千三百二十二顷九十亩。

凤阳府田土，计四十一万七千四百九十三顷九十亩。

应天府田土，计七万二千七百一顷二十五亩。

广德州田土，计三万四十七顷①八十四亩。

淮安府田土，计一十九万三千三百三十顷二十五亩。

徽州府田土，计三万五千三百四十九顷七十七亩零。

常州府田土，计七万②九千七百三十一顷八十八亩。

镇江府田土，计三万八千四百五十二顷七十亩。

太平府田土，计三万六千二百一十一顷七十九亩。

和州田土，计四千二百五十二顷二十八亩。

《吏户部职掌·州县》

农桑

凡民间一应桑株，各照彼处官司原定则例起科丝绵等物。其丝绵每岁照例折绢，俱以十八两为则折绢一匹，所司差人类解到部，札付承运库收纳，以备赏赐支用。其树株、果价等项，并皆照例征收钱钞。除彼处存留

---

① 四十七顷：日本东洋文库藏《皇明制书》二十卷本作"四千七顷"。
② 七万：原脱"七"字，据日本东洋文库藏《皇明制书》二十卷本、万历《明会典》卷一七《田土》补。

支用外，其余钱钞一体类解户部，行移该库交收，仍将存用数目出给印信通关，具本入递奏缴，本部查领附卷作数。其进纳绢匹钱钞一节，俱照依后项金科课程条款，一体施行。

《吏户部职掌·州县》

灾伤

凡各处田禾，遇有水旱灾伤，所在官司踏勘明白，具实奏闻。仍申合干上司转达本部，立案具奏，差官前往灾所，覆踏是实，将被灾人户姓名、田地顷亩、该征税粮数目造册，缴报本部立案，开写灾伤缘由具奏。如奉旨赈济，仍定夺大小男女口数则例，差官前去赈济。给赏毕日，仍将散过粮钞分豁备细数目，造册缴报，以凭稽考。

《吏户部职掌·州县》

赏赐

凡在京赏赐该用钱锭，本部量数具奏，于内府关支。凡有钦赏官军人等，当该衙门将该赏人名、钞数，于本部委官处磨算相同，将该赏数目附簿验名给散，其委官仍将日逐各起赏过钞数开呈本部，立案备照，候季终本部将原关并赏过钞数，通类具奏。及赏赐胡椒、苏木、铜钱等项亦如之。其在外，如有钦依赏赐官军及赈济饥民等项，本部约量会计钞锭具奏，委官赴内府照数关领，点闸明白，于户科给批，差人管运，仍行移所在官司。如运钞到彼，照依坐去则例，眼同验名给散，造册回报本部，以凭稽考。

《吏户部职掌·经费》

盐法

凡天下办盐去处，每岁盐课各有定额。年终各该运司并盐课提举司，将周岁办过盐课，出给印信通关，具本入递奏缴。本部委官于内府户科领出，立案附卷作数。及查照缴到通关内该办盐课，比对原额，有亏照数追理。其客商兴贩盐货，各照行盐地方发卖，不许变乱。合用引目，各运司申报本部委官关领。本部将来文立案，委官于内府印造。候毕日将造完引目呈堂关领回部，督匠编号用印完备，明立文案，给付差来官收领回还，取领状入卷备照。其各处有司，凡有军民客商中卖官盐，卖毕随即将退引赴住卖官司，依例缴纳，有司类解各运司，运司按季通类解部。本部涂抹不用。凡遇开中盐粮，务要量其彼处米价贵贱，及道路远近险易，明白定夺则例，立案具奏，出榜给发各司府州并淮、浙等运司，张挂召商中纳。

《吏户部职掌·盐法》

刍草

凡在京征收刍草，俱于田亩内照例科征。当征收之时，本部先行定拟具奏，行移该征有司，限定月日，先取部运官吏姓名开报，候起运至日，照数填定拨各该卫所，并典牧千户所等衙门交纳，以备支用。其在外衙门，亦各照依已定则例征收施行。

《吏户部职掌·征收》

丧葬

一、优给则例：凡阵亡、失陷、伤故、淹没者，全支。边远守御出征并出海运粮病故者，减半。

一品：米六十石，麻布六十匹。

二品：米五十石，麻布五十匹。

三品、四品：米四十石，麻布四十匹。

五品、六品：米三十石，麻布三十匹。

一、公侯亡故，不分病故、阵亡，止给麻布一百匹。本部奏，辍朝三日。仍具手本，行移在京衙门知会。

一、将引本官家人赴内府给与布匹。

一、咨工部造办冥器、棺椁，及拨与人匠、砖石造坟安葬。

一、札付钦天监选择坟地。

一、具手本赴光禄司，备办祭物，遣官行礼。

一、本部奏议封谥。

一、自初丧至除服，以次遣官致祭：闻丧，入殓，首七至终七，下葬，百日，新冬，周年，二周，除服。

一、都督至都指挥亡故，本部奏，辍朝二日。移咨工部造办棺椁等项，仍备办祭物，自初丧至除服，节次遣官致祭：闻丧，下葬，百日，周年，除服。如合优给者，照前则例，并咨兵部照例追赠。

一、指挥使至指挥佥事亡故，本部移咨工部造坟安葬，亦节次遣官致祭：安灵，下葬，周年，除服。照例优给追赠。

一、卫所镇抚千百户亡故，本部移咨工部造坟安葬，止二次遣官致祭：安灵，下葬。照例优给追赠。

一、公侯及在京一品、二品父母妻丧，三品、四品父母丧，曾授封赠及致仕者，各照品级造坟安葬。在外止祭祀。未封赠者无。

一、在外都指挥使至指挥佥事，止是本部遣人往祭一次。若回京安葬，则照例祭祀、造坟。千、百户别照祭葬例。

一、公侯在外病故，闻丧止辍朝一日。灵柩到京，仍辍朝三日，下葬辍朝一日。

《礼部职掌·丧葬》

膳羞

一、管待物件则例：每正一桌，果子五色，按酒五色，汤三品，小割，正饭用羊。

一、支送下程则例：五日每正一名，猪肉二斤八两，干鱼一斤四两，酒一瓶，面二斤，盐酱各二两，茶油各一两，花椒二钱五分，烛每房五枝。

《礼部职掌·膳羞》

工役囚人

则例

每徒一年盖房一间。余罪三百六十日准徒一年，共盖房一间。杖罪不拘杖数，每三名共盖房一间。

每正工一日，钞买物料等项，八百文为准。杂工三日为准。

挑土并砖瓦，附近三百担。每担重六十斤为准。半里二百担，一里一百担，二里五十担，三里三十五担，四里二十五担，五里二十担，六里一十七担，七里一十五担，八里一十三担，九里一十一担，十里一十担。

打墙：每墙高一丈，厚三尺，阔一尺，就本处取土为准。

《兵刑工都通大职掌·工匠》

铸钱

凡在京鼓铸铜钱，行移宝源局，委官于内府置局。每季计算人匠数目，其合用铜炭油麻等项物料，行下丁字库等衙门放支。如遇铸完收贮奏闻，差官类进内府司钥库交纳，取批回实收长单附卷。若在外各布政司一体鼓铸，本部类行各司，行下宝源局，委官监督人匠，照依在京则例，铸完钱数，就于彼处官库收贮，听候支用。

则例

当十钱：一千个，熏模用油一十一两三钱；铸钱连火耗用生铜六十六斤六两五钱，炭五十三斤一十五两二钱。

当五钱：二千个，熏模用油一斤四两；铸钱连火耗用生铜六十六斤六两五钱，炭五十三斤一十五两二钱。

当三钱：三千三百三十三个，熏模用油一斤一十四两；铸钱连火耗用生铜六十五斤九两二钱五分，炭五十三斤八两三钱五分。

折二钱：五千个，熏模用油二斤五两五钱；铸钱连火耗用生铜六十六斤六两五钱，炭五十三斤一十五两二钱。

小钱：一万个，熏模用油一斤四两；铸钱连火耗用生铜六十六斤六两五钱，炭五十三斤一十五两二钱。

穿钱麻

当十钱：每串五百个用一两。

当五钱：每串五百个用八钱。

当三钱：每串一千个用一两。

折二钱：每串一千个用七钱。

小钱：每串一千个用五钱。

铜一斤铸钱不等 外增火耗一两

当十钱：一十六个折小钱一百六十文。

当五钱：三十二个折小钱一百六十文。

当三钱：五十四个折小钱一百六十文。

折二钱：八十个折小钱一百六十文。

小钱：一百六十文。

铸匠每一名一日铸

当十钱：一百二十六个。

当五钱：一百六十二个。

当三钱：二百三十四个。

折二钱：三百二十四个。

小钱：六百三十个。

锉匠每一名一日锉

当十钱：二百五十二个。

当五钱：三百二十四个。

当三钱：四百六十八个。

折二钱：六百四十八个。

小钱：一千二百六十个。

各处炉座钱数

山东二十二座半，每岁铸钱一千二百一十二万二千文。

山西四十座，每岁铸钱二千三百三十二万八千文。

河南二十二座半，每岁铸钱一千三百一十二万二千文。

浙江二十座，每岁铸钱一千一百六十六万四千文。

江西一百一十五座，每岁铸钱六千七百六万八千文。

北平二十一座，每岁铸钱一千二百八十三万四百文。

广西一十五座半，每岁铸钱九百三万九千六百文。

陕西三十九座半，每岁铸钱二千三百三万六千四百文。

广东一十九座半，每岁铸钱一千一百三十七万二千四百文。

四川一十座，每岁铸钱五百八十三万二千文。

《兵刑工都通大职掌·窑冶》

夫役

凡在京城垣河道，每岁应合修缮。其用工数多，须于农隙之时。于近京免粮，应天、太平、镇江、宁国、广德等五府州预先定夺奏闻，行移各府起取。除役占等项，照依钦定则例优免外，其余人户每四丁共辏一夫，着令各备锹杵篮担，委官部领，定限十月初赴京，计定工程分拨做造，满日放回。若有不当夫役及做工未满逃回者，并行治罪。及各处起到仓脚夫，俱发应天府收籍为民。遇有官差度量差拨，着令轮流，周而复始。若差使数多，做工日久，照例每名日给工钱五百文，坊长减半，以周养赡。

优免二丁：水马驿夫、递运船水夫、会同馆夫、轮班人匠、在京见役皂隶、校尉力士、见任官员、廪膳生员训导、马船夫、光禄司厨子、防送夫、军户、铺兵。

免一丁：凡年七十以上及废疾之人。

《兵刑工都通大职掌·夫役》

《皇明祖训》

（明）朱元璋撰　明刻《皇明制书》不分卷本

凡亲王钱粮，就于王所封国内府分，照依所定则例期限放支，毋得移文当该衙门，亦不得频奏。若朝廷别有赏赐，不在已定则例之限。

《供用》

《宪纲事类》

（明）官修　明嘉靖刻《皇明制书》十四卷本

照刷户房开垦荒田卷，假如保定府承奉户部札付，仰行所属应有荒闲田土，召人开垦，合纳税粮三年后依例科征，据清苑等县申报人户姓名、开过田亩数目立案。候至年限满日，已将起科则例、花名、田粮数目移付征收秋粮卷，收科了当，卷内别无稽迟差错事件，则批刷尾云"照过"。设若年限未满，申报未绝，则批"通照"。其或各县申称见行开垦，先具人户花名到府，迁延三五日或数十日不行立案，行催开过田数，则批云"事属稽迟"。其有原开顷亩该科秋粮十石，却作千石之类，则批"差错"。至于原申开过田土，比候年限已满，或逾年不行收科，或将原报顷亩减多作少，其弊显然，则当驳以"埋没"。照刷州县户房卷同。

《刷卷条例》

《吏部条例》

（明）吏部奉敕编纂　　明嘉靖刻《皇明制书》十四卷本

一、给由官吏，前考三十六个月，次考及三考亦历三十六个月。前考若历三十七个月，次考、三考俱历三十七个月，准理。若多历少历者，俱参问。

一、在京衙门堂上官及监察御史调除外任，及推官保送都察院理刑黜改知县者，虽品级相等，俸月俱不准通理。其余例该考核调除外任者，品级相等，俱准通理。

一、在外有司大小官员，今后三年、六年，俱要赴部给由。虽有专责差占，三年、六年亦要一次赴部给由。违者送问，仍照繁简则例，降一级。

《给由官吏违碍事例》

正德《明会典》

（明）徐溥等纂修，（明）李东阳等重校　　明正德六年司礼监刻本

〔景泰〕七年，定浙江嘉、湖、杭官民田则例。官田每亩科米一石至四斗八升八合，民田每亩科米七斗至五斗三升者，俱每石岁征平米一石三

斗。官田每亩科米四斗至三斗，民田每亩科米四斗至三斗三升者，俱每石岁征平米一石五斗。官田每亩科米二斗至一斗四合，民田每亩科米二斗七升至一斗者，俱每石岁征平米一石七斗。官田每亩科米八升至二升，民田每亩科米七升至三升者，俱每石岁征平米二石二斗。

卷一九《户部四·州县二·田土》

〔洪武〕二十四年，令公侯大官以及民人，不问何处，惟犁到熟田，方许为主。但是荒田，俱系在官之数，若有余力，听其再开。其山场、水陆田地，亦照原拨赐则例为主，不许过分占为己有。

卷一九《户部四·州县二·田土》

〔天顺〕三年，令各处军民，有新开无额田地及愿佃种荒闲地土者，俱照减轻则例起科：每亩粮三升三合，草一斤。存留本处仓场交收，不许坐派远运。

卷一九《户部四·州县二·田土》

〔正统〕四年奏准：浙江、江西、福建并直隶苏、松等府，凡官民田地有因水塌涨去处，令所在有司逐一丈量，涨出多余者，给与附近小民承种，照民田则例起科。塌没无田者，悉与开豁税粮。

卷一九《户部四·州县二·田土》

〔正统〕十三年，令各处寺观僧道，除洪武年间置买田土，其有续置者，悉令各州县有司查照，散还于民。若废弛寺观遗下田庄，令各该府州县踏勘，悉拨与招还无业及丁多田少之民，每户男子二十亩，三丁以上者三十亩。若系官田，照依减轻则例，每亩改科正粮一斗。俱为官田，如有户绝，仍拨给贫民，不许私自典卖。

卷一九《户部四·州县二·田土》

〔永乐〕三年，更定屯田则例。令各屯置红牌一面，写刊于上。每百户所管旗军一百一十二名，或一百名、七八十名；千户所管十百户，或七百户、五百户、三四百户；指挥所管五千户，或三千户、二千户；总以①提调屯田都指挥。所收子粒多寡不等，除下年种子外，俱照每军岁用十二石正粮为法比较，将剩余并不敷子粒数目通行计算，定为赏罚。令按察司、都司并本卫隔别委官点闸是实，然后准行。直隶卫所，从巡按御史，并各府委官及本卫隔别委官点闸。岁收子粒，如有稻、谷、粟、蜀、秫、大麦、荞麦等项粗粮，俱依数折算细粮。如各军名下除存种子并正粮及余粮外，又有余剩数，不分多寡，听各该旗军自收，不许管屯官员人等巧立名色，因而分用。

卷一九《户部四·州县二·屯田》

〔洪武〕二十七年，定灾伤去处散粮则例。大口六斗，小口三斗，五岁以下不与。

卷一九《户部四·州县二·灾伤》

〔永乐〕二年，定苏、松等府水淹去处给米则例：每大口米一斗，六岁至十四岁六升，五岁以下不与。每户有大口十口以上者，止与一石。其不系全灾，内有缺食者，原定借米则例：一口借米一斗，二口至五口二斗，六口至八口三斗，九口至十口以上者四斗。候秋成，抵斗还官。

卷一九《户部四·州县二·灾伤》

〔景泰三年〕又定后军都督府所属通州右等卫所，并大宁、万全二都司所属卫所赏赐布花则例。通州左右、永平、蓟州、遵化、忠义中、镇朔、隆庆、东胜左右、密云中、兴州中屯左屯右屯前屯后屯、营州中屯右屯左屯前屯后屯、定州、河间、大同中屯、沈阳中屯、茂山、保定前后左右中、定边、开平中屯、天津、天津左右、武清、抚宁、真定、涿鹿左、涿鹿、卢龙、涿鹿中、神武中右等卫，及广昌、平定、蒲州、梁城、宽河等守御千户所，正军、恩军有家小，该布三匹者，内一匹折钞五锭，绵花一斤八

---

① 原无"总以"二字，据万历《明会典》卷一九补。

两；只身旗军及发去异姓军士、巡营、守门铺、养马、看仓、看草、老幼久病残疾、复役未及三年逃军，该布二匹者，内一匹折钞五锭，绵花一斤八两。平定、蒲州二守御千户所，正军及巡营、守门铺、养马、看仓、看草、老幼久病残疾、复役未及三年逃军，该布二匹者，内一匹折钞五锭，绵花一斤八两。宣府前左右、万全左右、怀来、山海、密云后、开平、蔚州、保安、保安右、永宁、怀安、隆庆左右、龙门等卫，兴和、美峪、龙门等守御千户所，除夜不收守墩旗军，布四匹，全支本色，其余正军、恩军并旗手等卫，调去入伍军匠有家小，该布四匹者，内一匹折钞，绵花一斤八两；只身旗军调去入伍军匠只身者，及养羊小厮、巡营、守门铺、养马、看仓、看草、老幼久病残疾、复役未及三年逃军，及习学军匠，不分有无家小，全支布二匹，绵花一斤八两。

卷二六《户部十一·经费一·赏赐》

〔永乐〕十七年，定赏山西都司所属卫分布花则例。振武卫正军有家小，绵布四匹，绵花一斤八两；只身旗军，并巡营、守门铺、养马、看仓、看草、老幼久病残疾、复役未及三年逃军，绵布二匹，绵花一斤八两。太原左右中三护卫、太原左右前三卫、镇西卫、宁化千户所正军校尉、续添校尉，并各护卫牧养马匹军人，有家小，绵布三匹，绵花一斤八两。只身旗军校尉、巡营、守门铺、养马、看仓、看草、老幼久病残疾、复役未及三年逃军，及沈阳中护卫，平阳潞州卫，沁州、汾州千户所正军校尉，并巡营、守门铺、养马、看仓、看草、老幼残疾、复役未及三年逃军，绵布二匹，绵花一斤八两。山西行都司所属大同左右前后、朔州、天城、阳和、安东中屯等卫正军、恩军校尉，并旗手等卫调去入伍军匠，有家小者，绵布四匹，绵花一斤八两。只身旗军校尉，并旗手等卫调去入伍军匠，及巡营、守门铺、养马、看仓、看草、老幼病残、复役未及三年逃军，绵布二匹，绵花一斤八两。

卷二六《户部十一·经费一·赏赐》

〔景泰〕二年，令大兴、宛平二县于和远店等塌房，每塌房佥殷实大户二名或四名看管。顺天府及二县俱集①各行，依时估计物货价直，照旧折收钞贯，仍造册二本，一本发都税司，一本送部查考。巡视塌房御史，务禁管店小脚，不得揽纳客商课程，以不堪钞抵数送官，及邀截客货骗害商人。其收税则例：上等罗缎每匹，税钞二十五贯，牙钱钞二十五贯，塌房钞二十五贯②。中等罗缎每匹，税钞一十五贯，牙钱钞一十五贯，塌房钞一十五贯。下等罗缎每匹，税钞一十贯，牙钱钞一十贯，塌房钞一十贯。上等纱绫锦每匹，青红纸每一千张，篦子每一千个，税钞六贯七百文，牙钱钞六贯七百文，塌房钞六贯七百文。中等纱绫锦每匹，细羊羔皮袄每领，黄牛真皮每张，扇骨每一千把，税钞五贯，牙钱钞五贯，塌房钞五贯。清三梭布每匹，红油纸每八千张，冥衣纸每四千张，铁锅每套四口，藤黄每斤，税钞四贯，牙钱钞四贯，塌房钞四贯。褐子绵绸每匹，毛皮袄、毡衫每领，干鹿每个，税钞三贯四百文，牙钱钞三贯四百文，塌房钞三贯四百文。官绢、官三梭布每匹，绒线每斤，五色纸每四千五百张，高头黄纸每四千张，税钞三贯，牙钱钞三贯，塌房钞三贯。小绢、白中布、青䉈线夏布每匹，手帕每连三个，手巾每十条，皮裤每件，小靴每套三双，板门每合，响铜每斤，连五纸每千张，连七纸每一百五十张，税钞一贯，牙钱钞一贯，塌房钞一贯。青大碗每二十五个，青中碗每三十个，青大碟每五十个，税钞七百四十文，牙钱钞七百四十文，塌房钞七百四十文。洗白夏布、青绿红中串二布每匹，包头每连二十个，毡条每条，大碌、铜青碌、枝条碌、生熟铜、苏木、胡椒、川椒、黄蜡、蘑菇、香蕈、木耳每斤，酒坛、土酒海每个，青中碟每五十个，白大盘每十个，书房纸每四篓，笔管每五百个，油毡每副，税钞六百七十文，牙钱钞六百七十文，塌房钞六百七十文。青小碟每五十个，白中盘每十五个，税钞六百文，牙钱钞六百文，塌房钞六百文。花布被面每段，白中串二布每匹，靛花青、红花、针条每斤，青靛、银杏、菱米、莲肉、软枣、石榴每十斤，青大盘每十二个，青盘每十五个，青小盘每二十个，青小碗每三十个，干鹅、天鹅等

---

① 俱集：原作"拘集"，据万历《明会典》卷三五《户部二十二·课程四·商税》改。
② 税钞二十五贯，牙钱钞二十五贯，塌房钞二十五贯：万历《明会典》卷三五《户部二十二·课程四·商税》作"税钞、牙钱钞、塌房钞各二十五贯"。万历《明会典》所载此则例，内容同正德《明会典》，但对文中22处这类句型均改为"税钞、牙钱钞、塌房钞各……"模式。

野味每只，南丰大篓纸每四块，竹椅每把，税钞五百文，牙钱钞五百文，塌房钞五百文。喜红小绢每匹，税钞四百七十文，牙钱钞四百七十文，塌房钞四百七十文。麻布每匹，花椒、水牛底皮每斤，土青盘每十五个，土青碗、小白盘每二十个，土青碟每五十个，青茶钟每七个，税钞四百文，牙钱钞四百文，塌房钞四百文。小粗绵布每匹，毡袜每双，土降香、白砂糖饧每斤，草席每领，雨伞每把，翠花每朵，草花每十朵，刷印马纸每四块，土尺八纸每块，南丰篓纸每六块，连三纸每一千张，毛边纸、中夹纸每一百张，酒曲每十块，税钞三百四十文，牙钱钞三百四十文，塌房钞三百四十文。灯草每斤，土青酒钟、土青茶钟每十二个，土青香炉、大白碗每十个，中白碗每十五个，白大碟每二十个，白小碟每二十五个，税钞三百文，牙钱钞三百文，塌房钞三百文。马牙速香、鱼胶每斤，税钞二百四十文，牙钱钞二百四十文，塌房钞二百四十文。药材每斤，白小碗每十五个，税钞二百文，牙钱钞二百文，塌房钞二百文。荔枝、圆眼、冬笋、松子、桐油、柏油、黑砂糖、蜂蜜每斤，腊、胭脂每两，土粉、土硝、碱、松香、墨、煤、苘麻、肥皂、末香、槐花、胶枣、鸡头、螃蟹、蛤蜊每十斤，干兔、鸡、鸭每只，白茶钟每六个，甘蔗、藕每十根，竹箸每一百双，竹扫帚每十把，蒲席每领，杂毛小皮每张，毡帽每个，草鞋每十双，税钞一百七十文，牙钱钞一百七十文，塌房钞一百七十文。明干笋、葡萄、海菜、金橘、橄榄、牙枣、苎麻每斤，税钞一百四十文，牙钱钞一百四十文，塌房钞一百四十文。绵花、香油、紫草、红曲、紫粉、黄丹、定粉、芸香、柿饼、栗子、核桃、林檎、甘橘、雪梨、红枣、杨梅、枇杷、榛子、杏仁、蜜香橙、乌梅、五倍子、咸弹、黑干笋、叶茶、生姜、石花菜、虾米、鲜干鱼、鲜猪、羊肉、黑铅、水胶、黄白麻、钢、熟铁每斤，绵絮每套，芦席每领，绵胭脂每帖，西瓜每十个，税钞一百文，牙钱钞一百文，塌房钞一百文。干梨皮、荸荠、芋头、鲜菱、乌菱、鲜梨、鲜桃、杏子、李子、鲜柿、柿花、焰硝、皂白矾、沥青、生铁每斤，干葱、胡萝卜每十斤，冬瓜每十个，萝卜、菠芥等菜四十斤，税钞六十五文，牙钱钞六十五文，塌房钞六十五文。其余估计未尽物货，俱照价直相等则例收纳。其进塌房钞，并抽分布匹，及按月该纳房钞，俱为除免。

卷三二《户部十七·库藏一·课程》

〔弘治〕六年，令差官于江西、浙江、苏州、扬州、淮安、临清税课司局，查照旧例，定为则例。收税按月稽考，自后不许再委隔别衙门官员侵管，重复扰民。仍各照额办岁办之数，年终通照钞关事例，造册奏缴。

卷三二《户部十七·库藏一·课程》

弘治六年，令河西务、苏州、九江、临清钱粮多处，户部各差官一员；淮安、扬州、杭州钱粮少处，南京户部各差官一员，照彼中则例，每钞一贯折银三厘，每钱七文折银一分。

卷三二《户部十七·库藏一·课程》

〔洪武〕二十八年，令各处边方缺粮，本部奏请开中纳米，定为则例，出榜召商，于缺粮仓分上纳。仍先编置勘合并底簿，发各该布政司并都司卫分及收粮衙门收掌。如遇客商纳完粮，填写所纳粮并该支引盐数目，付客商赍各该运司及盐课提举司，照数支盐。其底簿发各运司及盐课提举司收掌，候中盐客商纳米完，赍执勘合到，比对朱墨字号相同，照数行场支盐。

卷三六《户部二十一·盐法二》

〔弘治二年〕又令两浙运司各场灶丁，有离场三十里内者，全数煎办；三十里外者，照水乡事例全准折银。每年十月以里征完，解送运司，类解本部。其折银则例，每一大引，浙西六钱，浙东四钱，候盐法通照原定数目征纳。仍查各该盐场，某场原额盐课若干，灶丁在三十里内者若干，在三十里外者若干，造册五本，各场一本，运司、本布政司、巡盐御史、本部各缴一本，以备查考。

卷三六《户部二十一·盐法二》

永乐后续定官员祭葬则例

凡公侯承袭病故者，祭二坛。若管府事有功绩，加太子太保以上及守备南京者，俱祭十六坛。

凡驸马都尉病故者，祭十五坛。

凡伯爵承袭病故者，祭二坛。其年幼袭爵不久而故者，祭一坛。若管事有功绩，加太子太保以上者，祭十五坛。

凡公侯驸马伯病故，俱辍朝一日。斋粮麻布，取自上裁。其葬礼俱照依定制。若公侯伯为事病故者，祭葬等项恩典俱无。

凡公侯伯母与妻，俱祭二[1]坛。系皇亲者加祭坛数，取自上裁。

已上公侯伯驸马例

凡两京二品以上文官并父母妻，三品文官并父母曾授本等封者，俱照例祭葬。其三品父母止授四品封及四品官并父母授本等封者，俱止赐祭一坛。若止授五品以下封者，祭葬俱无。其有出自特恩者，不在此限。

凡一品官病故者，辍朝一日，祭九坛。父母授封至一品者，祭二坛。妻祭一坛。

凡尚书、左右都御史在任病故者，祭二坛。其加有东宫三少或兼大学士赠一品者，祭四坛。父母妻祭俱一坛。

凡两京三品官病故者，俱祭一坛。致仕者亦然。其以侍郎兼学士赠尚书者，祭二坛。

凡两京三品以上官，葬祭制度俱照依品级。其四品、五品官得特恩赐葬者，亦以本等品级为定。惟衍圣公葬祭，照一品礼行。

已上文官例

凡左右都督至都督佥事管府事病故者，俱祭六坛。斋粮麻布，取自上裁。其先有功后闲住病故者，祭二坛。母妻祭俱一坛。

凡都督佥事以上，葬礼俱照品级。若署都督佥事，祭一坛，无葬。

凡中都留守正副，俱祭一坛。

凡在京亲军卫分，带俸都指挥使及同知佥事、在御马监把总，或出充游击参将等官，有功无过者，祭一坛。

凡锦衣卫管事、指挥使、同知佥事，或带都指挥职衔者，俱祭一坛。其系于皇亲者，祭葬取自上裁。

凡在京在外文武官员，不拘品级，其以死勤事者，恩典取自上裁。

---

[1] 原书"二"字不清，据万历《明会典》卷一〇一《优给则例》补。

已上武官例

凡女直都督等官，永乐间差官赍香钞谕祭。近例：因其奏请，给与表里祭文，令带回自祭。

凡达官都督等官，永乐、宣德间来京病故者，随时遣官谕祭，或给棺赐葬。近例：本部年终类奏，分遣官祭之。若在边没于战阵者，不在此例。

凡外国使臣病故者，令所在官司赐棺及祭，或欲归葬，听从其便。

已上四夷官例

卷九四《礼部五十三·丧葬》

筵宴番夷土官桌面则例

永乐元年：

上桌：按酒五般，果子五般，烧炸五般，茶食汤三品双下，大馒头，羊肉饭，酒七钟。中桌：按酒、果子各四般，汤二品双下，馒头，牛马羊肉饭，酒五钟。

天顺元年：

上桌：高顶茶食，云子麻叶，大银锭油酥八个，棒子骨二块，凤鹅一只，小银锭笑靥二碟，茶食、果子、按酒各五般，米糕二碟，小馒头三碟，菜四色，花头二个，汤三品，大馒头一分，羊背皮一个；添换小馒头一碟，按酒一般，茶食一碟，酒七钟。中桌：宝妆茶食，云子麻叶二碟，甘露饼四个，鲊鱼二块，大银锭油酥八个，小银锭笑靥二碟，果子、按酒各五般，菜四色，花头二个，汤三品，马肉饭一块，大馒头一分；添换小馒头一碟，羊肉一碟，茶食一碟，酒七钟。

卷一〇三《礼部六十二·膳羞一·筵宴》

〔成化〕十四年，申明升赏功次。

一、甘肃、宁夏、陕西、延绥、偏头关、大同、宣府、山海关一带：虏贼一人，擒斩一名颗，升一级；至三名颗，升三级。二人共擒斩一名颗，为首升一级；至三名颗，升三级。验系壮男与实授幼男、妇女与署职为从，及四名颗以上，俱给赏。

一、辽东女直：一人擒斩二名颗，升一级；至六名颗，升三级。验系壮男与实授幼男、妇女与七名颗以上，并不及数者，俱给赏，不升。

一、陕西、甘肃、四川、贵州、湖广、两广番贼苗蛮：一人擒斩三名颗，升一级；至九名颗，升三级。验系壮男与实授幼男、妇女与十名颗以上，并不及数者，俱给赏。

一、内地反贼：一人擒斩六名颗，升一级；至十八名颗，升三级。验系壮男与实授幼男、妇女与十九名以上，并不及数者，俱给赏。其功次须验，不系一日一处者，方如前例。若系一日一处之数，止拟一级。其余给赏阵亡官军，与哨探被杀，夜不收人等，俱升一级。

一、阵前刀箭重伤者，升署职一级，当先次数多者，分别等第加赏。无伤而当先数多者，止给赏。有轻伤者，亦加赏。

一、俘获贼属人口，夺获头畜、器械并齐力助阵者量赏，人口就给俘获原主。

一、把总领军官所部五百人，擒斩鞑贼五名颗，升一级，每五名加一级。所部一千人者，十名颗升一级，每十名加一级。俱至三级而止，二级实授一级署职。若系都指挥使以上，止升署职二级，其余加赏。别种贼寇，推类而行。已升之外功次更多，并不及数者，给赏。

一、阵前当先殿后，斩将搴旗，擒斩贼首等项奇功，临时奏拟升赏。

一、土官功次，各照前项地方则例，升散官，至三级而止。其余功次，与土人俱厚赏，不升。

一、报捷官舍人等，以擒斩虏贼多寡为等第。七十名颗以上，赏衣服一套；九十名颗以上，赏钞一千贯，升一级；一百十名颗以上，赏衣服一套，升试所镇抚。别种贼寇递加，女直三倍，番贼苗蛮六倍，反贼十倍。

一、军人有功升一级，至小旗。舍人升一级，至冠带小旗。小旗升一级，至总旗。冠带小旗升一级，至冠带总旗。总旗升一级，至试百户。冠带总旗升一级，至实授百户。试所镇抚升一级，至实授所镇抚。实授所镇抚升一级，至实授百户。百户升副千户，副千户升正千户，正千户升指挥佥事，佥事升指挥同知，同知升指挥使。该升都指挥、都督者，类推而行。其军人，舍人至小旗，小旗至总旗，舍人至试所镇抚，总旗至试百户，俱无署职，惟百户以上，听以次署升。其署职至实授，亦作一级。有缘事该降，即以此为则递降。

一、官军人等争夺擒斩功次者，不许纪录。

一、诈冒功次者勘问，降一级，功次不准。

一、出师监督、总兵等官，并镇守总兵、巡抚、纪功、供给等官，班师之日，本部照功次册具奏升赏。凡远年功次，不许奏扰。

卷一〇六《兵部一·除授官员·升赏功次》

洪武八年，定马夫免粮则例：自京至宿州十三驿，马夫田租全免；自百善道至郑州，免三分之二；自荥阳至陕西、山西、北平二百二十一驿，免三分之一。

卷一一九《兵部十四·驿传一·马驿》

弘治七年，命定协济水夫则例。每船一号夫十名，岁征工食过关银一百二十两。每三年加修理船只铺陈银四十两，每十年加置造船只铺陈银八十八两。其水夫，从该驿雇倩本处诚实土民应当。

卷一一九《兵部十四·驿传一·水驿》

〔成化二年〕又令在京文武官员军民人等，犯该徒二年以上者，送兵部，照运灰脚价则例估算，纳马一匹，准银十两外，剩脚价银两不勾买马一匹，该司照数追收在官，会太仆寺委官随时买马。

卷一三三《刑部八·问拟刑名二·五刑赎罪》

成化十四年奏准：各处自郡王以下，至乡君出府之日，奏请勘报。无房屋者，有司给价，自行起盖。

给价则例

    山西

        晋、代、沈府

郡王一千两。

镇国将军六百两。

辅国将军并郡主五百两。

奉国将军、镇国、辅国中尉并县主、郡君、县君四百两。

奉国中尉并乡君三百两。

庶人一百两。

湖广

　辽、岷、楚、荆、吉、襄府

郡王一千两。

镇国将军七百两。

辅国将军六百六十两。

奉国将军六百二十两。

镇国、辅国、奉国中尉并郡主五百两。

县主四百六十两。

郡君四百两。

县君三百六十两。

乡君三百四十两。

陕西

　秦、韩、庆、肃府

郡王在城一千五百两，宁夏、平凉九百两。

郡主五百三十两。

镇国将军一百七十五两。

县主、郡君、县君、乡君俱自行起造。

河南

　唐、郑、赵、伊、周、徽、崇府

郡王官拨地基，料价一千一十两。

山东

　德、鲁府

郡王一千两。

镇国将军六百两。

辅国将军五百两。

奉国将军四百五十两。

中尉四百两。

郡主五百两。

县主三百五十两

郡君二百五十两。

县君二百两。

乡君一百五十两。

江西

淮、宁府

有地基

郡王一千二百两。

镇国将军六百两。

辅国将军五百五十两。

奉国将军四百五十两。

奉国中尉四百两。

郡主四百五十两。

县主三百七十两。

郡君三百七十两。

县君三百五十两。

乡君三百三十两。

无地基

郡王一千五百两。

镇国将军七百五十两。

辅国将军七百两。

奉国将军六百两。

奉国中尉五百两。

郡主六百两。

县主四百七十两。

郡君四百七十两。

县君四百五十两。

乡君四百三十两。

四川

蜀府内江等五府子女

蜀府出办工料摘拨护卫军余成造

石泉王府

县主五百两。

卷一四七《工部一·营造一·郡王府制》

准工则例

每徒一年，盖房一间。余罪三百六十日准徒一年，共盖房一间。杖罪不拘杖数，每三名共盖房一间，每正工一日。

钞买物料等项八百文为准。

杂工三日为准。

挑土并砖瓦，附近三百担，每担重六十斤为准。半里二百担，一里一百担，二里五十担，三里三十五担，四里二十五担，五里二十担，六里一十七担，七里一十五担，八里一十三担，九里一十一担，十里一十担。

打墙，每墙高一丈，厚三尺，阔一尺，就本处取土为准。

卷一五四《工部八·营造三·工役囚人》

〔成化二年〕又奏准天下卫所照依原定则例，督匠按季成造军器。完日，会同原办物料有司掌印官员，查点见数，如法试验。堪中，仍用油漆调朱于点过军器背面，书写某卫、某所、某年、某季成造字样。候至五年，本部通行各该巡按御史查盘。若各该卫所官旗人等仍前侵欺物料，以致缺料成造及不如法者，将指挥、千百户各降一等叙用，不许管事。旗军人等，各发极边卫分充军。

卷一五六《工部十·军器军装》

宣德十年，定造胖袄则例：每件长四尺六寸，装绵花绒二斤，裤装绵花绒半斤，鞾鞋各长九寸五分至一尺，或一尺二分。

卷一五六《工部十·军器军装》

窑冶烧造、铸造诸器物，及纸札之费，皆官府取用。若铜钱与钞兼行于民间尤不可缺者，今并载之，而铸造则例加详焉。

卷一五七《工部十一·窑冶》

造粮船则例

一、清江提举司每年该造船五百三十三只，每只该用银一百两。以三分为率，原船旧料一分，旗军自备一分，官给一分，该银三十三两三钱。共该银一万七千七百四十八两九钱。

一、卫河提举司每年该造船一百三十只，遮洋船三十五只，每只该用银一百二十两。以十分为率，除原船旧料三分外，官给新料银八十四两，共该银二千九百四十两。浅船九十五只，每只以三分为率，原船旧料一分，旗军自备一分，官给一分，该银三十三两三钱，共该银三千一百六十三两五钱，通该银六千一百三两五钱。

成化十七年议定：清江、卫河二提举司造船，料价银一万七千两。二十一年议准：浅船旧料一分，每只添银一十一两六钱六分有零，连前官给共银四十五两。二提举司出批差人于浙江杭州、湖广荆州二抽分厂领回，分给官军，听其买料，从便造完。顺运粮赴本部原差提督二提举司官处，查验印烙。

弘治三年议准：每船一只，官给银五十两，军自办五十两，旧船准二十两，共银一百二十两。十四年议准：每只增银五两。荆州银价，悉于芜湖取用。

卷一六〇《工部十四·船只》

《漕运议单》

(明) 户部议定　明抄本

兑运粮米，正粮每石两尖加耗平解，其加耗则例：浙江、江西、湖广六斗六升，江南直隶并江北庐州府五斗六升，江北直隶四斗六升，徐州四斗一升，山东、河南三斗一升，遮洋船三斗。

改兑粮米，每石加耗则例：浙江、江西、湖广四斗二升，应天并江南直隶各府三斗二升，江北直隶各府二斗七升，徐州二斗二升，山东、河南一斗七升，遮洋船一斗□升。

一、严处军粮以速起运。自嘉靖十七年为始，通行各该抚，严督司府州县，今后运军月粮，先将应征存留粮斛依期征完，如征有不及，或灾伤停免，听将仓库别项钱粮预行通融处给，不许刁蹬留难，致令家口失所。其行粮除例该本处关支者，虽派别省兑运，仍旧在于本处，若兑本省原议水次随正者，俱要预期征完，随同正粮一并交兑，不许先尽正粮足数，又将行粮落后稽留，官军赶帮违限，致生事端。如果征收不齐，仍定以折银则例，行粮每石五钱，月粮查照彼中折算，处给中间。再敢玩法留难者，听各该抚按并漕运监兑衙门，将经该官吏俱照迟粮事例拿问，应参究者，指实参奏，分别等第起送，降级施行。

《洲课条例》

(明) 王伃编　明抄本

弘治五年，南京工部〔尚〕书侯等奏，屯田清吏司案呈奏本送部，据本部署郎中事员外郎施恕呈，节该钦奉敕谕，除钦遵外，照得沿江洲地，先因失于清查，多被军民欺占，负累里甲，包陪课银。本部郎中毛科奏：奉敕书提督清理，已经委官丈量，将原系军人屯地、民人起科在册者，照数开豁，其余多占洲场，审其地势高下，得利多寡，定立柴课，着令本人认办。旧额之外，又有听补坍江之数造册，在官银课虽增，多未解纳。盖以因袭既久，弊难率变，父子相传，视为己有，以此延挨，屡征未完，严加杖并则逼迫逃移，少从宽假则罪累官吏，合无将弘治三年以前拖欠者，止征旧额，新课暂免。起科则例：上江洲场地广人稀，比之近京去处，柴价颇贱，合照地方远近，量加损益；江西九江府、直隶安庆府，每亩好芦地科银三分二厘，稀芦地二分二厘；池州府好芦地三分五厘，稀芦地二分五厘；应天、扬州、镇江、太平、庐州、和州等府州，好芦地四分，稀芦地二分七厘；各处每亩熟地三分五厘，军屯熟地并滩田滩地各三分，低洼熟地二分五厘，荻草地二分，草塌一分五厘，草荡一分；其各处额征常课，或地少利多，人愿承佃者，不在此例。先年起科洲地，转行南京户部，查系每亩纳粮五升者，免征柴课；其余不（勾）〔够〕五升者，尽其纳粮数目，每五升除豁洲地一亩，余者办课。有愿照依五升纳粮、不愿纳课者，行移南京户部增添，及有原额本色芦柴，告称装运不便，每束愿折银四分者，听从其便。追征柴课旧额，远限者仍依本部原奏事例。新增柴课，以次年六月为始，过违一年之上者，亦照前例住俸问罪。俱未敢擅便定夺，理合具呈照详施行等因送司。

嘉靖十九年三月，南京工部右侍郎胡题屯田清吏司案呈……查得本部征收芦课，该银二万六千七百六十四两七钱，坍江无征银七千八百二十七两五钱六分一厘八毫，新增升科洲银六千五百六十九两七钱五分六毫。本职原奉圣谕内一款：南京地方沿江一带芦洲，如有坍塌，即将新佃柴课，依数凑补附近坍塌不敷之数。钦此。钦遵。节年就将新生洲课，通融拨补原额坍江，尚亏一千二百五十七两八钱一分一厘二毫，及将郑伸等前项新洲，照依草地则例，每亩科银一分，该银八十四两一钱四分二厘抵补坍江，仍亏银一千一百七十三两六钱七分二毫。已经具由回报讫。

《问刑条例》

(明) 顾应祥等纂修　明嘉靖重修本

赎罪囚犯，除在京已有旧例外，其在外审有力、稍有力二项，俱照原行则例拟断，不许妄引别例，致有轻重。其有钱钞不行去处，若妇人审有力，与命妇、军职正妻及例难的决之人，赎罪应该兼收钱钞者，笞杖每一十，折收银一钱。其老幼废疾及妇人、天文生，余罪收赎钞贯者，每钞一贯，折收银一分二厘五毫。若钱钞通行去处，仍照旧例收纳，不在此限。（附"五刑"条后）

问刑衙门，以赃入罪。若奏行时估则例该载未尽，及原估粗旧今系新美者，各照时值估钞拟断。（附"五刑"条后）

《万历会计录》

(明) 张学颜等奉敕撰　明万历十年刻本

〔隆庆〕五年，巡抚郭朝宾奏，尚书张守直覆准：定仁和等县税粮则例。仁和县官民田每亩科米九升八合，银二分四厘五毫；官民地每亩科米六升五合，银一分八厘二毫；官民荡地每亩科米六升，银一分五厘；官民山地每亩科米一升，银二厘五毫；基地间架每间科米七合，银一厘七毫五丝。钱塘县田每亩米七升，银二分二厘五毫；地每亩米五升，银二分；荡每亩米四升，银一分八厘；山每亩米一升，银三毫；基地一间米二升，银九毫六丝二忽二微。二县俱五则。处州府官民田地均作一则，湖州府田地山荡为四则。宁波府官田一则，民僧田一则，官民地一则，共为三则。

卷二《浙江布政司田赋沿革事例》

〔弘治〕六年，大同县民张文智等奏，尚书叶淇覆准：该县地土照先年则例,每地二顷五十亩,纳粮五石、草十束,其加增粮数,尽行除免。

卷七《山西布政司田赋沿革事例》

〔景泰六年〕本年给事中等官奏称:北直隶并顺天府地方,无额田地数多,合照先次奏准减轻起科则例,每亩科米三升三合,每粮一石,科草二束。尚书张凤覆:奉圣旨,比先洪武年间在南京立都,供给易办,如今军马俱在这里,供给繁重,但各处开荒无额田地都要从重起科。钦此。

卷一五《北直隶田赋沿革事例》

〔正德〕十六年,侍郎秦金题称:顺天等八府庄田三百八十余处,该地八万八千余顷,乞行裁革管庄内臣,着令佃户照依原定则例,折收银钱,赴本州县上纳,解部类进。又宝源、吉庆二店该纳课程,亦合照依弘治五年题准事例,责令顺天府批验茶引所,收受原额税课,并塌房免牙二顷钱钞,照依原估折银数目,俱按季解部类进。奉圣旨:畿内根本重地,祖宗屡有优恤禁例。近年以来,奸猾无藉之徒,妄将军民田土指作空闲,设谋投献;管庄官校人等因而乘机侵夺,借势混赖,横征巧取,百般克害;利归群小,怨在朝廷,以致军民失业,盗贼生发。朕在藩邸已知其弊,览奏深用恻然,便写敕差科道、部属官各一员前去,会同巡按亲诣查勘。但自正德以来,朦胧投献及额外侵占的,尽行查出,各依拟给土召佃,管庄人员尽数取回,着管屯佥事兼带督管,该征税租,照依原定则例,折收银钱。原系皇庄的,解部类进;系皇亲的,赴部关领,不许自行收受,亦不许佃户人等拖欠不还。宝源、吉庆二店,照旧还官,着顺天府轮委堂上佐二官一员,督察奸弊,官攒、巡拦、看店人等及势豪之人,但有例外勒取,把持行市的,着巡城御史、缉事衙门、五城兵马司访拿重治。钦此。

卷一五《北直隶田赋附庄田子粒沿革事例》

〔正统〕十三年,合肥县民奏告:沙垱、东湾埠、大圩等处,原系洪武年间额定纳粮田地。正统九年,有焦湖汀泊讦告官豪侵占天井等圩,重复加粮七千余石。本部差主事沈翼会官丈量,通减除七千六百八十二石二斗四升一合四勺五抄五撮五圭，量出起科粮一万一千九百九十九石九斗一升五合四勺六抄，增亏相补，于内实增出粮四千三百一十七石六斗七升四合四撮。本部覆准：照主事沈翼今定起科则例，自正统十四年为始，于实征册内新收项下作数开报，其卫所军余于屯田册内实收带管。

卷一六《南直隶田赋沿革事例》

〔正德〕八年，巡抚张贯咨称：内外镇守等官退出田二百二十八顷八十三亩。尚书孙交题准：行管粮官，照屯田则例征纳本色。

卷一七《辽东镇沿革事例》

景泰二年，巡抚王翱咨称：建州贼徒抢虏，屯田被水淹没，议开中准盐。尚书金濂题准：开准浙盐一十四万一千五百四十八引，酌定远近则例。辽海上仓准盐每引粟米五斗，豆二斗；浙盐每引粟米三斗，豆二斗；铁岭卫上仓准盐每引粟米八斗，豆二斗；浙盐每引粟米五斗，豆二斗。

卷一七《辽东镇沿革事例》

〔成化〕十三年，巡抚陈钺题：福建、河东盐引米豆则例，加增数倍，无商报纳，乞量减斗头。尚书杨鼎覆准：福建盐引，原拟米七斗，减作五斗；河东盐引，原拟五斗五升，减作四斗。

卷一七《辽东镇沿革事例》

〔正德〕十年，郎中王奉呈：原开山东、长芦盐引，乞减价召中。尚书王琼题准：山东盐每引原价一钱四分，减作一钱二分；〔长芦〕盐每引原价一钱八分，减作一钱四分。减去银数，于太仓库动支补足。例外不敷银两，将先次开去长芦运司盐五万引，照今减则例召纳。

卷一七《辽东镇沿革事例》

官吏俸粮则例

总兵官月支本色米三石，折俸银七两八分七厘五毫。

都指挥使月支本色米三石，折俸银二两六钱一分。

都指挥同知月支本色米三石，折俸银二两二分五厘。

都指挥佥事与指挥使各月支本色米三石，折俸银一两四钱四分。

指挥同知月支本色米三石，折俸银一两三分五厘。

指挥佥事月支本色米三石，折俸银九钱四分五厘。

正千户月支本色米□石，折俸银六钱三分。

卫镇抚与副千户月支本色米二石，折俸银五钱四分。

实授百户月支本色米二石，折俸银三钱六分。

所镇抚月支本色米二石，折俸银二钱七分。

试百户月支本色米二石，折俸银一钱三分五厘。

武举指挥月支本色米六石，仍支原职折俸。

武举千百户月支本色米五石，仍支原职折俸。

武举所镇抚月支本色米三石，折俸银六分七厘五毫。

总旗月支本色米一石，折俸银二分二厘五毫。

小旗月支本色米一石，折俸银九厘。

老疾官各照原职本折俸粮，俱支一半。在正兵游兵营管事者本色粮仍全支，折俸减半。

土官（系东宁卫指挥千百户设立）各照原职全粮，半俸。

优给官各照原职，本折俸粮全支。

都司经历、正断事月支本色米二石，折俸银三钱六分。

副断事月支本色米二石，折俸银二钱四分七厘五毫。

断事、司吏目与司狱月支本色米二石，折俸银一钱三分五厘。

卫经历月支本色米二石，折俸银二钱二分五厘。

都司卫令史、知印、典司吏、承差月支本色米三石，令史月支折俸银七分六厘五毫，知印月支折俸银五分四厘，典司吏、承差月支折俸银三分一厘五毫，各仓攒典俱不支粮俸。

广宁城学教授月支本色米五石，折俸银一钱三分五厘；训导月支本色米三石，折俸银六分七厘一毫。

辽阳城教授月支本色米五石，无折俸；训导与外卫同。

外卫城各学教授月支本色米三石，折俸银九分；训导月支本色米三石，无折俸。

仓库、税课司见任大使月支本色米二石，折俸银一钱三分五厘；守支者仍支本色二石，俸银止准二分二厘五毫；副使月支本色米一石，折俸银九分；守支者仍支本色一石，俸银亦准二分二厘五毫；金、复、盖三卫仓库官守支者，不支粮俸。

主兵月粮则例

总兵正兵营、辽阳副总兵营、参将营，并入卫各游击、守备、备御头目、通事、降夷并将领，随任精锐家丁及召首小旗，月支一石，帮支一石。

出口哨探、夜不收，并沿边守瞭墩军月支正粮一石，帮支二斗。内总兵营大夜不收，每名岁支钞□刺草、布绵花银钱，折银七钱五分九厘零。

□□并操司军随营家丁、各驿摆堡马军月粮一石，报效军随操舍人月支四斗五升，小尽减支一升五合。

金州守备下达官头目，系广宁拨发回卫者，月支一石。本城海防军月支五斗。抚院中军下听差官军月粮，随广宁正兵营造支。

主兵兼食行粮则例

定辽等二十五卫所头目、通事月支一石，帮支一石。

安乐州头目，同守腹里路台军与投降夷人，名为乡导愿操者，并广宁等卫、永宁监养马军，及自在州头目、守门军，俱月支一石。老幼鞑子，月支五斗。守门舍人月支四斗五升，小尽减一升五合。自在州大凌河松山所守门余丁，月支三斗，小尽减一升。纪录幼军月支二斗。以上官军，上半年本色，下半年折色，每石给银二钱五分（万历九年，加至四钱）。

广宁调到各城选锋军壮，在镇团操者，除月粮外，每名日支行粮一升五合，如放折色，每升折银一分。

各城镇副参、游守等营随操官军，如遇征调，系百里之外者，千把总官每员日支粟米三斗。管队官旗□□伍军士，每员名日支粟米一升五合（如放□□，例与前□）。

主兵马骡料草则例

合镇官军下马除夏秋牧青不支外，每年春冬六个月，每匹月支料九斗，小尽减三升，每石折银二钱。内正、二、三、十二月，每匹支草三十束，小尽减一束，每束折银五厘。嘉靖三十七八年以后，各军自行采牧，官不支放，惟广宁十哨，去草场颇远，照常日给一束，折银五厘。

总兵营随军，并新拨右游击营驼炮驴，每头日支料三升，折银六厘；草一束，折银五厘，小尽扣减。

以上马驴，如遇征调，料草扣支。

总兵营调到选锋军壮马，止支行料草，每匹日支料三升，折银九厘；草一束，折银六厘，小尽扣减。

各驿走递马、骡、驴，除夏秋不支外，春冬六个月，每匹月支料九斗，小尽扣减。骡、驴每头月支料四斗五升，小尽扣减不支草。

金、复、盖三卫，驿马料草俱不支给。

冬衣布花则例

各营堡通事头目、出哨、夜不收、守瞭边台墩军及操司罢堡军系旧额者，与家丁及各卫头目、通事、来降鞑子、守腹里墩台军系旧额者，与□驿安插递运所扛抬军、走递军、铺兵军、永宁监恩军，每名俱岁支布四匹、花一斤八两。如系营堡抽垛招集军与报效军舍，及各卫抽选与守门舍丁、老幼鞑子、纪录幼军，每名俱岁支布二匹、花一斤八两。布每匹折银二钱六厘二毫五丝，花每斤折银五分。

卷一七《辽东镇沿革事例》

正德七年，〔户科给〕事中张□等题，□革边镇□□。尚书孙交议覆：行各督抚并管粮郎中查勘放粮折银则例，不系旧例者，尽行改正。米则丰年敛而凶年放，价则凶年折而丰年支，务随时低昂，以立平准之法，其私役卖放，及无故调遣，浪费行粮等弊，尽数查革。

卷一七《辽东镇沿革事例》

（景泰）七年，都御史李宾题议：沿边腹里荒地四千九百三十三顷四十五亩，未拨屯种。查得永平府所属一州五县，并蓟州、丰润、玉田、遵化、平谷五州县，原选民壮春初务农，农隙操练，合无每名拨地一顷耕种，秋成照民田则例，上纳子粒五石。本部覆准（此民屯之始）。

卷一八《蓟州镇沿革事例》

俸给则例

镇、朔、营州右屯、遵化、东胜右、忠义中、兴州左前屯、开平中屯、宽河守御各卫所：

指挥使月支粮一石，上半年月支折俸银二两二钱二分八厘五毫，下半年月支一两三钱六分。

指挥同知月支粮一石，上半年月支折俸银一两七钱一分四厘二毫，下半年月支一两九分。

指挥佥事月支粮一石，上半年月支折俸银一两六钱，下半年月支一两三分。

正千户月支粮一石，上半年月支折俸银一两，下半年月支六钱二分。

卫镇抚与副千户同，月支粮一石，上半年月支折俸银八钱八分五厘七毫，下半年月支五钱六分。

实授百户月支粮一石，上半年月支折俸银六钱五分七厘一毫，下半年月支四钱四分。

所镇抚与试百户同，月支粮一石，上半年月支折俸银五钱四分二厘八毫，下半年月支三钱八分。

以上官员，如调赴关营管事者，俸银照旧，折色粮照边军折色银数，明注册内，俱在本卫造支。如撤回及发回该卫，各照在卫旧例关支。敢有隐冒者，并掌印官，俱照侵欺边粮事例问罪。

经历月支粮二石，上半年月支折俸银四钱二分八厘五毫，下半年月支三钱二分。

知事月支粮二石，上半年月支折俸银四钱，下半年月支三钱五厘。

吏目月支粮二石，上半年月支折俸银三钱一分四厘二毫，下半年月支二钱六分。

令史月支粮三斗，上半年月支折俸银九分七厘一毫，下半年月支五分一厘。

典司吏月支粮三斗，上半年月支折俸银四分，下半年月支二分一厘。

武举月支本色粮三石。系指挥、千百户，仍支原职俸粮。如年老有疾，革任闲住等项，应支俸粮照例全半支给，原加米三石，截日住支。如军民舍余中式武举，果系年老有疾，革任闲住，通不准支给。敢有隐情冒支，并该卫掌印官，各照侵欺边银事例问罪。

老疾官月粮折俸俱支一半。

优给官月粮折俸全支。

故绝官妻支月粮，不支折俸。

立功官不支粮俸。

以上各官，如有犯罪革发回卫闲住、年老有疾等项，有该全除或半支者，并只身幼军等项，例支四斗五升，或三斗，俱听兵备道行该卫严查，不许混造冒支。若应开除而不开除，应半支而全支，或应支三斗，或四斗五升，而混冒别项多支者，并该卫掌印官，各照侵欺边粮事例问罪。

蓟州等仓库大使、副使见任者，月支粮二石，折俸银三分二厘。

守支仓大使、副使，月支粮一石五斗，折俸同其库官支折色价值，与在卫例同。

各仓攒典见役者，月支粮五斗，守支者不准。

主兵月粮则例

各卫所随蓟州、遵化二守备城操军，在卫守城门铺军、摆堡军、摆船军、杂造局军并杂差，正军月支粮六斗；非系正军者，不准混支六斗。

只身军月支粮四斗五升。

纪录幼军、杂差余丁，每月大尽支粮三斗，小尽二斗九升，其办料余丁及营州右屯卫办料军，尽行革除。

神木、黑窑厂、南海子军，月支粮四斗。查果在京应役者，京通支给；在边应役者，边仓支给。如有虚名而无实役者，俱不准支。

遵化铁冶厂做工军匠、看厂军，月支粮六斗；军匠加口粮三斗，看厂军加一斗五升，民匠并贫囚月支粮三斗，内民匠止支半年。

以上月粮，上半年支本色。如本色不敷，与下半年俱支折色，每石一例折银四钱。

马兰谷、松棚谷、太平寨三路营哨，并所属将军营、黄崖口、宽佃谷、大安口、罗文谷、洪山谷、龙井儿、喜峰口、董家口、榆家岭、擦崖子各守提下尖哨并通事，月支粮一石，帮支一石。

夜不收月支粮一石，加支三斗。内所加粮，大尽准三斗，小尽二斗九升，其本折随正粮支。

战台军照密云事例，月支正粮一石，不准加粮。

墩军月支粮一石，每年七月至十月，每月加支二斗。

操守军、塘拨军、家丁、尖儿手、勇壮、遵化三屯操车军兵，各月支粮一石。

纪录幼军月支粮五斗。

瞭哨犯人每月大尽支粮三斗，小尽二斗九升，系正军不支。

督守空心敌台千、把、百总，系武生舍余选充者，在台各月支粮一石，撤下住支；系南兵及营军选充者，各有本等工食月粮，在台无。

巡抚标兵、遵化游兵、总兵标下三屯左右各营军士、募兵、家丁，月支粮一石。

三屯中营通事月支粮一石，帮支一石；夜不收月支粮一石，加支二斗。

巡抚标兵营选调各州县民壮、民兵，并家丁顶充民兵，每年各该子粒豆并工食，每名共派作银一十八两，各抵充月粮。

调操各路尖儿手，并标下中军听差、通事、夜不收、军牢、箭手，及存操新军与总兵标下调操奇兵、尖哨、勇壮、操车、募兵各月粮，如有常川调操听差者，照余御史新题事例，各营另册送兵备道，付管粮衙门查核坐放，本营截日住支。仍将收除的日先呈管粮衙门知会，或系更番轮拨差操时日不多者，各在本卫所造支。

三屯守备下城操军，准月支粮六斗，如自城操而选入各营者，明白收除，不许混冒。其上下半年本折价值，当与各处城操相同，但称该营地方与腹里不同，姑准照依边营一例支给。

以上月粮旧例，上半年支本色，如本色不敷，每石折银六钱五分；下半年支折色，每石折银四钱五分。近该督抚具题，本部议覆：上半年应支本色，分别营路离仓远近改折，准将松棚、太平二路关营巡抚标兵、遵化游兵、三屯左右中各营，支蓟仓本色一个月，折色五个月；马兰一路关营，支蓟仓本色四个月，折色二个月。折价改拟每石折银七钱，下半年折价仍照旧例，如荒年米贵，多给本色；丰年米贱，多给折色。听从各军所愿，不必拘定原议月分。其改折止为营路边军，此外在卫食粮、守城、城操、窑厂等军轻闲差役，俱照旧例支给，不许一概援以为例。

主兵兼食行粮则例

巡抚标下中军官，日支廪给粳米五升，行料草战马四匹，征调加支行粮家丁四名。

听用旧有六百六十员名，今定五百四十员名，内听用将官不过一十五人，原任副总、参、游者，各日支粟米三升，支行粮家丁三名，行粮料草马三匹。原任守备者，各日支粟米三升，家丁二名，马二匹。各官如奉委赴边督工造炮等项，止在标下收造其廪给丁马，不许在外重支。

旗牌官不过二十人，各日支粟米三升，丁马各一名匹。

答应官舍武举生，分为二班，每班不过二十五人，各日支粟米三升，丁马各一名匹，跟随出巡，书吏骑用并驮载卷箱马骡三十八匹头，料草准照旧常支。

听差有马通事，每班四名，各在该营路月支粮二石，无行粮。有马夜不收，每班五十名，内在该路食一石者，全支行粮；食粮一石三斗者，加一斗五升；通事、夜不收下马匹支行料草，俱下班住支。如支行料草之日，原路月粮草开除。有马快手，每班一十八名，各原有工食银二十七两，行粮料草俱不准支。鸟铳教师并无马家丁五十二名，行粮在营全支折色。军牢每班二十名，在城无行粮，出外日支粟米一升。有马箭手、吹鼓手七十三名匹，喂马骡军三十六名，俱在城无行粮料草，出外方准收支。巡抚标兵营游击随驿日支廪给粳米五升，战马四匹，征调各加驮马四匹。

中军坐营各准日支粟米五升，正马一匹，征调加驮马一匹。

千把总各准日支粟米三升，正马一匹，征调加驮马一匹。

百总准日支粟米二升，正马一匹。

以上正马，有系常支料草者，有止支月粮草者，俱照本营旧例。

旗总、车正日支粟米一升五合，其百总、旗总、车正行粮，应照常支，与调遣全半关支者，俱与所管军一例。

听差、答应官系滥设，合行革除。

民壮、民兵两名并为一名，民兵岁得工食银一十八两，民壮连子粒豆，亦岁得工食银一十八两，较之他兵，颇为优厚。行粮本应量革，俱称官征私讨数多拖欠，且系题请准支，今姑准在营之日，各兵行粮全支折色，征调本折间支，马匹料草仍旧。每年上半年六月，下半年十二月放班休息，各行粮料草截日住支。

标兵营募军共计有七百余名，行粮料草查经题准，合令在营之日行粮全支折色，征调本折间支，马匹料草仍旧。

本营两防调操各路有马尖儿手五百名匹，称系策应诸路之兵，查经题准给与行粮料草，并三屯营调操勇壮充作标兵，俱系一例，行粮料草合准仍旧，但春防定以四个月日，秋防定以五个月日，其余日期不许多支，内尖儿手撤防住支。

遵化游兵营游击随驿日支粳米五升，战马四匹，征调加驮马四匹。

中军坐营各准日支粟米五升，正马一匹，征调加驮马一匹。

千把总各准日支粟米三升，正马一匹，征调加驮马一匹。

百总准日支粟米二升，正马一匹。

以上正马，有系常支行料草，有止支月料草，各照本营旧例。

旗总、车正准各日支粟米一升五合，其百总、旗总、车正行粮应该常支，与调遣全半关支者俱与所管军丁一例。

旧额军马不支行粮料草，调遣照百里内外例全半支给，其马匹如在春冬，月粮仍截日扣除月料草。

操车马日支料三升，草一束，系常支。

存操新军在遵化不支行粮，赴边造炮，不分远近，日支粟米一升五合，如分发本提调下者，不准支。

蓟镇总兵标下中营总兵官随驿支廪给粳米五升，亲丁三十名，战马一十五匹。

中军官日支粟米五升，战马四匹，征调加家丁四名。

把总日支粟米三升，正马一匹，征调加驮马一匹。

百总准日支粟米二升，正马一匹。

以上有系常支行料草，有止支月料草，各照本营旧例。

旗牌官在营日支粟米一升五合，出百里之外支三升，各正马一匹。

家丁、亲丁日支粟米一升五合，在营全支折色，出征之日仍本折间支。各丁下马匹，果系将官随任带来者，解送该道印烙明白，方准照旧常支料草。如系抢兑营伍军下马匹，止支本等月料草，不许冒支行料草。

各路调来打造军匠日支粟米一升五合，停工住支。

杂流军并马，在营不支行粮料草，调遣照百里内外例，全半支给；其马匹如在春冬月分，仍截日扣除月料草。

总兵下食粮官生、标下随带听用官生，虽非正项额设之数，皆系练兵必用之人，但丁马行粮为数颇多，不无糜费，合定千把总一十四员，各日支粟米三升，家丁二名，正驮马二匹。

武生二十五名，各日支粟米三升，家丁一名，正驮马二匹。其余双粮，并空丁、空马名色俱行革除。及查此额官生，系今增设。如以后人数缺少，止给见在，不必取盈，亦不许援为额例。

标下调操各路尖哨既食双粮，其行粮不准支给。

总兵标下奇兵、管奇兵千把总日支粟米三升，百总日支二升，正马一匹。

奇兵系选调各路尖夜，原支月粮二石，并中营通事俱日支粟米一升五合，官兵下马日支料三升，草一束，通事常支，奇兵回路休息住支。

三屯车营把总日支粟米三升，正马一匹，征调加驮马一匹。

三屯车营募兵行粮，查该营见在募车兵一百二十九名，俱在各路顶缺，食月粮一石，内九十五名原不支行粮，三十四名常支行粮，一营军士难以异同，且人数不多，合行量□行粮，止准一例造支月粮。

调来各路瞭哨人犯，原系充徒罪囚，在营拉车充役，以与在墩守哨，无甚艰苦，止准原支月粮三斗，不许再支行粮。

以上官兵，下马日支料三升，草一束。

三屯左右营游击随驿日支粳米五升，战马四匹，征调加驮马四匹。

中军坐营准各日支粟米五升，马一匹，征调加驮马一匹。

千把总准各日支粟米三升，正马一匹，征调各加驮马一匹。

以上正马，有系常支行料草，有支月料草，各照本营旧例。

管家丁百总、旗总系充选者，准各日支粟米一升五合，家丁并两防调操勇壮日支粟米一升五合，勇壮撤回住支，家丁行粮在营全支折色，出征之日本折间支，各家丁下马匹，查照总兵标下家丁例行。

本营旧额军马，在管不支行粮料草，遇调照百里内外例，全半支给，其马匹如在春冬月分，仍截日扣除月料草。

马兰、松棚、太平三路参、游、守备，日支廪给粳米五升，各关提调日支粟米五升，其三路区将各行料草战马四匹，守备提调各月料草正马一匹。龙井儿守备旧有常支行料草战马二匹，合行革除。

本镇各路塘拨官俱无行粮，惟马兰路造支，相应革除。督台官生据称吃紧倚赖，委应优恤，但查在台千把百总，多系南兵及本处官兵选充，各有本等工食月粮，此外间有取自本地武生舍余顶缺关支月粮者，议欲革支月粮，加给行粮，似欠均平。合行酌处，除武生舍余原有顶缺支粮者仍旧外，合准两防之日，不分南北，千总各日支粟米三升，把总各日支粟米二升，百总各日支粟米一升五合，俱撤防住支。有警之日，千把总各加正马一匹，支行料草，事缓即止。

家丁日支粟米一升五合，准在营全支折色；出征之日仍听本折间支，各丁下马匹，查照前例行。

太平寨参将下，共有家丁二百三十一名，与原题召募事例数目不合，相应照数裁正，准留家丁二百名，其余革去，不许一概滥支行粮。

塘拨军马原系两防关支行粮，近年间有改为常支，据议减给口粮，停革马草，恐贫军不堪，合准春防定拟三个月日，秋防定拟四个月日，照依旧例支给行粮，日支粟米一升五合，料三升，草一束，撤防住支。其二、

三、十月主兵项下马匹月料草明白扣除，不得重支。

　　修台匠役日支粟米一升五合，停工住支。

　　腹里、蓟州、遵化三屯营各守备随驿日支粳米五升。

　　以上廪给，除随驻扎附近驿分关支，自有定例外，其行粮粳米俱系折色粟米料草款，开本色者支折色，余俱本折间支。粳米每石折银二两，粟米每石折银六钱二分一厘，料豆每石折银四钱，折色大干草每束折银一分七厘。每年七、八、九月马匹牧青，本色小干草每束折银一分三厘。其改支标兵、家丁折色，每石照依定价六钱二分一厘支给。

马匹料草则例

　　马兰、松棚、太平三路，遵化、标、游三屯左右中营，除标兵、民壮、民兵、家丁下马，并操车马支行料草外，其余常操军下马骡，除夏秋二季牧青外，春冬六个月支料，每匹月大尽支九斗，小尽八斗七升；春三个月支草，每匹月大尽支三十束，小尽二十九束，内有征调马及各路塘拨马，并调赴遵化三屯操练勇壮尖儿手马，如在春冬月分支行料草者，月料草截日扣除。

　　三屯营守备下差操马，除夏秋二季牧青外，春冬六个月支料，每匹月大尽支九斗，小尽八斗七升，其春季旧支草束，查得马匹既属城操之数，难引征调之例，不准支给。

　　蓟州、遵化二守备城操军下马，除夏秋二季牧青外，春冬六个月支料，每匹月大尽支九斗，小尽八斗七升，无草。

　　以上各马匹料草与各军月粮，一处造支，以便查考。其料豆冬三个月给折色，每石折银二钱五分；春三个月给本色，如本色不敷，照例折支，其草每束折银一分七厘。

客兵行粮料草则例

　　额派河南领班都司，宣府入卫游击，驻扎马兰路；保河民兵游击，天津领班都司，驻扎松棚路；大宁、河南、定州、忠顺营领班都司，驻扎太平路；俱两防八个月支行粮料草。如三路游击都司廪粮，每月支粳米一石五斗。

中军千把总每月支粟米九斗，系宣府入卫者粳粟间支。

百总管队官每月支粟米六斗，系宣府入卫者粳粟间支。

河南、定州百总旗军，天津百队班兵，保河车正旗队民兵，大宁军士，宣府入卫旗军，俱每月支粟米四斗五升。

正驮马、军丁马、拽车骡俱每月支料九斗，草三十束，大干草七个月，小干草一个月。

大宁春防系都司支料草四个月，内小干草一个月；秋防系游击支料草四个月，料并大干草俱本折间支，小干草全支折色。

太平路回营拽车骡，除两防支赴班料草外，六、七、十二、正共四个月，应与三屯新军喂养，每头支九斗，草三十束，大小干草各二个月，俱折色。

以上廪给行粮粳米，每石折银二两，粟米料草除支本色外，折色粟米每石折银六钱二分一厘，料每石折银四钱，大干草每束折银一分七厘，小干草每束折银一分三厘。

南兵粮料工食则例

统领马、松、太三路南兵副总兵、都司，岁支粳米每月一石五斗。

中军官督造军火器械并练兵、传烽、领兵守台千总，岁支工食每月银三两。

领兵管台把总岁支工食，每月银二两一钱。

百总、教师、兵夫岁支工食，每月银一两五钱，内管台百总两防八个月，每名每日加工食银一分。

副总兵、都司、中军、千把百总马，副总兵、都司下金鼓旗帜等马，岁支料草，每月支料九斗，草三十束，本折间支，草支大干草九个月，小干草三个月；料豆、大干草本折间支，小干草全支折色，则例与上同。

冬衣布花则例

马兰谷、松棚、太平三路，遵化、标、游三屯左右中军、旗军家丁，每名支布三匹。

三屯营守备下城操军士月粮，既与各处城操一例，布花亦当相同，以后每名支布二匹，花一斤八两。如有城操而选入各营者，准支布三匹。

纪录军每名支布二匹，花一斤八两。

标兵营民壮民兵与家丁顶当者，无布花。

蓟州镇、朔、营州右屯、遵化、东胜右、忠义中、兴州左前屯、开平中屯、宽河守御各卫所总旗城操军，杂差正军并喜峰口吉城驿军，每名支布二匹；只身军并纪录幼军，每名支布一匹，花各一斤八两。

铁冶厂做工军匠无布花，各卫空名办料军士余丁布花与月粮，一体革除。

以上布花系折色者，边关一例，布每匹折银二钱五分，花每斤折银六分；如在本年正月至七月新收者，各扣布一匹；其在八月以后新收者，俱不准支。前项应支布花，俱随月粮造支，以便查考。仍听兵备道严行各营路卫所，分别旗军、城操、纪录幼军、只身等军多寡，实数开造，不许混冒；如应开除而不开除，及应支一匹、二匹，而混顶别项多支者，并掌印官，各照侵欺边粮事例问罪。

卷一八《蓟州镇沿革事例》

卫所官员俸粮则例

永平、卢龙、东胜左、抚宁、兴州右屯、山海六卫指挥使月支粮一石，上半年月支折俸银二两二钱二分八厘五毫，下半年月支一两三钱六分。

指挥同知月支粮一石，上半年月支折俸银一两七钱一分四厘二毫，下半年月支一两九分。

指挥佥事月支粮一石，上半年月支折俸银一两六钱，下半年月支一两三分。

正千户月支粮一石，上半年月支折俸银一两，下半年月支六钱二分。

卫镇抚与副千户同，月支粮一石，上半年月支折俸银八钱八分五厘七毫，下半年月支五钱六分。

实授百户月支粮一石，上半年月支折俸银六钱五分七厘一毫，下半年月支四钱四分。

所镇抚与试百户同，月支粮一石，上半年月支折俸银五钱四分二厘八毫，下半年月支三钱八分。

以上官员，如调赴关营管事者，俸银照旧，折色粮银照边军折色银数明注册内，俱在本卫造支，如撤回及发回该卫，即照旧关支。

经历月支粮二石，上半年月支折俸银四钱二分八厘五毫，下半年月支三钱二分。

知事月支粮二石，上半年月支折俸银四钱，下半年月支三钱五厘。

令史月支粮三斗，上半年月支折俸银九分七厘一毫，下半年月支五分一厘。

典司吏月支粮三斗，上半年月支折俸银四分，下半年月支二分一厘。

武举月支本色粮三石，系指挥、千百户者，仍支原职俸粮，如年老有疾、革任闲住等项，应支俸粮照例全半支给，原加米三石，截日住支。军民舍余中式武举者，果系年老有疾、革任闲住，亦不准支给。

老疾官月粮折俸俱支一半。

优给官月粮折俸全支。

故绝官妇女支月粮，不支折俸。

立功官本折俸粮俱不支给。

仓大使、副使见任者各月支米二石，守支米一石五斗。

见役攒典月支粟米五斗，守支者不准俱照旧坐支，主兵本色米石，不准照时估折色。

关营主兵月粮料草则例

燕河、台头、石门、山海四路所属冷口、桃林口、青山口、界岭口、义院口、大毛山、一片石、南海口各守提下尖哨、哨夜、奇兵、炮手，月支一石，帮支一石。

夜不收月支一石，帮支三斗，小尽减一升。传烽守墩军月支一石，每年七月至十月，每月帮支三斗，撤防住支。

操守旗军、塘拨军家丁壮勇、建昌马车二营募兵军，月支一石。

提督空心台千把百总，系武生舍余选充者，在台各月支粮一石，撤下住支；如系南兵及营军选者，各有本等工食月粮，在台无。

纪录幼军月支五斗，瞭哨犯人月支三斗。

燕、台、石、山四路，建昌营骑操马骡，除夏秋牧青不支外，春冬六个月，每匹月支料九斗，内春三个月，每匹月支草三十束。

四路调操塘拨马，除两防就支行料草，回路各支十二月分料九斗，正月分料九斗，草三十束；腹里、永平城操马，新桥、海口马，岁支料六个月，每月九斗，不支草。

以上马匹料本折间支，每石折银三钱五分；草全支折色，每束折银一分七厘；腹里马春三个月本色，冬三个月折色，每石折银四钱。

卫所主兵月粮料草则例

永平、卢龙、东胜左、抚宁、兴州右屯、山海等卫旗军，新桥、海口旗军，月支一石。

旗军随永平守备下城操军、山海卫城操军、在卫守门巡捕军、走递军、看监军、斗级军、局军，月支六斗。

东胜左卫老弱军月支五斗。

城操幼军月支三斗。

以上官军，上半年本色，燕河、台头、石门三路支本色二个月，折色四个月。山海路本折中半，每石折银七钱；下半年支折色，每石折银四钱五分。其各卫岁支折色，每石折银四钱。

主兵兼食行粮料草则例

燕河、石门、山海三路参将，台头路游击，建昌马车二营协守副总兵，腹里、永平守备，俱岁支廪给粳米，每月一石五斗；提调岁支粟米，每月一石五斗。

中军坐营千把总岁支粟米，每月九斗。

百总岁支粟米，每月六斗。

守关寨官岁支粟米，每月四斗五升。

燕、石、山海三路，并建昌营家丁，修台匠役俱岁支；塘拨军岁支两防八个月；建昌军士岁支两防四个月，每月四斗五升；塘拨撤防、修台停工俱住支。

各营将官正驮马，家丁马，拽车骡每岁全支料草，塘拨马岁支料草八个月，每月料九斗，草三十束，料与大干草本折间支，内三个月支小干草，九个月支大干草；如塘拨马支小干草一个月，支大干草七个月。

客兵行粮料草则例

额派延绥入卫游击驻扎燕河路，辽东入卫游击驻扎台头路，大宁河间领班都司驻扎石门，如三路游击都司廪粮，每月支粳米一石五斗。

中军千把总每月支粟米九斗；延、辽入卫粳粟间支，延、辽百总每月支米六斗，粳粟间支；大宁、河间百总并旗军，每月支粟米四斗五升。

正驮战驮马、旗军马，俱每月支料九斗，草三十束；支大干草七个月，小干草一个月；料并大干草俱本折间支，小干草全支折色。

南兵工食料草则例

统领燕、台、石、山、南台参将岁支粳米，每月一石五斗。

中军官领兵管台千把总岁支工食，每月三两。

领兵管台把总岁支工食，每月二两一钱。

百总、教师、兵夫岁支工食，每月一两五钱，内管台百总两防八个月，每名每日加银一分。

参将中军千把百总马、参将下金鼓旗帜等马，月支料九斗，草三十束；大干草九个月，小干草三个月，料豆大干草本折间支，小干草全支折色，价折与前同。

冬衣布花则例

建昌营炮手、操守军家丁募兵，每名岁给冬衣布三匹，花一斤八两；老幼军每名岁给冬衣布二匹，花一斤八两。

燕河、台头、石门、山海四路尖、夜、奇兵、炮手、夜不收、传烽、守墩军、操守军家丁、塘拨军游兵，每名岁给冬衣布三匹，花一斤八两；老幼军每名岁给布二匹，花一斤八两。新桥、海口、永平城操三营军，每名岁给布三匹，花一斤八两；总旗城操局补守门等军，并老弱军幼军操余，每名岁给布二匹，花一斤八两。布每匹折银二钱五分，花每斤折银六分。

卷一九《永平镇沿革事例》

官吏俸粮则例

密云、营州、兴州、潮河川、梁城守御各屯卫所指挥使月支粮一石，上半年月支折俸银二两二钱二分六厘六毫，下半年月支一两三钱六分。

指挥同知月支粮一石，上半年月支折俸银一两六钱七分六厘一毫，下半年月支一两九分。

指挥佥事月支粮一石，上半年月支折俸银一两六钱，下半年月支一两三分。

正千户月支粮一石，上半年月支折俸银一两，下半年月支六钱二分。

卫镇抚、副千户月支粮一石，上半年月支折俸银八钱八分五厘七毫，下半年月支五钱六分。

实授百户月支粮一石，上半年月支折俸银六钱五分七厘一毫，下半年月支四钱四分。

所镇抚月支粮一石，上半年月支折俸银五钱四分二厘八毫，下半年月支三钱八分。

试百户月支粮一石，上半年月支折俸银五钱一分四厘一毫，下半年月支三钱六分五厘。

总旗月支粮一石，上半年月支折俸银二分六厘五毫，下半年月支一分五厘。

以上官员，如调赴关营管事者，俸粮照旧，折粮银照边军折色银数，俱在本卫造支，如回该卫，即照旧关支。

经历月支粮二石，上半年月支折俸银四钱二分八厘四毫，下半年月支三钱二分。

知事月支粮二石，上半年月支折俸银四钱，下半年月支三钱五厘。

吏目月支粮二石，上半年月支折俸银三钱一分四厘二毫，下半年月支二钱六分。

令史月支粮三斗，上半年月支折俸银九分七厘一毫，下半年月支五分一厘。

典司吏月支粮三斗，上半年月支折俸银四分，下半年月支二分一厘。

武举月支粮三石，系指挥、千百户者，仍支原职俸银，如年老有疾、革任闲住等项，应支俸粮照例全半支给。原加米三石，截日住支。如军民舍余中式武举者系年老有疾、革任闲住，通不准支。

优给官月粮折俸全支。

老疾官月粮折俸俱支一半。

故绝官妻支月粮，不支折俸。

立功官不支粮俸。

仓场见任大使、副使、驿丞各月支粮二石，守支大使、副使月支粮一石五斗。

见役攒典月支粮五斗，守支者不准。

以上粮俸，除密云后卫、潮河川等处查系边卫，上半年折色加增外，其余上半年支本色，下半年支折色。如本色不敷，与下半年每石折银四钱五分。武举、驿丞、卫所令、典司吏、仓场攒典，本折与卫所例同，其经历、仓场官月粮不分上下半年，每石折银八钱，不得照依时估，以致冒滥。

主兵月粮则例

密云中后二卫、梁城所存恤军月支米一石。

守备捕盗军、军门随征军月支八斗。

城操守门军月支六斗，潮河川同。

老幼军月支五斗。

军牢月支口粮三斗。

石塘、古北、墙子、曹家四路营哨，并所属白马关、潮河川、靖虏营等各提调下尖哨奇兵、军门标下教师，月支一石，帮支一石。

夜不收月支一石，帮支三斗，小尽减一升。

传烽守墩军月支一石，每年七月至十月，每月帮支三斗，撤防住支。

操守塘拨旗军家丁，军门标下将官家丁，密云左右标下百总，援兵军丁，振武、石匣奇兵，营车正新旧奇兵，军士家丁乡兵，辎重车营新军各月支一石。

督守空心敌台千把百总，系武生舍余选充者，在台月支一石，撤下住支；系南兵及营军选充者，各有本等工食月粮，在台无。

新验老弱守偏僻台座军月支七斗。

纪录幼军月支五斗。

瞭哨犯人月支三斗，小尽减一升，正军不支。

以上官军，上半年支本色四个月，折色二个月；关营每石折银七钱，卫所每石折银六钱五分；下半年全支折色，俱每石折银四钱五分。

主兵兼食行粮则例

军门标下中军，石塘、古北、墙子路参将，曹家路、振武、石匣新募奇兵，密云标下游击协守副总兵，辎重车营将官，腹里、密云、三河守备，俱岁支粳米，每月一石五斗。

提调月支粟米一石五斗。

中军、千把总，军门标下听用将官、旗牌、千把总、武举、指挥、千百户、答应官生月支粟米九斗，内新募奇兵营中军、坐营千把总减半支给，在营全支折色，遇调照百里内外，全半本折间支；延绥、保定千把总岁支十个月，如辽东、延绥粳粟间支，余俱支粟米；若系南兵官，另支工食，不支行粮。

百总月支粟米六斗。

守关寨官月支粟米四斗五升。

石、古、曹、墙四路家丁，密云标下各营主兵，振武、石匣营车正家丁，辽东兵并军门标下延绥、保定军兵岁支十个月；塘拨军、大同兵岁支八个月；赴边防守主兵岁支四个月，俱粟米，每名月支四斗五升。

马匹料草则例

石、古、曹、墙四路骑操马，除夏秋牧青外，春冬六个月，每匹月支料九斗，内春三个月，每匹月支草三十束。

四路调操塘拨马，除两防支行料草外，四路各支十二月分料九斗，正月分料九斗，草三十束。腹里捕盗马，每匹月支料九斗，草三十束，内春三个月，料草兼支；冬三个月，料支本色，草支折色。

以上料草，本折间支料，每石折银四钱，草每束折银一分七厘。

标下战马，各营将官正驮马，家丁、乡兵、奇兵旗鼓马，援兵骑操马，辎重车骡，俱每岁全支料草。塘拨马岁支料草八个月，每匹月支料九斗，草三十束；料俱本折间支，三个月支小干草，九个月支大干草；塘拨马支一个月小干草，七个月大干草。石匣营骑操马，两防上边四个月，每匹月支料九斗，大干草三十束。

客兵行粮料草则例

大水谷、大同入卫二营游击，驻扎石塘路；山东领班都司，延绥入卫游击，驻扎古北路；河间班军，春防都司，秋防游击，保定领班都司，驻扎曹家路；大同入卫游击，驻扎墙子路；俱两防八个月支行粮料草。内延绥支十个月，四路游击都司廪粮，每月支粳米一石五斗。

中军、千把总每月支粟米九斗，百总每月支粟米六斗，山东班军百总旗军每月支粟米四斗五升。

正驮、骑操等马俱支料九斗，草三十束，支大干草七个月，小干草一个月。

河间春防系都司，支料草四个月，每月支料九斗，草三十束，大干草三个月，小干草一个月；秋防系游击，支料草四个月，料与大干草本折间支，小干草全支折色。

以上廪给行粮粳米，每石折银二两，粟米每石折银七钱，料每石折银四钱，大干草每束折银一分七厘，小干草每束折银一分三厘。

冬衣布花则例

石塘、古北、曹家、墙子四路军士，除支二匹、三匹者照旧外，凡支四匹者，裁为三匹。

幼军布二匹，花一斤八两；标下左右二营，振〔武〕、石匣新旧奇兵营军丁俱布二匹，花一斤八两。

密云守备捕盗军，密云中卫局匠，并军门标下杂差、军伴、家丁，俱每名布二匹，守门军一匹。

潮河川旗军并遵化标兵、石匣营公差军、石匣驿军，每名布二匹。

密云后卫旗军每名布二匹，花一斤八两。

营州中屯、兴州后屯二卫城操军、修仓军、厂军，每名布二匹，老疾军一匹。

营州后屯卫城操、修仓军，厂军布二匹，花一斤八两。

营州前屯卫守门并杂差军，三屯营军、修仓军、厂军布二匹，花一斤八两，在内有折布钞一匹者，俱裁革。

以上布花，如系折色，边卫一例，布每匹折银二钱五分，花每斤折银六分，如在本年正月至七月新收者，各扣布一匹，在八月以后者，不准支。

卷二〇《密云镇沿革事例》

〔嘉靖〕四十一年，督抚杨选等题称：曹家寨原议添募游兵三千名，召募不充，每岁春秋二班，各拨班军二千名赴彼，随游击操练，乞加行粮。尚书高耀覆：准照客兵行粮则例，每月每名加米五升，以示优恤。

卷二〇《密云镇沿革事例》

官吏俸粮则例

延庆、白羊、渤海、营州左屯四卫所指挥使月支粮一石，上半年月支折俸银二两二钱二分八厘五毫，下半年月支一两三钱六分。

指挥同知月支粮一石，上半年月支折俸银一两七钱一分四厘二毫，下半年月支一两八分三厘三毫。

指挥佥事月支粮一石，上半年月支折俸银一两六钱一厘六毫，下半年月支一两三分。

正千户月支粮一石，上半年月支折俸银一两，下半年月支六钱二分。

卫镇抚与副千户俱月支粮一石，上半年月支折俸银八钱八分五厘七毫，下半年月支五钱六分。

实授百户月支粮一石，上半年月支折俸银六钱五分七厘一毫，下半年月支四钱三分七厘六毫。

试百户月支粮一石，在营州左屯卫上半年月支折俸银五钱四分二厘八毫，下半年月支三钱八分；在延庆卫上半年月支折俸银三钱五分一厘四毫八忽，下半年月支二钱九分。

白羊、渤海二所正千户月支粮一石，上下半年月支折俸银一两。

实授百户月支粮一石，上下半年月支折俸银六钱五分七厘。

试百户月支粮一石，上下半年月支折俸银四钱八分五厘六毫。

以上官员，如调赴关营管事者，俸粮照旧，折色粮银照边军折色银数，俱在本卫造支。如撤回及发回该卫，即照旧关支。敢有隐冒者，并掌印官，俱照侵欺边粮事例问罪。

经历月支粮二石，上半年月支折俸银四钱二分八厘五毫，下半年月支三钱二分。

知事月支粮二石，上半年月支折俸银四钱，下半年月支三钱五厘。

吏目月支粮二石，上半年月支折俸银三钱一分四厘二毫，下半年月支二钱六分。

令史月支粮三斗，上半年月支折俸银九分七厘一毫，下半年月支五分一厘。

典司吏月支粮三斗，上半年月支折俸银四分，下半年月支二分一厘。

武举月支本色粮三石，系指挥、千百户者，仍支原职俸粮，如年老有疾、革任闲住等项，应支俸粮照例全半支给，原加米三石，截日住支。如军民舍余中式武举者，果系年老有疾、革任闲住，通不准支给。敢有隐冒者，并该卫掌印官，各照侵欺边粮事例问罪。

老疾官月粮折俸俱支一半。

优给官月粮折俸全支。

故绝官妻月支粮，不支折俸。

立功官不支粮俸。

以上各官，如有犯罪问革、发回闲住、年老有疾等项，有该全除或半支者，俱听兵备道行该卫严查，不许混造冒支。如违，并该卫掌印官，各问侵欺重罪。

仓大使、副使见任者月支米二石，守支者月支米一石五斗。

见役攒典月支米五斗，守支者不准。

主兵月粮则例

横岭、居庸、黄花三路管哨，并所属白羊口、镇边城、灰岭口、长谷城、八达岭、石峡峪、黄花镇、渤海所各守提下夜不收，月支一石，帮支三斗；内黄花路远哨通事、尖哨、夜不收月支一石，帮支一石。

各管路操守军丁，永安营援兵家丁，标兵营新军家丁，黄花路战台军月支一石。督守空心台千把百总，系本城武生舍余选充者，在台各月支一石，撤防住支。系南兵及营军选充者，各有本等工食月粮，在台无。

长陵等八卫、奠靖所旗军，月支粮一石；延庆、营州左屯二卫，渤海、白羊、镇边三处城操军，月支八斗。

各驿走递军月支一石。

怀柔捕盗军月支六斗。

杂差军月支五斗。

孤老军月支三斗。

以上官军，除永、标二营旧军，巩、昌二营军士家丁，春、夏、冬三季在京仓支本色外，秋季止支折色。上半年，如横岭、黄花二路全支本色，居庸路支本色三个月，折色三个月，每石折银七钱；下半年，全支折色。镇边、横岭二处每石折银六钱，长峪城、黄花镇每石折银五钱，白羊城、居庸路每石折银四钱五分。其卫所如渤海、白羊、镇边三所城操、杂差军士，上半年全支本色，延庆卫并驿递、捕盗、孤老军，支本色三个月，折色三个月，每石折银七钱，下半年全支折色，每石折银四钱五分。

主兵兼食行粮则例

横岭、居庸、黄花三路参将，巩华、昌、标三营游击，永安坐营，天寿山守备太监，昌平、怀柔、黄镇三守备，俱岁支廪给稻米，每月一石五斗。

提调岁支粟米，每月一石五斗。

中军千把总、守关寨守台千总、四营中军哨把总，岁支粟米，每月九斗，内塘拨官止支七个月。

守台把总岁支粟米每月六斗。

三路四营家丁俱岁支，塘拨军支两防七个月，俱每月四斗五升。

黄花路常住京卫班军，每月支口粮三斗，内有止支两防六个月者，赴边防守主兵支两防四个月，每月二斗二升五合。

马匹料草则例

横岭、居庸、黄花三路骑操马骡，夏秋牧青不支料草外，春冬六个月，每匹月支料九斗，内春冬三个月，每月支草三十束，俱折色。

巩华标守四营骑操马，太监守备并巡逻马，每月料九斗，草三十束，本色三个月，折色九个月。

回营塘拨马，除两防支行料草外，回路各支十二月分料九斗，正月分料九斗，草三十束，俱折色。

永陵监神马每岁全支本色料草，每月料九斗，草三十束。

各陵监马，春冬二季，每月支本色料九斗，草三十束，骡减半支给。

昌平城操马，奠靖所巡捕马，居庸驿马骡，每岁全支料草，每月料九斗，草三十束。

怀柔捕盗马，春冬二季，每月支料九斗，不支草。

榆林、土木二驿马骡，春冬二季，每月支草三十束，不支料，俱折色。

以上各营路，料每石折银四钱，内昌平城操、巡逻，奠靖所巡捕马，夏秋二季，居庸驿四季，俱每石折银三钱五分；草如三路，每束折银一分七厘，四营每束折银一分二厘。

天寿山昌平守备马草，除本色外，其折色仍分五、六、七三个月，小干草每束折银一分三厘；余六个月，大干草每束折银一分七厘。榆、土二驿，每束折银二分。居庸驿、奠靖所、昌平城操、巡逻马草，俱每束折银八厘三毫。

客兵行粮料草则例

白羊营参将，保定忠顺管都司驻扎横岭路，京营佐击驻扎居庸路，宁夏入卫营副总兵，山东领班都司驻扎黄花路，俱两防八个月，支行粮料草，内宁夏支十个月，京营止支四个月。如三路副总参游佐击都司，廪粮每月支粳米一石五斗。

中军千把总每月支粟米九斗，系宁夏入卫者，粳粟间支。

宁夏管队官每月支米六斗，粳粟间支；总旗亦支六斗，粟米本折间支。

军士旗军每月支粟米四斗五升。

将官正驮马、军士马，每月支料九斗，草三十束，大干草七个月，小干草一个月，内宁夏马支大干草同，小干草三个月。

以上廪给行粮粳米，每石折银二两，粟米料草除支本色外，折色粟米每石折银七钱，豆每石折银四钱，大干草每束折银一分七厘，小干草一分三厘。

旗军冬衣布花则例

横岭、居庸、黄花三路旗军有家小并家丁支布二匹，杂差等项每名支布一匹，花各一斤八两；延庆、渤海、白羊各卫所杂差等军，即在各路数内，但有支折钞布者，今俱革除。

永安标兵二营家丁操司军，并标兵营召募新军，昌、巩二营军士家丁每名支布二匹，花各一斤八两。

怀柔守备下捕盗军，并营州左屯卫杂差等军，每名支布二匹，花各一斤八两。

以上布花，如系折色者，布每匹折银二钱五分，花每斤折银五分。其折钞布一匹，节年未支，今俱裁革。如系本年正月至七月新收者，各扣布一匹，八月以后者俱不准支。前项布花俱随月粮造支，严行各营路卫所，分别旗军、城操、纪录幼军、只身等军多寡，实数开造，不许混冒。

卷二一《昌平镇沿革事例》

官吏俸粮则例

大宁都司掌印都指挥月支粮四石八斗，两季折俸银一十四两八钱。

带俸都指挥月支粮一石，两季折俸银有支二十九两二钱二分七厘，有支十六两二钱九分七厘，有支十五两五钱五分八厘。

达官都指挥月支粮十石五斗，两季折俸银九两五分一厘。

都事月支粮二石，两季折俸银二两八钱四厘。

断事月支粮二石，两季折俸银一两五钱一分五厘五毫。

吏目月支粮二石，两季折俸银一两三钱七分九厘。

令史月支粮三斗，两季折俸银八钱四分五厘一毫。

典吏与知印月支粮三斗，两季折俸银二钱六分五厘二毫。

保定左、右、中、前、后，茂山六卫指挥使月支粮一石，两季折俸银一十九两六钱二分二厘。

指挥同知月支粮一石，两季折俸银一十六两二钱九分七厘。

指挥佥事月支粮一石，两季折俸银一十五两五钱五分八厘。

正千户月支粮一石，两季折俸银九两七分二厘。

茂山卫正千户月支粮一石，两季折俸银九两五分三厘三毫五丝。

卫镇抚与副千户月支粮一石，两季折俸银八两三钱三分三厘。

半俸副千户月支粮五斗，两季折俸银四两一钱六分六厘五毫。

实授百户月支粮一石，两季折俸银六两八钱五分五厘四毫。

半俸实授百户月支粮五斗，两季折俸银三两四钱二分七厘七毫。

所镇抚与试百户月支粮一石，两季折俸银六两一钱一分六厘六毫。

茂山卫试百户月支粮一石，两季折俸银五两五钱七分六厘五毫。

武举月支粮三石。

冠带总旗月支粮一石，两季折俸银三钱七分九厘。

经历月支粮二石，两季折俸银一两八钱九分四厘二毫。

知事月支粮二石，两季折俸银一两七钱五厘。

吏典月支粮三斗，两季折俸银二钱六分五厘二毫。

茂山卫令史月支粮三斗，两季折俸银一钱三分二厘六毫。

达官都指挥使月支粮十四石四斗，两季折俸银十二两四钱一分二厘八毫。

达官指挥使月支粮十石五斗，两季折俸银九两五分一厘。

达官指挥同知月支粮七石八斗，两季折俸银六两七钱二分三厘六毫。

达官指挥佥事月支粮七石二斗，两季折俸银六两六钱二厘四毫。

达官正千户月支粮四石八斗，两季折俸银四两一钱三分七厘六毫。

达官副千户月支粮四石二斗，两季折俸银三两六钱二分四毫。

达官实授百户月支粮四石，两季折俸银二两二钱一分六厘。

达官试百户月支粮三石二斗，两季折俸银一两七钱七分四毫。

涿鹿左、涿鹿中、涿鹿、兴州中屯四卫指挥使月支粮一石，两季折俸银一十八两六钱五分五厘。

指挥同知月支粮一石，两季折俸银一十四两七钱五分五厘。

指挥佥事月支粮一石，两季折俸银一十三两八钱九分。

正千户月支粮一石，两季折俸银八两四钱六分。

卫镇抚与副千户月支粮一石，两季折俸银七两五钱九分四厘。

半俸副千户月支粮五斗，两季折俸银四两四钱一分五厘。

实授百户月支粮一石，两季折俸银五两八钱六分。

涿鹿左卫半俸实授百户月支粮五斗，两季折俸银一两九钱五分八厘五毫。

涿鹿卫半俸实授百户月支粮五斗，两季折俸银三两九钱一分。

涿鹿中卫半俸实授百户月支粮五斗，两季折俸银三两五钱二分。

兴州中屯卫半俸实授百户月支粮五斗，两季折俸银一两九钱二分。

试百户月支粮一石，两季折俸银五两二分七厘。

冠带总旗并总旗月支粮一石，两季折俸银三钱四分二厘八毫。

冠带小旗月支粮一石，两季折俸银一钱三分七厘八毫。

兴州中屯卫旗役月支粮一石，两季折俸银九钱一分九厘。

经历月支粮二石，两季折俸银四两八钱。

令典吏月支粮三斗，两季折俸银六钱七分二厘。

优养官妇月支粮二石。

紫荆关中千户所正千户月支粮一石，两季折俸银九两七分二厘。

副千户月支粮一石，两季折俸银八两三钱一毫四丝。

实授百户月支粮一石，两季折俸银六两八钱三分二毫四丝。

半俸实授百户月支粮五斗，两季折俸银三两四钱二分七厘七毫。

试百户月支粮一石，两季折俸银五两四钱二分六厘六毫。

并枪总旗月支粮一石，两季折俸银一钱七分八厘。

吏目月支粮二石，两季折俸银二两五分七厘一毫四丝。

医官月支粮一石五斗。

参府令史月支粮一石五斗。

倒马关中千户所把总指挥月支粮一石五斗。

千百户官月支粮一石。

吏目月支粮二石。

司吏月支粮三斗，余俸俱在真定府库支。

儒学教授月支粮五石。

训导月支粮三石。

仓库大使月支粮二石。

保定左右中前后、茂山、涿鹿左、涿鹿卫、涿鹿中、兴州中屯十卫并儒学官员月粮，上半年每石折银六钱五分，下半年每石折银四钱五分。

紫荆关、倒马关二千户所官员月粮，春秋二季每石折银四钱五分。

常盈仓大使月粮，每石折银八钱。

陆矶仓、易州仓、永盈库大使月粮，每石折银九钱。

新城、马水口、浮图峪、丰济四仓大使月粮，每石折银六钱五分。

月粮兼行粮则例

保定左等五卫、在总兵标营、保定左营、车兵营，并蓟镇标下征操军与各关口轮班备御军，俱月支粮八斗。春秋两防在边，兼支行粮。忠顺总旗月支粮一石五斗，小旗月支粮一石二斗，军月支粮一石。在卫守城、守门、存恤军，月支粮六斗。老幼忠顺军月支粮五斗，纪录军月支粮三斗。

涿鹿、涿鹿中左、兴州中屯四卫，在白洋口游兵营征操军月支粮八斗，春秋两防在边兼支行粮,在卫守城、守门、看厂、巡路军,俱月支粮六斗,纪录军月支粮三斗。

茂山卫防边军,内系别余补充,月支粮一石,正军月支粮八斗,岁止防秋在边,兼支行粮。在卫杂差、小旗,月支粮一石。守城、守门军,月支粮六斗,纪录军月支粮三斗。

紫荆关常守军月支粮一石,防秋调赴乌龙沟,兼支行粮,备冬舍余,每年九月上班,十二月终下班,月支粮四斗,不支行粮。

本关总下浮图峪、白石口、宁静安、乌龙沟,并马水口、大龙门、沿河口、金水口,各常守军,月支粮一石,防秋俱在本处修守,不支行粮。

倒马关常守军月支粮一石,防秋调赴插箭岭,兼支行粮;守墩军丁,系正军月支粮一石,系余丁月支粮四斗五升。防秋四个月,每月加粮二斗五升,不支行粮。

本关总下插箭岭、吴王口、狼牙口、茨沟营军月支粮一石,防秋俱在本处修守,不支行粮。赴边行粮,每月四斗五升。

以上各镇官军,如轮班备御征操,并腹里卫所官军,俱折色,上半年每石折银六钱五分,下半年每石折银四钱五分。如金水口、乌龙沟等处常守官军,亦支折色,春秋二季,大月每石折银八钱六分;夏冬二季,小月每石折银四钱五分。防秋备冬舍余,二大月每石折银六钱五分,二小月每石折银四钱五分;如真定官军,上半年折色,苇箔、子过关、新城、十八盘等口,每石折银四钱五分;鹞子崖、龙泉关等口,每石折银八钱六分;真定每石折银四钱;定州每石折银三钱二分。

马骡料草则例

倒马关、插箭岭马骡每匹头,大尽月支料九斗,草三十束,小尽月支料八斗七升,草二十九束,料每石折银四钱,草每束折银一分五厘。

保定总兵标营、车兵营、保定左营、保定忠顺营、定州忠顺营、白洋口游兵营,马骡每匹头,大尽月支料九斗,小尽月支料八斗七升,月支草十束,料每石折银三钱五分,草每束折银一分五厘。

紫荆关随操营,金水口、浮图峪、白石口、大龙门、沿河口、马水口与定州游兵营，马每匹，大尽月支料九斗，小尽月支料八斗七升，每石折银四钱一分，不支草。

以上各营马骡，春冬支料草，夏秋牧青。凡遇春秋两防，调遣赴边全支。客兵料草，每匹头日支料三升，草一束，间日本折兼支，本色随本处仓场支领，折色赴镇关支。若回营日期在春秋二季，将在边行料草照数扣除。

冬衣布花则例

保定左右中前后、茂山、涿鹿、涿鹿左中、兴州中屯、紫荆、倒马各卫所，正军有家小，每名绵布三匹，本色二匹，折钞一匹，绵花一斤八两，只身旗军及巡营、守门铺、养马、看草、老幼、久病、残疾、复役未及三年逃军，每名布二匹，本色一匹，折钞一匹，绵花一斤八两。

卷二二《易州镇沿革事例》

〔景泰二年〕本年，副使王亮勘奏：本川堪种地共三万五千六百六十余顷，分作三段，各筑城堡，招取丁多田少人户住种，照依民田则例纳粮。尚书金濂覆：止令总兵等官，晓谕有力军民之家，就近入川耕种，免其子粒，候边情宁靖，另行处置（顺圣川，洪武初年，保安右卫及大同府卫军民于内住种，办纳税粮子粒。永乐十七年令尚书赵翙勘得本川东西长一百四十里，南北东各阔三十里，西阔六十里，中阔四十里，荒地一万二千六百九十顷，熟地二万七百九十顷，将前军民尽行起那各处，安插于本川，起盖马房牧马。正统十一年，内官撒英奴又奏：行赶逐先年川内住种军民，尽行牧马，差御史刘充彦、主事林兆会勘，仍给军民任根儿等于内耕种）。

卷二三《宣府镇沿革事例》

正德四年，尚书刘玑覆兵部侍郎胡汝砺题：丈量过宣府地方，公侯伯等官张懋等，水旱庄田七十六处，共地一千八百一十八顷七十九亩，内有粮地七百二十四顷三亩，无粮地一千九十四顷七十六亩。奉圣旨：是。公侯伯等官，既有常禄，在外庄田徒使利归佃户家人。见今边储缺少，各官岂无忧国足边之心？查出地土，着各照例起科，附近卫所上纳，革去管庄人役。各家情愿自种的，仍与为业；不愿的，拨与附近空闲舍余人等种纳。俱量地厚薄，定与则例，仍各照顷亩粮数，明立案册在官，给与由帖执照，待各边查出地土都照这例行。钦此。

又丈勘过内外镇守、协守、分守、监枪、游击、守备等官，水旱庄田一百七十二处，该地九百二十八顷七十五亩六分，内有粮并公务银地一百四十五顷一十七亩一分，无粮地七百八十三顷五十八亩五分。奉圣旨：是。内外镇守官，朝廷重托，各准与水地十顷、旱地十顷，副总兵各减半，分守并监枪、游击各旱地十顷，守备五顷。原无的清出附近地，照数拨与，水地一顷折旱地三顷，原有的折算与他，俱免征粮，着他养廉，永为定例。其余自愿佃种的照依前旨，依例起科。多余田土拨与空闲舍余人等承种，仍各照顷亩粮数办纳税粮，明立案册在官，给与由帖收照。敢有不以边方军储为重，奏讨吞并的，定从降黜，科道记着恁部里，还行与各边，照这例行。钦此。

又丈勘过已故太监王瑾前造清泉、时恩二寺，香火庄田坐落深井站、顺圣川等一十七处，无粮水旱地共三百八十九顷六十四亩，乞改为地亩，可得细粮一千四百余石。尚书刘玑覆：奉圣旨，这清泉、时恩二寺田地，本为香火祭扫，既僧徒多系避差军余，香火不继。王瑾坟茔又离远二三百里，两无实用，况坟所已有庄田三处。今次查出无粮田土，准作地亩名目，就令原佃人户，改作寄庄名目种纳，革去管庄人役。僧徒愿种者，照江南僧田事例；若僧少地多，佃种不及，拨与空闲舍余人等种纳。俱照地厚薄，定与则例起科，附近卫所上纳。仍照分定顷亩粮数，明立案册在官，给与由帖收照。如有恃顽阻挠的，巡按、管粮官严加究治，以后若有再行奏扰的，着通政司记着，将抱本人役，径送法司问罪，定发边远充军。钦此（时恩寺庄田八处，地二百二十九顷五十一亩；清泉寺庄田九处，地一百六十顷一十三亩；王瑾坟在西山，有弘教寺，并护坟麦庄、板桥等庄三处）。

又丈勘过大隆福寺庄田，坐落宣府、永宁、保安等一十三处，无粮水旱地共五百六十六顷七十九亩，可得细粮二千余石。奉圣旨：宣府边方重镇，粮草常至缺乏，膏腴田土，却为僧寺影占数多。这大隆福寺田地，原在边关之外，曾经杀死僧人，剥脱衣帽，被奸细装僧入境，及僧人催租犯禁，冒越边关，遗患坏法，好生不便。今次查出无粮田土，准改作地亩名目，就令原佃人户改为寄庄名目种纳，革去管庄人役。僧徒愿种者，照江南僧田事例；若僧少地多，佃种不及，拨与附近空闲舍余人等。俱照地厚薄，定与则例起科，附近卫所上纳。仍照分定顷亩粮数，明立案册，给与由帖备照，如有恃顽阻挠的，巡抚、巡按、管粮官严加禁治。以后若有再行奏扰的，着通政司记着，将抱本人役，径送法司问罪，定发边远充军。钦此。

卷二三《宣府镇沿革事例》

〔隆庆四年〕地亩起科，新增牧地等项田土，原额止三万一千四百六十八顷六亩零，今丈有成熟地三万九千三百四十七顷一十八亩零，比原额却多地七千八百七十九顷一十二亩零。原粮七万二千六百六十六石三斗五升零。查得前地征粮稍轻，故屯田、团种原地埋没于此。今将屯团、功臣、香火、新设新召遗下派征不尽粮数于此凑补外，尚有应征粮九万三千八百一石。合无削去琐碎名目，俱作地亩一项，分上、中、下三等，北路苦寒稍减，南路颇近腹里量增，东、中、西三路，各仍其旧。查照节年旧规，本色米豆中半，折色依各城堡月粮则例各上纳，仍乞量赐本折兼派，折色四万五千，本色四万五千，以苏困苦。给票等项如前。

卷二三《宣府镇沿革事例》

俸给则例

在城万全都司，并宣府前等卫所，西路万全右等卫所都指挥使月支大俸五十八石，小俸二石。

都指挥同知月支大俸四十五石，小俸二石。

指挥使月支大俸三十二石，小俸二石。

指挥同知月支大俸二十三石，小俸二石。

指挥佥事月支大俸二十一石，小俸二石。

正千户月支大俸一十四石，小俸一石。

副千户月支大俸十二石，小俸一石。

实授百户月支大俸八石，小俸一石。

所镇抚月支大俸六石，小俸一石。

试百户月支大俸三石，小俸一石。

至于北路开平等卫所，指挥一员，每月加银一钱；千百户、镇抚一员，每月加银五分。

东路永宁等卫所指挥一员，每月减银二分；千百户、镇抚一员，每月减银一分。

南路蔚州卫、广昌所指挥一员，每月减银四钱；千百户、镇抚一员，每月减银二钱。

其总兵官系升都督职衔，岁支俸粮，系在京五府带俸支给，副、参、游击、提备、都司，俱系别镇官员升转，及该镇官员升授，俱于原卫，带俸造支。

以上官员，上半年大俸，每石折钞二十贯，每贯折银三厘，内钞一半，每贯折铜钱二文，每钱七文折银一分；小俸一半折银，每石折银四钱，一半折布，每石折布一匹，每匹折银二钱五分。下半年大俸全折布，每石折钞二十贯，每二百贯折布一匹，折银二钱五分；小俸折支与上半年同。

主兵月粮则例

各营一等真夷每名月支本色米五斗，折色五斗，照例折银三钱五分，马匹料草春夏全给，仍每月给肉菜银五钱；二等通丁每名月支本色米五斗，折色五斗，照例折银三钱五分，仍每月给肉菜银三钱。家口众多至五口以上者，准收幼丁粮一二口，每口给米三斗。

主兵营通事月支一石五斗。

各卫所营堡旗军月支一石三斗，有一石二斗，有一石或八斗，内延庆右卫赵川堡有支一石一斗，永宁卫有支七斗者。

只身军月支六斗。

老弱军月支五斗。

军舍月支四斗五升。

孤老幼军月支三斗。

主兵兼食行粮则例

四海冶黑汉岭堡军，除月粮外，支行粮一石二斗一升四合三勺。

周四沟等堡军，月支一石二斗。

各城堡军月支一石，有八斗、五斗、四斗、三斗、二斗、一斗。

南山联墩官军，自十月起至次年三月止，计六个月，矿兵春秋两防计五个月，每月每名五斗五升。其矿兵岁用粮储，南山坐营等官廪给，自隆庆六年题准，俱裁革。南山军士轮班戍守，该班者准支行粮，下班者免支。

以上官军，上半年六个月，本折通融支放，内征哨并真夷、通丁，每名月支本色五斗，杂差本色月支三斗，余俱支折色；下半年全支折色。如沿边独石、马营等一十一堡，每石折银八钱；龙门、万全右卫、葛峪堡、四海冶等三十二城堡，每石折银七钱；腹里正兵等一十六营所，每石折银六钱五分；保安新旧、顺圣川东西一十五城堡，每石折银六钱；惟真夷、通丁，下半年折色，每名亦月给本色五斗，余支折色，亦照前项折给。

客兵行粮则例

伏堡按伏截杀防守南山联墩，及陕西、大同等入卫兵马，如东路怀来驻扎宣府新游兵与军门标下、神机等三营，延庆州驻扎宣府旧游兵并正兵二营，永宁城驻扎宣府奇兵营，四海冶驻扎宣府东路游兵营，岔道城驻扎宣府车兵营，保安新城驻扎大同东路游兵营，以上九营兵马，皆防守南山联墩。如保安旧城驻扎山西援兵营，防春三个月；古北口驻扎，止以防秋三个月。蔚州城驻扎山西正兵营，东城驻扎山西游兵营，西城驻扎大同西路游兵营，西路怀安城驻扎大同正兵营。以上五营俱听援蓟镇。二项官军俱春秋两防，计支六个月，坐营千总官每员日支廪米五升，把总官每员日支米三升，管贴队官旗军人每员名日支行粮一升五合。

马匹料草则例

客兵正驮马每匹日支料三升，草一束。

主兵营操马、骡、驼每匹头只月支料九斗，草十束。

驿递马、骡每匹头月支料九斗，驴每头月支料三斗，俱不支草。

以上马、骡、驼，每年十一月起至次年四月止，计六个月。五月、六月，每马月给贴料银三钱，如独石、马营等一十一堡，料每石折银八钱；龙门、万全右卫、葛峪堡、四海冶等三十一城堡，料每石折银七钱；正兵等营，并宁远站堡九营堡，料每石折银六钱五分；保安新旧城，并东西等二十三城堡，料每石折银六钱。如应支草，俱每束折银三分五厘。

冬衣布花则例

万全都司所属各卫所堡，正军有家小者，每名支绵布四匹；只身旗军，及巡营、守门铺、养马、看仓、看草、老幼久病残疾者，每名支绵布二匹；夜不收及常川守墩旗军，每名绵布四匹，绵花俱支一斤八两。若有修守人犯去处，照依减支事例，每名本色绵布三匹，折钞一匹，绵花一斤八两，其减除本色一匹，另添绵花八两给与修守人犯。其彰德、怀庆、河南、弘农、信阳等五卫见在操备过冬旗军，每名绵布二匹，绵花一斤八两。其万全都司、宣府前等卫，沿边新旧轮班守哨、夜不收旗军人等，俱支本色绵布四匹。其永密等镇所属卫所旗军布花，查照近题则例书册支给，不得混淆，犹照旧例，以滋糜费。

卷二三《宣府镇沿革事例》

〔正德〕三年，都御史郑琮题：乞定该镇官军月粮折银则例。本部覆：查得旧例，北路每石七钱，中路、西路、宣府、在城每石六钱，东路、南路每石五钱。寻以郎中李诚议减，每石概折五钱。今议：北路每石七钱，中路、西路每石六钱，在城每石五钱，东南二路每石四钱。奉圣旨：这宣府官军月粮折银，准依会拟则例，东西三路，每石还加五分，务要及时给散，使边军得沾实惠。钦此。

卷二三《宣府镇沿革事例》

俸给则例

都指挥使岁支月粮一十二石，搏节俸二十四石，折色俸六百九十六石。

都指挥同知岁支月粮一十二石，撙节俸二十四石，折色俸五百四十石。

都指挥佥事岁支月粮一十二石，撙节俸二十四石，折色俸三百八十四石。

指挥使支俸与都指挥佥事同。

指挥同知岁支月粮一十二石，撙节俸二十四石，折色俸二百七十六石。

指挥佥事岁支月粮一十二石，撙节俸二十四石，折色俸二百五十二石。

正千户岁支月粮一十二石，撙节俸一十二石，折色俸一百六十八石。

副千户岁支月粮一十二石，撙节俸一十二石，折色俸一百四十四石。

卫镇抚支俸与副千户同。

实授百户岁支月粮一十二石，撙节俸一十二石，折色俸九十六石。

所镇抚岁支月粮一十二石，撙节俸一十二石，折色俸七十二石。

试百户岁支月粮一十二石，撙节俸一十二石，折色俸三十六石。

年老者支半俸。其总、副、参、游、都司，如系别镇官员升转者，就于原卫带俸支给；系本镇者，有副总兵支都指挥使俸，参将支副千户，并实授百户俸，有都司游击及军门中军支指挥佥事俸者，俱照本等资格，亦有原卫造支。

以上官员，系沿边者，月粮每石折银七钱；撙节俸每石折银四钱，折色俸每百石折钞一千五百贯，内除一分本色钞一百五十贯，每贯折银六毫，该银九分，折布钞一千三百五十贯，每一百七十贯折布一匹，共布七匹二丈八尺二寸三分三厘，每匹折银二钱五分，共该银一两九钱八分五厘三毫七丝五忽；系腹里者，月粮每石折银六钱，撙节俸每石折银三钱二分，折色俸与沿边同。

总督军门并书吏日支廪米五升，每石折银二两五钱。

巡抚并书吏日支廪米五升，家人日支口粮米一升五合，每石折银二两五钱。

管粮郎中并书吏日支廪米五升，每石折银二两。

兵备守巡各道并书吏日支廪米五升，官每石折银二两，吏每石折银一两四钱。

总兵官月支廪给银六两二钱五分。

掾史月支廪给银三两。

副总兵、都司、游击俱月支廪给银三两。

参将及各城堡守备俱日支廪米五升，每石折银一两六钱。

种养廉地参将四员，守操官三十三员，不支廪给。

主兵月粮则例

武举官月支三石。

监哨守堡军夜通丁月支一石三斗，内真夷通丁，每名下半年月给本色粮五斗；如系夷官，每员加赏赍银五钱；一等真夷，每名加赏赍银三钱。

各卫所夜不收并守城堡者，月支一石二斗。

旗军守城堡军月支一石。

只身军月支七斗或六斗者。

旗校月支五斗。

幼军月支三斗或一斗五升。

乐舞生月支二斗五升。

以上官军，上半年本色六个月，有马并征哨，本色五斗，折色五斗；无马杂差等项，月支本色三斗，折色七斗；支一石二斗夜不收，内该小粮二斗，准支折色，其月支七斗以下者，亦照无马事例，扣算本色，照时估折色，与下半年全支折色，俱照例每石沿边七钱，腹里六钱。

主兵兼食行粮则例

大边哨备守墩军夜月支一石。

二边哨备守墩军夜月支五斗。

腹里守墩军夜月支三斗。

以上俱支折色。

客兵行粮则例

军门调到宣、大、山西三镇标兵攒营将官日支五升，千把总日支三升，旗军日支一升五合。自五月起至九月止，每月支本色二十日，折色十日，每米一升折银一分。其正奇游兵入卫京营，如遇征防调遣官军出百里之外，亦照前例支给本色；其京拨官军，行粮料草，每年自八月起至十月止，每名匹粮料草议定折银七分。

马匹料草则例

主兵马、骡，每年十月起，次年三月止，计支六个月，每匹头月支料九斗，内本色料五斗五升，折色三斗五升，本色草十束，后加二束，共十二束，余月住支。

万历元年题准：每年惟四月上半月，九月下半月，每半月每马加料四斗五升，草六束，于客兵钱粮内关支。其军站走递马骡支料同上，惟月支本色草十束，驴每头月支本色料一斗，折色料五斗，草无。夏秋走递者，仍支客兵本色钱粮。

客兵马匹，军门调到宣、大、山西三镇标兵攒营，每匹日支料三升，草一束，常川支给。自五月起至九月止，每月支给本色二十日，折色十日，照时估，料三升折银一分七厘，草每束折银二分。其正奇游兵入卫京营，及遇征防调遣官军，出百里之外，亦照前例支给。

冬衣布花则例

各卫并长史司旗军，每名布四匹；杂役、只身每名二匹；幼军每名一匹；花一斤八两俱同。每布一匹折银二钱五分，花一斤折银六分。

卷二四《大同镇沿革事例》

〔嘉靖〕二十二年，总督翟鹏题：代州驻扎参将募军七百五十名，广武站驻扎守备募军一千七百五十名，照依各边募军则例，每名赏银五两，该银一万二千五百两。本部覆准：照数给发，以后募军银两仍照会议旧例，兵部自行处给。

卷二五《山西镇沿革事例》

俸给则例

都指挥佥事、指挥使，俱月支俸三十五石。

指挥同知二十六石。

指挥佥事二十四石。

正千户一十六石。

副千户、卫镇抚一十四石。

实授百户一十石。

试百户五石。

以上俸粮，在老营、偏头所，本色俸一石折银七钱，指挥小折俸二石，千百户一石，俱每石折银三钱五分；振武卫、雁门所，本色俸三石，百户二石，每石折银六钱三分；宁武、八角所指挥，本色俸三石，每石折银五钱，千百户本色俸一石，宁武所每石六钱三分，八角所每石七钱，小折俸一石折银三钱五分，其折色俸，每石折钞二十贯，每贯折钱二文，每七十文折银一钱；其镇西卫保德、宁化所指挥、千户、卫所镇抚，本色俸三石，百户并保德所镇抚二石，俱每石折银五钱，内偏、老二所本色俸内，上半年本色六分，折色四分；保德等卫所本色俸内，上半年本色三分，折色七分，下半年俱支折色，照前则例折给。

主兵月粮则例

各卫所营堡旗军、通丁、真夷，俱月支粮一石，内军门真夷、通丁，除随军月粮外，又每月加粮一石，本折兼支；肉菜银五钱。河曲参将营旗军，每年自十月起至二月止，计四个月，每月加给银三钱。

镇西卫岢岚、广武站守备营，宁化所太原营旗军，俱月支八斗。

瞭哨犯人，月支三斗。

以上月粮，老、偏二所，每上半年本色六分，折色四分；河曲、岢岚、盘道梁、八角、宁武、保德、镇西、五寨、三岔、利民、神池等卫所营堡，俱上半年本色三分，折色七分；太原营全支折色；老营、偏头、河曲、八角等营所，俱每石折银七钱；五寨、三岔、宁武、神池、利民、盘道梁等营堡，每石折银六钱三分；宁化所、岢岚、太原营，每石折银五钱；镇西卫、保德所，每石折银五钱五分；瞭哨犯人，每斗折银七分，有六分三厘者；其振武卫、雁门所旗军、北楼口、平型关募军，俱上半年本色八斗，折色二斗，每斗折钞二贯，每七贯折银一分。

主兵兼食行粮则例

老营所分辖守墩旗军，月支四斗五升，兼墩坐月夜不收，并水泉营、偏头所分辖守墩军夜，月支一石。

河曲营沿河墩台军，自十一月起至次年二月止，防河御冬四个月，每月四斗五升，每斗俱折银七分。

马匹料草则例

各路总、副、参、游守操等营官军马，俱月支料七斗八升，草二十六束。每年自正月起至四月止，月支本色料三斗，草一十束，折色料四斗八升，草一十六束；十月至十二月，全支折色，五月至九月放青，不支料草。

军门寄操家丁马，月支料九斗，草三十束，本折兼支。若遇调赴该营团操，随营支给料草，本堡即日住支。

军门原选听差夜不收马，每年上班六个月，随营支给料草，下班六个月，在各卫所按月造支。

以上料每石折银六钱，草每束俱折银二分。

布花则例

老营保所副参游守营、偏头所参守营、河曲参将营、八角所旗军，夜不收、家丁，每名布四匹，绵花一斤八两。

宁武所正奇营、北楼、利民、神池参守营，盘道梁、三岔、五寨操防营军丁、夜不收，每名布三匹，绵花一斤八两。

保德所、广武守备营旗军，每名布二匹，绵花一斤。

镇西卫旗军，每名布一匹，绵花一斤。

以上布每匹折银三钱，花每斤折银六分。

振武卫、北楼、平型参守营，并雁门所旗军，每名布四匹，绵花一斤八两，内本色布二匹，每匹折银三钱，花一斤，折银六分；折色布二匹，每匹折钞二十五贯；花八两，每斤折钞二贯，每七贯，俱折银一分。

客兵行粮料草则例

御冬二司官军,每年十二月、正月二个月,官日支食米三升,旗军日支一升五合,每斗折银七分。

三路各营京塘并本境塘拨官,日支食米三升,旗军日支一升五合,间支军日支七合五勺;马每匹日支料三升,草一束。每年俱自七月至九月止,计三个月,内支本色一个月,折色二个月,每米一斗、料一斗五升,俱折银一钱,草一束折银二分五厘。内京路官军加支十月分行粮一个月,照前折给。

汾州守备营马,每年自正月起至四月止,又自十月起至十二月止,计七个月,每月料七斗五升,草二十五束。三关总副参游守操等营官军马,每年加给四月上半月,九月下半月,计一个月,支料九斗,草三十束。原支本色,如不敷,仍支折色。

以上料每斗俱折银六分,草每束俱折银二分。

卷二五《山西镇沿革事例》

万历三年,巡抚沈应时题:东路盘道梁等四堡军士,乞照中路王野梁阳方口则例,每军月加粮二斗。尚书王国光覆准:将东路盘道梁、夹柳树、燕儿、水鹏梁等四堡额军三百二十名,每军每月原支粮八斗,再加给二斗,共一石,折银六钱三分;新改拨步军六百八十名,每军除原旧月粮八斗外,每月再加粮一斗,折银六分三厘。就令操守官另造一册,委官仍赴振武卫,用印赍投管粮衙门,俱于主兵逃故军士数内通融支给。东路其余边堡,不得援此为例。

卷二五《山西镇沿革事例》

嘉靖二十六年,总督曾铣题:该镇粮料拖欠数多,要行开纳事例解补。本部覆:行陕西布政司,将上纳生员吏承等项人役,并武职纳级则例□本布政司,照依原拟纳银,解送延绥镇,供给军饷,候催完税粮,会奏停止。

卷二六《延绥镇沿革事例》

俸给则例

都指挥使月支俸米一十二石。

都指挥同知月支俸米九石二斗。

都指挥佥事、指挥使各月支俸米七石。

指挥同知月支俸米五石二斗。

指挥佥事月支俸米四石八斗。

正千户月支俸米三石二斗。

副千户月支俸米二石八斗。

实授百户月支俸米三石。

试百户月支俸米一石五斗。

卫镇抚月支俸米三石。

所镇抚月支俸米二石四斗。

以上各官镇城，每年十月分全支折色，二石以上，每石折布一匹，折银一钱六分；二石以下，每石折银五钱五分。其余十一个月，每员月支本色二斗，余俱折色，每石折银七钱。

中路每年十月全支折色，二石以上，每石折布一匹，折银一钱六分；二石以下，每石折银四钱五分。其余十一个月，每员月支本色二斗，余俱折色，每石折银七钱。

东路每年十月全支折色，二石以上，每石折布一匹，折银一钱六分；二石以下，每石折银四钱五分。其余十一个月，每员月支本色二斗，余俱折色，每石折银七钱。

西路每年十月全支折色，二石以上，每石折布一匹，折银一钱六分；二石以下，每石折银三钱。其余十一个月，每员月支本色二斗，余俱折色，每石折银六钱五分。

南路绥德卫四季本折中半兼支，折色每石折银五钱，延安卫四季俱支本色。

总兵官月支俸米一石，廪给稻米一石五斗。

副、参、游、守、都司各月支廪给稻米一石五斗。

新设守御廪给原议于糜粮内支给。

班操官每员月支食米九斗，本色三斗，折色六斗。

巡抚月支俸粮稻米一石，廪给稻米一石五斗。

管粮郎中月支廪给稻米三石。

四路通判各月支俸粮二石，廪给稻米一石五斗。

抚院家人二名各月支口粮稻米四斗五升。

抚院总兵、郎中、书吏各月支廪给稻米一石五斗。

各衙门书办各月支口粮四斗五升。

卫所儒学教授月支俸五石，学正、训导各三石。

学吏月支口粮五斗，香烛粮三斗。

卫所首领、仓库大使各月支俸粮二石。

仓库副使、守支、榆林驿丞各月支俸粮一石。

阴阳医官并各卫吏各月支口粮五斗。

仓税司驿所见役守支吏攒及阴阳生各月支口粮三斗。

以上官吏人等稻米，每石折银一两，余俱本色。

主兵月粮则例

各卫所正旗征操军匠防守等军，全支月粮者，支粮一石；减支月粮者，各支不等，有九斗、八斗、七斗、六斗、五斗。

凡镇城军丁，每年十月全支折色，每石折银五钱五分，余月每石支本色二斗，折色八斗，每斗折银七分；中路旗军，每年十月全支折色，每石折银四钱五分，余月每石支本色二斗，折色八斗，每斗折银七分；东路军丁每年十月全支折色，每石折银四钱五分，余月每石支本色二斗，折色八斗，每斗折银七分；西路军丁每年十月全支折色，每石折银三钱，余月每石支本色二斗，折色八斗，每斗折银六分五厘；西北路军丁每年十月全支折色，每石折银三钱，余月每石支本色二斗，折色八斗，每石折银三钱五分；南路绥德卫军匠，四季本折中半兼支，折色每石折银五钱；防守操军每年十月全支折色，每石折银四钱五分；延安卫军匠，四季俱支本色，操军不分四季，本色四斗五升，折色五斗五升，折银三钱。

幼军并守哨犯人，月支本色三斗。

主兵兼食行粮则例

各卫所营堡墩军、通事、家丁、夜不收，俱支月粮一石，外加口粮三斗。

镇城中路、东路、西北路墩军、夜不收，月粮本折俱与征操军一例，墩军本折中半；折色东中二路每斗七分，西北二路每斗六分五厘，夜不收口粮每斗五分。

镇城通事月粮与征操军一例，口粮每斗七分。

班操军月支口粮四斗五升，盐菜五升，本色三斗，折色二斗。

马骡料草则例

镇城通事家丁马，春冬月支料九斗，草价银一两；夏秋月支本色料四斗五升，草价银五钱。

旗军马，不分四季，各月支本色四斗五升，草价银五钱。

站骡，春冬月支折色料草银六钱，夏秋支料草银三钱。

中路募军并抽选军马，不分四季，各月支本色料四斗五升，草价银四钱五分。

老家军免粮土兵军马，不分四季，各月支本色料四斗五升，不支草。

站骡，春冬月支折色料草银六钱，夏秋月支料草银三钱。

东路家丁并奇兵营马，春冬月支本色料九斗，草价银九钱，夏秋月支本色料四斗五升，草价银四钱五分。

参将营马，不分四季，各月支本色料六斗，草价银六钱。

募军并抽选马，不分四季，各月支本色料四斗五升，草价银四钱五分。

老伍军并免粮土兵军马，各月支本色料四斗五升，不支草。

站骡，春冬月支折色料草银六钱，夏秋月支料草银三钱。

西路家丁并清平游兵营马，春冬各月支料九斗，草价银九钱，夏秋月支料四斗五升，草价银四钱五分。

镇靖参将、靖边守备、宁塞守备三营马，不分四季，各月支料六斗，草价银六钱。

募军并抽选军马，不分四季，各月支本色料四斗五升，草价银四钱五分。

老伍军并免粮土兵军马，各月支本色料四斗五升，不支草。

站骡，春冬月支折色料草银六钱，夏秋月支料草银三钱。

西北路家丁马，不分四季，各月支本色料六斗，草价银六钱。

募军并抽选军马，不分四季，各月支本色料四斗五升，草价银六钱五分。

老伍军并免粮土兵军马，各月支本色料四斗五升，不支草。

站骡，春冬月支料草银六钱，夏秋支料草银三钱。

南路绥德卫操马，在镇支草料。

延安卫守备马，每年春三个月，每匹月支草三十束，折银四钱五分，余月不支。

总副参游坐马，每匹月支料九斗，草价银一两。其余坐战马，每匹月支料四斗五升，草价银五钱。

班军马，每匹月支料四斗五升，草价银四钱五分。

入卫轮番游兵二营马，在镇休息四个月，每匹月支本色料四斗五升，草价银五钱。

客兵行粮料草则例

领兵将官日支廪给稻米五升，折银八分二厘五毫。

中军部总及千把总官，各日支本色食米三升。

军丁每名日支本色口粮一升五合。

马每匹日支本色料三升，草一束。

以上食米口粮料草，如系防秋，本折间支，折价不等。东、中二路每粮一升，料一升五合，各折银一分；草一束，折银一分五厘。西、北二路每粮一升折银六厘，料一升折银五厘，草一束折银一分。

冬衣布花则例

延安、绥德卫正军有家小，每名本色绵布三匹，绵花一斤八两；只身旗军，及巡营、守门铺、养马、看仓、幼病、残疾、复役未及三年逃军，每名本色绵布二匹，绵花一斤八两；操备有马余丁，每名本色绵布二匹，绵花一斤。河南南阳卫、颍上守御千户所、直隶宁山卫见在延绥等寨堡操备过冬军，每名绵布一匹，绵花一斤八两。

卷二六《延绥镇沿革事例》

〔正统十三年〕本年本部会同兵部议：照前拟则例，上马一匹，与盐一百二十引；中马一匹，与盐一百引。俱于灵州盐课司大小二盐池支给，不拘资次更番二年为期，轮流收中。

卷二七《宁夏镇沿革事例》

俸给则例

巡抚都御史月支俸米一石，廪给一石五斗。

定、宁二道各月支廪给一石五斗。

四路通判各月支廪给一石五斗。

儒学学正月支俸六石。

教授五石。

训导三石。

长史月支俸三石二斗。

大使月支俸四石。

审理等官各月支俸二石。

抚院总兵下书吏各月支廪给一石五斗。

抚院家人各月支口粮稻米四斗五升。

各卫令史每名月支粮二石，内本色五斗，折色一石五斗，内五斗，每斗折银六分，一石折银二钱。

典吏每名各月支粮一石，内本色二斗五升，折色七斗五升，内二斗五升，每斗折银六分，五斗，每斗折银二分。

各仓攒典各月支粮三斗。

总兵官月支俸米一石，廪给一石五斗。

副、参、游、守、都司各月支廪给一石五斗。

以上各官内抚镇，稻米每石折银八钱三分三厘，廪给每石折银一两六钱五分，其余俸粮，每员岁支本色六个月，折色六个月，每石折银六钱。

经历月支俸七石。

知事月支俸六石五斗。

吏目月支俸五石。

大使月支俸五石。

副使月支俸三石。

以上各官，每员月支本色一石，折色一石，每石折银六钱。其余俸粮每石折银二钱。

班操千把总官各月支粮九斗，岁支本色六个月，折色六个月，内宁夏卫、宁夏后卫、平虏所、兴武所，每斗折银六分；中卫、中屯卫、灵州所，每斗折银五分。

恭、宜人月支粮四石一斗六升五合。

庶人月支粮三石。

县君、宜人月支粮二石五斗。

以上恭、庶、宜人月粮，俱支折色，每石折银六钱。

都指挥使月支俸一十二石。

指挥使月支俸七石。

指挥同知月支俸五石二斗，半俸者支二石六斗。

指挥佥事月支俸四石八斗。

署指挥同知武举月支俸六石二斗。

正千户月支俸三石二斗，半俸者支一石六斗。

卫镇抚、副千户各月支俸二石八斗，半俸者支一石四斗。

实授百户支俸三石，半俸者支一石五斗。

所镇抚月支俸二石四斗。

试百户月支俸一石五斗。

署试百户月支俸一石。

以上各官，系宁夏卫、左屯卫、右屯卫、中屯卫、中卫、前卫、后卫、仪卫司、兴武所、灵州所、韦州群牧所、平房所官员，每员岁支本色六个月，折色六个月，每石折银六钱。中间有品级同，俸不同，系比试未中及衰老，减支。

主兵月粮则例

效劳冠带官各月支粮一石五斗。

夜不收各月支粮一石三斗。

征操军丁月粮一石，或九斗、八斗、七斗、四斗五升者。

老家军月支粮六斗、五斗、四斗五升。

纪录军月支粮五斗、三斗、二斗。

以上军丁，系宁夏卫、左屯卫、右屯卫、中屯卫、中卫、前卫、后卫、兴武所、灵州所、韦州群牧所、平房所军士，俱随镇城，并各路正奇参游征操年力精壮者，支一石；次壮者，支八、九斗，六、七斗；老家军，支五、六斗；纪录军，支三、二斗。各岁支本色六个月，折色六个月，每斗折银六分，或五分。

仪卫纪录军支粮五斗，或三斗、二斗者，各支本色六个月，折色六个月，每斗折银六分。

长史司纪录军各支粮五斗，岁支本色六个月，折色六个月，每石折银六钱，间有全支折色者，每石折银一钱。

班操军各月支粮四斗五升，岁支本色六个月，折色六个月，内宁夏卫、宁夏后卫、平房所、兴武所，每斗折银六分；中卫、中屯卫、灵州所，每斗折银五分。

土兵兼食行粮则例

各卫所守瞭墩台旗军，并出哨夜不收，除月粮外，月支口粮三斗，俱支本色。

客兵行料草则例

官每员日支食米三升。

军丁每名日支口粮一升五合。

马每匹日支料三升，草一束；间日本折兼支，每粮一石折银六钱，料一石折银五钱五分，草一束折银一分。

马匹料草则例

正奇游三营，并东、中、西、北四路参将营，操备各官军家丁、夜不收马，春冬二季，每匹月支本色料九斗，草三十束。

巡边营并正兵营，选锋家丁马匹，正、二、三、九、十、十一、十二，共七个月，每匹月支本色料九斗，草三十束；五、六、七月，每匹支折色料九斗，折银三钱五分，草三十束，折银四钱；四月、八月，每匹支本色料四斗五升，草十五束。

以上马匹，系官军夜不收、通丁骑操者，春冬二季，支给料草，夏秋二季，撒青牧放；巡、正二营，达官，并选锋真夷家丁骑操者，常川支料草。

冬衣布花则例

各卫所军士全赏者，每军绵布一匹零一丈，花八两；减赏者，每军绵布二丈，花八两。

以上布花俱支折价，每布一匹折银二钱五分，花一斤折银五分。

卷二七《宁夏镇沿革事例》

隆庆二年，兵部咨称：本镇修筑边墙，合用人工粮银二万二千两。原议题准户七兵三则例，户部该银一万五千四百两。本部覆准：发银一万两。

卷二七《宁夏镇沿革事例》

景泰二年，都御史刘广衡题：肃州卫并镇夷千户所，孤悬极边，粮储缺少，要将中盐则例每引量减米豆，召商中纳。本部覆准：议开派淮盐四万五千引，每一引粟米减作五斗，豆减作三斗；浙盐三万引，每引粟米减作三斗五升，豆减作二斗五升；仍令淮盐六分，浙盐四分，相兼上纳。

卷二八《甘肃镇沿革事例》

俸给则例

巡抚都御史月支俸米一石，折银一两八钱，日支廪给稻米五升。

监收通判在甘州道属，月俸二石；肃州道属，月俸二石，日支稻米五升；凉州、庄浪、西宁三道属，日支稻米五升。

行都司经历、都事、断事月俸三石，司狱二石，吏目一石，司库大使、副使二石，儒学教授三石、训导二石。

卫经历、知事月俸二石，儒学教授五石，训导三石。

仓大使月俸二石，副使一石。

所吏目月俸二石。

驿丞月俸一石。

巡抚郎中下书吏日支稻米五升。

巡抚下家人、郎中下书办日支稻来一升五合。

总兵、副、参、游、守并庄浪备御千总日支稻米五升。

肃州道属守备月俸三石二斗，在嘉峪关住扎，日支稻米五升。

总兵下掾史日支稻米五升。

行都司都指挥月俸七石二斗。

指挥使月俸七石。

指挥同知月俸五石二斗。

指挥佥事月俸四石八斗。

正千户月俸三石二斗。

副千户、卫镇抚月俸二石八斗。

实授百户月俸三石。

试百户月俸一石五斗。

署试百户月俸一石。

所镇抚月俸二石四斗，惟山丹卫所镇抚月俸止六斗。

土官指挥月俸三石。

千户月俸二石五斗。

百户月俸二石。

都司令史、知承、卫所儒学吏典月支俸粮五斗。

仓局吏守支攒典月支俸粮三斗。

以上俸给，在甘州、肃州二道属，每年正月支本色；二月至六月，本折兼支；七月至十二月，俱支折色，每石折银七钱。行都司都指挥，每年全支折色。西宁道属并永昌卫文官，凉州卫、古浪所武官，庄浪道属文武官员吏典，俱本色六个月，折色六个月，每石折银七钱。凉州卫、古浪所文官，俱支本色。永昌卫武官，镇番卫文武官员吏典，俱二、八月折布，每石折银五钱，其余本色五个月，折色五个月，每石折银七钱，其稻米，每五升折银一钱六分六厘五毫。

主兵月粮则例

甘州道属各卫所营堡征操旗军，月支一石，内甘州等卫，新河、花寨、暖泉、红崖、许三湾、黑泉、五坝等堡军，有支九斗、八斗，至四斗不等者。

垦军月支五斗。

幼弱军、摆徒、军徒、来降通事、驿递甲军，各支九斗、八斗，至三斗不等。

肃州道属各卫所关堡征操旗军，并老家、抽选军丁、夷兵、通、夜，俱月支一石。

守墩军月支八斗。

守墩老幼军月支七斗、六斗不等。

纪录老幼军月支五斗、三斗不等。

真夷通丁月支四斗。

瞭哨犯人月支五斗五升。

以上，每年正月支本色；二月至六月，本折兼支；七月至十二月，支折色。甘州道属，每石折银七钱，肃州道属，每石折银六钱五分。

凉州道属各卫所堡操守旗军、通、夜、家丁、驿递甲军，俱月支一石，内镇番卫、古浪所各堡防守军夜，有支八斗、七斗，至四斗不等，驿递甲军，有支六斗者。

纪录幼军、清解祖伍军，月支八斗。

铺司兵月支三斗。

局军支九斗。

以上，每年本色六个月，折色六个月。卫堡军每石折银七钱，凉州卫驿递军每石折银六钱，永昌与镇番二卫军丁二、八月折布，每石折银五钱。其余本色五个月，折色五个月，每石折银七钱。

庄浪道属各卫堡旗军丁夜通事月支一石，内轮班守城军匠、土操军，有支八斗、七斗、六斗、五斗不等者。

递运所甲军月支六斗。

纪录军月支三斗。

以上，每年本色六个月，折色六个月，参将营家丁，全支折色，俱每石折银七钱。

西宁道属参将营正兵、游兵、守城军，月支一石，内有支八斗、七斗、六斗、五斗、三斗。

西宁卫局军月支八斗。

以上，每年本折兼支，每石折银七钱。

主兵兼食行粮则例

甘州道属守城墩甲军、备御军丁真虏，俱月支四斗五升。

各卫所堡夜不收、甘州卫驿递、花寨堡墩军，俱月支三斗。

高台所、红崖、杨旗、暖泉等堡甲军，月支二斗二升五合。

新河堡墩军月支二斗。

以上，每年俱支本色。

肃州道属守墩军月支四斗五升，夜不收月支三斗。

以上，每年春夏本折兼支，秋冬俱支折色。肃州卫关堡每石折银七钱；镇夷所墩堡每石折银六钱五分。

凉州道属防守官、墩军、甲军、家丁，月支四斗五升；内永昌卫家丁，并土达通事，月支三斗。

夜不收、司兵、纪录幼军，月支三斗。

以上，在永昌、凉州二卫墩堡，每年二、八月折布，每石折银五钱，其余本色五个月，折色五个月。其镇番卫防守官、古浪所墩堡家丁，本色六个月，折色六个月，俱每石折银七钱，余全支本色。

庄浪道属守墩军、家丁、出哨官军，月支四斗五升；内庄浪卫墩军，有支三斗者。

西大河堡防守官月支九斗。

夜不收月支三斗；出哨夜不收，有支四斗五升者。

以上，每年本色六个月，折色六个月，每石折银七钱。

西宁道属参将营家丁并番僧，月支口粮四斗五升，每年本折兼支，每石折银七钱。

客兵行粮则例

甘州道属镇夷司拨到高台营游兵，月支四斗五升，每年全支折色，每石折银七钱。

凉州道属游兵营官月支九斗。

各堡防守官、把总、旗军、游兵、备御官军，月支四斗五升。

以上，在永昌卫游兵，每年二月至六月支本色，七月至十二月支折色，每石折银八钱；各堡防守游兵，每年二、八月折布，每石折银五钱；其余本色五个月，折色五个月，每石折银七钱；镇番卫、古浪所官军，每年本色六个月，折色六个月，每石折银八钱。

庄浪道属各堡备班防御官军、通事，月支四斗五升，每年本色六个月，折色六个月；庄浪卫军，每年全支折色，俱每石折银八钱。

马匹料草则例

甘州道属各卫营堡马匹，并走递骡驴牛，俱月支料九斗，草三十束，内抚夷、大小沙河、东乐、仁寿等驿牛驴，月支料六斗，草三十束。每年春冬，营堡马俱支折色，每石折银六钱，草每束折银八厘，走递马骡驴牛，全支本色；夏秋自行采办，不支料草。

肃州道属参将战马，每年春冬月支料九斗，草三十束；各营堡马，月支料九斗，俱本折兼支，每石折银六钱，草不支。夏秋与战马，俱不支料草。

凉州道属总兵、参将战马、都司马，月支料九斗，草三十束。

总兵下官军旗操马，各堡并镇番营骑操马，古浪所防守官马，俱月支料四斗五升，草一十五束。

总兵下家丁、镇番营备御、古浪所骑操防御马，春冬月支料九斗，草三十束；夏秋月支料四斗五升，草一十五束。内防御者，夏秋不支草。

永昌、镇番营堡官军丁夜马，月支料九斗，草三十束，夏秋不支。

游兵马，月支料九斗，草三十束。

以上料草，战马并总兵下旗操家丁、古浪所防守官游兵马，每年本色六个月，内永昌营游兵马，自二月至六月支本色，余俱折色六个月；永昌、镇番营、古浪所骑操备御防御马，本折兼支；都司并游兵防御马，料每石折银七钱，余俱折银六钱；永昌营游兵，草每束折银五厘；古浪所防御马，折银八厘，余俱折银一分。

走递马骡，春冬月支料九斗，驴牛支六斗，草三十束；夏秋月支料四斗五升，驴三斗，草一十五束，牛夏秋不支。每年俱本色六个月，折色六个月，牛本色三个月、折色三个月，料每石折银六钱，草每束折银一分。

庄浪道属参将、守备、土官战马，并各营堡骑操马，月支料九斗，草三十束；其通勇家丁备御秦州、西宁各堡，并苦水、沙井驿备防西大通土汉官马，夏秋俱月支料四斗五升，草一十五束，其余夏秋不支。

以上料草，战马并备御秦州马，每年全支折色，其余俱本色六个月，折色六个月，料每石折银六钱；其备御西宁沙井、苦水驿、岔口、镇羌堡备御，俱每石折银七钱，草每束俱折银一分。

西宁道属参将战马，并官军家丁下马匹，月支料九斗，草三十束，本折兼支，料每石折银六钱，草每束折银一分。

冬衣布花则例

各卫所军丁，每年全赏者，布四匹；减赏者，布二匹；绵花俱一斤八两。每年查照三分之一事例，全赏者给布一匹一丈，减赏者给布二丈，均给绵花八两，布每匹折银三钱，花每斤折银七分。

卷二八《甘肃镇沿革事例》

弘治二年，巡抚罗明题：查得本镇官军，在卫所已支月粮一石，拨出临近城堡征哨按伏，又日支行粮三升，似为冗费，乞要定拟则例，以便遵守。本部覆准：今后征哨并按伏备堡等项官军，在百里之内者，俱不许关支廪给行粮、口粮，马亦不许关支料草；出百里之外者，不分旗军与领军头目，俱止许日支口粮一升五合，都指挥与把总等官，方许支廪给米三升；备御官军止是行粮一升七合，每马一匹日支料五升，草一束，在营料草住支，不许重给。

卷二八《甘肃镇沿革事例》

俸给则例

总督军门侍郎月支俸米一石，折银二两，日支廪给银一钱二分。

巡抚都御史日支廪给银一钱二分。

督抚下书吏日支廪给银一钱二分，家人日支口粮银五分。

写本吏日支米银四分九厘五毫。

固原道属监收、通判日支廪给银八分二厘五毫；书办日支口粮银二分二厘五毫。

临巩道属监收、同知月支俸三石二斗；通判月俸二石，日支廪给银一钱六分五厘。

洮岷道属监收、同知、通判日支廪给银一钱六分六厘五毫。

儒学教授月俸五石，训导三石。

洮州卫教授二石，香烛米三斗；岷州卫教官有支六石者。

经历、知事、仓大使、副使、吏目月俸二石。

所大使、驿丞月俸一石。

各卫令史月支五斗。

卫所学司、仓驿吏、攒典俱月支三斗。

以上俸粮，在固原、靖虏二道属，并临洮卫，俱支本色；其余支折色者，在岷州卫经历、知事，每石折银一两，教官每石八钱；大使吏目，洮州卫经历、教授并吏典，及甘、兰二道官吏，每石七钱；河州卫，每石四钱。

总兵月支俸米一石，折银二两，日支廪给银八分二厘五毫；掾史日支廪给银八分二厘五毫。

副、参、游、守、都司日支廪给银八分二厘五毫。

洮州副总兵，兰州、阶州参将日支廪给银一钱六分五厘。

岷州守备日支廪给银一钱六分六厘五毫。

指挥使月俸七石。

指挥同知五石二斗。

指挥佥事四石八斗。

正千户三石二斗。

副千户、卫镇抚二石八斗。

实授百户三石。

所镇抚二石四斗。

试百户一石五斗，临、巩、洮、岷道属二石四斗。

署试百户一石，临、巩、洮、岷道属一石五斗。

以上俸粮，在固原、岷州、洮州卫，并随征靖虏卫、甘州群牧所、西固所、文县守备所，全支折色，内固原卫双月每石五钱，单月四钱；其余不分单双月，每石四钱；洮州卫每石五钱。靖虏、河州卫、阶州所、甘州中护卫、兰州卫、仪卫司，俱本色六个月，折色六个月；靖虏、河州卫、阶州所，每石四钱；其余双月五钱，单月四钱。临洮卫本色六个月，折色六个月，每俸二石，折绢一匹，折银六钱。

主兵月粮则例

固原道属正兵营中营中路西路游兵营守备营军门、征操、夜不收，并兵道听差旗军、站军、巡仓、看库、监局、吹鼓手军，俱月支一石；中营镇虏通事，月支一石二斗五升；做工、守墩、固原卫老家军、土达军汉虏通丁，并各营家丁、夜不收，有支一石，或九斗、八斗、七斗，以至三斗者。

镇戎、平虏等所老家军，下马关等堡塘站守墩军，有月支一石，或六斗、四斗、三斗者。

以上俱支折色，双月每石折银五钱，单月四钱，其正兵营中营镇房通丁、家丁，有折六钱、七钱不等者。

靖房道属参将营旗军、夜不收、召募家丁、通丁、义兵，守备营征操旗军、召募家丁，正兵营征操军、平滩堡军，俱月支一石，每石折银有七钱、六钱、五钱、四钱不等者。

内参将营旗军、夜不收，有支九斗、六斗者。

亲信家丁，上半月支五斗，下半月支四斗五升。

靖房卫所并各堡老家、守墩、旗军、站军、出哨、夜不收，有月支一石，或九斗、八斗、七斗，以至三斗不等者。

以上月粮，在参将、守备营，双月每石折银五钱，单月四钱，内通丁、家丁有折七钱、六钱、五钱不等者。

靖房卫所老家军、干盐池堡营所军，本色六个月，折色六个月，每石折银四钱。

靖房卫所正兵营守墩、出哨军夜，并打喇赤堡所军，俱本色三个月，折色九个月，双月每石五钱，单月四钱。

临巩道属兰州参将营征操、墩塘、关堡守瞭军、召募勇士，兰州、甘州中护卫备御旗军，俱月支一石，夜不收月支一石二斗。

守城门军、鼓手，并防守民壮、局军、守卫屯种老家军，俱月支六斗。

以上，俱本色六个月，折色六个月，每石折银四钱五分；勇士折银七钱，老家军三钱。

亲信家丁，有支一石，或四斗五升者，每石六钱。

河州参将营召募家丁、临德所、河州卫备御军，月支一石；其征操旗军、夜不收、墩塘军、亲信家丁、局军，临洮卫备御守关门军，有支一石，或九斗、八斗、六斗，以至三斗者。

以上亲信家丁，每石六钱，俱本色六个月，折色六个月；临洮卫备御军，本色二个月，折色十个月，俱每石折银四钱；召募家丁，每石七钱。

洮岷道属洮州奇兵营旗军、召募家丁，俱月支一石；城操旧、洮州操守、四路防守、西路沿边民壮，有支一石，或九斗、六斗、四斗、三斗者。

以上，俱本色二个月，折色十个月，每石折银五钱；内召募家丁，每石七钱。

岷州卫操守、备御军，西固城征操旗军、夜不收、通事、老家军，阶州参将营旗军、夜不收、召募家丁，文县守备营常操旗军、局匠，俱月支一石。

岷州守备营、游兵营，西南等五路旗军，西固城军丁、纪录幼军、吹鼓手，各堡墩军，阶州营局匠、通事、番军，文县守备营屯军、新募军丁，有支一石，或八斗、七斗、六斗、五斗、四斗、三斗不等者。

以上，俱支折色，其阶州营旗军、局匠，本色六个月，折色六个月，俱每石折银四钱；夜不收、通事、番军，每石五钱；召募家丁，每石七钱。

主兵兼食行粮则例

洮岷道属洮州副将营通丁、墩军，日支本色口粮一升；夜不收，有日支一升，或支一升五合者，每斗折银五分；西路防守旗军，岷州卫防守军，防秋夜不收，阶州营防御军，俱日支口粮一升五合，折银一分。

固原道属中营镇虏通事，下马关、西安州前所海喇都、红古城守墩军，日支本色口粮一升五合；平虏所墩军，每年防秋三个月，日支本色口粮一升五合；中、西二路游兵营，中营军门，正兵营夜不收，俱防秋三个月，每月口粮三斗，每石双月折银五钱，单月四钱。

靖虏道属常哨、夜不收，打喇池、平滩堡、干盐堡墩军，日支本色口粮一升五合，其干盐堡腹里守墩军，内每年春秋冬九个月，支口粮，夏季不支；参将营夜不收，防秋三个月，每月支口粮三斗，余月不支。

临巩道属兰州营、各塘墩瞭哨军夜，日支口粮一升五合。一条城守御民壮，每年十月起至次年二月终止，全操；三月起至九月终止，轮班，日支口粮一升五合，俱本色六个月，折色六个月，军夜每石折银七钱，民壮每石折银四钱五分。河州营墩塘瞭哨夜不收，月支本色口粮三斗，守墩把关军月支本色口粮三斗五升。

客兵行粮则例

固原道属中营调到随征家丁，抚院防秋三个月调到随征家丁，俱日支口粮银二分二厘五毫。

正兵营、西路游兵营调到随征家丁，日支口粮一升五合，折银九厘；执事旗军，日支口粮一升五合，本色半个月，折色半个月，每斗折银六分。

临巩道属固原按伏防御军丁，日支本色口粮一升五合。

岷州等处有警调到旗军，并榆林、宁夏、洮州领茶马官军医兽经过，俱日支口粮一升五合，折银一分。

阶州参将营，每年固原发到防守家丁，日支口粮银二分。

马匹料草则例

固原道属中营军门大马，总兵战马，并游击、守备、都司、中军、千把总战马，俱日支料三升，草一束；军门、总兵马支本色，标下千把总、中军，正兵营都司，中西二路游击、中军马，俱支折色，料每石折银四钱，草每束折银一分八厘；西路草每束一分二厘。

中营官军正驮马，正兵营、中路游兵营并固原卫兵道听差、捕盗马，俱冬春六个月，内本色一个月，日支料三升，草一束，折色五个月，每月支料一石，折银三钱；内驮马又日支草一束，折银一分二厘，夏秋俱不支。

各营家丁正驮马，冬春日支本色料三升，草一束，夏秋不支。

西路游兵营，固原守备官军正驮马，冬春二季月支料一石，折银三钱，夏秋不支；塘马春冬二季日支料三升，折银九厘，内防秋三个月，日支料三升，折银九厘，草一束，折银一分，余月不支；抚院防秋三个月，执事旗军，日支料三升，草一束，每半月支本色，半月支折色，料每斗四分，草每束一分二厘。

各营堡站骡，日支料二升，草一束，内西安州前所并红古城堡，日支料三升，草一束，俱本色。

站牛日支料一升，夏秋不支。

靖虏道属参将守备战马，日支料三升，折银九厘，草一束，折银一分二厘；参将营征操军马，春冬日支料三升，每石折银三钱，不支草；夏秋全不支。

家丁、通丁、义兵马，春冬日支本色料三升，草一束；家丁本色，通丁、义兵折色，每束一分。

沿边塘马，春冬日支本色料三升，草一束，秋季料折银九厘，草折银一分二厘。

山后塘马，春季日支料三升，折银九厘，本色草一束；秋季日支本色料二升；冬季日支本色三升；夏季不支。

永安守备营，并打喇池中所、平滩堡征操马，春冬日支料三升；靖房正兵营、干盐池正、游二营操马，月支料一石；打喇池支本色，余折色，料每石折银三钱，夏秋俱不支。

干盐池塘马，春秋日支料三升，冬季日加草一束；打喇池塘马，春冬日支料三升，草一束，俱本色，秋季不支草，夏季俱全不支；平滩堡塘马，春冬日支料三升，草一束，每石折银三钱，草每束一分二厘，夏秋不支；走递骡，日支本色料二升，春季支草一束，夏秋不支草。

临巩道属参将，并归德守御官战马，日支料三升，草一束；兰州料折银一分二厘，草折银一分八厘；归德料折银九厘，草折银二分。兰州营千总随征官战马，并征操马，春秋冬日支料三升，草一束；夏季日支料一升五合，草半束。

各路传塘马，并一条城按伏马，日支料三升，草一束。

甘、兰备御随征马，夏季日支料一升五合，草半束；秋冬日支料三升，草一束。

以上俱支折色，料每石三钱，草每束一分二厘。

河州营官军骑操马，春冬日支料三升，草一束；夏秋日支料一升五合，草半束；料本色六个月，折色六个月，每石折银三钱，草全支折色，每束折银一分二厘。

传塘马，日支本色料三升，折色草一束，折银一分二厘；调遣客兵马匹，日支本色料三升，草一束，兼支折色，每束折银一分八厘。

洮岷道属副参、守备战马，日支料三升，折银二分，草一束；在洮州副总兵，旧洮州操守，阶州参将，折银三分；岷州并文县守备折银二分；千把总战马，春冬日支料三升，每斗折银四分，不支草，夏秋全不支。

洮州奇兵营征操并塘马，旧洮州操守营、岷州、西固城、文县守备营、阶州参将营征操马，春冬日支料三升；文县支本色，余俱折色；洮州折银五分；岷州、阶州、文县俱折银四分，夏秋俱不支。

岷州防秋三个月，各路传塘马，日支料三升，折银二分，草一束，折银二分。

冬衣布花则例

固原、靖虏、洮岷三道属军士，每年全赏者布四匹，绵花一斤八两；减赏者布二匹，绵花一斤八两；西固城、阶州、文县各千户所，布一匹，绵花一斤；岷州、西固城等所，止布一匹。

临巩道属军士，每年全赏者，河州卫布四匹，其余俱布三匹；减赏者布二匹；绵花俱一斤八两。

以上布花，每年查照三分之一事例，全赏者给布一匹一丈，甘、兰、临三卫，并仪卫司、群牧所给布一匹，减赏者给布二丈，俱均给绵花八两。在洮岷道属，原四匹者给一匹一丈，二匹者给二丈，一匹者给一丈，绵花一斤八两者给八两，一斤者给五两三钱三分。布每匹俱折银二钱五分，〔绵〕花每斤俱折银五分。

卷二九《固原镇沿革事例》

嘉靖七年，光禄寺卿苏民题：各项厨料，照依京师时估，定议则例，行各处查照发去价值，征解折色银两，送寺买办。侍郎梁材覆准。

卷三一《光禄寺供应沿革事例》

在京文官俸粮本折则例

永乐十九年定：一品至五品，三分米七分钞；六品至九品，四分米六分钞。其本色米，每月在京止支五斗，余在南京仓支，不愿者俱准在京折钞。二十二年，又令一品至九品改添本色米五斗，于折钞内扣除，连前本色米共足一石。宣德六年定：于京库生绢折支本色米两月，每绢一匹准米二石，余俱于南京关支。七年，将赃罚库布、绢、衣服等件，折支本色米一石。至正统四年，始定于折钞内再改添本色米每月一石，于京仓关支，其余本色米仍赴南京关支。至弘治十年，始定原该南京仓支本色米，改令每石折银七钱，于太仓库支。故今本色俸有三：本色米每月一石，正统四年例也；折绢米两个月，宣德六年例也；折银米十个月，弘治十年例也。嘉靖七年，又定绢一匹折银七钱，其折色俸先前亦有二项：有本色钞，有绢布折钞不等。至正统元年始，分上下半年之例：上半年支本色钞锭，下半年以胡椒、苏木折钞关支。成化七年以后，椒木不敷，议将甲字库绵布折支，每俸一石该钞二十贯，每钞二百贯折布一匹。嘉靖七年，始定每匹折银三钱，征解太仓库放支。本色钞锭，先年因库贮钞锭不敷于赃罚，广盈等库查有积贮附余绫罗、绢布、氆氇皮张、颜料、衣物、铜钱等件，估计折支，嘉靖以来渐不支给。

正一品：岁该俸一千四十四石，内本色俸三百三十一石二斗，折色俸七百一十二石八斗。本色俸内除支米一十二石外，折银俸二百六十六石，折绢俸五十三石二斗，共该银二百四两八钱二分。折色俸内折布俸三百五十六石四斗，共该银一十两六钱九分二厘。折钞俸三百五十六石四斗，该本色钞七千一百二十八贯。

从一品：岁该俸八百八十八石，内本色俸二百八十四石四斗，折色俸六百三石六斗。本色俸内除支米一十二石外，折银俸二百二十七石，折绢俸四十五石四斗，共该银一百七十四两七钱九分。折色俸内折布俸三百一石八斗，该银九两五分四厘。折钞俸三百一石八斗，该本色钞六千三十六贯。

正二品：岁该俸七百三十二石，内本色俸二百三十七石六斗，折色俸四百九十四石四斗。本色俸内除支米一十二石外，折银俸一百八十八石，折绢俸三十七石六斗，共该银一百四十四两七钱六分。折色俸内折布俸二百四十七石二斗，该银七两四钱一分六厘。折钞俸二百四十七石二斗，该本色钞四千九百四十四贯。

从二品：岁该俸五百七十六石，内本色俸一百九十石八斗，折色俸三百八十五石二斗。本色俸内除支米一十二石外，折银俸一百四十九石，折绢俸二十九石八斗，共该银一百一十四两七钱三分。折色俸内折布俸一百九十二石六斗，该银五两七钱七分八厘，折钞俸一百九十二石六斗，该本色钞三千八百五十二贯。

正三品：岁该俸四百二十石，内本色俸一百四十四石，折色俸二百七十六石。本色俸内除支米一十二石外,折银俸一百一十石,折绢俸二十二石,共该银八十四两七钱。折色俸内折布俸一百三十八石,该银四两一钱四分。折钞俸一百三十八石,该本色钞二千七百六十贯。

从三品:岁该俸三百一十二石,内本色俸一百一十一石六斗,折色俸二百石四斗。本色俸内除支米一十二石外,折银俸八十三石,折绢俸一十六石六斗,共该银六十三两九钱一分。折色俸内折布俸一百石二斗,该银三两六厘。折钞俸一百石二斗,该本色钞二千零四贯。

正四品:岁该俸二百八十八石,内本色俸一百四石四斗,折色俸一百八十三石六斗。本色俸内除支米一十二石外,折银俸七十七石,折绢俸一十五石四斗,共该银五十九两二钱九分。折色俸内折布俸九十一石八斗,该银二两七钱五分四厘。折钞俸九十一石八斗,该本色钞一千八百三十六贯。

从四品:岁该俸二百五十二石,内本色俸九十三石六斗,折色俸一百五十八石四斗。本色俸内除支米一十二石外,折银俸六十八石,折绢俸一十三石六斗,共该银五十二两三钱六分。折色俸内折布俸七十九石二斗,该银二两三钱七分六厘,折钞俸七十九石二斗,该本色钞一千五百八十四贯。

正五品:岁该俸一百九十二石,内本色俸七十五石六斗,折色俸一百一十六石四斗。本色俸内除支米一十二石外,折银俸五十三石,折绢俸一十石六斗,共该银四十两八钱一分。折色俸内折布俸五十八石二斗,该银一两七钱四分六厘。折钞俸五十八石二斗,该本色钞一千一百六十四贯。

从五品:岁该俸一百六十八石,内本色俸六十八石四斗,折色俸九十九石六斗。本色俸内除支米一十二石外,折银俸四十七石,折绢俸九石四斗,共该银三十六两一钱九分。折色俸内折布俸四十九石八斗,该银一两四钱九分四厘。折钞俸四十九石八斗,该本色钞九百九十六贯。

正六品:岁该俸一百二十石,内本色俸六十六石,折色俸五十四石。本色俸内除支米一十二石外,折银俸四十五石,折绢俸九石,共该银三十四两六钱五分。折色俸内折布俸二十七石,该银八钱一分。折钞俸二十七石,该本色钞五百四十贯。

从六品：岁该俸九十六石，内本色俸五十六石四斗，折色俸三十九石六斗。本色俸内除支米一十二石外，折银俸三十七石，折绢俸七石四斗，共该银二十八两四钱九分。折色俸内折布俸一十九石八斗，该银五钱九分四厘。折钞俸一十九石八斗，该本色钞三百九十六贯。

正七品：岁该俸九十石，内本色俸五十四石，折色俸三十六石。本色俸内除支米一十二石外，折银俸三十五石，折绢俸七石，共该银二十六两九钱五分。折色俸内折布俸一十八石，该银五钱四分。折钞俸一十八石，该本色钞三百六十贯。

从七品：岁该俸八十四石，内本色俸五十一石六斗，折色俸三十二石四斗。本色俸内除支米一十二石外，折银俸三十三石，折绢俸六石六斗，共该银二十五两四钱一分。折色俸内折布俸一十六石二斗，该银四钱八分六厘。折钞俸一十六石二斗，该本色钞三百二十四贯。

正八品：岁该俸七十八石，内本色俸四十九石二斗，折色俸二十八石八斗。本色俸内除支米一十二石外，折银俸三十一石，折绢俸六石二斗，共该银二十三两八钱七分。折色俸内折布俸一十四石四斗，该银四钱三分二厘。折钞俸一十四石四斗，该本色钞二百八十八贯。

从八品：岁该俸七十二石，内本色俸四十六石八斗，折色俸二十五石二斗。本色俸内除支米一十二石外，折银俸二十九石，折绢俸五石八斗，共该银二十二两三钱三分。折色俸内折布俸一十二石六斗，该银三钱七分八厘。折钞俸一十二石六斗，该本色钞二百五十二贯。

正九品：岁该俸六十六石，内本色俸四十四石四斗，折色俸二十一石六斗。本色俸内除支米一十二石外，折银俸二十七石，折绢俸五石四斗，共该银二十两七钱九分。折色俸内折布俸一十石八斗，该银三钱二分四厘。折钞俸一十石八斗，该本色钞二百一十六贯。

从九品：岁该俸六十石，内本色俸四十二石，折色俸一十八石。本色俸内除支米一十二石外，折银俸二十五石，折绢俸五石，共该银一十九两二钱五分。折色俸内折布俸九石，该银二钱七分，折钞俸九石，该本色钞一百八十贯。

卷三四《文武官俸禄沿革事例》

各衙门吏典监生等役月粮则例

府部院寺等衙门吏典俱月支一石。太常寺提点知观月支一石五斗，乐舞生月支四斗。

府部等衙门历事监生有家小者，着历日为始，月支一石，三个月考勤后月支六斗；无家小者初支六斗，考勤后月支四斗。

六科、鸿胪寺、尚宝司等衙门历事监生月支一石。

国子监官吏除俸粮外，月支饌米三斗三升九合，监生有家小者月支八斗三升一合，无家小者月支三斗三升九合。

钦天监天文生月支七斗，阴阳人月支四斗。

太医院医士月支七斗，医生月支四斗有三斗者。

五城兵马司、营缮所典吏，生药库、都税司、正阳等门宣课等司、批验茶引等所、通济等局各攒典俱月支六斗。

岁支万历六年约数

吏部官员：监生、吏典每年约支本色米九百六十一石，官员折俸并折绢布银七百一十七两零，铜钱五万三千六百八十余文。

户部官员：监生、吏典每年约支本色米三千四百九石零，官员折俸并折绢布银三千九百五十六两零，铜钱三十万九千三百五十文。

礼部官员：监生、吏典并合属衙门每年约支本色米一千八百一十三石零，官员折俸并折绢布银一千一百八十八两零，铜钱九万九千五百八十余文。

兵部官员：监生、吏典并合属衙门每年约支本色米三千一百六石零，官员折俸并折绢布银二千四百七十一两零，铜钱二十万五千三百三十文。

刑部官员：监生、吏典每年约支本色米三千三百三石零，官员折俸并折绢布银二千六百三十九两零，铜钱二十二万三千八百四十余文。

工部官员：监生、吏典并合属衙门每年约支本色米二千五十五石零，官员折俸并折绢布银一万一千一百五两零，铜钱八十七万三千八百五十余文。

都察院官员：监生、吏典每年约支本色米四千三百四十八石零，官员折俸并折绢布银二千九百七十五两零,铜钱二十四万九千四百五十余文。

通政使司官员:监生、吏典每年约支本色米四百七石零,官员折俸并折绢布银三百八十八两零,铜钱三万二千三百八十文。

大理寺官员:监生、吏典每年约支本色米八百二十九石零,官员折俸并折绢布银六百五十一两零,铜钱五万四千九百五十余文。

翰林院官员:吏典每年约支本色米一千九百八十三石零,官员折俸并折绢布银三千一百三十七两零,铜钱二十六万九千五百二十余文。

詹事府官员:吏典每年约支本色米一百六十石零,官员折俸并折绢布银二百九十七两零,铜钱二万四千五百九十余文。

国子监官员:监生、吏典每年约支本色米二千五百七十九石零,官员折俸并折绢布银五百六十三两零,铜钱四万八千五百余文。

太常寺官员:吏典每年约支本色米一千八十四石零,官员折俸并折绢布银一千五百七十九两零,铜钱一十三万二千五百六十余文。

太仆寺官员:吏典每年约支本色米三百三十一石零,官员折俸并折绢布银三百七两零,铜钱二万四千六百三十余文。

鸿胪寺官员:监生、吏典、通事每年约支本色米二千一百八十二石,官员折俸并折绢布银二千九百二两零,铜钱二十一万一千四百三十余文。

光禄寺官员:吏典每年本色米随礼部关支外,官员约支折俸并折绢布银一千三十两零,铜钱八万八千一百余文。

顺天府官员:吏典并合属衙门官吏每年约支本色米二千五百七十七石零,官员折俸并折绢布银六百二十四两零,铜钱五万一千四百余文。

吏科官员:监生每年约支本色米五十八石,官员折俸并折绢布银一百一两零,铜钱七千八百一十余文。

户科官员:监生每年约支本色米八十五石,官员折俸并折绢布银一百一十七两零,铜钱九千七十余文。

礼科官员:监生每年约支本色米八十七石零,官员折俸并折绢布银九十两六钱零,铜钱七千一十余文。

兵科官员:监生每年约支本色米一百一十石零,官员折俸并折绢布银一百三十二两五钱零,铜钱一万二百九十余文。

刑科官员：监生每年约支本色米一百一十九石零，官员折俸并折绢布银一百四十三两七钱零，铜钱一万一千二百八十余文。

工科官员：监生每年约支本色米九十五石九斗零，官员折俸并折绢布银一百三十四两零，银钱一万五百四十余文。

中书科官员：吏典每年约支本色米五百二十一石零，官员折俸并折绢布银九百六十一两零，铜钱八万二千七百余文。

尚宝司官员：监生、吏典每年约支本色米一百八石零，官员折俸并折绢布银二百六十六两零，铜钱二万二千四百余文。

行人司官员：监生、吏典每年约支本色米四百五十九石零，官员折俸并折绢布银七百七十二两零，铜钱六万六千七百余文。

钦天监官员：吏典并天文等生每年约支本色米二千四百三十石零，官员折俸并折绢布银八百二十五两零，铜钱六万九千七百余文。

上林苑监官员：吏典每年约支本色米三百五石零，官员折俸并折绢布银二百八十二两零，铜钱二万四千三百余文。

太医院官员：吏典、医士每年约支本色米一千七百一十五石零，官员折俸并折绢布银四百七十九两零，铜钱四万九百余文。

宗人府官员：吏典每年约支本色米五十九石零，官员折俸并折绢布银三十八两零，铜钱三千四百余文。

左军都督府官员：监生、吏典每年约支本色米三百三十三石零，经历都事折俸并折绢布银五十八两零，铜钱四千五百九十文。

右军都督府官员：监生、吏典每年约支本色米五百四十四石零，经历都事折俸并折绢布银五十八两零，铜钱四千五百九十文。

中军都督府官员：监生、吏典每年约支本色米九百一十九石零，经历都事折俸并折绢布银五十八两零，铜钱四千五百九十文。

前军都督府官员：监生、吏典每年约支本色米三百一十八石零，经历都事折俸并折绢布银五十八两零，铜钱四千五百九十文。

后军都督府官员：监生、吏典每年约支本色米九百九十一石零，经历都事折俸并折绢布银五十八两零，铜钱四千五百九十文。

卷三四《文武官俸禄沿革事例》

嘉靖十二年，尚书许赞题准席木则例：每领折银一分，如贵处折一分二厘。兑运米二千石，该楞木一根，松板九片，俱纳本色。改兑米二石该席一领，本折中半。山东等总应纳斜席长六尺四寸，阔三尺六寸；浙江等总应纳方席长直俱四尺八寸。

卷三五《漕运额数沿革事例》

脚价则例：京粮自湾起剥至石坝，通粮自湾起剥至土坝，每石脚价六厘五毫，通惠河经纪船脚每石脚价二分二厘一丝八忽二微，六闸水脚每石银九厘一毫三丝九忽一微，车户车脚每石银一分四厘八毫四丝二忽七微，歇家包囤每石银八厘五毫，晒夫饭米每船一两一钱，小脚抗粮倒囤每石四厘，雇人抱筹抬斛打卷每石七厘，买垫囤苇把每船二钱，买掀扫笆斗每船三钱。

卷三六《仓场附马房牧地》

徐州永福仓：岁贮本折粳粟米麦，专备徐州等卫操运官军行月粮，并徐州洪稍水工食之用。今本折粳粟米麦并增出空粮共六万七千一百九十五石七斗七升六合，内本色小麦四千九百八十石六斗七升六合，折色米麦共六万二千二百一十五石一斗五勺。内收放则例：粳米每石折收银六钱，附余粳米折银三钱，小麦、粟米各三钱，马草折纳粟米每石六钱，折放俱银三钱，增出空粮二万四千三十七石四斗七升二合七勺。万历六年七月终，见在折色粳米一千二十三石二斗九升一合七勺。

徐州广运仓：岁贮徐、宿等州县本折小麦，专备扬州等卫运军行粮支用。今本折小麦一万八千六百九十五石一斗五升九合九勺，内本色麦四千六百九十五石八斗七升五合，折色小麦一万三千六百六十三石二斗八升四合九勺。万历六年六月终，除支放外见在折色小麦二千六百二十二石六斗二升一合一勺，该银一千四十九两四分八厘四毫零，内折色则例：每石收四钱，放四钱。

卷三六《仓场沿革事例》

天津仓、天津左卫仓、天津右卫仓：岁贮遮洋总运粮及天津、武清、沧州等卫所屯粮草场芦苇米运司土课等米共八万二千六百七十八石零，内正粮七万八千七百余石，耗米三千九百二石。运司正耗米四百五十六石零，折银二百一十七两八钱。又山东麦价并新增地亩，各卫县巡司随粮折色席苇等银共六千六百八十一两七钱，专备前卫所官军俸粮及天津三卫巡捕马料支用。今天津仓折粮银三万三千二百三两六钱八分三厘零寄贮天津卫库，天津右卫仓本色粟米四万三千五十五石一斗一升一合八勺，天津左卫仓本色米豆五万一千三百五十八石五斗七升八合九勺。又河间府广成库粮花布价银一万八千三百四十三两四钱三分六毫零，巨盈仓本色米豆二千四百九十三石七斗一合六勺，粮价银六千九百三十五两七钱六分四厘九毫。内支放则例：米贵放本色，米贱放折色，平岁本色十个月，折色二个月。

御马等各仓场共象、驼、马、驴、驹、牛、羊三千六百一十二匹头只，各支不等共料七万七千九百八十二石四斗二合，黄豆秸一万五千斤，草四百一十七万五千五十一束〔草〕九斤。支放则例：象每只日支料三斗，草十五束；驼每只日支料六升，草一束；马每匹日支料四升，草一束；驴除内府新发者日支料三升外，其余驴并马、驹每头匹日支料二升，草十斤；牛每只日支料三升，草十斤；羊每只日支料八合，草一斤；牛犊每只日支料一升五合，草一包；牡羊每只日支绿豆五合，糯稻谷三合；山羊每只日支绿豆五合，四只日支草一包；鹿每只日支黄豆秸三斤。御马仓绿豆一万三百石，豌豆一万石，黑豆一万五千七百石，大麦一万一千石，草五十八万束。遇闰加绿豆六百五十石，豌豆六百五十石，黑豆六百五十石，大麦六百五十石，草二万七千束。

卷三六《仓场沿革事例》

收放草束本折正耗则例：每年二月、十月、十一月，俱放本色，余月折色。原额每秤二十五斤为一束放支，内以十斤为浥烂附余后，商人具告要比照外马房例，每束进草一十八斤，秤收正草一十五斤。部议：每十束正耗共一百八十斤为一秤秤收，共一百五十斤为一背放支。隆庆四年又议：耗草除京五草场照旧收纳，其坝上牛、羊、象房等仓随收随放，每草定耗二斤减去一斤。

卷三六《仓场沿革事例》

五军都督府并京卫武官俸粮则例

左右都督：每月俸粮八十七石，岁共一千四十四石。内本色米一十二石；折银米二百六十六石，该银六十六两五钱；折绢米五十三石二斗，该银一十八两六钱二分；折布米三百五十六石四斗，该银一十两六钱九分二厘；岁共折银九十五两八钱一分。折钞米三百五十六石四斗，该钞七千一百二十八贯。

都督同知：每月俸粮七十四石，岁共八百八十八石。内本色米一十二石；折银米二百二十七石，该银五十六两七钱五分；折绢米四十五石四斗，该银一十五两八钱九分；折布米三百一石八斗，该银九两五分四厘；岁共折银八十一两六钱九分四厘。折钞米三百一石八斗，该钞六千三十六贯。

都督佥事：每月俸粮六十一石，岁共七百三十二石。内本色米一十二石；折银米一百八十八石，该银四十七两；折绢米三十七石六斗，该银一十三两一钱六分；折布米二百四十七石二斗，该银七两四钱一分六厘；岁共折银六十七两五钱七分六厘。折钞米二百四十七石二斗，该钞四千九百四十四贯。

都指挥使：与都督佥事俸同。

都指挥同知：每月俸粮四十八石，岁共五百七十六石。内本色米一十二石；折银米一百四十九石，该银三十七两□□五分；折绢米二十九石八斗，该银一十两四钱三分；折布米一百九十二石六斗，该银五两七钱七分八厘；岁共折银五十三两四钱五分八厘。折钞米一百九十二石六斗，该钞三千八百五十二贯。

都指挥佥事：每月俸粮三十五石，岁共四百二十石。内本色米一十二石；折银米一百一十石，该银二十七两五钱；折绢米二十二石，该银七两七钱；折布米一百三十八石，该银四两一钱四分；岁共折银三十九两三钱四分。折钞米一百三十八石，该钞二千七百六十贯。

指挥使：与都指挥佥事俸同。

指挥同知：每月俸粮二十六石，岁共三百一十二石。内本色米一十二石；折银米八十三石，该银二十两七钱五分；折绢米一十六石六斗，该银五两八钱一分；折布米一百石二斗，该银三两六厘；岁共折银二十九两五钱六分六厘。折钞米一百石二斗，该钞二千零四贯。

指挥佥事：每月俸粮二十四石，岁共二百八十八石。内本色米一十二石；折银米七十七石，该银一十九两二钱五分；折绢米一十五石四斗，该银五两三钱九分；折布米九十一石八斗，该银二两七钱五分四厘；岁共折银二十七两三钱九分四厘。折钞米九十一石八斗，该钞一千八百三十六贯。

正千户：每月俸粮一十六石，岁共一百九十二石。内本色米一十二石；折银米五十三石，该银一十三两二钱五分；折绢米一十石六斗，该银三两七钱一分；折布米五十八石二斗，该银一两七钱四分六厘；岁共折银一十八两七钱六厘。折钞米五十八石二斗，该钞一千一百六十四贯。

副千户：每月俸粮一十四石，岁共一百六十八石。内本色米一十二石；折银米四十七石，该银一十一两七钱五分；折绢米九石四斗，该银三两二钱九分；折布米四十九石八斗，该银一两四钱九分四厘；岁共折银一十六两五钱三分四厘。折钞米四十九石八斗，该钞九百九十六贯。

卫镇抚：与副千户俸同。

实授百户：每月俸粮一十石，岁共一百二十石。内本色米一十二石；折银米四十五石，该银一十一两二钱五分；折绢米九石，该银三两一钱五分；折布米二十七石，该银八钱一分；岁共折银一十五两二钱一分。折钞米二十七石，该钞五百四十贯。

所镇抚：每月俸粮八石，岁共九十六石。内本色米一十二石；折银米三十七石，该银九两二钱五分；折绢米七石四斗，该银二两五钱九分；折布米一十九石八斗，该银五钱九分四厘；岁共折银一十二两四钱三分四厘。折钞米一十九石八斗，该钞三百九十六贯。

试百户：每月俸粮五石，岁共六十石。内本色米一十二石；折银米二十石，该银五两；折绢米四石，该银一两四钱；折布米一十二石，该银三钱六分；岁共折银六两七钱六分。折钞米一十二石，该钞二百四十贯。

署试百户：每月俸粮三石，岁共三十六石。内本色米一十二石；折银米一十石，该银二两五钱；折绢米二石，该银七钱；折布米六石，该银一钱八分；岁共折银三两三钱八分。折钞米六石，该钞一百二十贯。

以上各官俸粮本色米，每月随军士月粮关支。折银米每年十个月，每石折银二钱五分，于内承运库关支。折绢米夏季四月、五月，每俸二石准绢一匹，每匹折银七钱。上半年六个月，折钞每俸一石，折本色钞二十贯；下半年六个月，折布每俸一石，折钞二十贯，每钞二百贯准布一匹，每匹折银三钱。本色钞于内库关支，折绢布银俱于太仓银库关支。内有中式武举者，不论品级崇卑，每月加本色米三石，岁共加三十六石。

卷三七《营卫俸粮沿革事例》

月粮则例

在京各卫所营操、巡捕、守卫、上直等项旗军勇士，并锦衣卫旗校、力士、军人、镇抚司匠役及长陵等卫军，俱月支米一石。锦衣卫将军月支米一石五斗。各卫所守门撞门军余、修仓军斗，六科廊军匠、杂役、军伴，俱月支米八斗。老疾并纪录军月支米三斗。武功中、左二卫看库余丁，黑窑、神木二厂军夫，月支米四斗。如遇做工，加口粮二斗。以上月粮内，锦衣卫将军、旗校、士军，各卫勇士俱常食，京粳镇抚司匠役，各卫所旗军，每年二月食通粟，八月食京粟，其余月分常操食京粳，歇操食通粳，四月、十月支折色。其杂役军伴全支折色，俱每石折银五钱。黑窑、神木二厂军夫，间月食京粳、京粟。长陵等卫并奠靖所军近改昌平支给，折色银两仍在太仓银库关支。

冬衣布花则例

各卫所正军，锦衣卫旗校、士军，镇抚司匠役，每年每名赏本色布二匹，折色布一匹，折钞五锭，绵花一斤八两。只身军每名本色布一匹，折色布一匹，折钞五锭，绵花一斤八两。黑窑、神木二厂军夫，每名本色布一匹，折色布一匹，折钞五锭，绵花一斤八两。以上该赏本色布于甲字库关领，绵花于丙字库关领，钞锭于天财库关领。如布花不敷，俱支折色布，每匹折银二钱五分，花每斤折银六分，俱于太仓银库关领给散。

京营官军食粮则例

三大营副参游佐将官每员月支米五石，选锋把总官每员月支米三石，选锋军每名月支米二石。各营车战二兵每名除月粮随卫关支外，如遇出征防守，加防秋口粮三个月，每名月支三斗。外卫班军春秋二班以到营日为始，每名月支行粮四斗，折银二钱。如遇做工日期止支口粮四斗，亦折银二钱，食盐一斤折银五厘，名为盐粮。万历七年题，改本色三个月，折色三个月。

巡捕营提督并参将每员月支米五石。中军把总官除俸粮外，每员月支口粮九斗。旗牌官军除俸粮外，每员名月支口粮四斗五升。家丁每名月支米二石。

营卫马匹料草则例

三大营操备马匹，每匹月支料九斗，春冬折银三钱六分，夏秋折银三钱一分五厘，谷草三十束，折银二钱五分，每年二月、十月放支本色。

巡捕营捕盗马，每匹月支料九斗，折银三钱六分，谷草三十束折银五钱。御马监四卫营上直马，每匹月支料九斗，折银三钱六分，谷草十五束折银二钱五分，芦草十五束折银七分五厘。操备马每匹月支料九斗，折银三钱六分，谷草三十束折银二钱五分。勇士马每匹月支料九斗，折银三钱六分，谷草十五束折银二钱五分，芦草十五束折银七分五厘。每年夏秋六个月放青，马匹不支料草，春冬六个月间月支秋青草三十束，折银三钱。

锦衣卫将军上直马，每匹月支料一石二斗，折银四钱八分，谷草十五束折银二钱五分，芦草十五束折银七分五厘。衣左等五所宣官马，每匹月支料一石，折银四钱，草与将军马同。上左等七所宣官马，每匹月支料九斗，折银三钱六分，不支草。西司房捕盗马，每匹月支料九斗，折银三钱六分，谷草三十束折银五钱。旗手卫上直马，每匹月支料九斗，折银三钱六分，谷草十五束折银二钱五分，芦草十五束折银七分五厘。以上马匹料草，如遇小尽，减支料三升，草一束。

卷三七《营卫俸粮沿革事例》

杂支则例

光禄寺厨役月支米九斗，无妻者支六斗，每年仍赏冬衣绵布二匹，折银五钱。

太常寺厨役月支米九斗，无妻者支六斗。

工部文思院匠官全俸者月支米一石，半俸者支五斗。

内官监并皮作局匠官俱月支米一石。

宝钞提举司大使月支米一石二斗，司吏支一石，典吏支五斗，匠支五斗，有支二斗五升者。

司苑局甲军月支米一石。

京卫武学武生月支米三斗。

织染局、兵仗局民匠各月支米四斗。

司礼监、内官监、供用库、工部织染所民匠，俱月支米三斗。

内承运库、印绶监、钦天监民匠俱月支米二斗。

军器局民匠月支米一斗五升。

宛、大二县孤老月支米三斗，每年仍赏冬衣绵布一匹。

教坊司俳色长月支米一石，乐工支五斗。

以上月粮，除军器局民匠，宛、大二县孤老每年全支本色，其余本色十个月，折色二个月。各卫仓副使全俸者月支米二石，减俸者月支一石五斗，攒典月支一石，军斗月支八斗。御马仓副使、司吏，十库大使、副使，银库大使，京外场大使、副使，俱月支米一石。长安四门仓副使月支一石二斗。攒典俱月支六斗。

卷三七《营卫俸粮沿革事例》

〔嘉靖〕十七年，御史李乘云题：乞将长芦、山东中支引盐，除余盐包索二百二十五斤外，其正盐二百零五斤，比照淮南正盐则例，加包索四百六十斤，照数掣放。本部覆准：量加二十斤，于正盐数内，连余盐共四百五十斤。

卷三九《盐法沿革事例》

嘉靖四年，本部委官主事李琪呈称：崇文门宣课分司收税则例，每钞二十五贯，钱五十文，该银一钱。原本司设有卖钱钞铺户二十余人，称收商纳银两，代纳钱钞，奸弊滋生。乞比照钞关收银事例，折收商纳银两。本部覆准：札行本官，自本年为始，每钞一贯折银三厘，每钱七文折银一分，查照应纳课程之数，随即秤收，送内府内承运库交收，以备光禄寺等衙门买办应用。

卷四一《钱法沿革事例》

河西务钞关

长乌船则例

五尺钞三十六贯，钱七十二文，共折银二钱一分八毫五丝五忽。

六尺钞四十四贯，钱八十八文，共折银二钱五分七厘七毫一丝三忽。

七尺钞五十一贯，钱一百二文，共折银二钱九分八厘七毫一丝三忽。

八尺钞五十七贯，钱一百一十四文，共折银三钱三分三厘八毫一丝三忽。

九尺钞六十四贯，钱一百二十八文，共折银三钱七分四厘八毫五丝五忽。

一丈钞七十八贯，钱一百五十六文，共折银四钱五分六厘八毫五丝五忽。

一丈一尺钞九十九贯，钱一百九十八文，共折银五钱七分九厘八毫五丝五忽。

一丈二尺钞一百二十一贯，钱二百四十二文，共折银七钱八厘七毫一丝三忽。

一丈三尺钞一百四十二贯，钱二百八十四文，共折银八钱三分一厘七毫一丝三忽。

足料钞一百五十贯，钱三百文，共折银八钱七分八厘五毫七丝一忽。

河赣船则例

五尺钞三十一贯，钱六十二文，共折银一钱八分一厘五毫七丝一忽。

六尺钞三十六贯，钱七十二文，共折银二钱一分八毫五丝五忽。

七尺钞四十二贯，钱八十四文，共折银二钱四分六厘。

八尺钞四十七贯，钱九十四文，共折银二钱七分五厘二毫八丝四忽。

九尺钞五十四贯，钱一百八文，共折银三钱一分六厘二毫八丝四忽。

一丈钞五十九贯，钱一百一十八文，共折银三钱四分五厘五毫七丝一忽。

一丈一尺钞六十九贯，钱一百三十八文，共折银四钱四厘一毫四丝二忽。

一丈二尺钞八十六贯，钱一百七十二文，共折银五钱三厘七毫一丝三忽。

一丈三尺钞一百一十三贯，钱二百二十六文，共折银六钱六分一厘八毫五丝五忽。

足料钞一百五十贯，钱三百文，共折银八钱七分八厘五毫七丝一忽。

以上船料，折色年分每钞一贯折银三厘，每金背钱七文算银一分，约解太仓银八千七百余两。

本色年分钞贯照船头丈尺应纳数目，收本色，每金背钱八文算银一分。约解广惠库钞一百一十九万余贯，铜钱二百七十三万余文。仍有七分扣二，银送太仓。每年船铺户牙税银约一千余两。

商税正余银四千余两。万历八年新增约二万八千一百余两。

经纪、牙税、牙行银约三千余两。俱解太仓。

条船二税银约一万四千九百余两。解实和二店收贮类进。万历八年新增。

卷四二《钞关船料商税沿革事例》

临清钞关

长船则例

五尺钞一十五贯，折银四分四厘。六尺钞三十贯，折银八分八厘。七尺钞四十五贯，折银一钱三分二厘。八尺钞六十贯，折银一钱七分六厘。九尺钞七十五贯，折银二钱二分。一丈钞一百一十五贯，折银三钱三分七厘。一丈一尺钞一百六十五贯，折银四钱八分四厘。一丈二尺钞一百九十贯，折银五钱五分七厘。一丈三尺钞二百一十贯，折银六钱一分六厘。一丈四尺钞二百三十贯，折银六钱七分四厘。一丈五尺钞二百五十五贯，折银七钱四分八厘。一丈六尺钞三百贯，折银八钱八分。

河赣渡航乌渔船则例

四尺钞五贯，折银一分五厘。五尺钞一十贯，折银三分。六尺钞一十五贯，折银四分四厘。七尺钞二十贯，折银五分九厘。八尺钞三十贯，折银八分八厘。九尺钞四十五贯，折银一钱三分二厘。一丈钞七十五贯，折银二钱二分。一丈一尺钞一百五贯，折银三钱八厘。一丈二尺钞一百三十五贯，折银三钱九分六厘。一丈三尺钞一百六十五贯，折银四钱八分四厘。

一丈四尺钞一百九十五贯，折银五钱七分二厘。一丈五尺钞二百五十贯，折银七钱三分三厘。一丈六尺钞三百贯，折银八钱八分。

以上折色年分，每钞一贯折银二厘九毫三丝；本色年分每钞一千贯征银二两九钱三分，内除八钱四分解太仓，又除铺垫水脚银三钱，剩银一两七钱九分买钞五百贯，价银三钱。嘉靖钱四百文，价银七钱四分；古钱六百文，价银七钱五分。本色年分，约解广惠库本色钞一千二百六十万余贯，铜钱二千五百二十万余文仍有七分扣二银解太仓；折色年分，约解太仓船料商税正余银八万三千八百余两。

卷四二《钞关船料商税沿革事例》

浒墅钞关

船料则例

五尺平料船户银七分，补料船户、商人各银七分。六尺平料船户银一钱四分，补料船户、商人各银一钱四分，加料船户银二钱一分，加补料船户、商人各银二钱一分。七尺平料船户银二钱一分，补料船户、商人各银二钱一分，加料船户银三钱一分五厘，加补料船户、商人各银三钱一分五厘。八尺平料船户银二钱四分五厘，补料船户、商人各银二钱四分五厘，加料船户银四钱二分，加补料船户、商人各银四钱二分。九尺平料船户银三钱五分，补料船户、商人各银三钱五分，加料船户银五钱二分五厘，加补料船户、商人各银五钱二分五厘。一丈平料船户银五钱六分，补料船户、商人各银五钱六分，加料船户银八钱五厘，加补料船户、商人各银八钱五厘。一丈一尺平料船户银七钱七分，补料船户、商人各银七钱七分，加料船户银一两一钱五分五厘，加补料船户、商人各银一两一钱五分五厘。一丈二尺平料船户银九钱八分，补料船户、商人各银九钱八分，加料船户银一两三钱六分五厘，加补料船户、商人各银一两三钱六分五厘。一丈三尺平料船户银一两一钱九分，补料船户、商人各银一两一钱九分，加料船户银一两五钱七分五厘，加补料船户、商人各银一两五钱七分五厘。一丈四尺平料船户银一两四钱，补料船户、商人各银一两四钱，加料船户银一两七钱八分五厘，加补料船户、商人各银一两七钱八分五厘。

以上，折色年分照船头丈尺折收银两，本色年分旧例每钞一十贯，钱二十文，折收银七分内二分解太仓；五分钱钞每钞一千贯，价银六钱。嘉靖钱一千文，价银二两五分；古钱一千文，价银一两六钱。扛索盘缠等费，俱于内扣算。本色年分约解广惠库本色钞五百八十六万余贯，铜钱一千一百七十三万余文；折色年分约解太仓船科正余银三万九千九百余两，每年额办草席二千五百领，价银一百八十六两零。

卷四二《钞关船料商税沿革事例》

九江钞关

船料则例

五尺钞二十一贯五百五十五文，钱四十三文一分一厘，共折银一钱二分六厘二毫五丝。六尺钞三十一贯四十文，钱六十二文八厘，共折银一钱八分一厘八毫。七尺钞三十六贯二百一十二文，钱七十二文四分二厘四毫，共折银二钱一分二厘一毫。八尺钞五十五贯一百八十一文，钱一百一十文三分六厘二毫，共折银三钱二分三厘二毫。九尺钞六十二贯七十八文，钱一百二十四文一分五厘六毫，共折银三钱六分三厘六毫。一丈钞八十六贯二百二十文，钱一百七十二文四分四厘，共折银五钱五厘。一丈一尺钞九十四贯八百四十二文，钱一百八十九文六分八厘四毫，共折银五钱五分五厘五毫。一丈二尺钞一百三贯四百六十四文，钱二百六文九分二厘八毫，共折银六钱六厘。一丈三尺钞一百一十二贯八十六文，钱二百二十四文一分七厘二毫，共折银六钱五分六厘五毫。一丈四尺钞一百三十二贯七百七十九文，钱二百六十五文三分五厘八毫，共折银七钱七分七厘七毫。一丈五尺钞一百四十二贯二百六十二文，钱二百八十四文五分二厘六毫，共折银八钱三分三厘二毫五丝。一丈六尺钞一百六十五贯五百四十二文，钱三百三十一文八厘四毫，共折银九钱六分九厘六毫。一丈七尺钞一百七十五贯八百八十八文，钱三百五十一文七分七厘六毫，共折银一两三分二毫。一丈八尺钞一百八十六贯二百三十五文，钱三百七十二文四分七厘，共折银一两九分八毫。一丈九尺钞一百九十六贯五百八十一文，钱三百九十三文一分六厘二毫，共折银一两一钱五分一厘四毫。二丈钞二百六贯九百二十七文，钱四百一十三文八分五厘四毫，共折银一两二钱一分二厘。二丈一尺钞二百三十五贯三百八十文，钱四百七十文七分六厘，共折银一两三钱七分八厘六毫五丝。二丈二尺钞二百四十六贯五百八十八文，钱四百九十三文一分七厘六毫，共折银一两四钱四分四厘三毫。二丈三尺钞二百五十七贯七百九十七文，钱五百一十五文五分九厘四毫，共折银一两五钱九厘九毫五丝。二丈四尺钞二百六十九贯五文，钱五百三十八文一厘，共折银一两五钱七分五厘六毫。二丈五尺钞三百一贯七百六十九文，钱六百三文五分三厘八毫，共折银一两七钱六分七厘五毫。二丈六尺钞三百一十三贯八百四十文，钱六百二十七文六分八厘，共折银一两八钱三分八厘二毫。二丈七尺钞三百二十五贯九百一十文，钱六百五十一文八分二厘，共折银一两九钱八厘九毫。二丈八尺钞三百三十七贯九百八十一文，钱六百七十五文九分六厘二毫，共折银一两九钱七分九厘六毫。二丈九尺钞三百五十贯五十二文，钱七百文一分四毫，共折银二两五分三毫。三丈钞三百六十二贯一百二十二文，钱七百二十四文二分四厘四毫，共折银二两一钱二分一厘。三丈一尺钞三百七十四贯一百九十五文，钱七百四十八文三分九厘，共折银二两一钱九分一厘七毫。三丈二尺钞三百八十六贯二百六十四文，钱七百七十二文五分二厘八毫，共折银二两二钱六分二厘四毫。三丈三尺钞三百九十八贯三百四十文，钱七百九十六文六分八厘，共折银二两三钱三分三厘一毫。三丈四尺钞四百一十贯四百五文，钱八百二十文八分一厘，共折银二两四钱三厘八毫。三丈五尺钞四百二十二贯四百七十六文，钱八百四十四文九分五厘二毫，共折银二两四钱七分四厘五毫。三丈六尺钞四百三十四贯五百五十文，钱八百六十九文一分，共折银二两五钱四分五厘二毫。

以上，折色年分照船头丈尺折收银两，本色年分每钞一千贯，征银三两内除扣二银八钱五分七厘一毫四丝一忽。解太仓实在钞价银二两一钱四分二厘八毫五丝九忽，仍买钞一千贯，旧钱一千文，征银一两二钱五分内除扣二银三钱五分七厘一毫。解太仓实在钱价银八钱九分二厘九毫，仍买钱一千文。本色年分约解广惠库本色钞二百九十三万余贯，铜钱六百八十九万余文。折色年分约解太仓船料正余银一万五千三百余两。

卷四二《钞关船料商税沿革事例》

扬州钞关

空船则例

五尺钞三贯，钱六文。六尺至八尺钞五贯，钱一十文。九尺钞八贯，钱一十六文。一丈钞一十贯，钱二十文。一丈一尺钞一十三贯，钱二十六文。一丈二尺钞一十五贯，钱三十文。一丈三尺钞一十八贯，钱三十六文。一丈四尺钞二十贯，钱四十文。一丈五尺钞二十五贯，钱五十文。一丈六尺钞三十三贯，钱六十六文。一丈七尺钞三十八贯，钱七十六文。一丈八尺钞四十三贯，钱八十六文。一丈九尺钞四十八贯，钱九十六文。二丈钞五十三贯，钱一百六文。

以上船料，每钞一贯折银三厘，钱七文折银一分。本色年分约解广惠库本色钞一百六十九万余贯，铜钱三百三十八万余文仍有七分扣二银解太仓；折色年分约解太仓船料正余银一万二千九百余两。

卷四二《钞关船料商税沿革事例》

弘治元年，尚书李敏题：库藏空虚，除崇文门、上新河、张家湾司局照旧钱钞兼收外，其河西务等处八钞关，并临清、淮安、扬州、苏州、杭州、刘家隔、正阳镇七税课司局，照依彼中则例，俱折收银两。该解京者，送部类进内府交收；该存留者，就本处准折官军俸粮，俱照例每银一两折钞七百贯。

卷四二《钞关船料商税沿革事例》

〔弘治〕十四年，广东巡抚刘大夏题称：广州、肇庆二府河泊所，俱有绝户并逃亡无征鱼课，乞将南海县九江堡人民赴肇庆河下捞取鱼苗，变卖银米船只，行令肇庆府随船大小定与则例，取银以补二府前项无征鱼米。本部覆准。

卷四三《杂课沿革事例》

〔万历〕八年，漕运总督凌云翼题议：淮安四税病商，实由监收各官交代不常，巡缉人役增用太滥，欲行归并部官兼管。尚书张学颜覆准：行管理淮安常盈仓主事，将四税照原题则例，榜谕商牙，报数批发，委官验收贮府，作正支销。年终通计所入，除足岁支外，仍有余剩，类解太仓。

卷四三《杂课沿革事例》

　　嘉靖二十四年，刑科给事中胡叔廉题，尚书王杲覆准：积谷则例，减去一半，如十里以下积粮七千五百石，二十里以下一万石，三十里以下一万二千五百石，五十里以下一万五千石，一百里以下二万五千石，二百里以下三万五千石，三百里以下四万五千石，四百里以下五万五千石，五百里以下六万五千石，六百里以下七万五千石，七百里以下八万五千石，八百里以下九万五千石。其偏僻小县果不得蓄者，听抚按径自酌处。过其数或多增一倍两倍，听抚按具奏旌擢，俱给本等诰敕行移吏部，不次擢用。不及数者，以十分为率，少三分者罚俸半年，少五分者罚俸一年，少六分者听抚按官参奏降黜。

卷四三《杂课沿革事例》

《大明律附例》
（明）舒化奉敕纂修　明万历十三年刻本

　　〔成化〕六年奏准：各王府及功臣之家钦赐田土佃户，照原定则例，将该纳子粒依时价，每亩银三分，送赴本府州县上纳。令各该人员关领，不许自行收受。

卷第五《户律二》

万历《明会典》
（明）申时行等重修　中华书局，1989

　　嘉靖九年，令直隶苏、松、常、镇，浙江杭、嘉、湖等府田地科则，只照旧行，不必纷扰。其有将原定则例更改生奸作弊，通行禁革。

卷一七《户部四·田土》

凡各宫田土，嘉靖八年题准：查勘过丰润县仁寿宫余地九百一十四顷三十七亩有零，泊南、泊北、梁城所东及水泊余地，共九百八十顷九十九亩有零，芦苇地一千三百二十二顷九十三亩有零。行令该县俱照原拟轻重则例，征银解部，以备边储。

卷一七《户部四·田土》

隆庆二年，令天下有王府去处，或有仪宾军校，诱引奸豪，投献田宅，及宗室公然借名置买，恃强不纳差粮者，有司验契查实，先将投献人依律究遣，田宅入官。另给军民管种输租，以补各宗禄粮之缺。中有宗室执留占吝，就照民间编纳差粮则例，尽数抵扣应得禄粮，方行补给。有司滥受馈遗，阿纵不举者，抚按纠劾重治。

卷一七《户部四·田土》

〔嘉靖〕十六年敕：差科道部属官各一员前去，会同巡按查勘八府庄田。但自正德以来，朦胧投献及额外侵占者，尽行查出，各依拟给主召佃，管庄人员尽数取回，着管屯田佥事兼带督管。该征税租，照依原定则例，折收银钱。原系皇庄者，解部类进。系皇亲者，赴部关领，不许自行收受。

卷一七《户部四·给赐》

成化十九年奏准：凤阳等府被灾，秋田粮以十分为率，减免三分。其余七分，除存留外，起运者，照江南折银则例，每石征银二钱五分，送太仓银库另项收贮备边。以后事体相类者，俱照此例。

卷一七《户部四·灾伤》

国初兵荒之后，民无定居，耕稼尽废，粮饷匮乏。初命诸将分屯于龙江等处，后设各卫所，创制屯田，以都司统摄。每军种田五十亩为一分，又或百亩，或七十亩，或三十亩、二十亩不等。军士三分守城，七分屯种，又有二八、四六、一九、中半等例，皆以田土肥瘠、地方冲缓为差。又令少壮者守城，老弱者屯种，余丁多者亦许。其征收则例，或增减殊数，本折互收，皆因时因地而异云。

卷一八《户部五·屯田》

景泰六年题准：顺圣地土肥饶，筑立城堡，拨军耕种，定为则例起科。

卷一八《户部五·屯田》

〔弘治十七年〕又议准山东登、莱沿海瘠地，照轻科则例，每亩三升三合。

卷一八《户部五·屯田》

隆庆二年，令宣镇屯种官地，每亩原征粮不及一斗者，照旧征纳；如一斗以上者，亦以一斗为止。其地亩起科，新增牧地等项田土，应征粮石酌量定为三等。除本色照旧，米豆中半折色，照各城堡月粮则例上纳。该镇屯田地亩等粮，以原额为准，以后虚增粮数，尽行除豁。将来征收，务足一十八万四千五百三十五亩之数。

卷一八《户部五·屯田》

成化二十年，令辽东管粮官会同抚按等官，将附近顺、永二府所属州县，并永平、卢龙卫所见问罪囚，内有杂犯死罪以下，酌量地里远近，定拟则例，发山海卫仓关领粮米，送广宁前屯、广远二城仓收贮。及将辽东所属官吏人等有犯各项罪名者，亦照例于辽阳城六仓关领粮米，运送东州、叆阳、清河、碱场、马根单五堡各备用。

卷二八《户部十五·会计四·边粮》

〔正德元年〕令江西州县，每年将各户该征夏税秋粮，造写实征手册，照依布政司则例，填注由帖，给散纳户。置立印信号簿，粮长委官各收一扇，里长催粮赴仓，眼同照依由帖交纳。折银等项，亦就当官秤封贮库，各登号簿。委官于由帖内写一"讫"字，与纳户执照。如粮里仍前私家折收粮米，作弊侵欺，及小民拖欠不完，或部运官通同不行催纳，以致经年不得完结者，俱听抚按守巡等官查照律例重究。

卷二九《户部十六·征收》

〔嘉靖〕三十二年议准：河南、山东额运蓟州仓漕粮，共二十四万石，内除六万石照旧征收本色外，原折色四万石，每石折银六钱。其余一十四万石，查照先年题准改折则例，内十万石每石八钱，四万石每石九钱，通共折色一十八万石。行令二省征收，与同本色，一并径解蓟州仓上纳。

卷二九《户部十六·征收》

〔万历〕六年题准：湖广协济贵州粮银，以后照四川类解则例，改归该省布政司及粮储道，征完总解贵州交纳，年终册报户部。只照协济未完分数查参，不必京边总算。

卷二九《户部十六·征收》

〔洪武二十六年〕又令凡在京征收刍草，俱于田亩内照例科征。当征收之时，户部先行定拟具奏，行移该征有司，限定月日，先取部运官吏姓名开报，候起运至日，照数填定拨各该卫所，并典牧千户所等衙门交纳，以备支用。其在外衙门，亦各照依已定则例征收施行。

卷二九《户部十六·征收》

国初宝钞，通行民间，与铜钱兼使，立法甚严。其后钞贱不行，而法尚存。今具列于此。其折禄折俸罪赎及各项则例，轻重不等，详见各部。

卷三一《户部十八·库藏二·钞法》

〔隆庆四年〕又令山西太原府所属阳曲等十州县，并汾州及所属三县，共十四州县，以后通食票盐，每票抽税银六分。责令屯盐道督理完解运司，每年终，巡盐御史题解户部济边。其关防稽考之法，悉照盐法则例举行。其原派阳曲等十四州县引目，准令均摊河东运司行盐地方。

卷三三《户部二十·课程二·盐法二》

〔嘉靖〕十年题准：四川大宁、安云等一十五场额办盐课，俱照弘治十五年则例，征银存留本省，以备接济松茂运粮脚价之费。每年按季征收，与秋种一体起解。其小民边粮本色，止征正米价银，不许重派脚价。

卷三三《户部二十·课程二·盐法二》

〔嘉靖〕四十年题准：自今以后，每正盐一引之外，许带余盐一引。正盐在各边报中，上纳粮草。余盐在各运司，查照题定则例，征银解部。永为遵守。

卷三四《户部二十一·课程三·盐法三》

〔正德〕十一年议准：长芦运司灶户，照依有司上中下户则例，编审造册。除上中户丁多力壮者，量将二三丁帮贴办盐。此外多余人力，照旧编当别项差役。下户者，止令营办盐课。一切夫役、民快、边饷、马价、军器等杂差，俱与优免。

卷三四《户部二十一·课程三·盐法三》

〔成化〕二年，差主事二员，于九江、金沙洲监收钱钞，定为则例。候一年满日，该府各委佐贰官一员，照例轮收。

卷三五《户部二十二·课程四·钞关》

正德七年，令正阳门等七门门官，凡日收大小车辆、驴、骡、驼驮钱钞，眼同户部官吏、监生，照依则例收受，即时附簿。钱钞簿籍，俱封贮库。不许纵容门军家人伴当，出城罗织客商，阻截车辆，索取小门茶果、起筹等项铜钱。

卷三五《户部二十二·课程四·商税》

〔嘉靖十三年〕又题准：郡县等主君病故，仪宾禄粮务要遵奉先年题准一九、二八则例，毋得妄行奏扰。

卷三八《户部二十五·廪禄一·宗藩禄米》

〔嘉靖〕三十三年题准：攒运官员自嘉靖三十四年为始，每月应支食米，听于各住扎地方司府存留米内支给。其巡抚凤阳都御史及各官折俸、折绢、折布等项，俱照在京则例，各依品级，于所在官司应解本部或地方存留及库贮官银内动支给与。部属等官三年一年差者，以各该年分满日为止，余月仍俟赴京给领。除山、陕、宣、大、辽、蓟等边原无解部银两，及本色米不便，仍旧在京关支外，其余但凡京差官员带有家小驻扎各地方行事者，俱以到地方之日为始，一体在外关支。户部及工部等衙门将各官在京原支俸给扣出，不必造支。其攒运郎中、监兑主事等官，不带家小及不系一年三年差者，仍在京关支。

卷三九《户部二十六·廪禄二·俸给》

〔嘉靖〕四十一年题准：蓟、辽、曹家寨军士专随游击操练，与别项班军不同。令照客兵行粮则例，每月支米四斗五升。

卷三九《户部二十六·廪禄二·行粮马草》

国朝赏赐，用钞锭、胡椒、苏木、铜钱，并银两、衣服等项，其系礼、兵掌行者，具见二部。惟岁给军士冬衣、布、花等项，沿革则例不一，系户部掌行。备载于此。

卷四〇《户部二十七·经费一·赏赐》

〔洪武〕六年，又定给赏则例。北平军士：永平、居庸、古北口为一等，密云、蓟州为一等，北平在城为一等，通州、真定为一等。

卷四〇《户部二十七·经费一·赏赐》

祭葬则例

隆庆三年更定

凡四品、五品文官，以侍从、春宫、军功等项，应沾恤典者，礼部临时具由，取自上裁。其他一切杂途，尽行停止。弘治十年例。遇有前项陈请，仍先移文翰林院、兵部核实。如军功，必躬履行阵；侍从，必日侍讲读；

春宫，必亲奉出阁开陈有劳，方与具由题请。若止曾受官，未经实效勤劳者，不准。嘉靖二十三年例。其特恩所加祭葬，大约于本等品级内量加一等。如无祭者，给与祭一坛；无葬者，给与半葬，应半葬者给与全葬。如讲读官，则五品本身有祭，四品本身父母得拟祭葬，三品祭得及其妻。军功，则四品本身得拟祭葬，三品未满得及其父母，各有差等，不得越次，妄生希觊。或有讲读年久，启沃功多，军旅身殁，勋劳懋著者，恤典自宜加厚，礼部临时议拟，奏请定夺。

凡二品官，本等祭二坛。若加升一品致仕者，祭五坛。正德七年例。加东宫三少致仕者，祭三坛。正德六年例。原加东宫三少而续奉旨革去者，止与本等祭二坛；妻未封夫人者，不准与祭。俱嘉靖二十三年例。其加升日浅，政绩未著者，临时核实，奏请量减。若被劾冠带闲住者，祭葬俱无。俱弘治十年例。

凡四品官，已经考满者，其父母例不重封，虽止授五品封，亦与祭一坛；未考满者，不准。嘉靖二十三年例。

凡四品以上官，其父母曾授本等封赠者，先后病故，祭得因后并及其先。如有前母，亦得及之。无封赠者，不许越例陈乞。其品官妻，非系封赠夫人者，原无祭典，不准并祭。俱嘉靖二十三年例。

凡被劾听调官，有心本无疵，事因诖误，虽遭指摘不累其人品者，应得祭葬，仍准全给。或功有可录、过有可原者，功过当相较量，其祭祀葬应全给者半给，应半给者有祭无葬。若罪过昭彰，公论共弃者，照闲住例，不准给。

凡公侯伯本爵，应得祭二坛。若在内掌府事、坐营，守备南京同。在外总兵征讨积有勋劳，而加太子太保以上者，公侯祭十六坛，伯祭十五坛。掌府事、坐营、总兵历有勋劳者，祭七坛。掌府事、坐营积有年劳者，祭五坛。虽掌府事、坐营而政绩未著者，祭四坛。管事而被劾勘明闲住者，止与本爵祭二坛。被劾而未经勘实者，祭一坛。勘实而罪重者，并本爵应得祭葬一概尽削。

凡都督同知、佥事，起用未久病故者，与祭三坛。嘉靖三十年例。锦衣卫都指挥使，身后赠都督同知者，亦祭三坛。正德二年例。俱照例造葬。

万历六年更定

凡文官三品以上，不论已未考满，其各父母妻必曾授本等封，俱照例祭葬。四品本身及父母皆止一祭，无葬，而出自特恩者不拘。

凡一品父母妻已授本等封，于例祭外父母有加祭二坛者，正德十年例。妻有加祭一坛者，弘治十二年例。系出特恩，取自上裁。陈乞者，不得辄援为例。

凡三品官曾经考满者，祭一坛，全葬。未经考满者祭一坛，减半造葬。正德六年例。其以侍郎兼学士赠尚书者，祭二坛，不拘已未考满给与全葬。或兼官虽同，非系赠尚书者，止给与本等恤典，不得概援为例。

凡致仕、养病、终养、听用等项官员，祭葬俱与见任官同。革职闲住及先曾为事谪戍，遇蒙恩诏辩复原职者，祭葬俱不准给。

凡文官二品、三品，共实历三年以上者，虽未考三品满，父母准与三品祭葬。三品、四品共历三年以上者，虽未考四品满，父母准祭一坛。若未及三年者，不准。正德九年例。其有未及三年而遇蒙恩诏，父母已授本等封，及父母先授外封，后任京职，考满例不重封者，俱照品级给与应得祭葬。内外通理，嘉靖二十八年例。

凡三品以上官，有被劾致仕及先被劾冠带闲住，后奉特旨复职者，俱准照例与祭葬。弘治十年、嘉靖二十七年例。若罪过昭彰、公论共弃者，不拘见任、致仕等项，俱不准给。其被劾闲住，遇蒙覃恩概复致仕者，亦不准给。被劾听调及听勘未明病故者，务稽考其平生履历、人品高下、功罪轻重，议拟奏请定夺。

凡公侯伯为事未经勘实身故者，其妻封命踰未追夺，亦从夫例，止与祭一坛。

凡左右都督、都督同知、都督佥事、管府事及在外总兵病故者，俱祭六坛，照例造葬。都督同知以上，不分真署，一体给祭葬。署都督佥事止祭一坛，不得妄援。

凡兴都正副留守，俱祭一坛。

凡以死勤事，若抗节不屈身死纲常者，犯颜谏争身死国是者，执锐先登身死战阵者，危城固守身死封疆者，诸如此类，开具实迹，恤典取自上裁。其或城池失守、战阵败衄以致殒命者，不许一概议给。

万历十二年续定

凡公侯伯掌府、坐营、总兵，加太子太保以上者，必查前项官衔因何加授，果以勋劳进秩，方许照《会典》公侯祭十六坛，伯祭十五坛之例。如系因事加恩，功业未副者，止照勋臣二等事例，与祭七坛。其有不愿坐营管府，恳疏乞休者，查其平生有功无过，俱照见任优恤。

凡三品以上致仕官，其雅负时望，恳疏乞休者，照见任例，给与应得祭葬。如被劾致仕及考察自陈致仕者，二品曾经考满，祭葬准全给；未经考满者，祭照旧，葬价减半。三品曾经考满，祭照旧，半葬；未经考满者，有祭无葬。四品虽经考满，亦不准祭。其被劾自陈官员，有日久论定原无可议者，仍照例给与祭葬。父母妻曾授本等封者，应得恤典亦视本身致仕缘由，以为差等，不得滥给。

凡三品以上被劾听用听调官员祭葬，俱照今拟被劾自陈致仕官递减之例。如公论已明，人品无玷，仍准全给。听勘未明官员，有陈乞恤典者，仍行原勘抚按衙门查明无碍，应否量给，临时题请定夺。如果有显过为公论所不容，无论听用听调听勘，径照闲住例，俱不准给。其父母祭葬亦稽其子功过以为差等。

凡京官三品升四品者，不拘四品已未考满，俱照三品未考满例，祭一坛，半葬。父母曾授三品封者，与同授四品封者，止祭一坛。其原以三品降调，后历升四品者，止照四品例，不得妄行陈乞。

凡三品父母曾授本等封者，无论亡故先后，一视其子以为差等。其已经考满者，祭葬全给；未经考满者，祭一坛，减半造葬。

凡文官二品、三品，共历三年已上者，虽未考三品满，其父母曾授四品、五品封，准与三品祭葬。三品、四品共历三年以上者，虽未考四品满，其父母曾授五品封，准祭一坛。其未经授封及止授六七品封者，不得援以为例。

凡三品官本生父母，有值〔覃〕恩，乞以本身应得诰命移封者，身后量给祭一坛。其授二品封者，量给半葬。

凡二品、三品文臣曾经赐葬者，妻故在后，俱许祔葬。惟授封夫人者，例给开圹工价，其余不给。若妻先故者，除已封夫人照例祭葬外，其余俟夫故之日祔葬。

凡管府及总兵都督佥事，止与祭四坛，照品造葬。其升署都督同知者如之。若由署都督佥事升署都督同知者，与祭二坛，减半造葬。

凡留守正副亲军卫分都指挥使等官赠都督同知者,于本级上加祭一坛,减半造葬。

凡三品以上文官,父母曾授本等封,而子先亡故者,万历元年题准:查无违碍,仍与应得恤典;若被罪削籍,本身原无祭葬,父母虽经授封亦不准给。

凡大臣父母先后病故者,万历三年题准:如父先以三品封给祭葬,其母后封一品夫人,开圹合葬者,准行工部量给增造工价,以足一品之数。

凡公侯袭爵未谢恩病故者,万历二年议准:照伯袭爵未久例,与祭一坛造葬。

凡奏请恤典,万历元年题准:两京大臣病故应得恤典,如见任公差于外者,许各差抚按官勘明具奏。其在家致仕、养病、给假等项病故者,各地方有司具本官履历缘由及病故日期,申报抚按衙门核实,季终类奏。中间果有行业超卓、公论共推及罪过昭彰、公论共弃者,据实开列,听礼部议覆。若大臣见在,不拘见任致仕,其父母妻曾授本等封病故者,许照例自行请乞。其致仕在家等项子孙微弱,官司一年之外不为代奏者,亦许子孙自行陈乞,礼部仍行抚按勘明议覆。若抚按官并所属留难者,听礼部及该科参究。以上丧葬。

凡议谥,洪武初俱礼部奉旨施行。二十五年令礼部行翰林院拟奏请旨。

凡亲王谥例用一字,郡王二字。弘治十五年奏准:亲王行巡抚、巡按等官覆勘,郡王行本府亲王及承奉长史等官覆勘善恶得实,明白结报,具奏定谥。隆庆四年题准:凡冒袭王爵奉旨改正者,不许一概请谥。

凡文武大臣赐谥,亦用二字,与否取自上裁。若官品未高而侍从有劳,或以死勤事,特恩赐谥者,不拘常例。弘治四年,令凡乞恩赐谥者,礼部斟酌可否,务合公论,不许一概比例滥请。十五年奏准:文武大臣有请谥者,礼部照例上请得旨,行吏、兵二部备查实迹,礼部定为上、中、下三等,以行业俱优者为上,行实颇可者为中,行实无取者为下,开送翰林院拟谥请旨。万历元年题准:大臣应得谥者,礼部仍广加咨询,稽核名实。间有应谥而未经题请,及曾题请而未蒙赐谥者,不论远近,许各该抚按及科道官从公举奏,礼部酌议,题覆补给。若不系公举,子孙自陈乞补谥者不行。十二年题准：凡遇文武大臣应得谥号者，备查本官生平履历，必其节概为朝野具瞻，勋猷系国家休戚，公论允服，毫无瑕疵者，具请上裁。如行业平常，即官品虽崇，不得概与。以上赐谥。

卷一〇一《礼部五十九·丧礼六·恩恤》

国初论功行赏，皆临时取旨，差次重轻，不预为令。承平以来，意存激劝，率以首功定赏格，条例渐广。凡官及军有功，查勘明白，造册到部。当升赏者，各照立功地方则例，具奏升赏。其论功，以擒斩北虏为首，辽东女直次之，西番及苗蛮又次之，内地反贼又次之。

卷一二三《兵部六·功次》

各照地方则例，于正赏外，仍加一倍。

卷一二三《兵部六·赏格·加赏》

国初，公差人员应合给驿及应付脚力，各有等差。累朝以来，给驿渐广，事例不一。嘉靖中，申明旧制，公差俱改给勘合，其应给勘合及拨夫俱有则例。今首载洪武初制及嘉靖间定例，而累朝事例，以次列焉。

卷一四八《兵部三十一·驿传四·应付通例》

正德六年题准：各处镇守、守备、分守等官，自己并参随家人廪给口粮，止许应付本等廪米，不许计日折银。违者，抚按官将驿递有司官吏提问。干碍公差内外官员，指实参奏。若抚按官不能禁革，甚至定有出银则例，听科道官劾奏究治，及都察院考察降黜。

卷一四八《兵部三十一·驿传四·应付通例》

凡比较马匹则例，洪武间定：凡管马官吏，时常下乡提督看验马匹，要见定驹若干，显驹若干，重驹若干，明白附写，以俟太仆寺官出巡比较。正月至六月，报定驹；七月至十月，报显驹；十一月至十二月，报重驹。凡季报原领马为旧管，买补孳生为新收，事故交俵等项为开除，季终为实在。春季二月二十四五，夏季六月二十四五，秋季九月二十四五，冬季十二月二十四五，径送太仆寺类缴。其有生质奇异与种马不同者，明白申报。凡比较点马文簿，要开原领孳生儿骒马数，分豁该算驹者若干，不该算驹者若干，已生及未生者若干，原马齿色及所生驹毛色，逐一开报。凡倒失种马，亏欠马驹，俱在年终完备。如是不完，府州县正佐首领官吏决杖二十，管马官吏加等痛治。凡管马官有阘茸贪污害民者，分管及所在掌印官开奏，以除民害。

卷一五三《兵部三十六·马政四·比较》

嘉靖元年题准：马船水夫逃回，行各该司府州县，查照江西则例，计日扣算歇役银两，追征解部，作修理船只等项支用。逃夫解部，照例参问。

卷一五八《兵部四十一·南京兵部·车驾清吏司》

〔嘉靖〕三十一年题准：会同内外守备礼、工二部并科道等官，将南京各衙门起运品物共四十七起，逐一查议，某项原额若干，续添若干，某项相应照旧供运，某项应并，某项应省。先论物数轻重，次计用扛多寡，后定船只数目。如制帛龙衣等扛，则宽以计之，其余则稍加多载。内官监钺金、膳桌、铜器等件，约二三年起运一次。巾帽局苎布等物，就于原来箱内带回添造，新箱应当查革。如竹器节年供造已多，可以会计暂停。将快船四十只改造平船，以便装载板枋、竹木。自后一应取用物料，俱由该科抄出，兵部咨送本部，转行各该衙门查照供应。即将议过船只则例，刻石记载，永为遵守。

卷一五八《兵部四十一·南京兵部·南京兵仗局》

嘉靖七年议准：老幼废疾并妇人、天文生余罪等项，律该收赎，原定钞贯数少，折银太轻。更定则例：每钞一贯，折银一分二厘五毫；如笞一十，赎钞六百文，则折银七厘五毫。以罪轻重，递加折收。令天下问刑诸司，皆以此例从事。

卷一七六《刑部十八·五刑赎罪》

给价则例

弘治以后续定

蜀府

镇国将军二百四十两。

辅国将军二百两。

奉国将军一百二十两。

镇国中尉一百两。

辅国中尉八十两。

奉国中尉六十两。

郡主二百两。

县主二百两。后议减五十两，给一百五十两。

郡君一百六十两。后议减二十两，给一百四十两。

县君一百二十两。后议减二十两，给一百两。

乡君八十两。后议减十两，给七十两。

广西

靖江王府

奉国将军一百六十两。

奉国中尉八十两。

庶人四十两。

弘治二年奏准：各处王府奏讨房价者，勘实，依原价量减一半，给与自造。十四年奏准：除郡王并妃，自镇国将军以下，其应得减半房价，每一百两者减二十两，不及一百两者减十两。嘉靖二十二年题准：庶人房价，每名给银一百两，勘系家口繁重，不能同居者，方行处给。不许假以分析为名，节外奏讨。万历十年题定要例：郡王初封，系帝孙者，仪仗、房屋、冠服、坟价，俱照例全给。系王孙者，惟坟价量给一半，其余免给。若将军、中尉、郡县、主君，房屋、冠服、坟价，一概免给。

凡王府修理，成化十四年奏准：各处新封营建王府，以工完日为始，五十年之后，遇当修理。如有仪卫司、群牧所并侍卫、护卫、千户、军校者，令自具工力，不给价。果系人力俱乏，该府具奏，行勘给价自修。嘉靖二十九年题准：各王府以后府第如有损坏，务遵典制自行修理，不得辄称人力俱乏及引给价例，妄行奏扰。

凡王府承住，弘治元年奏准：郡王并镇国、辅国将军等长子应出阁者，于本府择便房成婚。如无开奏勘实，拨工料银一百两送府，自于府侧修盖。各世长子承继前宅，其郡、县等主并仪宾终后，子女不许僭居。待有该府郡、县主成婚者与之。嘉靖三十一年题准：亲王、郡王既有见在府第，世子、长子皆不得重给。或世长子殇故，次子改封，即承父府第，不给房价。又镇国等将军、中尉，各有给过房价，应令一子承住，以省再给。今后亲郡王嫡、次、庶长请改封者，查有先给房价，行令扣禄还官。其镇国将军、中尉之子，如第一子亡故，就将次子承住父宅。先给者，亦扣禄还官。每年终，各府长史司、教授等官将查出应还官房屋间数，造册两本，一送本部，一送该布政司存照。遇有应给者，就将见在房屋给与。

凡王府绝产，万历十年题准：郡王故绝，所遗府第、屯厂、庄田等项，教授等官逐一查明，申呈抚按衙门。除嘉靖四十四年例前官给府第、听管理奉祀者承住、安奉香火外，如有原出亲王拨给者，仍留宫眷养赡。身终之后，复归亲王。郡王存日，有自置产业，量给三分之一与管理奉祀者，为岁时祭祀之需，其余皆留宫眷养赡。身终之后，听有司从公分给亲支。如无人管理奉祀者，其府第别产，听从宫眷变卖养赡。

凡王府违制，嘉靖二十九年，以伊王府多设门楼三层，新筑重城，侵占官民房屋街道，奏准勘实，于典制有违，俱行拆毁。

卷一八一《工部一·营造一·郡王府制》

铸钱则例

嘉靖中则例

通宝钱六百万文合用

　　二火黄铜四万七千二百七十二斤。

　　水锡四千七百二十八两。

　　炸块一十四万五千斤。

木炭三万斤。

木柴二千三百五十斤。

白麻七百七十斤。

明矾七十七斤。

松香一千五百六十六斤。

牛蹄甲十万个。

砂罐三千五百二十个。

铸匠工食每百文银三分八厘。

万历中则例

金背钱一万文合用

　　四火黄铜八十五斤八两六钱一分三厘一毫。

　　水锡五斤一十一两二钱四分八毫八丝。

　　炸块二百三十九斤八两一钱一分六厘七毫。

　　木炭四十五斤六两二钱四厘四毫。

　　白麻一十一两六分六厘六毫。

　　松香二斤一十三两六钱二分四毫四丝。

　　砂罐六个。

　　铸匠工食三两六钱五分。

火漆钱一万文合用

　　二火黄铜斤两同前。

　　牛蹄甲一百八十五个一分八厘。

　　水锡、炸炭、白麻、松香、砂罐、工食并同前。

卷一九四《工部十四·窑冶·铸钱》

造浅船遮洋船则例

旧例：清江提举司每年该造浅船五百三十三只，卫河提举司九十五只，每只该用银一百两，俱以三分为率，原船旧料一分，旗军自备一分，官给一分，该银三十三两三钱。遮洋船三十五只，每只该用银一百二十两，以十分为率，除原船旧料三分外，官给银八十四两。

今例：清江提举司每年该造船六百八十只，俱用楠木料。内南京并中都留守司江北直隶等卫，浅船五百三十三只，每只用银一百二十两，底船准二十两；军自办三十五两，官给六十五两；无底船者，在运贴军办料银二十两。北直隶、山东都司浅船九十五只，每只用银一百二两八钱，底船准二十两；军自办三十二两八钱，官给五十两；无底船者，在运贴军办料银二十两。遮洋船五十二只，每只用银一百二十七两三钱三分；军自办六十五两六钱，官给六十一两七钱三分；底船不准银数，听拆卸相兼成造。

江南直隶卫所每年该造船不等，用料不一。凡杉木、楠木者，十年一造，每只用银一百四十一两四钱六分，底船准二十八两。杂木者，十年一造，每只用银九十六两七钱一分，底船准二十一两五钱八分，余俱军三、民七出办。松木者，五年一造，每只用银七十四两六钱三分，军三、民七出办；底船不准银数，听拆卸相兼成造。

浙江都司每年该造船四百七只，俱用松木料。底船全者每只用银八十八两，沉水拆造者九十三两，无底船者九十七两。民出七十三两，余运军自备。

江西都司每年该造船不等，其料用株、松二木。株杂木者，七年一造，每只用银九十三两。松木者，五年一造，每只用银八十三两，底船各准十两。余俱军三、民七出办。

湖广都司每年该造船不等，用料不一。凡杉木者，十年一造，每只用银一百三两，底船准三十两。株杂木者，七年一造，每只用银九十两五钱，底船准二十七两。松木者，五年一造，每只用银七十三两九钱一分，底船准二十五两。余俱军三、民七出办。

卷二〇〇《工部二十·河渠五·船只》

嘉靖八年奏准：制天平法马一样七副。六副分给各司，并监收内府银料科道官，一副留部堂为式。凡解户及本部送进内府银两，俱照户部则例，给文挂号，领票关给，预先称验包封，会同该监较收。

卷二〇一《工部二十一·织造·斛斗秤尺》

嘉靖四年奏准：镇国将军以下病故，行该布政司查勘年月日期，夫妻有无见在先故缘由，与王奏相同，照见行递减则例，径自派办价银给付该府，令自造坟开圹安葬。勘有违碍，具奏定夺。

卷二〇三《工部二十三·山陵》

嘉靖元年题准：该局纱罗皮张等料，司礼监查照天顺间则例减派，如果内使人等新增数多，前例不敷，亦当量为减省征解。

卷二〇七《工部二十七·四司经费》

凡祭祀牛犊，旧例：各处解纳本色，发牺牲所喂养。嘉靖九年，令召商收买，每只价银四两五钱。十年议准：各处解纳牛犊，除和州、江浦等处仍解本色，其河南及保定、真定、永平、河间等府，俱照召商价银则例，改收折色解寺，会官验秤，候收买供用。

卷二一五《太常寺》

《重订赋役成规》

(明) 熊尚文等撰　明万历四十三年刻本

〔高邮州〕田亩起派则例

西、南、北三河上中下并升科及优免祖灶，共田二万二千三百六十顷四十七亩二分四厘。夏税秋粮折色，并带征农桑、马草、军饷等项，每顷除四十年先减之数外，今又减银一厘三毫七忽三微四纤八沙，每顷实征银四钱一分八厘五毫八丝八忽六微五纤二沙，共征银九千三百五十九两八钱四分七丝二忽五微九纤一沙二尘五渺。遇闰每顷加银二厘六毫四丝七忽八纤，共加银五十九两一钱九分。本色正改兑加耗补润米，每顷派征米三斗八升三合一抄三撮一圭五粟，共米八千五百六十四石三斗五升五合一抄九撮。凤阳仓米每顷派征米七升二合一勺七抄七撮，共米一千六百一十三石九斗一升。

新升科淌田三千四百三十四顷五十三亩四分一厘，马草、军饷等项每顷派征银二钱九分六厘九毫六忽，共银一千一十九两七钱三分四厘。本色正改兑加耗补润米，每顷派征米三斗八升三合一抄三撮一圭五粟，共米一千三百一十五石四斗六升九合一勺一抄六撮。

〔高邮州〕丁田起派则例

人丁二万六千七百八十九丁，每丁除四十年先减之数外，今每丁又减银四分，实征银二钱五分，共银六千六百九十七两二钱五分。

田地共二万五千七百九十五顷六分五厘。西、南、北三河上田：三千五百一十八顷五十一亩五分九厘，每顷除四十年先减外，今又减银四钱二分七厘三毫二丝九忽七微一纤八尘，实征银一两一钱四分五厘一毫八丝五忽二微八纤九沙二尘，共银四千二十九两三钱五分二厘六毫四丝八忽五微三纤五沙。遇闰加银四分九厘九毫九丝九忽一微八纤四沙，共银一百七十五两九钱二分二厘四毫四丝五忽五微。中田：二千二百六十七顷一十六亩四分三厘，每顷除四十年先减之数外，今又减银三钱七厘一毫四丝八忽四微七纤七沙，实征银八钱二分三厘一毫二丝一忽五微二纤三沙，共银一千八百六十六两一钱五分一厘七毫三丝一忽七微。遇闰加银三分五厘九毫三丝七忽一微，共银八十一两四钱七分六厘一毫七丝九忽九微一纤九沙。

西、南二河下田：五千九百七十顷七十三亩五分四厘五毫，每顷除四十年先减外，今又减银二钱三分六厘五毫九丝二忽二沙一尘六渺，实征银六钱四分七厘二毫八丝七忽九微九纤七沙八尘四渺，共银三千八百六十四两七钱八分五厘三毫九丝五忽。遇闰加银二分八厘一毫二忽八微，共银一百六十七两七钱九分三厘四毫七丝。

北河下田：六千八百五十六顷一十四亩一分四厘三毫，每顷除四十年先减外，今又减银一钱三分九厘一丝三忽五微二纤五沙四尘，实征银三钱七分二厘五毫三丝九忽四微七纤四沙六尘，共银二千五百五十四两一钱八分三厘三毫四丝二忽一微。遇闰加银一分六厘二毫六丝五忽一微，共银一百一十一两五钱一分五厘五毫。

新升科淌田：二千二百二十三顷八十二亩六分五厘，每顷原征银五钱三分。据该州册报节据里递禀称，难以办纳每顷续减银一钱四分一厘七毫，实征银三钱八分八厘二毫七丝五忽，共银八百六十三两四钱五分六厘二毫。

〔高邮州〕丁田起派则例

人丁二万六千七百八十九丁，每丁减银四分，实征银二钱五分。

田地二万二千三百六十顷四十七亩二分四厘，不分上、中、下，每一顷除四十等年先减外，今税粮减银一厘三毫七忽三微四纤八沙，实征银四钱一分八厘五毫八丝八忽六微五纤二沙。正改兑加耗补润米三斗八升三合一抄三撮一圭五粟。凤阳仓米七升二合一勺七抄七撮，遇闰当年方加银二厘六毫四丝七忽八纤。三河淌田三千四百三十四顷五十三亩四分一厘，每田一顷除四十等年先减外，今税粮实征银二钱九分六厘九毫六忽；正改兑加耗补润米三斗八升三合一抄三撮一圭五粟。

上、中、下田共二万五千七百九十五顷六分五厘。上田：每一顷除四十等年先减外，今条鞭减银四钱二分七厘三毫二丝九忽七微一纤八尘，实征银一两一钱四分五厘一毫八丝五忽二微八纤九沙二尘。遇闰当年加银四分九厘九毫九丝九忽一微八纤四沙。暂征候题免节省银一钱一分七厘九毫五丝四忽四微。中田：每一顷除四十等年先减外，今条鞭减银三钱七厘一毫四丝八忽四微七纤七沙，实征银八钱二分三厘一毫二丝一忽五微二纤三沙。遇闰当年方加银三分五厘九毫三丝七忽一微。暂征候题免节省银八分四厘七毫八丝一忽五微。西、南二河下田：每一顷除四十等年先减外，今条鞭减银二钱三分六厘五毫九丝二忽二沙一尘六渺，实征银六钱四分七厘二毫八丝七忽九微九纤七沙八尘四渺。遇闰当年方加银二分八厘一毫二忽八微。暂征候题免节省银六分六厘二毫九丝八忽九微。北河下田：每一顷除四十等年先减外，今条鞭减银一钱三分九厘一丝三忽五微二纤五沙四尘，实该征银三钱七分二厘五毫三丝九忽四微七纤四沙六尘。遇闰当年方加银一分六厘二毫六丝五忽一微。暂征候题免节省银三分八厘三毫七丝一忽六微一纤。

新升科淌田：二千二百二十三顷八十二亩六分五厘，每田一顷条鞭实征银三钱八分八厘二毫七丝五忽。

计开：

一户：

人丁若干，丁该银若干；

上田若干，该税粮银若干，条鞭银若干，本色米若干；

中田若干，该税粮银若干，条鞭银若干，本色米若干；

下田若干，该税粮银若干，条鞭银若干，本色米若干；

淌田若干，该税粮银若干，条鞭银若干，本色米若干；

田地共带征优免银若干，共征节省银若干；

遇闰共加银若干；

本户内应得优免银若干。

〔通州〕田亩起派则例

原额上、中、下田地四千四百一十一顷二十五亩五分六厘八毫，续报升科沙田四十五顷五十七亩六分三厘六毫，总系三万一千七百三十五万二千八百七十八步，以七百一十二步五厘九毫三丝六忽作一大亩积算，共田四千四百五十六顷八十三亩二分四毫。前数续据张知州称该州乡例二百五十步作一亩，复照积算则该小亩田一万二千六百九十四顷一十一亩五分一厘二毫。内除建城开河重报芦课等项田三十七顷八十一亩七分，例不起派税粮条鞭又除坍江田八百九十三顷三十一亩七分二厘四毫，止照旧派征折色免其起运银米，实该上、中、下田一万一千七百六十二顷九十八亩八厘八毫，小亩积算仍合原额大亩四千一百二十九顷九十一亩六分八毫之数。

上田二千四百五十一万六百八十步，该大亩三百四十四顷二十二亩二分二厘二毫，每亩除四十年先减外，又减银三厘二毫四丝七忽三微二沙五尘六渺四漠，实征银三分六厘二丝七忽八微七纤二尘四渺三漠，共银一千二百四十两一钱五分九厘三毫四丝七忽六微五纤。小亩九百八十顷四十二亩七分二厘六毫，每亩除四十年先减外，又减银一厘一毫四丝一微九沙五尘七渺一漠，实征银一分二厘六毫四丝九忽一微七纤三沙二尘一渺四漠，共银一千二百四十两一钱五分九厘三毫四丝七忽六微五纤。遇闰每亩大亩当年加银九毫一丝三忽二微四纤四沙六尘一渺一漠，共银三十一两四钱三分五厘九毫三丝六忽七微四纤六沙一尘；小亩加银三毫二丝六微三纤五沙九渺四漠，共银三十一两四钱三分五厘九毫三丝六忽七微四纤六沙六尘。本色米每亩大亩二升六合二勺九抄九撮九圭四粟，共米九百四石四斗九升二勺；小亩九合二勺二抄五撮四圭七粟，共米九百四石四斗九升二勺。轻赉等银每亩除减外，大亩实征银二厘六毫八丝六忽三微二纤，共银九十二两三钱八分六厘七毫四丝；小亩实征银九毫四丝二忽三微八沙九尘五漠，共银九十二两三钱八分六厘七毫四丝。除前减、今减及闰月银外，每年实征银一千三百三十二两五钱四分六厘八丝七忽六微五纤。计算减征之数，大小亩相同，毫无增损。由票悉照小亩起派，简明易晓。

中田一万七千二百一十八万三千九百三十八步，该大亩二千四百一十八顷一十一亩二分一厘三毫六丝，每亩除四十年先减外，又减银一厘六毫二丝三忽六微五纤二沙，每亩实征银一分八厘一丝三忽九微二纤四沙三漠，共银四千三百五十五两九钱六分九厘一丝三忽。小亩六千八百八十七顷三十五亩七分五厘二毫，除四十年先减外，又减银五毫七丝五纤四沙九尘二漠，实征银六厘三毫二丝四忽五微八纤六沙六尘七漠，共银四千三百五十五两九钱六分九厘一丝三忽。遇闰每亩大亩当年加银四毫五丝六忽二纤二沙三尘六漠，共银一百一十两四钱一分六厘四毫二丝六忽三微；小亩加银一毫六丝三微一纤七沙五尘四渺七漠，共银一百一十两四钱一分六厘四毫二丝六忽三微。本色米每亩大亩一升三合一勺三抄八撮一圭，共米三千一百七十六石九斗五升五合六勺；小亩四合六勺一抄二撮七圭三粟五粒，共米三千一百七十六石九斗五升五合六勺。轻赉等银每亩除减外，大亩实征银一厘三毫四丝一忽九微五纤九沙九尘共银三百二十四两五钱九毫；小亩实征银四毫七丝一忽一微五纤四沙四尘五渺三漠，共银三百二十四两五钱九毫。除前减、今减及闰月银外，每年实征银四千六百八十两四钱六分九厘九毫一丝三忽。计算减征之数，大小亩相同，毫无增损。由票悉照小亩起派，简明易晓。

下田九千七百三十七万九千九百四步，该大亩一千三百六十七顷五十八亩一分二厘六毫，每亩除四十年先减外，又减银八毫四忽五微五纤二沙六尘，实征银九厘六忽九微六纤三沙三尘五渺，共银一千二百三十一两七钱七分五厘三毫七丝四微五纤。小亩三千八百九十五顷十九亩六分一厘，每亩除四十年先减外，又减银二毫八丝二忽四微七纤三沙八尘三漠，实征银三厘一毫六丝二忽二微九纤三沙三尘四漠，共银一千二百三十一两七钱七分五厘三毫七丝四微五纤。遇闰每亩大亩当年加银二毫二丝八忽三微一纤一沙一尘五渺三漠，共加银三十一两二钱二分三厘四毫四忽五微；小亩加银八丝一微五纤八沙七尘七渺三漠，共银三十一两二钱二分三厘四毫一丝四忽五微。本色米每亩大亩六合五勺六抄九撮八粟二粒，共米八百九十八石三斗七升五合二勺；小亩二合三勺六撮三圭六粟七粒，共米八百九十八石三斗七升五合三勺。轻赍等银每亩除减外，大亩实征银六厘七毫九忽七微六纤八尘，共银九十一两七钱六分一厘五毫五丝八忽；小亩实征银二毫三丝五忽五微七纤七沙二尘二渺六漠，共实征银九十一两七钱六分一厘五毫五丝八忽。除前减、今减外，实征银一千三百二十三两五钱三分六厘九毫二丝八忽四微五纤。计算减征之数，大小亩相同，毫无增损。由票悉照小亩起派，简明易晓。

坍江田二千二百三十三万二千九百三十一步，该大亩三百一十三顷六十三亩八分六厘三毫，每亩旧例止征夏税秋粮折色银一分三厘六毫六丝三忽二微七纤九沙一尘，共银四百二十八两五钱三分三厘二毫一丝三忽二微。小亩八百九十三顷三十一亩七分二厘四毫，每亩征夏税秋粮折色银四厘七毫九丝七忽一微，共银四百二十八两五钱三分三厘二毫一丝三忽二微。遇闰不加计算折征之数，大小亩相同，毫无增损。由票悉照小亩起派，简明易晓。

建城义冢芦课开河重报等项，共田九十四万五千四百二十五步，该大亩一十三顷二十七亩七分三厘三毫，小亩三十七顷八十一亩七分例不派差。

〔通州〕丁田起派则例

人丁原额三万九千一百五十五丁，除四十年先减之数外，今每丁又减银四厘，每丁实征银五分，共银一千九百五十七两七钱五分。

原额上、中、下田四千四百一十一顷二十五亩五分六厘八毫，计三万一千四百一十万七千五百七十步。又陆续升科沙田三百二十四万五千三百八步。原额顷亩系七百一十二步零积算，今照本州乡例二百五十步为一亩算，共该小亩田一万二千六百九十四顷一十一亩五分一厘二毫，内除祖遗灶田四千一百五十六万八千九百五十五步，该小亩田一千六百六十二顷七十五亩八分二厘。又除各院详允不派条鞭止起派税粮银米坍田一百十七万五百六十四步，该小亩田四十六顷八十二亩二分五厘六毫。又除各院详允不起条鞭止派折色银坍田二千二百三十三万二千九百三十一步，该小亩田八百九十三顷三十一亩七分二厘四毫。又除各院详允不起条鞭税粮，建城开河义冢重报芦课断归如皋县疆界，并新建营房、天宁寺、城隍庙基地，狼山、锺秀山儒学等田九十四万五千四百二十五步，该小亩田三十七顷八十一亩七分。实在田二万一千五十七万七千零八十二步，该小亩田八千四百二十三顷八亩三分二厘八毫，内又被优免隐匿田四千七十五万七千九百二十一步，该小亩田一千六百三十顷三十一亩六分八厘四毫。今查出升科共该实在小亩田一万五十三顷四十亩一厘二毫。

民户

上田：六百七十二万八千九百零六步二分。又查出隐匿优免田一千六十一万八千四百四十二步八分外，续买灶户原买民田三万六千七百四十九步，共田一千七百三十八万四千九十八步。若照七百一十二步零作一亩算，该得大亩田二百四十四顷一十三亩八分三厘二毫四丝，每亩除四十年先减外，又减银三分二厘一毫八丝八忽七纤六沙八尘五渺四漠，实征银七分七毫八丝六忽二微五纤五沙三尘三漠，共银一千七百二十八两一钱六分三厘七毫八丝五忽七微。若照二百五十步作一亩算，该得小亩田六百九十五顷三十六亩三分九厘二毫，每亩除四十年先减外，又减银一分一厘三毫一忽五纤一沙一尘二渺四漠，实征银二分四厘八毫五丝二忽六微五纤二沙四尘八渺，共实征银一千七百二十八两一钱六分三厘七毫八丝五忽七微。遇闰每亩大亩加银一厘一毫一丝一忽九微八纤二沙六尘八渺二漠，共银二十七两一钱四分八厘五毫二丝二忽三微。小亩加银三毫九丝四微二纤七沙七尘八渺五漠，共银二十七两一钱四分八厘五毫二丝二忽三微。带征丁银大亩每亩除四十年先减外，又减银一分一厘四丝七忽九微四沙二尘八渺二漠，实征银二分三厘五毫七丝八忽九微一纤四沙一尘三渺，共银五百七十五两六钱六分七厘八毫四丝七忽。小亩每亩除四十年先减外，又减银□厘八毫七丝八忽八微五纤六沙七尘三渺一漠，实征银八厘二毫七丝八忽六微五纤五沙六尘，共银五百七十五两六钱六分七厘八毫四丝七忽。除前减、今减外，每年实征银二千三百零三两八钱三分一厘六毫三丝二忽七微。计算减征之数，大小亩相同，毫无增损。由票悉照小亩起派，简明易晓。

中田：九千五十九万三千五百零二步七分。又查出隐匿优免田一千四百八十二万七百八十四步三分外，续升出额外沙田七万六千九百二十四步，又买灶户原买民田五十二万八千五百二十七步，实田一万六百一万九千七百三十八步。若大亩该田一千四百八十八顷九十一亩七分二厘，每亩除四十年先减外，又减银一分六厘九丝四忽三纤七沙四尘六渺七漠，实征银三分五厘三毫九丝二忽二微五纤四沙九尘七渺一漠，共银五千二百六十九两六钱一分三厘七毫一丝八忽。若小亩该田四千二百四十顷七十八亩九分五厘六毫，每亩除四十年先减外又减银五厘六毫五丝五微二纤五沙五尘六渺，实征银一分二厘四毫二丝六忽三微二纤六沙二尘四渺，共银五千二百六十九两六钱一分三厘七毫一丝八忽。遇闰每亩大亩当年加银五毫五丝五忽九微九纤三沙二尘六渺三漠，共银八十二两七钱八分二厘七毫九丝三忽二微。小亩加银一毫九丝五忽二微一纤八尘九渺三漠，共银八十二两七钱八分二厘七毫九丝三忽二微。带征丁银大亩每亩除四十年先减外，又减银五厘五毫二丝三忽九微五纤二沙一尘四渺一漠，实征银一分一厘七毫八丝九忽四微九纤七沙八渺五漠，共银一千七百五十五两三钱五分八厘六毫一丝二忽。小亩每亩除四十年先减外，又减银一厘九毫三丝九忽四微二纤八沙三尘六渺六漠，实征银四厘一毫三丝九忽二微二纤六沙六尘一渺四漠，共银一千七百五十五两三钱五分八厘六毫一丝二忽。除前减、今减外，每年实征银七千二十四两九钱七分二厘三毫三丝。计算减征之数，大小亩相同，毫无增损。由票悉照小亩起派，简明易晓。

下田：七千一十万零五千三十步二分。又查出隐匿优免田四百二十七万六千三百零三步八分外，续升出额外沙田四千步，又买灶户原买民田四万六千一百三十二步，除卖军舍田三万七千七百七十七步，又除卖鱼户田一万一千步，实田七千四百三十八万二千六百八十九步。该大亩一千四十四顷六十一亩七分三厘四毫四丝，每亩除四十年先减外，又减银八厘四丝七忽一纤八沙七尘二渺三漠，实征银一分七厘六毫九丝六忽六纤六沙二尘八渺一漠，共银一千八百四十八两五钱六分一厘七毫四丝。小亩二千九百七十五顷三十亩七分五厘二毫，每亩除四十年先减外，又减银二厘八毫二丝五忽二微六纤二沙七尘八渺一漠，实征银六厘二毫一丝三忽一微六纤三沙一尘，共银一千八百四十八两五钱六分一厘七毫四丝。遇闰每亩大亩当年加银二毫七丝七忽九微九纤五沙六尘七渺二漠，共银二十九两三分九厘九毫一丝三纤。小亩加银九丝七忽六微五沙四尘四渺六漠，共银二十九两三分九厘九毫一丝三纤。带征丁银大亩每亩除四十年先减外，又减银二厘七毫六丝一忽九微七纤六沙七渺，实征银五厘八毫九丝四忽七微二纤八沙五尘三渺三漠，共银六百一十五两七钱七分三厘五毫七丝七忽九纤三沙。小亩每亩除四十年先减外，又减银九毫六丝九忽七微一纤四沙一尘八渺三漠，实征银二厘六丝九忽六微一纤三沙一尘七渺，共银六百一十五两七钱七分三厘五毫七丝七忽九纤三沙。除前减、今减外，每年实征银二千四百六十四两三钱三分五厘三毫一丝七忽九微三纤。计算减征之数，大小亩相同，毫无增损。由票悉照小亩起派，简明易晓。

灶户

上田：一百三十六万五千三百一十八步。又查出隐匿优免田一百八十七万七千四百八十七步，内除原系民田今仍卖与民户三万六千七百四十九步，实田三百二十万六千五十六步。该大亩四十五顷一亩九分二厘六毫，每亩除四十年先减外，又减银三分二厘一毫八丝八忽七纤四沙九尘三渺三漠，实征银七分七毫八丝四忽二微六纤五沙一尘二渺二漠，共银三百一十八两六钱六分五厘五毫二丝三忽五微。小亩一百二十八顷二十四亩二分二厘四毫，每亩除四十年先减外，又减银一分一厘三毫一忽五纤一沙一尘二渺四漠，实征银二分四厘八毫五丝二忽六微五纤二沙四尘八渺，共实征银三百十八两六钱六分五厘五毫二丝三忽五微。遇闰每亩大亩当年加银一厘一毫一丝一忽九微八纤二沙六尘八渺二漠，共银五两六厘六丝三忽七微五纤。小亩加银三毫九丝四微二纤七沙七尘八渺五漠，共银五两六厘六丝三忽七微五纤。计算减征之数，大小亩相同，毫无增损。由票悉照小亩起派，简明易晓。

中田：二千五十五万九千九百一十二步五分。又查出隐匿优免田五百七十二万四千七百三十六步五分，内除原系民田今仍卖与民户田二十七万七千五百八十步，实田二千六百万七千六十九步。该大亩三百六十五顷二十三亩八分六厘五毫，每亩除四十年先减外，又减银一分六厘九丝四忽三纤七沙四尘六渺七漠，实征银三分五厘三毫九丝二忽一微三纤二沙五尘六渺一漠，共银一千二百九十二两六钱五分七厘四毫七丝一忽。小亩一千四十顷二十八亩二分七厘六毫，每亩除四十年先减外，又减银五厘六毫五丝五微二纤五沙五尘六渺，实征银一分二厘四毫二丝六忽三微二纤六沙二尘四渺，共银一千二百九十二两六钱五分七厘四毫七丝一忽。遇闰每亩大亩当年加银五毫五丝五忽九微九纤一沙三尘四渺一漠，共银二十两三钱六厘九毫五丝二忽六微八纤。小亩加银一毫九丝五忽二微一纤八尘九渺三漠，共银二十两三钱六厘九毫五丝二忽四微八纤。计算减征之数，大小亩相同，毫无增损。由票悉照小亩起派，简明易晓。

下田：九百八十七万八千四百一十七步六分。又查出隐匿优免田九千一百一十四步四分，内除原系民田今仍卖与民户田四万六千一百三十二步，实田九百八十四万一千四百步。大亩该田一百三十八顷二十一亩八厘七毫，每亩除四十年先减外，又减银八厘四丝七忽一纤八沙七尘三渺三漠，实征银一分七厘六毫九丝六忽六纤六沙二尘八渺一漠，共银二百四十四两五钱七分八厘八毫七丝二忽六微。小亩三百九十三顷六十五亩六分，每亩除四十年先减外，又减银二厘八毫二丝五忽二微六纤二沙七尘八渺，实征银六厘二毫一丝三忽一微六纤三沙一尘二渺，共银二百四十四两五钱七分八厘八毫七丝二忽六微。遇闰每亩大亩当年加银二毫七丝七忽九微九纤五沙六尘七渺二漠，共银三两八钱四分二厘二毫二忽三微七纤。小亩加银九丝七忽六微五沙四尘四渺六漠，共银三两八钱四分二厘二毫二忽三微七纤。计算减征之数，大小亩相同，毫无增损。由票悉照小亩起派，简明易晓。

附籍户

上田：一百五十八万三千四百七步。又查出隐匿优免田一百四十二万四千步，实田三百万七千四百七步。该大亩四十二顷二十三亩五分五厘，每亩除四十年先减外，又减银三分二厘一毫八丝八忽七纤四沙九尘三渺三漠，实征银七分七毫八丝四忽二微六纤五沙一尘二渺二漠，共银二百九十八两九钱六分八毫八丝二忽九微。小亩一百二十顷二十九亩六分二厘八毫，每亩除四十年先减外，又减银一分一厘三毫一忽五纤一沙一尘二渺，实征银二分四厘八毫五丝二忽六微五纤二沙四尘八渺，共银二百九十八两九钱六分八毫八丝二忽九微。遇闰每亩大亩当年加银一厘一毫一丝一忽九微八纤二沙六尘八渺二漠，共银四两六钱九分六厘五毫一丝四忽四微六纤。小亩加银三毫九丝四微二纤七沙七尘八渺五漠，共银四两六钱九分六厘五毫一丝四忽四微六纤。计算减征之数，大小亩相同，毫无增损。由票悉照小亩起派，简明易晓。

中田：四百七十六万五千九十九步。又查出隐匿优免田一百四十九万六千三百六十一步，除卖民户二十五万九百四十七步，实田六百一万四百一十三步。该大亩八十四顷四十亩九分二厘六毫，每亩除四十年先减外，又减银一分六厘九丝四忽三纤七沙四尘六渺七漠，实征银三分五厘三毫九丝二忽一微三纤二沙五尘六渺一漠，共银二百九十八两七钱四分二厘一丝八忽。小亩该二百四十顷四十一亩六分五厘二毫，每亩除四十年先减外，又减银五厘六毫五丝五微二纤五沙五尘六渺二漠，实征银一分二厘四毫二丝六忽三微二纤六沙二尘四渺，共银二百九十八两七钱四分二厘一丝八忽。遇闰每亩大亩当年加银五毫五丝五忽九微九纤一沙三尘四渺一漠，共银四两六钱九分三厘七丝六忽二微。小亩加银一毫九丝五忽二微一纤八尘九渺，共银四两六钱九分三厘七丝六忽二微。计算减征之数，大小亩相同，毫无增损。由票悉照小亩起派，简明易晓。

下田：四百一十九万九百一十四步。又查出隐匿优免田五十一万一千四百九十八步，又买民户田三万七千七百七十七步，实田四百七十四万一百八十九步。该大亩六十六顷五十七亩三厘七毫，每亩除四十年先减外，又减银八厘四丝七忽一纤八沙七尘三渺三漠，实征银一分七厘六毫九丝六忽六纤六沙二尘八渺一漠，共银一百一十七两八钱三厘三毫六丝七忽九微八纤七沙。小亩一百八十九顷六十亩七分五厘六毫，每亩除四十年先减外，又减银二厘八毫二丝五忽二微六纤二沙七尘八渺，实征银六厘二毫一丝三忽一微六纤三沙一尘，共银一百一十七两八钱三厘三毫六丝七忽九微八纤七沙。遇闰每亩大亩当年加银二毫七丝七忽九微九纤五沙六尘七渺二漠，共银一两八钱五分六毫二丝七忽四微七纤。小亩加银九丝七忽六微五沙四尘四渺，共银一两八钱五分六毫二丝七忽四微七纤。计算减征之数，大小亩相同，毫无增损。_{由票悉照小亩起派，简明易晓。}

鱼户

上田：四千二百三十八步。该大亩五亩九分五厘二毫，每亩除四十年先减外，又减银三分二厘一毫八丝八忽七纤四沙九尘三渺三漠，实征银七分七毫八丝四忽二微□纤五沙一尘二渺二漠，共银四钱二分□厘三毫七忽九微四纤六沙。小亩一十六亩九分五厘二毫，每亩除四十年先减外，又减银一分一厘三毫一忽五纤一沙一尘二渺四漠，实征银二分四厘八毫五丝二忽六微五纤二沙四尘八渺，共实征银四钱二分一厘三毫七忽九微四纤。遇闰每亩大亩当年加银一厘一毫一丝一忽九微八纤二沙六尘八渺二漠，共银六厘六毫一丝八忽五微二纤。小亩加银三毫九丝四微二纤七沙七尘八渺五漠，共银六厘六毫一丝八忽五微二纤。计算减征之数，大小亩相同，毫无增损。_{由票悉照小亩起派，简明易晓。}

中田：三十万五千八百四十一步。该大亩四顷二十九亩五分一厘八毫，每亩除四十年先减外，又减银一分六厘九丝四忽三纤七沙四尘六渺七漠，实征银三分五厘三毫九丝二忽一微三纤二沙五尘六渺一漠，共银一十五两二钱一厘五毫五丝八忽。小亩一十二顷二十三亩三分六厘四毫，每亩除四十年先减外，又减银五厘六毫五丝五微二纤五沙五尘六渺，实征银一分二厘四毫二丝六忽三微二纤六沙二尘，共银一十五两二钱一厘五毫五丝八忽。遇闰每亩大亩当年加银五毫五丝五忽九微九纤一沙三尘四渺一漠，共银二钱三分八厘八毫八忽二微九纤。小亩加银一毫九丝五忽二微一纤八尘九渺三漠，共银二钱三分八厘八毫八忽二微九纤。计算减征之数，大小亩相同，毫无增损。_{由票悉照小亩起派，简明易晓。}

下田：四十二万四千七百六十五步。又买民户田一千一百步，实田四十二万五千八百六十五步。该大亩五顷九十八亩七厘八毫，每亩除四十年先减外，又减银八厘四丝七忽一纤八沙七尘三渺三漠，实征银一分七厘六毫九丝六忽六纤六沙二尘八渺一漠，共银十两五钱八分三厘六毫二丝七忽九微。小亩一十七顷三亩四分六厘，每亩除四十年先减外，又减银二厘八毫二丝五忽二微六纤二沙七尘八渺一漠，实征银六厘二毫一丝三忽一微六纤三沙一尘二渺，共银十两五钱八分三厘六毫二丝七忽九微。遇闰每亩大亩当年加银二毫七丝七忽九微九纤五沙六尘七渺二漠，共银一钱六分六厘二毫六丝三忽九纤。小亩加银九丝七忽六微五沙四尘四渺六漠，共银一钱六分六厘二毫六丝三忽九纤。计算减征之数，大小亩相同，毫无增损。由票悉照小亩起派，简明易晓。

〔泰州〕田粮起派则例

原额民粮米四万八千五百一十二石二斗三升五合二勺。正改兑并加耗补润米，每石原派九斗九合五勺二抄八撮，今止实征米八斗八升八合三勺四抄八撮二圭二粟，共米四万三千九十五石七斗五升七合六勺三抄。轻赍变易芦席、马草、军饷、淮亳麦、颜料、农桑等银，除四十年先减之数外，今每石又减银一厘八毫三忽八微九纤八沙，实征银二钱一分三厘一毫五忽四微四纤，共实征银一万三百三十八两二钱二分一厘一毫八丝四忽三微二沙五尘。遇闰每石加银一厘六毫二丝一忽三微六纤四沙一尘八渺，共银七十八两六钱五分六厘。凤米除停征外，实该一钱七厘五毫四丝四微八纤，共银五千二百一十七两二分九厘。

原额民粮豆六千六百三十六石二斗四合九抄。军饷、马草、仓口、淮亳麦、颜料、农桑等项银，除四十年先减之数外，今每石又减银一分六厘五毫六丝二忽五微一纤一沙七尘三渺，实征银一钱六分一厘三毫九丝九忽一微三纤五沙，共实征银一千七十一两七分七厘。遇闰每石加银一厘三毫四丝二忽六微三纤五沙四渺，共银八两九钱一分。

原额灶粮米七千七百九十六石五斗三升三勺。军饷、马草、军储仓并淮亳麦、农桑、仓口等银，除四十年先减之数外，今每石又减银二厘五丝五忽四纤一沙四尘二渺，实征银二钱四分二厘七毫七丝五微六纤五沙八尘八渺，共实征银一千八百九十二两七钱六分八厘。遇闰每石加银一厘八毫四丝七忽一微三沙七尘八渺，共银一十四两四钱一厘。凤阳仓米除停征外，实该银九分六厘四毫六丝，共银七百五十二两五分。

原额灶粮豆二千一百二十石一升六勺。军饷、马草、淮亳麦、农桑、仓口等银，除四十年先减之数外，今每石又减银一厘四毫七丝五忽七微二纤二沙二尘四渺，实该征银一钱七分四厘一毫一丝二忽三微八纤六沙二尘六渺，共银三百六十九两一钱二分。遇闰每石加银一厘三毫二丝四忽五微二纤三沙，共银二两八钱八厘。

江都县田亩起派则例

二则半田：二万一千六十九亩一分五厘三毫。夏税秋粮免粮凤米等银，除四十年先减之数外，今每亩又减银八毫五丝一忽八微，实征银三分五毫五丝四忽二微八纤九沙四尘九渺，共实征银六百四十三两七钱五分三厘。遇闰每亩加银一毫五丝一忽二微二纤，共加银三两一钱八分六厘。本色米每亩征一升九合六勺五抄二撮二粟，共征米四百一十四石五升一合四勺。

三则田：六万八千二百四十五亩二分三厘六毫。夏税秋粮免粮凤米等银，除四十年先减之数外，今每亩又减银八毫五丝一忽八微，实征银三分五毫五丝四忽三微五沙二尘三渺，共实征银二千八十五两一钱八分五厘八毫。遇闰每亩加银一毫五丝一忽二微四纤，共加银十两三钱二分一厘。本色米每亩征一升九合六勺五抄二撮二粟，共征米一千三百四十一石一斗五升七合。

四则田：一十万五千四百七十二亩二分六厘三毫。夏税秋粮免粮凤米等银，除四十年先减之数外，今每亩又减银六毫三丝四忽八微六纤四沙，每亩实征银二分二厘七毫七丝二忽八微一纤一沙八尘一渺，共银二千四百一两九钱。遇闰每亩加征银一毫一丝二忽七微二纤，共加银一十一两八钱八分九厘。本色米每亩征一升二合二勺二抄九撮，共一千二百八十九石八斗二升。

五则田：一十一万三千八百二十九亩五分七厘四毫。夏税秋粮免粮凤米等银，除四十年先减之数外，今每亩又减银四毫一丝六微三纤五沙六尘，每亩实征银一分四厘七毫二丝九忽六微四纤九沙五尘，共实征银一千六百七十六两六钱六分九厘七毫。遇闰每亩加银七丝二忽九微一纤，共加银八两二钱九分九厘。本色米每亩征七合七勺二抄三撮九圭八粟，共征米八百七十九石二斗一升七合三勺。

六则田：一十四万八千一百五十七亩八分一厘。夏税秋粮免粮凤米等银，除四十年先减之数，今每亩又减银三毫六丝五忽一微三纤九沙，每亩实征银一分三厘九丝七忽六微五纤六沙一尘，共实征银一千九百四十两五钱一分九厘九毫三丝八忽七微五纤。遇闰每亩加银六丝四忽八微二纤八沙，共加银九两六钱五厘。本色米每亩征一升二合七勺五抄六撮三圭四粟，共一千八百八十九石九斗五升三勺五抄五撮。

七则田：二十八万七百六十三亩一分二厘五毫。夏税秋粮免粮凤米等银，除四十年先减之数外，今每亩又减银三毫四丝二忽三微，每亩实征银一分二厘二毫七丝七忽九微三纤三沙，共银三千四百四十七两一钱九分八毫。遇闰每亩加银六丝七微七纤四沙，共加银一十七两六分三厘。本色米每亩征八合一勺五抄四撮九圭九粟一粒，共征米二千二百八十九石六斗二升七勺。

八则田：二十四万二千五十九亩一分一厘。夏税秋粮免粮凤米等银，除四十年先减之数外，今每亩又减银三毫一丝四忽一微九纤，每亩实征银一分一厘二毫七丝一微一纤八沙六尘，共实征银二千七百二十八两三分三厘八毫。遇闰每亩加银五丝五忽七微八纤三沙，共加银十三两五钱三厘。本色米每亩征七合四勺六抄五撮三圭八粟，共征米一千八百零七石六升三合二勺。

九则田：七万二千二百九十六亩九分四厘。夏税秋粮免粮凤米等银，每亩除四十年先减之数外，今每亩又减银一毫六丝五忽六微五沙，每亩实征银五厘九毫四丝二微九纤八沙，共实征银四百二十九两四钱六分五厘。遇闰每亩加银二丝九忽四微六沙，共加银二两一钱二分六厘。本色米每亩征三合九勺四抄二撮七圭，共征米二百八十五石零四升五合。

十则田地：一十四万二百四十七亩一分九厘二毫。夏税秋粮免粮凤米等银，除四十年先减之数外，今每亩又减银一毫六丝五忽六微五沙，每亩实征银五厘九毫四丝三微二沙七尘三渺，共银八百三十三两一钱一分七毫六丝八忽七微五纤。遇闰每亩加银二丝九忽四微六沙，共加银四两一钱二分四厘。本色米每亩征三合九勺四抄六撮一圭四粟，共征米五百五十三石四斗三升五合。

十一则田地：三万一千七百五十六亩八分六厘九毫。夏税秋粮免粮凤米等银，除四十年先减之数外，今每亩又减银一毫二丝四忽五微四纤，每亩实征银四厘四毫六丝七忽三微五纤，共实征银一百四十一两八钱六分八厘六毫。遇闰每亩加银二丝二忽一微八沙，共七钱二厘。本色米每亩征二合九勺六抄三撮七圭一粟，共征米九十四石一斗一升八合一勺。

十二则田：八万七千二百七十二亩六分九毫。夏税秋粮免粮凤米等银，除四十年先减之数外，今每亩又减银一毫二丝四忽五微四纤，每亩实征银四厘四毫六丝七忽四微五纤，共实征银三百八十九两八钱八分五厘九毫。遇闰每亩加银二丝二忽一微二纤，共一两九钱三分。本色米每亩征二合九勺六抄八撮五圭，共征米二百五十九石六升八合七勺。

二十则地：二十六万八千六百二十九亩一分二厘。夏税秋粮免粮凤米等银，除四十年先减之数外，今每亩又减银四丝四忽一微四纤三沙三尘三渺，每亩实征银一厘五毫八丝三忽四微三纤六沙六尘七渺，共银四百二十五两三钱五分五厘八毫。遇闰每亩加银七忽八微三纤六沙，共二两一钱五厘。本色米每亩征一合五抄二撮八圭九粟七粒，共征米二百八十二石八斗三升八合八勺。

湖荡田：十七万二千六百八十三亩四分九厘一毫。夏税秋粮免粮凤米等银，除四十年先减之数外，今每亩又减银二丝一微二纤六沙五尘，每亩实征银七毫二丝一忽九微四纤五沙五尘，共银一百二十四两六钱六分七厘五毫。遇闰每亩加银三忽五微七纤，共加银六钱一分七厘。本色米每亩征四勺七抄八撮二圭二粟五粒，共征米八十二石五斗八升一合八勺。

〔江都县〕丁田起派则例

人丁四万五千九十一丁，田地一百七十五万二千四百八十二亩五分四毫。上等人丁每丁减银八分，实征银六钱二分；中等人丁每丁减银三分，实征银二钱四分；下等人丁每丁减银二分八厘五毫，实征银一钱。

二则半田：每一亩除四十等年先减外，今税粮减银八毫五丝一忽八微，实征银三分五毫五丝四忽二微八纤九沙四尘九渺，正改兑并加耗补润米一升九合六勺五抄二撮二粟，遇闰当年方加银一毫五丝一忽二微二纤。条鞭减银四厘六毫九微九纤六尘，实征银二分四厘三丝一忽四微二沙八尘，遇闰当年方加银一厘五毫六丝九忽三微一纤。暂征候题免节省银二厘九毫一丝七微八尘八渺一漠。

三则田：每一亩除四十等年先减外，今税粮减银八毫五丝一忽八微，实征银三分五毫五丝四忽三微五沙二尘三渺，本色正改兑并加耗补润米一升九合六勺五抄二撮二粟，遇闰当年方加银一毫五丝一忽二微四纤。条鞭减银三厘八毫三丝二忽八微八纤三沙，实征银二分五忽三微二沙七尘，遇闰当年方加银一厘三毫七忽四微三纤二沙。暂征候题免节省银二厘四毫四丝五忽七微一纤。

四则田：每一亩除四十等年先减外，今税粮减银六毫三丝四忽八微六纤四沙，实征银二分二厘七毫七丝二忽八微一纤一沙八尘一渺，正改加耗补润米一升二合二勺二抄九撮，遇闰方加银一毫一丝二忽七微二纤。条鞭减银三厘一毫四丝一忽三微一纤六沙四尘，实征银一分六厘三毫九丝五忽八微一纤四沙六尘，遇闰当年方加银一厘七丝一忽五微三纤三沙。暂征候题免节省银一厘九毫九丝五忽一微七纤八沙六尘。

五则田：每一亩除四十等年先减外，今税粮减银四毫一丝六微三纤五沙六尘，实征银一分四厘七毫二丝九忽六微四纤九沙五尘，正改兑加耗补润米七合七勺二抄三撮九圭八粟，遇闰当年方加银七厘二忽九微一纤。条鞭减银二厘五毫七丝三忽三微九纤二沙四尘，实征银一分三厘三毫九丝二忽一微九纤七沙一漠，遇闰当年方加银八毫七丝五忽二微四纤。暂征候题免节省银一厘六毫一丝三忽九微八纤三沙一尘。

六则田：每一亩除四十等年先减外，今税粮减银三毫六丝五忽一微三纤九沙，实征银一分三厘九丝七忽六微五纤六沙一尘，正改兑加耗补润米一升二合七勺五抄六撮三圭四粟，遇闰方加银六丝四忽八微二纤八沙。条鞭减银二厘一毫二丝二微一沙二尘，实征银一分一厘六丝五忽四微一纤五沙九尘，遇闰当年方加银七毫二丝三忽一微四纤八沙。暂征候题免节省银一厘三毫三丝七忽三微三纤一沙二尘。

七则田：每一亩除四十等年先减外，今税粮减银三毫四丝二忽三微，实征银一分二厘二毫七丝七忽九微三纤三沙，正改加耗补润米八合一勺五抄四撮九圭九粟一粒，遇闰当年方加银六丝七微七纤四沙。条鞭减银一厘六毫六丝三忽八微三纤一沙九尘，实征银八厘六毫八丝四忽六微一纤六沙九尘，遇闰方加银五毫九丝二忽五微六沙八尘。暂征候题免节省银一厘五丝七忽。

八则田：每一亩除四十等年先减外，今税粮减银三毫一丝四忽一微九纤，实征银一分一厘二毫七丝一微一纤八沙六尘，正改兑加耗补润米七合四勺六抄五撮三圭八粟，遇闰当年方加银五丝五忽七微八纤三沙。条鞭减银一厘四毫三丝七忽二微五纤三沙四尘，实征银七厘五毫二忽五纤六尘四渺，遇闰当年方加银四毫九丝二微八纤九沙六尘。暂征候题免节省银九毫一丝六忽三微六纤八沙。

九则田：每一亩除四十等年先减外，今税粮减银一毫六丝五忽六微五沙，实征银五厘九毫四丝二微九纤八沙，正改兑加耗补润米三合九勺四抄二撮七圭，遇闰当年方加银二丝九忽四微六沙。条鞭减银一厘二毫七丝三微八纤五沙一尘，实征银六厘六毫三丝九纤八沙三渺六漠，遇闰当年方加银四毫三丝三忽二微九纤七沙。暂征候题免节省银七毫九丝三忽五微七纤四沙四尘。

十则田地：每一亩除四十等年先减外，今税粮减银一毫六丝五忽六微五沙，实征银五厘九毫四丝三微二沙七尘三渺，正改加耗补润米三合九勺四抄六撮一圭四粟，遇闰当年方加银二丝九忽四微六沙。条鞭减银一厘一毫四丝九忽二微五沙七尘，实征银六厘三忽八纤四沙五尘，遇闰当年方加银三毫九丝二忽三微七纤九沙。暂征候题免节省银七毫二丝七微九纤二沙。

十一则田地：每一亩除四十等年先减外，今税粮减银一毫二丝四忽五微四纤，实征银四厘四毫六丝七忽三微五纤，正改兑加耗补润米二合九勺六抄三撮七圭一粟，遇闰当年方加银二丝二忽一微八沙。条鞭减银一厘四丝六忽一微二纤七沙八尘，实征银五厘四毫六丝一微七纤三沙五渺，遇闰当年方加银三毫五丝六忽八微三纤四沙七尘五渺。暂征候题免节省银六毫五丝一忽八微二沙一尘。

十二则田地：每一亩除四十等年先减外，今税粮减银一毫二丝四忽五微四纤，实征银四厘四毫六丝七忽四微五纤，正改兑加耗补润米二合九勺六抄八撮五圭，遇闰当年方加银二丝二忽一微二纤。条鞭减银九毫五丝八忽三微六沙九尘，实征银五厘一忽二微四纤八沙五尘，遇闰当年方加银三毫二丝六忽八微二纤六沙三尘。暂征候题免节省银五毫九丝八忽四微一沙。

二十则地：每一亩除四十等年先减外，今税粮减银四丝四忽一微四纤三沙三尘三渺，实征银一厘五毫八丝三忽四微三纤六沙六尘七渺，本色正改加耗补润米一合五抄二撮八圭九粟七粒，遇闰当年方加银七忽八微三纤六沙。条鞭减银二毫五丝四忽四微六纤八沙九尘，实征银一厘三毫二丝七忽四微八纤七尘三渺，遇闰当年方加银八丝六忽七微五纤六沙。暂征候题免节省银一毫六丝四微八纤六沙三尘。

湖荡田：每一亩除四十等年先减外，今税粮减银二丝一微二纤六沙五尘，实征银七毫二丝一忽九微四纤五沙五尘，本色正改兑加耗补润米四勺七抄八撮二圭□□□□□当年方加银三忽五微七纤。暂征候题免节省银二忽九微三纤二尘。

计开：

　一户

　　上等人丁_{若干丁}，该银_{若干}；

　　中等人丁_{若干丁}，该银_{若干}；

　　下等人丁_{若干丁}，该银_{若干}；

　　某则田_{若干}，该税粮银_{若干}，条鞭银_{若干}，本色米_{若干}；

　　某则地_{若干}，该税粮银_{若干}，条鞭银_{若干}，本色米_{若干}；

　　各则田地共派带优免银_{若干}，共节省银_{若干}；

　　遇闰共加银_{若干}；

　　本户内应得优免银_{若干}无。

〔泰兴县〕田亩起派则例

一等田滩：十万二千二亩七分四厘五毫六丝，除四十年先减之数外，今每亩又减银七毫一丝一忽七微三纤七沙五尘五渺，每亩实征银三分七厘七毫七丝七忽五微四纤二沙一漠，共实征银三千八百五十三两四钱一分三厘。遇闰每亩加银一毫六丝二忽七微四纤，共银十六两六钱。每亩又派正改兑并加耗补润米二升七合九勺一抄二撮九圭五粒，共米二千八百四十七石一斗九升二合八勺。

一等地滩：五万七千一百五十一亩八分五厘六毫六丝，除四十年先减之数外，今每亩又减银五毫一丝八忽二纤，每亩实征银二分七厘六毫五忽七微二纤，共实征银一千五百七十七两七钱一分八厘。遇闰每亩加银一毫一丝八忽九微八纤一沙，共银六两八钱。

二等田滩：八万九百七十五亩九分三厘五毫，除四十年先减之数外，今每亩又减银三毫九丝二微三纤五沙六尘，每亩实征银二分三毫六丝六忽三微七纤三沙三尘，共实征银一千六百四十九两一钱八分六厘。遇闰每亩加银八丝七忽八微三沙七尘九渺，共银七两一钱一分。每亩又起正改兑并加耗补润米一升三合九勺五抄六撮四圭五粟三粒，共米一千一百三十石一斗三升六合八勺。

二等地滩：九万三千八百五十二亩五分九厘七毫，除四十年先减之数外，今每亩又减银三毫一忽九微二纤一沙五尘，每亩实征银一分五厘二毫八丝九微七纤八沙五尘，共实征银一千四百三十四两一钱六分四厘。遇闰每亩加银六丝五忽八微四纤七沙七尘，共银六两一钱八分。

三等田：七千七百四十一亩六分九厘八毫，除四十年先减之数外，今每亩又减银二毫一丝九忽一微六纤，每亩实征银一分一厘六毫六丝二忽四微八纤一沙四尘五渺，共实征银九十两二钱八分七厘四毫。每亩遇闰加银五丝一微六纤七尘，共银三钱八分八厘三毫。每亩又起正改兑并加耗补润米六合九勺七抄八撮二圭二粟六粒，共米五十四石二升三合三勺。

三等田滩：五千一十七亩四分二厘，除四十年先减之数外，今每亩又减银二毫一丝九忽一微六纤，每亩实征银一分一厘六毫六丝二忽三微六纤八沙三尘五渺，共实征银五十八两五钱一分五厘六毫。遇闰每亩加银五丝一微六纤七尘，共银二钱五分一厘七毫。每亩又起正改兑并加耗补润米九合二勺九抄一撮三圭八粟一粒，共米四十六石六斗一升八合七勺六抄。

三等地滩：二十二万四千六百一十二亩六分二厘六毫，除四十年先减之数外，今每亩又减银一毫七丝一忽九微四纤八沙，每亩实征银九厘一毫一丝六忽六微六纤五沙，共银二千四十七两七钱一分八厘。遇闰每亩加银三丝九忽三微一纤二沙六渺，共银八两八钱三分。

四等田滩：十四万九千二百十五亩二分二厘一毫，除四十年先减之数外，今每亩又减银一毫六微，每亩实征银五厘三毫三丝九忽七微三纤，共实征银七百九十六两七钱七分一厘八毫三丝二忽四微。遇闰每亩加银二丝三忽三微八纤九沙，共银三两四钱九分。每亩又派正改兑并加耗补润米二合七勺九抄一撮二圭九粟一粒，共米四百十六石五斗三合。

四等地滩：四十五万二千二百五十二亩七分六毫，除四十年先减之数外，今每亩又减银一毫五忽三微二纤六沙，每亩实征银四厘三毫二丝四忽三微九纤九沙，共实征银一千九百五十五两七钱二分一厘。遇闰每亩加银一丝八忽六微四纤，共银八两四钱三分。

五等地滩：十二万九千六百六十六亩一分七厘二毫，除四十年先减之数外，今每亩又减银六丝五忽一纤三沙九尘，每亩实征银三厘五毫三忽六微八纤六沙一尘，共实征银四百五十四两三钱九厘。遇闰每亩加银一丝五忽一微一纤五沙七尘六渺，共银一两九钱六分。

〔泰兴县〕丁田起派则例

人丁四万四千三百五十六丁，今每丁减银一分，实征银六分，共银二千六百六十一两三钱六分。

一等田滩：十万二千二亩七分四厘五毫六丝，除四十年先减之数外，今每亩又减银五厘六毫八丝七忽七微六纤六沙，每亩实征银二分三厘一丝四忽三微，共银二千三百四十七两五钱二分一厘九毫四丝三忽五微。遇闰每亩加银二毫三丝三忽二微，共银二十三两七钱八分七厘。

一等地滩：五万七千一百五十一亩八分五厘六毫六丝，除四十年先减之数外，每亩又减银四厘六丝一忽四微九纤五沙五渺，每亩实征银一分六厘八毫一丝四忽二微九纤七沙，共实征银九百六十两九钱六分八厘三毫。遇闰每亩加银一毫七丝三微七纤八尘，共银九两七钱三分七厘。

二等田滩：八万九百七十五亩九分三厘五毫，除四十年先减之数外，今每亩又减银三厘一丝六忽一微七纤六沙一尘二渺，每亩实征银一分二厘四毫一微六纤六沙一漠，共实征银一千四两一钱一分五厘。遇闰每亩加银一毫二丝五忽六微三纤，共银一十两一钱七分四厘。

二等地滩：九万三千八百五十二亩五分九厘七毫，除四十年先减之数外，今每亩又减银二厘二毫八丝七忽二微二纤五沙，每亩实征银九厘三毫七忽五微七纤五沙，共银八百七十三两五钱四分。遇闰每亩加银九丝四忽三微七沙四尘六渺，共银八两八钱五分一厘。

三等田滩：一万二千七百五十九亩一分一厘八毫，除四十年先减之数外，今每亩又减银一厘七毫五丝七忽六微七纤，实征银七厘一毫四忽七微三纤，共银九十两六钱五分。遇闰每亩加银七丝一忽九微四纤九沙，共银九钱一分八厘。

三等地滩：二十二万四千六百十二亩六分二厘六毫，除四十年先减之数外，今每亩又减银一厘三毫七丝三忽九微一纤四沙一渺，每亩实征银五厘五毫五丝三忽一微一纤七沙，共实征银一千二百四十七两三钱。遇闰每亩加银五丝六忽二微六纤六沙一漠，共银十二两六钱三分八厘。

四等田滩：十四万九千二百十五亩二分二厘一毫，除四十年先减之数外，今每亩又减银八毫一丝二忽五微五纤二沙八尘七渺，每亩实征银三厘二毫五丝二忽四微三纤七沙一漠，共实征银四百八十五两三钱一分三厘。遇闰每亩加银三丝二忽九微四纤六沙三尘，共银四两九钱一分六厘。

四等地滩：四十五万二千二百五十二亩七分六毫，除四十年先减之数外，今每亩又减银六毫二丝七忽五微六纤三沙八尘八渺，每亩实征银二厘六毫三丝四忽五纤八沙三尘五渺八漠，共实征银一千一百九十一两二钱六分。遇闰每亩加银二丝六忽六微八纤九沙五尘九渺，共银十二两七分五毫四丝五忽。

五等地滩：十二万九千六百六十六亩一分七厘二毫，除四十年先减之数外，今每亩又减银五毫二丝八忽九微六沙五渺，每亩实征银二厘一毫三丝三忽五微六纤，共银二百七十六两六钱五分。遇闰每亩加银二丝一忽六微一纤七沙八渺，共银二两八钱四厘。

〔泰兴县〕丁田派征则例

人丁四千三百五十六丁，每丁减银一分，实征银六分。田地一百三十万二千四百八十八亩九分七厘七毫二丝，除四十等年先减外，今（后缺）。

一等田：每一亩税粮减银七毫一丝一忽七微三纤七沙五尘五渺，实征银三分七厘七毫七丝七忽五微四纤二沙一漠。遇闰当年方加银一毫六丝二忽七微四纤。正改兑加耗补润米二升七合九勺一抄二撮九圭五粒。条鞭减银五厘六毫八丝七忽七微六纤六沙，实征银二分三厘一丝四忽三微。遇闰当年方加银二毫三丝三忽二微。暂征候题免节省银一厘六毫六丝四忽二微五纤五尘。

一等地滩：每一亩税粮减银五毫一丝八忽二纤，实征银二分七厘六毫五忽七微二纤。遇闰当年方加银一毫□丝八忽九微八纤一沙。条鞭减银四厘六丝一忽四微九纤五沙五渺，实征银一分六厘八毫一丝四忽二微九纤七沙。遇闰当年方加银一毫七丝三微七纤八尘。暂征候题免节省银一厘二毫一丝五忽九微七纤。

二等田滩：每一亩税粮减银三毫九丝二微三纤五沙六尘，实征银二分三毫六丝六忽三微七纤三沙三尘。遇闰当年方加银八丝七忽八微三沙七尘九渺。正改兑加耗补润米一升三合九勺五抄六撮四圭五粟三粒。条鞭减银三厘一丝六忽一微七纤六沙一尘二渺，实征银一分二厘四毫一微六纤六沙一漠。遇闰当年方加银一毫二丝五忽六微三纤。暂征候题免节省银八毫九丝六忽八微三沙八尘六渺。

二等地滩：每一亩税粮减银三毫一忽九微二纤一沙五尘，实征银一分五厘二毫八丝九微七纤八沙五尘。遇闰当年方加银六丝五忽八微四纤七沙七尘。条鞭减银二厘二毫八丝七忽二微二纤五沙三渺，实征银九厘三毫七忽五微七纤五沙。遇闰当年方加银九丝四忽三微七沙四尘六渺。暂征候题免节省银六毫七丝三忽四纤六沙。

三等田：每一亩税粮减银二毫一丝九忽一微六纤，实征银一分一厘六毫六丝二忽四微八纤一沙四尘五渺。遇闰当年方加银五丝一微六纤七尘。正改兑加耗补润米六合九勺七抄八撮二圭二粟六粒。条鞭减银一厘七毫五丝七忽六微七纤，实征银七厘一毫四忽七微三纤。遇闰方加银七丝一忽九微四纤九沙。暂征候题免节省银五毫一丝三忽七微五纤二沙八尘。

三等田滩：每一亩税粮减银二毫一丝九忽一微六纤，实征银一分一厘六毫六丝二忽三微六纤八沙三尘五渺。遇闰当年方加银五丝一微六纤七尘。正改兑加耗补润米九合二勺九抄一撮三圭八粟一粒。条鞭减银一厘七毫五丝七忽六微七纤，实征银七厘一毫四忽七微三纤。遇闰方加银七丝一忽九微四纤九沙。暂征候题免节省银五毫一丝三忽七微五纤二沙八尘。

三等地滩：每一亩税粮减银一毫七丝一忽九微四纤八沙，实征银九厘一毫一丝六忽六微六纤五沙。遇闰当年方加银三丝九忽三微一纤二沙六渺。条鞭减银一厘三毫七丝三忽九微一纤四沙一渺，实征银五厘五毫五丝三忽一微一纤七沙。遇闰当年方加银五丝六忽（后缺）。暂征候题免节省银四毫一忽五微九纤九沙。

四等田滩：每一亩税粮减银一毫六微，实征银五厘三毫三丝九忽七微三纤。遇闰当年方加银二丝三忽三微八纤九沙。正改兑加耗补润米二合七勺九抄一撮二圭九粟一粒。条鞭减银八毫一丝二忽五微五纤二沙八尘七渺，实征银三厘二毫五丝二忽四微三纤七沙一漠。遇闰当年方加银三丝二忽九微四纤六沙三尘。暂征候题免节省银二毫三丝五忽一微二纤三沙五尘。

四等地滩：每一亩税粮减银一毫五忽三微二纤六沙，实征银四厘三毫二丝四忽三微九纤九沙。遇闰当年方加银一丝八忽六微四纤。条鞭减银六毫二丝七忽五微六纤三沙八尘八渺，实征银二厘六毫三丝四忽五纤八沙三尘五渺八漠。遇闰当年方加银二丝六忽六微八纤九沙五尘九渺。暂征候题免节省银一毫九丝四微九纤八沙四尘。

五等地滩：每一亩税粮减银六丝五忽一纤三沙九尘，实征银三厘五毫三忽六微八纤六沙一尘，遇闰当年方加银一丝五忽一微一纤五沙七尘六渺。条鞭减银五毫二丝八忽九微六沙五渺，实征银二厘一毫三丝三忽五微六纤。遇闰当年方加银二丝一忽六微一纤七沙八渺。暂征候题免节省银一毫五丝五忽二纤五沙。

计开：

一户

人丁_{若干丁}，该银_{若干}；

某等田_{若干}，该税粮银_{若干}。条鞭银_{若干}，本色米_{若干}；

某等地_{若干}，该税粮银_{若干}。条鞭银_{若干}；

各则田地共派带优免银若干，遇闰共加银若干；

共派节省银若干；

本户内应得优免银若干无。

〔兴化县〕丁田起派则例

人丁五万二千一百五十八丁，原征鞭银九千二百八十九两九分四厘四毫九忽四微四纤一沙，四十年先减银六百一十二两一钱七分一厘二毫七丝，实该银八千六百七十六两九钱二分三厘一毫三丝九忽四微四纤一沙。每两又减银七分一厘六毫九丝九微六纤七沙，每两实征银九钱一分九厘三毫四丝二忽七微四纤一沙八尘，共止实征银七千九百七十七两六分六厘三毫九忽七微。每两遇闰加银七厘八丝二忽五微一纤四沙。每两派暂征解部候题免节省银八厘九毫六丝六忽三微三纤一沙二尘。

民灶田地：二百四十二万七千二百六亩九分七厘八丝六忽，今百亩又减一分八厘六毫九丝九忽一微二纤七沙四尘，实征银二钱四分七厘五毫三忽四微二纤六沙。遇闰当年加银一厘三毫四丝五忽五微七纤九沙五尘。漕折银五钱八分七厘八毫一丝八忽七微九纤二沙四尘，本色米六斗八升四合六勺五抄四撮五圭九粟。又派暂征候题免节省银五厘八毫六丝四忽九纤。

计开：

一户

    人丁若干，丁该银若干。

〔仪真县〕丁田起派则例

人丁一万二千七百一十丁。上上二丁，除四十年先减之数外，今每丁减银二钱，实征银二两五钱三分八厘，共银五两七分六厘；上中丁三丁，除四十年先减之数外，今每丁减银二钱，实征银一两九钱，共银五两七钱；上下丁十一丁，除四十年先减之数外，今每丁减银一钱四分，实征银一两三钱三分四厘三毫，共银十四两六钱七分七厘三毫；中上丁三十丁，除四十年先减之数外，今每丁减银八分九厘，实征银八钱六厘一毫，共银二十四两一钱八分三厘；中中丁七十六丁，除四十年先减之数外，今每丁减银六分六厘，实征银五钱五分五厘三毫，共银四十二两二钱二厘八毫；中下丁一百八十六丁，除四十年先减之数外，今每丁减银四分四厘，实征银四钱一分九厘四毫，共银七十八两八厘四毫。下上丁六百一十五丁，除四十年先减之数外，今每丁减银三分六厘，实征银二钱八分，共银一百七十二两二钱；下中丁二千七百丁，除四十年先减之数外，今每丁减银二分四厘，实征银一钱八分六厘，共银五百二两二钱；下下丁九千八十七丁，除四十年先减之数外，今每丁减银一分四厘，实征银九分六厘，共银八百七十二两三钱五分二厘。

原额田地共二千六百五十顷二十二亩八分六厘一毫二丝，内除该县续报坍江田六十三顷二十四亩五分三厘三毫，实在各则田地二千五百八十六顷九十八亩三分二厘八毫二丝。

上田：二百九十一顷八亩一分一厘，内除续报坍江田一十七顷六十六亩八分七厘九毫，该鞭粮银七十五两七钱三分七厘二毫九丝二微三纤九沙。遇闰加银九钱九分一厘二毫一丝六忽一微，米二十九石七斗七升八合四勺四抄八撮六圭。详兑议于商税银，内征抵支解实在田二百七十三顷四十一亩二分三厘一毫，除四十年先减之数外，今每亩又减银九厘一毫五丝七忽三微四纤七沙六尘三漠，实征银四分二厘八毫六丝五忽一纤二沙三尘九渺七漠，共银一千一百七十一两九钱八分二厘二毫五忽七微六纤一沙。遇闰每亩加银五毫二丝六忽九微四纤五沙三尘一渺，共加银一十五两三钱三分八厘三毫八丝三忽九微。每亩派正改兑加耗补润并凤米一升六合八勺五抄三撮七圭，共米四百六十石八斗九勺四撮九圭。

中田：九百四顷五十亩八分五厘，内除续报坍江田三十顷十亩七分九厘九毫，该鞭粮银六十五两八钱四分二厘九毫三丝五忽六微九纤六沙五尘。遇闰加银八钱六分一厘九丝四微六纤四沙七尘八渺，米二十五石三斗七升一合五勺五抄一撮六圭。议于商税银，内征抵支解实在田八百七十四顷四十亩五厘一毫，除四十年先减之数外，今每亩又减银四厘一毫四丝二忽二微五纤五沙六尘六漠，实征银二分一厘八毫六丝八忽九微二纤四沙三尘九渺四漠，共银一千九百一十二两二钱一分九厘八毫六丝四忽三微二纤六沙五尘。遇闰每亩加银二毫八丝六忽六尘三渺，共银二十五两七厘九毫九忽六微七纤三沙二尘三渺。每亩派正改兑加耗补润并凤米八合四勺二抄六撮八圭五粟，共米七百三十六石八斗四升四合一勺九抄三撮七圭。

下田：一千四百五十四顷六十三亩九分一毫二丝，内除续报坍江田十五顷四十六亩八分五厘五毫，该条鞭银二十二两一钱二毫五丝八忽八微七纤九沙五尘三渺七漠。遇闰加银二钱八分九厘八毫一丝一忽七微七纤一沙八尘四渺，米八石六斗九升四抄五撮八圭。详兑议于商税银，内征抵支解实在田一千四百三十九顷一十七亩四厘六毫二丝，除四十年先减之数外，今每亩又减银三厘五丝三忽五微六纤九沙二尘三渺三漠，实征银一分四厘二毫八丝七忽三微二纤七尘六渺七漠，共银二千五十六两一钱七分四厘六毫一丝一忽一微九纤三沙九尘二渺三漠。遇闰每亩加银一毫八丝七忽三微五纤五沙四尘八渺七漠，共银二十六两九钱六分三厘六毫四丝八忽二微七纤八沙五尘九渺。每亩派正改兑加耗补润并凤米五合六勺一抄七撮八圭八粟，共米八百八石五斗八合五勺九抄三撮一圭。

〔仪真县〕丁田起派则例

人丁一万二千七百一十丁。上上丁每丁减银二钱，今实征银二两五钱三分八厘；上中丁每丁减银二钱，今实征银一两九钱；上下丁每丁减银一钱四分，今实征银一两三钱三分四厘三毫；中上丁每丁减银八分九厘，今实征银八钱六厘一毫；中中丁每丁减银六分六厘，今实征银五钱五分五厘三毫；中下丁每丁减银四分四厘，今实征银四钱一分九厘四毫；下上丁每丁减银三分六厘，今实征银二钱八分；下中丁每丁减银二分四厘，今实征银一钱八分六厘；下下丁每丁减银一分四厘，今实征银九分六厘。

原额田地共二千六百五十顷二十二亩八分六厘一毫二丝，内除该县续报坍江田六十三顷二十四亩五分三厘三毫，原派银米详兑议于商税银，内征抵外实在各则田地二千五百八十六顷九十八亩三分二厘八毫二丝。

上田：每一亩除四十等年先减外，税粮条鞭今又减银九厘一毫五丝七忽三微四纤七沙六尘三漠，实征银四分二厘八毫六丝五忽一纤二沙三尘九渺七漠。遇闰当年方加银五毫二丝六忽九微四纤五沙三尘一渺。正改兑加耗补润并凤米一升六合八勺五抄三撮七圭。暂征候题免节省银四厘三毫五丝五忽六微六尘。

中田：每一亩除四十等年先减外，税粮条鞭今又减银四厘一毫四丝二忽二微五纤五沙六尘六漠，实征银二分一厘八毫六丝八忽九微二纤四沙三尘九渺四漠。遇闰当年方加银二毫八丝六忽六尘三渺。正改兑加耗补润并凤米八合四勺二抄六撮八圭五粟。暂征候题免节省银二厘一毫五丝四忽三微七纤一沙一尘三渺一漠。

下田：每一亩除四十等年先减外，税粮条鞭今又减银三厘五丝三忽五微六纤九沙二尘三渺三漠，实征银一分四厘二毫八丝七忽三微二纤七尘六渺七漠。遇闰当年方加银一毫八丝七忽三微五纤五沙四尘八渺七漠。正改兑加耗补润并凤米五合六勺一抄七撮八圭八粟。暂征候题免节省银一厘四毫三丝五忽七微五纤一沙四尘一渺。

计开：

一户

上丁若干，该银若干，中丁若干，该银若干；

下丁若干，该银若干。

上田若干，该税粮条鞭银若干，本色米若干；

中田若干，该税粮条鞭银若干，本色米若干；

下田若干，该税粮条鞭银若干，本色米若干；

田地共带征优免银若干，共征节省银若干；

遇闰共加银若干；

本户内应得优免银若干无。

〔海门县〕 凹亩起派则例

原额田地共二百三十一顷一十七亩三分八厘三毫，内除坍江田六十六顷七亩四分六厘八毫，例不派征税粮外实在民灶学田地一百六十五顷九亩九分一厘五毫。

上民田：二十七顷六十八亩一分九厘八毫。夏秋税粮每亩今减银三毫五丝五忽五微二沙，该实征银二分八厘六毫八丝八忽九微，共实征银七十九两四钱一分六厘六毫七丝五忽二微八纤。遇闰每亩加银三毫一丝二忽六微九纤，共该银八钱六分五厘六毫。本色正兑并加耗补润米每亩八升六合一勺八抄，共米二百三十八石五斗六升三合三勺。

中民田：二十七顷四十亩三分三厘一毫。夏秋税粮每亩今减银三毫二丝一忽七微八纤六沙，实征银二分五厘九毫六丝七忽三微，共银七十一两一钱五分九厘二毫。遇闰每亩加银二毫八丝三忽二微四沙，共该银七钱七分五厘八毫。本色正兑并加耗补润米每亩六升八合八勺五撮，共米一百八十八石五斗四升八合五勺。

下民田：三十九顷二十三亩五分七厘九毫。夏秋税粮每亩今减银二毫六丝六忽九微五纤，实征银二分一厘五毫四丝三忽，共银八十四两五钱二分五厘七毫。遇闰每亩加银二毫三丝四忽八微六纤，共银九钱二分一厘五毫。本色正兑并加耗补润米每亩三升五勺八抄，共米一百一十九石九斗八升三合。

上学田：三十八亩三分五厘五毫。旧例起派夏秋税粮今每亩减银三毫五丝四忽五微八纤四沙，实征银二分八厘六毫八丝三忽三微，共银一两一钱一毫四丝八忽九微二纤。遇闰每亩加银三毫一丝二微，共银一分一厘九毫。本色正兑并加耗补润米每亩八升六合一勺八抄，共米三石三斗五合四勺。

中学田：十三亩一分一厘。旧例起派夏秋税粮每亩今减银三毫一丝九忽八微五纤一沙，实征银二分五厘八毫一丝一忽五微，共银三钱三分八厘三毫九丝。遇闰每亩加银二毫七丝四忽五微，共该银三厘六毫。本色正兑并加耗补润米每亩六升八合八勺五撮，共米九斗二合。

中灶田：十三顷二十六亩二厘六毫。夏秋税粮今每亩减银三毫二丝一忽七微八纤七沙，实征银二分五厘九毫七丝，共银三十四两四钱三分七厘二毫。遇闰每亩加银二毫八丝三忽一微，共银三钱七分五厘四毫。本色正兑并加耗补润米每亩六升八合八勺五撮，共米九十一石二斗三升七合二勺。

下灶田：五十七顷三分一厘六毫。夏秋税粮今每亩减银二毫三丝二忽三微七纤四沙，实征银一分八厘七毫五丝三忽八微，共银一百零六两九钱二厘四毫四丝四忽。遇闰每亩加银二毫四忽五微八纤，共银一两一钱六分六厘二毫。本色正兑并加耗补润米每亩二升一合六勺四抄六撮五圭，共米一百二十三石三斗九升二合三勺。

〔海门县〕丁田起派则例

人丁一万三千五百八十三丁。中上丁一丁，减银二钱，实征银二两三钱；中中丁一丁，减银一钱八分，实征银二两一钱二分；中下丁五丁，每丁减银一钱八分，实征银□两八钱二分，共银九两一钱；下上丁四十九丁，每丁减银六分，实征银七钱四分，共银三十六两二钱六分；下中丁一千一百九十三丁，每丁减银二分四厘，实征银二钱七分六厘，共银三百二十九两二钱六分八厘；下下丁一万二千三百三十四丁，每丁减银一分二厘，实征银一钱三分四厘，共银一千六百五十二两七钱五分六厘。

原额田地二百三十一顷一十七亩三分八厘三毫，内除坍江田六十六顷七亩四分六厘八毫，原派鞭银摊派见田均带又除学田、灶田七十顷七十七亩八分七毫，例不派征条鞭实在民户当差田地，并今清查升出隐匿额内优免役占田二十五顷九十七亩六分九厘三毫，共田九十四顷三十二亩一分八毫。

上田：二十七顷六十八亩一分九厘八毫。每亩除四十年先减之数外，今每亩又减银一钱一分四厘五毫三丝九忽三微七纤四沙三尘五渺，每亩实征银二钱一厘九毫六丝六微二纤五沙六尘五渺，共银五百五十九两六分七厘。遇闰每亩加银五厘八毫九丝四忽四微五纤五沙六尘七渺，共银一十六两三钱一分七厘二丝四微一纤六沙。

中田：二十七顷四十亩三分三厘一毫。除四十年先减之数外，今每亩又减银七分三厘六毫七丝七忽三微四纤五沙七尘八渺，实征银一钱二分九厘九毫九忽六微五纤四沙二尘二渺，共银三百五十五两九钱九分五厘四毫五丝二忽六微六纤七沙。遇闰每亩加银三厘七毫九丝一忽五微一纤二沙七尘五渺，共银十两三钱九分。

下田：三十九顷二十三亩五分七厘九毫。除四十年先减之数外，今每亩又减银三分九厘九毫六丝六忽六微四纤八渺，每亩实征银七分四毫七丝一忽八微八纤三沙，共银二百七十六两五钱二厘。遇闰每亩加银二厘五丝六忽七微九纤一沙八尘六渺，共银八两七分。

〔海门县〕丁田派征则例

人丁一万三千五百八十三丁。中上丁每丁减银二钱，实征银二两三钱；中中丁每丁减银一钱八分，实征银二两一钱二分；中下丁每丁减银一钱八分，实征银一两八钱二分；下上丁每丁减银六分，实征银七钱四分；下中丁每丁减银二分四厘，实征银二钱七分六厘；下下丁每丁减银一分二厘，实征银一钱三分四厘。

原额田地共二百三十一顷一十七亩三分八厘三毫，内除坍江田六十六顷七亩四分六厘八毫，例不派征税粮外，实在民灶学田共一百六十五顷九亩九分一厘五毫。

上民田：每一亩夏税秋粮今减银三毫五丝五忽五微二沙，实征银二分八厘六毫八丝八忽九微。遇闰每亩加银三毫一丝二忽六微九纤。本色正兑并加耗补润米每亩八升六合一勺八抄。暂征候题免节省银四厘一毫一丝二忽。

中民田：每一亩夏税秋粮今减银三毫二丝一忽七微八纤六沙，实征银二分五厘九毫六丝七忽三微。遇闰每亩加银二毫八丝三忽二微四沙。本色正兑并加耗补润米每亩六升八合八勺五撮。暂征候题免节省银三厘二毫八丝三忽。

下民田：每一亩夏税秋粮今减银二毫六丝六忽九微五纤，实征银二分一厘五毫四丝三忽。遇闰每亩加银二毫三丝四忽八微六纤。本色正兑并加耗补润米每亩三升五勺八抄。暂征候题免解部节省银一厘四毫五丝八忽九微八纤。

上学田：每一亩夏税秋粮今减银三毫五丝四忽五微八纤四沙，实征银二分八厘六毫八丝三忽三微。遇闰每亩加银三毫一丝二微。本色正兑并加耗补润米每亩八升六合一勺八抄。暂征候题免节省银四厘一毫一丝九忽。

中学田：每一亩夏税秋粮今减银三毫一丝九忽八微五纤一沙，实征银二分五厘八毫一丝一忽五微。遇闰每亩加银二毫七丝四忽五微。本色正兑并加耗补润米每亩六升八合八勺五撮。暂征候题免节省银三厘二毫八丝八忽。

中灶田：每一亩夏税秋粮今减银三毫二丝一忽七微八纤七沙，实征银二分五厘九毫七丝。遇闰每亩加银二毫八丝三忽一微。本色正兑并加耗补润米每亩六升八合八勺五撮。暂征候题免节省银三厘二毫八丝三忽五微。

下灶田：每一亩夏税秋粮今减银二毫三丝二忽三微七纤四沙（原缺）。

中民田：每一亩除四十年先减外，条鞭今又减银七分三厘六毫七丝七忽三微四纤五沙七尘八渺，实征银一钱二分九厘九毫九忽六微五纤四沙二尘二渺。遇闰加银三厘七毫九丝一忽五微一纤二沙七尘五渺。暂征候题免节省银八厘三毫九丝四忽二微四纤二沙八尘九渺。

下民田：每一亩除四十年先减外，条鞭今又减银三分九厘九毫六丝六忽六微四纤八渺，实征银七分四毫七丝一忽八微八纤三沙。遇闰加银二厘五丝六忽七微九纤一沙八尘六渺。暂征候题免节省银四厘五毫五丝三忽七微五纤五尘四渺三漠。

计开：

一户

中丁若干，该银若干，中丁若干，该银若干；

下丁若干，该银若干，下丁若干，该银若干；

上民田若干，该税粮银若干，条鞭银若干，本色米若干；

中民田若干，该税粮银若干，条鞭银若干，本色米若干；

下民田若干，该税粮银若干，条鞭银若干，本色米若干；

上学田若干，该税粮银若干，本色米若干；

中学田若干，该税粮银若干，本色米若干；

中灶田若干，该税粮银若干，本色米若干；

下灶田若干，该税粮银若干，本色米若干；

田地共带征优免银若干，遇闰共加银若干，共节省银若干；

本户内应得优免银若干。

《南京都察院志》

（明）祁伯裕、（明）施沛等纂辑　明天启刻本

国初兵荒之后，民无定居，耕稼尽废，粮饷匮乏。初命诸将分屯于龙江等处，后设各卫所创制屯田，以都司统摄。每军种田五十亩为一分，又

或百亩，或七十亩，或三十亩、二十亩不等。军士三分，守城七分，屯种又有二八、四六、一九、中半等例，皆以田土肥瘠、地方冲缓为差。又令少壮者守城，老弱者屯种，余丁多者亦许。其征收则例，或增减殊数，本折互收，皆因时因地而异云。

卷一四《职掌七》

〔天启〕优免则例

凡优免则例，曾经简可册刊定。今仍照依题准旧则查免，如不系优免之数，其各人户不得妄请，在官司亦不得曲徇，表至公也。今将则例开后。

计开：

一、公、侯、伯住房，全免；公、侯、伯佃房取租者，不免。

一、齐庶人住房，全免；齐庶人佃房取租者，不免。

一、都指挥住房，全免。

一、指挥住房，准免五间。

一、千户、百户住房，准免三间。

一、指挥、千百户故，子幼未袭职，并优养寡妇见住房，准照见在例行。

一、文职见任并致仕翰林院，及按察司廉使并部属官住房，全免。

一、举人住房，全免。

一、监生住房，准免三间。

一、生员住房，准免三间。

一、内相住房，全免，但系取房租者不免。

一、各省举监生员住房，不免。

一、省祭吏员住房，系本籍者，免一间；寄住者，不免。

一、累朝皇亲住房，全免。

一、钦天监各科官住房，准免一间。

一、钦天监天文生住房，准免一间。

一、太医院医官住房，准免一间。

一、太医院医士住房，准免一间。

一、武职致仕官住房，与应袭同居者不免，分居者免一间。

一、武学、武举、武生住房，准免二间；如系应袭，不许重免。

一、内守备掾史如有冠带住房，准免一间。

一、神帛堂食粮正匠住房，准免一间。

一、户部盐引匠自己住房，准免一间。

一、公、侯、伯、舍人、公子系亲枝住房，准免；疏远，只免一间；家人不免。

一、命妇住房，查有见在诰敕者，准照夫存日例免。

一、承差住房，准免一间。

一、阴阳官住房，有堂印札付者，准免一间。

一、工部提举司作头匠役，不免。

一、后湖水手免二间。

一、各省当该吏典会馆房屋，会馆准免，馆外赁房取租者不免。

一、锦衣卫校尉住房，准免一间。

一、文职见任并致仕知府住房，准免。

一、文职见任并致仕府同知、通判、推官、知州、知县住房，准免。

一、文职见任并致仕府经历、知事、照磨、检校住房，照出身资格免。

一、文职见任并致仕州同、州判、州吏目住房，照出身资格免。

一、文职见任并致仕县丞、主簿、典史住房，照出身资格免。

一、文职见任并致仕巡检、驿丞、大使等官住房，照吏员免一间。

一、文职见任并致仕各王府官住房，照出身资格免。

一、侯门教读住房，不免。

一、恩例遥授寿官住房，准免一间。

一、礼部儒士住房，有真札付者，准免一间。

一、鳏寡孤独、瘦癃残疾财力俱不堪应役者，查审的确，其房屋止免一间。

一、公、侯、伯坟庄房，准免；取租者不免。

一、皇亲、驸马坟房，准免。

一、光禄寺厨役住房，准免一间。

一、太常寺厨役住房，准免一间。

一、国子监乐生住房，准免一间。

卷二〇《职掌十三》

〔万历〕五城征收事宜

一、查得万历十四年都御史海刊刻简可照繁书册，虽未举行收钱顾募之法，而优免则例实系题请定夺决当，永远遵守，其各款数目皆备于原题疏中。

一、排门官雇之法，派钱既有定数，各项支销又有项款，且诸害不得丛生，委系便民良法。但排门收钱工夫最为细密，惟是中城察院梃然担当，方有张主居常。无论新官到仕，与见在巡视官员相处，务要各相提醒，各将排门题覆本稿，并优免则例，并新刻书册，晨夕专心致志，详玩熟味，少得闲暇。中城察院时时与各城察院会讲每季收支钱法，并常拨活拨额数，并备长短进库出库实数，并柜书及衙门各役，并总甲各侵匿情弊，随处稽考防闲。每季终或年中，城察院仍复会同各城察院，及令五城兵马官相随，齐至广益堂公所，将以前各项事体重复印证，传谕兵马官明白，以便兵马官遵奉，申禁衙门人役。其在各城察院，又须合齐心，每会必翕然相从，无少先后。其五城收支事体，必要打成一片，有如首尾相应，略不分为尔我，庶几排门编法，永久可行。若使中城察院与各城察院少觉怠缓，不相会讲，不相倡和，将见人情日就懈弛，衙门人役因而乘间到处生弊，所谓非法之不良，用法者与有罪也。先圣云：其人存，则其政举。此万世格言。吾党尚须兢业存心，无使留都排门之法自我少坏。可乎！

卷二〇《职掌十三》

〔天启〕抽分楠木围五尺以上，并长照兵部则例

圆五尺，长三丈二尺，价八两八钱。多围一寸，加银一钱七分六厘。多长一尺，加银二钱七分五厘。

圆六尺，长三丈二尺，价一十二两六钱七分二厘。多围一寸，加银二钱一分一厘二毫。多长一尺，加银三钱九分六厘。

圆七尺，长三丈二尺，价一十七两二钱四分八厘。多围一寸，加银二

钱四分六厘四毫。多长一尺，加银五钱三分九厘。

圆八尺，长三丈二尺，价二十二两五钱二分七厘。多围一寸，加银二钱八分一厘五毫八丝七忽五微。多长一尺，加银七钱三厘九毫六丝八忽七微五纤。

圆九尺，长三丈二尺，价二十八两五钱一分二厘。多围一寸，加银三钱一分六厘八毫。多长一尺，加银八钱九分一厘。

卷二三《职掌十六》

〔天启〕抽分杉条苗竹则例

大杉条：每根价银一钱，围自一尺六寸起至一尺九寸止，长二丈五尺。

次杉条：每根价银五分，围自一尺二寸起至一尺五寸止，长二丈五尺。

中杉条：每根价银三分。

苗竹：每根价银三分。

筀竹：每根价银六厘。

水竹：每根价银三厘。

卷二三《职掌十六》

〔天启〕兵部清勾各省直解到旗手等四十九卫所补伍新军，原有本卫地方营房安插，后因往往与居民争占房屋，赴存恤科道衙门告扰，不便查住，于嘉靖二十六年间，该存恤科道衙门题准，审编三等则例，每间上等征银八厘，中等征银六厘，下等征银四厘，各征不等。每年该卫掌印官收解，兵部职方司银库，听候解到新军，每名给银买房居住，每五年一次，兵部委该卫指挥丈量，有无坍塌起科，并地方势豪侵占等情，造册送科道衙门查考。

卷二四《职掌十七》

（二）法律汇编文献散见则例辑佚

《律解辩疑》
《条例全文》（史语所抄本）
《吏部四司条例》
《军政备例》
《六部纂修条例》
《大明律疏附例》
《条例备考》
《嘉靖新例》
《嘉靖事例》
《读律琐言》
《盐法条例》
《吏部职掌》
《新刻校正音释词家便览萧曹遗笔》

《条例全文》（天一阁抄本）
《皇明条法事类纂》
《兵部武选司条例》
《六部事例》
《律解附例》
《六部条例》
《皇明诏令》
《嘉靖各部新例》
《军政条例类考》
《嘉隆新例》
《增修条例备考》
《皇明诏制》

《律解辩疑》

（明）何广撰　明刻本

照刷文卷罚俸则例①

每俸一石，罚钞一百文。知府：例合罚俸十日，该钞八百文；若一月，该钞二贯四百文。同知：例合罚俸十日，该钞五百三十四文；若一月，止该钞一贯六百文。通判：十日，三百三十三文；一月，钞一贯。推官：十日，二百五十文；一月，七百五十文。知州：十日，四百六十文；一月，一贯四百文。州同知：十日，二百三十四文；一月，八百文。州判：十日，二百三十四文；一月，七百文。知县：十日，二百五十六文；一月，七百五十文。县丞：十日，二百一十七文；一月，六百五十文。主簿：十日，一百八十三文；一月，五百五十文。巡检：十日，四十文；一月，一百二十文。教官、训导同例。

《中国珍稀法律典籍续编》第 4 册，第 11~12 页

《条例全文》

（明）不著撰者　天一阁藏明抄本

纳粟赎罪则例

成化六年十二月初十日，户部尚书杨等题，为处置救荒恤民事。户科抄出户科右给事中李题：切惟保邦致治，莫先于得民，而得民心之本，莫过于施仁政，而政之事，其要惟在足其食而已。盖民为国之本，而国非民无以立；食乃民之天，而民非食无以生，苟能足其食，则民可得，邦国可保，而为治也不难矣。稽诸自古帝王救灾恤患，未尝不以此为先务。臣伏

---

① 照刷文卷罚俸则例：《律解辩疑》明刻本无"则"字，据日本尊经阁文库藏明嘉靖五年刻《大明律直引》卷之二《照刷文卷则例》补。

见今年天下地方，灾异旱涝，无处无之，而其甚者，惟王畿之内。夫王畿，天下根本，四方观瞻，譬诸人身四肢之于头目。王畿为头目，而天下为四肢，四肢或伤则有可治之理，若头目一伤则昏聩闷乱，虽有四肢亦无如之何也。四方或饥，则有可济之方，若王畿一饥，则根本衰弱，虽有四方亦为难之救矣。诗云："惠此中国，以绥四方。"以此观之，则王畿为天下根本，在于当重也明矣。臣访得顺天、河间等府州县，今年夏麦因旱，既无以收，秋田被水，又无有望，千里萧条，地无寸草，粒食涌贵，民日流亡，各处乡村，盗贼生发，或三五成群，或十数结党，执拿兵器，随处劫掠，有司上下递相蒙蔽，不以上闻，军民困苦，至此为极。近蒙皇上悯念生灵，发粜粮米，京城内外官民人等踊跃欢忻。此陛下忧民之心，即古帝王民饥犹饥、民寒犹寒之心也。其为保邦致治之计，何其至哉！臣以为京、通二仓发粜粮米，但能济京师，而王畿之内则不能固，此臣不能不为陛下言之。常观夫天地之生物也，不以物之美恶而遗其类。圣人之养民也，不以地之远近而偏其恩。天地无弃人。今京城发粜，军民既被其泽，而王畿之民，乌可不被其泽哉？且以王畿之民论之，今年十二月起算，至明年五月麦熟，尚有半年。若民方布种夏麦，在地者多，则来岁犹有可望，况今各处地方，或水未退者，或方退而泥泞①者，军民夏麦无收，秋田无望，遇此凶荒，虽有纤须麦种，俱②以食尽，而能有种布种者，能几何人？今既无种，明年麦熟将何所望？即目冬月已难过日，况明年青黄不接之时，尚可保其不致于死亡哉！〔臣〕以为见今被灾去处，民未得所，而延安、荆襄贼患又作，此乃国家多事之时。然二处贼患之足为虑，而所可深虑者，王畿之民不得其所。若民足食得所，彼南北之患，何足畏哉！若不早为处置，诚恐兽穷则攫，为患非轻。况今年以来，各处星陨地震，天下不虚示，此又不可以不熟思而远虑也。臣以菲材，尸居官路，观此民患，不忍坐视，谨将所言救荒事件七条开坐，伏望圣慈采纳，乞敕该部施行等因。成化六年十二月初三日，该本部官具题。奉圣旨：该衙门知道。钦此。钦遵，抄出送司。（休）〔体〕息京操官军，及除豁木植、猪、羊、鸡、鹅、果品诸杂颜料，

---

① 原书"泥泞"二字墨污不清，据《皇明条法事类纂》卷一《赈粜赎罪则例》补。
② 原书"种""俱"二字墨污不清，据《皇明条法事类纂》卷一《赈粜赎罪则例》补。

并祈祷雨雪等项,缘行移礼、兵、工三部外,今将本官本部应行事宜,逐一议拟,开立前件案呈。缘(奉圣旨是)该衙门知道事理,未敢擅便,开坐具题。次日,奉圣旨:是。钦此。

计开:

一、查先年陕西等处缺粮民饥,该巡抚等官奏,将河南、陕西按察司等衙门问过自杖罪以上官吏人等,定拟则例,俱发缺食去处上纳粮米,赈济饥民。今照刑部、都察院问过,为事官吏、军民人等数多,如蒙乞敕该部计议,合无将二处囚犯照例免其运炭等项,量罪轻重,定拟则例,俱发顺天等府缺粮去处上纳粮米。仍将临近山东、河南、山西、大宁等都布按三司,有知印、承差名缺,移文前去,将各州县识字农民,有愿充参者,知印纳米二百石,承差纳米一百五十石,运赴缺粮去处,上纳完足,遇缺挨次参充。仍严定限期,不许迟误。

前件查得:先于景泰六年,为顺天府所属霸州、文定等处州县,多被水涝,缺粮赈济,本部已经奏准,将在京两法司及巡按直隶御史见问杖、徒、流等罪囚犯,立则例,自备粮米于霸州等处上纳赈济外,今李森奏,要将刑部、都察院问过囚犯,照例免其运炭等项,定拟则例,俱发顺天等府缺粮去处上纳粮米一节,合无照依先年则例,行移刑部、都察院及巡按北直隶监察御史,除笞罪并真犯死罪外,但系杖罪以上囚犯,在京应该运炭、运灰等项者,①俱各改送顺天府,定立限期,押发前去灾重缺粮州县,②自备粮米上纳。在外者,就发所在官司定拨缺粮去处上纳,取获通关,连人送回原问衙门,照例发落。若是各犯不行上紧完纳,违过限期者,每十日加米一斗上纳,候来年秋收,此例停止。其言要将山东、河南、山西、大宁等都布按三司知印、承差名缺,于民有愿纳米者,准令参充一节,查得先该巡抚陕西左副都御史马文升题称,榆林等营,俱有靼贼抢掠,倘调官军截杀,必须粮草供给,要将陕西、四川上纳粮草条例再行申明等因。本部议得,陕西、山西、河南所属良家子弟,有(原)〔愿〕充知印、承差纳豆者,俱于本处都布按三司听候,挨次拨用。具题。节该奉圣旨:知印、

---

① 原书"运炭运"三字墨污不清,据《皇明条法事类纂》卷一《赎粟赎罪则例》补。
② 原书"发前"二字墨污不清,据《皇明条法事类纂》卷一《赎粟赎罪则例》补。

承差罢。钦此。已经钦遵（不）〔通〕行外，今该前因，缘有前奉钦依内事理，难再施行，今将原拟囚犯纳米则例，开具于后。

计开：

斩、绞罪：自备米二十石。

三流并徒三年：自备米一十六石。

徒二年半：自备米一十二石五斗。

徒二年：自备米一十一石。

徒一年半：自备米九石。

徒一年：自备米九石。

杖罪：每十下，自备米四斗。

《皇明成化六年条例》

在外罪囚罚纸俱照在京则例减等不许多收滥罚例[①]

成化八年正月二十五日，刑部等衙门尚书陆等题，为申明囚人纳纸事。浙江清吏司案呈，奉本部送刑科抄出浙江布政司左布政使刘福奏：臣先任监察御史，于正统二年差往直隶苏、松等府巡按，据处州府抄到条例内一件，先奉行在刑部苏字二百六十一号勘合札付该福建布政司咨呈，准福建按察司牒呈，奉行在都察院勘合，札付为公用纸札事，虽开本司所问囚人照在京事例减半纳纸，不见其余府卫等衙门一体事例，未审本司理问所并府、州、卫、所囚人，合无一体减半纳纸，惟复止是按察司呈，乞示下等因。到部。案照先准行在户部咨行在户科抄出江西按察司副使焦宏奏言：所辖府、州、卫、所军民词讼数多，合用纸札，本司措办罚买用度不敷，要照在京法司罪囚纳纸事例减半追收纸札应用等因。奏奉英宗皇帝圣旨：户部、礼部、兵部、工部公同计议停当来说。钦此。钦遵抄出，会同行在工部掌部事少保兼本部尚书吴中等计议，合准所言，宜从行在刑部、都察院通行各处知会，照依所言事理，减半纳纸应用。若有余积之数，类解顺天府广备库交收，以备在京各衙门支用。奏奉英宗皇帝圣旨：是。钦此。

[①] 此标题原脱"照在京则"四字，据《皇明条法事类纂》卷五《在外罪囚罚纸俱照在京则例减等不许多收滥罚例》条补。

钦遵，移咨到部。已经通行福建等都、布二司行属一体遵守去后，今呈前因，参照原拟事例，虽称通行各处知会，照依所言事理减半纳纸，缘议拟未明，诚恐府、州、县、卫、所官吏将一时告理所属剖理小讼告人作原告，将一时拘来发落被告作囚人，一概追纳纸札，扰害军民，不便。合无今后司、府、州、县、卫、所止将立案问有罪名归结原、被告人，照依京例减半追收纸札应用，多余之数，照原拟解京，其余一概追被告人及发属剖理军民原告，并不许一概追纳。缘系事例，未敢擅便。正统二年八月二十五日，本部官具题。奉英宗皇帝圣旨：是。钦此。

钦遵通行去后。开照京例减半纳纸数目：官吏、总小旗、舍人、粮长榜纸一十五张，中夹纸二十五张；原告勘合纸一十张，中夹纸一十五张；军民中夹纸二十七张，奏本纸五张，手本纸三张。彼时臣在苏、松等府巡按，凡问大小罪因，即时依律照例发落，俱不追罚纸札。合用纸笔墨朱笔、灯油、柴炭，案行各属府照依钦降《宪纲》事例，遇到支给官钱买办，每五日一次送完应用。至景泰元年，臣任四川（彼）〔按〕察司佥事，见得按察使茅惟扬照依前例减半罚纸，臣分巡出外问因，亦不罚纸，遵奉《宪纲》事例，案令有司买办送用。后至天顺元年以来，一向不曾申明前例，人多不知。渐见各处巡按、清（事）〔军〕等项御史，各处分巡按察官问因，俱罚纸札。有罚军民因犯及原告中夹纸一百二十张，官吏、有职役人等榜纸一百二十张者，有罚官吏纸加倍中夹纸二百四十张。天顺五年，臣任陕西按察司副使之时，仍见按察使项忠遵依前例减半罚纸。至天顺八年，有湖广按察使罗篪奏称，查得内外问刑衙门原定纳纸数目不同，且如本司并分司等衙门，每军民纳中夹纸一分，官吏、生员、舍人人等俱纳二分，每分俱一百二十张。本司日逐问过罪囚并各道原收囚犯用剩纸张，俱送本司官库收贮。见收囚人纸札数多，合无暂停纳纸，今后罪囚每纸一分，该时使八成银三钱，改纳张片完全好，钞三十贯，官吏、舍人人等加纳一倍。各道原无附余收贮纸张，每岁止将六个月纳纸，其余月分照例纳钞，俱送所在官司收贮，就于官吏官库俸内给支销等因。该刑部抄出连送湖广清吏司行湖广道监察御史手本开，查得囚人该纳纸札，原无事例，案呈奉本部议拟，具题。本年七月十五日奏，奉圣旨：这囚人纸札有余处，准纳钞，通行各处知道。钦此。

钦遵外，切照官吏军民人等犯罪，轻重不同，中间贫富不一，〔有〕问罪已完，连日押出罚钞，贫窘无钱买纳，受责淹滞者；有剥脱衣袄质当，回乡办钱加倍取赎者，揭赁买纳及托人赊买后，将田园典当加利偿还者；又有偏州小邑，一时风宪分巡官到，商贾稀少，囚人卒无相应纸钞买纳者，况兼纸钞之数，比之减半旧例加两倍有余。中外官司不知军民囚犯办纳艰难，如蒙乞敕刑部、都察院查照申明正统二年行在户部二次会官议拟奏准事例，及遵奉钦降《宪纲》内事理，通行各处巡按等项监察御史，及各处分巡按察司官，凡问罪囚，俱不许罚纸。其各该司、府、州、县、卫、所衙门问囚，仍照旧例减半罚纸。中间纸札有余处，照例减罚钞贯，亦不许将一时拘来发落原、被（原）〔告〕人及罚属剖理军民原告，并真犯死罪囚人与强窃盗贼、逃军、逃匠、逃囚一概罚纸。如此，庶得旧例不违，军民囚犯少苏，不致淹滞等因。具本。亲赍该通政使司官奏，奉圣旨：该衙门知道。钦此。

钦遵，抄出送司。除查前例相同外，行准浙江道监察御史及各处分巡按察司官罚纸事例，回报到司，案呈到部。臣等会同都察院左都御史李议得，左布政使刘福所奏各府、州、县、卫、所问囚，仍照旧例减半罚纸，中间纸札有余处照例减罚钞贯，不许将一时拘来发落原、被告人及发属剖理军民原告，并真犯死罪与强窃盗贼、逃军、逃囚、逃匠一概罚纸一节，合准所言，申明禁约。其言各处巡按等项监察御史及各处分巡按察司官，凡问罪囚，俱不许罚纸，俱照钦降《宪纲》内事理，支给官钱买办应用，固为有理，但巡按御史与清军等项差使不同，合无各处巡按御史与各处分巡按察司官所问囚人，一体减半罚纸应用；清军、巡盐、巡河、巡关等项监察御史不专问囚，合用纸札仍遵《宪纲》内事理，支给官钱买用。今后囚人罚纸，俱照在京则例减半，不许多收滥罚纸张，止据土产及本处行用者，不许刁蹬，故索阔白好纸，淹禁人，难囚人。如有贫难无力及家乡离远者，先行依拟发落，行令本管官司责限办纳，毋得指此多般作弊，扰害下人，违者悉治以罪。缘系申明事例，及奉钦依该衙门知道事理，未敢擅便，具题。次日奉圣旨：是。钦此。

《皇明成化八年条例》

山东囚犯杂犯死罪以下纳米赎罪照时价折收银两籴粮赈济例

　　成化八年八月二十三日，户部尚书杨等题，为民情事。山东清吏司案呈，先奉本部送该兵部尚书兼翰林院学士商等题称：山东饥馑之民，比之他处独甚，扶老携幼，弃家流移，税粮、军需、马政、夫役等项，此催彼并，未见优容，要行计议安民良策等因。成化八年八月初九日具题。次日奉圣旨：该部计议了来说。钦此。钦遵，抄出送司。看得所言军需、马政，除行兵、工二部外，其赈恤饥荒、宽减粮草、借贷钱粮等件，本部逐一计议，及照纳米冠带、召商中盐二事，合另奏请施行等因。具题。节该奉圣旨：是。钦此。已经通行钦遵外，查得本部先为思患预防等事，累经定拟纳米则例，备行该缺粮去处，召人上纳。

　　续该大理寺左少卿宋题称，各处举保阴阳、医学、僧道、官员，令于缺粮去处上纳粮米，查其公文明白，别无违碍，免其考试，准令入选等因。本部又经奏准定拟则例，行令顺天等八府并山东布政司所属遵行去后，缘前例近已停止，合再行移巡抚山东副都御史翁处出榜召人，于该管地方缺粮仓分上纳应济。其冠带等例，照依后项开去事件斟酌施〔行〕，及照山东长芦运司，俱有各年见在盐课，合无行移副都御史翁出榜召商，除内外官员之家有例不许种纳包占外，各处军民人，但系有力情愿中纳者，听赴本官处报名，照依后项开去则例，分派见今缺粮仓分，依期上纳，不许转卖与人及听人包揽等项，务要本部政司分巡官员亲临辩验。粮要干圆洁净，方许收受，不用折罚。但有通同官员人等，将粗秕及年久（挹）〔浥〕烂仓粮上纳，并包占转卖，过期不纳等项者，俱听巡抚并布按二司官拿问。所据勘合并疏通文簿，欲差办事官一员铺马前去南京户部印编，转发副都御史翁处收。候客商上纳粮米，获有仓钞至日，填给其底簿并疏通文簿，径发各该运司收掌。遇有客商赍到勘合，比号相同，就便行场支盐。如前项事件，或有未安地方，粮赏贵（践）〔贱〕不一，宜从酌量增减，务在适宜。候有收之时，此例即便停止。通将纳中过盐粮数目，并冠带等项人等姓名，备造文册奏缴。如此，则粮有所积而赈恤不乏矣。缘系区画粮储及先奉钦依该部计议了来说事理，未敢擅便，本部尚书杨等具题。次日奉圣旨：准拟。钦此。

计开纳米则例：

一、山东所属所问因犯，除真犯及官吏枉法满贯，例该充军等项外，其杂犯死罪，纳米八十石；三流，纳米五十石；徒三年，纳米三十五石；徒二年半，纳米三十石；徒二年，纳米二十五石；徒一年〔半〕，纳米二十石；徒一年，纳米一十五石。杖笞罪，每一十，纳米一石。俱照时价折收银两，送布政司交收，籴粮赈济。

《皇明成化八年条例》

收受粮斛则例官攒去任见数交盘

成化九年三月十八日，户部尚书杨等题，为陈言收受粮斛事。该钦差都察院右副都御史黄题，查得直隶凤阳府所属广储一等仓收受粮斛，多是因袭旧弊，不令逐年官攒斗级，另廒收贮旧粮，守支未尽，新粮收压在上，以致数目不清。遇有给由、丁忧等项移文查考，不过照卷回文，并不逐廒追究，以致易于作弊，亏折数多。诚恐各处亦有此弊。又查得南京各仓收受耗米，已该右都御史周奏准，每米一石收耗米八升，着令纳户两平行概。其在外仓分收受税粮加耗不一，有一尖一平收受者，有照京仓事例收耗八升者，有通算先收耗米五升，然后两平收正粮者。为无定例，人难遵守。伏睹《大明律》内一款：凡各仓收受税粮，听令纳户亲自行概，踢斛淋尖，多收斛面者杖六十。钦此。① 钦遵外，今在外各仓，概不依令准除折耗，又无粮斛收耗定例，兼以所在有司官吏昧于事理，往往因袭行事，以致政令不一，积弊多端。及又看得南京各仓，先前有将问罪为民并闻丧②应合丁忧官攒，仍发该仓，收支尽绝，方许发落丁忧，非惟守候人难，抑且于理不当。如蒙乞敕该部计议，合无通行在外收粮仓分，着落监收、管粮提调官吏，督令各仓官攒斗级，凡经收税粮、屯粮者，各要逐年另廒收受，务在出纳分明，不许〔仍〕旧混收，彼此牵制，难于守支查过。若遇给由、丁

---

① "钦此"前无圣旨内容，疑脱文。
② 闻丧：原作"闻相"，据《皇明条法事类纂》卷一五《收受粮斛则例官攒去任见数交盘》补。

忧、为事官攒，俱要经由提调管粮官员，收各该经收税粮，逐一盘粮明白，交与接管之人，方许起送，并不许指廒作数，虚捏文移。亦不许将应准丁忧及为事为民官攒，仍着在仓守。在外收受耗米，合无俱令纳户两平行概，每米一石加耗米七升；日后放支，每一年准除耗米一升四合。如二年放支，准除折耗二升八合之损，① 悉合折至五年而止。以后给由、丁忧、为事等项，悉依此例折算。如有亏折，均赔还官，仍行各处巡按御史及按察司分巡官，所至〔严〕加纠察、禁约等因。奏奉圣旨：该部知道。钦此。钦遵。

　　查得京、通二仓并坝上等马房仓场官攒收受粮草，俱是另廒另垛收受，一年满日照例守支。正粮尽绝，盘过附余，方许给由。遇有丁忧，将经收粮草申达，照依洪武年间事例，委官查勘。如有放支未尽并全未放者，交盘明白，方许守制。其有为事为民者，亦将放粮粮草查盘，交与见在同收官攒依数放支。俱系有例见行，别无相压、指廒作数，虚捏文移、丁忧守支事理。其收受粮斛，每石一尖一平，亦系宣德年间定拟通行旧例。及查得先该漕运参将、都指挥佥事袁恬奏称，今后收粮，每石两平，外加耗米一斗。本部节次查照律条并律解，每粮一石一斗，准折耗米一升。至九升之外，不得准除事理。奏奉钦依：准加八升收受。钦此。

　　续该漕运副都御史滕奏，据官军告称，平斛正米，仍加三指比之一尖一平上纳，意平斛刮跌及到挚斛，不过以此反亏。会官议得，合仍得照旧。近该钦差印绶监太监韦又奏申明斛面。本部已于成化九年三月初四日查照奏准，今后收粮，俱照宣德年间旧例，每石一尖一平收受。通行去后，今奏称凤阳府所属广储等仓官攒人等，循袭旧弊，不令逐年另廒收贮，旧粮未曾支尽，新粮收压在上，以致数目不清。（及）〔又〕称南京各仓，有将为民并丁忧官攒仍发守支，有将收粮则例随时更改为无定例，人难遵守。看得南京、凤阳既有前弊，合当禁革。又恐在外布按二司并府州县等衙门官吏，或不识律例，或自专妄为，亦有此弊，俱合通行。欲再通行在京在外收粮衙门，今后凡遇收受一应粮斛，俱照宣（得）〔德〕年间及本部见行事例，每石一尖一平收受。就令各年官攒斗级，另廒收贮，候放支尽绝，

---

① 之损：原作"之类"，据《皇明条法事类纂》卷二《收受粮斛则例官攒去任见数交盘》篇改。

积出附余，该所仓申达管粮（兼）〔监〕收提调上司官员，委官或亲临该仓，申达管〔粮〕另取各人原收粮斛廒，经文卷逐一查算明白。将积除余就便盘粮见数，交与见任管攒作正支销，方许给由离任。遇有为事、丁忧等项事故，亦要委官查勘明白，交与应收之人接管守支。将为事、丁忧管攒，径自照例起送。如有亏折短少、浥烂等项情弊，留人送问，追究发落。其如收受草束，亦照此例，另项收垛，不许新陈相压，及指廒指垛交盘。仍行南北二京巡视仓场及在外巡抚巡按，并布按二司官员，所至去处，用心纠察，严加禁约此弊，务要（一）〔依〕例遵行。奉圣旨：〔是〕。钦此。①

《皇明成化九年条例》

《条例全文》

（明）不著撰者　台湾"中研院"史语所傅斯年图书馆藏明抄本

都司卫所首领官衹候并公使人役佥拨则例

弘治元年十一月十九日，太子太保尚书余等题，为比例佥拨皂隶事。武库司案呈，该直隶巡按监察御史陈璧奏，节据直隶（苏）〔蓟〕州卫经历司呈，该经历孔经关称：本职先任河南宣武卫经历，呈蒙巡按陈御史查照，山东并淮安等卫经历知事，每员俱佥拨皂隶二名应用事例，准令于附近开封府虞城县，每年亦佥拨皂隶二名，解纳柴价，兼月支粳米本色二名，颇（勾）〔够〕度日。今本职丁忧起复，补除本卫，每月止关粟米二石，又无前项皂隶口食，尚不充足，廉耻何由存守？况（苏）〔蓟〕州一带，路接边境，比之南方卫分艰苦尤甚，方得前任经历张义自缢身死，沈恭诈冒去任，人所共知。况本职相离原籍浙江四千余里，又无得力儿男往来供给。追思前官丧身弃职，不胜苦楚。合行移关本司转呈，乞照前项卫分经历事例，于附近有司佥拨皂隶二名，解纳柴薪等因。

又据山海卫经历吴佩呈称：本卫临极边境当冲要，事务繁冗。本职到任以来，每月止是随军，或米麦豆兼支一石，虽有折色，有司因征不及，

---

① 原脱"是"字，据《皇明条法事类纂》卷一五《收受粮斛则例官攒去任见数交盘》补。

经年不得关（文）[支]。访得前任知事常辅，为因度日艰难，自缢身死。切思本职与各府经历知事，出身品级，俱各相同。但有在府者，俱有马夫祗候，又有皂隶跟随。在卫者既无马夫，又无祗候，亦不曾定有跟随军伴，致使本身无倚，妻子冻饿，时常相向啼泣，徒冒冠带，实与边军无异，情实可悯。合行移关本司转呈，乞照保定左等卫经历等官，见今奉到巡抚侣、都御史明文，每官就于本卫所金拨殷实军余，照依祗候事例，朋合辨纳柴薪等因。

又据永平、卢龙、兴州左中屯，天津、镇朔等卫经历知事尹元吉等，各亦呈前事。参照前项卫分经历知事孔经等，俱系监生吏员出身，计其出身月日，大约三十余年历事，办事颇效勤苦，一旦钦授前职，父母妻子不胜欢庆，恩至渥也。但各官受职以来，既无马夫，又无祗候，月支俸米止得一石，远离乡井，孤处边方。虽有折色钞贯，经年不得关支，以致毋徒老家产，妻子日增愁叹，廉耻日丧，志气消靡，只得与各卫所官员依阿迁就，或求讨柴薪，或借用伴当，或通同作弊，以图苟且度日。及至事发，充军、为民、自缢者有之，军政废弛，实基于此。况各官委与各府，及山东等卫经历等官衙门，品级相同，出身次第相同，但恩典所及有不同者。揆诸人情，实可悯恻。

臣访得不独（苏）[蓟]州、山海等卫为然，而各处边卫亦有然者。伏望皇上溥一视同仁之心，乞敕兵部计议，合无通行天下，将都司卫所首领官员，查照品级，定与皂隶名数，或于附近州县金拨，或于各卫所金拨，照依祗候事例，办纳柴薪，以为养廉之资。如此，则圣恩周备，事体归一，军振亦少振举。具本奏。奉圣旨：兵部知道。钦此。

钦遵，抄出送司。查得：先为查例事，正统十四年二月二十七日，该本部定拟，奏准内外文武职官皂隶则例，五品、六品四（品）[名]，七品至九品二名，不曾开有在外军卫首领、文职官该金皂隶。今巡按直隶监察御史陈璧奏称前因，照得天下军卫有司，应当差发，以十分为率，军三民七，系是通例。今两京文武并在外布按二司、府、州、县文职官员皂隶，俱系有司应当，不曾攀扯，军卫首领官皂隶，有于有司应当者，不由本部行金，或者系是巡抚官奏敕便宜而处，所据巡按御史陈璧所奏，欲朝廷溥一视同（人）[仁]之心，亦大体所在。但此等事宜天长地久，如河南、山西系该佥，在京皂隶地方近遭重灾，民间饥饿死亡者及半，前项军卫首领官与民无干，合无通行天下都司卫所并直隶卫所，专一将卫所首领官该佥皂隶，照依品级，有按察司处令分巡道官，无处行按按御史，自弘治二年为始，各以屯田户口册，于殷实屯军内审验，互为编佥。如此处卫所编与彼处卫所，照依祇候则例应当一以节其多取，一则息其刁讼。其管事公使该用人役，量于本卫所编与余丁二名听使，以后一年一次，俱照此例互编。其留守司都司首领等官，先有定例，并直隶卫所首领官，先已奏准行佥者，不必纷更。此外，该载不尽者，比类具奏，照例另行，不再烦渎圣听。具题。奉圣旨：是。钦此。

《弘治元年条例》

各处军民客商并仕宦子孙，纳米、纳银冠带，虽累有奏准事例，中间虑恐数目太多，人必畏难，不得乐从。查得近日本部奏行贵州布政司措置减轻则例：凡各处军民客商并本处仕宦子孙，有愿告纳米冠带者，不拘纳米，止令纳银，乃量减其直纳银，准令冠带荣身。已经行移遵守去后，合无通行十三道布政司，凡军民人等愿纳米冠带者，悉照贵州事例，减轻上纳银两，收贮所在州县卫所官库，趁时籴买米麦上仓。其富民纳谷五十石，官为立簿记名；纳谷八十石，立石题名；纳米百石，给与冠带，以荣终身。仍照旧例，听从其便。前项冠带军民人等，既经上纳银两、米谷，已是出力向官，所司不许重复劝借，致（累）[令]负累贫苦，兼阻人心趋向。

《弘治三年条例》

查得李塘等俱系军民人，例不该问。前项有名官及举人、监生施让等俱病故外，备招案呈。看得官吏、监生人等借人财物费用，措办衣裳、器物，置买婢妾等项，及与债主同赴任所取偿者，已有前项禁例。但近年以来，官吏、监生人等候选年久，多有盘缠罄竭，贫不自存，未免借钱举债，以救饥寒，以活妻子，未必俱是借办衣装、器物，置买婢妾等项。今照前项官吏、监生、举人、承差所借银两，有多至五十两或者一二百两者，亦有少不过十余两、三五两者，又俱犯在革前，除施让等俱各病故，别无施行，沈仪等俱查无职衔，及高钦等贯址未（免）〔明〕，仍令该司再行查究外，合无将见查出见任内外衙门，及未选在于原籍并已因事去任官，及举人、监生杨祥等，本部并行南京刑部，及在外巡抚巡按等官，通提问罪。其查无职衔并贯址未明者，候再查明白，亦照前拟提问。惟复查照前项官吏、监生、举人、承差，革前借银五十两以下至三五两者免提，其五十两至一二百〔两〕提问，俱照常例发落。庶于情法相应，及今后遇有此等囚犯，亦合量其所借多寡，以为罪之轻重，多者照例充军，少者只照常例发落。俱伏乞圣明裁处，并定为则例。具题。奉圣旨：是。这有名人员既犯在革前，借银五十两以下的，免提；五十两以上的提问，照常例发落。今后官吏、监生人等并债主，但借银五十以上的，都照吏部奏准事例行；以下的只照常例发落。钦此。

《弘治三年条例》

广储积以足国用

切惟自古君天下者，不忧无患，而忧国用之不足。国用若足，虽有外患，不足虑矣。洪惟我朝列圣相承，咸能（受）〔爱〕惜钱粮，不肯轻易妄费，虽赏四夷，不过彩缎，所以内藏金银，常有数百万之积。近年以来，群小用事，欺罔多端，以至府库为之空虚，天下而为之以困弊。皇上嗣登宝位，赏赉未周，而内藏已空，况天下府州县仓廪，俱无数月之粮，各边亦止有二年之用，万一边方有事，或水旱灾伤，将何以济？兴言至此，深可寒心。如蒙乞敕户部，通查在京及天下方面府、州、县、卫所大小文武官员，及各处王府宗支一应军士，若共该支本色俸粮、禄粮若干，折色银钞若干，通计天下岁收税粮金银若干，钞贯若干，有无（句）〔够〕用，如果不足，作何区画，使不缺乏？及内藏前项已空乏之数，如何处置，使之充盈？或造钞贯，或铸铜钱，或清理盐法，或查屯田，或闸办天下之税课，或清查各处之船料。凡理财之方，足国之计，无扰于民，有益于国者，宜从计处具奏定夺，如此生（射）〔财〕有道，而国用之恒矣。

前件，看得钱粮所以（兹）〔资〕国用，储蓄所以备兵荒，我祖宗以来，未尝不以此为先务也。但近年以来，水旱灾伤，减免数多，又兼群小用事，欺罔多端，以致府库不充，赏赍不足。况各处府、州、县及（皆）〔各〕边方，亦皆所积不多。倘边方有事，或水旱灾伤，委的难于措置，诚如左都御史马所虑者。查得天下岁征税粮二千六百三十二万一千二百四十石，各矿银课岁办共该一十五万一千七百六十七两，税粮折银三百五万九千石，每石折银二钱五分，共银八十一万四千七百五十两。户口钞除折米外，岁征七千七百三十七万五千九百贯；商税钞除折米外，岁征四千六百一十八万九千贯；船料钞二千四百五十五万六千二百四十九贯。在京岁支五府六部等衙门官吏、监生人等，食米五万七千八百九十七石；锦衣卫等卫所官军人等，月粮三百五十一万三千一百二十六石；文职京俸米三千四百四十一石一斗一升四合七勺，武职京库折银四十一万九千六十三两，文武官吏俸折一百九十八万六千伍百六十五石八斗七升一合九勺八抄；南京文武官员军士人等粮二百二十二万三千三百二十七石七斗一升一合；在外司府州县官吏人等并各王府，岁用一千三百三十四万九千五百二十七石六斗四升有零，岁支一千八十五万一千七百三十一石二斗有零，并陕西、山西、辽东各边年例籴粮银四十三万两，大约岁收委的不（勾）〔够〕岁用，兼且内藏银两所存无几，诚不可不为之虑也。兹欲区画处置，使之充盈不缺，不过造钞贯，铸铜钱，清理盐法，查勘屯田，闸办天下之税课，清查各处船料数者而已。但各造铸铜钱，必须办用物料，亦不能救目前之急，盐法积弊多端，屯田官豪占种年久，一时难于清查。本部另行具奏定夺外，惟闸办税课，清理船料，其效甚速而至大，可以助岁用之缺乏，可以补内藏之空虚。理财之要，莫此为良。

查得河西务、临清、淮安、扬州、苏州、杭州、九江、金沙州八处，俱有设立钞关，在京崇文门分司、南京上新河，在外张家湾、临清、淮安、扬州、苏州、杭州、刘家隔、正阳镇，俱有设立钞课司局，此皆大利所在。先年俱曾差官整理，尽收明效，其后将差去官员取回，止委彼处府、州、县官收受，百弊俱生，入于私门者十常六七，归于公家者十无三四，欲便差官分投前去收受，但所在一十八处，本部官少不敷差用，合无除崇文门上新河得利重多去处，照抽分事例，崇文门本部差官一员，都察院差御史一员，上新河南京户部差官一员，南京都御史一员，俱要推选廉介刚方之人前去收受，一年一换，永为定例。满日，将收过数目造册奏缴。其前项钞关并张家湾税课司局共一十六处，着落巡抚官公同巡按御史，推选平昔有为守府州佐二官各一员，坐委收受，按（李）［季］给与文簿，用关防印记钤缝将日逐收过数目，备细附写在上，一年满日，通行查算。比之往年增多者量加奖励，不及数者痛加责罚。所委官员务要洗心涤虑，痛革前弊，勿畏权豪，勿徇私情。若有倚势不纳税课者，径呈巡抚、巡按等官，应拿问者，拿问；应参提者，参提。巡抚官亦要不时差人密切体访，禁革奸弊。其前项钞关并税课司局及天下户口食盐见行事例，俱折收米钞铜钱。即今库藏空虚，除崇文门、上新河、张家湾与天下府州县税课司局，照旧钱钞兼收，其八处钞关、七处税课司局，与天下户口食盐，合无照依彼中则例，俱折收银两，每钞一贯，折收白银二厘，每钱七分，折收白银一分。倾泻成锭，该解京者，差的当官送部类进内府，该库收受备用，该存留者就留。本处官库收贮，准折官军俸银等项，不分内外，俱照在京折俸事例，每银［一］两折钞七百贯，则一岁之入，可供二岁之用矣。及照上新河、扬州、淮安、正阳镇，先该巡抚都御史周鼎奏讨，一年赈济地方，待候满日另行差官收受。臣等所见如此，伏乞圣明裁处。

《弘治三年条例》

《皇明条法事类纂》

（明）不著撰者　明抄本

赎罪通行收钞不准例

成化元年八月初四日，刑部尚书陆题，为建言民情利便等事。福建清吏司案呈，奉本部送准户部咨，户科抄出顺天府宛平县义民官张观奏：伏睹《大明律》《令》（钦）节开：印造宝钞，与洪武大中通宝及历代铜钱相兼行使。近来有等小人，不遵法度，但凡交易买卖，务要挑拣好钱收买货物，军民不得利便。乞敕内外大臣多官计议，今后在京三法司，但有官吏、军民、匠作人等为事，除谋逆、强盗真犯罪名外，其余所犯笞、杖、徒、流、杂犯等罪，照依坐定罪名，追罚宝钞、铜钱，照依街市行使则例赎罪。在外都、布、按三司，各府、州、县、卫、所衙门犯罪之人，亦照此例等因。具本。该通政使司官奏，奉圣旨：该衙门知道。钦此。钦遵。看系别部事，行移咨送司。查得近该广东道监察御史李志刚奏，为陈言事。本部会同都察院、大理寺官议得：李志刚所言洪武年间每钞一贯当铜钱一千文，直银一两。如（遇）〔过〕失杀人绞罪，律赎铜钱四十二贯，今追钞四十二贯。合无准言，今后收赎过失杀人绞罪，每十贯，赎钞八贯、铜钱二贯，情理相当。已经奏准通行钦遵外，今义官张观奏言前因，案呈到部。臣等议得：见问罪囚，（者）〔老〕小废疾之人犯笞、杖、徒、流罪者，收赎钞不多。真犯死罪，依律处决。杂犯死罪、徒、流、杖罪，有力者照例运砖、运炭、运灰；无力者做工并煎盐、炒铁、摆站等项发落。止是，在京守卫操备官旗校尉、军职正妻犯杖罪者，并其余犯笞、杖罪者，有力者纳米、钞赎罪，以便操守，流通钞法。若在逃军民、匠役人等，俱依律例的决，着役上工，则无徒、流、杂犯等罪与在外布、按二司，府州县，军卫衙门犯罪之人，通行收赎钞贯铜钱事例。若依张观所言，除真犯罪名外，其余笞、杖、徒、流、杂犯等罪，通行内外，要照街市行使则例追罚钞贯，不惟运砖、运炭、运米等项缺人，抑且事体纷更而轻重失（论）〔伦〕矣，所言窒碍难行。缘奉钦依该部知道事理，未敢擅便，具题。次日奉圣旨：是。钦此。

卷之一《五刑类》

在京杂犯死罪并徒流笞杖纳豆则例

成化二年二月初八日，太子少保户部尚书马等题，为思患预防事。广东清吏司案呈，准刑部四川清吏司手本开称，杂犯死罪并徒、流、笞、杖等罪，在京各纳赎罪豆若干，在外各纳赎罪米若干，明白希报等因。到司。案照先准吏部咨，于兵科抄出监察御史魏瀚等题称：兵之所（咨）〔重〕者，马。而刍豆之给，多折银两，军士易于使费，以致马多羸瘦，不堪骑操等因。具奏。抄出户部。查得京仓料豆见在数少，本部具奏：每马一匹，该料一石，则给官钱自行易买喂饲。今言军士易于使费，合无自成化二年正月起，就行照例开与本色料豆。其言各处粮储率无三年之积，府藏银帛亦为有限之需，要行区画。所言，必须多方措处。合无请敕各处巡抚都御史，督同司府官员，照依户部先议拟奏准淮扬、保定等府并两广、四川纳米事例，通行斟酌，出榜召人于缺粮去处上纳。及行内外问刑衙门，将所问罪犯杂犯死罪以下，审有力者，在京纳豆，在外纳米，照例赎罪，以备官事之用等因。具题。节该奉圣旨：是。钦此。钦遵，已经通行去后。今该前因，案呈到部。除在外问刑衙门已有纳米赎罪事例见行外，所据在京有罪人犯，除真犯死罪外，杂犯死罪并徒、流、笞、杖，例该纳黑豆赎罪，合无本部斟酌议拟纳豆赎罪则例，移文刑部、都察院、大理寺知会，审有力者照例施行。缘系定拟纳豆则例赎罪事理，未敢擅便，开坐具题。次日奉圣旨：是。照例。钦此。

计开：

死罪：八十石。

流（年）〔罪〕：五十石。

徒罪：三年，三十五石；二年半，三十石；
　　　二年，二十五石；一年半，二十石；
　　　一年，十五石。

杖罪：一百，一十石；九十，一十石；
　　　八十，九石；七十，八石；
　　　六十，七石。

笞罪：五十，六石；四十，五石；
　　　三十，四石；二十，三石；
　　　一十，二石。

卷之一《五刑类》

纳马赎罪照原运灰脚价折纳例

成化二年三月二十三日，刑部等衙门尚书等官陆等题，为区画马政事。准兵部咨，将区画马政事条件，内开一件：法司问拟文武官员、军民人等为事,除真犯〔死罪〕外,其余杂犯〔死罪〕及徒、流、杖罪,情愿纳马者,照依立功运砖、运炭、纳钞、纳豆、做工则例,改定马数买纳赎罪。又一件内开:今后江南该解马匹,其不堪、不敷之数,每匹征收价银十两煎销精彻,类解赴部。该司并太仆寺各委官一员眼同收贮,随将官买〔马〕寄养(给)〔骑〕操,则军民两便等因。具题。节该奉圣旨:是。马政多废弛了,恁每区画的皆准行。钦此。钦遵,移咨到部。缘无拟定纳马则例,臣等会同都察院、大理寺、左都御史等官贾(废)〔发〕等议得,因人有力者运砖、灰、炭及纳豆等项,所费价值,随时贵贱不一。今兵部所拟骑征马一匹收精彻银十两,又与街市行使银两不同。照得旧拟运灰脚价,颇为适中。但所言立功因犯,多系军职克减官军粮赏、受财枉法等项,犯该死罪,发边方立功,五年满日复职,(事体)〔带俸〕差操,不许官军管事,盖以革其奸贪害军之弊。钦奉诏旨:事例行之未久,难擅改令纳马赎罪。其余官吏、军民人等有犯杖罪及(使)〔徒〕一年至一年半,较之运灰脚价,俱不及今拟骑征马一匹价银之数,亦难令其纳马。合无今后法司问拟文武官吏、军民人等犯该徒二年以上者,审其相应有力,俱送兵部,每徒二年与二年半者,各纳马一匹;徒三年与流罪者,纳马二匹。仍照运〔灰〕则例等,其(内)〔纳〕马一匹,准银十两外,余剩脚价银两不(勾)〔够〕买马一匹,兵部该司另会太仆寺委官随时买马,寄养骑操。如此,庶则例适中,马匹可纳。缘系定拟纳马则例事理,未敢擅便,开坐具题。次日奉圣旨:准议。钦此。

计开,今议纳马赎罪则例,照原运灰脚价折纳:

杖八十,徒二年:运灰一万四千斤。原约用脚价银一十三两三钱,今纳马一匹,准银十两,余银收入官。

杖九十,徒二年半:运灰三万斤。原约用〔脚〕价银一十六两六钱,今纳马一匹,准银十两,余银收入官。

杖一百,徒三年:运灰三万六千斤。原约用脚价银二十两,今纳马二匹。

流罪:运灰四万二千斤,原约用脚价银二十三两三钱。今纳马二匹,准银二十两。余银追收入官。

杂犯斩、绞罪：运灰六万四千二百斤。原约用〔脚〕价银三十三两六钱。今纳马三匹，准银三十两。余银收入官。

卷之一《五刑类》

有力囚人运石则例

成化四年三月初七日，工部尚书王等题，为运石事。成化四年二月二十四日，该太监许安传奉圣旨：今后囚犯该运石、灰纳（量）〔粮〕，发一半运石。该做工的也着运石，俱赴正阳门外交纳。还斟酌则例来看。该衙门知道。钦此。钦遵。查得正统十二年十月，该工部议奏，运砖囚人于张家湾盘运，止该四十余里；马鞍山运石，路程加（陪）〔倍〕。所运石料比砖斤重，减半折运。彼时俱审有力囚人运石。又查得景泰三年十一月内，该工部奏将运石囚人比照运灰则例，本部填给勘合，着令盘运。今奉前因，臣等会议得，运石则例已有前项定议斤重及路程远近。旧例但量发囚犯，必须审有力出备脚价者，方可拟送运石。若将贫难无力之人一概运石，未免两相耽误，合无仍照旧例准做杂工。欲行工部查照旧例，并今运石所在，比照砖、灰斤重，路程远近，定拟适中则例。径自具奏，以凭将有力相应囚犯送发，填给勘合运石便益等因。本部等衙门尚书等官陆等具题。奉圣旨：是。钦此。钦遵，备咨到部、送司。案查先该都察院右都御史李为陈言事，切见法司问拟囚人，罪名虽同，而赎罪运砖、运炭、运灰、运石所费轻重不一，要行从新定拟则例等因。天顺五年十月二十八日，奉英宗①皇帝圣旨：该衙门看了来说。钦此。钦遵。本部会同刑部、都察院、大理寺尚书等官陆等计议，将定拟拨运砖、运炭、运灰、运石则例，开坐具题。本年十二月初一日，该本部尚书兼大理寺卿赵等于奉天门奏。奉英宗皇帝圣旨：是。准拟。钦此。钦遵，已经通行遵守去后。今奉前因。案呈到部。看得尚书陆等奏称，欲行本部查照囚例，并今运石所在，比照运灰斤重，路程远近，定拟适中则例，径自具奏一节。合无照依天顺五年会议奏准运石斤重、丈尺则例，于法司送到有力囚人，本部照依所拟罪名填给勘合，前去马鞍山石厂，照数关领（般）〔搬〕运。仍行内府内官监差人前去马鞍

---

① 原抄作"太宗"，天顺系英宗年号，据改。

山，并正阳门外照数收放，本部仍委官一员监收。缘系定拟囚犯运石则例事理，未敢擅便，具题。次日奉圣旨：是。钦此。

卷之一《五刑类》

笞杖罪囚例该做工者出备工价修理监墙厅库例

成化十五年八月二十四日，太子少保、刑部尚书林等题，为修理监墙等事。四川清吏司案呈，奉本部送提牢官主事徐佑呈称：司狱司司狱吴铉等呈，成化十五年七月以来，天雨连绵，沟水（淑）〔浸〕漫，将本监（此）〔北〕边临山西厂界墙十丈，河南、陕西司界墙（工）〔十〕丈，老监东西角并小门（文）〔之〕监火房等处子墙约三十余丈，俱各倒塌。长铃道界墙约有七十余丈，俱有裂缝，欹斜将倒。及重囚第四间东北角，与见问囚第一间西北角梁柱，俱各朽坏，墙壁亦皆塌动。中间系干监禁重囚处所，恐有疏虞不便，乞为转达措置修理等因。又奉本部送浙江清吏司〔等〕十三清吏司呈：照得本部十二监房界墙，地连木厂，西抵官沟，南接都察院界墙，东接本部陕西等司墙，多系土墙，无砖石包砌，易于坍塌，及各司公厅库房，俱各年久，风雨飘淋，梁柱（桶）〔桷〕椽，亦多朽坏。虽曾经奏准修理，不过一时苟完，不能经久坚完。今成化十五年七月以来，天雨连绵，沟水涌涨，淹没墙脚约二尺有余，连日不退，以致前后监墙坍塌损坏，约有一百余丈。系该各处监禁轻重罪囚在内，恐有疏虞，及各司厅库等处墙（璧）〔壁〕倾倒、损动三十余处，堆放文卷赃物，不无湿漏，致有浥烂，不便。查得工部先年奏准通州修砌道路事例，将法司问发做工囚犯，内有情愿出备工价，雇觅车辆搬运木、瓦、砖、灰等料者，每囚一名日①出银一分；有情愿采拾碎砖块石者，每囚一名〔日〕采四十斤。若三五日或数十（首）出备工价银两与采碎砖石斤重完足者，不拘做工原定限期，就便给与执照，送回法司，完卷发落，人皆以为利便，官事亦易完结。（呈）乞转行该部，将前项监房厅库墙垣等处，查照前例，措置工（科）〔料〕修理便益等因。案呈到部。看得呈称监内墙垣并各厅库等房俱被雨水淹没、坍塌，及朽墙湿漏一节，缘监内见监强盗、人命等项重囚数多，前

---

① 原抄脱"日"字，据本条后文补。

项墙垣系紧要关防去处。各司厅、库等房收赎文卷赃罚在内，年久损坏，风雨飘淋，不无湿漏浥烂。趁今天（明）〔暖〕尚未寒冻，早为修理。欲行工部委官带领匠作前来，会同本部委官相勘明白，公同会计合用工料数目，照依前项修砌道路则例，将法司问发做工因犯，除徒、流以上外，其笞、杖罪中间，审有情愿出备者，每日出银一分，俱送本部委官交收，支给雇觅工匠，买办物料修理。（和）〔扣〕算工价完足，不（俱）〔拘〕原定做工（匠）期限，即便给与（热）〔执〕照，送回法司，完卷发落。候修理完日，此例停止。原委官员仍将收支过〔手〕工价、买办过〔手〕物料数目，备细开缴工部查照。如此，庶得物料（亦）〔易〕集，工程易完。缘系查照则例修理监房事理，未敢擅便，具题。次日奉圣旨：是。钦此。

卷之一《五刑类》

永平等府卫囚犯问发运广宁等仓粮数

成化二十年二月初五日，太子少保户部尚书余等题，为陈言边储事。山东清吏司案呈，奉本部送于户科抄出总理辽东粮储兼理屯种、户部侍郎中毛泰题：照得辽东地方，绵亘千里，南濒大海，北带沙漠，东控诸夷，西屏京师，乃自古用武之地。足食足兵，正今日所当急务者。奈何近年来边兵疲于东征，（径）〔竟〕食匮于远饷。加以连岁不熟，米价翔贵，兵食殚乏，于此极矣。夫以用武之地而兵食殚乏，则成败利钝，（居）〔昭〕然可见。况今迤北鞑贼，逼胁朵颜三卫部落人近一带边墙住（收）〔牧〕，其欲抄掠我人民之心，无日忘之。万一（鸟）〔乌〕合既成，必为边患。此时用兵征剿，急缺粮料，将何供给？若不早为深长久远之图，而悬望今年添银五万，明年送银（十）〔千〕两，以（数）〔敷〕目前，（相）〔行〕见兵食凋耗，日甚一日，利害安危之机，殆有不可胜言者！臣猥以袜绵之才，谬（应）〔膺〕总理之（贵）〔责〕，日睹斯事，夙夜寒心。谨陈刍荛之补，涓埃之益，伏乞圣明采择施行，边方幸甚！臣无任战栗悚惧之至，开坐具题。该通政使司官奏，奉圣旨：该衙门知道。钦此。钦遵，抄出送司，案呈。今将本官所言事件，逐一开立议拟前件。缘奉钦依该衙门知道事理，未敢擅便，具题。次日奉圣旨：都准拟行。钦此。

计开：

疏通转输，以（齐）〔济〕蓄积。查得宁远卫岁用粮三万六千六十一石二斗，除见在仓粮三千五石一斗，欠少三万三千五十六石一斗。广宁前屯卫岁用粮二万一千八百八十三石二斗，除见在仓粮五千九百五十石，欠少一万五千九百三十三石二斗。东州、叆阳、清河、咸阳马粮军五堡岁用粮一万一千七十一石，除见在堡粮三千二百四十九石四斗，欠少八千四百六十石六斗，无计（轻）〔经〕画。欲行设法籴买，而在库无银；欲行召商开中，而盐法不通。况五堡地方山势险恶，道路崎岖，虽有银两召籴，亦无商人皆去上纳。及看得广宁前屯卫并五堡地方，切近边境，俱系往年鞑贼出没紧要用兵去处，若不预先从宜处置，临期支用不敷，关系利害非小。查得山海关止离广宁卫九十里，相离宁远一百九十里即今山海卫，见积有粮米数多。辽阳城去五堡亦不甚远，而辽阳城六仓，亦颇有收积粮米，可支数（目）〔月〕。为今之计，惟转输之法，既得疏通，则可以移彼济此，而缓急不致有误。如蒙乞敕该部计议，行移刑部、都察院，查照正统十二年事例，将附近地方顺天、永平二府所属州县，并永平、卢龙卫查所见问因犯，内有杂犯死罪及徒、流、笞、杖罪名官吏、军民人等，斟酌地里远近，定拟则例，发付山海卫仓关领粮米，运送广宁前屯并宁（建）〔远〕二城仓，收贮备用。及将辽东所属官吏人等有犯各项罪名者，亦定则例，俱于辽阳城六仓，关领粮米运送五堡仓，以备支给。如此，则蓄积得济，而有备无患（失）〔矣〕。

前件，查得巡抚辽东都御史李纯奏，要行移刑部、都察院，将附近永平府卫见问因犯，酌量地里远近，定以则例，发（付）〔附〕近山海卫仓关领粮米，运送广宁前屯卫并宁远卫仓，收贮备用。本部依拟定到限例，犯斩、绞罪者，运广宁前屯卫粮四百五十石，宁远卫粮二百二十五石；三流并徒三年者，运广宁前屯卫粮三百五十石，宁远卫粮一百七十五石；徒二年半者，运广宁前屯卫粮三百五十石，宁远卫粮一百五十石；徒二年者，运广宁前屯卫粮二百五十石，宁远卫粮一百二十五石；徒一年半者，运广宁前屯卫粮二百石，宁远卫粮一百石；徒一年者，运广宁前屯卫粮一百五十石，宁远卫粮七十五石；杖罪以十下者，运广宁前屯卫粮米十石，宁远卫粮五石；笞罪每十下，运广宁卫粮五石，宁远卫粮二石五斗。开坐具题。正统十二年六月初一日，前该奉圣旨：是。钦此。

钦遵外，今署郎中毛泰又奏，要行〔移〕刑部、都察院，将顺天、永平二府所属并〔永平〕卢龙二卫所属罪囚，照依所拟运粮。系干急缺，只合从宜，合无依拟施行，其要将辽东地方罪囚令于辽阳城六仓关米，运去东州、叆阳、清河、咸阳、马粮军五堡备用，亦合准拟，行移本官会同巡抚、巡按、都、布、按三司管粮等官，径自定拟则例施行。

卷之一《五刑类》

在外问〔刑〕衙门及巡按等官囚犯纸札俱照依刑部则例及止据土产不许故索淹禁并非专问（制）〔刑〕官不许罚纸例

弘治元年八月二十四日，刑部尚书何等题，为建言民情事。该听选监生杜林等建言民情事件，该通政使司官奏，合着礼部抄出会官议。奉圣旨：是。钦此。钦遵，会议得：除有例见行及泛言难准外，其余合准所言，宜从吏部等衙门查勘定夺施行。奉圣旨：是。钦此。钦遵。

内一件"存纸札以省科派之弊"。该山东济南府儒署训导事举人倪浩言，窃见在外大小衙门问结囚人，每名罚纸一百张，以一岁计之，其数岂止千万！而问刑衙门尤为倍蓰，奈何各该官员，廉干自持者，则入于官库，久而亦积于无用；贪墨不职者，则入从私家，或易换日用饮食，馈送过往乡里，岂惟有违律法，抑且甚乖体面。即今本布政司印造历日纸张，科派小民，展转解纳，甚是扰害。如蒙准言，今后各衙门罚过囚数纸札，除十存其（余）〔一〕公用外，其余尽数交付布政司印造历日。各该守领官每季将本衙门问过囚数，各卫、所、府、州、县将申解过某衙门犯人数，日类申巡按御史并布政司，以凭考（查）。其（不）〔下〕敷印造之数，支官钱收买。如此，则贪官之弊可革，而生民之困可苏等因。查得先为囚人纸札事，该湖广按察司并分司等衙门，每军民（纸）〔纳〕中〔夹〕纸一分，官吏、生员、舍余人等在官之人俱纳二分，俱一百二十张。本司日逐问囚犯并各道原收囚犯，支用余剩纸张，俱送本司官库收贮。近年以来，问过囚犯数多，纸札应有余剩，合无将本司〔纳〕纸暂且停止。今后（间）〔问〕罪囚每纸一分，令纳好钞三十贯。官吏、舍余人等加纳一倍。各道无附余纸张，每岁止将六个月纳纸，其余月分照例纳纸折钞，俱送所在有司收贮，就于官吏、旗军俸给支销等因。到部。查得囚人纸札改纳钞贯，原无事例，抑恐行之日久，纸与钞贵贱不同，未免亏官损民，窒碍难行。照得湖广等布政司，岁进历日，用纸数多，俱系民间买办。合无通行在外问刑衙门并巡按御史，每遇年终查盘收贮囚人纸札数目，除合支公用外，余剩纸数，俱令本布政司关支印造历日，不敷之数照旧补办等因。该尚书等官陆瑜等具题。奉宪宗皇帝圣旨：这囚人纸札数多处，准纳钞。还通行各处知道。钦此。

又为申明囚人纸札事，该浙江布政司左布政使刘福奏，切照官吏军民人等犯罪轻重不同，中间贫富不一，有问罪已完，连日押出罚纸罚钞，贫窘无钱买纳，受责淹〔滞〕者；〔有〕剥脱衣袄质当，回乡办〔钱〕加倍取赎者；〔有〕托人赊卖后，将田园典当，加利偿还者；又有偏州小邑，一时风宪分（付）〔巡〕官到，商贾希少，囚人卒无相应纸钞买纳者。况兼纸钞之数，比之减半旧〔例〕加两倍有余，中（外）〔间〕官司不知军民人犯办纳艰难。乞敕查照先正统二年各官同（众）议拟奏行事例，及奉钦降《宪纲》内事理，通行各处巡按等项监察御史及各处分巡按察司官，凡问罪囚，俱不许罚纸。其各该司、府、州、县、卫、所衙门，囚人仍照旧例减半罚纸。有余处，照〔例〕减罚钞贯。亦不许将一时拘来发落原、被告人，及发属剖理军民原告并真犯死罪囚人与强窃盗贼、逃军、逃（民）〔囚〕、逃匠一概罚纸。奉宪宗皇帝圣旨：该衙门知道。钦此。刑部等衙门议得，左布政使刘福所奏前因，合准申明禁约。其言各处巡按等项监察御史及各处分巡按察司官〔凡〕问（刑）罪囚，俱不许罚纸，俱照钦降《宪纲》内事理，支给官钱买办应用，固为有理，但巡按御史与清军等项差使不同，合无各处巡按御史并分巡按察司官问过囚人，一体减半罚纸应用。清军、巡盐、巡河、巡关等项御史不（辱）〔专〕问囚，合用纸札仍遵钦降《宪纲》内事理支给官钱买办应用。今后囚人罚纸，俱照在京则例减（罚）〔半〕，不许多收滥罚。纸张止据土产及本处行用者，不许刁蹬，故索阔白好纸，淹禁人难等因。具题。奉宪宗皇帝圣旨：是。钦此。

今该前因，看得在外大小问刑衙门，囚人纸札不许多收滥罚，系是旧例。经今年久，不曾申明，以致贪墨之徒，嗜利多取，（期）〔其〕弊诚如训导倪（诰）〔浩〕所言。但（恶）〔要〕将多余纸札送布政司印造历日，缘各处词讼繁（减）〔简〕不同，囚人纸札多寡不等，各布政司造印历日每年不下数十万本，多者至百万余本，尽将囚人纸札印造，亦恐不敷。倘官司缺纸书写，不免科敛于民。合无今后在外大小问刑衙门及巡按分巡等官所（问）囚犯，该罚纸札，照成化八年刑部等衙门尚书等官奏准事例，一体减半（收纳）应（问）〔用〕。查得本部问囚纸札则例，凡官纸一分，纳榜纸（三）〔四〕十（五）张；告纸一分，纳勘合纸二十张，中夹纸三十张；军民纸一分，纳中夹纸五十（五）张、（奏本纸十张）、手本纸五张。在外衙门亦合定于则例：该纳告纸者，每分中夹纸五十张；该纳民纸〔者〕，每分行移纸三十张；非问理囚犯，不许罚纸；真犯死罪、强窃盗并逃军、逃匠、逃（民）〔囚〕俱免其罚纸；该纳纸张，止据土产及本处行用者，不许刁蹬，故索阔白好纸，淹禁人难；其销批倒文人役违限应问者，照例收问；不许指以免问为由罚纳纸札；违者听巡〔按〕御史、按察司推举究治。如此，则贪墨官吏不致于侵渔，贫难军民亦（拎）〔得〕以措办，而囚犯可免于淹滞矣。奉圣旨：是。钦此。

卷之五《名例类》

赃物估钞则例

弘治二年十一月初八日，刑部等衙门题，为修省事。该刑部尚书何题前事，将政事所当改正者，斟酌开坐。内一件：伏睹《大明律》凡四百六十条，其间计赃科罪者居多。至于计赃，又须估钞，方可定罪。然计赃科罪者，律也，律一定而不可易。以赃估钞者，例也，所以辅律，可随时损益之。但国初制律之时，每银一两值钞一贯，今则值钞八十贯。是国初常人盗银八十两，方得绞罪；监守盗银四十两，方得斩罪。今常人盗银一两，监守盗银五钱，即坐斩、绞罪名。虽曰民俗浇漓，恐人易犯，故重以绳之，然非祖宗制（罪）〔律〕之本意（失）〔矣〕。查得正统并成化年间，御史陈智与同监察御史李志纲[①]等各有论奏，欲照依国（祖）〔初〕估钞，常人

[①] 李志纲：《条例全文·皇明弘治二年条例》记《赃物估钞则例》篇作"李志刚"。

盗银八十两①方即坐绞罪。合而（轮）〔论〕之，赃轻〔罪〕重者似过于刻，赃〔重罪〕轻者失于纵。陈智等拟奏时估（等）〔止〕银两铜钱，而货物固未之及。其后估计货物，虽有定规，一向遵行，就中轻重失伦者亦多。如绵被一件值银不过七八钱，（万）〔方〕估一百贯；金一两值银不下五六两，而（已）〔以〕一百六十贯估之；草柴一大车值银五六钱，而以一百贯估之。其他估计失当者，不可枚举。依此论罪，刑罚岂能得中！合无今后估计钞贯，每银〔一〕两、铜钱千文，各值钞四十贯。其余马、骡等项并（诱船）〔诸般〕货物，本部会都察院、大理寺从公斟酌估计，务在合于人情，宜于时俗。定议停当，通行内外衙门，遵依折钞拟罪，庶几得轻重之中，而不失制律之意等因。具题。节该奉圣旨：恁还会同都察院、大理寺审议停当来说。钦此。会同都察院右都御史屠等、大理寺卿冯贯详议得，国初（足）〔定〕律之时，钞重而物轻，今经百有余年，钞轻而物重，要将银每一两、铜钱每一千文，各估钞四十贯。（拨）〔揆〕之时估，固为有理，但钱（粮）〔银〕估钞，行之已久，合仍依原估。其他一应货物，委有估计失当，臣等再行斟酌，务在轻重得中，另行具奏定夺等因。具题。奉圣旨：准议。钦此。臣等会〔同将〕先年估计过物价钞贯，逐一议详。其间有不当者，（固）〔因〕将估计不该载者随类增益，合中者仍旧存用，务求合于律意。非徒使估计者之有定则，而用〔刑〕者亦不得循情出入矣。具题。节该奉圣旨：是。钦此。钦遵。

计开：

一、金银铜锡之类

金一两，四百贯。

银一两，八十贯。

铜钱一千文，八十贯。

生熟铜每斤，四贯。

铁一斤，一贯。

锡一斤，四贯。

---

① 八十两：原抄作"一两"，据《大明律》卷一八《刑律》及本篇上文改。

黑铅一斤，三贯。

一、珠玉之类

玉一片，长二寸、阔一寸、（原）〔厚〕五分，钞八十贯①。

珍珠一颗，重一分，一十六贯。

宝石一粒，重一分，八贯。

翠一个，一十贯。

一、罗、缎、布、绢、丝绵之类

纱一匹，八十贯。

绫一匹，一百二十贯。

纻丝一匹，二百五十贯。

罗一匹，一百六十贯。

改机一匹，一百六十贯。

锦一尺，八贯。

高丽布一匹，三十贯。

大青三梭布一匹，五十五贯。

大白三梭布一匹，四十贯。

中细白〔绵〕布一匹，二十贯。

粗绵布一匹，一十贯。

粗苎布一匹，一十二贯。②

细苎布一匹，二十四贯。

粗褐一匹，四十贯。

绵绸一匹，五十贯。

大绵布一匹，二十贯。

麻布一匹，八贯。

葛布一匹，二十贯。

大绢一匹，五十贯。

---

① 原抄脱"十"字，据正德《明会典》卷一三六"计赃时估"、《读琐琐言》附《奏行时估例》改。
② 一十二贯：万历《明会典》卷一七九"计赃时估"作"二十二贯"。

小绢一匹，二十贯。

细绒褐一匹，二百四十贯。

毡缎一（匹）〔段〕，五十贯。

氆氇一（匹）〔段〕，五十贯。

丝绵（每）一斤，二十四贯。

净〔棉〕花一斤，三贯。

麻一斤，五百文①。

一、米麦之类

粳米〔每〕一石，二十五贯。

糯米〔每〕一石，二十五贯。

小麦一石，二十贯。

大麦一石，一十贯。

芝麻一石，二十五贯。

蜀秫一石，一十二贯。②

黄豆、绿豆每一石，一十八贯。

黑豆、碗豆每一石，一十八贯。

粟米〔每〕一石，一十八贯。

黄米〔每〕一石，一十八贯。

面一斤，五百文。

一、畜产之类

马一匹，八百贯。

骡一匹，五百贯。

驴一头，二百五十贯。

驼一头，一千贯。

水牛一只，三百贯。

黄牛一只，二百五十贯。

---

① 原抄作"五十文"，据正德《明会典》卷一三六"计赃时估"、《读琐琐言》附《奏行时估例》改。

② 原抄脱此八字，据正德《明会典》卷一三六"计赃时估"、《读琐琐言》附《奏行时估例》补。

大猪一口，八十贯。

羊一只，四十贯。

鹿一只，八十贯。

小猪一口，一十二贯。

犬一只，一十贯。

獐一只，二十贯。

猫一个，三贯。

兔一只，四贯。

虎豹①皮每张，四十贯。

马皮一张，一十六贯。

牛皮一张，二十四贯。

鹿皮一张，二十贯。

马、牛、驴、骡肉每一斤，一贯。

猪、羊、獐、鹿肉每一斤，一贯。

鹅一只，八贯。

鸭一只，四贯②。

野鸡一只，三贯。

鸽子、鹌鹑每一（个）〔只〕，五百文。

天鹅一只，二十贯③。

鱼、鳖、虾、蟹每一斤，一贯。

一、蔬果之类

核桃〔每〕一斤，一贯。

榛子〔每〕一斤，一贯。

粟、枣〔每〕一斤，一贯。

---

① 原抄脱"豹"字，据正德《明会典》卷一三六"计赃时估"、《读琐琐言》附《奏行时估例》补。

② 原抄作"三贯"，据正德《明会典》卷一三六"计赃时估"、《读琐琐言》附《奏行时估例》改。

③ 二十贯：原抄作"二十文"，据正德《明会典》卷一三六"计赃时估"、《读琐琐言》附《奏行时估例》改。

柿饼〔每〕一斤，一贯。

西瓜一十个，四贯。

桃、梨每一百个，二贯。

杏子每一百个，一贯。

柑、橙、橘每二十个，一贯。

柿子每三十个，一贯。

石榴〔每〕二十个，一贯。

杨梅、菱茨一斤，一贯。

松子、葡萄一斤，一贯。

藕一十支，二贯。

莲房二十个①，一贯。

冬瓜一个，五百文。

蒜头一百个②，五百文。

菜一百斤，二贯。③

姜一十斤，一贯。

一、巾、帽、衣服之类

纱帽一顶，二十贯。

胡帽一顶，八贯。

棕草帽一顶，八贯。

儒巾一顶，八贯。

吏巾一顶，八贯。

（棕）〔纻〕丝帽〔每〕一顶，六贯。

罗帽〔每〕一顶，六贯。

毡帽一顶，四贯。

绦一条，一贯。

---

① 二十个：原抄作"二个"，据正德《明会典》卷一三六"计赃时估"改。

② 一百个：原抄作"一个"，据正德《明会典》卷一三六"计赃时估"、《读琐琐言》附《奏行时估例》改。

③ 二贯：原抄作"一贯"，据正德《明会典》卷一三六"计赃时估"、《读琐琐言》附《奏行时估例》改。

五　明代则例辑佚 | 369

毡袜一双，四贯。

毡衫一领，四十贯。

麂皮靴一双，二十四贯。

麂皮靴一双，四十贯。

牛皮靴一双，一十贯。①

翰鞋一双，二贯。

靸鞋一双，一贯②五百文。

纻丝荷包一个，一贯。

罗荷包一个，一贯。

包头一方，一贯。

手帕一方，二贯。

网巾一顶，三贯。

绵纻丝被一床，一百贯。

绫被一床，四十贯。

绢被一床，二十贯。

绸被一床，二十贯。

毡条一条，四十贯。

花毯一条，八十贯。

绵纻丝褥一床，八十贯。

细布绵花被一床，三十贯。③

粗布绵〔花〕被一床，二十贯。

布褥一床，一十六贯。

旧绵布衣服一件，五贯。

新纻丝衣服一件，八十贯。

---

① 一十贯：原抄作"一十四贯"，据正德《明会典》卷一三六"计赃时估"、《读琐琐言》附《奏行时估例》改。

② 原抄脱"一贯"二字，据正德《明会典》卷一三六"计赃时估"、《读琐琐言》附《奏行时估例》补。

③ 原抄脱"绵花"二字；三十贯，原抄作"二十贯"，据正德《明会典》卷一三六"计赃时估"、《读琐琐言》附《奏行时估例》补、改。

旧罗衣服一件，二十四贯。

新绵布衣服一件，一十六贯。

旧纻丝衣服一件，三十贯。

新罗衣服一件，七十贯。

旧纱衣服一件，二十贯。①

新纱衣服一件，六十贯。②

旧纻丝小袄一件，二十贯。

新纻丝小袄一件，四十贯。

旧罗小衫一件，一十贯。

新罗小衫一件，三十贯。

旧纱小衫一件，一十贯。

新纱小衫一件，三十贯。

旧纻丝裙一条，二十五贯。③

新纻丝裙一条，五十贯。

旧罗裙一条，二十贯。

新罗裙一条，四十贯。

旧纱裙一条，二十贯。

新纱裙一条，四十贯。

绫衣服一件，二十贯。

绫小袄一件，一十贯。

绸衣服一件，二十贯。

绸小袄一件，一十贯

绒褐衣服一件，八十贯。

旧夏（衣）〔布〕衣服一件，五贯。

新夏布衣服一件，一十贯。

---

① 二十贯：原抄作"六十贯"，据万历《明会典》卷一七九"计赃时估"改。
② 原脱"新纱衣服一件，六十贯"，据正德《明会典》卷一三六、万历《明会典》卷一七九所载"计赃时估"补。
③ 二十五贯：原抄作"二十贯"，据正德《明会典》卷一三六"计赃时估"、《读琐琐言》附《奏行时估例》补。

绵布小衫一件，五贯。

绵布裙一条，五贯。

绵布（绶）〔袴〕挎腰一件，四贯。

一、器用之类

门一扇，五贯。

板（槅）〔壁〕一扇，一十贯。

窗一扇，三贯。

木板一片，长五尺、阔一尺、厚五寸①，四贯。

卓一张，一十贯。

凳一条，四贯。

机一面，二贯②。

（校）〔交〕椅一把，二十四贯。

琴一张，六十贯。

扇一把，一贯。

木箱一个，八贯。

大屏风一个，二十四贯。

竹帘一个，二贯。

棕蓑衣（服）一件，三十贯。

笠一顶，一贯。

雨伞一把，一贯③。

雨笼一个，一贯。

墙壁一丈，一十贯。

篱笆一丈，一十贯。

大瓷瓶一个，一贯。

大瓷缸一个，一十贯。

---

① 原抄脱"厚五寸"三字，据正德《明会典》卷一三六"计赃时估"补。
② 二贯：原抄作"四贯"，据正德《明会典》卷一三六"计赃时估"、《读琐琐言》附《奏行时估例》改。
③ 一贯：原抄作"二贯"，据正德《明会典》卷一三六"计赃时估"、《读琐琐言》附《奏行时估例》改。

漆碟一个，一贯。

漆盘一个，四贯。

漆碗一个，一贯。

（鸟）〔乌〕木箸十双，四贯。

竹箸十双，五百文。

瓷碟十个，二贯。

瓷碗十个，二贯。

大木桶一个，五贯。

大木盆一个，三贯。

斛一张，五贯。

斗一量，二贯。

升一个，五百文。

大铁锅一口，八贯①。

铜锅一口，二十贯。

铁锄②一把，二贯。

铁锹一把，二贯。

铁犁一把，二贯。

大车一辆，三百贯。

小车一辆，二十四贯。

船一只，计料一百石，五百贯。

马鞍一副，六十贯。

鼓一面，五贯。

碾一副，三十贯。

磨一副，三十贯。

女轿一顶，八十贯。

秤一把，五百文。

---

① 八贯：原抄作"二十贯"，据正德《明会典》卷一三六"计赃时估"、《读琐琐言》附《奏行时估例》改。

② 铁锄：原抄作"铁组"，据正德《明会典》卷一三六"计赃时估"、《读琐琐言》附《奏行时估例》改。

铁索一条，一贯。

锁头一个，五百文。

弓一张，八贯。

箭一十枝，四贯。

枪一把，四贯。

大刀一把，五贯。

小刀二把，二贯。

弩一张，八贯。

鱼叉一把，一贯。

禾叉一把，一贯。

大磬一口，二十贯。

铙钹一副，四贯。

柴草一小车，一十五贯。

木柴一百斤，八贯。

灰一十斤，一贯。

炭一十斤，一贯。

煤一石，八贯。

砖一百个，一十六贯。

瓦一百片，一十贯。

木一根，围一尺、长一丈，六贯。

椽一根，四贯。

猫竹一根，二贯①。

芦席一领，一贯。

笔竹一枝，五白文。

秫秸一车，四十贯。

谷草一〔大〕车，四十贯。

白蜡一斤，一十贯。

---

① 二贯：原抄作"三贯"，据正德《明会典》卷一三六"计赃时估"、《读琐琐言》附《奏行时估例》改。

黄蜡一斤，二贯。

香油一斤，一贯。

茶一斤，一贯。

酒一（饼）〔瓶〕，一贯

醋一（饼）〔瓶〕，一贯。

盐一十斤，二贯五百文①。

蜂蜜一斤，一贯。

沙糖一斤，一贯。

真粉一斤，五百文。

苏木一斤，八贯②。

胡椒一斤，八贯。

花椒一斤，一贯。

银（珠）〔朱〕一斤，一十贯。

矾一斤，五百文③。

（珠沙）〔朱砂〕一两，四贯。

硫黄一斤，一贯。

榜纸一百张，四十贯。

中夹纸一百张，一十贯。

奏本纸一百张，一十六贯。

手本纸一百张，七贯。

各色大笺纸一百张，二十贯。

墨一斤，八贯。

笔一十枝，二贯。

卷之五《名例类》

---

① 二贯五百文：原抄作"一贯至五百文"，据正德《明会典》卷一三六"计赃时估"、《读琐琐言》附《奏行时估例》改。
② 八贯：原钞作"三贯"，据正德《明会典》卷一三六"计赃时估"、《读琐琐言》附《奏行时估例》改。
③ 五百文：原抄作"一百文"，据正德《明会典》卷一三六"计赃时估"、《读琐琐言》附《奏行时估例》改。

修明学政例

成化三年三月十七日，礼部尚书姚等题，为修明学政事。照得学校〔乃〕治化本源。我国家建置之法最为详备，故贤才之盛，（致）〔治〕理之隆，旷古罕及。〔奈〕何岁久弊滋，学政（荐怀）〔渐坏〕，文气流于（何）卑弱，士习汩于鄙厮，由所有（夫）〔来〕。自祖宗以来，良法美意，其在诸司，惟是奉行不得其人故耳。若不申明禁约，无以作新（役）〔后〕来。今将合行事宜，条列于后。具题。奉圣旨：是。都准行。钦此。

计开：

......

一、卫学之设，盖欲令武士习读武经七书，俾知古人坐作进退之方，尊君事长之义。孔子谓以不教民战，盖教之以此也。然恐中间亦有聪明拔伦之士，能通经书，有志科目者。听于科目出身，盖不使有遗才也。此祖宗立法之意如此。近该少保、吏部尚书兼华盖殿（太）〔大〕学士李贤奏准，各处卫学军士，照县学例岁贡。虽已通行，缘今旗军舍余，俱备行伍之数。彼见岁贡易得，行伍难当，将纷然舍彼就此，行伍缺而卫学充矣。况有奸诈之徒，原籍弟侄亲族皆冒作舍余，投入卫学，弊不可言。合无定兴则例，除两京武学外，卫学四卫以上，军生不得过八十六名；二卫、一卫不得过四十名。若所在无堪教养舍余，及在边境紧关操守用人之地，不及数者，不拘。二十五岁以下能通文理者，存留。二十五岁以上不通文理，悉皆黜退。营伍不许容留影射差操，苟图出身。仍听巡按御史并提调学校官严加考选，（精）〔鉴〕别去留。若所在果（然）〔无〕堪贡之人，不必起贡。原籍卫学去处，不（设）添设军生。在有司儒学寄名读书者，听与民生一体考选食廪。挨次岁贡，亦不得过二十名。

......

一、前项条件，本部备榜各处学校张挂，遵守施行。

卷之八《吏部类》

在京各衙门办事官吏纳豆出身则例

成化二年闰三月初七日，太子少保、户部尚书马等题，为乞恩陈言便益纳粟事。湖广清吏司案呈，奉本部送户科抄出湖广荆州府江陵县（省）〔首〕祭官张祥奏称：湖广荆襄及直隶保定、淮安等处俱系灾伤，人民饥窘，衣食不接。中间（多有）逃窜者有之，饿死者有之，及典卖男女者有之。况荆、襄二府又兼贼寇生发，节蒙调用官军数多，官仓积粮数少，诚恐接济军饷不敷。臣见得户部奏准（开）〔各处〕两考役满吏典，有能纳米一百二十石者，免其考试办事，就拨京考；纳米三百石者，免其京考，（寇）〔冠〕带办事，俱挨次选用已行外，臣切见在京各衙门办事吏典，塞聚数多。中间（有）办事一年二年三年者有之，于内岂无积粟之家。如蒙准奏，乞敕该部计议，将在京办事吏典出榜，原籍殷实积粟之家，愿纳粟者，合无照依在外吏典，理量其办事年分，定夺则例多寡，令照灾伤地方上纳，取获通关，赴部听用等因。具本。（部）〔该〕通政使司奏，奉圣旨：户部知道。钦此。钦遵，抄出送司。案查先该本部为因淮阳、真定等处水旱灾伤，人民缺食艰难，已经多方设法议拟则例，召人纳米接济去后。近又该监察御史魏瀚等题称，京仓缺料，马多羸瘦，不堪骑操。本部议准，行移法司，合将见开囚犯，照例纳豆。所开犯人，陆续送纳豆者不多。今办事官奏称前因，除在外有例见行外，所据各府州县人民该纳豆，至今未见完纳，盖因灾伤蠲免者，十有八九，以致拖欠。若不准其所奏，从权别项区画，（城）〔诚〕恐京仓料豆缺少，临〔时〕支用不敷，急难措置。案呈到部，参照前事，既以在仓黑豆数少，蠲免数多，合无本部斟酌议拟则例，通行在京各衙门。办事吏典并办〔事〕官有能自备黑豆，赴部告愿照依（某）〔则〕例纳豆者，行移各该衙门查报姓名（是）〔实〕的，依数送赴缺粮仓场。上纳完足，取获通关缴报，送吏部照依后项定拟事例施行。候仓料有积，此例就便停止。缘奉钦依户部知道事理，未敢擅便，今将议拟纳豆则例开坐。〔奉〕圣旨：是。钦此。

计开纳豆则例：

一、在京各衙门办事吏典，有办事一年以下，纳豆一百石；二年以下，纳豆八十石，俱定拨缺料仓场，依数上纳完足，取获通关缴报，俱送吏部，免其考试，就便实拨当该。其办事一年以下，纳豆二百石；二年以下，纳豆一百五十石；三年以下，纳豆一百石，俱送吏部，免其京考，给与冠带，就便照依资格选用。

一、在京各衙门办事官，有该正、从八品选用者，纳豆一百石；正、从九品选用者，纳豆八十石；杂职选用者，纳豆六十石。俱定拨缺料仓场，依数上纳完足，取获通关缴报，俱送吏部，就便照依资格选用。

卷之一〇《吏部类》

申明办事官吏纳豆则例

成化二年闰三月十三日，太子少保、户部尚书马等题，为陈言救弊事。湖广清吏司案呈，奉本部送户科〔抄出〕四川掌道事，湖广道监察御史魏等题：臣闻"作法于（凉）〔廉〕，其弊犹贪。作法于贪，弊将安救！"盖立法者贵乎因时而制宜，尤在（惧姑）〔慎始〕而虑终者也。照得近该户部奏，要将在京办事吏典（首）〔有〕办事一年以（上）〔下〕，纳豆一百石；二年以下，纳豆八十石；三年以下，纳豆六十石，免其考试，就拨当该。其办事一年以下，纳豆二百石；二年以下，纳豆一百五十石；三年以下，纳豆一百石，俱免其京考，送吏部给与冠带，挨次选用。其在京办事官，正、从八品，纳豆一百石；正、从九品，纳豆八十石；杂职纳豆六十石，（选）〔送〕吏部照依资格选用一（部）〔节〕。户部盖以京（会）〔仓〕缺豆，欲为权时之宜，定为前项事例，谓之区画豆料则可矣，其余事理物议似有未安。或谓军民纳粟，给与冠带，僧道纳银，给与度牒，此皆救灾一时之宜，不知贻害及于百姓。彼办事官吏发身农亩，从事刀笔，苟率之以利，则其害无穷。彼上焉囊箧充实者，必其平日鬻法取赂，今则易于纳豆。次焉而费用缺少者，因见利于出身，亦皆借贷上纳。其心则谓"今日之所费有限，明日又一职事，不劳半年可以偿所费矣"。以是心而推之，其剥民脂膏，残民骨髓，宁有穷已耶！彼下焉而衣食艰难，无从措置，不能纳豆者，又皆欲（美）〔羡〕其有财者得以为出身之资，我惟备尝辛（言）〔苦〕以待岁（如）〔而〕已。况吏（部）〔典〕办事三年之上，吏部考其文移，通晓者拨吏事当该。今以纳豆免其考试，就拨当该，则有钱者浮以侥幸，无力而（诣）〔谙〕晓文移者皆不预矣。以此观之，则官吏纳（至）〔豆〕之举，其事虽微而所系甚大，其弊必至于滋贪墨之风，蔑廉耻之道，而相率效尤，以利为尚矣。若以豆料不敷，先该本部奏准，将法司见问囚犯定例纳豆，计日逐所纳之豆数亦不少。况即今京营军马分拨二万在于外卫操牧，减省数多。（从）〔纵〕有别项，岂无区画？奚可计小利而亏大体哉！如蒙乞敕该部，将在京办事官吏仍旧照依资格，挨次取拨当该，冠带选用，庶贪风不至滋长，大体可以无亏等因。具题。奏〔奉〕圣旨：户部知道。钦此。

钦遵，抄出送司。案照先该湖广江陵县（者）〔首〕祭官张祥奏称，见得户部奏准各处两考吏典，役满有能纳米，免其办事考试，就拨京考；纳米多者，免其京考，冠带〔办事〕。〔京〕内岂无积粟之家，如蒙乞将在京办事吏典，若有原籍愿纳粟者，合照在外吏典事例，量其年分，定夺则例多寡，各照灾伤地方上纳等因。奏奉圣旨：户部知道。钦此。

钦遵抄出。查得先该监察御史魏瀚等题称，京仓缺料，（为）〔马〕多赢瘦，不堪骑操。本部会议准行法司，将见问囚犯照例纳豆，所问犯人陆续所纳豆者不多。除在外有例见行外，所据各该司府州县人民该纳豆，至今未完〔纳〕，盖因灾伤蠲免者，十有八九，以致拖欠数多。若不准所奏，从权别项区画，诚恐京仓黑豆数少。合无斟酌议处则例，通行在京各衙门办事吏典，并办事官有能自备黑豆，赴部告愿照依则例纳豆〔者〕，行移各衙门查报相同，拨赴缺料仓场，上纳完足，取获仓单缴报，送吏部依拟施行。候仓粮有积，此例就便停止。具题。成化二年闰三月初七日，于奉天门奏，奉圣旨：是。钦此。

钦遵行间，随据各衙门办事吏典陆续赴部，告要情愿纳豆，具状告送到部，听候拨赴仓场上纳者，迨无虚日。查得陕西先因军马（彼）〔往〕往征进，缺少粮草，差去主事徐源，会同巡抚都御史项忠〔及〕都、布、按三司官议，将彼处大小衙门三年、六年考满官员纳（草）〔豆〕，免其赴京给由。吏典赴京，免其办事考试，就拨京考；纳豆多者，免其京考办事，俱挨次选用。又该湖广等道监察御史魏瀚等题称，近年水旱相仍，连年赋脱，蠲免数多，户部职司钱赋，略不究心，全无区画，而刍豆之给多折银两，军士易于使费，以致马多赢瘦，不堪骑操等因。该六部、都察院计议得，内外问刑衙门将所问罪（因）〔囚〕审有力者，在京纳豆，在外纳米。本部请敕通行各处巡抚、巡按、都御史等官，各将彼处两考役满吏典有能纳米一百二十石者，起送赴部，免其办事考试，就拨京考；纳米三百石者，免其京考，冠带办事；纳米二百石者，在外就于布政司、直隶于本府拨补。三考满日，赴部免考，就（于）〔彼〕冠带办事，俱挨次选用。续该巡按山东、河南道御史贾铨题称，二处见役吏典俱定与则例升参转拨讫。此等事例，俱已通行。其首祭官张祥先奏要在京办事吏典有愿纳米，免其考送。有灾伤去处，照例纳米。本部为照在外亦有见行事例，因有御史魏瀚等陈言前事，在京里（半）〔丰〕等房缺料，将办事官吏暂且改拟在京缺料仓场纳豆。今奏前因，案呈到部，臣等切惟救荒之策，纳粟补官自古有之。况本职司天下钱粮，供给外内之费，而京储所需尤为重大。值此连年水旱灾伤，民不聊生，税粮蠲免数多。京储不敷，必须从公设法整理。盖变通之法，有律有权。（有）律者，万世之常，（推）〔权〕乃一时之宜。若不从权，随宜处置，不惟事不能济，抑恐有误国计。区画之法，须要预先措置，事克有济。待其临渴掘井，不无误事，而臣等受法非轻。（则）前项所拟纳豆之事，不系常例，此皆一时权宜。待急缺料豆马牛之处仓场，但颇有积，就便停止。缘钦依准行，今监察御史魏瀚又奏前因，本部未敢擅便定夺，伏乞圣裁。缘奉钦依户部知道，今将先拟纳豆则例开坐具奏。奉圣旨：且照已准事例行，待有积时便止。（子）钦此。

一、一年以下，纳豆二百石；二年以下，纳豆一百五十石；三年以下，纳豆一百石。俱送吏部免其考试，给与冠带，照资格选用。

一、在京各衙门办事官，有该正、从八品，纳豆一百石；正、从九品选用，纳豆八十石；杂职选用，纳豆六十石。（者）俱定拨缺料仓场，依数上纳完足，取获通关缴报，俱送吏部，就便照依资格选用。

卷之一〇《吏部类》

许令军民耕赁住起科则例

一、处置认办田粮事。成化十七年正月内，该户部尚书陈等题准，行移南北直隶并浙江等处布政司，今后（住）〔如〕有军民人等将空闲官地、荒地及山场、水（州）〔地〕情愿领种起科者，许令具告本管官司，申达司府，先行查勘。如果无碍，着令照依今定则例，在城第官地，每地阔一丈、长三丈，每岁纳粮一石。若附近城郭好地，阔二丈、长五丈者，每岁纳米五石。余皆（放）〔仿〕此。（地）如田野山场水地，俱照旧例起科。其前项纳米，各于官仓收贮，以备赈济。如有隐匿不附册者，事发，各司、府、州、县官吏，一体参问，其（他）〔地〕入官。再有蓦越赴京奏词者，先将具本之人送问，所奏情词，立案不行。年终通查类奏，但系户（婿）〔役〕、田地、（婿）〔婚〕姻、田粮等项，曾经司、府、州、县（其）〔具〕告，不与从公理断，致令小民赴京越诉者，每州县十起以上，每府十五起以上，每布政司、按察司三十起，连该吏各罚俸三个月，移付巡按监察御史处取招、住俸；若有受财枉法等情，从重归结。

卷之一三《户部类》

各钞关税课司局钱钞折银则例

一件，陈言振肃风纪，裨益治道事。弘治元年三月内，该户部尚书李等题准：河西务、临清、淮安、扬州、苏州、杭州、九江、金州各钞关，在京崇（九）〔文〕门、上新河外张家湾、临清、淮安、扬州、苏州、杭州、刘家隔、正阳镇各税课司、局，及天下户口食盐俱折银两，每钞一贯折收白银三厘，每钱七文折收白银一分，倾泻成锭。该解京者，差的当官送部，类进内府该库，交收备用；该存留者，就存留本处官库收贮。准折官军俸粮等项，不分内外，俱照在京折俸事例，每银一两折钞七百贯。

卷之一三《户部类》

起解布绢丝绵钱钞等项俱要拣验（看）〔堪〕中收受若解纳布拣退一百匹绢拣退五十匹丝绵等项……俱照常发落例

成化十八年十一月二十五日，户部尚书翁等题，为查例事。广西清吏司案呈，奉本部送户科抄出南京户部奏准南京都察院咨，据南京广西道监察御史刘铭呈：奉南京都察院札付收支户口、食盐、课程等钞，及监收布绢等项备札，本职会同南京户部委官查（无）〔照〕条例应该事例，管理施行。奉此。续据甲字库印信手本开称，每布一匹长三丈二尺，阔二尺八寸，重三斤；每绢一匹长三丈二尺，重一斤四两。已同委官前赴内府该库监收布绢等物，（辩）〔辨〕验纰薄短狭不堪者退回。（原）〔厚〕实宽长堪中者收库外，照得前项布绢丈尺长短、斤两轻重未审，止是该库开报原奉旧规，惟复本部近年奏行事例，及照各项钞贯，各库不开收受定则，呈乞行查原定收受则例，回报施行。

据呈移咨到部，备仰各司于条例簿内，查得一件"送纳折粮银布事"。该钦差都察院左副都御史周全题称：广东等布政司布匹于南京该库交纳，该户部奏准，都察院差御史、户部等官各一员，同管库内官公同照依兆京事例收受，追准户部咨问广东高州府茂名县解人任宥奇等，运送宣德十年秋粮折白绵布送甲字库交收。随据四川道监察御史王贯、户部主事高鹏呈，会同司礼监典簿保安等，逐一拣验得前布俱各窄狭稀松、纰薄不堪，照例另项作数收贮在库，填写长单付解人，赍送户部具呈。惟恐不的，又经重（别）看，验得前布委的不堪，布后俱无县印钤记，止有靛青条记，中间显有亏弊。除将解人任宥奇等送都察院究问外，今照广东等布政司秋粮折收布匹，诚恐官吏人等不依洪武年间事例织造（辩）〔辨〕验堪中起解，一概折收轻赍，于中途收买稀松纰薄、窄狭不堪布匹解纳，及至送库（辩）〔辨〕验不堪，另项收受，不作正（敢）〔数〕，仍追原布。经该官吏解人，虽是问罪，缘官库收受布匹，不得实用，虚〔费〕民（败）〔财〕，又且不无重征科扰，合行各布政司并直隶府、州、县，但有一应折收布绢去处，务要照依洪武年间事例织造，各委堂上官一员，同将折纳布绢（辩）〔辨〕验堪中，于布绢内后书写提调官吏、粮里姓名，用府、州、县印钤记，差有职人员解赴户部，（辩）〔辨〕验堪中者送库，照前收受；不堪者，就便退解人易、变不堪布绢照收（陪）〔赔〕追。仍将经解官吏人等，取问如律。正统二年二月初八日，行在通政使司官奏，奉英宗皇帝圣旨：该部计议停当来说。钦此。

又查得先该（奉）〔本〕部奏，洪武年间，征收布绢，坐定长阔丈尺，民间遵守，织造如法，依期解纳。近年以来，有等奸狡之徒，将纳官布绢故意织造稀松、纰薄，当该官吏、粮里，容情受赂，朦胧收解，又行（遇）〔过〕期。合无通行出榜，晓谕官吏、粮里人等，务要照依洪武年间旧例，遵守造解，违者依律坐罪。宣德五年六月二十四日，本部官奏。奉宣（德）〔宗皇帝〕圣旨：是。再有不如法的，加倍追（陪）〔赔〕。钦此。续该甲字库手本，广东增城县里（用）〔州〕谈祖得等，管解宣德五年秋粮折（问）〔阔〕白绵布到库（辩）〔辨〕验，稀松、纰薄，不堪收受。本部查甲字库收布匹，丙字库收丝绵，承运库收绢匹，俱系在外司、府、州、县等衙门税粮等项折收之数，多有稀松短狭，及插和麻缕、粉石、面糊，又被贪利无籍军民、匠役人等兜揽或抵换、剪截，甚至侵欺入己，虚出伪印实收。合无本部差官一员，御史、给事中各一员，前出巡视监收。凡遇解到布绢，照依先年定（到）〔例〕长阔（辩）〔辨〕验，紧密坚厚丝绵，务要净洁。若有兜揽作弊之徒，就便具奏拿问。宣德七年七月二十九日奏，奉宣宗皇帝圣旨：是。着他每用心监收。钦此。钦遵外，本部先准行在户部咨，该浙江等道监察御史李在循等奏，正统二年五月初八日，本部官覆奏，奉英宗皇帝圣旨：各处解纳折银布绢，今后都送该库，会官选检堪中的收受。不堪的，本库明白出印信票帖，退还解人收领。户部差人管押解（人）〔入〕，追纳完备，仍送法司问罪，不许再科百姓。钦此。

又查得成化二年户部开到征收夏税则例，阔白绵布每匹长二丈二尺八寸，重三斤以上。苎布不论斤重，长阔与绵布同。丝每二十两或十八两折绢一匹，长三丈二尺，串五细丝、荒丝、绵花绒、中□绵，俱要净絮，足（句）〔够〕斤两者收受。各布政司、直隶府州县，解来户口、食盐、钞贯、科程、门摊，应天府所属宣课司等衙门该收钞贯，俱是四角完全旧钞。其南京内府天财库收受钞贯、铜钱，只是该库内外官员自收，不曾差委御史等官监督，亦无收受别项则例。今御史刘（名）〔铭〕呈称：本院间有收（受）支钱钞等项，不知奉何事例。除通行外，臣等查得旧例，内府官库收受折粮、绵、苎、匹布、农桑等项官绢，行移所司，如法织造，（匹）〔足〕（勾）〔够〕前项长阔丈尺，俱要〔两〕头红丝间道，书写提调官职名、粮里姓名，用印钤记，以别真伪。违者，经该官吏拿问如律，已是定例。近年以来，各该司府、州、县官吏，往往不遵旧制，倒批之时，（说）〔略〕不看验所解布绢钱钞，又不（循）〔行〕将解过物件，移文本部知会查考。（从今）〔纵令〕纳户人等，赍执原批包头银两，于中途收买杂色布绢，或到南京通同积年揽纳无籍之徒，倍增时价，收买进部，以图取利。本部若欲尽数退回，又恐官库（句）〔够〕丈尺、紧密重厚者，虽无印信职名红丝间道，亦与就将收送交纳，所司因见禁令稍宽，未免因循（急）〔怠〕废，自是积弊多端，及各处包揽钱粮钞贯积年民害，纵有事发送问，而问刑衙门不过照依常例发落，遂致奸狡之囚徒，视为故事，随放随犯，恬不知畏。又有一等州县衙门，听从解户嘱托，不由亲管上司倒批，而径给批。又赴部交纳者，（自）〔有〕金点解户不公，或循情听嘱，而因误事者。有贪利解人，将领出布绢、钱钞、官银，展转买卖，取利肥己，致违批限二三年之上，方随赴部者。有将官价侵欺无存，而因在逃者。有司既不查究有无批回长单，及本部节次催行勘合，又且十无一二回报，以致钱粮不完，卷无杜绝，受枉征，官无积蓄，若不严加禁约，深为未便。如蒙乞敕该衙门计议，合申明前例，行令给榜，发仰原坐布绢、钱钞、丝绵去处，并本部〔门〕前常川张挂，严加（严）禁〔约〕。今后应纳布绢，各该司、府、州、县各委公正官一员，往来提调，如法织造，于两头尽处俱用红丝间道，书写提调官吏、粮里姓名，用印钤盖，不许模糊，难别真伪。及收受盐粮等项钱钞、丝绵，俱依旧例看验堪中。内绵苎布绢匹，俱要紧密厚重，无里外者，方许收受。若不（勾）〔够〕丈尺，及稀松、纰薄，里外各色，并无官吏职名、印信钤记，悉照例拣退，验数追补，解人先行送问。其金点解户，务查殷实（首）〔素有〕行止之家（金）〔起〕解。该司、府、州、县先具解过物件，同解人起程日期，回报本部，以凭查考。是管解人员，但有侵欺、抵换剪截在官物价，事发，罪止满贯，追（陪）〔赔〕明白，与事未发露有违限二年之上，及在京包揽钱钞、布绢等物，犯诓骗徒罪曾经一家二次，与在外包揽钱粮解京，坑陷纳户等，并发附近卫所充军。原系官军、舍余，发边远充军。违限一年之上，与包揽光棍（因）〔囚〕徒犯徒罪一次者，依律送问。毕日，于本衙门首枷号三个月，满日依拟发落。违限不及一年及包揽等项犯徒罪以下者（发落违限不及一年及包揽等项犯徒罪以下者），俱照常例发落。若各该司府、州、县官吏，再有因循故违，及织造（辩）〔辨〕验不如法，并虚倒批文，纵容解人领解轻赍，或不具差人姓名解过数目呈报本部，及各该州县容情驀越，（倒）〔移〕文径解者，各该官吏并听本部参行。所在巡按御史、按察司官及本管司府、州、县查提究问，应奏请者具奏拿问。其内府官库，收受一应钱钞，（合无）亦照收放

（有）〔布〕绢事例，行移御史、给事中、主事等官，一体监收，严加禁革奸弊。缘系申明旧制、禁革奸弊事例等因。具〔本〕。该通政使司官奏，奉圣旨：该衙门知道。钦此。

钦遵，抄出到部。查得各库收受布绢，长阔斤重，俱系洪武年间旧规，及查得前项各起条例，又系本部节次奏准通行收受禁约事例。今（后）南京户部又（查）〔该〕前〔因〕，案呈。除各府、州、县起解布绢、钱钞、物料等项，径给批文，行解人顺途解赴各该衙门交纳者，盖因各处有水陆道途不顺，诚恐解人往复艰难，及有疏失。为上司者，或凭奏准事例，或俯顺下情，给与批文，省令顺途径解，（比）〔此〕实通乎人情，难为受属。及内府官库收受一应钱粮，亦要照依收放布绢事例，行移御史、给事中、主事等官，一体监收，严加禁革。缘内府天财库等衙门，收受钱钞，自来止是本库内外官员，自收自放，行之年久，亦合照旧收受，不必更改。及照织造布绢旧例，于两头俱用色丝或青或红间道织造，今要两头俱用红丝间道织造，似乎（大）〔太〕拘，亦合照旧织造。其收受户口食盐钱钞，旧制钞贯，止收四角完全、字贯分明者，铜钱俱收历代堪中者，俱系见行事例。欲行南京户部，查照有事例者，仍照各依旧例收受。其无事例者，照今南京户部所据事例禁革。其管解人员，但有侵欺、抵换、剪截在官物价，事发，问至满贯明白，与事未发露有违限二年之上，及在京兜揽钱钞、布绢等物，犯该诓骗徒罪曾经一家二次，与在外包揽钱粮解京，坑陷纳户者，并发附近卫所充军。原系官军舍余，发边远充军。违限一年之上，与包揽光棍囚徒犯徒罪一次者，依律送问。毕日，于本衙门枷号三个月，满日发落。违限不及一年，包揽等项杖罪以下者，照常例发落。合无本部通行浙江等布政司并应天、顺天及直隶府州，着落各该官吏，今后但遇起解布绢、丝绵、钱钞等项，俱要严加禁约。及用心拣验布绢，俱要紧密宽厚，（各无）〔照依〕洪武年间原定长阔斤重，两头俱用色丝织造，〔丝〕绵花绒俱要洁白干净；钞贯俱照旧时定例，四角完全，字贯分明，不许将挑描剜补烂钞混纳；铜钱务要拣选历代堪中通（实）〔宝〕收受。若有不堪之物，解纳布拣退一百〔匹〕，丝绢拣退五十匹，丝绵等项或插和沙土、水湿，钞或软烂不堪，钱插和破碎及用锡铁等项伪钱，将部解官吏、解户（部）送法司问罪。照依宣宗皇帝圣旨，加倍追（陪）〔赔〕，完日仍行巡按监察御史，将府、州、县经该金书官吏提问发〔落〕。问刑衙门仍查照南京户部所奏，应发充军者，照例发附近卫所充军；应枷号者，于户部并南京户部门首，照例枷号三个月，满日疏放。其侵欺、抵换及包揽并违限等项人犯，俱亦照南京户部提奏事理问断。具题。次日，奉圣旨：是。〔钦此〕。

卷之一七《户部类》

官吏解人违限折纳条石则例并禁约官街掘坑取土例

成化元年九月十七日，工部尚书白等题，为乞恩怜悯事。都水清吏司案呈，该中兵马指挥手本，准本司委官副指挥杨泽关依文前去，顾泰等所奏，处所拘集火甲于成等公同看得：居住军民之家，委被水浸，墙壁倒塌，街道低洼是实。及看垸塯厂暗沟，东西有五十余丈，高深七尺有余，旧开气眼三个，委因沟淤泥草滓壅塞不通，系干官厂放堆垛官料，经行车辆难开明沟，止是添开气眼三个，共该气眼六个。将沟内淤泥挑出，路通潴水城外，填垫低洼街道。缘土数多，看得厂内大沟，西东两岸地势高阜堪以土取，工程浩大，人力不敷，伏乞拨囚人与火甲相兼填垫。又该西城兵马指挥司等官张中等呈，勘得鸣王思城等街道，俱各低洼聚水，应该填垫等因。手本缴结到司，案照先节该工科抄出顺天府宛平县民匠等籍顾信等奏：天顺七年八月初六日，将臣等迁拨本县大时雍坊新填水塘空地内，各家自盖房屋住居，未经一年，被天雨连绵，街道积水，房屋俱各浸倒，已经倩人修理居住。成化元年六月，日期不等，又被天雨连绵，街道淹三日，积水约有三尺，墙壁房屋尽行倒塌。切缘旧有水沟，年久淤泥壅塞不通，街道之水止，吏并解料物军匠等项解人，过违批限，该送问者不为常例，免其送问，酌量事情轻重，违限久近，定立则例，折纳条石，不计岁月，逐渐墁砌前项街道。其崇文、宣武、江米巷等处大街，石料积有之日，一体墁砌。本部仍行都察院，转行巡城御史并锦衣卫，着落巡城官校，各照地方巡视。禁约官吏、旗校、军民人等，不许于官街掘坑取土。敢有故违者，就将正犯并两邻火甲人等通行拿问。应奏请者，照例奏请。如此庶使人知警惧，不惟街衢平整，而水道得通；抑且壮观京都，而耸人瞻仰。缘系开垫沟街及奉钦依该部知道事理，未敢擅便，今将拟定折纳石料丈尺则例开〔立〕具题。〔奉〕圣旨：是。钦此。

计开：

给由省祭公差袭替等项官吏，违限（三）〔二〕月之上者，纳条石一丈；三月之上者，纳条石二丈。每月加一丈，多不过八丈。解折粮银两并绢布解人违限二月之上者，纳条石八尺；三月之上者，纳条石一丈二尺，每月加四尺，多不过五（尺）〔丈〕。解皮铁药材者腊等项物料，并解军匠等项解人，违限二月之上者，纳条石四尺；三月之上者，纳条石六尺，每月加二尺，多不过二丈。俱阔一尺五寸，厚五寸。

卷之五〇《工部类》

定拟巡捕官兵拿贼不获住俸等项则例

弘治元年二月二十七日，太子太保兵部尚书余等题，为奉诏陈言事。该直隶凤阳府宿州知州万本奏：臣本一个草茅，滥蒙任使，怀恩有素，欲报无由，恭遇皇帝陛下，九重继照，一德〔格〕天①，乃于发政之初，首建同皇极之道，辟除异端，屏（遂）〔逐〕奸党，复礼旧人，起用忠直，惠被黎元，恩及禽兽，天下匹夫匹妇，莫不欢（忻）〔欣〕鼓舞而颂（日）〔曰〕：唐、尧、虞、舜之君复生，太祖、太宗之治复作也。倚欤咸哉！臣除明良之会，处不讳之朝，苟幸有一得之愚，敢不为九重之献！倘蒙不弃刍荛，采择万一，则生不徒生，死不徒死矣。天下幸甚！社稷幸甚！臣不胜战栗之至，为此具本。该通政使司官奏，奉圣旨：该衙门看了来说。钦此。钦遵抄出。将数内释无辜以报天下，严应捕以靖中土，修武卫以谨不虞三件，备咨送司，案呈到部，理合逐一议拟，开立前件，伏乞圣裁。具题。奉圣旨：准拟。钦此。

计拟巡捕官兵拿贼不获住俸等项则例，八曰：严应捕以靖中土。臣切见荆南苗蛮，北鄙丑虏，凭山为险，负勇争强，皆各命有将官，常为守备，或出没伤人，坐失机重罪，（其）〔不〕惠及黎元，谨饬边将之意，可谓至矣。中国不同于然夷狄，畿〔辅〕难比于要荒，（俞）〔愈〕近都城，愈有

---

① 一德格天：原作"一德天"，据《尚书·咸有一德》、《宋史》卷四七三《秦桧传》补。

盗贼，且如西路，自山东□州以东路，自河南卫辉府以（比）〔北〕，直抵彰义门内各城门外城方，（难）〔虽〕曰密迩于京城，实为盗贼之巢穴，横车抢掠当（昼）〔尽〕，杀人意气洋洋，恬不知惧。官员朝觐者，旦不保暮。客商往来者，难以备防。各处守备，受朝廷之重任，应〔捕〕人员食朝廷之廪禄，乃敢尸位素食，略不介意，拨（厥）〔顾〕所由皆法耳。伏望皇上敕谕该部，转行各该守备、应捕人员，如或再有劫掠财物，即时就要收捕。如有不获一次者，住支俸粮，立限收捕；二次不获者，革去冠带，戴罪杀贼；三次不获者，守备应捕官员，不问应否，就行革罢带俸，另推能干官员充补。其劫去财物，但有一月不获，责在应捕官员人等名下追（陪）〔赔〕。如有杀人、伤人，照在追失机事例定罪。庶几应捕人员知所畏惧，盗贼可弭，而中土靖安矣。

前件看得：京城内外，例有监察并锦衣卫（当）〔堂〕上官，督同五城兵马司并地方官校，严谨夜禁及近京地方官路三处，每年冬季，差御史三员、锦衣卫千户二员，分路巡捕。成化八年十二月十六日，又有礼部会官议奏捕盗事例：若是十数成群劫掠二三次，一个月以里不获者，所巡按官将分巡、分守等官住俸拿贼；四五次限内不获者，做为事官戴罪，挨获之日，方许照旧支俸管事。成化二十一年闰四月十五日，又有钦奉通行天下敕书事例：如事干城池衙门，杀官、劫库并积至百人以上者，一个月以里不获，将分巡、分守、守备及府州县、卫所、巡司、掌印、巡捕官住俸；戴罪半年不获，连三司掌印官，俱所巡按御史提问，三司掌印官照常例发落，其余计贼盗起数降级。近为缉捕白昼强贼以靖地方事，该都察院（在）〔左〕都御史马等奏称：山东、北直隶并京城内外，盗贼生发，白昼劫人，俱有盔甲、弓箭、坐骑马匹，与在边靶贼无异，要行处置擒贼良法。本部查照前项禁例，议拟奏准，在京行令兵马官校、北直隶行令应捕人员，凡有告到强贼，即时追捕。其异言异服凶顽无赖，不拘有无文引、〔有〕无原告，但（今）〔令〕即拿，就搜随身凶器有〔无〕，（京）〔径〕送法司。北直隶送所在官司，即与收问。兵马官校，按季将分巡职役姓名开报本部，以稽勤怠。无功者，比照在外司府州县卫所，二三次，一月以里不获，住俸；挨拿四五次限内不获，做为事官戴罪，挨获之日，方许照旧支俸；管事半年不获者，临期从重议拟，奏请提问；隐匿不服者，自依常例。仍行保定都督同知卢、河（涧）〔间〕屠都指挥佥事薛兴、定州都指挥佥事张勇，各将所辖地方达官、军舍，加意抚恤，时常点闸，勿令出外生事为非。例皆见行。续为地方贼情事，该巡捕江西都察院右副都御史李昂，将顽寇殃民官问罪，奏报本部。为照所拟（夫）〔失〕之太纵，奏三法司详议，仰蒙圣断，内守御千户李端、韩玉俱广西边卫充军，知县丁诩降边远杂职，守备都指挥谢智降千户，兵备佥事李辙、府同知章廷圭降卫经历、领军提备，千户郑铧降总旗，百户马震、杨桓降小旗，巡检张鉴降仓副使，俱调边（方）〔防〕任职着役，就作常行之例。今知州万本所言，归之见行前例，一无所遗。合再申明，必永盗息民安，以答朝廷责成至意。其言要将失主被劫财物，令应捕人员（陪）〔赔〕偿，罣碍难准。

四月内，节该钦奉敕：近来各处盗贼生发，若十数成群，劫掠二三次者，照成化八年捕盗敕内事理施行。如是干城池、衙门、杀官、劫库、劫狱并积至百人以上者，限一个月以里不获，听镇守巡抚、巡按、守将、分巡、分守、守备，及府州县、卫所、巡司掌印、巡捕官，住俸戴罪挨拿。半年不获者，不分司府州县、卫所、巡司、掌印、巡守、巡捕等官，俱听巡按御史提问，三司掌印官照依常例发落。其余通计贼情，但系事干城池衙门及杀官、劫库、劫狱并积至百人以上，每一起，将州县守御、千户所、巡司掌印、巡捕官并专一地方守备等项，及府卫巡捕官降一级；再二起，府卫掌印官降一级；每三起，分巡分守官降一级；俱调边方去处。钦此。节今通行。钦遵（府）〔去〕后，今御史朱息奏称：要行巡抚巡按备审处强盗起数类奏，将巡守等官量为降调，已有前例，见行所言，先将事例申明警戒，盖由所司奉行未至合再通行各处镇守、巡抚官员，如遇地方盗贼生发，十数成群，劫掠二三次或四五次者，事干城池、衙门及杀官、劫库、劫狱，并至百人以上者，将司府州县、卫所等衙门各该官员，照依前项事例住俸、戴罪参提问降，务加严切，毋为容隐，则督捕者不致懈怠，为盗者自然敛迹矣。

书末附不分卷文书

《吏部四司条例》

（明）寒义编　明抄本

一件，急缺吏事，该浙江嘉兴府知府杨继宗奏云云。本部查得：近据户部、该浙江布政司奏称，各属水旱相仍，人民饥馑，乞要吏典子弟，令其纳米参充承差、吏典。本部议拟民间子弟有愿充吏典、知印、承差，许令纳米参充，定以则例，奏准被灾去处，招人照例上纳去后，今知府杨继宗奏：见得各处农民俱系奔竞无藉之徒裔，营求请托，借债纳米，若得参充，瞒官作弊，及有此等良家子弟不肯纳米参吏，难以逼令，致令缺吏数多，无人书办。要将前项事例革去，仍照洪武、永乐年间旧例，着落里老呈报相应识字农民参补一节，所言诚为有理。况前项纳米则例，乃一时救荒之宜，非经久行常之法，合无将纳米事例革去，行移各布政司、直隶府州，转行各属，除已纳米在官，听候参充吏典并承差、知印者，仍令挨次参。今后参充吏典并承差、知印，务要照洪武、永乐年间事例，保选民间丁粮相应良家子弟，人物端庄、熟通书算者，方许参充。如有人物鄙猥、不通书算，及凶恶无藉之徒营充参用者，听巡按监察御史及按察司官访察，就将保举之人通行参拿，究问如律。成化三年十月十八日奏，奉圣旨：是。钦此。

《验封条例》

一、为边务事。户部郎中等官万翼等题：查算得榆林城一带营堡仓粮，可勾调集各处军马支用，惟料草见在数少，不敷支给。各处两考役满吏典，并在京各衙门办事吏典有能纳草者，在外赴各司府，在京赴本部，告给执照，前去陕西延绥，照依后项则例上纳。候军毕日，此例就便停止，仍将召人纳过料草数目并吏典姓名造奏，缴吏、户二部查考。缘系措置军饷及奉钦依该部知道事理，未敢擅便，今将吏典纳草则例具题。成化六年五月二十七日，户部尚书杨奏，奉圣旨：是。

陕西、河南、山西并北直隶所属两考役满吏典，有能纳草七百束者，起送赴部，免其办事考试，就拨京考。纳草九百束者，就于本布政司拨补三考，满日赴部免考，就与他冠带办事。纳草一千二百束者，并在京各衙门办事吏典有愿纳草七百束者，俱免京考，就与冠带办事。俱挨次选用。

《文选司条例》

一件，本部尚书王等弘治三年三月初八日会题，禁贪惰以劝守官事。照得在外诸司官员，三年、六年、九年考满，起送赴部给由，本部察其行能，审其年貌，从公考核称职、平常、不称职，以凭黜陟。此系旧例。近年以来，节据直隶、淮安等府差人赍缴驿递、闸坝等官牌册申称，先奉勘合题准一件预备地方饥荒事，内开：被灾去处，大小衙门三年、六年考满官员，照依旧定则例，四品官纳米五十石，五品官纳米五十石，六品、七品官纳米四〔十〕石〔十〕，八品、九品官纳米三十石，杂职官纳米二十五石，俱听巡抚官处定拨缺粮仓分，纳完回任管事，免其赴部造完须知、功迹牌册，并所获通关差人缴部等因。到部。切照各官既不赴部，俱免考核，中间虽有老懦、贪酷，无从辨验是非、臧否，混为一途，况各官廪禄有限，而杂职之俸尤微，苟非取于公必至剥于下，贪惰之风由兹而起，考课之法废格不行，揆之事体诚为未便。合无该部计议，今后遇有灾伤去处，缺米赈济，许令有司别项措置，其诸司官员考满，俱要赴部给由，照例考核。

《考功条例》

《兵部武选司条例》

（明）不著撰者　明抄本

嘉靖元年奏准：军职分俸养亲，止有在京都指挥选调各都司管事，存留俸粮养亲则例，缘无外卫指挥、千百户奏行分俸事理，但人子孝亲之情，不当以地之内外、官之尊卑为论，合无比照前例，本部移咨户部，转行浙江布政司，查照本地方则例，准令原任绍兴卫右所、今选严州守御所百户徐璟，以该本色俸粮三分为率，存留一分于原卫带支养亲，其余二分并折

色，俱仍在今调卫所关支。如有事故应该住扣等项，俱要查得算明白，不许一概冒支。宙字三百五十五号

成化十三年题准：各卫带俸都指挥，既是选调外任，必资俸禄养廉。若一概不准存留，又恐果有亲老，难去无以养赡，及坟茔无人看守。今后在京都指挥选调各都司管事，其有愿告存留俸粮养亲、祭扫者，本部移咨户部，查照各该都司地方支俸则例，以该得本色俸粮，并以三分为率，止存一分在原卫关支，其余二分并折色，俱在任所关用。宙字八十八号

《军政备例》

（明）赵堂辑　清抄本

兵部题准，该礼部咨。嘉靖十八年五月初二日早，该司礼监太监温传奉圣谕……

一、内外扈从官员人等合用廪给口粮，合无通行，各该抚按预备应用，本部照例起关应付。其内外大小官员有愿支折色自备廪粮者，查照近日承天折色事体，每廪给一分，折银二钱；口粮一分，折银五分，定为则例，通行各该有司遵守。

《钦奉圣谕事》

成化十四年，申明升赏功次。

一、阵前刀箭重伤者，升署职一级；当先数次多者，分别等第加赏。无伤而当先数多者，止给赏。有轻伤者，亦加赏。俘获贼属人口，夺获头畜、器械，并齐力助阵者，量赏。人口，就给俘获原主。

一、阵前当先殿后、斩将搴旗，擒斩贼首等项奇功，临时奏拟升赏。

一、土官功次，各照前项地方则例，升散官至三级而止。其余功次，与土人俱原赏，不升。

《六部事例》

（明）不著撰者　中山大学图书馆藏明抄本

近又该巡按陕西御史高宗本题称，亲诣汉中卫盘点，得各年季造军器数少，递年关过各项物料数多，奏要申明定拟事例查究等因。该部议拟奏：准行都察院，通行巡按浙江等处，并南北直隶监察御史，会同都、布、按三司处，督同卫府掌印正官，各将所辖卫所自天顺三年起至成化元年止，造过军器、关过物料文卷，吊取到官，逐一照卷查盘，中间但有关过物料欠少，军器虚造文册，而物料亦无见在者，将经该官吏并管局官旗人等，照卷提问明白，革去带俸粮，戴罪追（陪）〔赔〕所侵物料，完日方许支俸。若是三司分巡并府卫掌印正官，不肯分心着实盘点，止凭下人捏报数目，虚应故事，亦从巡抚、巡按等官纠察，通行一体住俸，追补完日方许支俸管事。仍督各卫所照依各本部原定则例，督匠按季成造军器，完日，会原办物料有司掌正官眼同查盘见数，如法试验。堪中，仍用油漆调和朱墨，于点过军器背面，书写某卫、某所、某年某季成造字样，候五年本部具奏，通行各处监察御史照例查盘。其各该卫所官旗人等如是不行改过，仍前侵欺物料致缺，成造不如法者，难比常例发落，指挥、千户、百户各降一等叙用，不许管事；旗军人等各发极边卫充军。等因。

《户部事例》

乞敕该部通行各处巡抚、巡按，督同布按二司、直隶府州掌印管粮官员，今后分派起存粮草本色折色，勘酌地方远近，时年丰歉，定与加耗、脚价银两则例，行令两平征收，不要亏官损民，仍行各府并直隶州分，将（概）〔该〕州县得过有底业、丁力相应上等人户，从实取勘，每里或十家，或二十家，类造印信文册一本，送本府掌印官收掌。如遇坐到粮草等项，量其仓场远近，钱粮多寡，可用人户若干，亲自挨次揭金，着令照依上司定到则例，收受真正银两，当官称盘，见数印封，交付委官管部大户，前去原定仓场上纳，取获关单，缴报钱粮。完日，委官就将使过银数若干，明白备具花销揭帖，责付布按二司掌印管粮官处，开报直隶去处，赴府州掌印官管粮处开粮，余剩之数，随即追收入官，收备支用。如有侵克满贯之委官大户人等，俱问充军。不许仍前有丁无力惯揽钱粮之徒佥充大户，纵容额外多收银两使用，加二大等掯勒小民，亦不许再将官价收买马赢、绸绢、杂货，抵换银两。事发，当该官吏部粮委官，坐以枉法重罪。布政司并直隶府州，通将一年各项粮草，追过余剩银两造册，次年三月终，送户部查考。前项大户间有消乏，再行知识取勘造册，佥派巡抚、巡按官通行。出榜禁约。

《户部事例》

《六部纂修条例》
（明）不著撰者　明抄本

屯粮灾轻灾重折银则例

一、处屯灾以足军饷。乞敕户部查议，通行各省管屯官员，如遇灾伤之年，将各屯灾重者，每石折征银三钱；灾轻者，每石折征银三钱五分，就以所征之银抵斗支放，不许刁军妄扯分数，延误钦限。违限者，比照占屯田事例，附近改调边卫，边卫改调极边卫分。如此则屯灾以恤，国计不亏，而奸军猾卒不致妄扯灾伤，而过违期限矣。

前件，本部议拟命下，本部移咨该巡抚都御史及察院，转行各该巡按监察御史，备行管屯官员。如遇灾伤之年，将各该屯田从公捡踏，分别轻重，量于折银，通融作数放支，不许迟延观望，致误征收。违者，悉听管屯从重查究治罪。

《户部条例》

弘治十年，该兰州卫指挥周鑛奏，本部议：行各处抚按，今后三年一次查盘预备仓粮，三年内不足原数，委的别无设法者，俱免，住俸参究；中间若有未及三年查盘升除事故等项，去任者俱要申达上司，委官照依前拟查盘无碍，方许离任。若有因循不理，及那移侵盗等弊，及该管上司不行查盘明白，容情起送放回者，听巡抚、巡按参奏治罪。题奉孝宗皇帝圣旨：是。钦此。嘉靖二十四年，该给事中胡叔廉题，本部议：照弘治三年积粮则例，减去一半，仍照前数递为劝惩之法。不及数者，以十分为率，少三分者，罚俸半年；少五分者，罚俸一年；少六分以上者，听抚按官参奏罢黜，以为不职之臣。题奉圣旨：准议行。钦此。俱经通行钦遵讫。缘弘治年间粮数虽多，课功不亟，所以其时粮多报足，至有三、五、十年之积者。见今积粮，例已减半，而三年但少六分以上，遽议罢黜，以致有司难避易犯，抚按官员类多过期不报。至于未及三年升除事故去任，上司容情起送放回，皆置不问，又胥失之。今欲事在必行，伏乞裁为中制，粮从嘉靖二十四年定数，其知州、知县考满，粮不及例，以十分为率，欠三五分者罚俸；六分以上九年通考，起送吏部降用，偏小罢弊县分果无设法，并免住俸参究。若有未及三年升除事故等项去任者，俱申上司查盘无碍，方许离任，该管上司容情起送放回，听巡抚、巡按参奏治罪。俱照弘治三年、十年题准事例，庶几宽严适中，始终一致，下无欲速不达之累，上得委任责成之宜，而有备自无患。伏乞圣裁。

《吏部条例》

定纳赎以济大工

一、区处大工事宜以光圣业事。刑部题，该准工部咨，欲将两京官吏、监生人等犯，该公罪并部解钱粮文册等项人等犯，该违错者，免其送问，俱照所犯罪名，纳银赎罪。军职犯该立功者，免其定配，各照品级，每年定拟赎罪银数，完日就令支俸。及犯该摆站、瞭哨囚徒，免其发配，各审有力、稍有力、稍次有力事例，准其纳赎银两，按季解部接济等因。刑部照得：立功大小军职所犯原系杂犯死罪，准徒五年者，照例定发。如今纳赎，止（冥）〔宜〕因其所犯之罪，不当于其品之崇卑、禄之厚薄，以定差等，况都察院先曾奏准许令纳米事例，已经内外通行，而在京又兼有徒五年准令运炭折收赎银则例，皆可查照引用，不必别为议拟。且纳银之后，即许支俸，则是借官钱赎已罪，尤非事体，及与限满方许支俸明旨不无有碍。合无将两京部解钱粮等项人役，审系有力情愿赎罪及一应犯该公罪，例该准赎者，仍行送问，议拟（白明）〔明白〕，于议罪项下，旧例开坐运炭、运灰等项名色，即于照行项下明开，送纳工部，不得作为别用。立功军职先年虽有纳米之例，但各处米价贵贱不同，难于归一，止照在京运灰收价则例，纳银五十七两六钱，免发立功。已发而年月未满者，亦递减纳银，完日行令回卫，俱遵照前旨，待伊限五年，方许支俸。不愿者，仍发立功。其摆站、瞭哨囚徒，除盗情并果系无力者，照旧编配力役。如力犹可办，仍照有力、稍有力事例，准其纳赎。已发而年月未满者，亦递减纳银，完日释放。前项三等纳赎，在京者照依旧例，陆续开送工部交纳。在南京并在外者，如已定有银数，依数收银。若原例止系物料名色，听量照时折收银两。南京类送南京工部，在外两直隶类于各府各州，各省类于十三布政司，各按季差人类解工部，以济大工之用。俱待工役事毕，仍各照旧例施行。通候命下之日，仍回咨工部，即通行内外问刑衙门一体遵守等因。嘉靖十六年六月二十七日，本部尚书唐等具题。本月二十九日，奉圣旨：依拟。钦此。

《工部条例》

《律解附例》

（明）胡琼纂辑　明正德十六年刻本

在京罚运则例

笞一十：灰一千二百斤，砖七十个，碎砖二千八百斤，水和炭二百斤，石一千二百斤，钞一百五十贯折钱七十文，米五斗折谷七斗五升，做工一个月。

笞二十：灰一千八百斤，砖一百五个，碎砖四千二百斤，水和炭三百斤，石一千八百斤，钞三百贯折钱一百四十文，米一石折谷一石五斗，做工一个半月。

笞三十：灰二千四百斤，砖一百四十个，碎砖五千六百斤，水和炭四百斤，石二千四百斤，钞四百五十贯折钱二百一十文，米一石五斗折谷二石二斗一升，做工二个月。

笞四十：灰三千斤，砖一百七十五个，碎砖七千斤，水和炭五百斤，石三千斤，钞六百贯折钱二百八十文，米二石折谷三石，做工二个半月。

答五十：灰三千六百斤，砖二百一十个，碎砖八千四百斤，水和炭六百斤，石三千六百斤，钞七百五十贯折钱三百五十文，米二石五斗折谷三石七斗半，做工三个月。

杖六十：灰四千二百斤，砖二百四十五个，碎砖九千八百斤，水和炭七百二十斤，石四千二百斤，钞一千四百五十贯折钱四百二十文，米六石折谷九石，做工四个月。

杖七十：灰四千八百斤，砖二百八十个，碎砖一万一千二百斤，水和炭八百二十斤，石四千八百斤，钞一千六百五十贯折钱四百九十文，米七石折谷十石五斗，做工四个半月。

杖八十：灰五千四百斤，砖三百一十五个，碎砖一万二千六百斤，水和炭九百二十斤，石五千四百斤，钞一千八百五十贯折钱五百六十文，米八石折谷十二石，做工五个月。

杖九十：灰六千斤，砖三百五十个，碎砖一万四（十）〔千〕斤，水和炭一千二十斤，石六千斤，钞二千五十贯折钱六百三十文，米九石折谷十三石五斗，做工五个半月。

杖一百：灰六千六百斤，砖三百八十五个，碎砖一万五千四百斤，水和炭一千一百二十斤，石六千六百六斤，钞二千二百五十贯折钱七百文，米十石折谷十五石，做工六个月。

杖六十徒一年：灰一万二千斤，砖六百个，碎砖二万四千斤，水和炭一千七百斤，石一万二千斤，米一十五石折谷二十一石五斗。

杖七十徒一年半：灰一万八千斤，砖九百个，碎砖（二）〔三〕万六千斤，水和炭二千六百斤，石一万八千斤，米二十石折谷三十石。

杖八十徒二年：灰二万四千斤，砖一千二百个，碎砖四万八千斤，水和炭三千五百斤，石二万四千斤，米二十五石折谷三十（二）〔七〕石五斗。

杖九十徒二年半：灰三万斤，砖一千五百个，碎砖六万斤，水和炭四千（三）〔四〕百斤，石三万斤，米三十石折谷四十五石。

杖一百徒三年：灰三万六千斤，砖一千八百个，碎砖七万二千斤，水和炭五千（二）〔三〕百斤，石三万六千斤，米三十五石折谷四十七石五斗。

流罪：灰四万二千斤，砖二千一百个，碎砖八万四千斤，水和炭（五）〔六〕千（八）〔二〕百斤，石四万二千斤，做工四年，米四十石折谷六十石。

杂犯死罪：灰六万四千二百斤，砖三千二百个，碎砖一十二万八千斤，水和炭九千斤，石六万四千二百斤，做工五年，米五十石。

卷首

在京折收钱钞则例

笞一十：该钞一百五十贯，共折铜钱七十文；兼收钞一百贯，铜钱三十五文。

笞二十：该钞三百贯，折铜钱一百四十文；兼收钞一百五十贯，铜钱七十文。

笞三十：该钞四百五十贯，折铜钱二百一十文；兼收钞二百二十五贯，铜钱一百五文。

笞四十：该钞六百贯，折铜钱二百八十文；兼收钞三百贯，铜钱一百四十文。

笞五十：该钞七百五十贯，折铜钱三百五十文；兼收钞三百七十五贯，铜钱一百七十五文。

杖六十：该钞一千四百五十贯，折铜钱四百二十文；兼收钞七百二十五贯，铜钱二百一十文。

杖七十：该钞一千六百五十贯，折铜钱四百九十文；兼收钞八百二十五贯，铜钱二百四十文。

杖八十：该钞一千八百九十贯，〔折铜钱五百六十文〕；兼收钞九百二十五贯，铜钱二百八十文。

杖九十：该钞二千五十贯，折铜钱六百三十文；兼收钞一千二十五贯，铜钱三百二十二文。

杖一百：该钞二千二百五十贯，折铜钱七百文；兼收钞一千一百二十五贯，铜钱三百五十文。

卷首

《大明律疏附例》

（明）不著撰者　明隆庆二年河南府重刻本

嘉靖三年三月，刑部题称：该都御史王荩题，据佥事周期雍呈，看得囚犯折纳工银则例：每日追银一分，如笞一十，做工一个月，折银三钱。徒罪照依充仪从事例，每年追银三两六钱。在京法司见行，难以更变。家道稍次者，折纳工食。因在外巡抚便宜处置，照前稍有力之数，量减一半。如笞一十，折银一钱五分；徒一年，银一两八钱；徒五年，银九两。似觉稍重，办纳不前。查得法司见行纳工食则例，徒罪每年该银一两二钱，杖罪以上每一十该银一钱，余皆依数准折，俱令纳谷等因。奉圣旨：是。预备仓粮是救荒急务。今后囚犯应折徒折工的，都着纳谷收贮，以备赈济，不许别项支销。巡抚官年终造册缴部，以凭查考。还通行与两直隶及各布政司，都照这例行。钦此。

计开

稍有力折纳工价

笞一十：折银三钱。

笞二十：折银四钱五分。

笞三十：折银六钱。

笞四十：折银七钱五分。

笞五十：折银九钱。

杖六十：折银一两二钱。

杖七十：折银一两三钱五分。

杖八十：折银一两五钱。

杖九十：折银一两六钱五分。

杖一百：折银一两八钱。

杖六十，徒一年：折银三两六钱。

杖七十，徒一年半：折银五两四钱。

杖八十，徒二年：折银七两二钱。

杖九十，徒二年半：折银九两。

杖一百，徒三年：折银十两八钱。

总徒四年：折银一十四两四钱。

杂犯准徒五年：折银一十八两。

稍次有力折纳工食

笞一十：折银一钱。

笞二十：折银二钱。

笞三十：折银三钱。

笞四十：折银四钱。

笞五十：折银五钱。

杖六十：折银六钱。

杖七十：折银七钱。

杖八十：折银八钱。

杖九十：折银九钱。

杖一百：折银一两。

杖六十，徒一年：折银一两二钱。

杖七十，徒一年半：折银一两八钱。

杖八十，徒二年：折银二两四钱。

杖九十，徒二年半：折银三两。

杖一百，徒三年：折银三两六钱。

徒四年：折银四两八钱。

徒五年：折银六两。

迁徙比流减半，准徒二年。

充军比流二千里。

《新例·名例例·五刑》

嘉靖七年十二月，刑部看得：巡抚湖广都御史朱廷声题称，赎罪例钞，先该本部查照先年尚书闵珪题准兼收钱钞折银事例通行，但称收赎律钞，亦照此例折收，似乎无别。要照估钞旧例，银一两值钞八十贯，计钞一贯，折银一分二厘五毫，合依拟行等因。奉圣旨：是。赎罪收赎钱钞则例，依拟行。钦此。

计开收赎律钞

老幼废疾并妇人余罪及律载一应收赎者

  笞一十：钞六百文，折银七厘五毫。

    二十：钞一贯二百文，折银一分五厘。

    三十：钞一贯八百文，折银二分二厘五毫。

    四十：钞二贯四百文，折银三分。

    五十：钞三贯，折银三分七厘五毫。

  杖六十：钞三贯六百文，折银四分五厘。

    七十：钞四贯二百文，折银五分二厘五毫。

    八十：钞四贯八百文，折银六分。

    九十：钞五贯四百文，折银六分七厘五毫。

    一百：钞六贯，折银七分五厘。

  徒一年：钞一十二贯，折银一钱五分。

    一年半：钞一十五贯，折银一钱八分七厘五毫。

    二年：钞一十八贯，折银二钱二分五毫。

    二年半：钞二十一贯，折银二钱六分二厘五毫。

    三年：钞二十四贯，折银三钱。

  流二千里：钞三十贯，折银三钱七分五厘。

    二千五百里：钞三十三贯，折银四钱一分二厘五毫。

    三千里：钞三十六贯，折银四钱五分。

  迁徙准徒二年：赎钞一十三贯二百文，折银一钱六分五厘。

  充军比流二千里：赎钞三十贯。

  绞斩：钞四十二贯，折银五钱二分五厘。

赎罪例钞

  命妇、军职正妻与例难的决之人并妇人有力者笞一十：钞二百贯，折银一钱。

二十：钞三百贯，折银二钱。

三十：钞四百五十贯，折银三钱。

四十：钞六百贯，折银四钱。

五十：钞七百五十贯，折银五钱。

杖六十：钞一千四百五十贯，折银六钱。

七十：钞一千六百五十贯，折银七钱。

八十：钞一千八百五十贯，折银八钱。

九十：钞二千五十贯，折银九钱。

一百：钞二千二百五十贯，折银一两。

《新例·名例例·老少废疾收赎》

《六部条例》

（明）不著撰者　明抄本

一件钦奉圣谕事。兵部题准，该礼部咨，嘉靖十八年五月初二日早，该司礼监太监温传奉圣谕：恭奉慈宫引发吉日，用今月十七日子时；奉掩玄宫，闰七月初二日寅时。奠献使等官，仍用原定官员。一应礼仪，亦且用原定者。如有增损，临期酌拟，但改水程，奉梓宫行。钦此。又准礼部咨，嘉靖十八年五月初六日早，该司礼监太监温传奉圣旨：今月十七日，恭奉圣母梓宫南祔，从水程行，着内官监左监丞闫绶、锦衣卫指挥使赵俊，前往南北直隶、山东、江西、湖广，自通州其直抵承天府沿途一带地方，督率镇巡等官整理河道、船只、人夫并廪给口粮等项一切紧重事情，务要预先齐备，不许纵缓。致误有怠忽的，指名即时奏来治罪。各写敕与他礼部，速示各该衙门知道。钦此。臣等切思梓宫南祔，自京师以至承天府，地理辽远，其载捧梓宫仪仗等项，合用船只、人夫及内外衙门扈从官员人等，合用廪给口粮、船只、人夫、马匹等项，若不早为预备，诚恐临期误事，合就开具条例上请，伏乞圣裁，敕下所司查照遵行。本部仍通行监丞闫绶、指挥赵俊一体遵照，中间未尽事宜，悉听二官临时斟酌，议处施行。缘系钦奉圣谕事理，未敢擅便，开坐谨题请旨。等因。嘉靖十八年五月初七日，太子太保兵部尚书张等具题。本月初九日奉圣旨：是。都准议行。钦此。

计开：

一、梓宫由水路该用船只。查得工部见在黄船十只，已经该部处详具题，奉有钦依，改造一只装奉梓宫外，其余九只，合无本部一并分拨銮舆、仪仗等件。其内外扈从人员、船只，今查得本部见在听用马快船止有三十余只，不足应用，已经差委员外郎张铎前往张家湾一带，将官民船只量行拘留听用，通候内外各衙门文移到日，本部斟酌拨用，除为快船原系各卫旗军支有行粮前来，无从议处外，其黄船十只、旗军三百七十名，合无行移户部验口计程，关给行粮前去。其官民船只，原无工价，合无经过州县每船给与过关米五斗，各项船只俱经本部出给勘合一张，给与船头，沿途执照支取。其经过驲递衙门，钱粮原少，不堪答应前项过关米石，俱行有司措办应用，不许重复冒支。

一、水路合用人夫，本部备行经过各该抚按官员，酌量地方程途远近，每处编集精壮人夫七八千名，听候应用。其拽送梓宫船只，该用人夫不拘数目，临时酌量外，其黄马快官船，每只上水拨夫四十名、下水三十名，民船每只上水拨夫三十名、下水二十名，俱本部勘合填注，有司查照兑给，不许分外多索，致扰地方。倘遇风雨，滩浅难行，临时量行摘拨应用。

一、南行船只，除黄马快船自通州起直抵承天府，其官民船只原系一时拘用，似难长行。合无本部马上差人咨行南京兵部，分拨马快船三百只，关给行粮，星夜差官押至仪真地方，听候梓宫至日，将官民船只，照数兑换前去。

一、内外扈从官员人等合用廪给口粮，合无通行各该抚按预备应用，本部照例起关应付。其内外大小官员有愿支折色，自备廪粮者，查照近日承天折色事体，每廪给一分折银二钱，口粮一分折银五分，定为则例，通行各该有司遵守。

《兵部条例》

《条例备考》

（明）不著辑者　明嘉靖刻本

工价工食则例

一、户部题：该巡抚河南右副都御史王荩题，为预处仓粮储蓄以备赈济事。据河南按察司分巡河北道佥事周期雍议纳罪赎缘由，该本部覆议题准，通行遵守折工银则例。

稍有力

答一十：折银三钱。

答二十：折银四钱。

答三十：折银六钱。

答四十：折银七钱五分。

答五十：折银九钱。

答六十：折银一两二钱。

杖七十：折银一两三钱。

杖八十：折银一两五钱。

杖九十：折银一两六钱。

杖一百：折银一两八钱。

徒一年：折银三两六钱。

徒一年半：折银五两四钱。

徒二年：折银七两二钱。

徒二年半：折银九两。

徒三年：折银十两八钱。

徒五年：折银一十八两。

以上俱见行。

稍次有力工食

答一十：折银一钱五分。

答二十：折银二钱五分。

答三十：折银三钱。

答四十：折银三钱七分。

答五十：折银四钱五分。

答六十：折银六钱。

杖七十：折银六钱七分。

杖八十：折银七钱。

杖九十：折银八钱二分。

杖一百：折银九钱。

徒一年：折银一两八钱。

徒一年半：折银二两七钱。

徒二年：折银三两六钱。

徒二年半：折银四两五钱。

徒三年：折银五两四钱。

徒五年：折银九两。

以上禁革不行。

又工食则例

徒一年：折银一两二钱。

徒一年半：折银一两八钱。

徒二年：折银二两四钱。

徒二年半：折银三两。

徒三年：折银三两六钱。

徒五年：折银六两。

以上俱禁革不行。

《户部》卷二

申明钱钞收赎

一、嘉靖七年十二月内刑部题：该巡抚湖广右副都御史朱题，为议钱钞以便纳赎事。照得收赎与赎罪有异，在京与在外不同。钞贯止聚于都下，钱法不行于南方。先该巡抚江西都御史陈洪谟因见折收混杂，奏行刑部。看得老幼废疾及妇人余罪，俱系收赎律钞；审有力及命妇、军职正妻与例难的决之人，俱系赎罪例钞。查照先年刑部尚书闵等题准兼收钱钞事例，通行在外问刑衙门遵依外，但查律钞笞一十，止赎钱六百文，比照例钞折银，不及一厘；杖一百赎钞六贯，折银不及一分，以为太轻。盖律钞与例钞贯数既有不同，则折银亦宜有异。又查得《问刑条例》内一款：收赎，过失杀人绞罪追钞三十三贯六百文，铜钱一贯四百文，与被杀者之家埋葬，除死罪已有前例显明外，其律内笞、杖、徒、流折钞应合再行议处。及见问刑衙门先年题准估价事例，每银一两值钞八十贯，计钞一贯，该银一分二厘五毫，似应将律钞比照此例折收。庶有依拟，合无通行在外问刑衙门，今后除审有力、军职正妻与例难的决之人遵照及今刑部题准折银外，其老幼、废疾、妇人余罪，其律内一应收赎钞贯。如笞一十，赎钞六百文，折银七厘五毫；笞二十，赎钞一贯二百文，折银一分五厘；笞三十，赎钞一贯八百文，折银二分二厘五毫；笞四十，赎钞二贯四百文，折银三分；笞五十，赎钞三贯，折银三分七厘五毫；杖六十，赎钞三贯六百文，折银四分五厘；杖七十，赎钞四贯二百文，折银五分二厘五毫；杖八十，赎钞四贯八百文，折银六分；杖九十，赎钞五贯四百文，折银六分七厘五毫；杖一百，赎钞六贯，折银七分五厘；杖六十、徒一年，全赎钞一十二贯，折银一钱五分；杖七十、徒一年半，全赎钞一十五贯，折银一钱八分七厘五毫；杖八十、徒二年，全赎钞一十八贯，折银二钱二分五厘；杖九十、徒二年半，全赎钞二十一贯，折银二钱六分二厘五毫；杖一百、徒三年，全赎钞二十四贯，折银三钱；杖一百、流二千里，全赎钞三十贯，折银三钱七分；杖一百、流二千五百里，全赎钞三十三贯，折银四钱一分二厘五毫；杖一百、流三千里，全赎钞三十六贯，折银四钱五分。其妇人与天文生等项余罪，除去杖罪钞贯，余钞亦照此例准折，俱计钞一贯，折银一分二厘五毫，与见今估钞事例相准，则律钞分别而轻重适均，估钞与折银亦合而事体稳当等因。该本部看得：都御史朱奏要比照见行时估则例折收一节，酌量轻重适均，揆诸事体稳当，相应依拟。欲候命下之日，本部通行内外问刑衙门，今后命妇及军职正妻与例难的决之人赎罪钱钞，仍照先年本部尚书闵等题准事例施行。其老幼、废疾并妇人余罪，律该收赎者，照依今拟时估则例折收。奉圣旨：是。赎罪收赎钱钞则例，依拟行。钦此。

《刑部》卷二

《皇明诏令》

（明）傅凤翔辑　明嘉靖二十七年刻本

茶课敕　成化七年五月十七日

敕巡视民瘼南京户部右侍郎黄深，并巡按监察御史、都司、布政司、按察司：以茶易马，系洪武、永乐、正统、宣德年间已行事例，后因边方多事，暂且停止。近该陕西巡抚等官奏称，彼处缺马数多，乞要举行前例。敕至，尔等即便会镇守太监梅忠，从公计议，将保宁等府岁办茶课，照依元年原定则例，该茶八十四万三千六十斤，设法陆续起解。各司委官一员，督令各该所属委官，起情军夫，管运至四川、陕西接界官司收纳，务要足备。仍须处置（亭）〔停〕当，不许因而骚扰下人。尔其钦承，毋怠！故敕。

卷一六《宪宗纯皇帝下》

《嘉靖新例》

（明）萧世延、杨本仁、范钦编　明嘉靖二十七年梧州府知府翁世经刻本

嘉靖十六年刑部题准：南京部解钱粮等役，审系有力并应犯该公罪例，该准赎者送问，拟议明白，照旧开坐运灰、运炭等项名色，开送工部，不得作为别用。立功军职，照在京运灰赎罪则例，纳银五十七两六钱，免发立功。已发而年月未满者，亦递减纳银。完日行令回卫，待限满五年，方许支俸。不愿者仍发立功。囚徒除盗情并审系无力者，照旧编配，如力犹可办，仍照有力稍有力事例，准其纳赎。已发而年月未满者，亦递减纳银。

前项三等纳赎，在京照依旧例，陆续开送工部交纳。其南京并十三省各按季类解工部，以济大工之用。待工役事毕，各照旧例施行。

《名例例·五刑》

嘉靖四年五月，刑部等官议处高墙庶人，节奉圣旨：是。高墙安置庶人，俱系朝廷宗支，拘禁年久，朕所矜念。你每既查议明白，成银等遗下家属八十八名口，见在成钻等并各亲属五十九名口，都放出，着写敕，差内官分送各该王府。徽炸等家属一百四十三名口，送珉府及相近王府。各随住安插，房屋听抚按官酌量给处，应得口粮布花，及见在续生男女婚配等项，俱仍照高墙则例行。还写敕与各王府，务要钤束戒谕，令其改过自新，不许交通干谒，擅越禁城，听信拨置。有违犯的，听镇巡司府等官启奏参究定夺。未放之先，有续生名口应分送的，差去官同守备太监逐一查明，照例分送。如已许嫁愿留的，听令在彼随住。钦此。

《名例例·应议者犯罪》

《嘉靖各部新例》

（明）不著撰者　明抄本

钦奉圣谕事

一、内外扈从官员人等合用廪给口粮，合无通行各该抚按预备应用，本部照例起关应付，其内大小官员有愿支折色，自备廪粮者，查照近日承天折色事体，每廪给一分，折银二钱，口粮一分，折银五分，定为则例，通行各该有司遵守。

《嘉靖事例》

（明）梁材等撰　明抄本

又为分理盐法事，该提督尚书杨一清题称：灵州大小盐池盐法，祖宗朝专供各边买马支用，后因中马有弊，改议纳银。正德年间，当事者各出意见，奏行新例，纷纭变乱，以致各边各项报中，俱未掣支完足，盐引堆积多至二十余万，商人亏陷资本，节次召中，并无一人报纳。已经遵照敕谕便宜处置事理，自正德元年以前，不拘纳银纳马盐引，俱各革罢。正德十四、十五六年未开之数，不必开中，徒为紊乱。（裁）〔截〕自正德二年至正德十二年止，俱为旧引。正德十三年见开未完并以后年分开中者，俱新引，另召不拘新旧商人下池。旧引三分，新引七分，相兼挨次关支，多余照旧掣挚。每引照正德元年事例，纳银二钱五分，照盐一车，以六石为则，运至卸所纳卧引银一钱，共三钱五分，俱于环庆兵备副使处召报纳银，发庆阳府收贮，专备各边买马支用。及要将灵州盐课，暂于凤、汉二府地方，与河东盐课相兼发卖，三年之后照旧。该本部看得，陕西灵州大小二池盐课，乃天生自然之利，若使处置得宜，诚于国用有济。先该本官巡抚兼理马政，奏添二池课额，定拟掣支则例，行之数年，马政有赖。奈何近年以来，当事者更代不常，建议者屡有改易，或召报粮草，而中马之制遂废；或一镇借用，而轮供之例不行。官无常制，下无定守，以致盐法阻坏，边用匮竭。前此宁夏都御史张润建议始复三边轮流中马之例，及要兼行旧引，已奉钦依停革。合无移咨本官督行管理盐法兵备副使，将灵州大小二池盐课，查照奏内年分，新旧三、七之数，及召报则例并纳银买马等项事宜，悉照所奏着实举行。其纳过银两，照旧三边轮流买马支用，著为定例，永为遵守。以后各边镇、巡等官，若非事情紧急，不得朦胧奏讨，紊乱旧规。违者，听本部并该科指实参究施行。嘉靖四年十月十六日，奉圣旨：是。这盐课分新旧引及召报则例，并纳银买马事宜，都依拟行。以后各边不许朦胧奏讨，紊乱旧规。钦此。

《议灵州盐课抵补宁夏屯粮》

陕西清吏司案呈，奉本部送于户科抄出，巡按陕西监察御史沈越题，据分巡关南道副使纪常、陇右道佥事江南会呈，蒙呈案验。先据汉中府呈称：本府所属金州、西乡、汉阴、石泉、紫阳五州县，岁办地亩课茶五万三千一百九十斤，共装一万八千四十四篦。每年西安、汉中、临洮、巩昌、平凉、凤翔六府，每府编茶夫一百名，每名征价二两五钱，共银一千五百两。内各除二十名夫价存留府库，听解私茶。其余八十名夫价，各类解汉中府收贮。各州县大户，解茶到府，领银自行雇脚，运至茶司交收。但节年解过夫银，本府所属六百八十七两，凤翔府五百六十二两，巩昌府九十九两五钱，平凉府七十五两五钱，西安、临洮二府全未征解，每遇解茶一敷支给。屡经呈请，将茶法赃赎借支，嘉靖十四年，借过一千二百两；嘉靖十五年，借过四百七十两；嘉靖十六年，借过九百八十两。见今嘉靖十七年分，运茶紧急，缺少脚价，呈乞催解，或再量借支用等因。除已经批行陕西布政司通行严催外，今看得前项运茶脚价，各府拖欠既多，而屡次借用别项银两，未见补还。又访解茶大户，领去官银多用不尽，往往浪费花销，且复科派盘缠，揭借私债，负累告扰，亦无宁岁。至于解运过期，易马有误，尤为未便。及今必须何作处置，庶几官民两便，经久可行从长会议呈夺，蒙此。

依蒙会查前项课茶旧规，自汉中府至徽州，过连云栈，俱由递运所转行。徽州至巩昌府中间，经过骆驼巷、高桥、伏羌、宁远，各地方僻偏，原无衙门，添设四茶运所官吏管领，通计一十一站，每处设茶夫一百名。巩昌府至三茶司，复由递运所三路分运，计三十站，每处设茶夫三十名。其茶运所衙门运茶日少，空闲日多，积习既久，夫役雇募，重费不资，官吏无为，俸粮冗滥。嘉靖十四年，该监察御史刘希龙题准，将前茶运所官吏裁革，茶夫止留六百名，于西安等六府征派存留外，每岁该解银一千二百两，汉中府收贮。遇大户解到茶篦，往西宁者，每篦一钱；洮河者，每篦七分外，又各添加一分，以备风雨脚费支用，通不经由递运所人役。为照前项裁革官吏，减去茶夫，固是节省，但自议革之后，不期夫价累征不完，致将茶法赃赎银两逐年借支。其大户原领夫价已是太多，复因路远，辄科盘费，每名不下百十余两。本役中途延滞，逾岁不能完纳。又复揭借私债，负累户族（陪）〔赔〕还，告扰追价，乡民嗟怨。为今之计，莫若酌量道路远近，照依商人运茶则例，依程定价，委官部运。自汉中府南郑县起，至略阳县止，陆路三百里，每篦给银一分二厘，共该银一百三十两一钱二分八厘。略阳县至白水江一百二十里，一船可容千篦，每篦给银二厘，共银二十一两六钱八分八厘。白水江下船六路,至徽州七十里,每篦给银三厘,共银三十二两五钱三分二厘。通前汉中府至徽州,俱属关南道地。徽州至秦州陆路,每篦给银一分,共该银一百八两四钱四分。秦州至巩昌陆路,每篦给银九厘,共银九十七两五钱九分六厘。通前至徽州至巩昌,俱属陇右道地方。又查得私茶,惟汉中府独多,且经行道路与前相同,每岁约用脚费六十两支给,通计止该银四百五十两二钱一分足用。巩昌府至茶司三路,仍经递运所转发。况各所牛车人夫俱便,不必议添夫役,较之往年,每岁该节省夫银一千五十两。其前项存留听解私茶银两,止是汉中府支给。其余各府,俱未及用,约该存银七百五十两。若将前拖欠并存留未用者,通行征完,该有三千余两,可(毂)〔够〕六年之用。合无行布政司,将茶夫六百名暂免编佥,仍行各府严并拖欠。在西、凤、汉者,在汉中府、平、临、巩昌者,解徽州,各收贮。候运之时,俱差有职人员押解。先由汉中府领解,分巡关南道验过督发至徽州交割。次由徽州领价,分巡陇右道验过,督发巩昌府交割。巩昌府照文发验递运所转运,至三茶司交收,听候易马。候银数支尽之年,止行南郑县并徽州编征,接续支用,不必征派别府。如此,则运茶在官,不在于民,既无负累之备,又有节省之多。况官运催督程限有期,虽欲迁延,势有不能。其西、凤等府私茶亦各通令由递运所转发,较之往岁,委实官民俱便,经久可行等因。具呈到臣。臣议照汉中府课茶,先年因茶递衙门官吏夫役冗滥,是以监察御史刘希龙题,该户部覆议,奉钦依裁革。经今五年,不期征解夫银,累有拖欠。大户领银浪费复多,且赍执官银,自行雇运,茶多人少,路远力疲,经年不到,有误易马。至于科派盘费,揭借私债,年复一年,负累无已,五州县贫民何以堪之?夫以五万斤之茶,每年公私之费,将至四千余两,其伤财也亦甚矣!况陕西控制三边,赋重差繁,民贫土瘠,小民额办钱粮多不能供。所据前项脚价,委因减省。如蒙乞敕户部再加详议,合无将各府原编茶夫价银,通行免编。止将累年拖欠,并存留夫价,着落守巡官严行催解汉中府并徽州收贮。以后运茶,官为雇脚部解。候支尽之年,止行南郑县并徽州,各照前数编征。二州县另项差银,行布政司量为改除。其解茶人员,就令分巡关南道、陇右道选委部运至巩昌府,由递运所转发三茶司交割,各取实收通关回照。脚价俱由官吏支给,明立文簿,登记查考。其收茶大户,止令赴茶司验收,以革中途抵换奸弊。西、凤等府,如有盘获私茶,类齐封记,遇有便差人员,亦合由递运所转解茶司交收。如此,则不惟夫价易于追征,且收支不致紊乱,官无迟误催督之扰,民无重差负累之困,课茶早完,易马有资。奏奉圣旨:户部知道。钦此。

钦遵,抄出到部,送司案查。先为陈愚见以备茶马以济边务事,该巡按陕西监察御史刘希龙题称:茶夫欲照旧例,征银存省,截解收贮,量地雇役运茶,给与正贴脚价,及巡获私茶,亦照例运纳。夫银有余,作正支销,并茶运所衙门官吏,似应裁革,各州县驿递茶夫,不必佥派等因。该本部议拟移咨都察院,转行接管巡茶御史,督同守巡等官再行查议。御史刘希龙所奏,前项茶夫照旧例征银存省,截解量地雇役,给与正贴脚价,巡获私茶照例运纳。夫银有余,作正支销,免驲驿递茶夫。其裁革茶运所衙门,勘处具奏。嘉靖十三年六月十九日覆题,奉圣旨:准议。钦此。

钦遵,行该接管巡茶御史刘良卿题拟,陕西布、按二司,守巡陇右道右参议刘从学等呈,据临、巩二府并秦州知州黄仕隆各呈,查勘过骆驼巷稍子堡、高桥火钻峪、伏羌、宁远四茶运所衙门官吏。其初专为输挽官茶而设,今夫役既征银而免派,解运皆给价而雇脚,则供应取办于有司,期会无关于运所,衙门诚为空设,官吏全无职干,虚靡廪禄,不无可惜。该本部议拟移咨都察院,转行巡按陕西监察御史,备行布政司,将前项四茶运所原降印记呈送礼部转缴,官员起送吏部改选,吏役另拨衙门参补,本部仍咨吏、礼二部,一体遵照施行等因。题奉圣旨:是,钦此。

今该前因,案呈到部。看得巡按陕西御史沈越题称,汉中府课茶先因茶运衙门官吏夫役冗滥,题奉钦依裁革。经今五年,不期征解夫银,累有拖欠,大户领价,浪费复多。且赍执官银,自行雇运,茶多人少,路远力疲,经年不到,有误易马。要将各府原编茶夫价银,通行免编,止将累年拖欠并存留夫价,着落守巡官严行催解汉中府并徽州收贮,以后运茶官为雇脚部解。候支尽之年,止行南郑并徽州,各照前数编征。

二州县另项差银，行布政司量为改除。其解人员，就令关南、陇右二道选委部运一节，相应议拟，合候命下，本部移咨都察院，转行陕西接管巡茶御史，公同该道守巡官，将御史沈越所题前项事宜，再加详议。如果相应别无窒碍，径自查照施行。若有斟酌未尽事情，另行奏请定夺，伏乞圣裁等因。嘉靖十九年三月初二日，太子少保本部尚书梁等具题。本月初四日，奉圣旨：是。

《议处茶运》

云南清吏司案呈奉本部送，据本部委官主事朱旒呈：查得景泰二年，本部题准崇文门分司收税则例，刊刻板榜，上自罗、缎等项货物，（不）〔下〕及瓜果之类，备载该征课钞数目。本部差委主事一员，督同本司官吏照例收取课钞，按季解赴内府交纳，以备国用，遵行已久。但中间瓜果之类，旧时乘便俱在各门宣课等司随时收取课钞，以中秋、冬年二节进用瓜果之用。崇文门分司，中秋进西瓜四百二十个，冬年二节进榛子、栗子、红枣、胶枣、核桃五色共一千四百斤。正阳门宣课司，中秋进西瓜一千三百六十个，冬年二节进榛子、栗子、红枣、胶枣、核桃五色共一千九百斤。安定门税课司，中秋进西瓜一百八十个，冬年二节进红枣二百二十斤。德胜门分司，中秋进西瓜一百八十个，冬年二节进红枣二百二十斤。顺天府都税司，中秋进西瓜三百二十个，冬年二节进榛子、栗子、红枣、胶枣、核桃五色共一千四百斤。前项各门进用瓜果，查照本部估定个数斤两价值，每瓜一个钱二十八文，钞一十四贯；榛子每斤钱二十文，钞一十贯；栗子每斤钱十五文，钞七贯五百文；红枣每斤钱五文，钞二贯五百文；胶枣每斤钱一十文，钞五贯；核桃每斤钱一十四文，钞七贯。通共该钱一十三万一千九百六十四文，钞六万五千九百八十二贯，共该折银二百六十九两六钱八分。嘉靖九年八月内，因都税司大使杨凤滥收梨税事发，十年正月二十八日本部具题，命下札行崇文门分司，本部监收委官，凡遇各处客商装载一应货物，俱令赴本司验估投税，照依原定板榜则例，抽取钱钞，送广惠库交纳。其正阳门宣课司、德胜门分司、安定门税课司、顺天府都税司，除太常寺猪税、国子监钱钞，照例于猪畜门摊内抽取。及供用库等衙门猪肉、胰子等项，责令各门屠户供办外，其西瓜、果品、磁器、茶、糖等项，俱照后门估定斤数价银，每遇中秋及冬年二节，各该官攒开具印信领状，赴崇文门分司本部委官处，关领价钞收买，依期进用等因。奉此，以故见今瓜果之类，俱赴崇文门分司投税。切照贩卖瓜果商人，多系贫民小户，非若别项富商大贾可比。推车担担，冒雨冲风，力甚艰辛，〔利亦〕微薄，况当天气炎蒸之时，俱令赴司投税，地方远近不同，往返道路未免不便。合无怜其物小利微，免其赴司投税，令其到即发卖。其前项各门进用瓜果俯赐除豁，统令供用衙门备办，或于本司进纳课钞内处补。其余罗、缎等项货物，及干陈果品、磁器、沙糖，照旧依例赴崇文门分司收取课钞，呈乞照详定夺施行等因。到部送司。案查景泰二年十月内，该给事中叶盛等奏，查得顺天府都税司收税文册，不依所估价值加税征收，以致客商人等多纳税钱不便，乞要将委官治中刘实等拿问究治等因。题奉钦依送刑部问罪外，随该本部议拟，就令该府将各项货物估计该征课钞，备行出榜，于京城内外收课衙门并各该塌房通张挂晓谕。官攒客商及铺店人等，务要遵依旧制及今定事理，从公征纳，以备供给等因。题奉景皇帝圣旨：是，钦此。

近该都税司大使杨凤奏称：本司每年中秋并冬年二节，办纳内府供应库瓜果，转送乾清宫供用，征取东直、阜城二门进城梨、枣商税买办。今被崇文门官吏朱讲等妄禀滥收，主事止许每中秋及冬年二节进瓜进果之时暂行收税，恐致供办不及，乞要明白分豁等因。奏奉圣旨：户部知道。钦此。钦遵抄出送司，行准崇文门分司本部委官主事邹守愚手本，查得节年流通文簿逐月开载，遵化、蓟州、辽东、山海、永平等处梨果等项，俱赴本门投税，月无虚日，间有一二奸商潜由东直门进入，私买都税司红票影射。又查得旧额每梨一大车，例该收钞二百贯以上，今杨凤止量收银二钱，一小车例该收钞二十五贯以上，今止收银二分，人皆避重就轻，俱由东直门进入，朦胧滥收，以亏国课。合无查照旧设板榜应税则例瓜果等项，俱赴崇文门分司投税办纳，内库不许各税课司冒税等因。该本部查看得：崇文门分司抽取天下商货，闸办本折钱钞，送广惠库交纳。先年奏准，差御史、主事监收，定立板榜则例，遵行已久，其正阳门宣课等司，止抽取猪税、门摊课钞，解太常寺、国子监应用。张家湾宣课司，止抽取本处发卖货物办纳额该课程。事体归一，商民称便。后将御史、主事取回，委府官监收，职掌不专，奸弊百出，以故各门则假公济私违例越税，各店则加倍起条，科索太甚。近该本部题准，复差主事监收，而前项越税等弊尚未尽革。及照都税司大使杨凤假以公用品果为名，分外侵期梨税，饰词奏扰，于例有违，法当究治。合候命下，本部札行崇文门分司本部监收委官，凡遇各处商客装载一应货物，俱令赴本司验估投税，照依原定板榜则例，抽取钱钞，送广惠库交纳。其正阳门宣课司、顺天府都税司，除太常寺猪税并国子监钱钞，照例于猪畜门摊内抽取。及供用库等衙门猪肉等项，责令各门屠户供办外，其西瓜、果品、磁器、茶、糖等项俱照后开估定斤数价银，每遇中秋及冬年二节，各该官攒开具印信领收，赴崇文门分司本部委官处关领价钞收买，依期进用。各司仍比照崇文门分司事例，每季预先置立通知文簿三扇，送顺天府印钤，发与各司，将日逐抽取过猪税及门摊课钞各若干，按季纳过太常寺、国子监银两钱钞各若干，领过钱钞买办过瓜果等项各若干，备细填注簿内，每季终通送崇文门分司监收主事及各该巡城御史处，查验明白。一扇送部，一扇送顺天府，一扇各司备照。其有余剩钱钞，即便折银与余剩银两按季照数解府，转送本部太仓银库交收，作正支销。及咨都察院刊榜于各门张挂，若各司官攒人等仍前侵收滥税，听巡城御史并本部委官及缉事衙门访拿究治。仍行巡视东城监察御史行提都税司大使杨凤，吊取顺天府及该司节年收税卷簿，各所官逐一查勘，有无该府前项批准抽取梨税缘由，节年收过梨若干车，每车照何则例税银若干，共该银若干，作何支用，其有通同冒破、支销不明等项情弊，务究的确，应拿问者径自拿问，应参奏者明白奏请定夺等因。题奉圣旨：是。钦此。

今该前因，查呈到部，看得本部委官主事朱旒呈称，崇文门分司应税货物除罗、缎等项及磁器、茶、糖照旧取课外，其贩卖瓜果商人，多系贫民小户，非若别项富商大贾可比。推车担担，冒雨冲风，力甚艰辛，利亦微薄，况当天气炎蒸之时，令俱赴司投税，地方远近〔不同〕，道路往返不便。乞要怜其物小微利，免其投税，到即发卖。其各门该进瓜果，俯赐除豁，统令供用衙门备办，或于该司进纳课钞内处补一节，为照崇文门宣课司，分当东南水之冲，货物缘由税有常额，自罗纱、缎匹，以至蔬菜、瓜果，景泰二年定有板榜则例，遵行已久。近因顺天府都税司大使杨凤违例私收课钞，非成条大货，该本部议拟，俱由崇文门照例投税，免其多科扰民。今委官主事朱旂呈称，小民艰辛，瓜果微（例）〔利〕，且天时炎热，不便往来，系干民情。相应议处，合无候命下，本部札行接管主事刘耕，将本门分司应税纱罗、缎匹等货并冬梨、干陈果品等物，遵依旧额，照例抽取课钞，以助国用。其小民将鲜瓜果蔬菜之类，听其随便发卖，俱免投税。仍出给告示于各门常川张挂，晓谕知悉，及严禁官吏巡拦人等不许阻挡，挟诈私取税钱。违者，许缉事衙门并五城地方拿送法司，从重问罪发落。其每年中秋及冬年二节，供用库该进瓜果，共该银二百六十九两六钱八分，仍令各该宣课司，预期将合用数目应支价钞，开具印信手本，径赴崇文门分司，于该进课钞内，照数支领，买办进用。庶供用不致有缺，而小民得以少宽矣，惟复别有定夺等因。嘉靖十年七月十三日具题，本月十五日奉圣旨：是。这时鲜瓜果、蔬菜，委系贫民小户，肩挑担负，度日营生。近来该门宣课司一例抽税，以致道路不便，天气炎暑，时物尽坏，岂体国恤民之意？本当查究重治，且都饶这遭，便着出给告示，于各门常川张挂晓谕，遇有这等货物，听其随便发卖，俱免投税。官吏巡拦人等，敢有阻（当）〔挡〕挟取税钱的，着缉事衙门、各该巡城御史拿送法司，从重治罪。其余依拟行。

《免征时鲜瓜果蔬菜税钱》

　　看得巡抚湖广都御史朱廷声题称，湖广宗藩数多，岁支禄米约有二十万石。虽先年立有定规，但中间本折加耗，多寡不同，以致征收解纳，增减互异，亏官损民，深为未便。乞要比照楚府则例，一体折银征解各王府所在府、州贮库，听各长史司教授按季造册关领一节，无非体国恤民之意。相应议处，合无候命下，本部仍咨都御史朱廷声，转行湖广布政司，将荆、襄、辽、寿等府及华阳、南渭、江川等郡王，并各将军、中尉、郡主、夫人、仪宾禄米，俱照楚府则例：亲王每石折银七钱六分三厘，郡王每石折银七钱，将军、中尉、郡主、夫人、仪（兵）〔宾〕每石折银五钱。坐派所属州县，照则征收，务要依期完足，煎倾成锭印封，就令管粮官督押原经收人役，解送各王府所在府、州交收，另项寄库，出给库收付缴。仍行令各该长史司教授，按季造册，领回分送应用。其吉、荣二府禄米，原奉钦赐圆头晚米五千石，常行禄米五千石，亦照原定折银则数，征解长沙、常德二府贮库，各长史司亦照前例造册关领，候年终，各府、州将支过银两数目，造册缴报布政司并管粮道。布政司总类，转解抚、按衙门，以备查考。其各该派征州、县，过期不完，就将管粮俸粮住支，立限征完解补。若经收人员多过取，及王府内外辅导等项人员敢有不行遵守，径行差人征扰，并勒取火耗使用者，听抚、按及守巡管粮等官，将有罪人犯擒拿到官，查照律例，从重问拟发落；干碍应参人员，径自指实参奏。其岷府亲王禄米，候袭封受爵之日，亦照前例施行。庶使〔事〕体归一而科征不扰，官民两便而奸弊可除矣。惟复别有定夺，伏乞圣裁等因。嘉靖八年十一月二十七日，本部尚书梁等具题。本月二十九日，奉圣旨：是。准议行。

《议处湖广王府禄米》

圣旨：霍韬所奏，足见留心边务。牙木兰纳居内地，奸谋罔测。这本所言，兵部逐一参详筹画，究极利害，务要计出万全，具奏定夺。勿得顾忌，以贻后患。边储屯种，户部看处来说。钦此。钦遵，抄出送司。伏睹《大明会典》内开：凡遇开中盐粮，务要量其彼处米价贵贱，道路远近险易，明白定夺则例，立案具奏，出榜给发各司、府、州并淮、浙等运司张挂，召商上纳。钦此。

又查得先该甘肃镇守太监李贵、总兵官任礼等题：甘肃等四处仓粮数少，要行开中盐粮。该本部议拟，将淮、浙、长芦运司正统七年分存积二分、盐课定立则例：宁夏仓上纳盐粮，淮盐每引米豆一石二斗，浙盐每引米豆一石，长芦盐每引米豆六斗。甘肃、永昌、镇番、镇夷四处仓，淮盐每引米豆一石，浙〔盐〕每引米豆八斗，长芦盐每引米豆四斗。已于正统七年七月十三日奏准通行，召商中纳外，又为措处边储事，该提督军务巡抚陕西都御史项忠题，该本部议拟将各年存积淮、浙引盐，淮盐量定每引米五斗、豆二斗，浙盐每引米二斗五升、豆一斗二升，仍行本官召商中纳支盐等因。成化三年二月十八日具题。奉宪宗皇帝圣旨：是。钦此。

《议处边储屯种》

《军政条例类考》

（明）霍冀辑　明嘉靖三十一年刻本

天下卫所，照依原定则例，督匠按季成造军器。完日，会原办物料有司掌印官员，查点见数，如法试验。堪中，仍用油漆调朱，于点过军器背面，书写某卫、某所、某年、某季成造字样。候至五年，本部通行各该巡按御史查盘。若各该卫所官旗人等仍前侵欺物料，以致缺料成造，及不如法者，将指挥、千百户各降一级叙用，不许管事。旗甲人等，各发极边卫分充军。成化二年。

卷一《军卫条例·成造军器》

《读律琐言》

（明）雷梦麟撰　明嘉靖四十二年徽州府歙县知县熊秉元重刻本

原行赎罪则例

答一十

在京，做工一个月

纳米五斗；

运灰一千二百斤，折银一两八分；

运砖七十个，折银三钱；

运水和炭二百斤，折银五钱；

运石一千二百斤。

在外

　　有力：纳米五斗，折谷七斗五升，折银二钱五分；

　　稍有力：纳工价银三钱；

　　赎罪：钞二百贯，兼收钞一百贯；钱三十五文，折银一钱；

　　收赎：钞六百文，折银七厘五毫。

笞二十

在京，做工一个月零十五日

　　纳米一石；

　　运灰一千八百斤，折银一两六钱二分；

　　运砖一百五个，折银六钱；

　　运炭三百斤，折银七钱五分；

　　运石一千八百斤。

在外

　　有力：纳米一石，折谷一石五斗，折银五钱；

　　稍有力：纳工价银四钱五分；

　　赎罪：钞三百贯，兼收钞一百五十贯；钱七十文，折银二钱；

　　收赎：钞一贯二百文，折银一分五厘。

笞三十

在京，做工二个月

　　纳米一石五斗；

　　运灰二千四百斤，折银二两一钱六分；

　　运砖一百四十个，折银九钱；

　　运炭四百斤，折银一两；

　　运石二千四百斤。

在外

　　有力：纳米一石五斗，折谷二石二斗五升，折银七钱五分；

　　稍有力：纳工价银六钱；

　　赎罪：钞四百五十贯，兼收钞二百二十五贯；钱一百五文，折银三钱；

收赎：钞一贯八百文，折银二分二厘五毫。

笞四十

在京，做工二个月零十五日

纳米二石；

运灰三千斤，折银二两七钱；

运砖一百七十五个，折银一两二钱；

运炭五百斤，折银一两二钱五分；

运石三千斤。

在外

有力：纳米二石，折谷三石，折银一两；

稍有力：纳工价银七钱五分；

赎罪：钞六百贯，兼收钞三百贯；钱一百四十文，折银四钱；

收赎：钞二贯四百文，折银三分。

笞五十

在京，做工三个月

纳米二石五斗；

运灰三千六百斤，折银三两二钱四分；

运砖二百一十个，折银一两五钱；

运炭六百斤，折银一两五钱；

运石三千六百斤。

在外

有力：纳米二石五斗，折谷三石七斗五升，折银一两二钱五分；

稍有力：纳工价银九钱；

赎罪：钞七百五十贯，兼收钞三百七十五贯；钱一百七十五文，折银五钱；

收赎：钞三贯，折银三分七厘五毫。

杖六十

在京，做工四个月：

纳米六石；

运灰四千二百斤,折银三两七钱八分;

运砖二百四十五个,折银一两八钱;

运炭七百二十斤,折银一两八钱;

运石四千二百斤。

在外

有力:纳米六石,折谷九石,折银三两;

稍有力:纳工价银一两二钱;

赎罪:钞一千四百五十贯,兼收钞七百二十五贯;钱二百一十文,折银六钱;

收赎:钞三贯六百文,折银四分五厘。

杖七十

在京,做工四个月零十五日:

纳米七石;

运灰四千八百斤,折银四两三钱二分;

运砖二百八十个,折银二两一钱;

运炭八百二十斤,折银二两五分;

运石四千八百斤。

在外

有力:纳米七石,折谷十石五斗,折银三两五钱;

稍有力:纳工价银一两三钱五分;

赎罪:钞一千六百五十贯,兼收钞八百二十五贯;钱二百四十五文,折银七钱;

收赎:钞四贯二百文,折银五分二厘五毫。

杖八十

在京,做工五个月:

纳米八石;

运灰五千四百斤,折银四两八钱六分;

运砖三百一十五个,折银二两四钱;

运炭九百二十斤,折银二两三钱;

运石五千四百斤。

在外

 有力：纳米八石，折谷十二石，折银四两；

 稍有力：纳工价银一两五钱；

 赎罪：钞一千八百五十贯，兼收钞九百二十五贯；钱二百八十文，折银八钱；

 收赎：钞四贯八百文，折银六分。

杖九十

在京，做工五个月零十五日：

 纳米九石；

 运灰六千斤，折银五两四钱；

 运砖三百五十个，折银二两七钱；

 运炭一千二十斤，折银二两五钱五分；

 运石六千斤。

在外

 有力：纳米九石，折谷十三石五斗，折银四两五钱；

 稍有力：纳工价银一两六钱五分；

 赎罪：钞二千五十贯，兼收钞一千二十五贯；钱三百一十五文，折银九钱；

 收赎：钞五贯四百文，折银六分七厘五毫。

杖一百

在京，做工六个月

 纳米十石；

 运灰六千六百斤，折银五两九钱四分；

 运砖三百八十五个，折银三两；

 运炭一千一百二十斤，折银二两八钱；

 运石六千六百斤。

在外

 有力：纳米十石，折谷十五石，折银五两；

稍有力：纳工价银一两八钱；

赎罪：钞二千二百五十贯，兼收钞一千一百二十五贯；钱三百五十文，折银一两；

收赎：钞六贯，折银七分五厘。

杖六十徒一年

在京

纳米一十五石：

运灰一万二千斤，折银十两八钱；

运砖六百个，折银四两；

运炭一千七百斤，折银四两二钱五分；

运石一万二千斤。

在外

有力：纳米一十五石，折谷二十二石五斗，折银七两五钱；

稍有力：纳工价银三两六钱；

收赎：钞一十二贯，折银一钱五分。

杖七十徒一年半

在京

有力纳米二十石：

运灰一万八千斤，折银十六两二钱；

运砖九百个，折银六两；

运炭二千六百斤，折银六两五钱；

运石一万八千斤。

在外

有力：纳米二十石，折谷三十石，折银十两；

稍有力：纳工价银五两四钱；

收赎：钞一十五贯，折银一钱八分七厘五毫。

杖八十徒二年

在京

纳米二十五石：

运灰二万四千斤，折银二十一两六钱；

运砖一千二百个，折银八两；

运炭三千五百斤，折银八两七钱五分；

运石二万四千斤。

在外

有力：纳米二十五石，折谷三十七石五斗，折银十二两五钱；

稍有力：纳工价银七两二钱；

收赎：钞一十八贯，折银二钱二分五厘。

杖九十徒二年半

在京

有力纳米三十石：

运灰三万斤，折银二十七两；

运砖一千五百个，折银十两；

运炭四千四百斤，折银一十一两；

运石三万斤。

在外

有力：纳米三十石，折谷四十五石，折银一十五两；

稍有力：纳工价银九两；

收赎：钞二十一贯，折银二钱六分二厘五毫。

杖一百徒三年

在京

有力纳米三十五石：

运灰三万六千斤，折银三十二两四钱；

运砖一千八百个，折银十二两；

运炭五千三百斤，折银一十三两二钱五分；

运石三万六千斤。

在外

有力：纳米三十五石，折谷五十二石五斗，折银十七两五钱；

稍有力：纳工价银十两八钱；

　　　　收赎：钞二十四贯，折银三钱。

流二千里

　　　　收赎：钞三十贯，折银三钱七分五厘。

流二千五百里

　　　　收赎：钞三十三贯，折银四钱一分二厘五毫。

流三千里

　　　　收赎：钞三十六贯，折银四钱五分。

总徒四年

　　在京

　　　　有力纳米四十石：

　　　　运灰四万二千斤，折银三十七两八钱；

　　　　运砖二千一百个，折银十四两；

　　　　运炭六千二百斤，折银一十五两五钱；

　　　　运石四万二千斤。

　　在外

　　　　有力：纳米四十石，折谷六十石，折银二十两；

　　　　稍有力：纳工价银十四两四钱；

　　　　收赎：钞三十六贯，折银四钱五分。

准徒五年

　　在京

　　　　有力纳米五十石：

　　　　运灰六万四千二百斤，折银五十七两七钱八分；

　　　　运砖三千二百个，折银十六两；

　　　　运炭九千斤，折银二十二两五钱；

　　　　运石六万四千二百斤。

　　在外

　　　　有力：纳米五十石，折谷七十五石，折银二十五两；

　　　　稍有力：纳工价银一十八两；

　　　　收赎：钞四十二贯，折银五钱二分五厘。

过失杀

依律收赎：钞四十二贯内，钞八分该钞三十三贯六百文，钱二分该钱八千四百文。在外，钱钞不行去处，钱照钞关事例，每钱七文折银一分，共银一十二两；钞照收赎事例，每钞一贯折银一分二厘五毫，该银四钱二分，共该收赎银一十二两四钱二分，给付其家。

附录

徒限内老疾收赎则例

杖六十徒一年

全赎钞一十二贯。杖六十该钞三贯六百文，徒一年该钞八贯四百文。每一月该钞七百文，每日二十三文三分三厘。每杖一下该徒六日，十下六十日，六十下三百六十日，即一年也。若犯人限内老疾，每役过一月，除钞七百文；一日，除钞二十三文三分三厘。

杖七十徒一年半

全赎钞一十五贯。杖七十该钞四贯二百文，徒一年半该钞十贯八百文。每月该钞六百文，每日二十文。每杖一下该徒七日八时五刻，十下七十七日一时，七十下五百四十日，即一年半也。若犯人限内老疾，每役过一月，除钞六百文；一日，除钞二十文。

杖八十徒二年

全赎钞一十八贯。杖八十该钞四贯八百文，徒二年该钞一十三贯二百文。每月该钞五百五十文，每日一十八文三分三厘三毫四丝。每一下该徒九日，十下九十日，八十下七百二十日，即二年也。若犯人限内老疾，每役过一月，除钞五百五十文；一日，除钞一十八文三分三厘三毫四丝。

杖九十徒二年半

全赎钞二十一贯。杖九十该钞五贯四百文，徒二年半该钞一十五贯六百文。每月该钞五百二十文，每日一十七文三分三厘三毫四丝。每一下徒一十日，十下一百日，九十下九百日，即二年半也。若犯人限内老疾，每役过一月，除钞五百二十文；一日，除钞一十七文三分三厘三毫四丝。

杖一百徒三年

全赎钞二十四贯。杖一百该赎钞六贯，徒三年该赎钞一十八贯。每月该钞五百文，每日一十六文六分七厘。每一下徒十日九时五刻，十下一百八日，一百下一千八十日，即三年也。若犯人限内老疾，每役过一月，除钞五百文；一日，除钞一十六文六分七厘。

总徒四年，准三流之数，并杖一百

共折钞三十六贯。除杖一百准钞六贯，徒四年止折钞三十贯。每一年折钞七贯五百文，每月折钞六百二十五文，每日折钞二十文八分。若犯人限内老疾，除决过一百准钞六贯，每役过一月，除钞六百二十五文；每日，除钞二十文八分。

杂犯死罪准徒五年

折钞四十二贯。每年折钞八贯四百文，每月折钞七百文，每日折钞二十三文三分。若犯人限内老疾，每役过一月，除钞七百文；一日，除钞二十三文三分。

附录

《嘉隆新例》

（明）张卤辑　明万历刻本

万历三年七月，户部题申旧例案，查先该本部覆议题准，有王府处所，凡遇催征禄粮，夏税限七月终，秋粮限十二月终，尽数完解。如有过限不完者，巡按御史查照完粮分数则例，从重参奏提问。以后悉如例限完解。

《户例》

嘉靖七①年月，刑部题奉钦依，旧制犯罪之人止有有力、无力之条，近来复有颇有力、稍有力、稍次有力之例。等级悬绝，奸弊益甚，合查照旧例有力无力之外，仍存稍有力一例，以便酌处，其余颇有力及稍次有力一

---

① 原书无"七"字，据《嘉靖新例》载《赎罪收赎钱钞则例》补。

切禁革，通行两京及在外问刑大小衙门，一体遵守。不许仍前混引，次滋奸弊。附录纳赎则例。

旧例

无力

杖罪的决；徒罪免杖，摆站瞭哨。

有力

笞一十：纳米五斗，折谷一石，价银二钱五分。

笞二十：纳米一石，折谷二石，价银五钱。

笞三十：纳米一石五斗，折谷三石，价银七钱五分。

笞四十：纳米二石，折谷四石，价银一两。

笞五十：纳米二石五斗，折谷五石，价银一两二钱五分。

杖六十：纳米六石，折谷一十二石，价银三两。

杖七十：纳米七石，折谷一十四石，价银三两五钱。

杖八十：纳米八石，折谷一十六石，价银四两。

杖九十：纳米九石，折谷一十八石，价银四两五钱。

杖一百：纳米一十石，折谷二十石，价银五两。

杖六十，徒一年：纳米一十五石，折谷三十石，价银七两五钱。

杖七十，徒一年半：纳米二十石，折谷四十石，价银十两。

杖八十，徒二年：纳米二十五石，折谷五十石，价银一十二两。

杖九十，徒二年半：纳米三十石，折谷六十石，价银一十五两。

杖一百，徒三年：纳米三十五石，折谷七十石，价银一十七两五钱。

总徒四年：纳米四十石，折谷八十石，价银二十两。

准徒五年：纳米五十石，折谷一百石，价银二十五两。

稍有力

笞一十：纳工价银三钱。

笞二十：纳工价银四钱五分。

笞三十：纳工价银六钱。

笞四十：纳工价银七钱五分。

笞五十：纳工价银九钱。

杖六十：纳工价银一两二钱。

杖七十：纳工价银一两三钱五分。

杖八十：纳工价银一两五钱。

杖九十：纳工价银一两六钱五分。

杖一百：纳工价银一两八钱。

杖六十，徒一年：纳工价银三两六钱。

杖七十，徒一年半：纳工价银五两四钱。

杖八十，徒二年：纳工价银七两二钱。

杖九十，徒二年半：纳工价银九两。

杖一百，徒三年：纳工价银十两八钱。

总徒四年：纳工价银十四两四钱。

准徒五年：纳工价银十八两。

老幼废疾并工乐户妇人无力决杖一百之外，余罪收赎则例

笞一十：钞六百文，折银七厘五毫。

笞二十：钞一贯二百文，折银一分五厘。

笞三十：钞一贯八百文，折银二分二厘五毫。

笞四十：钞二贯四百文，折银三分。

笞五十：钞三贯，折银三分七厘五毫。

杖六十：钞三贯六百文，折银四分五厘。

杖七十：钞四贯二百文，折银五分二厘五毫。

杖八十：钞四贯八百文，折银六分。

杖九十：钞五贯四百文，折银六分七厘五毫。

杖一百：钞六贯，折银七分五厘。

杖六十，徒一年：钞十二贯，折银一钱五分。

杖七十，徒一年半：钞十五贯，折银一钱八分七厘五毫。

杖八十，徒二年：钞十八贯，折银二钱二分五厘。

杖九十，徒二年半：钞二十一贯，折银二钱六分二厘五毫。

杖一百，徒三年：钞二十四贯，折银三钱。

杖一百，流二千里：钞三十贯，折银三钱七分五厘。

杖一百，流二千五百里：钞三十三贯，折银四钱一分二厘五毫。

杖一百，流三千里：钞三十六贯，折银四钱五分。

斩、绞：纳钞四十二贯，折银五钱二分五厘。

命妇及军职正妻并妇人有力及工乐户照例纳赎。

笞一十：钞一百五十贯，折钱七十文，折银一钱。

笞二十：钞三百贯，折钱一百四十文，折银二钱。

笞三十：钞四百五十贯，折钱二百一十文，折银三钱。

笞四十：钞六百贯，折钱二百八十文，折银四钱。

笞五十：钞七百五十贯，折钱三百五十文，折银五钱。

杖六十：钞一千四百五十贯，折钱四百二十文，折银六钱。

杖七十：钞一千六百五十贯，折钱四百九十文，折银七钱。

杖八十：钞一千八百五十贯，折钱五百六十文，折银八钱。

杖九十：钞二千五十贯，折钱六百三十文，折银九钱。

杖一百：钞二千二百五十贯，折钱七百文，折银一两。

杖六十，徒一年：决杖一百，纳赎钞银一两，余罪收赎，钞六贯，折银七分五厘。

杖七十，徒一年半：决杖一百，纳赎钞银一两，余罪收赎，钞九贯、折银一钱一分二厘五毫。

杖八十，徒二年：决杖一百，纳赎钞银一两，余罪收赎，钞一十二贯，折银一钱五分。

杖九十，徒二年半：决杖一百，纳赎钞银一两，余罪收赎，钞一十八贯，折银二钱二分五厘。

杖一百，流二千里：决杖一百，纳赎钞银一两，余罪收赎，钞二十四贯，折银三钱。

杖一百，流二千五百里：决杖一百，纳赎钞银一两，余罪收赎，钞二十七贯，折银三钱三分七厘五毫。

杖一百，流三千里：决杖一百，纳赎钞银一两，余罪收赎，钞三十贯，折银三钱七分五厘。

过失杀人，依律收赎钞四十二贯，内钞八分，该三十三贯六百文，每八贯折银一钱，共银四钱二分；铜钱二分，该八千四百文，每七百文折银一两，共银一十二两，二项通共银一十二两四钱二分。

《户例》

《盐法条例》

（明）不著撰者　明万历十三年刻本

万历十年二月内，奉钦差巡按直隶监察御史任案验，为盐场地方叠遭异常灾变，恳乞天恩速赐赈恤以活灶命、以重国课事。……又据两淮运司经历司呈，准本司照会，该蒙淮扬海防兵备道节行查勘过盐场被灾灶丁数目，内称通州分司所属丰利等十场，共极贫灶丁一万一千八十七丁，次贫灶丁五百七十六丁，淹死男妇五百七十九丁口，淹消各年盐课四万四千三百一十八引零。泰州分司所属富安等十场，共极贫灶丁二万九千九百一十九丁，次贫灶丁二千二百七十九丁，淹死男妇一千八百七十七丁口，淹消各年盐课一十四万三千一百一十四引零。淮安分司所属白驹等十场，共极贫灶丁一万九千四百一十二丁，次贫灶丁六百二十九丁，淹死男妇二百一十五丁口，淹消各年盐课六万一千四百二十四引零。各被灾伤委为极重，较与往岁特异，若不亟为拯恤则，见在之灶丁不免逃亡，而将来之额课其谁与办？兴言及此，诚可深虑！及查上年赈济卷内，极贫每丁给银一钱五分，次贫每丁给银一钱，淹死者每名给家属埋葬银五钱。今查各场淹死者太多，相应量减，每名给家属银三钱；其极贫、次贫丁口，仍照上年则例，共算该银一万二百一十二两四钱。备呈到臣。查得滨海州县及盐场同时被灾缘由，先该巡抚都御史凌、巡按御史陈、会勘的确，具题讫。有司饥民已发府州县仓谷给赈，而盐场灾灶未经蠲恤，待臣议处。臣初到地方，道司之申呈叠至，穷灶之告诉接踵。臣伏思民灶皆赤子也，又皆同时被灾也。灾伤百姓，今春蒙皇上加纳辅臣之奏，发银四万两以赈之，近复允改折之请，发预备之粟，是百姓沾浩荡之恩矣。

《增修条例备考》

(明) 翁汝遇等辑，(明) 史继辰等校定　明万历刻本

议给水脚则例

万历九年四月内户部题，为类报解官不明乞赐查究以重国计事，覆江西巡抚都御史王、巡按御史陈题：报本省扛解银两，先因议行条编尽已裁革，惟有水脚每两征银三分，后议减七厘，止征银二分三厘。如系起解内府金花银两，每两给水脚银一分八厘，扣存五厘；如系太仓等库银两，每两给水脚银八厘，扣存一分五厘，每年约有扣存银五千五百四十余两；如起解税契赃罚等银，原未派有水脚，每遇起解，即于此银内处给。稍有赢余，留备造解御器及科举不敷支用。本部覆议得：该省水脚银两，酌议已妥，合行该抚、按照数派征，著为定例，以后不许再行加增。奉圣旨：是。钦此。

《户部》卷二

灾伤改折银数则例

万历十五年三月内户部题，为国计民生公私交绌隐忧可虞申末议以仰裨万一事，覆刑科左给事中张栋条陈：要将灾伤起运钱粮，不分正兑改兑，每石折银五钱。该本部看得：漕粮岁额四百万石内，河南、山东各改折七万石，内二万石每石折银八钱，五万石每石折银六钱；湖广改折每石折银七钱。此旧制也。嗣后各省直灾伤，照例量加折衷具奏，每石正兑七钱，改兑六钱。若不分正改通为五钱，而岁漕四百万之本色必不可复。相应酌行各该抚按官，以后遇有灾伤，据实申呈，巡抚奏报，巡按勘实。如果被灾八分以上，不分正改，每石折银五钱；被灾七分以下者，仍照议单正兑折七钱，改兑折六钱。不愿者，听其折银，务与米一齐完解。如有逋缓，抚按及监兑官指名参奏。奉圣旨：依议行。钦此。

《户部》卷二

酌议派征粮差则例

一、万历十六年七月内户部题，为仰体宸衷亲目击地方十分穷困，敬陈刍荛，恳乞圣明采择以图实政以惠元元事。该直隶巡按李天麟条陈，本部议，行各抚按官，责令道府将各州县粮差尽数查出，有合丁地派征者，有分丁地派征者，各从民便。总计各州县丁地通融计算，每地一亩，出银若干；每人一丁，出银若干。如丁地有等则者，务要分析明白，各给印信由票一张，照数办纳。若收簿与派簿不同，派簿与由票互异者，即行重究。其或遇例蠲免，奉文加征者，另行出示晓谕。至于投柜，严行禁革。惟掌印官较定法马厘等，令各纳户查照由票，与大户自秤自收。如有分外多索者，许花户即行禀究，收完即令大户自倾起解。敢有既派大条鞭又派小条鞭，既征银力二差，又用里甲及透支预派者，听各抚按从重参治。奉圣旨：是。钦此。

《户部》卷二

输银助边升赏则例

一、万历十八年十月内户部题，为感天恩遇急输财少助边饷事。题奉钦依，定拟助济边饷则例：如内外见任官有如序班张以述，输银一千两者，止升一级；二千两者，升二级；三千以上者，升三级。监生礼部冠带食粮儒士输如前例者，各就应选资格升级。其候选未及期曾经纳级，亦照前例升级。吏部查照应升职衔预行题授，待各选期已及查缺选补，各给银自行建坊旌表。其不系见任官输纳银者，本部参酌见任官例，题请优处义民，输银助边，与助赈例相同。然输银与输谷，多寡悬殊，亦应比输谷例稍加优异。以上或自具奏，或呈抚按具题。凡见任内外官升至三级而止，加衔至闲散五品而止。其输银五千以上至万两者，照史际例临时从优酌处，取自上裁，非可为例。奉圣旨：是。这升赏则例，依拟行。钦此。

《户部》卷三

弓箭弦条折价〔则例〕

一、嘉靖元年八月内工部题，为除积弊以革侵欺事。该巡按江西御史程启充奏，称岁办弓箭弦条，南北风土不同。江西弓箭解角，筋开漆脱，箭镞不利，翎叶披离，弦腹柔脆，一挽辄断。乞要比照京价，定为额例，行令办解赴部团局成造。本部覆议：解纳折价，每弓一张，该银六钱二分；箭一枝，银三分；弦一条，银五分，照数支解。局匠比照班匠则例，每名每季征银一两八钱，差委的当人员，每年上半年限六月内，下半年限十二月内，解部收贮，着落军器局匠作逐年带造。如该局人匠不敷，就将前项匠价并物料价内相兼，雇觅高艺匠作造完，随同年例军器，奏请科道等官，会同试验，送库交收备用。仍照成化、弘治、正德年间事例，俱以三年为率。如果弓箭有堪用之利，匠吏无侵欠之弊，经久可行，另议题请，以为定例。题奉钦依：通行。遵照。

《工部》卷一

《吏部职掌》

(明）张瀚纂，(明）宋启明增补　明天启刻本

隆庆四年三考，江西巡按御史王君赏题：该户部覆准议，将各司府州县遵依减，定积谷则例：如十里以下岁积谷一千石，二十里以下一千三百石，三十里以下一千六百石，五十里以下二千石，一百里以下二千五百石，二百里以下三千石，三百里以下三千五百石，四百里以下四千石，五百里以下四千五百石，六百里以下五千石，七百里以下五千五百石，八百里以下六千石。及数者照例旌奖，不及数者指名参治。如遇各官考满到部，行户部查明，回日发落。

《查粮通例》

《皇明诏制》

(明）孔贞运等辑　明崇祯七年重刻本

正德十六年四月二十二日诏令

一、工部供应内府各监局内官内使人等年例、柴薪、靴料、皮张、冬

衣、铺陈、纻丝、绫绸、纱罗等项，近年以来增添数倍，该部往往借贷别项官钱辏用，动经数万，累及官民，终非经久之计。着司礼监会同该部，查照永乐至天顺年间人员数目关给则例，通融处置。除见有本色物件外，不敷之数，将近年抄没犯人赃物银两，两平估折，相兼俵散，准作正德十五、十六年年例之数，少宽民力。

卷七《即位大赦天下诏》

嘉靖六年二月十三日诏令

一、皇庄及功臣田土该征钱粮，照例折银，中间有应分豁者，即与分豁。原征本色租粮，其后一概征银三分。比旧加倍者，宜照旧征租粮。安陆州庄田租银，亦照附近则例，量为减免。

卷七《灾变宽恤诏》

《新刻校正音释词家便览萧曹遗笔》
（明）豫人闲闲子订注　清道光二十五年刻本

纳纸则例 纳纸则例有四，有上官纸，下官纸，告纸，民纸，其价有差等。

一、凡真犯死罪，强盗、窃盗、充军、逃军、逃囚、逃匠，四处为民，逃回抄札人口，各有本等，俱免纸。

一、文武官、监生、生员、吏典、知印、承差、僧道、钦天监天文生、太医院医生、里老人、粮长、职官正妻、总旗、应袭舍人，俱纳官纸。其余军民人等有状者，皆纳告纸。无状者，皆纳民纸。无罪供明者，纳纸。省发者，免纸宁家。

一、凡原告只一人，系交官纸。每名该银二钱五分，上官交银三钱。

一、凡被告或非一人，系交官纸。每名该银一钱二分五厘，上官交银一钱五分。

一、凡诉状之人，亦同原告，交官纸。

（三）《明实录》所载则例辑佚

《明太祖实录》

《明太宗实录》

《明仁宗实录》

《明宣宗实录》

《明英宗实录》

《明宪宗实录》

《明孝宗实录》

《明武宗实录》

《明世宗实录》

《明穆宗实录》

《明神宗实录》

《明熹宗实录》

《明太祖实录》

〔洪武二十六年春正月〕癸丑，户部奏定云南乌撒中盐则例：凡输米一斗五升给浙盐一引，输米二斗给川盐，输米一石八斗给安宁井盐，输米一石六斗给黑盐井盐。

卷二二四

《明太宗实录》

〔永乐十六年春正月〕戊寅，升陕西布政司左参政郭（敏）〔敦〕为行在礼部右侍郎。交址布政司言：初定交址，新附军储不敷，奏准开中四川、河东、云南、福建盐粮。时米价甚贵，度地远近定拟则例，每引有米一斗五升者，二斗五升者，至三斗四斗者。今连岁丰稔，米价甚贱，若依原定则例，实为亏官。今计议：（久）〔乂〕安、新平二府仓，中（给）纳河东、陕西运司盐每引〔米〕二斗五升，福建米三斗，云南黑盐、安宁二井米四斗，白盐井、五（斗）〔井〕米三斗五升，四川本司各井米二斗五升，仙泉十八井米三斗五升。建平、清化二县府仓，中纳河东、陕西运司盐每引米三斗，福建米三斗五升，云南黑盐、安宁二井米四斗五升，白盐井、五井米四斗，四川本〔司〕各井米三斗，仙泉十八井米四斗。交州、新安、谅江三府仓，中纳河东、陕西运司盐每引米三斗五升，福建米四斗，云南黑盐、安宁二井米五斗，白盐、五井米四斗五升，四川本司各井米三斗五升，仙泉十八井米四斗五升。上从其议，命所司行之。

卷一九六

《明仁宗实录》

〔永乐二十二年九月癸酉〕以钞法不通，定用钞中盐则例。初，上谕户部尚书夏原吉曰：钞法阻滞，盖由散出太多，宜设法广敛之。民间钞少，将自通矣。其议所以敛之之（通）〔道〕。原吉对曰：敛之易者，莫若许有钞之家中盐。上曰：此可一时权宜耳，俟钞法通即止，然必稍宽为则（利）〔例〕，而后人皆趋向。遂命原吉及吏部尚书蹇义等定各处中盐例，各（咸）〔减〕旧十四。于是原吉等奏：沧州盐每引钞三百贯，河南、山东每引百五十贯，福建、广东每引百贯。输钞不问新旧，支盐不拘资次。上曰：然。其速行之。

卷二上

《明宣宗实录》

〔宣德五年夏四月己卯〕行在户部奏定各处中纳盐粮则例：京仓云南、安宁等井盐每引米五斗；宣府卫仓淮、浙盐每引三斗五升，山东、福建盐每引二斗，河间、长芦盐每引四斗，四川、广东盐每引二斗；山海卫仓淮、浙盐每引三斗五升，山东、福建盐每引二斗，河间、长芦盐每引四斗；甘肃卫仓淮、浙盐每引米豆麦四斗。宁夏卫仓灵州盐课司小盐池盐，若陕西、山西所属客商，每引米麦四斗五升，宁夏卫并所属客商米六斗。又奏定独石开中盐粮例：淮、浙盐每引米二斗五升，山东、福建、河东、广东、四川盐俱一斗五升，云南安宁等井盐三斗。初，阳武侯薛禄言，立赤城等处城堡，宜广储积，于独石开中盐粮。遂命户部议，至是议奏。俱从之。

卷六五

〔宣德六年十一月丙子〕行在户部定官军兑运民粮加耗则例。先是，平江伯陈瑄言：江南民运粮赴临清等仓，若与官军兑运加耗与之，民免劳苦，得以务农，军亦少有赢利。命侍郎王佐往淮安与瑄等再议，以为可行。上复命群臣议。至是，吏部尚书蹇义等议奏：其法实便军民。加耗之例：请每石湖广八斗，江西、浙江七斗，南直隶六斗，北直隶五斗；民有运至淮安兑与军运者，止加四斗。如有兑运不尽，令民运赴原定官仓交纳；不愿兑者，听自运官军补数不及，仍于（杨）〔扬〕州卫所备倭官军内摘拨。其宣德六年以前军告漂流运纳不足者，不为常例，许将粟、米、黄黑豆、小麦抵斗，于通州上仓。军兑民粮，请限本年终及次年正月完就出通关，不许迁延，妨误农业。其路远卫所，就于本都司填给勘合。从之。

卷八四

〔宣德八年六月〕丁亥，行在户部奏松潘中纳盐粮则例：四川盐每引四斗，淮、浙盐每引二斗五升，河间、长芦盐每引三斗，山东、福建、河东、广东盐每引一斗五升。时总兵官陈怀奏：松潘险远，粮饷不足，馈运甚难，请减轻旧例，召商中纳，以足军食。从之。故定此例。

卷一〇三

〔宣德九年八月〕壬申，行在户部奏：辽东广宁卫地临极边，宜积军饷，请召商于本卫仓纳粮，不拘资次，于淮、浙等处支盐。其开中则例：淮、浙盐每引米豆五斗，山东、河东、福建、广东、四川盐，俱二斗。从之。

卷一一二

《明英宗实录》

〔宣德十年十二月己亥〕定中盐运粮则例。赤城堡：中淮、浙、长芦盐，每引一石；四川、福建、山东、河东盐，每引五斗。哨马营：中淮、浙、长芦盐，每引九斗五升；四川、福建、山东、河东盐，每引四斗七升。独石：中淮、浙、长芦盐，每引九斗；四川、福建、山东、河东盐，每引四斗五升。皆不拘资序支给。

卷一二

〔正统元年九月甲午〕攒运粮储总兵官及各处巡抚侍郎至京，会议军民利便事宜以闻。一、运粮官军兑运各处民粮来京输纳加耗则例：湖广、江西、浙江每石六斗五升，南直隶五斗五升，江北扬州、淮安、凤阳四斗五升，徐州四斗，山东、河南三斗；若民人自运至淮安、瓜州等处兑与军运者三斗。正粮尖斛，耗粮平斛。务令军士装载原兑干圆、洁净粮输纳，抵易粗粝者罪之。民不愿兑，令自运至临清仓纳。……一、运粮总兵官巡抚侍郎，正统二年俱于八月赴京议事，上命俱准行之。其差拨官员，必遴选公廉干济之人以往，毋使因而扰民。违者，必罪不宥。

卷二二

〔正统三年二月〕己未，山东布政司右参政刘琏奏：独石、马营、云州俱系极边，军马岁用粮料浩大，倘遇警急，别调军马粮料不给，乞于三处量定则例，召商中纳盐粮。奏下，行在户部言：惟马营粮料数少，宜召商中纳盐、粮、米、麦、豆相兼。从之。

卷三九

〔正统七年春正月〕庚寅，定在京宣课、都税二司税钞则例。先是，二司收课钞则例不一，奸弊猬生，户部主事王澍以为言。事下顺天府，议定则例：每季段子铺纳钞一百二十贯，油磨、糖、机粉、茶食、木植、剪（截）〔裁〕、绣作等铺三十六贯，余悉量货物取息及工艺受直多寡取税。从之。

卷八八

〔正统八年冬十月〕辛亥，定陕西沿边中盐则例。先是，户部奏准，正统六年关给中盐勘合，未曾上粮者住中。至是，陕西按察司副使傅吉言：旧召商李恭等收籴米麦三千余石，运至宁夏，僦屋安顿月久，未与收受。宜令其上粮支盐，公私两便。况河东、灵州二处，盐俱系天产，不费人力。

今若住中，积盐何用？于是户部议：令沿边处所，仍旧召商开中。中河东、山东、福建、广东、海北盐者，甘肃等仓纳粮，每引一斗五升；宁夏、延安、绥德、大同、宣府、万全等仓，每引二斗；辽东等仓，每引二斗五升。中灵州盐者，宁夏、延安、绥德等仓，每引一斗五升。从之。

卷一〇九

〔正统十年九月〕丙申，增定边等卫中盐纳马则例：每上马一匹，盐一百二十引；中马一匹，盐一百引。先是户部定：上马一百引，中马八十引。盐商以道路险远，中纳者少。总兵官都督黄真以为言，故增之。

卷一三三

〔正统十三年五月癸卯〕定云南腾冲卫指挥司中纳盐粮则例。时调发官军招抚征剿贼子思机发，命户部右侍郎焦宏预备粮储。宏等议：腾冲官仓积粮数少，乞召盐商纳粮。两淮并四川上流九井、云南安宁井盐，每引纳米四斗；两浙并四川仙泉井盐，每引三斗五升；云南五井，乞引六斗；黑、白二井，每引五斗。从之。

卷一六六

〔正统十四年冬十月己酉〕定运米则例。通州运至京仓，杂犯斩绞三百六十石；三流并杖一百、徒三年者，二百八十石；余四等递减四十石，杖每一十八石，笞每一十四石。通州运至居庸关、隆庆卫等仓，杂犯斩绞九十石；三流并杖一百、徒三年，七十石；余四等递减十石，杖每一十二石，笞每一十一石。

卷一八四

〔景泰元年六月己卯〕谕户部臣曰：今西北用兵，朝廷旰食，大同诸处粮用尤艰。尔户部即榜示天下，晓谕军民人等，定与则例，令于山西代州纳米中盐。有能自备脚力于临清领粮运赴代州，至三百石者，即与冠带；二百石者，给敕旌异，复役三年。于是，户部定中盐则例：两淮盐每引米八斗，两浙盐六斗，长芦盐三斗，河东盐二斗。俱不次支给。

卷一九三

〔景泰元年秋七月辛酉〕巡抚贵州大理寺右寺丞王恂奏：贵州龙里等卫被贼攻围日久，将士饥馁，请令湖广、四川、云南、贵州罪人，俱发贵州各卫纳米，以济一时之用。事下，户部议：贵州囚犯已有减轻纳米则例，宜令湖广、四川、云南囚犯，俱准例赴贵州纳赎。从之。

卷一九四

〔景泰元年八月乙酉〕先是，湖广五开、清浪、偏桥等处苗贼生发，调军征剿，粮储不给。巡抚大理寺卿蔡锡奏，乞轻减中盐则例，召商于清浪等卫仓纳米。事下，户部议：中云南白盐井盐，每引纳米一石二斗，比原则减三斗；安宁、四川上流等井盐，每引纳米一石；仙泉井盐，每引纳米八斗，比原则减二斗。从之。

卷一九五

〔景泰元年十一月丁巳〕定纳粮冠带则例：大同二百五十石，山西四百石。

卷一九八

〔景泰二年十二月戊子〕提督辽东军务左都御史王翱言：辽海、三万、铁岭等卫粮储少积，欲开中盐粮。户部覆奏，宜量地远近斟酌则例：淮盐六万引，每引粟米六斗，黑豆二斗；浙盐三万引，每引粟米三斗，黑豆二斗，俱于辽（东）〔海〕卫上仓，以给本卫并三万卫。淮盐四万引，每引粟米（米）八斗，黑豆二斗；浙盐一万五千五百四十八引，每引粟米五斗，黑豆二斗，俱于铁岭卫上仓。不次支盐。从之。

卷二一一

〔景泰三年五月己未〕总督贵州、湖广军务右都御史王来言：近贵州、湖广用兵，急用粮饷，朝廷权一时之宜，行鬻爵鬻僧等例。如僧道纳米五石，遂给度牒，其间有亡命军囚并作耗应戮之人，乘机混（执）〔报〕莫能辨，正适以辟奸顽之路。文职纳米二十石，遂赐诰敕，其间富者蒙恩笃行者沉没，亦无〔以〕崇名节，而但启（房）〔浮〕伪之端。况贼寇稍宁，道路通达，〔今〕贵州止有平越、都匀、普定、毕节四卫缺粮，所用有限，止（用）〔宜〕召商中盐减其则例，中纳者众，粮亦足用矣。事下，户部覆奏，宜从来请：四川盐七万〔一〕千八十余引，召商于平越等四卫〔纳〕米，仙泉井盐每引纳（银）〔米〕二斗五升，上流等九井盐纳米三斗。从之。

卷二一六

〔景泰三年九月壬子〕巡抚江西右佥都御史韩雍奏：江西各府州县少储积，倘遇水旱，无以赈济，请劝富民出谷米入官备用，给冠带以荣其身。户部覆奏：先因达贼犯边，召人纳粟，（官）〔冠〕带则例太轻，今宜重定。山东、山西、顺天等八府，每名纳粟米八百石；浙江、江西、福建、南直隶，每名纳米一千二百石；苏州、松江、常州、嘉兴、湖州五府，每名纳米一千五百石。各输本处官仓。有纳谷麦者，每石准米四斗。纳完通关缴部，给冠带以荣其身。从之。

卷二二〇

〔景泰三年闰九月壬戌〕提督松潘军务刑部左侍郎罗绮等奏：董卜、韩胡于松潘迤西后门欲立碉房，差人守把，实有觊觎之心。臣与镇守松潘都指挥同知周贵议，调龙州宣抚司土兵一千五百名，赴松潘操练以待，又将四川征进贵（潘）〔播〕官军调二千员名来备冬。然恐粮储不足，今与右参议张如宗查得，四川盐课提举司景泰四年盐一十九万九千余引，未曾开中，乞敕该部备榜，召商中纳粮米，宜定则例：上流、华池二盐课司上井盐一万六千余引，兼黄市、潦井二盐课司下井盐七千六百余引，每引米四斗五升；通海、新罗、永通三盐课司上井盐二万五千余引，兼云安、罗泉二盐课司下井盐一万八千余引，每引米四斗；（富）〔福〕兴、富义、广福三盐课司上井盐二万五千余引，兼仙泉、郁山、大宁三盐课司下井盐一万五千余引,每引米三斗五升。事下,户部覆奏。从之。

卷二二一

〔景泰三年闰九月庚辰〕户部奏:遵化县乃军马经行之处,其永盈仓见存粮少,请将各处盐召商中纳,定立则例:两淮盐每引粟米七斗,长芦六斗,两浙六斗五升,山东五斗,河东二斗,广东五斗。俱不次支盐。从之。

卷二二一

〔景泰三年冬十月乙未〕户部奏:贵州平越、都匀、普定、毕节四卫见缺军粮,请以四川盐课提举司景泰五年盐十万九千余引,定拟则例,召商于四卫中纳,其盐配搭均平。华池上井兼黄市、淳下井,每引米四斗;通海、新罗、永通上井兼云安、罗泉下井,每引米三斗五升;福兴、富义、广福上井兼仙泉、郁山、大宁下井,每引米三斗。从之。

卷二二二

〔景泰三年十一月癸亥〕巡抚山西右副都御史朱鉴奏:户部原定则例,山西民能出米八百石或谷二千石助官者,给与冠带。缘山西民艰难,其富贵大户亦止能出米四百石。事下,户部改拟,能出米五百石、谷一千石者,亦给冠带;出一半者,立石旌异。从之。

卷二二三

〔景泰三年十一月乙亥〕巡抚江西右佥都御史韩雍奏:户部原定则例,江西民能纳米一千二百石于官者,给冠带;六百石者,立石免役。缘今江西民艰难,乞减则例。户部请令出谷一千六百石以上者,给冠带;谷六百〔石〕者,立石免役。从之。

卷二二三

〔景泰三年十一月甲申〕定直隶等处罪人纳米赎罪地方:保定、真定、顺德府卫所属,俱倒马关;河间、大名、广平府卫所属并顺天府霸州等州县，俱紫荆关。其则例悉如右佥都御史邹来学所奏：杂犯死罪九十石，三流并徒三年七十石，余徒四等递减十石，杖罪每一十二石，笞罪每一十一石。从户部奏请也。

卷二二三

〔景泰四年二月壬寅〕巡抚淮安等处右佥都御史王竑先奏：徐州广运仓粮，除给官军俸廪外，今欲发赈河南、山东并徐州等处被灾饥民，计不及三月而尽，乞敕户部会议，将内外问刑衙门犯笞、杖、徒、流、杂犯死罪，如例纳米赎罪。山东定与济宁仓，河南定与被灾地方仓，南京并江南、江北、直隶定与徐州仓。至是，户部议：宜从竑请，定其则例：死罪八十石，三流并徒三年六十石，余徒四等递减五石，杖罪每一十三石，笞罪每一十二石。从之。

卷二二六

〔景泰四年夏四月癸卯〕巡按山东监察御史顾㬙奏：山东、河南、北直隶民被水灾，缺粮赈济，乞敕罪人纳米赎罪。在山东者运纳济宁仓，在河南者运纳被灾府仓，其南京并南北直隶运纳徐州仓。事下，户部请如㬙言，仍定则例：杂犯死罪纳米六十石，三流并徒三年纳米四十石，余徒递减五石，杖每一十一石，笞每一十五斗。从之。

卷二二八

〔景泰六年六月丙申〕户部尚书张凤等奏：洪武年间，天下征纳粮草田地、山塘共八百四十万顷有余，今止有四百二十八万顷有余，加以水旱相仍，粮草连年停征，京师供给浩大，仓廪支费不敷。其山东、河南、北直隶并顺天府无额田地，甲方开荒耕种，乙即告其不纳税粮，彼此互争不已，若不起科，争竞之徒终难杜塞。今后但告争者，宜依本部所奏减轻起科则例，每亩科米三升二合，每粮一石科草二束，不惟永绝争竞之端，抑且少助仓廪之积。从之。户科都给事中成章等劾凤等不守祖宗之成法，不顾民心之归怨，朦胧奏请起科粮草，合执问其罪。帝曰：凤等惟恐国用不足，故措置如此。若论其罪，谁肯用心干办？还依所议行。礼科给事中杨穟等复交章辩，帝曰：洪武中立国南京，供用易办。今在北京，国用浩繁，其悉令从轻起科。

卷二五四

〔景泰六年六月辛丑〕户部奏：宣德间，赐真定公主漷县张家庄草地三十二顷。今本县民岳真奏，包占有百余顷，真田亦在所占之内。本部遣官勘出六十八顷三十亩，欲移文顺天府，拨与丁多田少、无田之家；真田四顷有余，仍还真，俱如减轻则例起科。从之。

卷二五四

〔景泰六年秋七月〕甲午，命南京浙江等道试监察御史程景云、陈（林）〔琳〕、黄（瑾）〔谨〕、康麟、高宗本、史瑾、熊俊、徐毅、徐宗、李益、胡德盛、王春、曾清，俱实授监察御史。先是，景云等以吏部考选为试御史，至是理刑一年，本院考称，故有是命。户部先奏准在京法司并北直隶囚（米）〔犯〕运米赎罪例则：永平、山海一带关塞城堡，官吏军民于喜峰口仓上纳；保定、真定、顺天府卫所属，于倒马关仓上纳；河间、大名、广平府卫所属并顺（天）〔德〕府霸〔州〕等州县，于紫荆关上纳。其后岁歉米贵，逋负连年。至是，巡按监察御史吴中以为言。命减其则例：杂犯死罪九十石，三流并徒三年七十石，俱减二十石。杖九十、徒二年半，六十石，减其十五石。杖八十、徒二年，五十石。杖七十、徒一年半，四十石。杖六十、徒一年，三十石，俱减其十石。杖罪，每一十二石，减作一石五斗。笞罪不减。

卷二五六

〔景泰七年九月甲戌〕定浙江嘉、湖、杭官民田征粮则例。先是，浙江右布政使杨瓒奏：浙江起科粮额则例不一，欲约量归并。诏镇守浙江兵部尚书孙原贞等查理并例以闻。至是，户部覆奏：原贞等定（则）征粮则例，起科重者征米宜少，运纳宜近；起科轻者征米宜多，运纳宜远。官田每亩科米一石至四斗八升八合，民田每亩科米七斗至五斗三升者，俱每石岁征平米一石三斗；官田每亩科米四斗至三斗，民田每亩科米四斗至三斗三升者，俱每石岁征平米一石五斗；官田每亩科米二斗至一斗四合，民田每亩科米二斗七升至一斗者，俱每石岁征平米一石七斗；官田每亩科米八升至二升，民田每亩科米七升至三升者，俱每石岁征平米二石二斗。绍兴等八府重则官粮，各于本府县存留上纳。如仍不敷，于人户坍江田粮及中则官田、重则民田内拨补。从之。

卷二七〇

〔景泰七年十月辛丑〕户部奏：浙江等布政司并南北直隶苏松等府，屡奏旱潦蝗蝻灾伤，今年兑军粮米必致减少，恐有误京等处水次仓粮见在数少，恐有误京储，宜将云南（滕）〔腾〕冲卫原开中两淮运司盐十三余〔万〕引，淮安、徐州原开中两淮、两浙运司盐二十七万引，俱改临清、德州仓上纳，及将河东运司盐四十万引定拟则例召商，亦于临清、德州仓米麦中半上纳。两淮盐每引一石二斗，两浙每引八斗，河东每引二斗。诏从其议。

卷二七一

〔天顺二年二月丁未〕先是，以徐州岁饥，召商于永福（食）〔仓〕中纳盐粮，以备赈济，然所定则（列）〔例〕太高，商旅不至。至是，从左佥都御史王俭言：损其价，淮盐每引米八斗，浙盐五斗五升，山东盐三斗五升，河东、福建盐二斗，广东盐二斗五升。俱不次支给。

卷二八七

〔天顺二年八月〕丁卯，户部奏：比者巡抚辽东左佥都御史程信奏称：辽东各处仓粮不足，宜定则例，召商中纳盐粮。东宁仓、海州仓：淮盐每引米一石二斗，浙盐九斗，山东盐四斗，广东盐三斗，河东盐米豆中半三斗，福建盐二斗。义州仓、宁远仓：淮盐每引米一石，浙盐七斗，山东盐三斗六升，广东盐二斗六升，河东盐米豆中半二斗六升，福建盐二斗二升。从之。

卷二九四

〔天顺五年二月庚子〕户部奏：陕西兰县仓见储粮料不多，诚恐调去宁夏等卫官军、土兵在彼驻扎支用不敷，宜将淮、浙及河东运司存积盐拟定则例，出榜召商中纳盐粮。两淮盐每引米四斗，豆二斗；两浙盐每引米三斗，豆一斗；河东盐每引米一斗，豆一斗。从之。

卷三二五

〔天顺五年十二月丁卯朔〕刑部、都察院、大理寺议定赎罪则例：守卫操备官旗将军、校尉、边军、边民犯笞、杖，妇人犯笞、杖、徒，文官、监生犯笞，俱令纳钞。若官员与有力之人，仍如前例运砖、炭等物。笞一十：运灰一千二百斤，砖七十个，碎砖二千八百斤，水和炭二百斤，石一千二百斤，纳钞二百（实）〔贯〕。余四笞、五杖：灰各递加六百斤，砖各递加三十五个，碎砖各递加一千四百斤，水和炭各递加一百斤，石各递加六百斤，钞各递加一百贯。至杖六十：钞增为一千四百五十贯。余四杖：各递加二百贯。徒一年：运灰一万二千斤，砖六百个，碎砖二万四千斤，水和炭一千七百斤，石一万二千斤。余四徒、三流：灰各递加六千斤，砖各递加三百个，碎砖各递加一万二千斤，水和炭各递加九百斤，石各递加六千斤。惟三流水和炭同减为加六百斤。杂犯二死：各运灰六万四千二百斤，砖三千二百个，碎砖一十二万八千斤，水和炭九千斤，石六万四千二百斤。疏入，上曰：可，其著为令。初，右都御史李宾言法司赎罪轻重不一，刑官得以为私，宜定则例，以革其弊。故有是议。

卷三三五

《明宪宗实录》

〔成化元年春正月壬戌〕提督蓟州等处粮草户部郎中阎本奏请措置边储，于是户部定拟中盐则例。奏准：遵化县永盈仓开中（准）〔淮〕盐二万引，每引粟米九斗；长芦盐二万引，每引粟米四斗。

卷一三

〔成化二年二月丁亥〕巡抚宣府右佥都御史叶盛奏五事。……四、独石马营各仓，先定中盐斗数过重，商人应募者少，请再量减定纳豆则例，则马料可以足给。……上命悉行之。

卷二六

〔成化二年二月〕癸巳，诏减徐州、淮安仓中盐则例。初，户部以凤阳各处水旱，奏定中盐则例，于徐州、淮安各仓召商中纳。至是，主事张瓒以斗数太重，商人应募者少，请为量减。于是，徐州仓：淮盐每引原定九斗三升，今减为八斗；浙盐八斗，今六斗五升；河东二斗七升，今一斗七升；长芦四斗五升，今三斗二升；福建三斗，今二斗；山东四斗三升，今三斗。淮安仓：淮盐九斗，今七斗五升；浙盐七斗五升，今六斗；河东二斗六升，今一斗四升；长芦四斗二升，今三斗；福建二斗八升，今一斗八升；山东四斗，今二斗八升。其有常股盐引者，亦各视此量减之数。

卷二六

〔成化二年三月己未〕重定陕西纳草赎罪则例：杂犯死罪一千束，三流五百束，五徒自四百束递减五十，止二百束。俱送右副都御史陈价定拨营分上纳。以花马池等处宿兵故也。

卷二七

〔成化二年十二月〕壬寅，定拟辽东边卫开中盐粮则例：淮盐每引，定辽左右、义州及广宁前屯卫仓，俱粟米一石五斗，广宁后屯一石四斗，海州一石三斗，宁远、辽海俱一石二斗，东宁、铁岭、广宁右俱一石一斗，金州八斗。浙盐每引，义州、广宁前卫俱一石五升，定辽左右、海州、广宁后俱一石，宁远九斗，辽海八斗五升，东宁、铁岭、广宁右俱八斗，金州六斗。长芦盐每引，义州仓八斗五升，定辽左右、广宁前俱八斗，宁远七斗五升，广宁后七斗，辽海六斗，东宁、海州、铁岭、广宁右俱五斗，金州四斗。时辽左有警，巡抚都御史袁恺以缺粮告户部，覆奏，允之。

卷三七

〔成化二年十二月甲寅〕有吕铭等八人投托势要奏，欲运米赴辽东中纳成化二年两淮运司存积盐五万五千引。有旨自中出，允之。旧例中盐，户部定则例，出榜召商，方许中纳，无径奏得允者。时马昂为户部尚书，不能执正，盐法之坏自此始。

卷三七

〔成化三年五月〕辛未，定拟大同开中盐草则例：淮盐六万引，每引纳谷草三十五束；浙盐五万引，每引二十束；长芦盐二万引，引二十五束；山东盐一万引，引十五束；河东、陕西盐二万引，引八束；福建、广东盐各一万引，引俱十五束。以北虏拥众犯边，各城乏草，从赞理军务右副都御史王越请也。

卷四二

〔成化三年五月丁亥〕定拟辽东诸仓开中成化二年淮盐则例：金州、海州二仓各一万五千引，每引粟米一石；定辽左右仓各一万二千五百引，引一石四斗；三万仓一万引，引一石一斗。先是，太监李棠乞令家人，于辽东地方开中。成化二年，分两淮存积盐五万八千引，诏特准一万引，不为例。至是，户部尚书马昂定为则例。（畀）〔从〕之。

卷四二

〔成化三年九月丙戌〕命减四川盐引纳米则例。时湖广、贵州、云南、四川官军，日用粮草万计，兼以旱灾减免税粮，巡抚都御史汪浩请用四川上流等盐课司成化二年、三年应征一十七万九千五百一十二引，量减则例，召商于叙州、戎珙各县用粮仓分上纳，以给军饷。户部遂减，定上流、华池盐引米八斗，通海、新罗、福兴六斗，富义、罗泉、广福、黄市、仙泉、滋井、郁山五斗，大宁、云安四斗，永通三斗。从之。

卷四六

〔成化三年冬十月甲寅〕定拟橐莲台新设万亿仓开中淮浙官盐粮草则

例：两淮天顺七年存积盐五万五千引，中米五万引，每引米六斗五升，豆二斗五升，通九斗；中草五千引，每引三十束。两浙天顺八年存积盐五万五千引，中米五万引，每引米三斗，豆一斗五升，通四斗五升；中草五千引，每引十五束。以前此所派山西粮草，未即上纳故也。

卷四七

〔成化六年二月己巳〕定四川、云南开中引盐则例：四川盐课提举司盐课八万九千七百七十余引，上流、华池二盐课司每引纳米四斗五升，通海、新罗、福兴三盐课司每引米三斗五升，罗泉、富义、仙泉、广福、黄市、㳽井、永通、郁山八盐课司每引米二斗五升，大宁场盐课司每引米二斗，雩安盐课司每引米一斗。云南鹤庆军民府剑川州弥沙盐井盐课司，并黑盐井盐课提举司，共盐课七千二百九十余引。弥沙盐井盐课司自天顺六年起至成化五年终，止积有岁办盐课二千九百余引，每引米四斗五升。黑盐井盐课司天顺六年分空，悬岁办额盐五千二百引，每引米四斗五升。时以镇守松潘都督佥事湛清奏边储不给故也。

卷七六

〔成化六年十一月〕戊戌，定拟河东盐运司开中银马则例：每盐一百引，中纳上等马一匹；八十引，中等马一匹。以延绥虏寇之警，各边乏马骑操也。

卷八五

〔成化六年十二月壬戌〕大理寺左少卿宋旻奏赈荒八事……一、广平府清河县先年德府奏讨地土共七百余顷，中间多系民人开垦成熟，并办纳粮差地亩，被奸民妄作河滩空地投献，本府奏准管业夏地每亩折收银七分四厘，秋地每亩折银五分。查算该纳人户止有三百五十家，每岁出银四千余两。况其县止有八里，地多沙碱，民极贫难；又纳粮养马，差役浩繁。臣始至其境，老幼悲啼塞路告乞减免。乞降敕旨，令本府照官粮则例，每亩不得过五升，折银不得过三分，著为令。有司依期送纳，不许差人下乡催扰，实足以纾民困。……疏入，下户部议，多从之。

卷八六

〔成化七年十二月〕辛巳，减中长芦盐则例。先是，畿甸赈济，而保定、河间、涿州、天津之仓支给俱尽，并陕西延绥军饷浩费，储蓄数少，户部奏开中长芦盐五十万引，定为则例，召纳各处仓。至是，河间知府贾忠以则例太重，请为量减。故诏河间、涿州仓每引米减为三斗，保定、天津仓视河间者加五升，延绥仓视保定者加一斗。若折银，俱二钱五分。

卷九九

〔成化八年春正月乙卯〕定大同、玉林等草场开中盐草则例：两浙运司成化二年存积官盐一十六万引，引纳谷草八束；河东运司官盐三十万引，引谷草二束。以巡抚大同宣府右都御史林聪奏边营缺草故也。

卷一〇〇

〔成化八年十一月〕戊戌，定辽东开中盐米则例：两淮运司成化五等年所中余剩并存积盐二十万引，每引米一石二斗；两浙运司成化三等年存积盐二十万引，每引米九斗；长芦运司成化七年存积盐三万一百六十一引，每引米四斗；河东运司存积盐二十万引，每引米三斗。以预备边储，从巡抚都御史彭谊请也。

卷一一〇

〔成化九年三月壬子〕巡抚宣府左佥都御史郑宁奏：宣府数罹凶歉，积蓄不多。初，定淮、浙、长芦、河东盐则例，召纳米豆。寻以两浙、长芦、河东改纳谷草，今亦将完，惟淮盐价重，中剩一十二万三千六百六十八引，请更定则例，开中召纳，其愿纳谷草者，许令抵价。但草价稍轻，每淮盐一引量加三束，两浙、长芦加二束，河东加一束，足用则止。纳米豆更以中剩淮盐，亦为量减则例。时管理粮储户部郎中刘显亦以为言。户部遂议：淮、浙、山东、长芦、福建、河东等运司盐课，开中于宣府在城仓，并葛峪等一十五城堡者，一百七十四万三千六百五十九引。其则例：两淮存积盐每引米豆六斗五升，山东见在盐一斗五升，两浙见在存积盐四斗五升，长芦见在堆积盐二斗八升、存积盐三斗五升，福建见在盐三斗三升，河东见在盐一斗五升。其独石、马营二城堡开中二十一万八千六百七十六引，云州、龙门所、赤城三城堡开中二十七万九千六百八十引。上纳二城堡者，两淮每引米豆六斗，山东一斗一升，两浙三斗八升，长芦二斗七升、存积者三斗，河东一斗五升；三城堡者，两淮六斗三升，山东一斗三升，两浙四斗，长芦二斗五升、存积者二斗八升，河东一斗四升。其独石、云州、龙门所中剩淮盐，旧已减一斗，今又各量减一斗。从之。

卷一一四

〔成化十年九月〕癸亥，户部以淮安、徐州、临清、德州诸水次京储措拨已尽，宜及时措置，以备不虞，遂定拟开中盐引随纳米麦则例：临清、广积二仓，两淮盐十万引，引粟米五斗，麦则五斗五升；两浙盐十万引，〔引〕粟米四斗，麦四斗五升；长芦、山东盐十万引，引粟米二斗五升，麦三斗。常丰、德州二仓，两淮盐五万引，引粟米五斗，麦五斗五升；两浙盐五万引，引粟米四斗，麦四斗五升；长芦、山东盐四万引，引粟米二斗五升，麦二斗。淮安常盈仓，两淮盐十万引，引粳粟米五斗，麦五斗五升；两（淮）〔浙〕盐十万引，引粳粟米四斗，麦四斗五升；长芦、山东盐八万引，引粳米二斗五升，麦三斗。徐州广运仓，两淮盐十万引，引粳粟米五斗，麦五斗五升；两（淮）〔浙〕盐十万引，引粳粟米四斗，麦四斗五升；长芦、山东盐八万引，引粳粟米二斗五升，麦三斗。得旨：从之。

卷一三三

〔成化十一年二月〕壬午，改定淮安常盈仓并临清广积仓所中盐课则例。先是，二仓乏粮，开中淮、浙等处盐共五十八万引。至是，户部以米价增资则例太高，奏请更之。两淮盐每引原拟粳粟米五斗，两浙盐原拟粳粟米四斗，今俱减五升；长芦、山东盐每引原拟粳粟米二斗五升，今俱减三升。

卷一三八

〔成化十二年十二月〕己丑，开设湖广郧阳府，即其地设湖广行都司卫所及县。抚治荆、襄都御史原杰奏：流民之数，户凡一十一万三千三百一十七，口四十三万八千六百四十四，俱山东、山西、陕西、江西、四川、河南、湖广及南北直隶府卫军民等籍。臣偕湖广河南镇守巡抚三司等官议，流民数多，若一概驱之，恐其安土重迁，难以尽遣。就使遣去，虑或他处顽民知有空地，效尤复来，其患尤甚。已尝覆实，类皆逃移年远，无所于归，且能治产服贾，老子长孙婚嫁姻戚势不可动者，谨如圣谕，许其附籍。其新来无产、平素凶梗者遣之。数内在湖广之襄阳、荆州、德安及今郧阳者二万四千三十九户，附籍二万一百八十有七。在河南之南阳、河南汝宁者，七万五百五十二户，附籍六万三百八十有四。在陕西之西安、汉中者，一万八千七百一十八户，附籍一万六千八十有三。其遣还者，凡一万六千六百六十三户。复虑此辈恋膏腴而乐闲旷，且原籍官司不加抚恤，势将复来，须如先年事例，请给圣旨，榜文严行禁革。凡深山大谷之内复集续来及展转流徙者，并发戍边，匿主同之。逃囚军匠无论山内外，俱令戍边。其附籍所垦田地，查照减轻则例起科。……疏上，诏悉如议行之。

卷一六〇

〔成化十三年春正月戊辰〕定拟辽东各仓开中成化九年、十年盐引则例：两淮运司见在存积盐八万六千五百五十引，每引米一石二斗；常股盐十万引，每引米八斗。两浙运司见在存积盐二万八千二百三十引有奇，每引米九斗；常股盐五万引，每引米六斗。

卷一六一

〔成化十三年秋七月〕癸酉，定辽东军士冬衣布花折色则例。时户部奏：辽东三万仓粮被雨浥烂，所司请以折军士冬衣之赐。上命布一匹，准米豆兼支二石五斗，绵花一斤兼支四斗，无得侵欺妄费。

　　　　　　　　　　　　　　　　　　　　　卷一六八

〔成化十三年冬十月〕己亥，巡抚延绥左佥都御史等官丁川等各奏，延绥粮豆草束不足，请仍行开中盐引折纳赎罪并召募上草三事。户部议奏：开中盐引，许以两淮、两浙成化十一年存积盐各一十万引，行巡抚官定拟时价则例，召纳粮豆于缺粮仓分。其折纳赎罪，许巡按御史、布按二司、府州县问拟，各照所定边仓时价收银，类解榆林广有库用折官军月粮。其陕西并各处军民人等，有能纳草一千二百束者，给正九品散官；加二百束者，正八品；加四百束者，正七品。但愿冠带者，纳银四十两于广有库。诏如议。

　　　　　　　　　　　　　　　　　　　　　卷一七一

〔成化十三年十一月壬辰〕宣府柴沟、马营、葛峪堡开中河东盐各十万引，其则例：柴沟、葛峪者每引米豆二斗，马营者减五升。以各边粮豆少积，从管粮郎中马孝祖请也。

　　　　　　　　　　　　　　　　　　　　　卷一七二

〔成化十四年三月己卯〕定陕西秦、庆、肃、韩四府郡王以下府第工价则例。工部言：陕西镇守巡抚等官议奏，四府先年皆以有护卫，凡郡王以下出阁营造府第，未尝役军民，后因支庶日繁，奏请有司营造，迁延勒逼，民甚苦之，今后宜令有司备料价、夫匠与王府自造。凡郡王府第，合造前门中门各三间五架，前殿后殿各七间七架，前后东西厢房各五间五架，典膳所、书堂各三间五架。其在陕西以内者，料价银五百两；在宁夏、平凉、兰县者，价银三百五十两。俱与夫千名，匠五十名，限一年有半成之。郡主前门三间五架，前后房各五间七架，左右厢房各三间五架，价银二百两，夫三百名，匠三十名，一年成之。今详各官所议甚当，但夫匠亦宜给与价银，每夫一名，与银一两，匠亦如之，庶免劳扰军民。凡府第既成，必五十年后乃许奏请修理。从之。

　　　　　　　　　　　　　　　　　　　　　卷一七六

〔成化十四年五月庚辰〕户部奏：本部郎中郝冕往辽东计议粮储，上言辽东沿边旧草已尽，新草未收，乞从宜区画，欲行辽东二十五卫，凡有囚犯，除笞罪及真犯死罪外，杂犯死罪以下俱定则例，纳草赎罪。又言各卫所调去矮阳等堡战守官军骑操马匹，有老病伤损者，乞敕守臣验看，发金州等处牧放，待肥息仍给边用，事皆可行。诏从之。

卷一七八

〔成化十四年十一月壬午〕户部奏定辽东开中淮、浙、河东盐课则例：两淮存积盐七万引，引米一石；常股盐八万引，减三斗。两浙存积盐五万引，引米七斗；常股盐五万引，减二斗。河东盐十万引，引米三斗。

卷一八四

〔成化十五年夏四月己丑〕巡抚湖广右副都御史刘敷以属府灾伤，乞开中引盐存留解京银及听愿充承差、知印者，纳米以备赈济。户部议以淮、浙诸处盐课先已奏准，照新减则例，开中三十一万引，以济江西、湖广、河南灾伤之急。今宜即其数内拨两淮七万引，两浙四万引，令委官会同巡盐御史处变卖银价领回，俟秋成之日籴粮备用。民间子弟愿充承差者，纳米一百石，知印一百五十石。若米价腾贵，每石折银五钱，于米贱时收买应用。其欲存留本处兑军折色米一十二万八千石，折银七万四百两，及成化十三年以前所逋京库折银，皆系京储及边备之数，难如所请。议上，从之。

卷一八九

〔成化十五年秋七月丁丑〕定宣府沿边开中成化十三年引盐则例。独石：两淮盐二万引，引米豆五斗七升；河东盐四万引，引米豆一斗五升。云州堡、赤城、龙门所、龙门卫：两淮盐三万引，引米豆六斗一升；河东盐八万引，引米豆一斗六升。万全右卫、洗马林、永宁、四海冶：两淮盐三万引，引米豆六斗五升；河东盐八万引，引米一斗七升。

卷一九二

〔成化十五年八月〕戊申，定辽东等仓中盐则例：河东盐五万引，引米五斗；长芦盐七万引，引米四斗五升；两淮盐四万引，引米一石三斗；两浙盐四万引，引米九斗。

卷一九三

〔成化十六年二月甲子〕户部臣奏：贵州都匀等处欲征剿生苗及夭坝千黑苗，请预开中云南白黑井并四川盐课，共一十七万五千六百余引，令贵州巡抚官定拟则例，召商上粮中纳，以备军饷。从之。

卷二〇〇

〔成化十六年五月庚寅〕命官庄征租，如开垦荒田例。先是，官庄多在河间府东光县地，管庄人征粮无度，令亩二斗，民情骚然。于是，六科给事中齐章等言：天子以四海为家，普天率土，莫非所有，何必置立庄田，与贫民较刀锥之利哉？且财尽则怨，力竭则怼。今东光之民失其地土矣，而赋敛比之公田，又三倍其数。民困如此，非死即徙，非徙即盗，亦可知矣。十三道监察御史谢显等，亦上言其事。上命每亩征五升三合五勺，如开垦荒田则例。是时，中官贵戚庄田遍于郡县，其弊不独东光为然也。

卷二〇三

〔成化十七年春正月〕庚寅，户部定拟巡抚云南都御史吴诚所言救荒则例。

一、保任阴阳、医学、僧道官者，纳米一百石，或银一百二十两；承差、知印者，米八十石，或银一百两。

一、各衙门问拟有力赎罪者，每〔笞〕杖一十，米五斗，或银七钱；徒一等，米二石五斗，或银三两。

一、军民、舍余、客商纳米，给授冠带。散官者，米四十石，或银五十两，给冠带；米五十五石，或银七十两，与从九品；米六十五石，或银八十两，正九品；米七十石，或银九十两，从八品；米八十石，或银一百两，正八品；米一百石，或银一百二十两，从七品；米一百二十石，或银一百五十两，正七品。

一、军职并总小旗纳米，免赴京比试。并枪指挥，米四十石，或银五十两；卫镇抚、千户，米二十四石，或银三十两；所镇抚、百户，米一十六石，或银二十两；总小旗，米八石，或银一十两；其役满土吏例不叙用者，纳米五十石，或银六十两，则给冠带。

议上，从之。

卷二一一

〔成化十七年二月戊申〕定拟开中成化十年以后两淮盐引则例：淮安、凤阳并徐州所属仓，常股盐五万一百九十引，引米七斗，或银三钱五分；挈割余盐二万引，引银九钱；存积盐二万五千引，引米一石，或银五钱。

卷二一二

〔成化十七年二月〕戊午，户部以京城内外私钱滥行，旧钱阻滞，是致钱轻物贵，不便于民，虽尝奏请禁约，犯者枷项示众，然愚民贪利，鼓铸私贩者益多，请严加禁治，且定银钱通融则例。上曰：今后只许使历代并洪武、永乐、宣德钱，每八十文，折银一钱；能告捕私造者，量赏；及私贩者，官校用心缉捕；有知情容隐者，咸究问；见今拣钱枷项监问者，姑宥之。

卷二一二

〔成化十七年六月〕庚戌，户部议奏巡抚河南都御史孙洪等所言旱灾宽恤事宜：

一、原派十七年供用之物，准待秋成之后起解。

一、存留本处户口盐钞并逋负未完者，暂候明年秋后催纳。

一、十二年至十五年逋负税粮，每石宜折银二钱五分或大布一匹，送缺粮地方，银发籴粮，布折官俸。

一、所属各库收贮银钱等物，悉发籴粮赈济。

一、所属衙门因犯死罪之外，尽听纳米赎罪。

一、愿充知印、承差、吏典者，巡抚等官斟酌米价，定立则例，纳米完日，以次参充。

议入，从之。

卷二一六

〔成化十七年十一月丙子〕户部奏改长芦运司卖盐则例。先是，以内库金银缺用，命所司出新旧盐课百四十万引卖之，每引银三钱，而商人以价重，少有买者，乃改为三等。自正统五年至天顺八年者，引减银八分；成化元年至十二年者，引减银五分；十三年至十六年者如旧。从之。

卷二二一

〔成化十八年三月〕庚午，敕巡抚苏松等处都御史王恕、淮扬等处都御史张瓒赈济饥民。时南京六科给事中刘玘等言：苏、松、常、镇、淮、扬、凤阳去岁春夏不雨，秋冬霖潦，米价腾踊，民不聊生。臣惟诸府乃东南财赋之区，祖宗根本之地，不可不预为措置。乞敕该部于灾伤之处，岁额税粮量与开豁，道负物料宜暂且停征，仍遣官分方赈济。南京十三道监察御史李珊等亦言：凤阳卫所久缺军粮，苏、松、常、镇义仓亦皆有名无实，请以江西、湖广起运南京粮量拨接应，放支为便。上阅珊等奏有讹字，命户科看详。给事中刘昂等言：其引书"民惟邦本"之文，以"惟"为"为"，而奏词又多牵强生涩，宜究其罪。于是，上以珊等皆明经出身，如何写别字，且辞多牵强，不谨之甚，命南京锦衣卫执诣，南京午门前各杖二十，且令南京镇守太监安宁监视之。玘、珊等二疏，皆下户部议，以为救荒事急，若待江西、湖广起运粮分拨接应，则文移往复恐缓不及事，请分遣各衙门廉干官五员会巡抚官，督令各有司于凤阳起债军民船，往淮安常盈仓量借官粮三万石，或本府及附近府州县有该纳本仓并徐州广运仓已征未解者，依前数兑借，运赴凤阳，支给卫所旗军，并赈济贫民。南京户部则以江西、湖广起运粮，改运常盈仓补之。其苏、松、常、镇四府，每岁各有拨剩余米，听差去官给散贫民。应天、滁州等处，则于南京常平仓量借粮三万石，徐州则于广运仓借一万石，淮扬则以钞关船料钞并税课司局商税课钞，于今年夏季暂将钞一贯改收米一升，量起车船装运缺粮州县，赈济其灾重地方。府州县卫所各衙门两考吏，纳米一百二十石者，起送赴部，免办事，就拨京考；二百石者，直隶于本府拨补，三考满日，赴京免考，就与冠带办事；三百石者，免其京考，冠带办事。其有三年、六年考满官员，则免赴京，径赴赈济官处，斟酌品级、地里定与纳米则例，以准给由。凡里河马快般及南京公差人等经过，有司不许添拨人夫，其廪给旧例，经宿日支五升，经过三升；合各撙节经宿三升，经过二升，丰年如旧。议入，上命不必差官，但敕王恕、张瓒用心赈济，余皆如议。

卷二二五

〔成化十八年三月〕乙亥，巡抚陕西右副都御史阮勤奏陕西救荒事宜。一、陕西衙门六年考满官，乞量定则例：二品、三品纳米七十石，四品六十石，五品五十石，六品、七品四十石，八品、九品三十石，杂职二十五石，俱纳于附近缺粮仓，免赴京给由。如驿递衙门纳米二十石，亦免赴布政司。所收粮专备救荒支用。……俱如所奏，从之。

卷二二五

〔成化十八年三月〕丁丑，敕巡抚山西都御史何乔新、大同都御史郭镗赈济饥民。时户部主事汪洪催征边储上言，山西连遭荒歉，疫疠流行，死亡无数，请以腹里坐派仓粮从缓征收，并不急征徭，暂行停免。户部议：从其言。仍请敕乔新、镗督同都布（政）〔按〕三司官，令所属赈恤极贫军民，而以丰赡库所收救荒，并备用买草折钞银籴粮给散开中。河东积出余盐四万八千余引，听乔新斟酌时直，定为则例，召商纳粮。司府各属两考役满吏及考满官纳米，一如例行。若所在官司遇有死亡军民，即为理瘗，毋使暴露。诏如议。

卷二二五

〔成化十八年九月己亥〕户部等衙门会议漕运巡抚等官所奏事宜。一、通州原设六卫仓收受粮米，仓有限而粮无穷，宜添盖廒二百座。

一、直隶苏、松、常三府各库收贮赃罚金银等物，该府经历司带管。应天府广积库收贮卖粮芦柴价银，及南京刑部等衙门赃罚等物，亦无所司之人，宜各铨库官一员。

一、池州府铜陵、青阳、石埭、东流、建德五县，宜各添设主簿一员，以分佐县政。

一、苏、松、常、镇各府州县卫所获到私盐，及赃仗会官估计变易银两，各自收贮籴粮赈济。

一、开封府汜水县古崤关巡检司，改移祥符县地方，名为埠头巡检司。

一、各王府坟茔，准照夏邑郡王则例，量为增减，即今定拟各府夫匠物料价银：郡王并妃三百五十两，镇国将军并夫人二百四十五两，辅国将军并夫人及郡主二百二十五两，县主二百一十五两，郡君一百九十六两，县君一百八十五两。

……

上批答曰：通州添盖仓厫，便酌量来奏。私茶夹带至五百斤者，充军。余如议行。

卷二三二

〔成化十九年五月〕癸丑，定周府庄田征租则例：每田一亩征子粒八升。先是，府中过取有亩至斗五升者，民不能堪。至是，河南布政司会议勘酌以闻，故有是命。

卷二四〇

〔成化十九年冬十月〕丙寅，户部议处大同备边事宜。

一、行兵以刍粮为先，今大同军储缺乏，宜如管粮郎中南钊等所奏，暂令山西、北直隶各府问过罪囚，除真犯死罪及官吏受财枉法满贯者外，其杂犯死罪该纳米八十石，三流五十石，徒三年三十五石，二年半三十石，二年二十五石，一年半二十石，一年一十五石。笞杖罪每一十纳一石者，俱米豆中半，照依时价纳银，送赴边仓应用。

一、钊等欲移宣府粮料共十万石于大同，暂给客兵。缘彼处亦自不给，宜止令宣府所遣官军，自采秋青草一百万束备用，不作年例之数，及令大同亦照此例施行。

一、山西所给大同粮草，先年改拨宣府、榆林两边接济，钊等今欲改回应用，缘两边系与大同东西连界，俱难释兵，宜暂挦今年山东、河南及顺天并直隶保定等八府起运京场草一百八十万束，暨山东、河南并真定大名三府起运京仓豆共二十六万石，各令量添价直，改运大同上纳。仍行礼、工二部，候明年遇派料科差，量减分数，以抵今次添价，其京场草别行区画补之。

一、钊等所计大同、在城并大同左等一十三卫官吏旗军岁粮，操站马驴及自京营调来者粮豆，计岁用一百八万八千六百八十余石，客兵岁用草七百四十八万八千七百余束。今以山西派给税粮，并行都司屯粮马草及秋青草数计之，而所领官银一十万两，时价止买粮豆四万余石，草一百万束，较其所出尚欠粮豆数十万石，草数百万束。今以在京者改拨助之草，尚不能及半，宜仍支太仓银十万两运送大同，管粮郎中张伦与钊买粮或准折俸给，候明年运送各边，年例银俱各量减，以抵今运大同之数。

一、两淮运司见有成化十七年、十八年存积盐三十万三千余引，宜以二十万引召商，于通州仓领米，运赴大同交纳。每运一石与盐二引，量地添减，不出二引之数，限一月以里，完即与支给，不许势要中卖，致误军饷。

一、前此奏准于大同中盐，两淮、两浙俱剩常股存积盐年久未有中者，此或价例太重所致，宜令钊等再与巡抚等官量为减轻，定与则例上纳。不许公罚商人财物，致令畏难，沮坏盐法。

议入，命依拟行之。

卷二四五

〔成化二十年秋七月辛亥〕陕西秦州知州傅鼐奏陈救荒事宜。……军民放债，多违禁取利，乞定则例：成化二十年以前借贷银物，待丰年止，还原本；以后借贷者，月利不过三分。……疏下，户部议：其言可行。从之。

卷二五四

成化二十年九月乙酉朔，日食。巡按浙江监察御史刘魁言五事：……杭州府城南税课司物货，以十分为率，竹木七分。工部已行差官抽分，免其纳钞，而本司课额依旧，俱巡拦陪纳抽分。竹木卖银解部，初止三千余两，每岁增多，今至二万三千余两。乞减其半，仍查前十年，约其中数定为则例，不许过多。户部议：其言宜从。诏可。

卷二五六

〔成化二十年九月戊子〕太子太傅吏部尚书兼华盖殿大学士万安等，以山西、陕西荒甚，上救荒策十事……凡舍余军民人等愿输粟者，赴山、陕缺粮所在上纳：百户二百石，副千户二百五十石，正千户三百石，指挥佥事倍百户，指挥同知倍副千户，指挥使倍正千户。从巡抚官定以卫分，带俸闲住。其有官者，每百石升一级，止终本身。若后有军功，仍照军功例升袭。军职有带俸欲见任者，亦从巡抚官。各照地方品级定与则例，令其上纳杂粮准令见任。……疏入，上嘉纳之，命所司悉举行。

卷二五六

〔成化二十年冬十月丙辰〕巡抚山西右佥都御史叶淇奏：山西岁歉民饥，而平阳尤甚。其廪增生员有愿纳粟入监者，令巡按并提学官考中，仍定则例，令于本处输纳为便。礼部覆奏：平阳一府有限，乞令山西各府并天下生员随亲仕宦及游学山西者，俱许纳粟如陕西则例，以五百名为率。奏上，制可。既而淇复奏人数少，所得粟不足赈饥，命仍以五百名益之。

卷二五七

〔成化二十一年三月乙丑〕南京河南道御史邹鲁等应诏言十事：……旧制抽分，惟于两京近地。自工部郎中蔡志请添设荆州、芜湖、杭州三处，虽利国而实病民。川、贵、湖广竹木，下至荆州抽之，至芜湖又抽之，至南京又抽之。至芜湖之设，初止抽停鬻者，今又及经过者，其初岁得银一二千两，稍增至四五千两。杭州亦然。今芜湖增至万余两，杭州至二万余两，商旅何以堪之，宜暂止抽分。不然，亦宜裁减定为则例，且令巡按御史察其奸利。……上批答曰：所条时事，多已行矣。置之，下其章于所司。

卷二六三

〔成化二十一年三月〕丙午，真定府知府余瓒奏……又陕西、山西大同、宣府、辽东等处，虏贼出没无常，而供饷无限，设法转运，亦不能济。访得边墙内地土肥饶，近皆为镇守内外等官私役，军士尽力开耕，所获粮草甚富，凡遇官民买纳，加倍取息。以此观之，则各边所出，皆足各边之用矣。请敕遣科道部属官刚正有为、深达大体者数员，往会巡抚、巡按、镇守内外等官堪视，凡堪种熟地，系军民并千百户以下者，听如旧管业。其在指挥以上者，请定则例，量拨多寡，以资其用。余皆计常操官军若干队分拨，每人宅地二亩，田地二十亩；每队分为班耕守，以备征操。亦但征取十一，则民可免转输之劳，军可无饥寒之苦矣。诏下其章于所司。

卷二六三

〔成化二十一年闰四月〕乙巳，户部奏：庄浪、西宁二仓缺粮，今宜稍如巡抚都御史鲁能言，将两淮盐运司成化十九年太监梁方奏请住支见盐五万引，并拨二十年存积官盐十万引，行令巡抚都御史唐瑜斟酌时价，定立则例，召商中纳。上是其议，惟梁方所请者姑置之。

卷二六五

〔成化二十一年闰四月〕丁未，户部奏：山、陕饥甚，监生林桓请令知印等役纳银，冠带出身。今议：知印历役一年以上，纳银五十五两；二年以上，四十五两；三年已满，三十两。承差未拨办事者，七十两；已办未一年者，四十五两；一年以上者，三十五两。其书算九年之数，仅余二年者，八十两；余四年者，六十两；六年者，四十两；余八年者，二十两。通事未食粮，未一年者，一百四十两；一年以上，一百两；二年以上，八十两；三年听考，七十两。食粮通事，余一年者，六十两；二年以上，五十两。俱免办事，就与冠带。食粮天文生、年深医生三十两，未食粮者五十两，亦与冠带，悉免考试，一依本等食粮资格事例取用。在京在外商贾、官民、舍余，纳银一百五十两者，给授正七品；一百两者，正八品；八十两，正九品；五十两者，冠带俱散官。悉赴本部告，送太仓交收。各处盐课成化元年起至二十一年止，岁办存积常股及一应余盐，除已卖支外，其已未开中、中剩无人报纳者，一依时价定与则例，召商卖银，各于运司、提举司收积解部，以给山、陕赈济。从之。

卷二六五

〔成化二十一年八月〕庚寅，户部议覆御史等官谢文等所奏漕运事宜：

一、兑粮各有原定水次，近乃变更，惟欲多得耗米还债，不思远运之苦。所兑粮往往湿润，多不晒扬。概今交兑及上仓亏折，累军（陪）〔赔〕补，况又指称使用，情弊多端。其京、通二仓收粮亦有原定则例，近多过收及百计勒银，使不禁治，人何以堪？乞照漕运旧规并会议见行事例兑运，如一省粮，止许分派于本省官军，有余方许入派别省，仍将各行事宜著为定例，揭榜禁约及敕上司，一体加意抚恤军士。

一、军士负债岁多，皆繇军官刻剥所致。乞敕巡仓御史同管运官清理，候运粮完日查算。有余剩耗米，除本银外，不分年月远近，止许加利三分偿足。若延迟不完，以借者退回原卫赔偿。今后管运官有借银至一千两以上者，革去（官）〔冠〕带；五千两者停俸；一万者降一级，革退闲住。若果能抚恤军士，早完粮运，不负债六年之上者，听总督等官具奏，量加升赏，以旌其劳。

议入，从之。

卷二六九

〔成化二十一年八月〕甲午，户部奏：都御史崔让建议，今年宁夏例于陕西庆阳府、灵州、花马池等处盐池中盐，其则例：纳上马一匹者，给六十引；中马五十引。内地纳银者，每引一钱八分。于西安等八府贸易，以济边饷。从之。

卷二六九

〔成化二十二年夏四月〕乙未，命户部清理畿内庄田。时驸马游泰奏请武清县六道口苇地，户部因奏勋戚势家所据太多，且不纳税，今请以先年赐予有文案可验者为准，其无者，悉从减轻则例纳税，以充国用。已经承佃起科者仍旧，侵占民地者，悉令给还。从之。

卷二七七

〔成化二十二年秋七月〕己未，诏以云南、黑、白、安、宁五提举司盐课三万四千一百余引，召商中纳，以备兵荒之需。其则例：每引银四钱五分。从巡抚都御史程宗之请也。

卷二八〇

《明孝宗实录》

〔弘治二年七月〕壬午，兵部覆议礼科都给事中都给事中韩重等所言官校升职事。上曰：擒获妖言者，止照成化年例给赏，获强盗者应捕人员，旧例不升，今定与则例：果系贼众势大，即时擒获三名首效力者，准升一级；为从者，给赏；被贼伤害者子孙，升实授一级世袭。其非应捕人员，亦须即时擒获及行劫后三月之内缉获者，量升一级；月久者，止给赏。凡因获贼已升官者，后复有擒获功，仍照宣德年例，止给赏。有违例乞升保升者，许科道官指实奏闻处治。

卷二八

〔弘治三年正月〕庚辰，巡按浙江监察御史张文言：比见侍郎彭韶议拟两浙盐课，自景泰五年以后逋欠者，分为三等拆追银货，每岁带征二分。顾灶丁困极，岂可复征，乞尽蠲之。下户部议：宜以原定则例量减三分，原一钱者，止追七分；原一钱四分者，追一钱一分；原一钱五分者，追一钱二分。而两淮则自景泰五年至天顺八年者，每引追银一钱五分；自成化元年至十年者，每引银二钱；十一年至二十年［者］，每引银二钱五分。亦银货半收, 仍每岁带征二分。从之。

卷三四

〔弘治三年四月〕庚子, 巡按浙江道监察御史陈金奏: 浙民有充远驿马头者, 多为彼处土人所苦, 其弊万端。欲令就本处有司纳马价及工食草料之费, 类解彼处, 有司定与则例: 马驴铺陈各三年, 一易马铺陈分上、中、下三等, 上者给银十五两, 中十二两, 下十两。俾驿官自买站船, 每年一小修, 三年一大修, 十年一造。各以时给价, 仍申报所司知之, 亦不得令土人自索取。兵部请通行天下。从之。

卷三七

〔弘治九年二月丁卯〕工部奏: 先是, 因言者建议, 各处岁办皮张, 折收银两给散边军。今内库所收衣鞋仅有三十余万, 不足以备给赏之需。宜移文浙江、江西、山西、河南、山东、湖广等布政司, 并顺天等府州县, 自明年为始, 每五年惟麂皮、狐皮如旧征解, 余照原定则例折造衣鞋。从之。

卷一〇九

〔弘治十六年五月〕乙未, 兵部议覆给事中邹轩所奏, 请行各巡抚巡按官, 令会计每岁各驿工食、刍豆、铺陈、马价, 定为则例征解。会同馆: 上马征银三十五两, 中马三十二两, 下马三十一两六钱。南京会同馆并各驿: 上马三十二两, 中马三十两, 下马二十八两六钱六分。或（与）〔于〕秋粮内带征, 或于丁粮内均派, 俱限十一月终征完, 解赴本布政司。系直隶者, 解各该府州收候, 听各驿支领。其两京会同馆者, 各差官于次年二月终解赴两京兵部。如违限, 将守巡并司府掌印官住俸两月, 州县掌印官住俸三月。其河南、山东、北直隶巡（按）〔抚〕都御史, 各查所属。有江南马匹驿分, 每岁于正月内差官, 赴各该司府领所征银, 转发各府掌印官, 给与各驿马夫。如马死, 即买补。若有三年之外不死者, 官府不得扣除马价, 使之乐于饲养。其铺陈, 则扣除收库籍记, 各照年分置造应用。从之。

卷一九九

〔弘治十六年六月〕甲寅，巡抚云南都察院右副都御史陈金乞致仕。上曰：（南京）[云南]地方事重，金宜用心巡抚，以副委任，所（谓）[请]不允。先（事）[是]，总制陕西军务尚书（奏）[秦]纮，召商纳银一十四万二千余两，欲开中盐五十九万余引，以实固原等边。户部覆奏：止定与淮浙盐二十万引。至是，纮又奏，所收价银已发各边，不可追还，乞补拨盐引，以足原数。户部议：谓纮所开盐价比常太（经）[轻]，殊损于官，请定与则例：淮盐常（服）[股]，每引银（银）四钱，存积每引四钱二分，浙盐银每引二钱，而更开与淮浙盐十九万引，通前所拨二十万引。俱准此例，庶盐不浪费，而足当所收银数，官商两便。从之。

卷二〇〇

《明武宗实录》

〔弘治十八年秋七月辛亥〕户部议覆南京六科给事中徐蕃等所言三事：……平赋役以苏民困。凡夏秋税粮，有司遇本部会派勘合至日，宜刊布征收则例，明示乡民，照数输纳，逐年徭役从轻佥派，不得巧计诡取。其灾伤勘报，悉照新例，不得稽迟混报。若存留数少，本处岁用不敷，巡抚等官通融处置……从之。

卷三

〔正德三年十二月戊辰〕户部言：先是，（都）[督]理马政都御史杨一清定西宁洮河三卫茶马则例，每岁征茶不过五万斤，易马不过五六千匹。今巡茶御史翟唐一年之间，所收茶至七十八万二千余斤，所易马至九千余匹，较之常规，利实倍之，功绩颇著，宜加旌奖。诏升唐俸一级。

卷四五

〔正德五年冬十月壬辰〕监察御史李元言：九门车辆之税，自刘瑾专政，欲如成化初所入钞必五百四十余万贯，钱必六百二十余万文，而监（受）〔收〕官于常课之外又多私取，甚为民害。请斟酌议拟，勿拘定数。下户部再议，以为宜斟酌轻重，定为则例，每岁进纳约钞二百万贯，钱四百万文，庶国课易足。至于侵克过取之弊，皆当严禁。上是之。每年进纳定为钞三百三十万八千二百贯，钱四百二十万二千一百四十四文。监（受）〔收〕官若侵克，或过收及纵容索取，以致客商嗟怨，事觉，皆罪不宥。

卷六八

《明世宗实录》

〔正德十六年十二月壬寅〕户部覆刑科给事中沈汉等奏请，申明蠲免则例：如小民一户有粮十石，正德十五年已完解六石，已征未解二石，拖欠二石，其未解二石，仍该起解，准作十六年分本户该纳之数；拖欠二石，尽数蠲免。其已完六石，例不该准如数有多寡，难以细除，则以一州一县概论。如州县先已完解，无小民拖欠，及已征未解，仍应全征。其嘉靖元年免征之数，亦必开明。如一户粮十石内，该漕粮二石例不免外，其余八石，免除四石，征收四石，州县总数称是。乞行抚按、有司揭示百姓，俾之知悉。从之。

卷九

〔嘉靖五年正月癸丑〕巡抚湖广右副都御史黄衷言：王府禄米，每石折银七钱六分三厘，已定为则例。顷州县解纳者，长史以下多所科索，甚有加至二两者。民不能办，而官以侵欺，坐之至破家抵罪，积弊已久。请令王府禄米折银，量为加耗，俱解各府州县贮库，令长史司按季支给。（便）事下，户部请从其议。上命禄米旧解纳王府者各如故，第令务遵则例，不得多收，以病小民。违者，听抚按官劾治。

卷六〇

〔嘉靖七年十二月辛巳〕诏定赎罪与收赎钱钞则例。时巡抚湖广都御史朱廷声言：收赎与赎罪有异，在京与在外不同，钞贯止聚于都下，钱法不行于南方。故事审有力及命妇、军职正妻及例难的决者，有赎罪例钞；老幼废疾及妇人余罪，有收赎律钞。赎罪例钞原定钱钞兼收，如笞一十该钞二百贯，收钱三十五文，其钞一百贯折银一钱；杖一百该钞二千二百五十贯，收钱三百五十文，其钞一千二百五十贯，折银一两。今收赎律钞笞一十，止赎六百文，比例钞折银不及一厘；杖一百赎钞六贯，折银不及一分，似为太轻。盖律钞与例钞贯数既不同，则折银亦当有异，请更定为则。凡收赎者，每钞一贯折银一分二厘五毫；如笞一十，赎钞六百文，则折银七厘五毫。以罪轻重，递加折收。令天下问刑诸司，皆以此例从事。刑部议以为可，遂命行之。

卷九六

〔嘉靖八年十一月辛酉〕户部覆湖广巡抚都御史朱廷声奏：荆、襄、辽、寿等王府禄米，宜如楚府则例，一体折银解纳。亲王每石折银七钱六分三厘，郡王每石七钱，将军、中尉、郡主、夫人、仪宾每石五钱。所在府州县贮库支给，不许王府遣使，自诣州县催督。从之。

卷一〇七

〔嘉靖四十三年十一月壬寅〕以京边冗费太多，命户部通查各衙门食粮人数，籍记姓名送户部，验阅其各边行粮，悉如蓟镇所定则例，百里外全支，五十里半支。

卷五四〇

〔嘉靖四十五年四月丁丑〕更定各处卫所逋欠屯粮降罚则例：凡未完三分以上，管屯官降俸二级，掌印官一级；五分以上，管屯官降一级，掌印官降俸二级；七分以上，管屯官降一级，发边方立功，三年回卫差操，掌印官亦降一级。著为例。

卷五五七

《明穆宗实录》

〔隆庆二年三月壬戌〕兵部覆总督陕西侍郎王崇古条言边事……延绥土军买马勾（捕）〔补〕，科索不胜其困，以故编户逃徙，宜令各守巡道督延庆清军官查核户丁田粮，定为则例：粮二十石丁更多者，令买一马，马死辄补，不得逾时；其次二年而买补，又其次三年而买补。粮十石及五丁以下，免其买马，止应军役，岁征军装银五钱……上命如议行。

卷一八

〔隆庆二年九月甲戌〕总理江北等处屯盐都御史庞尚鹏奉诏条陈盐法二十事……铺户承买商盐，去盐场隔远者易行，而淮、（杨）〔扬〕二府附近盐场者难售。宜将淮、扬折卖盐引六万有奇，分派大江以南民稠之地，而以前议收买余盐，查照边商仓钞则例，给票铺户，令其纳直支费，则铺户之困可以少舒……诏悉从之。

卷二四

〔隆庆四年七月辛未〕巡抚宣府兵部右侍郎王遴奏上清理屯田事宜：一、屯田官地，宜以丈量实数为主，其他亏少荒芜之数，尽行除豁，征粮无过一斗。如田少粮多，则加派地亩足之。一、团种官地，宜悉如屯田则例……户部上其议，得旨允行。

卷四七

〔隆庆四年九月戊寅〕御史李学诗条陈两淮盐法便宜：一、（让）〔议〕复大盐。旧例谓两淮近改小盐，每引少收六十五斤，而二岁中消引反少三十余万。盖灶户余盐鬻于私贩，私贩盛则正课愈（拥）〔壅〕，请仍旧每引以五百五十斤为率，淮南纳余盐七钱，淮北五钱一厘二毫。淮南岁掣八单，每单八万五千引。淮北四单，每单五万五千引。其内商分拨，边商引目，悉依原题三等价银则例……从之。

卷四九

《明神宗实录》

〔隆庆六年十一月乙巳〕兵部奏：北房三镇贡市事竣，粮饷无飞挽之繁，士（马）[卒]免锋镝之苦，华夷欣戴中外。又安总督王崇古及文武将吏九十余员，荫升加俸级赏赉各有差。又指挥众升级录赎者，凡十六人。本兵而下，亦各受赐。是年，凡得市马八千二百四十二匹，费价六万五千六百九十六两有奇，抚赏五千三百五十两。按崇古奏言：兵部买马则例，最上十二两，中等（十）[一]十两，下等六两。夷马价虽分三等，通融约计每匹不过八两，仅比部之中价，而最上者值倍部价，中者三之一，下者亦不减原值，以为所赢实多。今实以部价准之，俱以八两为率，马八千二百四十二匹，价当六万五千六百九十六两，而今并抚赏银共六万六千五百四十五两，则反溢九百余两。又此后所市虏马，皆疲不足给军，而今曰"健壮"曰"反赢"，何也？且是年三镇顿增马八千余匹，岂不足补倒马之数，而部又以是年各边倒塌及退还疲马数多，太仆寺额存之数损及四千余匹，议郎中马诸郡解银买补，又何也？盖边事侈功而实不可问类若此。

卷七

〔万历元年三月乙未〕定各司府州县卫所官拖欠钱粮住俸、开俸、降级、革职、改调则例。

卷一一

〔万历六年七月戊辰〕诏以弓箭弦条，今后南直、浙江等省解料年分，都着照京营议定物料则例，量加工食银两解纳。

卷七七

〔万历六年八丁亥〕户部题：万历七年两直隶并各省漕运事宜，例应会同各衙门会议。今覆巡漕都御史江一麟疏……议杂物则例，以定漕规旧制。不论船之新旧，一概止给年例四两，以为桅（蓬）〔篷〕杂费，价既不敷，旗甲不无赔佃之苦。今以万历七年为始，各卫浅船杂费，凡遇初造年分，即总给银二十三两六钱五分。照数买办以后，九年陆续给银二十两九钱七分凑买。俟十年改造，将原置物件分别计算，准银九两六钱，贴送该厂，找给银十四两四钱，以为从新置办杂物之费。其在运旧船，照例支给，候改造之年，将所存桅（蓬）〔篷〕猫橹等项物件，一体查送该厂，变价添凑别置。仍将置买物件银两各数目，刻记在官，永为遵守。上是其议。

卷七八

〔万历十一年九月壬午〕户科都给事中萧彦等言：近该臣等条陈，户部覆议，定为查参则例：京运通负每年带征二分，并见（任）〔年〕钱粮总算完及八分，即免参罚。奉有钦依，天下便之。今浙江抚臣张佳胤，仍以旧例请，而该部照所议覆。窃恐有司苦于降罚，百姓苦于征求，势不能取盈，必将上下相蒙，久之则废阁如前矣。上命照近题则例改正，行仍谕各部题覆，务将见行事例查明画一，毋得参差抵牾，有乖政体。

卷一四一

〔万历十四年十月〕己丑，户部覆：巡按御史韩国祯题议，畿辅灾伤地方，宜照彼灾轻重，遵依灾免则例，俱于本年存留粮内，照依分数，递行蠲免。开垦水田，借过丰润、玉田、遵化三县库银一万五千两，又蓟镇积贮银一万五千两，准与开豁，免其补还。上俱依拟。

卷一七九

〔万历十八年十月癸酉〕诏定助边升赏则例：输银千两者，升一级，至三级而止，加衔至闲散五品止。其五千两以上，从优酌议。

卷二二八

〔万历三十一年十月〕癸卯，户部请厘正崇文门征收商税则例，并照各钞关委官题，差一年满日，方许回部考核，以明殿最。从之。

卷三八九

〔万历四十六年六月癸酉〕礼部左侍郎兼翰林院侍读学士何宗彦题，申科场条议二十款。上曰：科场则例既删定画一，依议刊布，着实举行。仍著为令，俾永遵守。

卷五七一

《明熹宗实录》

〔泰昌元年十月甲子〕河南道御史袁化中言……又议：优恤于耕种之时，少增钱粮以为犒赏之用，其银即于行粮动支，至秋收之时，仍给斛斗官七民三，依佃田户则例。如是，则因兵为屯而国无增饷之费，屯有赏赐则军有乐就之心。计一年屯之所得，可积半年之食；二年则余一年之积，数年则仓盈庾羡，又何忧转输之难乎！若官等义无分粒，候政举优擢可也。章下所司。

卷二

（四）其他明代史籍和通史式政书散见则例辑佚

《明史》（中华书局，1974） 　《明史》（清抄本）
《国榷》 　《明经世文编》
《明文海》 　《续文献通考》
《钦定续文献通考》 　《续文献通考补》
《天下郡国利病书》 　《名臣经济录》
《秘阁元龟政要》 　弘治《徽州府志》
正德《松江府志》 　《漕运通志》
《燕对录》 　《南京太仆寺志》
《盐政志》 　《国朝列卿纪》
《皇明大政纪》 　《刚峰集》
《四镇三关志》 　《皇明疏钞》
《备忘集》 　《三云筹俎考》
万历《温州府志》 　《王国典礼》
万历《绍兴府志》 　《客座赘语》
《金陵梵刹志》 　《国朝典汇》
《皇明从信录》 　《度支奏议》
《救荒策会》 　《炎徼纪闻》
《古今蹉略》 　《东西洋考》
《白谷集》 　《内阁藏书目录》
嘉靖《仁和县志》 　《弇山堂别集》
《典故纪闻》 　《春明梦余录》

《明史》

（清）张廷玉等撰　中华书局，1974

〔永乐〕又更定屯守之数。临边险要，守多于屯。地僻处及输粮艰者，屯多于守。屯兵百名委百户，三百名委千户，五百名以上指挥提督之。屯设红牌，列则例于上。年六十与残疾及幼者，耕以自食，不限于例。

卷七七《志第五十三·食货一》

有明盐法，莫善于开中。……〔洪武〕四年定中盐例，输米临濠、开封、陈桥、襄阳、安陆、荆州、归州、大同、太原、孟津、北平、河南府、陈州、北通州诸仓，计道里近远，自五石至一石有差。先后增减，则例不一，率视时缓急，米直高下，中纳者利否。道远地险，则减而轻之。编置勘合及底簿，发各布政司及都司、卫所。商纳粮毕，书所纳粮及应支盐数，赍赴各转运提举司照数支盐。转运诸司亦有底簿比照，勘合相符，则如数给与。

卷八〇《志第五十六·食货四》

仁宗立，以钞法不通，议所以敛之之道。户部尚书夏原吉请令有钞之家中盐，遂定各盐司中盐则例，沧州引三百贯，河东、山东半之，福建、广东百贯。

卷八〇《志第五十六·食货四》

天下卫所军士月粮，洪武中，令京外卫马军月支米二石，步军总旗一石五斗，小旗一石二斗，军一石。守城者如数给，屯田者半之。民匠充军者八斗，牧马千户所一石，民丁编军操练者一石，江阴横海水军梢班、碇手一石五斗。阵亡病故军给丧费一石，在营病故者半之。籍没免死充军者谓之恩军，家四口以上一石，三口以下六斗，无家口者四斗。又给军士月盐，有家口者二斤，无者一斤，在外卫所军士以钞准。永乐中，始令粮多之地，旗军月粮，八分支米，二分支钞。后山西、陕西皆然，而福建、两广、四川则米七钞三，江西则米钞中半，惟京军及中都留守司，河南、浙江、湖广军，仍全支米。已而定制，卫军有家属者，月米六斗，无者四斗五升，余皆折钞。凡各卫调至京操备军兼工作者，米五斗。其后增损不一，而本折则例，各镇多寡不同，不能具举。

卷八二《志第五十八·食货六》

汪俊《四夷馆则例》二十卷，《四夷馆考》二卷。

卷九七《志第七十三·艺文志二》

天顺二年，宁王奠培不法，恭劾之。削其护卫，王稍戢。迁右副都御史，代李秉巡抚苏、松诸府。按部，进耆老言利病，为兴革。与都督徐恭浚仪真漕河，又浚常、镇河，避江险。已，大治吴淞江。起昆山夏界口，至上海白鹤江，又自白鹤江至嘉定卞家渡，迄庄家泾，凡浚万四千二百余丈。又浚曹家港、蒲汇塘、新泾诸水。民赖其利，目曹家港为"都堂浦"。初，周忱奏定耗羡则例，李秉改定以赋之轻重递盈缩。其例甚平，而难于稽算，吏不胜烦扰。恭乃罢去，悉如忱旧。

卷一五九《列传第四十七·崔恭传》

《明史》

（清）万斯同撰　清抄本

〔崇祯〕十三年，祭酒李建泰重定监生则例。

一、旧例：每月作课六道，今拟以二课试经书义，二课分试曹务，二课试骑射。

一、每月朔、望，齐集诸生，六曹官分讲六曹则例，博士官讲《孝经》《小学》或《五经》一章。

一、本监各正官俱置立勘合文簿，令每人先诵习二则，必二则精通，方许改习。能条答精核、文理俱优者，于本名下填注印钤。岁总录二则以上者，分别咨送，仍听部试钤注。通四则或六则以上者，请亲试录用，或量遵祖制，以示优异。诏皆允行。顾太学之紊乱也久矣，当景泰时，始开事例，多不逾千人，论者犹交章以停罢。其后岁屡行，而人以为固然，无訾议之者矣。且先以例犹严，试之而慎，所与其后匪直可否，不为较益，乃龂曲以从之，以半分、一分、七分、八分之积数，为二十四月、十二月、八月、六月之拨期。而所谓拨历者，则又开赎历之例。正历者假之以求替，杂历者责之以输直，此积分之废也二百年。至于崇祯，虽稍复其故，卒无成效。嗟夫！

卷七四　《志四十八·选举四·学校中》

〔宣德〕七年，遂定加耗则例：浙江、江西、湖广、江南船，各回附近水次领兑；南京、江北船，于瓜州淮安领兑；其淮、徐、临、德四仓，仍支运十分之四；浙江、苏、松等船，各本司地方领兑。不尽者仍赴瓜州、淮安交兑。北边如河南彰德府于小滩，山东济南州县于济宁，其余水次，仿此官军领兑。必量其地之远近，费之多少，定为加耗脚米则例。又给轻赍银两，以为洪闸盘剥之费，并得附载他物以资军，此转运变为兑运之始也。

卷九九《志七十三·食货五·漕运》

成化二年覆：南京官吏户口食盐之半，毋得逾十五口。初，以淮盐缺，暂停南京官吏食盐。至是，复旧旧例中盐，由户部定则例，出榜召商，无径奏者。是年，富人吕铭等八人托势要奏中，两淮存积盐五万五千引，出中旨允之，尚书马昂不能执奏，盐法之坏自此始。时豪势多搀中商失利，而仪真、瓜州、武进、南京卫所军民，造千料遮洋大船，列械兴贩，乃为重法私贩窝隐，俱论死，家属徙边卫，夹带越境者问充军，较景帝时加烈矣。

卷一〇一　《志七十五·食货七·盐法》

〔洪武〕十五年，置内府宝钞，广源库、广惠库，入则广源库掌之，出则广惠库掌之。在外卫所军士月盐皆给钞。时官给工本钞煎盐，两淮两浙引给二贯五百，他处则例不一。

卷一〇二《志七十六·食货八·钱钞》

宣宗时，礼部尚书胡溁奏：减内外官俸钞，自此廉养，无资官卑者至不能赡妻子矣。本色折色则例：

正一品：岁俸一千四十四石，内本色俸三百三十一石二斗，余为折色俸。本色俸内无大小，皆支米一十二石，余折银俸二百六十六石，折绢俸五十三石二斗，总为银二百四两八钱二分。折色俸内，半折布俸为银一十两六钱九分二厘，半折钞俸为钞七千二百二十八贯。

从一品：岁俸八百八十八石，内本色俸二百八十四石四斗，余为折色俸。本色俸内，除支米，余折银俸二百二十七石，折绢俸四十五石四斗，总为银一百七十四两七钱九分。折色俸内，半折布俸为银九两五分四厘，半折钞俸为钞六千三十六贯。

正二品：岁俸七百三十二石，内本色俸二百三十七石六斗，余为折色俸。本色俸内，除支米，余折银俸一百八十八石，折绢俸三十七石六斗，总为银一百四十四两七钱六分。折色俸内，半折米俸为银七两四钱一分六厘，半折钞俸为钞四千九百四十四贯。

从二品：岁俸五百七十六石，内本色俸一百九十石八斗，余为折色俸。本色俸内，除支米，余折银俸一百四十九石，折绢俸二十九石八斗，总为银一百一十四两七钱三分。折色俸内，半折布俸为银五两七钱七分八厘，半折钞俸为银三千八百五十二贯。

正三品：岁俸四百二十石，内本色俸一百四十石，余为折色俸。本色俸内，除支米，余折银俸一百一十石，折绢俸二十二石，总为银八十四两七钱。折色俸内，半折布俸为银四两一钱四分，半折钞俸为钞二千七百六十贯。

从三品：岁俸三百一十二石，内本色俸一百一十一石六斗，余为折色俸。本色俸内，除支米，余折银俸八十三石，折绢俸一十六石六斗，总为银六十三两九钱一分。折色俸内，半折布俸一百石二斗为银三两六厘，半折钞俸为钞二千贯。

〔正〕四品：岁俸二百八十八石，内本色俸一百四石四斗，余为折色俸。本色俸内，除支米，余折银俸七十七石，折绢俸一十五石四斗，总为银五十九两二钱九分。折色俸内，半折布俸为银二两七钱五分四厘，半折钞俸为钞一千八百三十六贯。

从四品：岁俸二百五十二石，内本色俸九十三石六斗，余为折色俸。本色俸内，除支米，余折银俸六十八石，折绢俸一十三石六斗，总为银五十二两二钱六分。折色俸内，半折布俸为银二两三钱七分六厘，半折钞俸为钞一千五百八十贯。

正五品：岁俸一百九十二石，内本色俸七十五石六斗，余为折色俸。本色俸内，除支米，余折银俸五十三石，折绢俸一十三石六斗，总为银四十两八钱一分。折色俸内，半折布俸为银一两七钱四分六厘，半折钞俸为银一千一百六十四贯。

从五品：岁俸一百六十六石，内本色俸六十八石四斗，余为折色俸。本色俸内，除支米，余折银俸四十七石，折绢俸九石四斗，总为银三十六两一钱九分。折色俸内，半折布俸为银一两四钱九分四厘，半折钞俸为钞九百九十六贯。

正六品：岁俸一百二十石，内本色俸六十六石，余为折色俸。本色俸内，除支米，余折银俸四十五石，折绢俸九石，总为银三十四两六钱五分。折色俸内，半折布俸为银八钱一分，半折钞俸为钞五百四十贯。

从六品：岁俸九十六石，内本色俸五十六石四斗，余为折色俸。本色俸内，除支米，余折银俸三十六石，折绢俸七石四斗，总为银二十八两四钱九分。折色俸内，半折布俸为银五钱四分九厘，半折钞俸为钞二百九十六贯。

正七品：岁俸九十石，内本色俸五十四石，余为折色钞。本色俸内，除支米，余折银俸三十五石，折绢俸七石，总为银二十六两九钱五分。折色俸内，半折布俸为银五钱四分，半折钞俸为钞三百六十贯。

从七品：岁俸八十四石，内本色俸五十一石六斗，余为折色俸。本色俸内，除支米，余折银俸三十三石，折绢俸六石六斗，总为银二十五两四钱一分。折色俸内，半折布俸为银四钱八分六厘，半折钞俸为钞三百二十四贯。

正八品：岁俸七十八石，内本色俸四十九石二斗，余为折色俸。本色俸内，除支米，余折银俸三十一石，折绢俸九石二斗，总为银二十三两八钱七分。折色俸内，半折布俸为银四钱三分二厘，半折钞俸为钞一百八十八贯。

从八品：岁俸七十二石，内本色俸四十六石八斗，余为折色俸。本色俸内，除支米，余折银俸二十九石，折绢俸五石八斗，总为银二十二两三钱三分。折色俸内，半折布俸为银三钱七分八厘，半折钞俸为钞二百五十二贯。

正九品：岁俸六十六石，内本色俸四十四石四斗，余为折色俸。本色俸内，除支米，余折银俸二十六石，折绢俸五石四斗，总为银二十两七钱九分。折色俸内，半折布俸为银三钱二分四厘，半折钞俸为钞二百二十六贯。

从九品：岁俸六十石，内本色俸四十二石，余为折色俸。本色俸内，除支米，余折银俸二十五石，折绢俸五石，总为银一十九两二钱五分。折色俸内，半折布俸为银二钱七分，半折钞俸为钞一百八十贯。

武职府卫官俸给，视文俸，惟本色米折银例，每石二钱五分。其月米折绢、布钞，俱同文职。优给优养者，视见任，惟月米□折给，不支本色。若三大营副参游佐官，每员月支米五石，巡捕营提督参将等亦如之。京营选锋把总官月支米三石，巡捕中军把总官月支口粮九斗，旗牌官半之。因事别给者，不在常禄之数。

其文职有军功升俸者，后迁官止于元职，论升俸一给、二给带支。太祖岁赐各布政使司、都司卫所、府州县公宴节钱，京官大臣赐宴，小臣赐节钱。

正统时，内臣畏侍宴久立，遂罢宴，皆给以钞。凡经过使客正官，一员支分例米三升，从人一名支米二升；宿顿者正官五升，从人三升。凡有公事差拨者，皆支口粮。

天下卫所军士月粮，洪武初，总旗支米一石五斗，小旗一石二斗，军一石，城守者一石，屯田者半之。工匠谪充军者八斗。恩军有家四口以上一石，三口以下六斗，无家属者四斗。恩军籍没免死充军者也，又有月盐，有家属者二斤，无者一斤。在外卫所军士，以钞代之。永乐九年，米七钞三支放。仁宗立，加给米准洪武例。宣德八年，军有家属者六斗，无者四斗五升，操备给行粮四斗，马军行粮四斗，月匹六斗；马匹月支料一石或九斗，操备兼工作者给行粮五斗，冬衣、布花人支布四匹，约一斤。本折则例多寡，各镇不同，又先后增减不一云。

　　　　卷一〇五《志七十九·食货十一·会计附俸饷》

　　又各边种马死，或生灾病，或因驰逐理亦有之，然非瘦损、作践、盗卖、私借，不应如是之多，况生病亦由水草之不时，驰死亦由作止之无节，所宜选委管马官督责饲养，及少卿每岁巡点二次。马有瘦损倒失，百户、指挥等官或按月住俸，或奏闻区处，宜如则例奉行。

　　　　卷一二五《志七十九·兵卫二十·马政》

　　永乐二年，复定屯粮科则。每军田一分，正粮十二石，收贮在仓，听本军支用；余粮十二石，给本卫官军俸粮。卫以指挥一员，所以千户一员，提督都指挥使司，时遣官核之。岁终造出纳之籍，赴京师比较，仍令指挥一人同覆奏。其比较屯粮，直隶遣御史、各都司所属巡按御史，同按察司掌印官，岁具会计数送户部，不及额者具奏降罚，所收屯储付御史等官查盘。复以各处屯□收物不一，以杂谷二石或三石，准米一石；粟、谷、糜、麦、大麦、荍麦，各二百；稻谷、葍秋，各二石五斗；穄、稗各三石，准米一石。小麦、芝麻与米同。复更定天下卫所守城军士数，临边而险要者，守多于屯；在内而坦平者，屯多于守；屯虽险远而运输难至者，屯亦多于守。又令于四五屯内，择一屯有水草者，四围浚濠广丈五尺，深半之，筑土城高二丈，开八门，以便出入。旁近四五屯，辎重粮草，皆聚于此。无警则各居本屯耕牧，有警则驱牛羊入城固守，以待援兵。明年复置红牌，更定赏罚则例。于屯所，每百户所管旗军百十二名，或百名，或七八十名，千户所管五千户或三千户、二千户，总以提调屯田都指挥。所得籽粒，除下年种子外，均视每军岁用十二石，正粮为法比较，将余存并不敷数目，通行会计，定为赏罚，别遣官核实。五年，增置各处按察司佥事，专管屯粮。仁宗复令，于二十四石中减征六石，惟以正额十八石输官。至英宗二年，复令各军正粮免输仓，止征余粮六石，科则自此定矣。

卷一二五《兵卫二十·屯田》

海运则例一卷。

卷一三三《艺文一》

《国榷》

（明）谈迁撰　中华书局，1958

〔成化二年二月〕癸巳，减徐、淮中盐则例。

卷三四

〔成化六年七月戊子〕申监生拨历则例。

卷三六

〔嘉靖七年十二月辛巳〕定赎钱钞则例，诏京官节钱勿用楮。

卷五四

〔万历十一年九月壬午〕户科都给事中萧彦等言：京运则例，岁带征二分，见年完八分，即免参罚。今部覆浙江巡抚张佳胤所请，有司苦于降罚，百姓苦于诛求，势不能取盈，将上下相蒙矣。上命如近例行。

卷七二

〔万历三十年八月壬子〕令有司钱粮，分定则例考成，定殿最。

卷七九

〔崇祯九年十二月〕癸酉，户部尚书侯恂免。先是，郎中倪嘉庆坐累，恂为代辨。又三月即发豆价，□科给事中荆祚永劾之。恂尝议屯田曰……而永乐三年，定岁收屯田子粒则例：每粟、谷、穈、黍、大麦、荞、穄各二石，稻谷、薥秫各二石五斗，穇、稗各三石，并各准米一石。小麦、芝麻与米同。宜令新田，无论梁菽、薏芋、蔬菜之类，审从其便，惟意所适，不必规规种稻。又如边地果称不毛，即种树亦可。

卷九五

《明经世文编》

（明）陈子龙等选辑　中华书局，1962

一、兑运成化三年秋粮三百二十六万石，淮安、徐州、临清、德州仓支粮七十四万石。如有灾伤停免，就令漕运官于淮安等仓，照数支运。

一、兑运粮米正粮，每石两尖加耗平斛，其加耗则例：湖广、江西、浙江六斗五升，江南、直隶并庐州府五斗五升，江北四斗五升，徐州四斗，山东、河南三斗。

一、兑运米以十分为率，京仓收六分，通州仓收四分，支运俱通州仓收。

一、官军攒运，如遇风水坏船，百里内府州县正官，百里外所在官司视验，申漕运官依例处分。

卷四一《会议漕运事宜》

一、查勘官地。查得弘治二年九月内，节该给事中等官郑隽等查勘顺天、保定等府已故太监庄田，造册前来，本部议拟具题。节奉孝宗皇帝圣旨：这各庄田钦赏年久，其人已故，本都当入官，但中间有转卖等项，今定与例。不及二十顷的，仍与见管业之人耕种，照民田则例起科纳粮。二十顷以上至三十顷，酌量除五顷。三十顷以上的，每三十顷递除五顷，留与管业之人耕种纳粮。不愿耕种的，听余地并收入官。其有本主见在的，仍管业不动。认种纳子粒的，著种纳。辞退无主的，召人佃种。以上地亩粮数，还着原委官分拨取勘明白，造册备照。

卷八五《为缺乏银两库藏空虚等事》

一、收税则例，悉准广东夷货事理定额。

一、夷商泊船列港内地，人往彼处交易事毕各散，毋得久居本处。

一、内地人赍货出海，先于定海关开递报单，验过取照，随赴提举司起票〔起〕〔赴〕收税衙门纳税，才往列港成交。其买回夷货，亦先于定海关开递报单，验过取照，复赴提举司（赴）〔起〕票，赴收税衙门纳税。

一、收税专设布政司官一员，往札定海关，税物随送定海县贮解。

一、赍货往来，定限定海港一路，不得别由他道，违者即同私自通番。

一、列港设立房屋，常令哨军若干名居住，每月更番。若有客船到彼，即回报知，以凭出示招商。

一、开市之后，沿海卫所巡司各举修武备，益严防哨，查于旧额官军缺乏者，调发处补。

一、开市之后，必修设战船，如例四时巡哨，不得有拘秋冬停歇。

一、兵备海道各衙门不动卫所巡司额设，别令募养客兵演练，有警率剿。

一、客兵工食、造船料价、火药军器之类，俱于岁收税数支用。

卷二七〇《御倭杂著·上督府开市事宜（唐枢）》

《明文海》

（清）黄宗羲编　中华书局，1987

〔正德七年〕壬申冬，升顺天府尹。边境不宁，命将出师者，再所需车辆约费银数千两。公以水旱连年，根本宜虑，力言于兵部，移大兴递运所余银两以给之。仍奏免派补，又奏免夏税一万七千余石。又令农民改拨者，量入赀为赈济备，民甚赖之。虑各属巧取民财，每岁办创作底簿，具载其都数撒数，使上下通晓，无能为弊。凡征税则例、乡饮仪节，悉加裁定。遇乡会二试，所需悉从官给，尽革和买借办之扰，府收例银前后几二十万。公立法简而有制，类解既便，且绝侵欺。

卷四四二《南京礼部尚书致仕赠太子少保谥文恪月湖先生杨公墓志铭（罗钦顺）》

《续文献通考》

（明）王圻纂辑　明万历三十一年松江府刻本

成化十五年，钦奉敕旨：例问发边卫永远充军。六年奏准：王府及功臣之家钦赐田土佃户，照原定则例，将该纳子粒，依时价每亩银三分，送赴本管州、县上纳，令各该人员关领，不许自行收受。

卷三《田赋考》

〔嘉靖〕九年，令直隶苏、松、常、镇，浙江杭州、嘉、湖等府田地，科则只照旧行，不必纷扰。其有将原定则例更改，生奸作弊，通行禁革。

卷三《田赋考》

支给草料则例

太祖洪武十三年，令广东、广西、福建、浙江、湖广、江西布政司，淮安、苏州等卫，马草不许科收，马料不许支给。

成祖永乐七年，钦定征操马匹关支草料：公六匹，侯五匹，伯四匹，指挥、千百户各一匹。征进马匹草料：公十匹，侯、伯八匹，都督六匹，都指挥三匹，指挥二匹，千百户各一匹。非征进之数，不许关支。十一年，令上直马每匹日支料豆四升，草一束；其下场牧放马匹，止关料豆一月。十四年，令驮豹马日支料四升，草一束，自九月初一日起至十一月终止。

二十二年，令常川上直马每匹日支料三升，草半束，余半束，折支钞二贯。骑操等项马每匹日支料三升，草一束，折支钞四贯。

宣宗宣德五年，令御马监勇士马，并达官调习马，每匹按月原支草三十束，内支本色草一十五束，余折白绵布一匹。

英宗正统二年，令五军、三千、神机等营操备官军，马月支料豆九斗，添与一斗，以后照旧关支；又令陕西、宁夏等处官军骑操马，每岁自九月半起关支料豆，至次年四月半住支；又令大同宣府等处操备巡哨马，每月原支料豆九斗，添与三斗，至次年三月半住支。四年，令大同宣府镇守总兵等官，凡马匹不系官给之数，不许关支草料。六年，令北虏使臣马驼，初到京，每匹日支草半束；一月之后，又添半束，每日仍支料一升；又令甘肃操备马料，自十一月初一日至次年三月终，日支四升，其九月下半月及次年三月四月，上半月仍照旧日支三升。八年，令直隶真定卫达官，自己马草料住支，其官马照官军例支给。九年，令万全都司巡哨操备，马添支四月下半月料豆六斗。十年，令甘肃庄浪等处官军马料，日支四升，外添支青稞一升；又令大同右、玉林等卫官马，月支谷草十束，与自备野草相兼喂饲。十四年，令各处马房上直骑操并起取等项，马草每一束，折支银二分；又令居庸关骑操马，自十月十五日起至次年四月半止，每马一匹日支草一束；又令五军、三千、神机等营骑操马，自本年十二月二十五日起至次年二月终止，每日加料豆一升。

景皇帝景泰元年奏准：长陵等三陵神宫监长随内使，领到御马监马驴，行令昌平县：每马一匹，日支料三升，草一束；驴一头，日支料一升，草半束；每年十月初一日起，三月终止。如有事故，截日住支。二年，奏减上直马料豆一升，与五军等营骑操马一例，关支三升；令五军等营，骑操马自十月十五日起本月终止，每马一匹，给银一钱；十一月给银二钱买草，十二月至次年正月终止，每马关本色草一十五束。三年，令减给驮豹马料豆一升，照例自九月初一日起至三月初一日住支；又令五军等营，存操马至六月青草长茂，止关料豆草束住支，至十月初一日起，草束依例关支。七年，令宁夏等卫马队旗军，照甘肃例，每岁九月十六日起至次年四月十五日止，日支料豆三升；又令勇士、小厮，马月支料豆九斗，草三十束。

英宗天顺二年，令新降达官每人准马一匹，月支料七斗，草三十束。

宪宗成化元年奏准：凡内外镇守官员，马不拘官私，止给四匹草料。五年，令京营官军，草料俱编填勘合，方许支给。十二年，令原选听征下场，马预先调取来京，每匹于九月十月支草二十束；九月以后，仍有边报，却将十一月分该支草料，移在十月分，十二月分移在十一月分，接续照例秋草谷草兼支，间月折与价银买草。十三年，令下场取回听征官，八月九月，每马一匹，按月支与草价银二钱三分。十七年，令听征官军，马一万五千匹，每匹月给草价银一钱，日支料豆三升，续因马匹瘦损，添给草价银一钱。二十年奏准：听征马四月五月，每月添给料豆二斗，辏前九斗，共支一石，草价银三分；辏前二钱，共支二钱三分。二十一年，令永平、山海、蓟州等处，三屯等营官军，骑操马按月造册，三月关支料豆，十月折支草束。

孝宗弘治二年，令各营骑操马，本年十二月至春季内，一月每匹月添草价银一钱，以后该支月分仍旧；又议京营存操马，每年四月分关支料豆一半，其余下场回还马，每年关支折草银两月。六年，令存操马四月分料豆，准与全支。十二年奏准：存留下场听征马，自五月初一日为始，除料豆照常外，每马折给草价银二钱，内存操马先已支过者，照数扣除，候声息稍缓，仍令下场牧放，草料住支。

武宗正德五年，令各边镇巡等官，凡遇出哨征战追赶之日，马匹每日量加料豆二升，闲息之日照旧，明白造册开报。

世宗嘉靖元年奏准：涿鹿左卫、兴州中屯卫守操、舍余，常川听候，捕盗原领马匹，春季正月二月、冬季十一月十二月，按月于涿州良乡仓场支给草料；其三月至十月八个月，听其自行牧放，事宁停止。二年，令在京各营，除骑操马匹照旧每年支本折草三个月，料豆间月，本折兼支；听征马匹，俱令下场牧放，草料截日住支。六年，令捕盗马匹准给与折色，随便籴买喂养。七年奏准：马匹、草束每年照旧支三个月本色，其料豆存操马每年十二个月，听征马，除下场六个月，俱本折，间月关支。又奏准：委官主事将榆河、居庸、榆林、土木四驿，查照先年定例，每年自十月初一日起，按季关支料豆九斗，草三十束，夏秋住支，听其照旧打采青草喂养；其榆河、居庸二驿，冬春仍关支本色，榆林、土木二驿，冬春马草准改支折色，每草一束，给银二分。八年题〔准〕：御马、监马、朝马、赏名马为一等，查照旧例，喂养杂料；驮鞍选记披甲马为一等，内除豌豆，止用大麦、绿豆、黑豆喂养；其各起骑操马等项马为一等，内除豌豆、绿豆，止用大麦、黑豆喂养。十年题准：四月青草长茂，各营马匹照旧规，尽令下场放牧。十四年题准：崔黄口营守御操备军余、民壮、骑操官军，口粮、黑豆通州仓关支，草束除夏秋二季照例牧放不支外，冬春二季自嘉靖十三年冬季为始，每草一束，折银五厘，坐派太仓银库关支，自行买办。又题准：各营马匹，除东西官厅存留听征马，每年自四月初一日起至九月终止，全支料草以备调用外，其奋武等营存操马匹，遵照旧例，不支草束，止关料豆，本折间支。二十九年，令三大营马匹，每年夏秋六个月，差官领敕，于近京地方随便牧放，以备调遣；春冬二季，除三个月支本色外，其余三个月应支折色月分，草每月折银三钱，料豆折银五钱；其夏秋二季草料价贱，系在营存留操备马匹，止照常规折支，不许概援为例。三十二年，令巩华、永安二营原兑马匹草料，夏秋月分，该支折色，每豆一石，折银三钱五分，草三十束，折银二钱五分；冬春月分，双月支给本色，单月折银，豆一石五钱，草三十束三钱；闰月在春冬时本折中半，在夏秋时依季支本折。三十三年，令大同镇主兵马匹，每马计冬春六个月，月支料豆九斗，旧支本色四斗，令加二斗共六斗，余三斗照旧折色，其草束夏秋采积，以备冬春，不许支。

卷四《田赋考》

太祖洪武二十六年定：在外各布政司一体鼓铸，本部类行各司，行下宝源局，委官监督人匠，照依在京则例铸就，于彼处官军收贮，听候支用。

卷一八《钱币考》

太祖洪武十四年辛酉，诏定编赋役黄册之制。先是，天下户口未有定籍，至是始议编立黄册，十年一轮造，各布政司类总，解南京户部，入后湖藏之。在外各布政司及府、州、县，各存一本为照。其田地开豁，各户若干，其条段四至，有官民田地二则。系官田者，照依官田则例起科。系民田者，照依民田则例征收。俱黄册有载，赋额适均，而力役亦稽此以平矣。十年之内，田土有出卖，则买者听令增收，卖者即当过割。及户口有消长，分曰旧管，曰新收，曰开除，曰实在，书于各人户下。如花分诡寄者，重法惩之，载在户律，彰著甚也。地土承兵荒未尽归田者，从民开垦，令其自首，即与收之三年后，始赴官收科。天下府州县户口，随田土创编黄册，分豁上、中、下三等，立军、民、灶、匠等籍，使因以受役之轻重，而不尽人之力也。以一百一十户为一里，推其中丁粮多者，十人为里长；余百户分为十甲，岁役里长一人，管摄一里之事。城中曰坊，近城曰厢，乡都曰里，每里编为一册，册首总为一图。其田粮不及而附于一甲内者，曰畸零，不在十户之限。里长轮役十年，终而复始，故曰排年。里甲依次充当。至于大小杂泛差役，各照人户之上、中、下，每岁终所在官司审编，谓之均徭册。成进户部布政司及府、州、县，各存一本。

卷二〇《户口考》

审编则例

太祖洪武三年，令各处军民，凡有未占籍而不应役者，许自首。十七年，令各处赋役，必验丁粮多寡，产业厚薄，以均其力。违者，罪之。十八年，令有司第民户上、中、下三等为赋役册贮于厅事，凡遇徭役取验，以革吏弊。二十一年，令税课司局巡栏，止取市民殷实户应当，不许佥点农民。二十四年，令寄庄人户，除里甲原籍排定应役，其杂泛差役，皆随田粮应当。二十六年定，凡各处有司十年一造黄册，分豁上、中、下三等人户，仍开军民灶匠等籍。除排年里甲依次充当外，其大小杂泛差役，各照所分上、中、下三等人户点差。三十一年，令各都司卫所在营军士，除正军并当房家小，其余尽数当差。

英宗正统五年，令各府州县每岁查见在人户，凡有粮而产去及有丁而家贫者，为贫难户，止听轻役。

景皇帝景泰元年，令里长户下空闲人丁，与甲首户下人丁一体当差。若隐占者，许甲首首告。

宪宗成化元年奏准：今后清理军匠外，其余一应事情粮差等项，止令该年里甲与同老人结勘催办，不许拘扰十年里甲。十五年，令各处差徭户分九等，门分三甲，凡遇上司坐派买办采办，务因所派多少定民输纳，不许隔年通征银两在官。

孝宗弘治元年，令各处编审均徭，查照岁额，差使于该年均徭人户丁粮，有力之家止编本等差役，不许分外加增余剩银两。贫难下户并逃亡之数，听其空闲，不许征银及额外滥设听差等项科差，违者，听抚按等官纠察问罪，奏请改调。不举者坐罪。镇守衙门不许干预均徭。又令在京事故校尉、力士、幼军、厨役，随住人口照回当差，其有在京潜住冒军匠者递回。五年，令顺天府所属人民，有私自投充陵户、海户及勇士、校尉、军厨躲避粮差者，除本役外，其户下人丁，照旧纳粮当差。七年，令布按二司及各府官马夫，于所属州县各金中等三丁人户，十户共出银四十两，解送掌印官处，分给各官，自行买马喂养。十三年奏准：各布政司并直隶府州掌印官，如遇各部派到物料，从公斟酌所属大小丰歉坐派，若豪猾规利之徒，买嘱该吏，妄禀偏派下属承揽害民者，俱问发附近卫所充军。各该掌印官听从者，参究治罪。

世宗嘉靖六年，令巡抚等官查考各州县。（有）〔又〕令见年里甲本等差役之外，轮流直日，分投供给米、面、柴、薪、油、烛、菜蔬等项，及遇亲识往来使客经过，任意摊派下程，陈设酒席，馈送土宜，添拨脚力者，拿问罢黜。若二司官纵容不举，抚按官以罢软开报。九年，令各该司府州县审编徭役，先查岁额各项差役若干，该用银若干，黄册实在丁粮，除应免品官、监生、生员、吏典、贫难下户外，其应役丁粮若干，以所用役银酌量，每人一丁，田几亩，该出银若干，尽数分派。如有侵欺余剩听差银两入己者，事发，查照律例从重问拟。十五年题准：今后凡遇审编均徭，务要查照律例，申明禁约。如某州县银力二差，原额各该若干，实该费银若干，从公查审，刊刻成册。颁布各府、州、县候审编之时，就将实费之数，编作差银，分为三等九则，随其丁产量差重轻，务使贫富适均，毋致偏累。违者，纠察问罪。十六年议准：将昌平州岁派各项差银一千五百四十九两有零，于内量减三分之一，通融分派顺天府所属州县，以补原额之数。

十七年，令辽东各卫所徭役，照依腹里地方，五年一次编审。三十二年，令查灶户新买民田，不拘年月远近，亩数多寡，照例与民编派。四十年奏准：河南均徭库子择殷实有力者，朋充协役，收掌遇派办一应公费，照数登记，听巡按及守巡官吊查。至于各仓斗级，俱令年终交盘，其后收支，皆见役承当，毋得牵系旧役。又令内府各监局司库等衙门，将各匠役定以一万七千一百名，锦衣卫各旗校定以一万六千四百名，光禄寺厨役定以三千六百名，太常寺厨役定以一千一百名，各为额数。如有事故，止许在册余丁查补，不得逾数滥收。四十四年，令凡流寓客户查入版籍，协济均徭，酌派丁粮。

穆宗隆庆四年题准：江西布政司所属府州县各项差役，逐一较量轻重，系力差者，则计其代当工食之费，量为增减。系银差者，则计其扛解交纳之费，加以赠耗。通计一岁共用银若干，照依丁粮编派，开载各户由帖，立限征收。其往年编某为某役、某为头户贴户者，尽行查革。如有丁无粮者，编为下户，仍纳丁银。有丁有粮者，编为中户。及粮多丁少与丁粮俱多者，编为上户。俱照丁粮并纳，著为定例。此一条鞭法之始。

卷二一《职役考》

优免则例

太祖洪武元年，诏民年七十之上者，许一丁侍养，免杂泛差役。二年，令凡年八十之上，止有一子，若系有田产应当差役者，许令雇人代替出官；无田产者，许存侍丁与免杂役。三年，定凡民间寡妇，三十以前夫（忘）〔亡〕守志，至五十以后不改节者，旌表门闾，除免本家差役。四年，令免阙里孔氏子孙二十六户徭役。又令各府县军户，以田三顷为率，税粮之外悉免杂役，余田与民同役。七年，令山东正军全免差役贴，军免百亩以下，余田与民同役。又令官员亡故者，免其家徭役三年。十三年，令六部、都察院、应天府并两县判录司、仪礼司、行人司随朝官员，除本户合纳税粮外，其余一应杂泛差役尽免。又〔令〕各处功臣之家，户有田土，除合纳粮草夫役，其余粮长、里长、水马驿夫尽免。凤阳、扬州二府及和州民畜养马一匹者，免二丁。十六年，令凤阳、临淮二县，民免杂泛差役。

成祖永乐八年，令各处军卫有司军匠在京充役者，免家下杂泛差役。九年，令自愿徙北京为民及免杖而徙者，免徭役五年；徒流而徙者，免徭役三年。二十二年，令天寿山种树人户，免杂泛差役。

　　宣宗宣德元年，令天地坛坛户，免杂泛差役。三年，令迤北回还军余民人收充御马监勇士者，免其原卫原籍户下人丁差役。四年，令各卫所军，每一名免户下一丁差役，若在营有余丁，亦免一丁供给。

　　英宗正统元年，令先圣子孙流寓他处，及先贤周敦颐、程颢、程颐、司马光、朱熹之嫡派子孙，所在有司俱免差役。四年，令云南土马军自备鞍马、兵器、粮食听征者，免本户差役四丁。六年，令陕西土军优免五丁，余听科差。七年，令天文生、阴阳生，俱免差役一丁，其陕西土军、土民、余丁，若户丁有在边操备者，亦免杂泛差役。十一年，令交趾老疾致仕官员遗下妻子家人，许于所在官司入籍，不拘丁数，俱待本官故后三年当差；子孙家小入籍者，拨田耕种，亦待三年后当差。十二年，令云南土官四品以上，优免一十六丁；五品六品，一十二丁；七品，十丁；八品九品，八丁；杂职，六丁；其余人丁，俱另立籍，与民一体当差。

　　景皇帝景泰元年，令各处操备民壮户内，每名免三丁杂泛差役。

　　宪宗成化二年，令宛平、昌平二县坟户，免杂泛差役。

　　孝宗弘治元年奏准：亲王王亲杂役免二丁，郡王王亲一丁，镇国等将军夫人亲父一丁，昌平县坟户等户免三丁，不许全户优免。又令京城火夫、御马监养马勇士，除本身免二丁，其余与不系养马者，见丁编当。尚膳监光禄寺厨役、将军、力士、轿夫、旗校、寡妇、吏典并御用监、司礼监、银作局高手匠役，俱免本身，其余见丁编当。军民诸色人等并赁房诸色人等，见丁编当。凡火夫总甲，一年一次，以有家业行止者充当。十三年，令免光禄寺酒户差役二丁，其有消乏者，除豁金补。十五年，令陵户、海户、坟户、庙户、坛户、园户、瓜户、果户、米户、藕户、窑户、羊户，每户俱量留二三丁供役，其余丁多者，悉查出当差。如有投充影射者，发边远充军。十八年议准：见任及以礼致仕官员，照例优免杂泛差徭。其为事为民充军等项，回籍官员起盖铺面，赁与军民，照例提铃做夫，不许妄行优免。又议准：办纳盐课灶丁，一丁至三丁者，每丁免田七十亩；四丁至六丁者，每丁免田六十亩；七丁至十丁者，每丁免田五十亩；十一丁至十五丁者，每丁免田四十亩；十六丁至十九丁者，每丁免田三十亩；三、二十丁者，全户优免。

武宗正德五年议准：陵户、坟户杂泛差役，除正身外，准免二丁，其余人丁，一体当差。

世宗嘉靖六年，令近京地方新添白地买地等项银两，巡按官通行查明，即便停革。九年题准：各该灶户内有举人、监生、生员、省祭吏役，照有司事例，一体优免。又令查各陵坟、园户及佃户原额，应该若干户，照所属州县地方繁简，遇编审均徭，分别等第，另佥更换替下人户，听当别差。其那移户，并定国公、惠安伯佃户、止免本身，余丁退出，与民一体当差。十五年，诏各帝王陵寝、前代名贤，本朝公侯、驸马、伯、文武大臣敕葬墓，所在官司照例编佥，附近民人一丁看护，免其杂泛差役，其茔域所占地亩税粮，一并除豁。二十四年议定优免则例。京官：一品免粮三十石，人丁三十丁；二品免粮二十四石，人丁二十四丁；三品免粮二十石，人丁二十丁；四品免粮十六石，人丁十六丁；五品免粮十四石，人丁十四丁；六品免粮十二石，人丁十二丁；七品免粮十石，人丁十丁；八品免粮八石，人丁八丁；九品免粮六石，人丁六丁。内官内使亦如之。外官各减一半。教官、监生、举人、生员各免粮二石，人丁二丁。杂职、省祭官、承差、知印、吏典，各免粮一石，人丁一丁。以礼致仕者，免十分之七。闲住者，免一半。其犯赃革职者，不在优免之例。如户内丁粮不及数者，止免实在之数。丁多粮少，不许以丁准粮；丁少粮多，不许以粮准丁。俱以本官自己丁粮照数优免，但有分门各户，疏远房族，不得一概混免。二十八年议准：陵园、海户量免人丁，不许将田亩折免。三十七年奏准：天下正赋户给青由，先开田亩粮石，仍分本色金花折银，使民周知输纳。其一时加派，不得混入，亦不分官员、举监、生员、吏户人等，一例均派。另给印信小票与民执照事毕停止。四十四年议准：江南行十段锦册法，算该每年银力差各若干，总计十甲之田，派为定则。如一甲有余，则留二三甲用；不足，即提二甲补之。乡宦免田，十年之内，止免一年，一年之内止于本户。寄庄田亩，不拘同府别府，但以经原籍优免者，不许再免。

穆宗隆庆元年，令黄甫川等处河道，通行造船二十只，每只该用水手四名，于葭州、神木、府谷、吴堡、米脂、绥德等州县增入徭规，照船佥派，每名准免徭银四两。如隔越稍远，情愿征银代募，亦从其便。二年二月，司礼监太监滕祥请汰匠役，工部言：已裁者尚尔占役，奚以查为。上命详查之，裁二千四百四十人。五年，令上林苑海户永乐、宣德年间额设，正德年间续补及系正身充当者，准与全免差役。若系添补，量行优免三丁，其余丁产与民一体均编。

卷二一《职役考》

夫役

凡夫役，旧有定例。自永乐以后，营造工大起，拨供用渐多。令营造之外，又有柴夫以供内府之用。凡在京城垣河道，每岁应合修缮，其用工数多，须于农隙之时。于近京免粮，应天、太平、镇江、宁国、广德等五府州预先定夺奏闻，行移各府起取。除役占等项，照依钦定则例优免外，其余人户每四丁共辏一夫，着令各备锹杵篮担，委官部领，定限十月初赴京，计定工程分拨做造，满日放回。若有不当夫役及做工未满逃回者，并行治罪。及各处起到仓脚夫，俱发应天府收籍为民。遇有官差度量差拨，着令轮流，周而复始。若差使数多，做工日久，照例每名日给工钱五百文，坊长减半，以周养赡。

凡水马驿夫、递运船水夫、会同馆夫、轮班人匠、在京见役皂隶、校尉力士、见任官员、廪膳生员训导、马船夫、光禄司厨子、防送夫军户铺兵，俱优免二丁。

凡年七十以上及废疾之人，俱优免一丁。

卷二一《职役考》

孝宗弘治六年，令各关照彼中则例，每钞一贯，折银三厘；每钱七文，折银一分。七年议准：今后九江府钞厂免收铜钱，只折收银两。又令河西务收钞委官及各处钞关，凡经过官民粮米剥船，俱免纳钱钞。

卷二二《征榷考》

盐课事例

凡天下办盐去处，每岁盐课各有定额。年终，各该运司并盐课提举司将周岁办过盐课，出给印信通关，具本入递奏缴。本部委官于内府户科领出，立案附卷作数，及查照缴到通关内该办盐课，比对原额有亏照数追理。其客商兴贩盐货，各照行盐地方发卖，不许变乱。合用引目，各运司申报本部，委官关领。本部将来文立案，委官于内府印造，候毕日将造完引目呈堂，关领回部，督匠编号。用印完备，明立文案，给付差来官收领回还，取领状入卷，备照其各处有司。凡有军民客商中卖官盐，卖毕随即将退引赴住卖官司，依例缴纳。有司类解各运司，运司按季通类解部。本部涂抹不用。凡遇开中盐粮，务要量其彼处米价贵贱及道路远近险易，明白定夺则例，立案具奏，出榜给发各司府州并淮浙等运司张挂，召商中纳。

卷二四《征榷考》

〔隆庆四年〕八月，御史李学诗条陈两淮盐法便宜：一、议复大盐旧例，谓两淮近改小盐，每引少收六十五斤，而二岁中消引反少三十余万。盖灶户余盐鬻于私贩，私贩盛则正课愈壅。请仍旧每引五百五十斤为率，淮安纳余盐银七钱，淮北五钱一厘二毫，淮南岁掣八单，每单八万五千引，淮北四单五万五千引。其内商分拨边商引目，悉依原题三等价银则例。

卷二五《征榷考》

〔弘治〕六年，令差官于江西、浙江、苏州、扬州、淮安、临清税课司局，查照旧例，定为则例。收税按月稽考，自后不许再委隔别衙门官员侵管，重复扰民。仍各照额办岁办之数，年终通照钞关事例，造册奏缴。又令崇文门宣课司，商税止差主事监收，不必御史巡察。十三年奏准：在京在外税课司局批验茶引所，但系一应税纳钱钞去处，着令客商人等自纳。若权豪、无籍之徒结党把持，拦截生事，及将烂钞低钱搪塞搅扰商税者，问罪，枷号三个月发落。

卷二九《征榷考》

穆宗隆庆元年十月，刑科孙枝言：都城九门税课定有则例，迩年倍征横索，弊孔滋多。请自今分属五城御史，各委兵马一员监收；岁中会同部官覆奏，其原设监生、吏典，悉行裁革。上从之。仍令申明原定则例榜示。

卷三〇《征榷考》

〔宣德〕七年，始立兑运法。先是各处粮米，民运淮安、徐州、临清、德州水次四仓交收，漕运官军分派官转运于通州、天津二仓。往返经年，以故民违农业。永乐末，从侍郎周忱议，始令民运于淮安、瓜洲，补给脚价，兑与运军，军民两益，卫所出给通关付缴。后参将吴亮又言，遂令江西、浙江、湖广、江南等处粮米，各官军于各附近水次领兑，南京、江北府州县粮于瓜洲、淮安交兑，其淮、徐、临、德四仓仍支运十分之四，浙江、苏、松等船各于本地方领兑，不尽者仍赴瓜、淮交兑。河南所属民粮，运至大名府小滩，兑与遮洋海船官军领运，山东济南州县于济宁交兑，官军领兑，必量其地之远近，费之多少，定为加耗脚米则例。又给以轻赍银两，以为洪闸盘剥之费，许其附载货物，以为沿途衣食之资，是谓转运变而为兑运也。

卷三七《国用考》

宪宗成化六年十月，户部会官议巡抚漕运等官所陈事宜：其一，苏州、松江、常州及嘉兴、湖州五府输运内府白熟粳糯米并各府部糙粳米，每岁十六万石，俱官给以船。今经沿途砖厂钞关，必欲如民船带砖纳钞，兼遇水涸守闸，又为运军凌逼，及抵扬州等处，则揽头包揽，巧肆刻削，是以留滞日久，困于负贷。请罢带砖纳钞之例，及禁包揽之害，仍移文漕运官，令军民船皆鱼贯而行，其有漂流粮米，以该纳京仓者，改纳通州省脚价，以补其数。上从之。

万表云太仓起剥则例：一廒兑正粮一万二千石，每石加耗米七升，共计八百四十石。约定四百八十石作正支销，余准作耗数，内扣五十石，或一百石，其欠二百石以上，经历官攒甲斗级，照依欠数多寡责治有差数外，间有余剩者，则是多收之数，不敢别作支销，节年于仓中隙地掘窖埋之。后主收者日苟，剩余者渐多。嘉靖十三年，周侍郎叙初督仓场，见余米岁埋岁多，心切惜之，乃言于大司徒梁公材。公曰：此出耗米附余四百四十石之外，若欲具题作正支销，主收放者法应参究，况起此附余之端，他日害大计矣，宁复弃之，不敢作俑也。周乃贮之空厫，以数作一手本报部，公亦不受，令总督厅自计，乃知老臣固识体耳。夫每厫明交耗粮八百四十石，以其不得尽耗，责以四百八十石附余作正支销，然或缺少，亦止于责治而已，不为深究，盖恐后之流弊，至于多收也。宣德年间，京通二仓收受斛米一尖一平，尖斛淋尖，平斛概行后，将淋尖斛外，余米俱要入官，有亏旗甲。至元年，参将袁佑奏，要每石不分平尖，明加一斗，俱各铁斛收受。户部题奉钦依，只加耗五升，此佑之见，惟目前之图，而无长久之虑，彼当事者，有存宽厚之意耳。至二年，又该户部题准，加八升。今载入议单，每石兑运加耗七升，则原为尖斛而增，今于加耗之外，复收斛面，以为附余，则是耗外又有加耗矣。正德十六年，表总浙运时，每石只加七升，以进仓便穀交纳，常有余剩之米照出，今每石加二五进仓，尚有挂欠，若不革去耗外斛面，行概平收，则军逃运敝，虽有善者亦无如之何。盖虽取之斛面余米不多，而国计根本所系，为害者大，此只十数年来之弊，老成筹国者固当革弊，以存大计可也。

卷三七《国用考》

宪宗成化十九年奏准：凤阳等府被灾，秋田粮以十分为率，减免三分。其余七分，除存留外，起运者，照江南折银则例，每石征银二钱五分，送太仓银库另项收贮备边。以后事体相类者，俱照此例。

卷四二《国用考》

〔嘉靖〕二十九年，本部再议，覆奉钦依，合照历科旧规，仍以边方腹里分定则例，边方取三分，腹里取二分。

卷四八《选举考》

一、赎罪囚犯，除在京已有旧例外，其在外审有力、稍有力二项，俱照原行则例拟断，不许妄引别例，致有轻重，其有钱钞不行去处。若妇人审有力与命妇军职正妻及例难的决人赎罪，应该兼收钱钞者，笞杖每一十折收银一钱。其老幼、废疾及妇人、天文生，余罪收赎钞贯者，每钞一贯折收银一分二厘五毫。若钱钞通行去处，仍照旧例收纳，不在此限。

一、问刑衙门以赃入罪，若奏行时估则例该载未尽，及原估粗旧今系新美者，各照时值估钞拟断。

卷一七一《刑考》

《钦定续文献通考》

（清）嵇璜等纂修　清乾隆四十九年武英殿刻本

景泰二年，从浙江布政司右布政使杨瓒之言，将湖州府官田重租分派，民田轻租之家承纳，及归并则例。

卷二《田赋考》

〔天顺〕三年，令军民新开田及佃种荒地者，照减轻则例起科。

卷二《田赋考》

〔洪武〕三年六月，以大同粮储自陵县运至太和岭，路远费重，从山西行省言，令商人于大同仓入米一石、太原仓入米一石三斗者，给淮盐一小引，以省运费而充边储，谓之"开中"。其后各行省边境，多召商中盐输米诸仓，以为军储计，道里远近，自五石至一石有差，先后增减则例不一。率视时缓急，米直高下，中纳者利否，道远地险，则减而轻之。

卷五《田赋考》

〔永乐三年〕是年，设屯田则例红牌。屯设红牌，列则例于上。年六十与残疾及幼者，耕以自食，不限于例。屯军以公事妨农务者，免征子粒，且禁卫所差拨。于时，东自辽左，北抵宣大，西至甘肃，南尽滇蜀，极于交趾，中原则大河南北，在在兴屯矣。

卷五《田赋考》

〔弘治〕六年敕：王府及功臣家赐田，令佃户照原定则例，将应纳子粒，每亩银三分，送州县转领，不许自受。

卷六《田赋考》

〔永乐〕二十二年九月，时仁宗已即位，以钞法不通，定用钞中盐则例。

先是，二十年，许军民等于京库报纳旧钞，填给勘合，赴河东、山东、福建、长芦四运司并广东盐课提举司，不拘资次支盐。至是，帝与户部尚书夏原吉议敛钞之道，原吉请令有钞之家中盐，帝令宽为，则例遂定。各处中盐例俱减旧十四输钞，不问新旧支盐，不拘资次。至宣宗宣德元年六月，户部以旧制中盐本纳粮，以供边储，自许中钞，遂无输米赴边者，奏停中钞之例。

卷一〇《钱币考》

〔景泰〕五年七月，令两京塌房店舍等，仍按月纳钞。

先是，正统十二年三月，御史闻人詠请停征塌房舟车等钞，命户部议行。至是，户部又以钞法阻滞，奏请比宣德间例，令两京塌房、店舍、菜果园并各色铺行，俱仍减轻纳钞有差。从之。八月，给事中陈嘉猷等奏：比闻户部将两京塌房、店舍、菜果园及街市各色铺行定立则例，按月输钞，而军民人等畏惧，纳钞艰难，有将铺面关闭不敢买卖者，有将园蔬拔弃而平为空地者，有将果树斫伐而减少株数者，原其所以盖由开铺面者已纳门摊钞贯，种园圃者亦有夏税差徭，况其间或借人资本以贸易，或赁人房舍以开张，或因计利多寡而开闭之不常，或因天时水旱而栽种之弗遂，今若通行编册，按月输钞，则嗟怨载途，民实不堪。伏望将各色应纳钞贯暂且停止，俟丰稔然后举行。若犹虑钞法不行，乞敕部出榜晓谕，务令钞与钱相兼行使，违者重罪。如此，则国用不亏，下民不扰，诚为两便。诏菜果园及小铺行暂免。

卷一〇《钱币考》

〔嘉靖〕七年十二月，诏赐京官节钱勿用钞。

内阁及一品赐钱二百文，余各有差。朝觐官吏，钱钞各半。凡钞一贯，折钱二十一文。时礼部言，旧制钞一贯，折钱千文似太重，弘治中每贯折钱十二文有奇又太轻，请更定则例。故有是命。

卷一一《钱币考》

〔正统〕七年正月，定在京宣课都税二司税钞则例。

初，二司收课则例不一，奸弊猬生，户部主事汪澍以为言，事下顺天府议定，每季缎铺纳钞一百二十贯，油磨糖、机粉、茶食、木植、剪裁、绣作等铺三十六贯，余悉量货物取息及工艺受直多寡取税。

卷一八《征榷考》

景帝景泰二年，定收税则例，依时估价直。

凡商客钞罗、绫锦、绢布及皮货、磁器、草席、雨伞、鲜果、野味等一切货物，依时估价直，收税钞、牙钱钞、塌房钞若干贯，及文各有差。估计未尽者，照相等则例收纳。其进塌房钞，并抽分布匹按月房钞，俱为除免。

五年七月，以钞法阻滞，仍比宣德年例，令两京塌房、店舍、菜果园并各色大小铺行，俱减轻纳钞有差。从户部请也。八月，给事中陈嘉猷等奏，比闻户部将两京塌房、店舍、菜园、果株及街市各铺，定为则例按月输钞，军民人等俱畏纳钞艰难，有将铺面关闭不敢买卖者，有将园圃瓜蔬拔弃而平为空地者，有将果树斫伐而减少株数者，盖由铺面已纳门摊钞贯，园圃亦有夏税差徭。

卷一八《征榷考》

万历八年，漕运总督凌云翼奏：淮安四税病商，实由监收官交代不常，巡缉人役增用太滥，欲行归并部官兼管。尚书张学颜覆奏：照原则例，榜示商牙，令管理淮安常盈仓主事委官收贮，作正支销。从之。

卷一八《征榷考》

洪武初年，定盐引条例。

凡两淮运司遇客商贩盐，每二百斤为一引，给与半印引目，纳官本米若干入仓，即给引支盐。各场灶丁除正额盐外，将余盐夹带出场及货卖者，绞；百夫长知情容纵通同货卖者，同罪；两邻知而不首者，杖一百，充军。守御官吏巡获私盐犯人，绞，有军器者斩，盐货车船头匹没官。常人捉获者，赏银一十两，仍追究是何场分所卖，依律处断。凡起运官盐，每引四百斤，带耗盐一十斤为二袋，客盐每引二百斤为一袋。经过批验所依数挚掣，经过官司俱辨验盐引，如无批验挚掣印记者，笞五十，押回盘验。如军民、权豪势要乘坐无引私盐船只，不伏盘验者，发烟瘴充军；有官者，依上断罪罢职。凡偷取官运盐货或将沙土插和抵换者，计赃比常盗加一等；如系客商盐货，以常盗论；客商将买到官盐插和沙土货卖者，杖八十。又客商兴贩，不许盐引相离，违者同私盐追断。卖毕五日内不缴退引者，杖六十，将旧引影射盐货同私盐论。伪造引者，斩。诸人买食私盐，减贩私人罪一等，因而贩卖者，绞。

臣等谨按：是时定为则例，法綦严矣。然考《实录》，洪武三年有卖私盐者，于法当诛，有司请如律。帝曰："彼皆细民，恐衣食不足而轻犯法，姑杖之，发戍兰州。"六年正月，江西行省民坐沮坏盐法，刑官拟以乱法，罪当死。帝曰："愚民无知犯法，如赤子无知入井，岂宜遽以死罪论之。"法司执奏不已，帝曰："有罪而杀，国之常典。然有可以杀可以无杀，彼愚民沮坏盐法，原其情不过为贪利耳，初无他心，乃悉免死输作临濠。"盖法虽严，而用法自有权也。

卷二〇《征榷考》

成祖永乐二年八月，行户口食盐纳钞法。

食盐纳钞，始于洪武三年，令民于河南开封等处输米，以佐军食。官给盐偿之，每户大口月一斤，小口半之。其输米，视地远近有差。至二十四年，令扬州府泰州灶户，照温台处三府则例支食官盐，折纳钞贯每引二百斤，米四石，每米一石折钞二贯五百文，其钞即准工本。工本数多而钞少，官为补支，工本数少而钞多，扣除工本外，余钞纳官。永乐元年二月，承运库大使周端等言："广东地广人稀，盐课无商中纳，军民多食私盐，宜令所司核实，大口岁食盐十二斤，小口半之，每斤纳钞三百文，近场支给。"从之。至是，左都御史陈瑛言："比岁钞法不通，皆因出钞太多，收敛无法，以致物重钞轻。莫若暂行户口食盐之法，通计天下人民不下千万，官军不下二百万，家计口收钞，钞必可重。"乃命定大小口岁食盐斤，如元年所定，每斤纳钞一贯。

卷二〇《征榷考》

仁宗洪熙元年，定纳钞中盐例。

时又以钞法不通，议所以敛之。户部尚书夏原吉请令有钞之家中盐，遂定各盐司则例：沧州每引三百贯，河南、山西半之，福建、广东百贯。至宣德初停之。

卷二〇《征榷考》

宣宗宣德三年，更定纳米中盐例，其年远守支者，改给以资本钞。

尚书夏原吉以北京官吏、军匠粮饷不支，条上预备策言："中盐旧则太重，商贾少至，请更定之。"乃定每引自二斗五升至一斗五升有差，召商纳米北京。既而尚书郭敦言："中盐则例已减，而商来者少，请以十分为率，六分支与纳米，京仓者四分支与；辽东、永平、山海、甘肃、大同、宣府、万全已纳米者，他处中纳。"悉停之。

卷二〇《征榷考》

宪宗成化二年十二月，富人吕铭等奏请中盐，中旨允之。旧例中盐，部定则例，出榜召商，方许中纳，无径奏得允者。至是，有吕铭等八人投充势要，奏欲运米赴辽东中纳。本年两淮存积盐五万五千引，有旨自中出允之。又御马监李棠亦请运米辽东,中旨许中存积盐万引。尚书马昂皆不能执正,盐法之坏自此始。

卷二〇《征榷考》

景泰二年,定收税则例:皂白矾每斤,税钞、牙钱钞、塌房钞各六十五文。万历时,陕西矾窠四所,额办课银四两六钱五分有奇,矾课钞河南一千五百七十贯,陕西一千一百六十贯一百一十文,山西六百六十六贯。

卷二〇《征榷考》

成祖永乐二年,又定苏、松诸府水淹给米则例:大口一斗,六岁至十四岁六升,五岁以下不与。每户有大口十口以上者,止与一石,其不系全灾内有缺食者,则定为借米则例。

卷三二《国用考》

成祖永乐元年五月,河南蝗,免今年夏税。

二年十一月,蠲苏、松、嘉、湖、杭水灾田租三年,正月免;顺天、永平、保定田租二年,三月免;湖广被水田租,九月〔免〕。蠲苏、松、嘉、湖水灾田租,凡三百三十八万石。

臣等谨按:《会典》:永乐二年,诏苏、松等府水淹之处,不系全灾,内有缺食者,照原定借米则例:一口借米一斗,二口至五口二斗,六口至八口三斗,九口至十口以上者四斗,俟秋成抵斗还官。余详赈恤考。

卷三三《国用考》

〔景泰三年〕十一月,定直隶等处纳米赎罪例。

先是,御史邹来学奏定永平、山海等处有犯轻重罪名,俱于本处备粮赎罪:死罪九十石,三流并徒三年七十石,其余四等徒递减十石,杖罪每等二石,笞罪每等一石。至是,命保定、真定等处赎罪则例,一如邹来学所奏行之。四年四月,以直隶灾,又更定纳赎例,死罪六十石,流以下有差。

卷一三九《刑考》

《续文献通考补》

（清）朱奇龄撰　清抄本

弘治中，定灾伤免粮则例：全灾者，免七分；九分至四分者，递减一分；止于存留内除豁，不许将起运之数一概混免。又令灾伤处所及时委官踏勘，夏灾不得过五月，秋灾不得过九月。若所司报不及时，风宪官徇情市恩，勘有不实者，听户部参究。洪武令：有司不报荒，许本处耆宿连名申诉，有司处以极刑。

卷一九《田土补》

明初洪武令：凡买卖田宅头匹，赴务投税，除正课外，每契本一纸，纳工本钱四十文。其后，景泰以后定收税则例：绫罗、绢布、器皿、食物，虽至纤至悉，如葱、胡萝卜之类，莫不估计多寡、贵贱，定为税钞，每钞一贯折收银三厘，每钱七文折收银一分。其令烦苛，不可殚述。

卷二六《国用补》

积贮者，天下之大命也，其次莫如货，故有钱与钞之制。明初宝钞与铜钱并使，立法甚严。其后钞贱而法不行，渐至废格。又其后国课俱以折银为便，而钱法亦坏，上下通行者，惟白镪而已，大失立法之初意。洪武初，置宝源局于京师，铸大中通宝钱，与历代钱兼行。各省置货泉局，俱设官铸造，已令铸洪武通宝。嗣后，俱以纪年铸钱。……万历初，从科臣议行天下，省直一体开局，鼓铸与所在旧钱兼行，降钱式每钱百文，重十有三两，每文重钱有三分，必轮郭周正，文字明洁，以铜质厚则易为全美也。盖仿古不爱铜惜工之意，使私铸者无利不禁而自止，民皆鼓舞称便。此累世钱钞举废之大略也。其折禄折俸，税课罚赎，或放或收，各项则例轻重不一，并详于后。按币者无用器也，而先王以阜财足用，御人事而平天下则必赖之。故禹采历山之金铸币，汤采庄山之金铸币，太公立九府圆法，周礼亦有泉布之名，皆所以操天下之利。权而制天下之命，通天下之货也。盖食金银之属，细分之则耗，布帛之属，片析之则弃，惟铸币为便，故历代行之不废。明初钱钞并用，未为不可，独是钞之为物，质轻而易朽，势不能久固也。若夫钱之利于天下久矣，奈何舍之而专倚办于镪乎！夫钱之所以可贵者，为其制之自上，尔是以命之曰衡，镪则夫人而得操之矣。国法之所不能及何衡之？有自条鞭法，行在上者不征钱而征银，于是民皆以银为贵而钱不复行矣。钱不复行则敛，散轻重之权，尽予之商贾，而所谓衡者安在哉？知通变者宜因民穷财尽之余，积重难返之势而改造币法，以收其权而制其流，然后为得。

卷二七《国用补二》

《天下郡国利病书》

（明）顾炎武撰　四部丛刊三编本

虽然，木生山林，岁岁取之，无有已时，苟生之者不继，则取之者尽矣。切恐数十年之后，其物日少，其价日增，吾民之采办者愈不堪矣。臣又切有一见，请于边关一带，东起山海，以次而西，于其近边内地，随其地之广狭险易，沿山种树，一以备柴炭之用，一以为边塞之蔽，于以限虏人之驰骑，于以为官军之伏地。每山阜之侧，平衍之地，随其地势高下曲折，种植榆柳，或三五十里，或七八十里。若其地系是民产，官府即于其近便地，拨与草场及官地，如数还之，其不愿得地者，给以时价，除其租税。又先行下法司，遇有犯罪，例应罚赎者，定为则例：徒三年，种树者若干，二年者若干，杖笞以下，以次递减。照依缮工司运水和炭事例，就俾专业种植之人，当官领价，认种某树若干，长短大小皆为之度，以必成为效，有枯损者，仍责其陪，其所种之木，必相去丈许，列行破缝，参错蔽亏，使虏马不得直驰，官军可以设伏。仍行委所在军卫有司，设法看守，委官巡视，岁遣御史一员督察之，不许作践砍伐，违者治以重罪。待其五、七年茂盛之后，岁一遣官，采其枝条，以为薪炭之用。如此，则国用因之以舒，民困因之以解，而边徼亦因之以壮固矣。

《北直隶备录上》引邱浚《大学衍义补》

其四曰：慎升科以抑豪强。水以利为言，利与害相对。利专于一人，而被其害者众矣。近观清查则例，有升科涂荡米九十二石有畸。时切以为扬州之域，虽曰厥土唯涂泥，其在高乡腹里之地，安得有所谓涂荡邪？其即夏、周之所谓沟洫，郑䢵之所谓纵浦、横塘焉耳。彼豪强之人欲肆为兼并之谋，无以售其奸也，于是乘清查之会，假涂荡之名，以升斗之米，易十百千夫之业，或塞为沃壤，或堰为鱼塘，殊不计内地居民，每遭旱㶀，所望以易枯槁为蕃鲜者。日唯海水二潮，皆道经于是，又安能越其堤防而自波及于邻田也哉！迩者颜正郎《治水事宜》内开通泄水利去处，多被大户强占，或朦胧告佃起科，宜从重治罪，复监追其积年得过花利。而林正郎亦曰："告佃起科，深为民害。"夫以九十二石之米，除江海涨沙种植芦苇，理应升科者不计外，所余几何，曾足为一州之轻重邪？必严为之禁，痛革此弊，则兴利除害，一举而两得矣。

《苏州备录下》引张槚《太仓志·答晓川太史论水利书略》

隆庆二年，巡抚林润奏言：江南诸郡久已均粮，民颇称便，惟松郡未均，请乞暂设专官丈之。吏部题原任本府同知郑元韶升湖广按察司佥事，领敕专管丈田均牵斗则，丈得松江三县上乡算平米一石，准共田二亩七分三厘九毫，中乡平米一石，准共田三亩一分二厘五毫，下乡平米一石，准共田三亩六分三厘。凡有不时钱粮加派，俱照前周文襄所行则例，无分上、中、下三乡，一概论粮加耗，贫富适均，官民两便。此一定不易之法也。若从平米上每石加派，则所派轻。从田上每亩加派，则所派重。今辽饷亦宜准此，俟辽事平后，并原派除之。盖粮额之轻重易见，而田数之多寡难明耳。此加派从粮不从亩之始。

《苏松备录》引《松江府志·田赋一》"查加派从粮不从亩之故"条

起科则例

旧额官田每亩科麦二升至二斗六合九勺止，科粮五升一合至四斗一升七合一勺止，凡一百七十八则。官地每亩科麦二升至一斗二升止，科粮二升五合至二斗八合止，凡九则。民田地俱每亩科麦二升，各一则。民田科粮五升一合至一斗八升九合九勺一抄六撮止，凡四则。民地每亩科粮五升一合，凡一则。官山每亩科粮五升至一斗六升止，凡三则，另一则每亩科租钱二文。民山每亩科租钱二文，一则。官滩每亩科粮四升五合，一则。民滩每亩科粮一升，一则。

嘉靖十六年，巡抚、都御史欧阳公铎奏定官田地、民田地各为一则，夏税入秋粮，抵斗同征，正耗加耗，通算均派。官田地每亩科平米三斗，民田地每亩科平米一斗六升二勺七抄八撮，官民山滩每亩科平米四升一合三勺，另官民山一则，每亩科钱二文。

《常镇备录》引《江阴县志》"起科则例"条

征收则例

〔嘉靖十六年〕官田地止征正麦，民田地每石加耗麦一斗二升。官田地每亩加耗米二升，民田地每亩加耗米九升。山滩塘荡及滩转新田，俱止征正粮。

欧阳公例见上。

《常镇备录》引《江阴县志》"征收则例"条

门摊季税原委。旧例原有门摊课税，凡民间开店生理，俱照颁发时估则例，赴税司上纳，并入商税支销。嘉靖四十二年，准委府佐一员督同税课司官征收，除应准动支外，扣留若干，听管仓主事注销，按季报部，余尽解京济边。续据缎绢纸果等七铺户并各镇集头告称，零星贩卖一一纳税不便，有司亦以琐屑生弊，乃立每年包纳税银之法，免其随到随报，唯按季赴司交纳，名曰季税。其磨房酒面等店，照依钞贯纳银，仍名门摊税，各铺牙俱照地方赴府城、清江二税课司交纳。

《淮徐备录》引《淮关志》

庙湾镇税。镇在山阳东一百八十里，有河通南北商船，收税则例：照依清江府城税课司商抽四钞收受，每岁本府委官大约收银二千余两，解府并入军饷项下支用。

《淮徐备录》引《淮关志》

皇税。万历二十六年，三殿大工肇举，工费甚巨，言利之人始进开矿榷税，中使四出，江北差太监二员，一驻徐州，一驻扬州仪真县。无藉棍徒营充委官，星列棋布，重征迭抽，全无则例，商民困惫已极。三十一年，漕抚都御史李三才屡请停免，未蒙俞允。遂议有司包征皇税，分板闸、庙湾、清口、直河四关，府城、清江二税课司榷每年两季一次，解赴仪真税监，解进大内。四十八年七月，奉皇太子令旨，尽行停止，商民踊跃更生。

《淮徐备录》引《淮关志》

天顺六年，又榜谕：隐漏地土，定为轻则粮地。于是，考城复开送粮三百四十余石。亩科米三升三合，考城关送粮三百四十二石七斗六升一合五勺。名考城余地，此奉巡捕勘合之例也。奉都察院巡按河南一百三十六号勘合，为巡捕等事丈量，照依今定则例起科，有天顺五年黄册，在司可查。后变文称"一则粮地"，即滥占田土，勘合之粮也。称一则轻则黄粮，即榜例巡捕勘合之粮也。总之，垦地起粮，景泰三年为多，天顺六年特其余漏者。尔后至弘治、正德间，境外之田日多，转易欺隐，又兼民间鹭田称"白地"，则售民多诈称"白地"，既鹭不复割粮。由此，地去粮存，而赋日以重矣。

《河南备录》引《杞乘》

均徭私论

或问：近日有司审编均徭，以田土为主，其法如何？曰：此非祖宗之法也，盖流俗相传之误也。祖宗之法，具在《诸司职掌》。《户部职掌·田土》项下云：凡各州县田土，必须开豁各户若干，及条段四至。系官田者，照依官田则例起科；系民田者，照依民田则例征敛。务要编入黄册，以凭征收税粮。如有出卖，其买者听令增收，其卖者即当过割，不许洒派诡寄，犯者律有常宪。《户口》项下云：凡各处户口，每十年各布政司、府、州、县攒造黄册，编排里甲，分豁上、中、下三等人户。遇有差役，以凭点差。

《赋役》项下云：凡各处有司，十年一造黄册，分豁上、中、下三等人户，仍分军、民、匠、役等籍，除排年里甲依次充当外，其大小杂泛差役，各照所分上中下三等人户点差。由是观之，则田土纳税粮，户口当差徭，其不相混也明矣！今乃照田土当差，是岂祖宗之法哉！……近闻巡抚吴公所定均徭则例，每地一顷，出银四钱；每人一丁，上上户出银一两二钱，以次各照户则出银不等。若该县银多差少，则递减；银少差多，则递增。视旧法颇有定规，但偏累农民，未尽善耳。必改北直隶之法，上不失祖宗之法，下无偏累之弊，乃为尽善。此盖识者所深望也。

《河南备录》引《何柏斋文集·均徭私论》

则例。王廷幹曰：闻之龚茂良有言，法本无弊，而例实败之。法者，公天下而为之者也；例者，因人而立以坏天下之公者也。昔日之患，在用例破法；比年之患，在因例立法。故法常宽，例常靳。用例破法，其害小；因例立法，其害大。今观则例中色目太多，取民已甚，似亦因例立法者。欲概有所蠲，则恐妨经费，如更请畸零折估，尽捐以予民，是亦宽分受赐之心，于国计民生未必无少补也。许天赠曰：三代取民皆什一，独不为征商例。汉武帝商缗有算，则例之始矣。然例贵适均，若漫以己意轻重其间，多取以自封，或例所不载，必牵合使无遗算，独不哀我惮人，亦可少息乎？近行例以百一，其凡可按籍而稽，然间有重者三五十分税一，若红黄铜、胶枣之类是也；轻者三五百分税一，若绢、草席、锡箔之类是也。前主事奚世亮曾为改定，第减不任德而增反丛怨，人情何厌，势不能久，则信乎任事之难矣。切谓衰多益寡，此称物平施之义，即身府辜功，亦何足避？敢附所见以质后之君子，当必有斟酌而通行之者。荆之琦曰：则例之名，起于《周官》经治之成，汉家决事之比，而以定商税，则自宋艺祖之榜务门始。我《明会典》亦具载焉。是皆虑赇吏旁侵，防奸驵诡免，不得已而立之平，俾无斁于绳之内耳。然则缘物定，例与时迁，用日加诎，则例日加繁，而例外之例，复有比例焉。今日之比，后日之例，更以一时权宜，执为数岁常额，而商立槁矣。夫税出于商，而船料所出亦商也。且税出产，税行货，税住卖，总一物值，而输于官者宁止百一，此岂立法初意哉？愚谓税从重者，可比例增收；则税从轻者，亦可比例蠲免。小船免矣，负贩小商独不可免乎？零寸蠲矣，畸零折估独不可蠲乎？今国步多艰，大农仰屋，廷议且资饷各关，何敢遽议裁损？要于则例之中，常存宽恤之意，通于情与法之间，度本末而立之衷，是亦催科中抚字也。

《浙江备录上》引《北新关志》

如武将自守备、把总以下，文官自海防民兵同知以下，所领军兵民勇五百名部下，临敌擒斩真倭，每五名颗升一级，十名颗加一级；千名部下，每五名颗升署一级，十名颗升实授一级。各以则例递升，至三级而止。如获功之前或以后失事革职者，准收赎。

《浙江备录下》引《宁波府志·海防书》

近者县令曾承芳，凡于寄庄附籍等户皆佥以重差，此最善于厘弊者。间有迹同而非诡者，则在临时审察之，大率真者十不过一二，而赝者则十之六七也。其灶户亦宜定为之限，每户办盐一丁，准免田差若干亩，盐丁优免之外，悉照民户编差，则诡寄灶户者宜可少革矣。极而论之，昔之册无弊而继则有弊，继也弊少而今则弊多，岂今之人尽不如昔哉？亦由官府有以驱之耳。官府之驱之者何？政苛而役重，民困不啻水火，甘犯王诛以逃一旦之命，岂其得已哉？何言乎重役？馆驿馆夫倍役目者率百数十金，巡盐应捕倍役目者率四五十金，府县库子倍役目者率二三十金，司狱司狱卒倍役目者率一二十金，一入其中，富者破家而贫者亡命，岂其初则然哉？用度日侈，诛求日滥，包揽之市棍日肆，吏卒之需索日繁耳。又况皇木解户之类，倭米大户之类，应者丧魄，谈者辄为吐舌哉！故今欲革黄册之弊，非调停重役不可，非均官民、僧道田之则例不可，非举按前数条之积弊不可，而大要则在贤有司耳。有子产之智，则民不能欺；有西门豹之威，则民不敢欺。非此二子而有恳恻为民兴利除害之心，即不能尽洗而更之，亦可以得十之六七矣。其调停重役，语在《徭役志》中，倘采而行之，不惟一方之利，虽以推之天下，可也。

《浙江备录下》引《宁波府志·田赋书》

上里场盐课司隶福建都转运盐使司，莆以灶户役者，凡二千五百六十六家，分为三十一团。有总催，有秤子，有团首，有埕长，皆择丁粮相应者为之。其册十年一造，随丁粮消长。每盐一引，重四百斤。每岁共办盐二万二百引一百八十斤零八钱，内依山灶户，该办盐一万五千八百九十二引二百六十二斤七两四钱。初由煎煮，依山灶户出备柴薪银两，附海用力煎办盐斤，有无相须，称为两便。后由曝晒，近海灶户渐生勒掯，依山遂至靠损，讦告分巡佥事牟俸，定与则例：每依山灶户，该纳盐一引，出银二钱五分，交与附海代替晒办还官。每岁总催人等各照团分催征，总计银三千九百七十三两一钱六分三厘八毫。继缘干没多端，逃窜百出，官府思系国课，未免重复追征，因奉户部勘合，该听选官曾音德奏，准将依山灶户折征银两通解盐运司，候客商开中对引买盐支用，民以为便。

《福建备录》引《兴化府志·盐课》

国朝役民之制，一里十甲，更番应者谓之正役，其余俱谓之泛役。泛役有三：以隶兵门斗凡在官诸色人役给使令；以驿传三等马首人夫等专接递；以机兵弓兵防盗贼。各以丁粮审差，则例各见于后：里甲，凡家十为甲，别推一产力多者为之长；甲十为里，里有百家，并十长一百一十家，循环役之。每岁里长以其甲之十家出办上供物料，及支应官府一岁经常泛杂之费，至第十甲。编造黄册，则有书手一人、贴书二人。其在城郭为坊长。每里又有总甲一人，掌觉察地方非常之事；老人一人，主风俗词讼。凡总甲、老人，执役不限年。

《福建备录》引《泉州卫屯田》

阳山县志

白芒、老鸦、稍佗三坑，自嘉靖四十年来，大肆猖獗，及高界、鹿将、妒羊、鱼鮂、石硇洞、乌石东四坑，潜出劫掠。万历二年，赵文祯亲往招抚，就据各瑶目告称，三坑田土俱系各祖承佃，自天顺年间，下山陆续开垦，批耕住种，后因各山田主倍收租利，加派粮差，以致各瑶不得安生。今愿立为十排，照肇庆府广宁县则例，只纳正派粮料，并免杂差。约计稍佗、老鸦、白芒、木槛、成公、茶坑、鸾旋、官陂等田，共一十九顷四十亩七分六厘五毫，秋粮六十二石五斗三升三合九勺，每石纳银一两，该银六十二两五钱三分三厘九毫；又山税二十七亩一分三厘，没官召人耕种，每丁租银二钱五分，总计一百二十两，除秋粮正办起解外，尚余七两一钱贮库。又各坑成家男子九百五十九丁，妇女九百五十九口，编为一里，分作十排，内佥殷实十户编为里长，每排管下甲首五户，每户二丁上册；其余丁粮稀少、不堪立户者，俱作帮户人丁。其成公、木槛、茶坑、鸾旋、官陂等田猺人，编为四户，附入稍佗甲下，册报人丁一百二十七丁，妇女一百二十一口，共计六十五户名，曰新民。每坑佥公正老人一名，又于适中地方立社学，择师训蒙。后因租重，且黄天际要私承佃，各相告讦，始裁定田粮二十六两一钱七分九厘四毫，山租仍五十五两，节年山租逋欠。

《广东备录上》引《阳山县志》

臣按屯田之法，古今不同，大要有三：有因兵旅久驻欲省转输之劳而屯种者，汉武帝立屯田于敦煌、赵充国屯田于湟中是也；有因乱后田荒而屯种者，东晋之简流民屯田于江西、后魏籍州郡人户十之一以为屯田是也；有因军饷不足而屯种者，本朝拨各所卫之军出野耕种是也。本朝屯田之法，今已废坏，军民逃亡过半，耕种之人多非本军，皆民承佃。臣欲因今之法，参用之古，将勘过荒开田地及原废未垦屯田，招人耕种，不拘军余、客居及无粮人户，但愿承田者，悉与之。人给田三十亩，依钦州下则官田则例：亩科米一斗七升一合，该米五石一斗；仍拨田十亩与为宅舍，不科其税。十人为一甲，甲有头；五甲为一屯，屯有总。一屯稻田一十五顷，共田二十顷，该米二百二十五石。一屯设老人一名，专理其事，给田四十亩，用酬其劳，不征其税。五屯之田，计一百顷八十亩，督责耕种，征收税粮。屯老责之甲头，甲头责之屯丁，以本州判官掌之，而总督于知州。无牛种者，给与牛种。今查得荒田一百顷八十亩，可作五屯，岁可得粮一千二百七十五石。

《广东备录中》引林希元《奏复屯田疏》

梧州盘盐厂，每季委官轮管，抽收上下水客商盐税、杂税。每年额银，惟盐税无定，不入额内。其杂税额银，春季定二千六百八十两零五钱六分四厘，夏季定二千二百二十七两零二分七厘，秋季定三千六百二十七两九钱六分三厘，冬季定四千四百五十五两八钱二分五厘，共额银一万二千九百九十一两三钱七分九厘。俱贮梧州府库，专备梧镇兵食。其厂货贵贱，定有则例。

《广西备录》引《梧州府志·厂税》

幸两院会题，圣明俞旨，司道郡邑，奉以从事，竭半年之力而始犁然。称钦赐者，仍从免科，以广皇仁于亡穷；宽投献者，姑不例遣，止令认纳差粮，以开法网于大宥；新垦置者，一体齐民，亦弗尽依《会典》，以昭作贡于任土。且有司征解，其体统崇也；户免鱼肉，其输将乐也。有参随庄佃向所侵渔，镇弗及知而坐受怨谤者，今悉征纳，其收入实也。行之一二年，官民相得，粮粒不逋，将榛莽之区胥成沃壤，夷獠之种悉为良民，绿林之衅自消，素封之瑕不起。宁獸编粮差者，止照民间则例起科，而小民亦（不）得均沾一分之赐。盖赋役均平，惠泽溥遍，皆以广朝廷浩荡之恩也。惟是参随人等无名之科派，下乡之骚扰，庄民平日敢怒而不敢言者，不得不通行裁革，以苏民困，绝盗源，是则庄民踊跃欢呼，而参随人等不无觖望者，似亦不暇顾矣。矧其中有镇臣徒负虚名，未得实惠，利归于下，怨归于上者，今一旦尽数清出，其所利于镇臣尤多乎？若夫严督有司，及时征解，毋得逋负，使镇臣借为口实；灾伤并议减免，收纳必须公平，毋得偏累，使庄民永有依归，则又臣等抚、按、司、道之责，无烦庙堂过虑者矣。

《云南贵州交址备录》引《周嘉谟庄田册疏》

正德十二年，西海夷人佛朗机亦称朝贡，突入东莞县，火铳迅烈，震骇远迩，残掠甚至炙食少儿。海道奉命诛逐，乃出境。自是海舶悉行禁止，例应入贡诸番，亦鲜有至者。贡舶乃往漳、泉、广城，市贸萧然，非旧制矣。于是两广巡抚都御史林富稽《祖训》，遵《会典》，奏上得允，于是番舶乃通焉……夫佛朗机素不通中国，驱而绝之宜也。《祖训》《会典》所载诸国，素恭顺，与中国通者也。朝贡贸易尽阻绝之，则是因噎而废食也。况市舶官吏，公设于广东者，反不如漳州私通之无禁，则国家成宪果安在哉？以臣筹之，中国之利盐铁为大，山川水燠，仡仡终岁，仅充常额，一有水旱，劝民纳粟，犹惧不蕆。旧规番舶朝贡之外，抽解俱有则例，足供御用，此其利之大者一也。除抽解外，即充军饷，今两广用兵连年，库藏日耗，借此可以充羡而备不虞，此其利之大者二也。

《交阯西南夷备录》引《佛朗机国》

抽分有则例。布政司案：查得正统年间，以迄弘治，节年俱无抽分，惟正德四年，该镇巡等官都御史陈金等题，要将暹罗、满剌加国并吉阐国夷船货物，俱以十分抽三。该户部议：将贵细解京，粗重变卖，留备军饷。至正德五年，巡抚两广都御史林廷选题议：各项货物着变卖存留本处，以备军饷之用。正德十二年，巡抚两广都御史陈金会勘副使吴廷举奏，欲或仿宋朝十分抽二，或依近日事例十分抽三，贵细解京，粗重变卖，收备军饷。题议只许十分抽二，本年内占城国进贡，得附搭货物照依前例抽分。至正德十六年，满剌加国奏佛朗机夺国及进贡诈伪议，礼部议行镇巡等官遣发出境。嘉靖五年，又该姚都御史奏称暹罗国进贡，将陪贡附搭货物十分抽二，以备军饷，方物解京。嘉靖六年，该国副使坤思悦者米的利等奏称：正船并无抽分。该礼部查得，《会典》内该国例不抽分，行回将原抽货物退还变卖，修船归国，遵行到今。

《交阯西南夷备录》引《佛朗机国》

《名臣经济录》

（明）黄训辑　清文渊阁四库全书本

据山东布政司呈，查得嘉靖三年分部降征粮则例，内开：临清、广积二仓并德州仓，夏税小麦折米如在三百里内，州县运赴本色米石上纳，每石加耗二斗，脚价二分五厘。若三百里之外，每石连正耗席草脚价共征银八钱，仍照例买米上纳。其秋粮，临清仓民运赴仓米石加耗二斗，席草银二分五厘。该纳州县不拘地里远近，每石连正耗席草共收银八钱。趁米贱之时，赴临清并附近去处，仍买本色上纳。

卷二二《户部》

《秘阁元龟政要》

（明）不著撰者　明抄本

〔洪武二十一年十一月〕编逃故军士图册并制月粮则例。

各处卫所军士有逃故者，令本官编成图册，送兵部照名行取，不许擅差人役，于各府州县勾扰。其州县类造军户文册，遇有勾丁按籍起解。其民匠充军者，月支米八斗，牧马军士支一石。以后复令民丁充军，在边操练者，月支米一石。

卷一四

〔洪武二十六年二月〕免各处解纳泥污绢布者之罪，遂定立折纳则例。

令拣各布政司并直隶府州县解纳绢布。如泥污水迹堪染颜色及稍破坏者，皆不必赔。糜烂、破损不堪用者，准赔补，亦不治罪。因定折纳绢布则例：每丝二十两及十八两，折绢一匹，长三丈二尺，阔二尺；绵布每匹，长三丈二尺，阔二尺八寸，重三斤。

卷一六

〔洪武二十六年〕六月初，立吏员升用则例。及选取能干人员充承差。奏准：各衙门吏三年役满，于本衙门见缺令吏书吏内升用。再历三年，给由赴京。如有余吏送赴吏部，不许一概县升于州，州升于府，府升于都、布、按等司衙门，及各王府长史司。托故不给由者，治罪。其各处布、按承差，奏准以能干人员选取，三年考满，役无私过，于杂职内叙用。其府私过，则充吏役。

卷一六

〔洪武二十七年春正月〕命礼部榜示天下寺观僧道则例。

天下寺观，凡归并大寺，设砧基道人一名，以主差税。每大观道士编成班次，每一班年高者率之，余僧道并不许奔走于外及交构有司，以书册称为题疏，强求人财。其或一二人于崇山深谷修禅及学全真者，听；三四人，勿许，仍毋得创庵堂。若游四方问道，必自备道里费，毋索取于民，民亦毋得辄自侮慢。凡所至僧寺，必揭周知册，以验其实，有不同者获送有司。僧道有妻妾者，许诸人捶逐，相容隐者罪之。愿还俗者，听。亦不许取民间儿童为僧，违者并儿童父母皆坐以罪。年二十以上愿为僧者，亦须父母具告，有司奏闻方许。三年后赴京考试，通经典者始给度牒，不通者杖为民。有称白莲、灵宝、火居，及僧道不务祖风，妄为议论阻令者，皆治以重罪。后又奏准：僧道赴京考试，不通经典，黜革还俗，年六十以上者免试。

卷一六

〔洪武二十七年二月〕益江阴横海水军及绍兴三江千所民兵月粮。江阴横海每名，各支米一石五斗；绍兴三江千户所驾海船民兵，亦月支米一石。著为则例。

卷一六

〔洪武二十八年五月〕召商输边中盐，复定淮、浙煎盐工本。时各边缺粮，户部奏请中纳边米定为则例。于是出榜召商，于缺粮仓分不豫纳，先编置勘合并底簿，发该布政司并都司卫分及收粮卫间收掌。如遇客商完纳粮，填写所纳粮数并该支引盐数目，付客商赍各该运司及盐课司提举司收掌。候中盐客商纳米完，赍执勘合比对朱墨二号相同，即照数行垾支盐。又令两浙运司，工本照各场领辨盐数，遣监生管运给散山东、福建、河东，止于官库内关领支给。

卷一六

弘治《徽州府志》

（明）汪舜民撰　明弘治刻本

〔成化二十年〕今将未改科以前甲辰年夏秋二税，并乙巳年改科数目则例，具载如左，以备考览。

甲辰年，本府领州一县五。夏税该征正耗脚麦并造缎丝，折正麦共五万五千四百六石五升六合一勺，麦丝绵四万二千五百二十九斤八两九钱三分四厘七毫，官田土麦七十二石八升五合九勺。前元职田不起科丝，该征租麦七石七斗七升，不带耗脚官地丝五十斤七两三分，每两折正麦七升，计正麦五十六石四斗九升二合。每正麦一石，该耗麦三升五合，每正耗麦一石带脚麦一斗，计正耗脚麦六十四石三斗一升五合九勺。民田土丝绵四万二千四百七十九斤一两九钱四厘七毫，存留造缎丝三千三百四十八斤，每两折正麦七升，计正麦三千七百四十九石七斗六升。实征丝绵三万九千一百三十一斤一两九钱四厘七毫。每亩折正麦七升计正麦四万三千八百二十六石八斗五升四合八勺，每正麦一石，该耗麦七升，每正耗麦一石带脚一斗，共计正耗脚麦五万一千五百八十四石二斗一升二勺。茶租钞三百二十锭二十九两八钱四分九厘四毫。歙县、休宁县、绩溪县共茶租钞二百四十锭一十七两五钱七分一厘，每钞一两七钱五分，纳草茶一斤，该折草茶六千八百六十七斤四两四钱五分五厘。官地茶一百七斤三两八钱四分六厘，民田土茶六千七百六十斤六钱九厘。祁门县茶租钞一十一锭二十八两二钱五分四厘四毫，每钞一两七钱五分，纳草茶一斤，计三百三十斤八两八钱九分六厘。上年折纳正耗脚麦一十一石六斗六升七合四勺。今次除豁麦数回收本色草茶，婺源州茶租钞六十八锭三十四两二钱四厘，每钞一两七钱五分，纳草茶一斤，计茶一千九百六十二斤四两八钱。上年折纳正耗脚麦四十石四斗一升九合四勺，今次除豁麦数回收本色，草茶秋粮金课共米四万四千七百三十五石二斗九升二合九勺一抄。官田土正耗脚米四千七石一斗二升九合一抄。民田土正耗脚米四万七百二十八石一斗六升二合九勺。

卷三

正德《松江府志》

(明) 顾清撰　明正德七年刻本

〔正德六年〕俱照先年周尚书所行则例，不分东、西、中三乡，一概粮上加耗。金花银两、布匹，先尽重则。官田每银一两，折米四石。粗布一匹，折米一石。细布一匹，折米二石。白银一两，随时定价。其上、中、高户，俱派与本色秔糯等米。务使民心悦服，而钱粮不至于有弊；国计充足，而官府不至于有累。仍翻刊告示发镇店乡村，凡有人烟去处张挂，晓谕知悉。

卷七

《漕运通志》

（明）杨宏、（明）谢纯撰　明嘉靖七年杨宏刻本

〔正德〕七年，遮洋兑军，比照里河则例加添耗米。

总兵官顾仕隆奏：查议得遮洋兑运，加耗三斗一升，委系正德四年会议奏准事例。已经通行钦遵兑运外，今把总周正见得正德五年会议单，止开照旧加耗三斗，为无续加一升，所司不肯加兑，致累官军。以此为言，无非申明前例，以足其用。如蒙乞敕户部会议，合无行山东、河南二布政司，遮洋官军兑运粮米，每石加耗三斗之外，照前再加一升，到仓交纳。仍照京仓事例，明加七升。庶几例有常久之规，军免包（陪）〔赔〕之累。

卷八

蓟州交粮耗米则例

〔嘉靖元年〕户部题：遮洋官军兑运山东、河南二布政司本色粮米，每石两尖，加耗三斗；蓟州交纳加八升。正德四年会议题准：兑运加耗三斗一升。正德五年会议单内，止开照旧加耗三斗。正德六年漕运衙门查例具奏议，户部会议题准：兑运加耗照旧三斗，蓟州收受加耗减二斗，每石六斗。正德十年议单内，仍照旧开写因循至今，合行改正，兑运每石照旧加耗三斗，蓟州止收耗米六升，不用一尖一平。

卷八

《燕对录》

(明) 李东阳撰　明嘉靖十二年刻明良集本

〔弘治十八年四月〕十六日，召至暖阁，上问曰："昨管河通政奏，巡按御史陆称私寄书二册，题曰《均徭则例》。又擅革接递夫役若干名，陆称为御史，奈何寄人私书？于理不当。且夫役系是旧制，何得擅减？"臣东阳对曰："观奏词，恐所寄即是则例。"上曰："书自是书。"皆不敢答，臣健对曰："均徭事亦须御史所管。"上曰："何为不奏？"臣健奏曰："然则罪之乎？"上曰："今日陆称已见，姑令回话，纵不深罪，亦须薄示惩戒。"皆应曰："诺。"

《南京太仆寺志》

(明) 雷礼撰　明嘉靖刻本

〔弘治〕五年，御史潘楷奏：验地方以均徭役，准行两京太仆寺转行各该分管寺丞，从公审勘，将马多户少去处，马匹分拨与户多马少去处，仍拟见编上、中、下等第，除有力者照旧充马头不动外，其中有消乏不堪充当马头者，就便改作贴户，另选丁多殷实之家替养。其马头不许恃强逼令各户轮养，止许均贴草料，及马有事故，管马官员定与贴户则例，出钱买补。

卷二

成化二年，兵部尚书王复奏准：在京各营在外各边骑操马匹，敕差太仆寺少卿一员，无太仆寺地方从巡抚并分巡官，时常往来各营并牧马草场，点闸比较表息查审倒失等项，备报在官，定限三个月以里，督令（陪）〔赔〕偿。把总管队官自都指挥以下，定与马数瘦损并倒失不即报官则例：百户以瘦损二十匹、倒失十匹为则，三个月以外者，递相住俸。若有别项情弊干碍，重职奏闻区处。

卷四

〔嘉靖〕十二年，太仆寺卿王崇献奏：要将各处草场系马户承领者，定其额数，每马一匹，以五亩为限，不分荒熟田地、山塘，就近一概照数给领。不及五亩，州县尽其前数均给。过五亩者，照依旁人佃种事例纳租。该兵部议：各该州县亩数多寡不同，马数多寡亦异，况有马多地少不能均给五亩之处，今欲一概给与马户，彼将视为已业，荡无界限之别，日后万一欲复牧马之制，将何从查考。合照成化二十三年题准事例，将前项草场地土高阜低洼、递年抛荒止堪牧马者，即与除豁租银，责付养马人户轮流管顾牧放。其肥饶成熟者，悉照近日踏勘过顷亩，不拘马户自种并近场军民承佃，照依原定三等则例，办纳租银。每该解表马百匹，量留银一百两。其马多人少者，则尽数俱收贮。本处官库以备地方灾伤，人户逃移无从凑办，并十分艰难出办不前者，量为支给足数。其余并无马去处租银，悉照旧例解部，转发太仆寺收贮，以备买马支用。如遇灾伤年分，仍照民粮事例减征。各该州县每年终，备将存留起解租银数目，并帮助买马人户姓名，造册缴部查考。

卷五

〔嘉靖七年〕都御史唐龙奏：泗州淮汴沙陡等河，节年为患，田亩淹没，人民流离，乞照徐州事例，通改折色。该兵部议：泗州每年坐派本折该马一百四十匹，其地方系祖陵重地，原无开载养马免粮丁田等项，实与他处不同，准将种马照旧喂养听候外，但遇每年坐派备用马匹原系本色者，该一百一十五匹，每匹照例征银二十两；原系折色者，该二十五匹，每匹征银一十八两。定为则例，照数征完解部收贮，以备买马。其别府州县，不许援例奏扰。

卷六

丁田

弘治六年勘定，江南论丁，江北论田，虽多寡损益，其额不同，而酌盈济虚要，皆不失任民之意云。

则例：人十丁，田二顷，养儿马一匹；人十五丁，田三顷，养骡马一匹。丁粮相兼者，编同前数。

卷一〇

草场

至成化二十三年，因为豪强所侵，议收地租以杜兼并。至弘治六年，又差给事中御史等官，清查四至，筑立堠墩，镌石碑为证。至嘉靖十年，又差御史张心勘定荒熟顷亩三等则例。科收其节年损益，不无从宜，而于前制亦为少变故，即册籍所载顷亩存之，庶来者或有稽焉耳。

卷一二

《盐政志》

（明）朱廷立撰　明嘉靖刻本

秤掣则例。掣盐置签簿编号，以防换包之弊。监掣官每黎明开门，放入执事人役，各悬牌面，将该掣商人依单顺序，先点五名立于铊秤之左，次点五名立于铊秤之右，于是乃掣一商盐，则九人得以观掣法之公私。十人斑定用青、黄、赤、白、黑筹五架，每架二百根为一会，商人该筹一会，必于会筹簿上画字毕，方才起筹出门。散与脚夫执照，二十根为一马，收完二百根了毕，又起二会起筹。收筹亦如前例。五架筹皆二十包为一秤，每秤前十包，用小旗插在头上一包，后十包亦用小旗插在头一包上。领筹人执大旗一面放进，令二十包共作一行摆列听下，执事人用黑烟大笔，自一号至二十号以次写毕。执大旗人报某筹完，用签筒抽签。签筒比签高二寸，或监掣官抽签，或商人自抽。抽出某签，即令大旗插在某号签盐包上。脚夫扛至秤下，验号相同，上秤加铊。针对不差。际正盐外，余盐若干斤，所官商人于各簿上，俱照前数填写，并大票小票彼此数目俱同。

验盐则例。掣盐置大小二票，凡掣过商盐，每二十引为一秤，每一秤止用签抽一引上秤，余十九引俱照依此包算。秤毕，除正盐数外，其割没余盐照旧。令本商纳价大小票各一张，用印钤盖，乃付委官大票，开商人某人正盐若干引，每二十引秤一引，第几秤又秤重若干斤。除正盐若干斤，余盐若干斤，小票上开商人某人第几秤，余盐若干斤，并上秤字号大票小票印信数目系毫不爽，小票填完牢黏原秤盐包上，又用竹签照小票数目开写插在包内，收贮在所听验，其十九包，令商人发卖。司府各掌印官将各委官关牒过正，余盐数目单簿揭帖及大票各钤印信通缴，然后覆委操持清白官二员，将原缴大票单簿揭帖等项，发与亲诣批验所复验。商人依单顺序，每次点五十名进所，二十五名立于铊秤之左，二十五名立于铊秤之右，乃验一商盐，则四十九人得以观验法之公私。五十人斑定将掣过引盐上秤覆验，每十秤验二秤，数不及十者验一秤。若上秤数目与原黏小票数目相同，又将小票与原填大票数目比对相同，即与大票印验同二字，方许抬过。若验数与小票不同，小票与大票不同，或有斤两差错，亦与大票上印记，将商人问罪，于十九引并算纳价掣盐，委官查究。

卷四《制度》

〔嘉靖四年〕六曰编审则例：定上、中、下则，最要详审。此处一差则草荡赈济之类，俱不得其均矣。故定则之法，令各总灶户预先取齐大门外，听候每总用牌唤进，委官公同场官总催，先于众人中审二三人可为上户者。此二三人既定，令各人于众人中报与已同者，定为上户。上户既定，次审二三人可为中户者。此二三人既定，令各人于众人中报与已同者，定为中户。中上户既定，其余为下户可知矣。三者虽定，中间未免有不均处，必须辞色宽缓，虚心询问上户中或有告不堪者，令众人齐说。果为上户者，皆曰彼不如己。为中户者，皆曰彼与己同。为下户者，皆曰彼强如己。减一则定为中户。如上户皆曰与己同，中户皆曰强如己，下户皆曰已远不及，系奸灶。欲避重就轻者重责，仍定上户，中、下户依此定。

七曰优免则例：残疾年老不堪煎办者，俱开除。寡妇守节子未成立者，其夫遗课免办，待子成立别议。见任官、以礼致仕官、举人、监生、曾经科举生员，俱照例优免。其附学未经科举者，例不在优免之数。州县提调官行该学起送本院，如考得德行文学俱优堪以作养，另行区处。

卷一○《禁约》

《国朝列卿纪》
（明）雷礼撰　明万历徐鉴刻本

郁新，字铭本，直隶苏州府吴县人。洪武二十一年，以人才征授户部度支主事，赐名新。次年改制户部，设十二属司，遂升北平部郎中。二十四年，升户部右侍郎。二十六年奏事，庭中被顾问天下户口数目，漕运地理险易，应机响答无遗谬。上嘉之，遂升本部尚书。二月，上令拣各布政司并直隶府州县解纳绢布，如泥污水迹堪染颜色及稍破坏者，皆不必（陪）〔赔〕，糜烂破损不堪用者，准陪补亦不治罪。因定折纳绢匹则例：每丝二十两及十八两，折绢一匹长三丈二尺，阔二尺；绵布长三丈二尺，阔一尺八寸，重三斤。二十七年九月，立灾伤去处散粮则例。先是，壬申岁山东灾伤，每户给钞五锭，癸酉岁令天下有司，凡遇岁饥先发仓廪赈贷，然后具奏，及是乃定则例：凡人户大口六斗，小口三斗，五岁以下不与。二十八年三月，因各边缺粮，新等奏请中纳米定为则例：出榜召商，于缺粮仓分上纳；豫先编置勘合并底簿，发各该布政司、都司卫分及收粮衙门收掌；如遇客商给完粮，填写所纳粮数并该支引盐数目，付客商赍各该运司及盐课司提举司，候中盐客商纳米完，赍执勘合比对朱墨二号相同，照数行程支盐。又奏准：两淮盐运司工本，照各场领办盐数遣监生管运给散，山东、福建、河南止于官库内关领给散。九月，上谕新等曰："朕今子孙众盛，原定亲王岁用禄米各五万石，今天下官吏军士亦多，俸给弥广，其斟酌古制，量减各王岁给，以资军国之用"。至是，新等议更定：亲王岁给禄米万石，郡王二千石，镇国将军一千石，辅国将军八百石，奉国将军六百石，镇国中尉四百石，辅国中尉三百石，奉国中尉二百石，公主及驸马二千石，郡主及仪宾八百石，县主及仪宾六百石，郡君及仪宾四百石，县君及仪宾三百石，乡君及仪宾二百石。皇太子次嫡子并庶子封郡王，并候出阁然后岁赐与，亲王子已封郡王者同。女候及嫁然后岁赐与，王亲女已嫁者同。郡王嫡长子袭封郡王者岁赐，比始封郡王减半支给。

卷三一《郁新传》

《皇明大政纪》

（明）雷礼撰　明万历刻本

〔天顺三年〕七月，巡抚副都御史崔恭奏复周忱征粮则例。初，巡抚李秉改定苏松加耗则例：六斗以上田，止征正米；五斗以上田，每石加一斗五升；四斗以上田，每石加三斗；三斗以上田，每石加六斗；二斗以上田，每石加八斗；一斗以上田，每石加一石五升；五升以上田，每石加一石一斗五升。或者谓此法据文而观，最为均平，然聚数则之田于一户由帖之中算查填注，不胜其烦，而里书之飞走，不复可稽。又金花银准米三石四斗，三梭布准米一石五斗，棉布准米七斗五升，轻于此而重于彼，亦未见其利也。

卷一三

《刚峰集》

（明）海瑞撰　明刻本

量田则例

一、每日丈量时，即取纸一张置于桌上，就日升日落方所，定填东、西、南、北字，又于四隅定填东南、西南、东北、西北字。此一坂内或有一大路，或有一溪，或有一带山，或有一水甽，就仔细看此溪、此路、此山、此甽，或自东而南，又转而西，或自北而西，又转而南，各随其或径直，或曲折，逐一如其本形，模画此溪、此山、此路、此甽。方向既与纸上所写东、西、南、北并四隅相合，则大界至定矣。大界至既定，从而画田地之形，则东至某号，西南北至某号，并四隅至某号，方得不差。不然，移步转向，所填东不是日升之东，所填西不是日落之西，东、西、南、北并四隅皆易位了。切不可拘旧流水、旧鱼鳞图画。盖旧流水、旧鱼鳞图多与日升日落不合，所以启争。今从新丈量，切不可如旧差错，或值天阴无日，看东西方向不定，则且量记弓步，候日出之日，看定方向，然后画图。量田惟鱼鳞图最急，盖纸上所画即地形所至，那移不动，可以杜绝日后争占。切记不可苟且忽略。荒野看东、西、南、北稍难。至于山稍移步则转向，尤难定方向。丈量者不可不执日升日落为准，日后查流水者则不可拘定日升日落，但得四至合便是。盖恐丈量人看日升日落不定，故不可拘也。

一、流水册中画田地山塘形像，在南者如其本形画于南，在北者如其本形转纸画于北，东西并东南、西南、东北、西北亦如其本形转纸画。独南方不转纸画者，盖流水印纸本坐北向南，故在南者不用转纸画。别七方须转纸方画得。中周围填弓步，或横或直，下径步者随之填径步。外周围填四至某号某主，此业主兼填户首名。有五至六七八至者，随所至角头填写，两旁填某字几号，土名某某等。上中下九等就收成利多寡论。如一号田有数丘，上丘当作中中，下丘当作上上，不能总写于图画。丘段内分写原若干亩，今若干亩，业主某都某图，户首某人，下某人。如一号有数人管业，备书都图姓名，各管几亩几分。此总写不能分别某人管上，某人管下。仍于图画分丘段内，书各管人名。田地山塘共一号者，各有业主，填田某人，地某人，山某人。又田地山塘共号者，如山占地步宽而田地步狭，止坐其半，总填界至，不免有遗漏，则填了山界至，又填田地界至。

一、山争占者多，盖由界至不明，图画难晓。今丈量山折倒画，不可画如田地，如流水，并旧鱼鳞图。盖山高，画其面不能画其背，画其左不能画其右，折倒画使一山周围前后左右，凡有号第界至俱明白在图。山腰又为一号者，界于山腰。山又接山者，又画山。山下有田地者，画田地。山下止有一流水坑又起山者，画一坑形，又画山。逐一皆就地形画，不可少差分寸。如陇大画一画，如降小画一画，坑画二画中点数点，湾画二画不点，盖像陇降坑湾之形也。界画上写陇降坑湾字，大小双点仔细看各界至而止，不可少差分寸。尖不能画，盖画山面之尖，则山背又无尖了。止于两尖界上写一尖字。若抵别图界之山，则如流水上画于外，写某都图界。盖山在界上则一面在本图，一面在他图，可以画其形像也。山折倒画，大抵形象不能与山形合，多是上狭而下阔，或彼此相让地步，使四至合形，则当大画而反小，当小画而反大，当直而反曲，当曲而反直，多有之。所以如此者，盖必欲四至合，故形像不能尽同也。如四至是陇降坑湾，中又有二三个陇降坑湾，须画出两三个陇降坑湾之形。流水册四至陇降坑湾下，仍写中又有几陇几降几坑几湾，使日后妄争者，不得指东作西。

一、画流水图、鱼鳞图，凡方圆斜曲必须一一与田地山塘形像相合，并四至皆不可少差分寸。惟山不能尽合，盖鱼鳞图山折倒画。然鱼鳞图虽折倒画不能如其形，而流水图止画一号，则一一如其形体模写。鱼鳞分别四至，流水画其本形，流水鱼鳞，互相为备，互相为稽考也。鱼鳞图亦周围填弓步，中填径步。盖弓步只流水上有，再填于鱼鳞图上，使与流水互相查考也。

一、山争占者多，盖由界至不明，亩数多寡不均。今量山可下弓步者下弓步量，不可下弓步者牵绳量。麻绳或伸或缩，须用棕用篾乃可。且就三亩积七百二十步定为一亩。山原有额数不可减，今亦不为之增。且就三亩为一亩，待后酌量其山之肥瘦，利之多寡，增减以合额数。甚至不可绳者亦须料量广狭，合三亩弓步定为一亩。然料量广狭，必须勉强绳量数处，使眼见过知若此高若此阔为若干亩，见过多了熟了，然后不用绳止是眼看，估计方能不差。如稍可下弓步牵绳者，仍须下弓步牵绳。受数日之劳，可使千百年无争。决不可惮其烦难，而不下弓步牵绳也。

一、丈量山亦须相其肥瘦，或土或石，或峻或平，锄锇多收减收，宜柴宜木，或便水或深僻，数者之中，参酌定为九等。候本县亲自登山同众看议，将原定等第并亩数参酌更定亩数。

一、田地山塘，如一方有八九个号第不能尽写者，止写两头号为界至。如在东写东之南至某号，东之北至某号，中有几号不必尽写，西南北仿此。

一、产业争论者极多，今日丈量止以见今管业人佥为业主，不论前事。

如流水上中画图形，周围填弓步，外填四至。如一业有数号相连者，总照相连画。亩数号数俱填于图形内，总填大四至。号第虽不相连，中空白处如画得三四号者各随其便。各图外周围填四至。

均徭则例

钦差总理粮储提督军务兼巡抚应天等府地方都察院右佥都御史海为酌

定均徭，以节民财，以便输纳事：照得钱粮外，有均徭一事。钱粮正供有额，独均徭官自为私，时有增益。且不如例征银，包当人指名倍取，厉阶不改，剥民为毒。本院今就各州县原差徭数一一较量，损其可损，益所当益。大约一县中其田地，其人丁，其优免，其今岁役当增，其来岁役当减，相去不远。县官委曲调停，存有余，补不足，事无不济，而视民如己者之难其人也。长、吴二县，均徭原设备用银一款，借此立为通法，以后年分诸事，增减止借备用银调停之。小民输官，岁岁此数，通之而百十年可一定可通行矣。一切如长、吴二县，乡党里甲公费，城当买当，上、江二县官夫小夫正柜外柜等项名色尽除去。分均徭、均费二端，其事用人谓之徭，其事用银为之费，又止以均徭统之。刻成书册，标之曰某县均徭册。以后年分用有加减，丁田优免有加减，先年银有无余剩，因之备用一款增若干，减若干，随多寡备细刻一二纸续于后。通法并则例开后，仰各府州县一体遵照施行。已入役者亦即此数刻定，以待来年行之，毋得违错。

通法（略）

则例

一、斗级不得已作力差，如有应募人仍作银差尤便。

一、库役用吏农。府皆库吏收银，州县何独不可？选用诚实有身家者便是。行法之善，不许更改。

一、家火赋役，书有额数，但新旧交代，家火半存。虽在任久近不同，存数不一，大约额数止用三分之二可足。今后各官离任日，将所存家火数逐一呈堂内，称说原家火若干，存若干，坏无存若干；原领银自买者若干，存若干，无存若干，并无有私行送人情弊。掌印官封收，代者将至，将原物验估。如知府额银二十二两，前官存数止可一半，便取银十一两补修以满二十二之数。内有琐碎家火各官用度不同者，准于内少留数两给自办。其有私以与人者不与。离任去后觉者，虽受者系乡官亦追夺。儒学照此行，俱置簿案候。

一、公宴原有祭神牲酒，准每桌加银一钱办别肴品。父老桌二人共，亦照此数。

一、优免照则例止免本户，本户不及数则止。越县免、两县免、投异姓户免者，俱不准优免。册一样三本，一存县，一送府，一送本院，俱印封收查。不合例者官吏问罪。免者追究。以后年分如增减不多，止于添刻在册叶上明开。如有一番新生员并偶增减人名数多者，照前造三本。均徭册定，有升官及新生员等，候来年方免，不准改并顶补。

一、乡官夫照前院定，奉使及升迁回家者，二县共出轿夫四名，伞夫一名，止准一月。省亲养病迁葬致仕者，准二十日。将赴任之先准半月。阁老尚书添皂隶二名。自五品以下轿夫二名，伞夫一名。为民者不给。

一、夫皂门子，偶一时上司齐至，不足用者，听府县暂借水夫铺兵，甚将备用银募。无此时分，姑言之。

一、闰月工食银，俱每年带征贮库，候至闰年月分给发。

一、家资银，有此银亦得少宽小民一分，甚便。长、吴二县近日渐变出自丁田，今仍前论家当派十甲一年普派。此长、吴二县事例，别县原无此例者，不许起派。

一、州县事体不出钱粮者，尽归均徭。不许于均徭外，再有编征名色。有系一二甲一编，尚存三五年者，总作一条鞭总编银。以后年分总十甲作一年编。有某项原是十年一编，未完者参算征银，编入均徭。各县民多告愿十甲总编，或此为便。通前件，如不便议申。

隆庆四年均徭，虽长洲县减了银九千六百八十八两四钱四分零，吴县减了六千七百五十三两三钱二分零，若为减额过多，其实先年甚是冗费。本院以为决可行者，今数酌之酌之，绰绰有裕，其中尚有化行以渐之意。若四年以后，本院尚此苟禄，徭银必有减数，决无增加。此所以以为可行决然也。

隆庆五年均徭增减银数：

田地比四年增若干或减若干。

人丁若干。照前田地款填。

山荡若干。照前田地款填。

增者当增备用银若干，减者当减备用银若干。

优免乡官某升某官，于某户增免人丁若干，增免田地若干，山荡若干。

某官某升某官。照前式填。

新生员各项人等某某某免某户。照前式填。

总共增免若干，该银若干，当减今备用银若干。

乡官某有某事故除所免丁若干，田地若干，山荡若干。

某官某有某事故。照前式填。

生员各项人等某某某有某事故除某户。照前式填。

总共减免若干，该银若干，当增今备用银若干。

隆庆四年分徭役银某项有无增减，有无余剩，银若干，当留入作今备用，共银若干。今备用银除增减去该编若干，总前有无余银，共计该银若干。

《四镇三关志》

（明）刘效祖撰　明万历四年刻本

〔万历〕中纳则例

淮盐：每引定价五钱，纳粟五斗。随凶丰量为增损。

芦盐：每引定价二钱，纳粟二斗三升八合。凶丰无增损。

浙盐：每引定价三钱五分。凶丰无增损。

卷四《粮饷考》

〔万历〕中纳则例

两淮盐：每引定价纳银五钱。

长芦盐：每引定价纳银二钱。隆庆四年停革。

山东盐：每引定价纳银一钱五分。

卷四《粮饷考》

〔隆庆五年〕巡抚都御史杨兆钦遵敕谕，陈列边镇未尽事宜疏略：据永平道兵备副使孙应元呈称，本年三月内钦奉敕谕，该户部议题，将蓟、昌二镇钱粮，责成各兵备道协同管粮郎中，悉心经理，除将应行事宜径自协同经理外，所有添设库官议处挖运、铸给、法□三事，具呈到臣。据此，臣会同总督刘应节看得，条议数事，皆关系库藏军储，与臣等闻见相同。□□添设官员议处积贮重务，又该臣等覆加议□，须合时宜，相应照款开列题请。

……

一、议处挖运以便收支。据兵备副使孙应元呈称，查得永平一镇，不通漕运，虽有给发盐粮开中，之始尚无商人告纳。主客钱粮除常赋外，所恃者挖运耳。及查挖运则例：凡省祭、监生、生员、吏承人等，加纳职级，每米一石，准银九钱，俱本镇主兵改支折色。一年岁赋之内，所余粟米颇多，惟有料草最少。今将挖运之人尽令上米，则米愈多，而豆草愈少。合无今后遇有上纳人员愿告某镇者，户部止是坐发该镇，不必注定米豆草束，先尽少者坐令买纳等因。臣等看得，各镇今岁民运已改本色，军粮又改折色，所积粮米渐足供边，惟是料草虽改本色，而原额民屯有限，各区支放甚多。今据该道所议，是亦调停通变之术也。臣等尤虑上纳人员，难必辐辏而来。又查得各镇卫所尚有屯地内，应纳新增银两，亦系供边正额，合无并照时估，改为革束，以济上纳之不及，庶储积有备而刍豆无缺乏之患矣。

卷七《制疏考》

〔隆庆五年〕总督侍郎刘应节申明支粮事例，以便查盘疏略：据永平兵备副使孙应元等呈，查议过蓟、密、昌、永四处主客官军马匹支粮则例，因革增减缘由到臣，除辽、保二镇听各该抚镇官径自查议具奏外，该臣会同巡抚都御史杨兆、监察御史余希周议：照蓟镇每年常戍与春秋两防主客兵马，不下十数余万，钱钞收支每岁京运与民屯二税，本折粮饷亦不下百十万，名项烦多，事体猥琐，使事例详明，自免混淆冒滥。且该镇节年以来，经该内外诸臣建议，户部题覆，与夫自来旧例，一向付之高阁，司饷者无所适从，查理者无所执据，中间依形傍影，私切比附冗滥之弊，诚有不可一二举者。臣等谨遵明旨，互相考订，缘事在诸镇文卷多湮，凡批驳检查不厌数，四而草创翻誊，何惮再三，多方搜括，去所太浮，存所必用，衰多益寡，酌盈济虚，以庶几乎。该部所谓兵马有实数，而钱粮有实用之意，合就分款开立前件，乞敕户部会同该科再加详定，明白覆议上请，刊布通行。庶事例明而支放有据，章程定而边费可清矣。

卷七《制疏考》

《皇明疏钞》

(明)孙旬辑　明万历十二年自刻本

知人官人疏　胡世宁

臣读《虞书·皋陶谟》有曰："在知人，在安民。"又曰："知人则哲能，官人是知人。君代天理物，其职专在于安民。然推安民之要，又在于能知人，而使官称其才也。"臣谨用斟酌古今事宜，遵照祖宗旧制，拟为知人则例五条，官人则例一十五条，上（尘）〔陈〕圣览，以助睿思之万一。昔宋臣范仲淹上《百官图》于宋仁宗曰："如此为叙迁，如此为不次，如此则公，如此则私。"且曰："进退近臣，不宜全委之宰相。"仲淹当时官非言路，任匪铨曹，岂不为越职当罪也。然其区区爱国之诚，不遑自顾，传诸天下后世，皆以为忠而惜，其不能尽用也。臣之愚诚，窃亦效此，伏惟圣明垂意省览，天下幸甚。

知人则例五条

一、论人之才术，当以诚心、体国、爱民为主，而才与守，斟酌品第，有是心而才与守兼优者为第一等，有是心而或才优守次、或守正才次者为第二等，无是心而才守兼优者为第三等，无是心而或有才无守或有守无才者为第四等。

一、论人之心行，如大臣、科道、翰林及在外方面正官，当以奸诈冒嫉为重，而贪墨为次，其部寺属官方面佐贰及知府以下，则惟罪其贪酷而偏诈之人，尚未可去。

一、凡尚书、侍郎、都御史、府尹、翰林、科道、布政使、按察使、兵备、提学、知府以上各项紧要官，俱令到任一月后，各举一人自代，吏部择其举多者，拟奏升擢，庶多得人。

一、两京大臣及在外抚按官，俱以能荐贤称职多者，见其知之之明，异日可备吏部之选。吏部堂上官尤宜责其择人多访，不必避嫌。

一、今内外臣僚，皆以因循保守为贤，其有尽忠为国担当干事不避流俗者，朝士则众怒，群猜不能存立，在外司府等官亦多被众忌流谤，考劾因而误黜。以此尽沮忠直之气，万一国家有事，无人肯当，是皆彼职名不闻于上故也。今宜法古御屏记名故事，密访内外臣僚中有尽忠体国才堪委用者，亲记其名一二，则彼不为奸谤所陷，而真才得用矣。

官人则例一十五条

一、内阁三员或四五员，旧当寅亮辅弼之任，今又总裁六部。而议其进黜，职任至重。遇缺宜斟酌先朝李贤等事例，于六部尚书、左右都御史中，取其才望出众、练达事体、公忠体国、知人有容者推补。

一、两京六部尚书、左右都御史约共十四五员，为一等。有缺宜，于在外行事右都御史及两京左右侍郎、坐堂副都御史共二十四五员内推补。仍须论其职务难易轻重，或量其才力所宜，由简易而升重难，或听其心志所愿辞重难而就简易，以均劳逸。

一、两京六部左右侍郎、坐堂副都御史，在外总制总督等项右都御史约共二十四五员，为一等。有缺宜，于两京大理卿坐堂佥都御史、府尹、詹事、学士并在外各处巡抚、巡视南京管粮副佥都御史、十三布政司左布政使，共四十余人内推补。

一、辽东、蓟州、宣府、大同、山西、延绥、宁夏、甘肃、陕西、四川、贵州、云南、两广、郧阳、南赣、保定、河南、山东、湖广、江西、淮、凤、苏、松各边腹巡抚，并巡视河道都御史共二十三员，为一等。此等官最要得人，最宜久任。如宣德、正统、景泰年间，各边巡抚有只用寺丞等官领敕行事，不必官大。又如周忱在苏、松，自侍郎升尚书，凡二十二年；王翱在辽东，自佥都历升副都、右都、左都，凡十有一年；于谦在河南、山西十八年；陈镒在陕西亦十余年。是皆事久功成，保济得地方生民，为朝廷分忧。今此等官宜于两京各寺卿、少卿、大理寺丞，年深出众给事中，御史、郎中，在外右布政使、按察使、左右参政，年深兵备副使、上等知府内推升。原职高者升副都，原职卑者升佥都，十分资浅者升署职。令其领敕一般行事，其有在边不谙军旅而善理民事者，改任腹里，不为贬抑。年深有劳者，就彼佥都升副都，副都升右都，常管此方。十分年深劳著者，就升部院掌印。如正统、天顺年间，金濂年富皆自副都升户部尚书，不为躐等，盖先必如此广推，方能得人后，必如此重擢，方能久任。久任方能修葺，得边疆完固，抚治得百姓安乐，以为国家久安长治之计。

一、两京府尹并在外十三布政司左布政使共十五员，为一等。俱要用历练民事不厌烦劳者，循资迁转。此官称职者，留以久任，迁升六部侍郎并都察院坐堂副都御史，不必更升在外巡抚，以致迁转不常，不得尽心民事。其心行虽公廉，而才力不称者，迁改相应职事。奸贪者，即时罢黜。如天顺年间刑部尚书陆瑜、礼部尚书萧暄，皆由布政径升。今若止升侍郎副都，不为躐等。

一、翰林、春坊、詹事府等官，以备顾问、侍讲读、草制诰、修史牒，最是清要之职。唐宋以来，多重此官，以备卿辅之选。然多选外官才学过人者试任，虽取中状元，亦令试历民事，方才取入翰林。我国初多用征聘隐逸之士，永乐、宣德、正统以来，如杨士奇、张洪由王府审理，教授黄淮、刘铉、张益由中书舍人，邹济、陈仲完由教职，储懋、王洪、陈山由给事中，刘球、李时勉、陈敬宗由主事，胡俨由知县，蒋骥由行人，于敬由御史，各升翰林、詹事、春坊等职。又如张英由教职荐升给事中，复进中允；郭琎由参政，李贤由主事，薛瑄由御史，皆历升侍郎、尚书兼詹事、学士。又如张显宗由翰林历升祭酒，出为布政；郭济历任春坊，复升知府；王珣由检讨升大理寺丞，巡抚贵州；欧阳谦由御史改编修，复升郎中；徐旭由御史升郎中、祭酒，复改修撰；罗汝敬由侍读改御史。是皆惟才所宜，不拘内外出入，所以得人。近年拘定庶吉士及进士第一甲，素称阁下门生者，方得选授，天下不无遗才。今宜遵复旧制，不拘内外郎中职事，但有文学才行出众者，许大臣、言官论荐，内阁吏部召试此官。庶几得人，而可储卿辅之望矣。

一、给事中、御史皆有言责，上而君身朝政缺失，下而臣僚是非邪正，皆唯其所言是听。使非其人，人主误听其言，则聪明惑乱，是非邪正不明，误事不小。不听其言，又为拒谏，取谤天下。至于御史，又有巡按在外激浊扬清、除奸革弊之责，所系一方利害尤重，故自古慎重此官。我祖宗朝，如王翱由寺正，甄庸由知府左迁，陈祚由参议，康庆由知州落职，皆复升御史；虞祥、王铎、年富由教职，冀凯由州判官，皆升给事中。又如丁璿由主事，马守中由同知，俱升御史；徐旭由御史升郎中，复改翰林；欧阳谦由御史入翰林，复升郎中。是皆唯才所宜，不限资格，所以得人。而又拔其尤者，超擢侍郎、佥都御史等官，所以肯尽其职，且又不时考察使偏私浮伪者，不得混于其中，以惑上聪明，所以天下常受谏纳之福，而君上不受拒谏之名。今宜使大臣于内外郎官及听选进士中，各荐所知，必其忠直公正、明识治体者，方授此官。三年之内，考其敢言而忠谏，有益举刺得宜，及巡按在外激扬兴革有益地方者，留以久任。超擢卿佐等官，其虽敢言而言或不切于事体，或过于激烈易至触忤者，则迁改内外相应职事，以保全之后，仍记其忠直，核其后效，量加超擢。其或当言不言，或挟私附势妄奏，及巡按不职者，明奏降黜。如此则言官皆得忠正之人，而朝廷纳其忠谏，有益于天下矣。

一、吏部文选、考功，兵部职方、武选，礼部仪制等司郎中，亦须妙选。若得其人，亦宜久任，量加超擢。其平常不称者，即令外补。

一、通政司、鸿胪寺官，专取声音洪亮于本衙门迁转，已有旧规。其有才堪部院者，亦行推用。

一、两京坐堂佥都御史、南京总督粮储都御史及各寺卿佐，并各部寺属官，照常循资选转。然人才各有所长，有不相宜者，彼此更调不妨。

一、在外布按二司官，宜只于本地衙门迁转。虽有资格迟速不同，临了总算有甚悬绝，不得已者，方推邻近地方官升补。仍照弘治以前事例，佥事径升副使，副使径升按察使，按察使径升左布政使，参议径升参政，参政径升右布政使，不必如今逐级挨升，南北远调，以致往来不常，虚旷岁月，地方常致缺官误事。其四川、云南、贵州、广西员缺，宜于附近地方资浅人员内比常早升，以酬其劳远。

一、各道分巡佥事，国初选定道分，九年方改，后因改道不常，凡遇地方难事，皆推避不理，以致豪强贪猾任情作弊害民，地方受患。今皆宜如广东等处事例，三年满日，方许改道。仍须考其三年任内，奸弊、盗贼、豪强、贪猾之有无，以为殿最。本司若有进表等项公差，止于贴堂副使或分巡各道佥事内差遣，其分道三年之内，不许改差。

一、各处紧要兵备及提学官，俱要于资浅人员内推其才力相应者，先升佥事，后加副使，常管此方。其职任内事务，不许他官搀越。如提学所管教官，兵备所管有司巡捕，并卫所官有犯，抚按衙门俱就委其提问，不必改委他官，以致权柄不一，事体难行。兵备必须兼理本道分巡，以便行事。至于练兵、捕盗、应该劝赏等项财物，许其措置，或动支官钱，如此久任专制方可，责其成功。十分年深劳著者，提学推升少卿、祭酒等官，兵备推升各边巡抚，其余照常迁转。才力不称者，就行改调别任，不宜姑息。

一、知府、知州、知县三等亲民之官，使非其人，则上司虽有好官，行得好事，不能实到百姓，所以自古国家慎重此职。汉制郎官出宰百里郡守，入为三公。唐制不历刺史，不得任侍郎列卿；不历县令，不得任台郎给舍。我国初取中进士，俱选县官，征至贤才，多选守令。正统以来，知府俱责大臣保举，知州、知县另委吏部拣选，所以得人。且又立为定制，知府、知州见上司不行跪礼，以重其职，其久任卓异者，不次超擢。如何文渊由知府即升侍郎，胡俨由知县即升检讨，所以人多乐为此官。弘治初年，又责其备荒积谷多少以为殿最，所以民受实惠，固得邦本，如此久长。正德以来，此官不重轻选骤升，下焉者惟图取觅得钱，以防速退，上焉者惟事奉承取名，以求早升，皆不肯尽心民事，以致民穷财尽，一遇凶荒，多致饿死。今宜遵复先朝旧规，知府令在京堂上官，于京官七品以上、在外在闲五品以上官内保举。在外抚按及布按二司掌印官，于参议、佥事、同知、知州内保举。其知州、知县，俱听吏部预行拣选，仍责抚巡、布按二司于府通判、推官、州同知、知县内保举。堪任知州之人，州判官、县丞、主簿、儒学教职、司府卫首领官内保举。堪任知县之人，必其有爱民之诚，有守己之操，有处事之才，三者俱备，而后可任此职。后有不称举主连坐误举者，先能自首，则免。到任之后，察其奉公守廉而不尽心民事、才力不称者，改任品级相应职事。贪酷罢软者，即时罢黜。其称职者，留以久任。知府九年以上者，即升四品京堂并布按二司长官，次者照常升参政、副使等职。知州九年以上者，即升参议、知府、郎中、佥事，次者照常升员。外府同知、运同等官，知县上者，三年行取到京，考其文学德行出众者，选入翰林。忠直刚正识治体者，选为科道。才识明敏者，分任部寺属官。其有深得民心愿留久任者，超擢府州正职，次者九年、六年照常迁转。如此选任，方得民受实惠地方，虽遇凶荒盗贼，可保无虞矣。

一、在外知府、知州、知县，与凡方面有司等官升选，俱合注于原籍相近地方。广西、云、贵有司，尤宜查照弘治以前事例，只于本省人员内升选。庶免其不服水土，且得到任易便，不致地方旷官日久。缘系知人、官人事宜，谨题请旨。

卷三七《用人》

《备忘集》
（明）海瑞撰　清文渊阁四库全书本

拟丈田则例

丈田非欲人不为欺乎？欲人不为欺，而使势不得不出于受欺之人为之，上人未之思。立法不善，非受委之人，故自为欺之罪。当只田地坐落里中佥人为之。凡公正、书算、弓手，须家道殷实，素信服于人之人。公正人总管丈事。公正人尤急，若里多有田地，则佥二人，一正一副。二人非谓轮流管事。二人共管一事，自有宽舒不劳之处。二人共当一事之罪，又自有担当之美。其里有田地少人户，则借之邻图，邻图谓熟识田地，与本图之人无异也。弓手用三人，绳丈、篾丈、竹竿丈、弓丈，但每日查其步数，免其有长短之差而已，各听其便。算手用今官教成者，一里一人，亦是田地里之人。无则邻图，再则城市。一里一人，庶专门而精。又有公正业主照之，可万无〔一〕失。先计不敷，则再教之。如琼山一百四里，须得一百四十人过数乃可完丈。而总于县中算之，弊端百出，官府不能禁止。瑞已先知其必有今日也。先期排年会踏一里界至，两界之上，会邻里排年定之。一挨地方次第，用纸一张画。纸如改连赃罚之类，通县如一，以便日后可钉可阅，不有参差。粗画一（旧）〔田〕地山水人村槟榔园之形，上书某一大埔，某一小埔，某一中埔，某零碎槟榔园，亦如此记。田埔槟榔园形详于山水地，今丈田所急在田，巡道照崖陵等例槟榔入编，均徭所急在槟榔也。书总土名，又书其埔的别小土名，土名人所常呼之名，又书即名某某，谓人亦间有呼之。备书之何，盖恐今以一名报，他日官府查问，人又以他名对，或生遗漏之奸，兼亦难为查考。谓之粗，谓无许多画手，草草大概，取之人人可能而云。虽粗草而大概皆具。其不挨次第，先者画之于后，后置之于先，此亦粗草。流水鱼鳞，少有颠倒，即当作弊之罪。两界会同邻图里排讲定，多钉深入地木桩，一面书我界，一面书邻图界。又业主亦先自丈己田，用小片板为牌，须写得如册式上条款许多字，下方不过四寸五寸。业主名，黄册户首之名也。旁人田四至亦照此牌户首名写。牌或油或他隔水之物涂之，庶虽日久不涸其字。牌以绳牢悬于小桩之上，深插田中，直至县官覆丈册报完日，然后收起不插。彼来而此不来，事有耽搁。来者今日来而明日又复来，独受扰矣。定界悬牌，官示之以一定之日，其日不至者治之。悬牌而亦定之日，谓业主或不及知四至户首之名，亦或田之塍畔不明也。公正丈田所可依于业者，土名四至而已。弓步田形，上中下则，能保业主今不欺官乎！能保今无差谬乎！公正人顾我公正之名而思其义，不可潦草随业主脚跟，后反当罪也。起丈定日起，则一县同起。如琼山一百四里，正月初一日发弓，则一百四里之人尽是正月初一。庶其报完，虽田有多寡不同，不至相去之远。公正、业主、书算、弓手、十排年各有司存，弊则各当其罪。然公正、业主系是总管一切，他人作弊，公正、业主罪不能免。发弓跳丘跳段，非流水鱼鳞，是作弊矣。每日听其顺田次第，或上而下，或左而右，田有弯斜，象形难定，费心详勘者，每日多多少少，各听其人力量之便。每号或一丘或十余丘，三则同听为之。每号田里递等公论，公正人酌之，定上中下则，又最上者谓之上，又最下者谓之下，又上又即上上，下又即下下。必如此定，使上中下则之中，又有分别而五，且不叠字而混也。上中下乃一府一县之上中下，非止即此一埇一里而定也。丈至有槟榔地方，公正等里排眼同查勘，数株起税。非谓有一万而一万逐株数也。数之有法，如一丈数有一百株，绳至十丈即是一千，由此推之，则虽千万之多，顷刻而数之完矣。又须开具老树若干，新树若干，出地几尺者若干，与后开荒田共一册。同是一日封报，每日天明即到田中起手，晚则止。八格眼叶数完者，众花押封起。次早送官。一日一封，一日一报。底册公正等自封收，如有查考之故，任其自封自开。每日打梆之后，公正至犹不至者，公正小纸帖开名，同未满格眼几号几号未报之田，送官以凭惩治。里分出五十里之外，别定之日。不然县官起丈十日之后，即到中路某里某里覆丈，则前十日之远，后十日又如四厢之近，劳逸亦参相得也。然不先有一定之期，使人寻问县官所在，则亦骚扰。起丈定日日到，必践其言。万不得已，如琼山西黎一线牵人而长，则定作三日四日。县官覆丈之日，别行加意，无不可者。一日一封，不许私下开封所报之册，县官亲任收取封锁之劳。因一而可以致儆于百者，正赖初时振肃声也。覆丈不必待多报完报，有册便可行覆丈。初公正各于起弓之处，钉桩埋石记识，县官只寻号照悬牌，不可令原丈人指引，以致耽搁其日举丈之事。覆丈亦县官亲任其劳。不亲而差官代覆，亲去而高坐田岸之上，令人代至田中，皆弊之所为生而害随之矣。荒田别为一册，恐其乱正册也。亦具田形四至，以待召耕，防有指熟为荒也。琼州地大抵地多而额数甚少，地无虚粮。万分之一亦有里递人等肯为认纳，只照黄册额数更是明准。茫茫无可下手不可丈，有鱼鳞纸幅之图，田形四至举目而见，可。日报之册，原有千字文次第四至田形，即是鱼鳞流水。部题亦止说图册，不曾说及幅纸之图，无亦可。丈田人底册须与报官之册形式如一，庶可磨对。事后给之纸张官银，空言而已矣。先给之为便。报册用十张，则给二十张。报册用百张，则给二百张。底册亦给之纸。盖底册即小流水鱼鳞，每排年各一收贮之谓。中说千字文次第，盖未丈之先，一里领一字号，如琼山东厢一图领天字，二图领地字。丈田之日册之第一格眼上书天一，第二格眼书天二，第三格眼书天三，余如之。许其十余丘作一号亦可者，随人之便。官册亦有省减号数之便也。

卷四

《三云筹俎考》

（明）王士琦撰　明万历刻本

应追桩银则例

万历二十七年，巡抚房定议：凡倒死营马，每匹肉脏大约估变七钱，应该当月即完。如一年之内倒死者，例该桩银三两，除肉脏外，仍该银二两三钱，每月扣银三钱，内末一月扣银二钱，计八个月可完。二年以上倒死者，例该桩银二两，除肉脏外，仍该银一两三钱，每月扣银三钱，内末一月扣银一钱，计五个月可完。五年以上倒死者，例该桩银一两五钱，除肉脏外，仍该追银八钱，每月扣银二钱，计四个月可完。十年以上倒死者，例该桩银一两，除肉脏外，仍该银三钱，一月扣完。十五年以上倒死者，例该皮肉银六钱，即以肉脏银当月追完。倘若不敷，就令本军添凑完纳解库。其有营马缺额，例当买补，而所征死马桩脏无几，不足以充补马之价。凡有马军士遇双月，每名扣粮银五分，名曰"朋合"，凑充买马之用。

卷四

万历《温州府志》

（明）汤日昭撰　明万历刻本

卫军食粮则例

卫所旗军有正、例、余丁之分。旧规以额设与充发者，俱谓正军，月支粮八斗；奉例顶补绝军者，乃谓例军，不论差役轻重，月支五斗；其余舍人、余丁，例不支粮。因海防多事，隆庆元年始议，舍余、余丁辏与正、例军一体，月支八斗。点拨出海并充水陆军兵，常川月支一石。温州卫运军减存，各依例扣粮抵料。贴驾军兵，汛期月支一石，汛毕寄操月支六斗。其余正差、烽堠台陆路等军，俱春汛三、四、五月，各支八斗，小汛与余月通支六斗。巡捕、随操、军鼓手、火药匠、看火器、官厅分司、演武场各寨军兵，各常川月支六斗。局匠军上工者月支八斗，办料者月支六斗。总小旗已并枪者，虽拨轻差，亦准月支八斗；未并枪者，照军支粮操备正军，月支六斗。例军月支五斗。问发永远军有妻者，或虽无妻有祖父母、伯叔兄弟随住者，准照全支，只身者支四斗。终身军有妻者支五斗，无妻者支三斗。老幼正军果无壮丁依倚者，支三斗；有依倚者，不准支。隆庆四年，查得各军生长海滨，且业渔樵风涛弗畏，大小兵船协驾军兵，仍议厚加优恤。常川给米一石，汛月加行粮四斗，队长月加银一钱。充陆路兵者，常川支一石，队长外加银一钱，什长五分。此沿海卫所食粮军之则例也。

卷六《秋戎志》

《王国典礼》

（明）朱勤美撰　明刻增修本

〔嘉靖〕八年题准：湖广各宗室禄米，俱照楚府则例：亲王每石折银七钱六分三厘，郡王每石折银七钱，将军、中尉、郡主、夫人、仪宾每石折银五钱。

卷三

万历《绍兴府志》

（明）萧良幹等修，（明）张元忭等纂　明万历刻本

渔船监税则例

大双桅船：每只纳船税银四两二钱，渔税银三两，盐税银六钱，旗银三钱。

中双桅船：每只纳船税银二两八钱，渔税银二两，盐税银四钱，旗银二钱。

单桅船：每只纳船税银一两六钱八分，渔税银一两二钱，盐税银二钱四分，旗银一钱。

尖船对桅船：每只纳船税银一两一钱二分，渔税银八钱，盐税银一钱六分，旗银八分。

廒艎船：每只纳船税银七钱，渔税银五钱，盐税银一钱，旗银五分。

近港不捕黄鱼，止捕鱼、虾、柴鹿：

艚纲小船：每只纳船税银三钱，盐税银六分，旗银一钱。

河条溪船：每只纳船税银三钱，渔税银三钱，盐税银二钱四分，旗银三分。采捕墨鱼、紫菜、泥螺等项。

海味对桅尖船：每只纳船税银一两一钱二分，盐税银一钱六分。

厰艚船：每只纳船税银七钱，盐税银一钱。

河条溪船：每只纳船税银二钱，盐税银六分。

隆庆六年，巡盐张公更化又题加税：

大双桅：每只连前共纳银二两四钱。

中双桅：每只一两二钱。

单桅：六钱。

尖桅：四钱八分。

厰艚船：三钱六分。

兴河船：二钱四分。

对桅船：四钱八分。

卷二三《武备志一》

《客座赘语》

（明）顾起元撰　明万历四十六年刻本

官军粮赏则例

月粮则例：指挥使八石，同知六石二斗，佥事五石八斗，镇抚三石八斗，正千户四石二斗，副千户三石八斗，百户三石，总小旗一石。军只身六斗，有妻一石。纪录、老疾军三斗，把门、修仓军斗余丁各三斗，操备舍余口粮四斗。军匠八斗，无妻四斗八升。优给指挥、千百户与见任同。每年二月、十月关支折银，每米一石，折银五钱，余月支米。遇闰本折随宜关支。

赏赐则例：冬赏正军绵布三匹，内本色二匹，每匹折银三钱；折钞布一匹，每匹折钞五锭。军匠二匹，内本色一匹，折钞一匹。有母、妹幼军三匹，内本色二匹，折钞一匹；无母、妹幼军一匹，只身军匠一匹，疾军一匹。以上俱本色。江、济二卫水夫，每名胖袄一件，每件折表里绵布五丈二尺八寸，绵花二斤；每布一匹长三丈二尺，折银三钱，绵花一斤，折银七分。夏赏每布名俱苎布一匹，折银二钱。

卷一〇

《金陵梵刹志》

（明）葛寅亮撰　明万历刻天启印本

〔洪武二十四年〕六月初一日，钦奉圣旨：佛教之始自东汉，明帝夜有金人入梦，是后法自西来。明帝敕臣民，愿崇敬者许，于是臣民从者众，所在建立佛刹。当时好事者在法入之初，有去须发而舍俗出家者，有父母以儿童子出家者，其所修也，本苦空甘寂寞，去诸相欲，必欲精一己之英灵。当是时佛教大彰，群修者虽不能尽为圆觉，实在修行，次第之间岂有与俗混淆，与常人无异者！今天下僧寺，以上古刹，列圣相继，而较者佛之教，本中国之异教也。设使尧、舜、禹、汤之时，遇斯阐演，未审兴止，何如哉！今佛法自汉入中国，历历数者一千三百三十年，非一姓为君而有者也。所以不磨灭者为何？以其务生不杀也。其本面家风，端在苦空寂寞。今天下之僧，多与俗混淆，尤不如俗者甚多，是等其教而败，其行理当清，其事而成其宗。令一出，禅者，禅讲者，讲瑜伽者，瑜伽各承宗派，集众为寺，有妻室愿还俗者听，愿弃离者听。僧录司一如朕命，行下诸山，振扬佛法以善世，仍条于后。

……

一、道场诸品经咒布施则例。

华严经一部，钱一万文；般若经一部，钱一万文；内外部真言每部，钱二千文；涅槃经一部，钱二千文；梁武忏一部，钱一千文；莲经一部，钱一千文；孔雀经一部，钱一千文；大宝积经每部，钱一万文；水忏一部，钱五百文；楞严咒一（会）〔部〕，钱五百文。已上诸经施钱诵者，三分得一二分，与众均分。云游暂遇者，同例。若有好事者额外布施，或施主亲戚邻里朋友乘斋下衬者，不在此限。

卷二

《国朝典汇》

（明）徐学聚撰　明天启四年徐与参刻本

〔永乐十年〕二月，上以甘肃官军所用粮多，百姓转运繁劳，命户部减凉州盐粮则例，召商中纳，以供军饷，待粮用充足，则仍其旧。于是定纳凉州盐粮，准淮浙盐每引三十五升，河东每引二斗，四川每引一斗五升。

卷九六《户部》

景泰元年六月，谕户部榜示天下，定与则例，令于代州纳米中盐。有能自备脚力于临清领粮，运赴代州至三百石者，即与冠带，二百石给敕旌异，（复）〔免〕役三年。两淮盐每引米八斗，浙盐六斗，长芦六斗，河东二斗，俱不次支给。蓟州守臣奏：贼寇出没，粮运不继，请如大同、宣府纳米中盐。户部请不分四品以上官员、军民之家，俱许中纳。两淮盐引每米六斗，浙盐引每四斗，俱于福建盐内，不次支纳。从之。

卷九六《户部》

〔宣德〕六年十一月，巡抚江西侍郎赵新建议：以漕淮之舟，载江西之粟，兵农两利。从之。户部定官军兑粮民粮加耗则例。

卷九七《户部》

正德、嘉靖间，题给赐祭则例。今后公、侯、伯在内，掌府事坐营在外，总兵征讨积有勋劳而加太子太保以上者，照《会典》：公、侯祭十六坛，伯祭十五坛，掌府事坐营历有勋劳者与祭七坛，积有年劳者与祭五坛，虽掌府事坐营而政绩未著者与祭四坛，管事被劾勘明闲住者祭二坛。被劾未经勘实者，祭一坛。勘实而罪重者，并本爵应得祭葬，一概尽削。又正德间，公、侯、伯本祭俱三坛，嘉靖间仍祭二坛。今后照嘉靖间事例，以复《会典》之旧。一、武臣祭葬，旧例都督、同知、佥事起用未久病故者，与祭二坛；锦衣卫都指挥使身后赠都督同知者，亦祭三坛；署都督、同知、佥事且祭一坛。今后推类，一体遵待。一、死事官如抗节不屈身死纲常者，犯颜谏诤身死国事者，执锐先登身死战阵者，危城固守身死封疆者，仍照例立祠。此外或有城池失守，而身殒于奔命战阵败衄而躯毙于倒戈者，止为酌量重轻赐之葬祭，或加赠荫，不得一概立祠。

卷一二五《礼部》

《皇明从信录》

（明）陈建撰，（明）沈国元补订　明末刻本

按：天顺以前各王府郡王、将军而下，宫室坟茔皆官为营造。成化中，始定为则例，给价自行营造。湖广楚、辽、岷、荆、吉、襄等府房价：郡王一千两，镇国将军七百两，辅国将军六百六十两，奉国将军六百二十两，中尉并郡主五百两，县主四百六十两，县君三百六十两，乡君三百四十两。至各省王府房价，又颇有不同，其造坟夫价物料则例：郡王三百五十两，镇国将军二百四十五两，辅国将军二百二十五两，奉国将军一百四十七两，中尉一百二十三两，郡主二百二十五两，县主二百一十五两，郡君一百九十六两，县君一百八十五两。此外，又有开矿银、冥器银及斋粮麻布，俱各有差。弘治初，以宗室日繁，支费益广，官银不敷，遂命皆减半支给。至是复奏准：于减半数内，每一百两仍减二十两，斋粮麻布通革免。其郡主以上禄米，俱米钞中半兼支；郡主而下禄米，则俱本色四分、折钞六分矣。

卷二五

《度支奏议》

（明）毕自严撰　明崇祯刻本

合当照天启四年水灾漕粮改折则例：每石折银六钱五分，席板在内，共该折银一万三千三十六两三钱九分五厘四毫五丝。外随粮三六轻赍银两，仍应照旧征解。其带运辽米五千四百一十八石四斗五升，仍该带买本色米二千七百九石二斗二升五合。其余一半准将原银解部，另行设处。

浙江司卷一

《救荒策会》

（明）陈龙正撰　明崇祯十五年洁梁堂刻本

劝借则例

一、每岁秋成之际，将商税等项及盘点过库藏布匹，照依时价籴。

一、丰年米贱之时，各里中户量与劝借一石。上户不拘石数，愿出折价者，官收籴米上仓。

一、粮长、粮头收运人户秋粮，送纳之外，若有附余加耗，俱仰送仓。

一、粮里人等有犯违错斗殴等项，情轻者，量其轻重，罚米上仓。

卷五

赈放则例

一、每岁青黄不接、车水救禾之时，人民缺食，验口赈借，秋成抵斗还官。

一、孤贫无倚之人，保勘是实，赈济食用，秋成还官。

一、人户起运远仓粮米，中途遭风失盗及抵仓纳欠者，验数借纳，秋成抵斗还官。

一、开浚河道修筑圩岸人夫，乏食者，量支食用，秋成不还。

一、修盖仓厫，打造白粮船只，于积出附余米内，支给买办免科物料；于民所支米数，秋成不还。

卷五

稽考则例

一、府县及该仓每年各置文卷一宗，俱自当年九月一日起，至次年八月三十日止，将一年旧管新收开除实在数目，明白结算，立案附卷，仍将一年人户原借该还粮米，分豁已还、未还，总数立案，付与一年卷首以凭查收。

一、府县各置厫经簿一扇，循环簿一扇，每月三十日，该仓具手本明白注销。

卷五

《炎徼纪闻》

(明) 田汝成撰　清指海本

〔成化〕七曰榷商税，以资公费。峡江既通，营堡既立，凡修理城垒、哨船、犒赏官军、新民、甲长诸所赀费，若一一取之库藏，恐有不给。旧规：峡江上水商船，大者纳盐七包，次五包，又次三包，各重九十斤。下水商船，大者纳瓦器九百一十三件，折银一钱八分；次六百四十六件，折银一钱五分；又次四百五十六件，折银一钱二分。原属浔州卫收贮，转给各瑶，名为埠头常例。今既议革给瑶之弊，则所得商税宜如前征之，以备公用。但盐堆日久，必有折耗，而变卖展转，益滋弊端。宜照梧州商税则例，每包折银三钱，以便出纳。议成督府。从之。

卷二

《古今鹾略》

(明) 汪砢玉撰　清抄本

〔正德〕十一年议准：长芦运司灶户，照依有司上、中、下户则例，编审造册，除上、中户丁多力壮者，量将二三丁帮贴辨盐。此外多余人力，照旧编当别项差役。下户者止令营办盐课，一切夫役民快、边饷、马价、军器等杂差，俱与优免。

又令长芦运司，每五年一次，选委能干佐贰官一员，亲诣有场分州县，会同各掌印官，将概场人户照依均徭则例，逐一编审丁力，相应者为上户，独当总催一名，次者两户朋当一名，贫下者听其著灶。

卷五

《东西洋考》

(明) 张燮撰　清惜阴轩丛书本

陆饷

万历十七年，提督军门周详允陆饷货物抽税则例。万历三年，陆饷先有则例，因货物高下时价不等，海防同知叶世德呈详改正。

胡椒每百斤，抽税银二钱五分。象牙成器者每百斤，税银一两；不成器者每百斤，税银五钱。苏木东洋木小每百斤，税银二分。西洋木大每百斤，税银五分。檀香成器者每百斤，税银五钱；不成器者每白斤，税银二钱四分。奇楠香，税银二钱八分。犀角每十斤，花白成器者税银三钱四分，乌黑不成器者税银一钱。沉香每十斤，税银一钱六分。没药每百斤，税银三钱二分。玳瑁每百斤，税银六钱。肉豆蔻每百斤，税银五分。冰片每十斤，上者税银三两二钱，中者税银一两六钱，下者税银八钱。燕窝每百斤，上者税银一两，中者税银七钱，下者税银二钱。鹤顶每十斤，上者税银五钱，次者税银四钱。荜拨每百斤，税银六分。黄蜡每百斤，税银一钱八分。鹿皮每百张，税银八分。子绵每百斤，税银四分。番被每床，一分二厘。孔雀尾每千枝，税银三分。竹布每匹八厘。嘉文席每床，税银五分。番藤席每床，税银一分。大风子每百斤，税银二分。阿片每十斤，税银二钱。交址绢每匹，税银一分。槟榔每百斤，税银二分四厘。水藤每百斤，税银一分。白藤每百斤，税银一分六厘。牛角每百斤，税银二分。牛皮每十张，税银四分。藤黄每百斤，税银一钱六分。黑铅每百斤，税银五分。番锡每百斤，税银一钱六分。番藤每百斤，税银二分六厘。乌木每百斤，税银一分八厘。紫檀每百斤，税银六分。紫椋每百斤，税银一钱。珠母壳每百斤，税银五分。番米每石，税银一分四厘。降真每百斤，税银四分。白豆蔻每百斤，税银一钱四分。血竭每百斤，税银四钱。孩儿茶每百斤，税银一钱八分。刺香每百斤，税银二钱一分。乳香每百斤，税银二钱。木香每百斤，税银一钱八分。番金每两，税银五分。丁香每百斤，税银一钱八分。鹦鹉螺每百个，税银一分四厘。毕布每匹，税银四分。锁服每匹，红者税银一钱六分，余色税银一钱。阿魏每百斤，税银二钱。芦荟每百斤，税银二钱。马钱每百斤，税银一分六厘。椰子每百个，税银二分。海菜每百斤，税银三分。没食子每百斤，税银二钱。虎豹皮每十张，税银四分。龟筒每百斤，税银二钱。苏合油每十斤，税银一钱。安息香每百斤，税银一钱二分。鹿角每百斤，税银一分四厘。番纸每十张，税银六厘。暹罗红纱每百斤，税银五钱。棕竹每百枝，税银六分。沙鱼皮每百斤，税银六分八厘。螺蚆每石，税银二分。獐皮每百张，税银六分。獭皮每十张，税银六分。尖尾螺每百个，税银一分六厘。番泥瓶每百个，税银四分。丁香枝每百斤，税银二分。明角每百斤，税银四分。马尾每百斤，税银一钱。鹿脯每百斤，税银四分。磺土每百斤，税银一分。花草每百斤，税银二钱。油麻每石，税银一分二厘。黄丝每百斤，税银四钱。锦魟鱼皮每百张，税银四分。甘蔗鸟每只，税银一分。排草每百斤，税银二钱。钱铜每百斤，税银五分。

万历四十三年，恩诏量减各处税银。漳州府议：东、西二洋税额二万七千八十七两六钱三分三厘，今应减银三千六百八拾七两六钱三分三厘，尚应征银二万三千四百两。

货物抽税见行则例

胡椒每百斤，税银二钱一分六厘。象牙成器者每百斤，税银八钱六分四厘；不成器者每百斤，〔税银〕四钱三分二厘。苏木西洋每百斤，税银四分三厘；东洋每百斤，税银二分一厘。檀香成器者每百斤，税银四钱三分二厘；不成器者每百斤，税银二钱七厘。奇楠香每斤，税银二钱四分二厘。犀角每十斤花白成器者，税银二钱九分四厘；乌黑不成器者，税银一钱四厘。沉香每十斤，税银一钱三分八厘。没药每百斤，税银二钱七分六厘。玳瑁每百斤，税银五钱一分八厘。肉豆蔻每百斤，税银四分三厘。冰片每十斤，上者税银二两七钱六分五厘，中者税银一两三钱八分二厘，下者税银六钱九分一厘。燕窝每百斤，上者税银八钱六分四厘，中者税银六钱五厘，下者税银一钱七分三厘。鹤顶每十斤，上者税银四钱三分二厘，次者税银三钱四分六厘。荜拨每百斤，税银五分二厘。黄蜡每百斤，税银一钱五分五厘。鹿皮每百张，税银六分九厘。子绵每百斤，税银三分四厘。番被每床，税银一分。孔雀尾每千枝，税银二分七厘。竹布每匹，税银七厘。嘉文席每床，税银四分三厘。番藤席每床，税银一分二厘。大风子每百斤，税银一分七厘。阿片每十斤，税银一钱七分三厘。交址绢每匹，税银一分四厘。槟榔每百斤，税银二分一厘。水藤每百斤，税银九厘。白藤每百斤，税银一分四厘。牛角每百斤，税银一分八厘。牛皮每百张，税银三钱四分六厘。藤黄每百斤，税银一钱三分八厘。乌铅每百斤，税银四分三厘。番锡每百斤，税银一钱三分八厘。番藤每百斤，税银二分二厘。乌木每百斤，税银一分五厘。紫檀每百斤，税银五分二厘。紫椋每百斤，税银八分六厘。珠母壳每百斤，税银四分三厘。番米每石，税银一分。降真每百斤，税银三分四厘。白豆蔻每百斤，税银一钱二分一厘。血竭每百斤，税银三钱四分六厘。孩儿茶每百斤，税银一钱五分五厘。刺香每百斤，税银一钱八分一厘。乳香每百斤，税银一钱七分三厘。木香每百斤，税银一钱五分五厘。番金每两，税银四分三厘。丁香每百斤，税银一钱五分五厘。鹦鹉螺每百个，税银一分二厘。毕布每匹，税银三分四厘。锁服每匹红者，税银一钱三分八厘，余色税银八分六厘。阿魏每百斤，〔税银〕一钱七分三厘。芦荟每百斤，税银一钱七分三厘。马钱每百斤，税银一分四厘。椰子每百个，税银一分七厘。海菜每百斤，税银二分六厘。没食子每百斤，税银一钱七分三厘。虎豹皮每百张，税银三钱四分六厘。龟筒每百斤，税银一钱七分三厘。苏合油每十斤，税银八分六厘。安息每百斤，税银一钱四厘。鹿角每百斤，税银一分二厘。番纸每百张，税银五分二厘。暹罗红纱每百斤，税银四钱一分四厘。棕竹每百枝，税银五分二厘。沙鱼皮每百张，税银五分九厘。螺蚆每石，税银一分七厘。獐皮每百张，税银五分二厘。獭皮每百张，税银五分二厘。尖尾螺每百个，税银一分四厘。番泥瓶每百个，税银三分四厘。丁香枝每百斤，税银一分七厘。明角每百斤，税银三分四厘。马尾每百斤，税银九分。鹿脯每百斤，税银三分四厘。磺土每百斤，税银九厘。花草每百斤，税银一钱七分三厘。油麻每石，税银一分。黄丝每百斤，税银三钱四分六厘。锦鲂鱼皮每百张，税银三分四厘。甘蔗鸟每只，税银九厘。排草每百斤，税银一钱七分三厘。钱铜每百斤，税银四分三厘。

别有货物先年无开载者，今依时估附记于后：

哆罗哔每匹，红色税银五钱一分九厘，余色每匹三钱四分六厘。番镜每面，税银一分七厘。番铜鼓每面，税银八分七厘。红铜每百斤，税银一钱五分五厘。烂铜每百斤，税银八分七厘。土丝布每匹，税银一分六厘。粗丝布每匹，税银八厘。西洋布每匹，税银一分七厘。东京乌布每匹，税银二分。八丁莽每百斤，税银一钱。正青花笔筒每个，税银四厘。青琉璃笔筒每个，税银四厘五毫。白琉璃盏每个，税银四厘。琉璃瓶每个，税银一分。莺哥每个，税银三分。草席每一床，税银九厘。漆每百斤，税银二钱。红花米每百斤，税银二钱。犀牛皮每百斤，税银一钱。马皮〔每〕百张，税银三钱四分六厘。蛇皮每百张，税银二钱。猿皮每百张，税银一钱。沙鱼翅〔每〕百斤，税银六分八厘。翠鸟皮四十，税银五分。樟脑每百斤，税银一钱。虾米每百斤，税银一钱。火炬每千枝，税银一钱。棕竹枯每百枝，税银三分。绿豆每一石，税银一分。黍仔每一石，税银一分。胖大子每百斤，税银三分。石花每百斤，税银二分六厘。

万历四十五年，督饷通判王起宗呈详：番舶载米回港，征税如西国米例。详文略曰：海澄洋税上关国计盈虚，下切商民休戚，职日夜兢兢，惟缺额病商是惧。然变态多端，有未入港而私接济者，有接济后而匿报者，甚欲并其税而灭之者。即今盘验数船除物货外，每船载米或二三百石，或五六百石。又有麻里吕船商陈华满船载米，不由盘验，竟自发卖。问其税，则曰规则所不载也。访其价，则又夷地之至贱也。夫陆饷照货料算船，盈则货多，货多则饷足，今不载货而载米，米不征饷，不费而获厚利，孰肯载货而输饷乎！诚恐贪夫徇利，后不载货而载米，国课日以亏也。查规则内番米，每石税银一分二厘，今此米独非番地来者乎！今后各商船内有载米五十石者，准作食米免科，凡五十石外，或照番米规则，或量减科征，庶输纳惟均而国饷亦少补也。

卷七《饷税考》

《白谷集》

（明）孙传庭撰　清文渊阁四库全书补配清文津阁四库全书本

自〔崇祯十年〕七月十一日起，应支廪粮料草则例：总统副将一员盛略，日支银五钱；见任甘肃镇夷游击一员赵用彬，日支银三钱；甘肃总兵标下坐营都司一员葛勇，日支银二钱五分；甘肃总兵标下旗鼓守备一员邓万钟，日支银一钱八分；加衔游击见任大平堡守备一员王万策，日支银二钱五分；加衔守备杨奎光等三员，每员日支银一钱六分；千总曹撒赖等二十一员，每员日支银一钱四分；把总孙登魁等四十员，每员日支银一钱；材官红旗张六等一百一十一员，每员名日支银八分；百总管队大旗陈能等一百一十名，每名日支银七分；军丁一千七百八十九名，每名日支银六分；马一千三百二十八匹，每匹日支料草银八分；骡五十四头，每头日支料草银五分。

卷一

《内阁藏书目录》
（明）孙能传撰　清迟云楼抄本

《开国以来节次赏赐则例》文册三册共一皮套

卷一

嘉靖《仁和县志》
（明）沈朝宣纂修　清光绪武林掌故丛编本

正统八年，上年余米盘过，有积出附余之数，照例该入预备仓，听候赈济。缘预备仓见据米，稍数多陈腐，不曾支用，前项余米系是民间听办税粮之数，合照敕书从长设法区画，仰于本年秋粮内尽数挨陈拨运，庶免陈腐，看守人难节。据富阳等县粮长王富等告称，上年征解夏税、丝绢，蒙官定则例，每匹收解用丝五两，照依湖州府事例，每匹止支解用丝二两五钱，着令节省二两五钱作余丝报官，听候拨用。缘各县地方所产俱系粗丝，不堪比于湖州细丝，价值少异，以此俱各揭债雇船雇车等项使用，靠损告要全给。原收余丝二两五钱，会同府县官计议得，本府丝价比与湖州府不同，令准所告，其富阳、新城、于潜、昌化、临安五县，又系山丝不堪，准令全给五两；仁和、钱塘、海宁、余杭四县蚕丝颇细，每绢一匹，除原支二两五钱外，再增给余丝一两，其余仍追入官听拨。

卷四

一、各县征正统十二年秋粮加耗则例。

灶户粮：每石加耗三斗，平收。

人户粮：五升至三斗九升者，每石加耗七斗五升，平收。四斗已上者，每石加耗五斗，平收。

一、各县正统十三年发运加耗则例。

北京库折银粮：每石加耗二斗。

兑军粮：仁和、钱塘、海宁、余杭、临安、於潜、昌化七县，每石加耗七斗六升。

徐州粮：每石加耗六斗，船钱四斗。

南京仓粮：仁和、钱塘、海宁三县，每石加耗四斗五升，船钱二斗五升。

府县儒学仓粮：仁和、钱塘二县，每石加耗二斗。

广丰、广积二仓粮：仁和、钱塘二县，每石加耗二斗。

卷四

《弇山堂别集》

（明）王世贞撰　清光绪间广雅书局刻本

且查成化二十三年则例，重加裁定，亲王则银钞相半，在京官员如公、侯、驸马、伯、仪宾、都督、都指挥、锦衣卫堂上见任，并带俸官及文职各官，各给钞有差，武职指挥以下则递减给银。其银以户部十五万两、太仓二十万两及内库见收者兼用，不足则取内府历代旧钱国朝通宝二万一千万文，准银二十万两，以补前数，又不足则于天下岁报在册钱粮，酌量查取三之一或四之一。备用之金，宜令四川产有之处收买四千两。此后赏用，则待各处解到折粮银及查解淮浙等运司各项盐银，以渐给之。

卷七六《赏赉考上·即位之赐》

《典故纪闻》

（明）余继登撰　清畿辅丛书本

正统十四年，兵部重定官员合用皂隶之数。文职：一品二品十二名，三品十名，四品六名，五品六品四名，七品至九品二名。内翰林院编修、检讨、六科给事中、中书舍人、监察御史俱近侍，各添一名。国子监博士、助教、学正、学录，翰林院译字官，每员一名。武职：五府管事都督、锦衣卫管事指挥、镇抚司管事镇抚，俱照文官品级则例。其各府带俸都督各六名。锦衣卫带俸都指挥各四名。长陵卫官系奉仁宗皇帝特恩，指挥使、指挥同知各六名，指挥佥事四名。各衙门公用：六部、都察院、通政使司、大理寺每处直堂三十名。鸿胪寺、翰林院每处直堂十五名。宗人府、太常寺、国子监每处直堂十名。詹事府、太仆寺、钦天监、太医院每处直堂六名。光禄寺、尚宝司、六科中书科系内府衙门，各用看朝房四名。上林苑监、行人司每处直厅四名。六部各司、都察院各道、大理寺左右二寺，每处直厅四名。刑部各司、都察院各道、大理左右二寺系理刑衙门，每处把门二名。都察院经历司、通政使司经历司，每处直厅四名。户部、刑部、都察院照磨所及各衙门司务厅，每处直厅二名。通政使司有奏诉冤枉人等，户部山西清吏司、兵部职方武库二清吏司，俱有军囚人等，每处看监四名。宗人府经历司直厅二名。詹事府主簿厅直厅一名。鸿胪寺司宾署、司仪署、主簿厅，太常寺博士厅、太仆寺主簿厅，各二名。钦天监主簿厅二名，看书五名，观星台把门四名。国子监绳愆厅直厅三名，典簿厅直厅二名。刑部看监旧有一百三十九名，都察院看监旧有一百二十八名，五军都督府直堂各旧有八名，各府经历司直厅各旧有四名，锦衣卫直堂二十名镇抚司直厅旧有五名，看监旧有三十二名，经历司直厅旧有四名，俱各照旧不动。在外司府州县官员跟用皂隶，合照在京官员品职额数佥拨。英宗曰："国子监博士、助教、学正等官系教训生徒官，每员与二名。知县系亲民正官，每员与四名。如有仍前多佥者，令巡按御史及按察司官挨究，依律惩治。"

卷一一

正德四年九月，兵部侍郎胡汝砺，丈量过公、侯、伯、指挥等官张懋等庄田地，共一千八百余顷。得旨：公、侯、伯等官既有常禄，在外庄田，徒使利归佃户家人。即今边储缺乏，各官岂无忧国足边之心？查出土地，宜照例起科，革去管庄人役，各家愿自种者听，不愿者拨与附近空闲舍余种纳。还量地利厚薄，以定则例。令各边查出地土，视此令行之。

卷一六

《春明梦余录》
（清）孙承泽撰　清乾隆内府刻本

崇祯元年七月，户部纂修赋役全书，尚书毕自严上条议曰："看得赋役全书，肇自行条鞭法始，距今已四十五年矣。查赋役初定，钱粮数目自有定则，惟是地方因事加添。司道每年增定，吏书受贿，任意那移，有一州县而此多彼少者，其弊为混派，州县奉行而不敢问；司道偶增，不过千百中十一，而有司不肖者，一听奸胥之暗洒派分，如每两因加一分而即加二分者，其弊为花派，小民遵行而不为怪。二者乃寓内通弊，牢不可破者也。欲清其弊，全在抚按，先为裁定，今当亟为申饬。"其说有八：

一、钱粮之规则宜明也。省直钱粮，因地起粮，因粮起科。其间有上中下不同，而则次亦异。如某地系某则，应该粮米若干斗升，该科银几分几厘，逐项开载明白，由升而合斗，由分厘而合钱，上、中、下分别明白，以则例定编派之额，以编派衡出入之数，则钱粮之大概了然矣。

一、总撒之确数宜核也。省直银粮，名色虽不一，大约田赋、均徭二项，不离起解、存留两款。宜令各州县不论赋、徭，不论起、存，共开一总，次开二项，各揭一总，又于二项之下备开起、存、支解撒数，务期撒合州县总，州县合府总，府合省总，省合部总，一分一合不爽分毫，则飞洒增减之弊绝矣。

一、新旧之粮额宜晰也。省直钱粮既有则例，当以万历初年赋额为准。从前粮每石纳银几钱几分，又于某年因某事又增银几分，合旧额若干，今果有裁减否，逐一开明，不得一概开入撒数。其有裁减，如征播、征倭等项，亦须开明某年事停除豁，勿混原额之内。至辽饷一款，有因地亩起科者，有因田粮起派者，与旧额京边钱粮原自各分，此系新增，不在全书之内，今亦另开一项，则新旧二项了然明白矣。

卷三五《户部一·赋役全书》

崇祯元年，主事周梦尹疏言："地亩正饷，约以三分起解，岁入太仓，反不及九厘。"旨令户部查奏。尚书毕自严疏曰："夫田赋之有留存、起解也，可按籍而复视，起解之有本色、折色也，亦可分款而稽核。"谨按崇祯会计册所载，宇内见额田地七百八十三万七千五百二十四顷有零，所载太仓每年额入以充边饷者实该银三百一十万五千有零。然内仍有在京卫所屯粮、秋青、盐课、赃罚、备边缺官吏、农事例等项，约居过半，其实地亩起解者仅一百五十六万耳。取一百五十六万之银，坐派于七百八十三万七千五百二十四顷有零之内，虽有云、贵、四川、广西等处截留饷银，并北直抵买辽豆银共四十八万五千有零，计亩而论，为数几何？即梦尹浙江人也，浙江一省额地四十八万一千八百七十一顷，所称天下雄藩，财赋之乡，实计解之太仓充为辽饷者共银五万六千五十四两零，计亩而论仅得一二厘耳。即此以例，其余地亩有肥瘠，则例有差等，恐一亩之起解固有不止三分者，亦有不满三分。而三分之起解，实未尽入太仓而充边饷也。请以起解项款言之，如漕粮有四百万，白粮则二十余万，而南粮不与焉。金花则百余万，民军折色则三百五十六万余。内供绢、布、花、绵、蜡、茶、朱、漆、芝麻、红花、桐油、铜、铅、胶、矾、槐花、茜草等项，暨兵部之柴薪，工部之料价，及内供本色织造缎匹、柴炭、军器等项，动以数百余万计。而又加之王府禄米、河工站价、科举公费、廪俸、工食等项，又不啻几百万。凡此广浩繁项，不可枚举，孰非赋自地亩，则计岁入太仓岁充边饷者，真无异马体之毫末也。

卷三五《户部一·查奏旧饷》

据今见行配铸则例，每红铜五十七斤，入窝铅四十三斤，作黄铜一百斤。益以搬载之费，每斤量估一分，大约黄铜一斤，所费至七八分而止。若夫市铜铸钱，原无甚利。

卷三八《户部四·户部尚书侯恂条陈鼓铸事宜》

续于天顺二年五月十五日，节该钦奉英宗皇帝圣旨：今后有愿为僧者，务从有司取勘户内三丁以上，年十五以下，方许出家。如额外有缺，许照正统十四年榜例，保送赴部，考通经典，然后给与度牒。仍定与则例，每十年一次开度，许照缺依期来关。敢有故违，悉发边卫充军。

卷三九《礼部一·僧道》

附　录

清代则例纂修要略

引　言

　　清朝统治者为规范各级机关的办事规则和强化对国家各项事务的管理，建立了一整套"以《会典》为纲、则例为目"的相当完善的法律制度。清代的制例活动，除了适时颁行条例、事例和定期修订《大清律》后的附例外，主要是进行则例的编纂和修订。清代纂修的则例数量之多，各种则例的篇幅之长，内容之系统，占国家立法总量的比重之大，都是中国历史上其他朝代无法比拟的。

　　清代纂修的则例大多仍存于世。近年来，笔者对中国国家图书馆、北京故宫博物院图书馆、中国社会科学院图书馆法学分馆等41家图书馆和博物馆[①]藏

[①] 41家图书馆和博物馆的名称及在本附录中的简称分别是：国图（中国国家图书馆）、故宫（故宫博物院图书馆）、国博（中国国家博物馆图书馆）、首图（首都图书馆）、科图（中国科学院情报资料中心）、法学所（中国社会科学院图书馆法学分馆）、历史院（中国历史研究院图书档案馆）、北大（北京大学图书馆）、清华（清华大学图书馆）、人大（中国人民大学图书馆）、北师大（北京师范大学图书馆）、中央民族（中央民族大学图书馆）、上图（上海图书馆）、南图（南京图书馆）、浙图（浙江省图书馆）、辽图（辽宁省图书馆）、吉图（吉林省图书馆）、山东（山东省图书馆）、湖南（湖南省图书馆）、云南（云南省图书馆）、福建（福建省图书馆）、武大（武汉大学图书馆）、中山（中山大学图书馆）、南大（南京大学图书馆）、复旦（复旦大学图书馆）、吉大（吉林大学图书馆）、安大（安徽大学图书馆）、东北师大（东北师范大学图书馆）、华东师大（华东师范大学图书馆）、山东师大（山东师范大学图书馆）、天一阁（浙江宁波天一阁博物馆）、大连（大连市图书馆）、香港新亚（香港新亚研究所图书馆）、台故图（台北"故宫博物院"图书馆）、台傅（台湾"中央研究院"历史语言研究所傅斯年图书馆）、台近（台湾"中央研究院"近代史研究所图书室）、台央图（台湾"中央图书馆"）、台分图（台湾"中央图书馆"台湾分馆）、台师大（台湾师范大学图书馆）、台大文（台湾大学文学院联合图书室）、大木（日本东京大学东洋文化研究所大木文库）。

清代则例的版本进行了初步调研，先后查阅了有关藏书单位的馆藏书目和已出版的图书目录，并对北京一些图书馆藏清代则例代表性文献的版本进行了核查。台湾几家图书馆藏这类文献目录，是据张伟仁主编的《中国法制史书目》[①] 统计的；日本东京大学东洋文化研究所大木文库所藏这类文献，是据田涛编译的《日本国大木干一所藏中国法学古籍书目》[②] 统计的。这41家藏书单位现存的不同版本的清代则例文献共851种，现把这些文献的刊刻时间及内容、类别列表述后（见表1）。

表1 41家图书馆和博物馆藏清代则例文献统计

单位：种

刊刻时间	综合类	宫廷类	吏部类	户部类	礼部类	兵部类	刑部类	工部类	其他衙门	合计
顺治				1	1					2
康熙	33		8	2	2	8		2		55
雍正	7		27	5	2	2		5		48
乾隆	30	3	26	33	17	32	2	10	16	169
嘉庆至清末	48	78	106	78	68	45	2	85	67	577
总计	118	81	167	119	90	87	6	100	83	851

这41家藏书单位中，国外藏清代则例文献较多的单位是日本东京大学东洋文化研究所，为217种；国内馆藏清代则例文献较多的3个单位分别是北京大学图书馆155种、中国科学院情报资料中心154种、中国国家图书馆147种。[③]

这里需要说明的是，由于下述原因，笔者对41家藏书单位藏清代则例版本的统计，还属于不完全的统计。一是不少图书馆只编写了善本书目，

---

① 张伟仁主编《中国法制史书目》，台湾"中央研究院"历史语言研究所专刊之67，1976。
② 田涛编译《日本国大木干一所藏中国法学古籍书目》，法律出版社，1991。
③ 上述统计数字据这三家藏书单位网站公布的书名标为"则例"的法规及出版的馆藏书目整理而来。则例满文本、汇编类文献及内容实为则例但书名未标明"则例"者，未包括在内。这三家藏书单位馆藏的清代则例中固然有一些复本，然剔除复本后仍不是一个小数目。

有些图书馆尚未对该馆藏这类文献进行全部编目，这样，势必有许多文献特别是清嘉庆以后的则例版本被遗漏。二是清代颁行的则例一般有满、汉两种文本，因笔者不懂满文，加之时间所限，对满文文献未进行调研和统计。三是在统计中，采用了"宁严勿宽"的原则，只统计书名为"则例"者，内容属于则例性质而书名标为"条例""条款""章程""定例""新例""常例""事例""事宜"等称谓者，均未统计；许多综合汇编类法律文献中也辑有则例，对于不是专门汇编则例的图书，亦没有统计。实际上，就这41家藏书单位而言，其实际上馆藏的清代则例文献版本，远比表1中的统计数字要多得多。

王钟翰作于1940年的《清代则例及其与政法关系之研究》一文中说：

> 襄者钟翰习明清史，于清代各部署则例，心焉好之；课余之暇，凡为本校（燕京大学）图书馆访购五六百种，欲遍读之，以悉一代因革损益。惟卷帙极繁，几无从措手。有清一代，各部署无虑数十；且开馆重修，大约五年或十年一次，为书尚不知凡几。已购得者，不过五分之一，其余尚待访求。①

王钟翰1937年夏至1941年冬为燕京大学访购的清代则例文献书目，载于他所写《清代则例及其与政法关系之研究》一文后附录的《清代各部署则例经眼录》②中，计有不同版本的清代则例文献524种。可惜其中许多文献的版本，我们至今未能从北京大学图书馆或其他图书馆的馆藏目录中找到。国内外现存清代则例文献版本到底有多少，这需要在有组织、认真的普查基础上才能确定。但从笔者对部分图书馆的调研结果看，清代对则例的编纂、修订是很频繁的，官方和私家对各类则例文献的纂辑和刊印也是

---

① 王钟翰：《王钟翰清史论集》第3册，中华书局，2004，第1697页。
② 王钟翰：《王钟翰清史论集》第3册，中华书局，2004，第1847~1877页。王氏辑录的清代则例书目，除题名"则例"者外，也包括大量的"成案""条例""新例""定例""章程""案例""事例""图说""条约""说帖""事宜""歌诀"等形式的文献在内，均未标明藏馆。他在很多文献的版本后标有"？"，表示这些文献的版本有待鉴定。本部分各表中列举的清代文献则例版本，系笔者根据41家图书馆、博物馆现存文献目录整理，其中部分文献的版本可能与王钟翰所辑书目为同一版本。

很发达的。如果说国内外现藏的不同版本的清代则例文献在千种以上，应当是没有夸大成分的。

则例是清代重要的法律形式。清代则例按其规范的对象和性质，可以分为会典则例、六部和各院寺监则例、中央机关下属机构的则例、规范特定事务的则例。

人言"清以例治天下"①。此说虽似有夸大之嫌，但就清代例的发达程度和在国家社会生活中的作用而言，确实达到了前所未有的地步。清代建立了以例为核心的法律体系，绝大多数法律法规是以例的形式制定的。则例、条例、事例是清例的基本形式，这三种例作为区分不同法规的产生方式、功能和效力等级的立法形式，一般来说，条例是国家"大法""常法"的实施细则，是具有"补法"功能的"变通"之法；则例是主要用以规范中央各部、院、寺、监活动的规章；事例主要用以表述"因一时一事立法"的具有权宜性质的定例。然而，由于清人还不具有现代这样明确区分各类部门法的认识，他们对法律形式的运用也经过了长期探索的过程，各类条例、则例、事例内容的编纂也存有交叉之处，今人不能简单地凭清代法规的立法形式就确定它的性质是属于刑事法规还是行政法规。以则例而言，这一法律形式就有一个演变过程。清开国之初，则例主要用于表示钱粮方面的立法。清嘉庆朝以前，刑事法规亦有以则例命名者，如康熙朝颁布的《刑部新定现行则例》、乾隆时期编纂的《秋审则例》等。自嘉庆朝始，则例成为中央部院规章的专称，从现代法学观点看，这种规章大多属于非刑事法律的范畴。显然，那种不加分析地认为清代的"条例"都是刑事法规、"则例"都是行政法规的观点是不够缜密的。但是，则例是行政例的主体这一观点却是符合历史实际的。

清代的法律制度，是以制定则例、条例、事例和修订《大清会典》（简称《会典》）从法律上确认的。清廷在健全法律体系的过程中，以则例的形式制定和颁行了大量的各类单行法规，内容包罗万象，占全部立法的2/3以上。国家吏政、食货、礼仪、军政、文化教育等方面的管理及其制度，主要是通过则例确认和规范的，则例在完善清代法制方面有举足轻重的作

---

① 邓之诚：《中华二千年史》卷五，中华书局，1958，第531页。

用。要比较全面地阐述清代的法律体系和法制的面貌，必须注重则例的研究。

关于清代则例研究，长期以来未引起学界应有的重视。到目前为止，已发表的研究清代则例的论文，大多是探讨《理藩院则例》《回疆则例》等少数民族事务管理法规，仅有10多篇是研究清代其他则例的论文，[①] 王钟翰的《清代则例及其与政法关系之研究》、郑秦的《康熙〈现行则例〉：从判例法到法典法的回归》[②]、沈厚铎的《康熙十九年〈刑部现行则例〉的初步研究》[③]、林乾和张晋藩的《〈户部则例〉与清代民事法律探源》[④]和《〈户部则例〉的法律适用——兼对几个问题的回答》[⑤]等论文，都提出了不少好的见解。总体而言，学界对清代则例的研究仍处于起始阶段，对户部则例研究有待深入，对吏、礼、兵、工则例和各院寺监则例、中央机关下属机构则例、特定事务则例、会典则例还甚少涉及，对于清代则例功能的演变及其在法律体系中的地位和作用等一系列问题都有待探讨。

清代统治者对于则例的纂修，经历了一个认识不断深化、由不成熟到逐步完善的过程。要准确地阐述清代则例以及由其表述的法律制度，实非易事。本部分仅就清代则例编纂、修订的三个发展阶段及成就作一简要的论述。

---

① 研究清代非少数民族事务管理法规之外的则例的论文，除本自然段列举的5篇外还有：郭松义的《清朝的会典和则例》（《清史研究通讯》1985年第4期）、林乾的《关于〈户部则例〉法律适用的再探讨》（《法律史学研究》第1辑，中国法制出版社，2004）、胡祥雨的《清代京师涉及旗人的户婚、田土案件的审理——兼谈〈户部则例〉的司法应用》（《云梦学刊》2004年第5期）、李留文的《清代则例初探》（《广西社会科学》2005年第9期）、李永贞的《刍议清代则例的性质和分类》（《法学杂志》2010年第10期）等。

② 郑秦：《康熙〈现行则例〉：从判例法到法典法的回归》，《现代法学》1995年第2期。

③ 沈厚铎：《康熙十九年〈刑部现行则例〉的初步研究》，载韩延龙主编《法律史论集》第1卷，法律出版社，1998。

④ 林乾、张晋藩：《〈户部则例〉与清代民事法律探源》，《比较法研究》2001年第1期。

⑤ 林乾、张晋藩：《〈户部则例〉的法律适用——兼对几个问题的回答》，《法学前沿》2003年第5期。

一 顺治、康熙时期：则例编纂的沿革和创新

清代则例的编纂是在沿袭和总结前代经验的基础上进行的。则例作为法律用语，始于唐代。宋朝郑樵撰《通志·艺文略三》记有"《唐中书则例》一卷"①，《唐会要》也有唐文宗大和四年（830年）朝廷制定的驿路支给方面的则例未被严守，致使"则例常逾，支计失素"的记载。②"则"是指标准或法则、准则、规则，"例"是指先例、成例或定例。则例是通过立法程序制定出来的，是通过删定编次先例、成例和定例并经统治者确认的行为规则。则例属于复数结构，具有概括性形态。五代时期，各朝运用则例立法的情况逐渐增多，其内容大多是有关官吏俸禄、礼仪及税收等方面标准的规定，《全唐文》《旧五代史》《五代会要》《册府元龟》等书都有这一时期制定则例的记载。如后唐同光三年（925年）曾重定"诸道州县等官俸料则例"③；后周太祖郭威颁布的《均禄敕》是关于重定诸州防御使、团练使、刺史料钱则例的敕令④；《赐青州敕》则是要求"今后青州所管州县，并依省司则例公输"的敕令⑤。唐、五代时期的则例，相当于"标准"，不是独立的法律形式。宋元时期，则例逐渐转化为例的一种形式，主要用以表述与钱物管理有关的标准。宋代制定有"宗室公使钱则例""禄式则例""收纳则例""役钱则例""驿券则例""锄田客户则例""民间工直则例""工食则例""推恩则例""赏给则例""商税则例""苗税则例""收

---

① （宋）郑樵撰《通志》卷六五《艺文略三》，浙江古籍出版社，1988，第776页。又，《宋史》卷二〇三《艺文二》载有"杜儒童《中书则例》一卷"（《宋史》，中华书局，1977，第5109页）。杜儒童系武后时人。《中书则例》内容已不可考，大约记述的是唐中书省的有关行政规范。
② （宋）王溥撰《唐会要》卷六一："太和四年十月御史台奏：近日皆显陈私便，不顾京国，越理劳人，逆行县道，或非传置，创设供承。况每道馆驿有数，使料有条，则例常逾，支计失素。使偏州下吏，何以资陪？"中华书局，1990，第1064页。
③ 《五代会要》卷二八，中华书局，1998，第337~339页。
④ （清）董诰等撰《全唐文》卷一二三《周太祖二》，清嘉庆十九年刻本。
⑤ （清）董诰等撰《全唐文》卷一二四《周太祖三》，清嘉庆十九年刻本。

税则例"等。① 元朝制定有"工粮则例""衣装则例""抽分则例""袛应酒面则例""笞杖则例"等。② 这一时期的则例，只是一些国家机关或地方政府在实施某些行政和经济法律制度的过程中，因实际需要而制定的细则，是法律体系中位阶较低的法律形式，在国家社会生活中的作用是有限的。明代提升了例的法律地位，则例作为表述食货管理等方面标准、运作规则的法律形式，被广泛适用于吏政、食货、军政管理等领域。当时朝廷颁行的则例种类甚多，有赋役则例、商税则例、开中则例、捐纳则例、赎罪则例、宗藩则例、军政则例、官吏考核则例及钱法、钞法、漕运、救荒等方面的则例。

清入关前和清王朝开国之初的立法，主要是以制定事例和单行条例的方式逐步建立起来的。史载，清太宗皇太极天聪、崇德年间，为了满足后金政权建设需要，就很注重制例。天聪五年（1631年），"六月癸亥，定功臣袭职例"③；天聪五年秋七月甲戌，"更定讦告诸贝勒者准其离主例，其以细事讦诉者禁之"④；天聪六年（1632年）三月，"庚戌，定讦告诸贝勒者轻重虚实坐罪例，禁子弟告父兄、妻告夫者；定贝勒大臣赐祭葬例"⑤；天聪八年（1634年）二月壬戌，"定丧祭例，妻殉夫者听，仍予旌表；逼妾殉者，妻坐死"⑥；崇德三年（1638年）九月，"丁丑，定优免人丁例"⑦；崇德七年（1642年）闰十一月己未，"定围猎误射人马处分例"⑧；崇德八年（1643年）三月，"辛酉，更定六部处分例"⑨；崇德八年七月，"壬寅，定诸王贝勒失误朝会处分例"⑩。1644年，即顺治元年，清入关取代明朝

---

① 杨一凡、刘笃才：《历代例考》，载杨一凡主编《中国法制史考证续编》第一册，社会科学文献出版社，2009，第96~99页。
② 杨一凡、刘笃才：《历代例考》，载杨一凡主编《中国法制史考证续编》第一册，社会科学文献出版社，2009，第99~100页。
③ 《清史稿》卷二《太宗本纪一》，中华书局，1976，第34页。
④ 《清史稿》卷二《太宗本纪一》，中华书局，1976，第35页。
⑤ 《清史稿》卷二《太宗本纪一》，中华书局，1976，第38页。
⑥ 《清史稿》卷二《太宗本纪一》，中华书局，1976，第44页。
⑦ 《清史稿》卷三《太宗本纪二》，中华书局，1976，第65页。
⑧ 《清史稿》卷三《太宗本纪二》，中华书局，1976，第79页。
⑨ 《清史稿》卷三《太宗本纪二》，中华书局，1976，第79页。
⑩ 《清史稿》卷三《太宗本纪二》，中华书局，1976，第80页。

建立大清国后，战事不断，政局动荡，朝廷没有足够的精力从事系统的法律编纂活动。清世祖福临顺治四年（1647年）《大清律集解附例》颁行后，加之国家吏政、食货管理方面的基本法律尚未来得及制定，顺治朝对于国家治理中出现的大量社会问题，主要是采取因事制例的立法措施解决的。清开国之初的因事制例，仍是沿袭明代的做法，多以则例表述钱粮方面的立法，以事例、条例表述钱粮之外的刑例和非刑事诸例。据史载，清世祖福临顺治年间制定的各类事例的数量是庞大的。比如，顺治五年（1648年），颁行"使臣礼物条例"[①]；顺治八年（1651年）三月，"辛卯，定王公朝集例。壬辰，定袭爵例。……癸卯，定斋戒例"[②]；顺治九年（1652年）三月，"庚辰，定官员封赠例"[③]，同年，定"各学条例"[④]；顺治十年（1653年）四月，"丁巳，定满官离任持服三年例"[⑤]，同年五月，"丁丑，定旌表宗室节孝贞烈例"，"庚辰，定热审例"[⑥]，同年六月，"癸卯，复秋决朝审例"[⑦]，"九月壬子，复刑部三覆奏例"[⑧]；顺治十三年（1656年）二月，"庚午，定部院满官三年考满、六年京察例"[⑨]；顺治十五年（1658年）四月丁亥，颁"礼部更定科场条例"[⑩]，同年九月，"庚戌，更定理藩院大辟条例"[⑪]；顺治十六年（1659年）闰三月，"丁卯，定犯赃例，满十两者流席北，应杖责者不准折赎"[⑫]，同年十二月，"乙巳，定世职承袭例"[⑬]。

---

① 《清世祖实录》卷三六，顺治五年正月戊申，《清实录》第3册，中华书局，1985，第291页。
② 《清史稿》卷五《世祖本纪二》，中华书局，1976，第124页。
③ 《清史稿》卷五《世祖本纪二》，中华书局，1976，第128页。
④ 《钦定皇朝文献通考》卷六九《学校考》，景印文渊阁《四库全书》，第633册，第646页。
⑤ 《清史稿》卷五《世祖本纪二》，中华书局，1976，第133页。
⑥ 《清史稿》卷五《世祖本纪二》，中华书局，1976，第133页。
⑦ 《清史稿》卷五《世祖本纪二》，中华书局，1976，第134页。
⑧ 《清史稿》卷五《世祖本纪二》，中华书局，1976，第135页。
⑨ 《清史稿》卷五《世祖本纪二》，中华书局，1976，第144~145页。
⑩ 《清世祖实录》卷一一六，顺治十五年四月丁亥，《清实录》第3册，中华书局，1985，第906页。
⑪ 《清史稿》卷五《世祖本纪二》，中华书局，1976，第153页。
⑫ 《清史稿》卷五《世祖本纪二》，中华书局，1976，第155页。
⑬ 《清史稿》卷五《世祖本纪二》，中华书局，1976，第157页。

顺治年间，朝廷也制定了不少用以规范钱粮事务方面的则例。比如，顺治五年三月"壬戌，定优免则例"，该则例对各级品官、以礼致仕官员、教官、举贡监生、生员、杂职吏员在免除田粮方面所享受的优待作了详细规定。① 顺治七年（1650年）八月"癸卯，户部奏：故明卫所军丁有领运之责，故屯田征派较民地稍轻。今军丁既裁，凡无运粮各卫所屯田地亩，俱应查照州县民田则例一体起科征解。从之"②。顺治十一年（1654年）三月"丙申，敕谕赈济直隶大臣马哈纳曰……但系饥民，一体赈济，务使均沾实惠，不许任凭胥吏等人侵克冒支。其应征、应停、应免钱粮，查照该部奏定则例，逐一明白开列，示谕小民"③。顺治十四年（1657年）十月，"丙子，谕户部……钱粮则例俱照万历年间。其天启、崇祯时加增，尽行蠲免……原额以明万历年刊书为准"④。

顺治朝在草创清代法制方面的一个重大发展，是突破了明代把则例基本上用于食货管理事务方面立法的模式，扩大了则例的适用范围，把这一法律形式广泛运用于经济活动之外的其他领域的立法，并进行了刑事、行政类单行则例法规的编纂。《清史稿》载："其《督捕则例》一书，顺治朝命臣工纂进，原为旗下逃奴而设。康熙十五年重加酌定。"⑤《国朝宫史》在"书籍"条目中列有"《督捕则例》一部"，该条目下注曰："世祖章皇帝特命纂成《督捕则例》，圣祖仁皇帝命重修。"⑥ 薛允升在《读例存疑》中曾经对《督捕则例》进行详细考析，指出："《督捕则例》始于国初，乾隆八年奏明全行修改，以后或增或删，均有按语可查。惟督捕原例及康熙年间

---

① （清）王先谦撰《东华录》顺治十，《续修四库全书》史部第369册，上海古籍出版社，2002，第279页上。
② （清）王先谦撰《东华录》顺治十五，《续修四库全书》史部第369册，上海古籍出版社，2002，第305页上。
③ （清）王先谦撰《东华录》顺治二十二，《续修四库全书》史部第369册，上海古籍出版社，2002，第376页上。
④ （清）王先谦撰《东华录》顺治二十九，《续修四库全书》史部第369册，上海古籍出版社，2002，第425页下。
⑤ 《清史稿》卷一四二《刑法志一》，中华书局，1976，第4189页。
⑥ （清）鄂尔泰、（清）张廷玉等撰《国朝宫史》卷二六，北京出版社，2018，第550~551页。

改纂之例，历次修例按语均未叙入，是以无从稽考。"① 据薛氏考证，乾隆时纂修的《督捕则例》，其内容与顺治时颁布的督捕原例相同或相近的条目，仅有"另户旗人逃走""窝逃及邻佑人等分别治罪""另户人不刺字""十日内拏获不刺字""携带同逃""外省驻防属下人逃""误行刺字"7条，且这些条目的文字分别在康熙、乾隆时有所改动。② 由此可知，顺治时制定的《督捕则例》的内容是比较简略的。

顺治年间，还编纂有以考核官吏业绩为基本内容的《考成则例》。《清史稿》曰："漕粮为天庾正供，司运官吏考成綦严。清顺治十二年，定漕粮二道考成则例。经征州县卫所各官，漕粮逾期未完，分别罚俸、住俸、降级、革职，责令戴罪督催，完日开复。"③ 又据顺治十七年（1660年）吏部尚书孙廷铨《用人四事疏》，其一曰"宽考成"，内称："自钱粮考成，头绪繁杂，以致降级革职者一岁不可胜纪。人材摧残，催科酷烈。""今莫若将《考成则例》敕下户部，再详加考订，酌量宽减。"④ 另外，清乾隆《台规》卷六载："顺治十八年都察院题定，各项钱粮向有《考成则例》。"⑤ 这些记载表明，顺治年间颁行过《考成则例》。

如果说顺治年间对于编纂则例进行了有益探索的话，那么，朝廷有计划地进行则例的编纂，则是从康熙年间开始的。康熙朝是清代法制的奠基时期，在则例的编纂方面同样取得了很大的成绩。据笔者对41家藏书单位的初步调研，其馆藏的康熙时期编纂和刊印的则例文献有50余种，现把代表性文献列表述后（见表2）。

---

① （清）薛允升撰《读例存疑》卷五三《督捕则例上》，黄静嘉重校本，（台北）成文出版社，1970，第1317页。
② （清）薛允升撰《读例存疑》卷五三《督捕则例上》，黄静嘉重校本，（台北）成文出版社，1970，第1317页。
③ 《清史稿》卷一二二《食货三·漕运》，中华书局，1976，第3590页。
④ （清）贺长龄等辑《皇朝经世文编》卷一三《治体七》，载沈云龙主编《近代中国史料丛刊》第74辑，（台北）文海出版社，1966，第517~518页；罗振玉辑《皇清奏议》卷一五，凤凰出版社，2018，第331~332页。
⑤ 《钦定台规》卷六《巡盐》，载杨一凡编《中国监察制度文献辑要》，红旗出版社，2007，第5册，第159页。

表 2　康熙朝则例文献举要

类别	则例名称	卷数·册数	成书或刊印时间	馆藏单位
六部	六部题定新例（内含则例八卷）	不分卷，25 册	康熙九年刻本	法学所
	六部题定新例	6 卷	康熙九年增修本	科图
	六部题定新例	11 卷，16 册	康熙二十四年官修，宛羽斋刻本	大木
	新增六部题定现行则例	存 7 卷，7 册	康熙官撰，清抄本	大木
	钦定六部则例	不分卷，6 册	康熙十五年刻本	法学所
	六部则例	不分卷，4 册	康熙十五年抄本	法学所
	六部现行则例（清初至康熙四十一年定例）	11 册	清抄本	台傅
	六部考成现行则例	不分卷，10 册	康熙八年抄本	北大
	新定六部考成现行则例	17 卷，24 册	康熙二十九年刻本	法学所
	新增更定六部考成现行则例	16 卷，目录 2 卷，18 册	康熙四十一年官修，清抄本	大木
	新增更定六部考成现行则例	14 册	康熙间颁，清抄本	法学所
	钦定处分则例	不分卷，4 册	康熙刻本	法学所
	钦定删繁从简处分则例	不分卷，存 3 册	康熙十四年官修，十五年宛羽斋李伯龙书房刻本	大木
吏部	满洲品级考 1 卷，汉品级考 1 卷，汉品级考 5 卷，铨选满洲则例 1 卷，铨选汉则例 1 卷		康熙十二年官修，刻本	大木
	满州品级考	1 卷，1 册	康熙刻本	科图
	汉品级考汉军品级考	6 卷，5 册	康熙刻本	科图
户部	浙海钞关征收税银则例	不分卷，1 册	康熙刻本	上图
礼部	礼部题准更定科场条例	1 卷，1 册	康熙刻本	法学所
兵部	中枢政考	4 卷，4 册	康熙十一年官修，康熙刻本	故宫、辽图
	钦定中枢政考	无卷数，12 册	康熙三十九年刻本	法学所
	中枢政考	4 卷	康熙刻本	北大
	兵部督捕则例	不分卷，2 册	康熙十五年刻本	北大
	督捕则例	1 卷，1 册	康熙十五年官修，刻本	大木
	兵部督捕则例	1 卷，1 册	康熙刻本	国图

续表

类别	则例名称	卷数·册数	成书或刊印时间	馆藏单位
刑部	刑部新定现行则例	2卷，4册	康熙二十九年刻本	北大
	刑部新定现行则例2卷，附兵部督捕则例1卷	16册	康熙刻本	科图
其他	六部则例全书	20卷，16册	康熙五十四年刻本	北大、法学所
	六部则例全书	20卷，11册	康熙五十五年青门公署宽恕堂刻本	北大
	六部则例全书	无卷数，6册	康熙刻本	国图
	本朝则例全书	18卷，16册	康熙六十一年刻本	法学所
	本朝则例类编	12卷，续增新例4卷，16册	康熙四十二年庆宜堂刻增修本	科图
	本朝则例类编	12卷，14册	康熙云林书坊重刻本	法学所、北大
	本朝续增则例类编	14册	康熙五十二年刻本	法学所
	本朝则例	12卷	康熙刻本	大连
	定例全编	50卷，34册	康熙五十四年刻本	法学所、辽图
	大清律例朱注广汇全书（内有六部则例）	30卷，10册	康熙四十五年重刻本	法学所
	定例成案合镌（附续增28卷，逃人事例1卷续增1卷）	30卷，8册	康熙四十六年刊增修本	科图
	定例成案合镌（内有六部处分则例、六部续增则例、刑部现行则例、兵部督捕则例等）	30卷，10册	康熙五十二年刻本	法学所
	定例成案合镌	30卷，16册	康熙六十年刻本	法学所
	本朝题驳公案	11卷，10册	康熙五十九年刻本	法学所

康熙年间，在编纂则例方面的代表性立法成果如下。

1.《钦定处分则例》和《续增处分则例》

《钦定处分则例》（简称《处分则例》）是康熙年间则例编纂的重要创举，其内容是关于行政官员违制行为应受行政处分的规定。因主管文职官员行政处分事宜的机关是吏部，故又称《吏部处分则例》；又因其处分对象主要是六部官员，编纂体例以六部分类，也简称为《六部则例》。它始定于康熙九年（1670年），康熙十五年（1676年）再次修订颁行，之后又于康熙二十五年（1686年）续修，增补了康熙十五年后新定的则例，续修本题名为《续增处分则例》。

康熙九年四月五日，湖广道御史李之芳上书，建议编纂《处分则例》，他在奏本中说："则例纷纭，权总归于胥吏。欲轻则有轻条，欲重则有重拟。"建议康熙皇帝"特谕部院大臣，将该部现行事例彻底推究，实实厘定，务使永远可行"①。李之芳奏本中所云"则例纷纭"，说明在康熙九年之前，朝廷已颁行过不少有关官吏处分方面的则例，但并未系统编纂。又据《钦定处分则例》卷首载康熙十四年（1675年）四月十二日吏部题本云：

> 吏部题为《处分则例》进呈御览事。康熙十二年九月十八日奉上谕：谕吏部等衙门：国家致治，首在崇尚宽大，爱惜人才。俾事例简明，易于遵守，处分允当，不致烦苛，乃符明作慎大之治。向来各部衙俱定有处分条例，已经颁行。但其中款项太多，过于繁密，以致奉行者或以胶执为守法，或以苛察为详明；或例所未载，援引比附，轻重失宜，徒据成规，罔原情理。大小各官，稍有过误，动触文纲。虽是才能，勿获展布，深为可惜。着该部各衙门将见行处分条例重加订正，斟酌情法，删繁从简，应去应留，逐一分别，详议具奏。特谕。钦此。查臣部处分文职官员条例，有会同各部衙门题定者，亦有臣部题定者，亦有各部衙门题定者。今臣等会同各部衙门，将康熙九年题定之例，并续经臣部等衙门题定之例内，斟酌情法，删繁从简；处分过重者改轻，应去应留之处逐一分析明白，仍订七册进呈。②

康熙十五年（1676年）二月二十一日，康熙皇帝命将《处分则例》"依议册并发"，颁布天下遵行。从吏部题本看，康熙十五年《处分则例》颁行前，朝廷曾制定有"康熙九年题定之例"，说明李之芳关于制定《处分

---

① （清）李之芳撰《请除无益条例疏》，载（清）贺长龄等辑《皇朝经世文编》卷一五。
② （清）对哈纳等纂修《钦定处分则例》卷首载吏部题稿，中国社会科学院图书馆法学分馆藏康熙刻本。

则例》的建议得到了康熙皇帝的采纳。康熙十五年之所以再次修订《处分则例》，是贯彻"崇尚宽大，爱惜人才"的治吏原则，删繁就简，改重从轻，使处分允当。该则例是在修订"康熙九年题定之例"和康熙九年至十四年四月间各部衙门题定之例的基础上形成的。

现见的《钦定处分则例》的版本，有中国社会科学院图书馆法学分馆藏康熙刻本。该馆藏《钦定六部则例》康熙十五年刻本及《六部则例》康熙抄本，内容及编纂体例等均与《钦定处分则例》康熙刻本相同，只是书名有异，很可能是《钦定六部则例》为书坊刻本，《六部则例》为私家抄本。康熙朝制定的《钦定六部则例》，由文华殿大学士管吏部尚书事对哈纳等奉敕纂修。该书不分卷，由吏部则例、户部则例、礼部则例、兵部则例、刑部则例、工部则例及督捕则例七部分组成，共258条。其中，吏部则例有抚绥无术、选官回避、升员离任、丁忧违限、失误朝仪式、失报事故、推诿事件、不报逃官、失火、擅行裁汰、留用贪官、馈送礼物、亲友招摇、误用印信等63条；户部则例有地丁钱粮限满、盐课限满、运解漕粮议叙处分、仓库坐粮考核、钱粮未完离任、关税考核、失察私铸、违例起解、报灾逾限、隐匿地亩、那移钱粮、克扣兵饷、违例支给、造册遗漏等78条；礼部则例有科场、徇庇劣生、擅放贡船、禁止邪教、考试迟延等12条；兵部则例有盗案、土官处分、捕役为盗、违禁出海、制造军器、私发马匹、违误驿务、克扣驿饷、盗窃处分等23条；刑部则例有官员停止监锁、失察衙役犯赃、监毙人命、重犯越狱不报、擅用非刑、承问失出、误行正法、错行折赎、检验不确、擅行发配、错解人犯、错行处决等40条；工部则例有解送匠役、不修堤桥、造作迟延、未修营房、城郭等项限内坍塌等11条；督捕则例有不实查报逃人、取保释放、隐留窝家产业、文武官员窝逃、拿解良民、谎递逃牌等31条。

《续增处分则例》颁布于康熙二十五年（1686年）。康熙二十三年（1684年）奉上谕："各部院衙门所定之例，有互相参差者，着九卿詹事科道官员将现行例逐件详查，划一议定具奏。"经过吏部"会同九卿詹事科道官员将现行例逐件详查，划一议定，具题遵行在案"[①]。朝廷对于纂修《续

---

① 《续增处分则例》书首吏部等衙门奏疏，日本内阁文库藏本。

增处分则例》的工作抓得很认真。康熙二十三年八月三十日癸亥，九卿会议定刑部侍郎高尔位被降三级调用，其原因是："高尔位身为侍郎，于本衙门启奏重定则例，如意见与众合，当列名本内；如另出意见，则当两议上请。彼既不列名，又不两议，及九卿会议时，乃复列名。"① 从这则记载可知当时修例的程序是：各部由尚书、侍郎议定本部的则例，把议定结果联名上奏；如有人持不同意见，可以单独上奏，然后再经过九卿会议集体讨论，最后报皇帝批准。刑部侍郎高尔位就是由于没有遵照上述程序而遭到降级处分的。

《处分则例》在康熙年间曾三次修订，之后各朝又屡次修订。由此可见，清代统治者对这一则例的制定和实施是何等重视。

2.《六部考成现行则例》的修订

《六部考成现行则例》是清廷考核各级官吏业绩及奖惩办法的规定。该则例始修于顺治年间，康熙初又进行了重修。北京大学图书馆藏《六部考成现行则例》10册，系康熙八年（1669年）残抄本。中国社会科学院图书馆法学分馆藏康熙二十九年（1690年）刻《新定六部考成现行则例》17卷24册。北京大学图书馆藏《新定六部考成现行则例》康熙二十九年抄本、康熙抄本各一部。据北京大学图书馆藏本前所记康熙皇帝上谕及吏部等衙门题奏，鉴于康熙元年（1662年）六月以来，对在外官员三年一次考察的制度停止执行；康熙四年（1665年）正月以来，六年一次考察京官的制度也未进行，为了健全官吏考核制度，康熙皇帝采纳了朝臣的意见，命吏部、兵部、都察院等衙门纂修《考成则例》。康熙六年（1667年）三月，该则例修成。吏部等衙门为其所写的题奏云："应自此考核年分算起，六年一次考察京官，三年一次大计外官，命下通行直隶各省督抚，遵行可也。"② 康熙皇帝圣旨："依议。"

《六部考成现行则例》以吏、户、礼、兵、刑、工六部为序，分为六部分编纂，就中央各部及所属衙门的职掌、考核规则、业绩纪录、加级、降罚、录用及违法治罪等作了详细规定。其中，"吏部考成则例"内有朝觐则例、五等考满例、六年考察例、地方失事处分例、离任处分例、军功纪录

---

① 《康熙起居注》康熙二十三年八月三十日载大学士明珠奏。
② 《六部考成现行则例》卷首，北京大学图书馆藏清康熙八年抄本。

例、恤刑纪录例、科道究参例、钱粮革职完职例、京外各官推升例和各部院考满加衔加级例等目;"户部考成则例"内有各省职掌定例、正项杂项钱粮各级官府初次处分例、年限已满二次处分例、各省钱粮议叙例、私铸处分例、关税规则等目;"礼部考成则例"内有科场定例、会试例、岁科并考例、举人录用例、祀典例、封赠例、因袭例等目;"兵部考成则例"内有兵部察例、隐匿逃人治罪例、武官收赎例、武官品级例、减报盗贼奖罚例、驿递应付例、军功加级例等目;"刑部考成则例"内有不准折赎例、行贿受贿治罪例、官员犯赃籍没例、收赎徒流例、越狱处分例、恤刑考成例、朝审例、会审例、以重作轻处分例、自首免罪例等目;"工部考成则例"内有芦课钱粮考成例、河工加级例、修理城垣录用例、修理兵马营房录用例、捐造文庙大小官纪录例、捐修城坝堤岸等项纪录例等目。书末还附有续补考成则例多条。

该则例的颁行,使清王朝的官吏考核制度进一步规范和完善。康熙年间,朝廷按照《考成则例》的规定,曾多次在全国范围内考核官吏,对严明吏治发挥了较好的作用。该则例的基本内容,为雍正及以后各朝纂修《吏部则例》和《吏部处分则例》时所吸收。

3.《兵部督捕则例》的修订

《督捕则例》始修于顺治年间,康熙年间又进行了重修。中国国家图书馆藏康熙刻本《兵部督捕则例》一卷,题索额图等纂修。卷首载索额图等题本云:"康熙十五年正月十四日奉上谕:谕兵部督捕衙门:逃人事情关系旗人重大,因恐致百姓株连困苦,故将条例屡行更改减定,期于兵民两益。近见各该地方官奉行疏玩,缉获日少,旗下民生深为未便。兹应遣部院大臣会同尔衙门,将新旧条例逐一详定,务俾永远可行。"[①] 由于康熙皇帝对修订《督捕则例》十分重视,修订工作进度很快,用了不到一个半月的时间就起草完毕。同年二月二十七日书成,四月初五康熙皇帝下旨刊行。

《督捕则例》正文收录有关逃人条例113条,内有十日内不刺字例、另户人不刺字例、买人例、窝家地方等治罪例、出首逃人例、店家治罪例、遗漏逃牌例、顺治元年以前逃走例、文武官员功过例等目。书末另附有新续则例3条,卷后之文曰"兵部督捕咨东司案呈,查得本部则例于康熙十

---

① (清)索额图等纂修《兵部督捕则例》,中国国家图书馆藏清康熙刻本。

五年四月内题定，刊刻通行内外""今将题定则例并新续数条通行直隶各省督抚，仍照前刊刻"云云。乾隆八年（1743年）刊行的《督捕则例》书首载律例馆总裁官、大学士徐本等题稿云："自我朝定鼎之初，世祖章皇帝特命臣工纂成《督捕则例》，嗣于康熙十五年，复蒙圣祖仁皇帝钦点大学士臣索额图等重加酌定，刊布遵行，迄今七十余年，未经修辑。"[①] 据上述记载可知，《督捕则例》在康熙十五年（1676年）到乾隆二十九年（1764年）近90年中，没有进行过系统修订。其间刊印的《督捕则例》，只是增加了一些新续条数，基本上保持了该书的原貌。

4.《中枢政考》

《中枢政考》实际上是清代的兵部则例，始修于康熙十一年（1672年）。时任兵部尚书的明珠曾于康熙十年（1671年）二月充经筵讲官，同年十一月调任兵部尚书。在《中枢政考》编纂前，明珠曾以"经筵讲官兵部尚书"领衔向皇帝进呈奏本《题为则例更正已成恭缮黄册进呈事》，内称："本年四月内具题，请将现行则例斟酌更正，颁布中外。"行文中提及兵部条规，皆以"则例"称之。明珠把兵部职掌及其性质概括为"职典邦政，事关枢机"，故将兵部则例题名为《中枢政考》。《中枢政考》的称谓是否来源于此，有待进一步考证，然其内容为兵部则例无疑。康熙年间编纂的《中枢政考》与以后各朝卷帙浩繁的《中枢政考》相比较，内容还相当简略。

5.《浙海钞关征收税银则例》

《浙海钞关征收税银则例》康熙刻本，现藏上海图书馆。中国国家图书馆亦藏有此书，书目"出版项"栏标明刊于清初。其内容是各海关、口岸对各种应上税课的货物征收税银的具体规定，征收税银的货物包括锦缎罗绫纱绸丝绵布葛麻、颜料胶漆、铜铁锡铅、瓷器纸箔瓦缸钵、腌鲜牲畜野味皮张毛角、杂色药材、藤漆什物竹木柴炭、绒毡毯棕竹席、香椒糖蜡干鲜果菜油面茶酒粉、海味鱼鲜等。朝廷制定该则例，既是为了防止商人逃税，确保国家财政收入，也是为了防止官吏额外勒索，保障商业活动正常进行。据《康熙起居注》，康熙二十八年（1689年），圣祖玄烨巡视浙江时谕臣下曰："至各处榷关原有则例，朕舟行所至，咨访过关商民，每不难于

---

① （清）徐本、唐绍祖等纂修《督捕则例》，清乾隆八年武英殿刻本。

输纳额税，而以稽留关次不能速过为苦。权关官员理宜遵奉屡颁谕旨，恤商惠民，岂可反贻商民之累！"① 可知当时浙江所设的权关是依照则例管理的。

康熙朝编纂的则例，除吏政、食货、礼仪、军政等类则例外，还编纂有刑事类则例。康熙十九年（1680年）颁行的《刑部新定现行则例》，其编纂体例仿效顺治初颁布的《大清律》，以吏、户、礼、兵、刑、工六部分类，并于康熙二十八年收入《大清律》条例内，是清代统治者创造性地制定本朝刑事法律的尝试。这部刑事法律以"则例"为名，说明在康熙朝君臣的心目中，则例仍是用于完善刑事、非刑事诸方面立法的重要法律形式，不像清代中后期那样，用于完善律典的刑例不再以则例为名，则例主要用于规范非刑事法律制度。康熙朝编纂的则例，虽然内容尚不完善，主要是进行了以"六部一体"为特点的综合性则例的编纂，然而，这一历史时期编纂则例的实践和成就，为清代以则例为立法形式完善国家法律制度提供了丰富的经验。

在现见的康熙朝刊印的则例文献中，除官刻本外，民间书坊本亦不少，这反映了当时社会对则例一类书籍的需要。对于各级官吏乃至准备进入仕途的人们来说，则例是不可或缺的读物，故这类图书有相当的市场。则例坊刻本的编纂方式和刊刻质量，较之官刻本并不逊色。以《本朝则例全书》为例，该书首载康熙五十五年（1716年）川陕总督鄂海序，故有人将此书题为鄂海辑。按鄂海序，此书是将"凡皇上钦定各案，有关国政有阐律文者，逐为登记，汇成一书"。它属于半官方的印刷品。从鄂序后的朱植仁撰《纂辑则例记言》看，朱植仁应该是实际编者。该书正文分为两部分：一为六部定例，共12册；二为六部处分，共4册。《纂辑则例记言》曰："是集分为二编，一曰定例，一曰处分。定例者，兴利除弊，革故图新，行其所不得不行，止其所不得不止，治天下之人经，政也；处分者，彰善瘅恶，激劝臣工，陟黜有定衡，叙罚有定数，治天下之大法，令也。坊钞悉皆合载，以致错杂难稽。今特分而二之：六部定例一十二本；六部处分四本。依类而取阅焉，政令于是乎备矣。"② 针对一些坊间刻本把定例与处分混编在

---

① 《康熙起居注》康熙二十八年二月己巳。
② （清）鄂海辑《本朝则例全书》书首《纂辑则例记言》，清康熙六十一年刻本。

一起"以致错杂难稽"的情况，该书把两者明确区分，分别编辑，颇为难得。关于处分则例的内容，据《纂辑则例记言》云，是"以康熙十五年颁发《钦定处分则例》为主，继以康熙二十五年颁行《续增则例》，嗣此后各年题定诸条，俱依类附载，其有刊本未备款项，则于从前行过各成案，一并附记，以资考正"①。上述文字也从侧面证实了康熙修订刊发处分则例的情形。

康熙时期的则例坊刻本还有《本朝则例类编》《本朝续增则例类编》等。坊刻本往往以官方颁布的"则例"为基础，增辑朝廷新定的相关定例，以内容更加完整、系统、实用为标榜。其合法性在于所增辑的定例或者是皇帝的上谕，或者是经皇帝批准的臣工奏疏。鉴于则例系皇帝钦定，必须"一字无讹"，辑者所做的只是对于定例的分类编排。只有在定例前后不一致时，才有选择取舍的问题，取舍的原则也很简单：按照定例颁行时间的先后去旧存新而已。坊刻本不仅有助于推动则例的传播，其编辑方法对于官方编纂则例也有一定的借鉴意义。

二　雍正、乾隆时期：则例纂修逐渐走向系统化、制度化和规范化

世宗胤禛执政时期，一直很重视则例的编纂。《清史稿》载："雍正元年，巡视东城御史汤之旭奏：'律、例最关紧要，今《六部现行则例》，或有从重改轻，从轻拟重，有先行而今停，事同而法异者，未经画一。乞简谙练律例大臣，专掌律例馆总裁，将康熙六十一年以前之例并《大清会典》，逐条互订，庶免参差。'世宗允之，命大学士朱轼等为总裁，谕令于应增应减之处，再行详加分析，作速修完。三年书成，五年颁布。"② 由于《大清会典》与《六部现行则例》二者是纲与目的关系，内容密切相关，则例是《大清会典》实施的细则，故世宗皇帝下旨要求同年同时修订并同于雍正五年（1727年）颁行。雍正三年（1725年）七月四日，世宗谕旨曰："今律

---

① （清）鄂海辑《本朝则例全书》书首《纂辑则例记言》，清康熙六十一年刻本。
② 《清史稿》卷一四二《刑法一》，中华书局，1976，第4184页。

例馆纂修律例将竣。着吏、兵二部会同将铨选、处分则例并抄白条例，逐一细查详议，应删者删，应留者留。务期简明确切，可以永远遵守。仍逐卷缮写，开原书进呈，朕亲加酌量刊刻颁行。"①胤禛的谕旨要求同时制定《吏部则例》《吏部处分则例》《兵部则例》《兵部处分则例》，足见雍正皇帝对以则例完善国家法律制度之重视。据日本学者古井阳子考证，《吏部处分则例》颁布于雍正十二年（1734年）。②《国朝宫史》卷二六《书籍五》记："《钦定吏部则例》一部：雍正十二年律例馆修辑《吏部则例》告竣。"然现存于世的清代则例文献中，故宫博物院图书馆藏有雍正三年内府刊《钦定吏部则例》58卷本、中国社会科学院图书馆法学分馆藏有清雍正三年刊《钦定吏部处分则例》47卷本。有的著述说雍正三年的修例没有结果，这一观点需要进一步考证。

雍正年间则例的编纂取得了很大成绩，治理国家的许多重要则例陆续颁布。其中有：以"六部一体"为特色的综合性法规《六部现行则例》，用于规范中央机关活动规则的《吏部则例》《吏部处分则例》《兵部则例》《兵部处分则例》《工程做法则例》，旨在加强食货事务管理的《常税则例》《浙海钞关征收税银则例》等。有些政务管理比较繁杂的中央机构，还以则例形式制定了有关事务管理的实施细则，如吏部制定了《钦定吏部铨选满官则例》《钦定吏部铨选汉官则例》。

为了维护朝廷制定的法律法规的权威性和严肃性，防止出现刊印、传抄之误，世宗皇帝曾于雍正三年下令禁止书坊编印则例："书肆有刻卖《六部则例》等书，行文五城，并各直省督抚，严行禁止。"③ 现存的雍正时期刊印的则例文献，几乎看不到坊刻本的存在，证明这一禁令起到了作用。这里把我们所知的雍正朝编纂、刊印的一些代表性则例文献及其版本、藏馆列表述后（见表3）。

---

① 《清世宗实录》卷三四"雍正三年七月己亥"，《清实录》第7册，中华书局，1985，第513~514页。
② 《中国法制史考证》丙编第4册，中国社会科学出版社，2003，第206页。
③ 《雍正上谕内阁》卷三四。又见《清世宗实录》卷三四"雍正三年七月己亥"，中华书局，1985，第514页。

表 3　雍正朝则例文献举要

类别	则例名称	卷数·册数	成书或刊行时间	馆藏单位
六部	六部则例（清初至雍正三年定例）		清抄本	台傅
	六部则例新编	不分卷，4册	雍正八年官修，雍正京师刻本	大木
	六部则例新编	6卷	雍正八年刻本	北大
	六部则例新编	不分卷，6册	雍正八年刻本	法学所
吏部	钦定吏部则例	58卷	雍正三年内府刻本	故宫
	钦定吏部则例	存11卷	雍正内府刻本	复旦
	钦定吏部铨选则例	58卷	雍正十二年内府刻本	大连
	钦定吏部处分则例	47卷，16册	雍正三年刻本	法学所
	钦定吏部处分则例	47卷，16册	雍正十三年内府刻本	故宫
	钦定吏部铨选满官则例	1卷，1册	雍正内府刻本	国图
	钦定吏部铨选满官则例	1卷，1册	雍正官刻本	北大
	钦定吏部铨选汉官则例	3卷，3册	雍正十三年内府刻本	故宫
	钦定吏部铨选满官则例	1卷，1册	雍正内府刻本	复旦
	钦定吏部铨选汉官则例	1卷，1册	雍正内府刻本	复旦
	钦定吏部满州品级考	2卷，2册	雍正十三年内府刻本	故宫
	钦定吏部汉官品级考	5卷，4册	雍正十三年内府刻本	故宫
户部	北新关商税则例	不分卷，1册	雍正刻递修本	国图
	常税则例	2卷，2册	雍正五年古香斋刻本	北大
	浙海钞关现行收税则例	不分卷，1册	雍正七年刻本	国图
	浙海钞关现行收税则例	不分卷，1册	雍正刻本	北大
	浙海钞关征收税银则例	不分卷，1册	雍正二年浙江提刑按察使司刻本	故宫
兵部	钦定中枢政考	16卷	雍正刻本	湖南
工部	工程做法（附工部简明做法1卷）	74卷，20册	雍正十二年内府刻本	故宫、国图
	工程做法则例	74卷，20册	雍正十二年官修，雍正刻本	大木
	题定河工则例	7卷，2册	雍正十二年官刻本	国图、东北师大

乾隆时期，清代法制建设进入成熟阶段，法律体系臻于完善，则例的纂修实现了制度化和规范化。乾隆朝在制定或修订则例方面采取了一系列重大措施，使则例成为法律体系的主体部分，并为嘉庆至清末各朝的法制建设奠定了基础。乾隆朝在则例纂修方面的重大贡献有以下几个方面。

第一，确立了典、例分立的《大清会典》编纂方针，为则例成为立法主体开辟了道路。乾隆皇帝为一统天下法制，使则例成为清廷规范各部、院、寺、监行事规程及其实施细则的基本法律形式。清廷在修律的同时，于乾隆十二年（1747年）编纂《大清会典》。这次修订《会典》时，采取典、例分立的编纂方针，即在修订《会典》的同时，把例从典中分离出来，单独编为一书，称为《会典则例》。"《会典》原本，以则例散附各条下，盖沿历代之旧体。至是乃各为编录，使一具政令之大纲，一备沿革之细目，互相经纬，条理益明。"① 乾隆《大清会典》历时17年修订，于乾隆二十九年（1764年）完成，其中《会典》100卷、《会典则例》180卷。乾隆朝修订的《会典》，改事例为则例，这种做法存在使"则例"一名易与单行则例相混淆的弊端，故清廷修嘉庆《会典》时又恢复了事例旧名。乾隆朝在修订《会典》中虽然也存在一些缺陷，但其开创的典、例分立的编纂方针及按例的颁布时间先后分门别类编纂事例的方法，是法律、法规编纂的重大进步，既有利于人们掌握一代典章制度，也有利于人们稽考例的原委始末。乾隆《会典》及其《会典则例》的编纂，极大地丰富了清朝法律体系的内容，提高了则例的法律地位，对于推动朝廷各部、院、寺、监办事细则的全面修订发挥了积极作用。

第二，改变统一由专门编纂机构进行法规编纂的方式，由六部分别编纂各部的则例。根据《国朝宫史》卷二八的记载，雍正朝的《吏部则例》是由律例馆修辑的。乾隆《会典则例》的编纂，开始时也是由律例馆统一修订，各部仅负校勘之责，"每修成《会典》一卷，即副以则例一卷，先发该衙门校勘，实无遗漏讹错，然后进呈，恭候钦定"②。对此，吏部认为本

---

① 《四库总目提要》卷八一。
② 《吏部处分则例》卷首张廷玉奏折。

部事务极其复杂,则例的编纂殊非易事,采用由律例馆统一修订各部署则例的办法,操作起来比较困难。指出:"若非臣部堂官时加督率,互参考订,斟酌损益,难免遗漏舛错之愆。其律例馆所委纂修各官,于臣部事宜素非历练,未能周知,若经年累月,咨访采择,则又未易成书。"① 吏部请求由本部承担吏部则例的编纂,这一请求得到乾隆皇帝批准。在此之后,各部署的则例也改由本衙门编纂,由朝廷审议通过和皇帝批准后颁布。这种做法尽管存在部门自行立法的弊端,还存在就各部之间的则例规定不一致需要进行协调的问题,但是,提高了编纂效率,保证了则例编纂的质量。

第三,建立定期修例制度。"乾隆元年,刑部奏准三年修例一次。"② 乾隆十一年(1746 年)七月辛酉,针对御史戴章甫上书奏请续修吏部则例一事,发布上谕,就刑部则例馆原奏明三年一修等问题指出,"从前所定三年,朕意亦谓太速,嗣后刑部似应限以五年。至于吏部等部则例,即限以十年,亦不为迟",并"着大学士会同九卿将如此分年纂辑之处定议具奏"③。各部、院、寺、监则例"五年一小修,十年一大修"之制自此形成。高宗弘历执政期间,从乾隆十一年到乾隆六十年(1795 年)50 年间,定期修例制度基本得到了执行。

乾隆朝以后,这一制度存在的未顾及各部署实际、修例时限过分机械的弊端日渐突出,事务繁多的部署或因例案众多,或因刊印时间较长,无法做到按时修订则例;事务较简的机构则因例案较少,频繁修订既无实际必要,也耗费人力财力。在这种情况下,诸如户部这类事繁的部署往往奏请延长修例期限,而事简的部署又要求改变原定的修例期限,实际上一些部署并未严格执行"五年一小修,十年一大修"的制度,常常是在奏请皇帝后变通修例时限。如国子监自乾隆六十年(1795 年)纂修则例后,直到道光二年(1822 年)才进行增修,其间间歇 27 年之久;理藩院于乾隆五十四年(1789 年)校订则例后,直到嘉庆十六年(1811 年)才再次增修,其

---

① 《吏部处分则例》卷首张廷玉奏折。
② 《清史稿》卷一四二《刑法一》,中华书局,1976,第 4186 页。
③ (清)王先谦撰《东华续录》乾隆二十四,《续修四库全书》史部第 372 册,上海古籍出版社,2002,第 178 页下。

间间歇22年之久。据王钟翰考察，乾隆朝制定的"十年一大修"的制度，到道光十年（1830年）时停止执行，[①] 实行时间有80余年。道光十年以后，各部、院、寺、监则例何时续修，由该部、院、寺、监根据实际需要确定。定期修例制度在其实行的过程中，虽然出现过修例时限变通的现象，但多数部署还是遵守了朝廷规定的修例时限，并对道光朝以后的修例产生了影响。如《户部则例》于乾隆四十一年（1776年）至同治十二年（1873年）间，先后修订过15次，各次修订的时间间隔不到7年。定期修例制度对于及时完善清代法规的编纂，保证法律制度的有效实施，无疑发挥了积极的作用。

自乾隆朝起进行的则例的修订，主要是在原来颁布的则例的基础上，把其后颁行的定例（包括一些由成案上升的定例）增补进去。这些定例是根据社会生活中新发生的问题制定的，为增补新例而修订则例，更能增强则例的适应性，也有利于法律制度的进一步完善。故每次进行则例修订时，必须对旧例与新例之间有无矛盾进行比较鉴别，决定去留，删除过时的条文，对部分过时的条款予以改定，以保持法律内容的和谐一致。修订则例是一项复杂而严肃的工作，卷帙较繁的则例常常历时多年才能完成。

各部独立编纂则例是在乾隆《会典则例》颁行后才大规模开始的。在此之后，各部可以根据政务的实际需要，修订本部门的则例，经皇帝批准后实施。除非皇帝颁有特旨，朝廷各部、院、寺、监长官在修订则例的时限方面是有一定的自主权的。

乾隆朝制定的则例种类齐全，数量较大，内容覆盖了国家和社会事务的各个方面。为了使读者了解该朝制定则例的情况，现把乾隆年间编纂和刊印的有代表性的则例文献列表于后（见表4）。

[①] 王钟翰《王钟翰清史论集》第3册，中华书局，2004，第1712~1714页。又，龚自珍《在礼曹日与堂上官论书事》云："定制，各部则例十年一修。"见《龚自珍集》卷五。又，道光三年陶廷杰上《请辑六部稿案以杜吏弊疏》云："查向例，刑部五年一修例，吏户礼兵工五部十年一修例。"见盛康辑《皇朝经世文续编》卷二八《吏政十一·吏胥》。

表4　乾隆朝则例文献举要

类别	则例名称	卷数·册数	成书或刊印时间	馆藏单位
内务府	总管内务府现行则例	1卷，1册	乾隆内府抄本	上图、国图
	内务府咸安宫官学现行则例	1卷，1册	乾隆内府抄本	科图、国图
六部	乾隆二十四年六部例	不分卷	清抄本	北大
	钦定户兵工三部军需则例	15卷，5册	乾隆五十年刻增修本	法学所 华东师大
吏部	钦定吏部则例	47卷，18册	乾隆四年刻本	法学所
	钦定吏部则例	47卷，18册	乾隆七年刻本	法学所
	钦定吏部则例	66卷，19册	乾隆七年武英殿刻本	故宫、辽图
	钦定吏部则例	66卷	乾隆二十六年武英殿刻本	辽图
	钦定吏部则例	68卷	乾隆四十八年武英殿刻本	故宫、辽图
	钦定吏部则例	68卷，10册	乾隆六十年武英殿活字印本	辽图
	钦定吏部则例	68卷，32册	乾隆六十年官修，武英殿刻本	大木
	钦定吏部则例	66卷，28册	乾隆武英殿刻本	国图
	钦定吏部处分则例	47卷，18册	乾隆七年刻本	法学所
	钦定吏部处分则例	47卷，24册	乾隆四十四年刻本	法学所、科图
	钦定吏部铨选满州官员则例	5卷，5册	清刊本	台故图
	钦定吏部铨选满官则例	5卷	乾隆七年武英殿刻本	东北师大
	吏部铨选满官则例	3卷，4册	乾隆四十七年官修，清抄本	大木
	钦定吏部铨选汉官则例	8卷	乾隆七年武英殿刻本	东北师大
户部	钦定户部则例	126卷，40册	乾隆四十一年官修，四十八年江苏布政司刻本	大木
	钦定户部则例	126卷，首1卷	乾隆四十六年武英殿刻本	故宫、辽图
	钦定户部则例	134卷，48册	乾隆五十六年官修，刻本	大连、大木
	户部则例	存20卷，20册	乾隆内府抄本	国图
	户部则例	1册	乾隆间朱丝栏抄本	国图
	钦定户部续纂则例	38卷	乾隆刻本	北大

续表

类别	则例名称	卷数·册数	成书或刊印时间	馆藏单位
户部	钦定户部军需则例	9卷，4册	乾隆五十年户兵工部刻本	台近 台大文
	钦定户部军需则例	9卷，续纂1卷	乾隆五十三年武英殿刻本	故宫、北大
	漕运则例纂	20卷，11册	乾隆三十一年刻本	法学所
	漕运则例	20卷	乾隆内府抄本	故宫
	漕运则例纂	20卷，20册	乾隆三十五年刻本	国图、南图
	钦定户部旗务则例	12卷，4册	乾隆三十四年武英殿刻本	故宫、国图
	钦定户部铸鼓则例	10卷	乾隆三十四年武英殿刻本	辽图、故宫
	夔关则例	34页	乾隆八年桂园香堂刻本	浙图
	九江关征收船税则例	不分卷，2册	乾隆三十七年刻本	北师大
	崇文门商税则例现行比例增减新例	1卷，1册	乾隆户部编，四十五年刻本	国图、北大
	崇文门商税则例	1卷，1册	乾隆四十五年刻本	人大、大连
	江海关则例	1卷，1册	乾隆五十年刻本	北大
	太平、遇仙、洺光三关则例	1卷，1册	乾隆十三年官修，刻本	大木
礼部	钦定礼部则例	194卷，图1卷	乾隆三十八年武英殿刻本	国图、辽图
	钦定礼部则例	194卷，32册	乾隆四十九年武英殿刻本	法学所 故宫
	钦定礼部则例	194卷，24册	乾隆五十九年官修，刻本	北大、大木
	钦定礼部则例	194卷，8册	乾隆六十年礼部刻本	国图
	钦定科场条例	4卷，2册	乾隆六年武英殿刻本	辽图
	钦定科场条例	54卷，12册	乾隆四十四年刻本	浙图
	钦定科场条例	54卷，续增1卷	乾隆六十年刻本	大连
	钦定科场条例	5卷，5册	乾隆刻本	法学所
	钦定翻译考试条例	1卷，1册	乾隆六年武英殿刻本	辽图
	钦定学政全书	80卷，8册	乾隆三十九年武英殿刻本	辽图、云南
	钦定学政全书	82卷，8册	乾隆五十八年内府刻本	东北师大
	钦定学政全书	8卷，8册	乾隆刻本	福建、大木
	续增学政全书	4卷	乾隆刻本	福建
	盛京礼部则例	1卷，1册	乾隆内府抄本	国图

续表

类别	则例名称	卷数·册数	成书或刊印时间	馆藏单位
兵部	钦定兵部则例	50卷	乾隆刻本	国图
	钦定中枢政考	31卷	乾隆七年武英殿刻本	故宫、辽图
	钦定中枢政考	31卷,18册	乾隆二十九年武英殿刻本	台故图
	钦定中枢政考	31卷,18册	乾隆三十九年武英殿刻本	台故图
	钦定中枢政考	16卷,10册	乾隆三十九年武英殿刻本	国博
	钦定中枢政考	15卷,8册	乾隆三十九年武英殿刻本	法学所
	钦定中枢政考	31卷,18册	乾隆四十九年武英殿刻本	台故图
	钦定中枢政考·绿营	16卷,10册	乾隆三十九年官修,刻本	大木
	钦定中枢政考·八旗	15卷,8册	乾隆七年刻本	法学所
	钦定中枢政考·八旗	15卷,8册	乾隆官撰,刻本	大木
	钦定八旗则例	12卷,10册	乾隆六年武英殿刻本	中央民族、华东师大
	钦定八旗则例	12卷,4册	乾隆七年武英殿刻本	法学所、故宫
	钦定八旗则例	12卷,3册	乾隆三十九年武英殿刻本	故宫、国图
	钦定八旗则例	12卷,4册	乾隆五十年武英殿刻本	故宫、国图
	钦定八旗则例	12卷,10册	乾隆武英殿刻本	国图
	钦定兵部军需则例	5卷	乾隆五十三年武英殿刻本	故宫、北大
	钦定军器则例	20卷	乾隆二十一年刻本	辽图
	钦定军器则例	不分卷,4册	乾隆五十六年武英殿刻本	故宫、辽图
	督捕则例	2卷,2册	乾隆八年武英殿刻本	故宫、国图
	督捕则例	2卷,8册	乾隆武英殿刻本	国图
	盛京兵部则例	1卷,1册	乾隆内府抄本	国图
刑部	盛京刑部则例	1卷,1册	乾隆内府抄本	国图
	秋审则例	1卷,1册	乾隆刻本	法学所
工部	钦定工部则例	50卷,10册	乾隆十三年刻本	科图、首图
	钦定工部则例	50卷,6册	乾隆十四年刻本	北大、大连
	工部则例	存32卷,32册	乾隆内府抄本	国图
	钦定工部则例	50卷,10册	乾隆刻本	科图、国图
	盛京工部则例	1卷,1册	乾隆内府抄本	国图

续表

类别	则例名称	卷数·册数	成书或刊印时间	馆藏单位
工部	钦定工部军需则例	1卷,1册	乾隆五十三年武英殿刻本	故宫、历史院
	钦定工部军器则例	不分卷,32册	乾隆二十一年刻本	北大
	工程做法则例	20册	乾隆刻本	南图
	九卿议定物料价值	4卷,8册	乾隆元年武英殿刻本	故宫、国博
	物料价值则例	24卷,24册	乾隆三十三年刻本	国博
	物料价值则例·山东省	6卷	乾隆三十三年刻本	北大
	物料价值则例·山西省	16卷,6册	乾隆三十三年刻本	北大
	物料价值则例·甘肃省	8卷	乾隆三十三年刻本	北大
	钦定河工杨木椿规则例	2册	乾隆九年刻本	国图
	钦定硝磺铅斤价值则例	不分卷,1册	乾隆五十七年刻本	国图、北大
	钦定药铅火绳做法则例	1卷,1册	乾隆五十七年官修,刻本	大木
	钦定水陆运费则例	1卷,1册	乾隆五十七年官修,刻本	大木
	题定河工则例	12卷	乾隆刻本	国图
理藩院	理藩院则例	存8卷,8册	乾隆内府抄本	国图
	蒙古律例	12卷	乾隆三十一年武英殿刻本	故宫
	蒙古律例	12卷,2册	乾隆五十二年刻本	法学所
都察院	钦定台规	8卷,8册	乾隆八年官撰,刻本	法学所
	钦定台规	8卷,4册	乾隆都察院刻补修本	科图
	都察院则例	2卷,2册	乾隆内府抄本	国图
	都察院则例	存5卷,5册	乾隆内府抄本	国图
通政使司	通政使司则例	1卷,1册	乾隆内府抄本	国图
大理寺	大理寺则例	1卷,1册	乾隆内府抄本	国图
翰林院	翰林院则例	1卷,1册	乾隆内府抄本	国图
	起居注馆则例	1卷,1册	乾隆内府抄本	国图
詹事府	詹事府则例	1卷,1册	乾隆内府抄本	国图
太常寺	钦定太常寺则例	114卷,另辑6卷,首1卷	乾隆四十二年武英殿刻本	故宫、国图
	太常寺则例	1卷,1册	乾隆内府抄本	国图
光禄寺	光禄寺则例	84卷,首1卷	乾隆四十年武英殿刻本	故宫、国图

续表

类别	则例名称	卷数·册数	成书或刊印时间	馆藏单位
鸿胪寺	鸿胪寺则例	1卷,1册	乾隆内府抄本	国图
国子监	钦定国子监则例	30卷,首2卷	乾隆三十七年武英殿刻本	辽图、国图
钦天监	钦天监则例	1卷,1册	乾隆内府抄本	国图
其他	钦定大清会典则例	180卷,100册	乾隆十三年刻本	法学所
	钦定大清会典则例	180卷,100册	乾隆二十九年内府刻本	法学所
	钦定大清会典则例	180卷,108册	乾隆内府刻本	北师大、科图
	则例便览	49卷,12册	乾隆三十九年刻本	北大
	则例便览	49卷,10册	乾隆五十六年刻巾箱本	法学所、科图
	则例便览	49卷,16册	乾隆五十八年刻本	法学所
	则例图要便览	49卷	乾隆五十九年刻本	法学所
	增订则例图要便览	49卷,6册	乾隆五十九年刻本	法学所
	户部则例摘要	16卷	乾隆五十八年杨氏铭新堂刻本	科图
	定例全编		乾隆十年荣锦堂刻本	法学所、北大
	定例续编	12卷,1册	乾隆十年刻本	法学所
	定例续编增补	不分卷,7册	乾隆十三年刻本	法学所
	续增新例全编	18册	乾隆十八年刻本	法学所
	定例汇编	23卷,30册	乾隆三十五年江西布政司刻本	法学所

三 嘉庆至清末：则例纂修的发展和完善

自嘉庆至清末的100余年间，清王朝经历了由盛至衰的变化过程。为了维护对辽阔疆域的有效统治，对付列强的入侵，解决日渐加剧的财政困难，朝廷通过加强立法，不断严密了法律制度。这一时期，在修订嘉庆、光绪《会典》及《会典则例》的同时，运用则例这一立法形式，制定和颁行了大量的法律。据笔者初步考察，这一时期纂修则例情况大体如下。一是则例编纂的数量大大超过了康熙、雍正、乾隆三朝。嘉庆以后各朝都对前朝制定的则例进行了定期增修，一些重要的则例如《吏部则例》《吏部处分则例》《户部则例》《礼部则例》《钦定学政全书》《中枢政考》《工部则例》及有关院、寺、监则例等，都先后进行过多次增修，适时补充了当朝颁行的新例，使这些重要的法规更加充实和完善。同时，还反复修订了一些规范中央机关下属机构的办事规程及有关重大事项方面的则例，如吏部文选司、考功司、验封司、稽勋司则例，铨选满官、汉官则例，《户部军需则例》和《钦定科场条例》等。二是根据治理国家的需要，制定了一些新的则例，进一步完善了国家的法律制度。如强化了食货和工程管理方面的立法，多次修订了《漕运则例》《工程做法》《工程则例》，颁行了一批新的物料价值则例、海关税银则例、进口及通商则例；建立和健全了皇室及宫廷管理法规，制定了《宗人府则例》《钦定宫中现行则例》《钦定总管内务府现行则例》《钦定王公处分则例》《钦定八旗则例》等；注重有关管理少数民族地区事务方面的则例的制定，颁行了《回疆则例》《理藩院则例》等。所有这些，都极大地完善了清代的法律制度，特别是有关民族立法、食货立法、宫廷管理立法方面的成果，都颇有新创，在清代乃至中国古代的立法史上，达到了前所未有的高度。

鉴于嘉庆至清末颁行的各类则例数量众多，我们在表5至表9中，着重介绍41家藏书单位馆藏的清代编纂或刊印的有代表性的宫廷类则例、吏部类则例、户部类则例、工部类则例文献，对于有关其他各部、院、寺、监的则例文献，则简略地加以介绍。

表5 嘉庆至清末刊宫廷类则例文献举要

文献名	卷数·册数	成书或刊印时间	馆藏单位
钦定宗人府则例	16卷	嘉庆七年内府抄本	国图、故宫
钦定宗人府则例	23卷，12册	嘉庆十七年官修，刻本	大木
钦定宗人府则例	23卷，首1卷，24册	嘉庆二十五年官修，刻本	北大
钦定宗人府则例	31卷，首1卷，10册	道光二十九年官修，刻本	法学所 北大
宗人府则例	31卷，10册	道光三十年活字印本	南图

续表

文献名	卷数·册数	成书或刊印时间	馆藏单位
宗人府则例	32卷，8册	道光间内府朱丝栏精抄巾箱本	台央图
钦定宗人府则例	31卷，首1卷，19册	同治七年刻本	法学所
钦定宗人府则例	31卷，首1卷，10册	光绪十四年官刻本	国图、南图
钦定宗人府则例	31卷，首1卷，16册	光绪二十四年刻本	国博、武大
钦定宗人府则例	31卷，首1卷，16册	光绪三十四年官刻本	法学所、北大
钦定宗人府则例	31卷，首1卷，16册	宣统刻本	国图
钦定宫中现行则例	4卷	嘉庆二十五年武英殿刻本	故宫、国图
钦定宫中现行则例	4卷	道光二十一年内府抄本	故宫、国图
钦定宫中现行则例	4卷	咸丰六年武英殿刻本	故宫、国图
钦定宫中现行则例	4卷	同治九年内府抄本	故宫、国图
钦定宫中现行则例	4卷	光绪五年内府抄本	故宫、国图
钦定宫中现行则例	4卷，4册	光绪六年武英殿刻本	故宫、北师大
钦定宫中现行则例	4卷，4册	光绪十年武英殿刻本	故宫、法学所
钦定王公处分则例（乾隆至嘉庆）	4卷，4册	清活字本	大连
钦定王公处分则例	4卷，2册	清刻本	台傅
钦定王公处分则例	不分卷	咸丰六年官刻本	故宫
钦定总管内务府现行则例	4卷，4册	嘉庆二十年官修，刻本	南图、大木
钦定总管内务府现行则例	4卷，续纂2卷	道光二十年武英殿刻本	故宫
钦定总管内务府现行则例	4卷，4册	道光二十九年刻本	大木
钦定总管内务府现行则例	4卷，4册	咸丰二年刻本	大连
钦定总管内务府现行则例	57卷	咸丰内府抄本	故宫
钦定总管内务府现行则例	4卷，4册	同治内府武英殿刻本	辽图
钦定总管内务府现行则例	4卷，8册	光绪十年刻本	武大
钦定总管内务府现行则例	4卷，4册	宣统三年官修，刻本	大木
钦定总管内务府堂现行则例	4卷，4册	咸丰二年官修，刻本	台傅
钦定总管内务府堂现行则例	4卷，4册	同治九年刻本	国博
钦定总管内务府堂现行则例	4卷，4册	光绪十年刻本	国图
总管内务府现行则例（都虞司）	4卷，4册	清写本	科图

续表

文献名	卷数·册数	成书或刊印时间	馆藏单位
总管内务府现行则例（掌仪司）	4卷，4册	清抄本	法学所、科图
掌仪司现行则例	4卷	清抄本	科图
总管内务府现行则例（宗仪司）	4册	抄本	法学所
总管内务府会计司现行则例	4卷	道光元年内府抄本	故宫
内务府营造司现行则例	3卷，3册	嘉庆抄本	大连
总管内务府现行则例（营造司）	2卷	清抄本	北大
总管内务府现行则例（庆丰司）	1卷，1册	嘉庆抄本	北大
总管内务府现行则例（武备院）	1卷，1册	清抄本	北大
总管内务府现行则例（奉宸苑）	2卷，4册	清写本	科图
总管内务府现行则例（南苑）	2卷，2册	清抄本	法学所
总管内务府续纂南苑现行则例	2卷	道光内府抄本	故宫
内务府现行则例（咸安宫官学）	1卷，1册	清写本	科图
总管内务府现行则例（牺牲所）	1卷，1册	光绪内府抄本	科图
总管内务府圆明园现行则例	2卷	清内府抄本	国图
总管内务府畅春园现行则例	3卷	清内府抄本	国图
总管内务府畅春园现行则例	1卷，1册	清内府抄本	国图
总管内务府现行则例（静宜园1卷、清漪园1卷、静明园1卷）	3卷，3册	清写本	科图
总管内务府现行则例（静宜园1卷、清漪园1卷、静明园1卷）	3卷	同治内府抄本	国图
热河园庭现行则例	12卷	清抄本	国图

表6　嘉庆至清末刊吏部类则例文献举要

文献名	卷数·册数	成书或刊印时间	馆藏单位
钦定吏部则例	24册	道光四年刻本	人大
钦定吏部则例	87卷，40册	道光二十三年刻本	国图
钦定吏部则例	87卷，30册	道光内府刻本	山东
钦定吏部处分则例	47卷，16册	嘉庆十二年内府刻本	台师大
钦定吏部处分则例	48卷，8册	道光四年官修，刻本	台分图
钦定吏部处分则例	52卷，26册	道光二十三年官修，刻本	台分图

续表

文献名	卷数·册数	成书或刊印时间	馆藏单位
钦定吏部处分则例	52卷，20册	咸丰刻本	武大、吉大
钦定吏部处分则例	52卷，20册	同治官修，刻本	大木
钦定吏部处分则例	52卷，24册	光绪三年金东书行刻本	北大
钦定吏部处分则例	52卷，20册	光绪十一年刻本	福建、吉大
钦定吏部处分则例	52卷，20册	光绪十二年官修，刻本	北大
吏部铨选则例	4卷	嘉庆抄本	大连
吏部铨选则例	35卷，27册	道光二十三年官修，刻本	大木
钦定吏部铨选则例	21卷，21册	光绪十一年官修，刻本	大木
钦定吏部铨选则例	24卷，18册	光绪刻本	国图
钦定吏部铨选满洲官员则例	4卷，2册	嘉庆十二年内府刻本	台师大
钦定吏部铨选满洲官员则例	4卷，4册	道光二十三年官修，刻本	台分图
钦定吏部铨选满洲官员则例	5卷，5册	光绪十二年官修，刻本	台傅
钦定吏部铨选汉官则例	8卷，5册	嘉庆十二年内府刻本	台师大
钦定吏部铨选汉官则例	8卷，8册	道光二十三年官修，刻本	台分图
钦定吏部铨选汉官则例（附《吏部铨选汉军官员品级考》）	8卷，12册	同治以后刻本	法学所、武大
钦定吏部铨选汉官则例	8卷，10册	光绪十二年官修，刻本	台傅
钦定吏部铨选满洲官员品级考	5卷，2册	嘉庆十二年内府刻本	台师大
钦定吏部铨选满洲官员品级考	4卷，2册	光绪十二年官修，刻本	台傅
钦定吏部铨选汉官品级考	4卷，2册	嘉庆十二年内府刻本	台师大
钦定吏部铨选汉官品级考	4卷，4册	道光二十三年官修，刻本	台分图
钦定吏部铨选汉官品级考	4卷，2册	光绪十二年官修，刻本	台傅
吏部文选司则例稿（附光绪五年八月筹饷八十卯掣签簿1卷，光绪五年十二月筹饷八十一卯掣签簿1卷）	不分卷，4册	稿本	科图
吏部考功司则例（道光间）		清刻本	北大
钦定吏部验封司则例	6卷，2册	嘉庆十二年内府刻本	台师大
钦定吏部验封司则例	6卷，5册	光绪十二年官修，刻本	北大

续表

文献名	卷数·册数	成书或刊印时间	馆藏单位
钦定吏部稽勋司则例	8卷，4册	嘉庆刻本	北大
钦定吏部稽勋司则例	13卷，2册	嘉庆十二年内府刻本	台师大
钦定吏部稽勋司则例	8卷，4册	道光二十三年官修，刻本	国图
钦定吏部稽勋司则例	8卷，4册	咸丰刻本	国图
钦定吏部稽勋司则例	8卷，4册	光绪十二年刻本	北大、山东师大
钦定磨勘则例（后附《续增磨勘条例》）	4卷，1册	嘉庆刻本	法学所、南图

表7　嘉庆至清末刊户部类则例文献举要

文献名	卷数·册数	成书或刊印时间	馆藏单位
钦定户部则例	134卷，60册	嘉庆七年刻本	中山、北大
钦定户部则例	134卷，62册	嘉庆十七年刻本	法学所、北大
钦定户部则例	99卷，目录1卷，64册	道光二年校刻本	法学所、吉大
户部则例	99卷，23册	道光十一年户部刻本	大连、台傅
户部则例	99卷，36册	道光十一年刻本	大连、北大
户部则例	99卷，72册	咸丰元年刻本	法学所、科图
钦定户部则例	99卷，24册	咸丰五年江苏布政使司衙门刻本	北大
钦定户部则例	100卷，60册	同治四年户部校刻本	台分图、北大
户部则例	100卷，48册	同治四年刻本	浙图、北大
钦定户部则例	100卷，首1卷，60册	同治十三年校刻本	法学所、国图
钦定户部续纂则例	14卷	嘉庆十一年刻本	吉图
钦定户部续纂则例	13卷	嘉庆二十二年刻本	大连、北大
钦定户部续纂则例	15卷	道光十八年内府刻本	辽图、大连
钦定户部军需则例	9卷，续纂6卷，8册	同治五年皖江臬署刻本	大连
钦定户部旗务则例		写本	北大
户部炉藏则例	1卷，1册	光绪十五年抄本	国图
常税则例	2卷，1册	同治五年古香斋刻本	台分图
闽海关常税则例	2卷，2册	清爱莲书屋抄本	国图
北新钞关商税则例	1册	清抄本	浙图

续表

文献名	卷数·册数	成书或刊印时间	馆藏单位
崇文门商税则例	1卷，1册	清刻本	南图
崇文门税则	1卷，1册	光绪十七年官修，蓄石斋排印本	大木
崇文门商税衙门现行税则	1卷，1册	光绪二十七年官修，刻本	大木
崇文门商税衙门现行税则	1卷，1册	光绪三十四年刻本	国博、台傅
崇文门商税则例现行比例增减新例	1卷，1册	光绪十年官修，刻本	大木
崇文门商税则例现行比例增减新例	1卷，1册	清刻本	国图
北京商税征收局现行税则		光绪三十四年刻本	国图
太平、遇仙、洽光三关则例	1卷，1册	清文林堂刻本	上图
芜湖关户税则例	1卷，1册	清刻本	南图
山海钞关则例	不分卷，2册	清抄本	国图
大粮库则例		清抄本	国图
银行则例	1卷，1册	宣统元年群益书局本	北大

表8　嘉庆至清末刊工部类则例文献举要

文献名	卷数·册数	成书或刊印时间	馆藏单位
钦定工部则例	98卷，8册	嘉庆三年刻本	大连、浙图
钦定工部则例	50卷，12册	嘉庆十年刻本	大连
钦定工部则例	50卷，6册	嘉庆十四年重刻本	国图
钦定工部则例	142卷，目录1卷，12册	嘉庆二十年刻本	故宫
钦定工部则例	142卷，20册	嘉庆济南官署刻本	台近、台大文
工部则例	160卷，40册	光绪十年官刻本	台傅
钦定工部则例	116卷，首1卷，40册	光绪十年刻本	法学所、故宫
钦定工部续增则例	136卷，20册	嘉庆二十四年刻本	大连
工部续增则例（附《保固则例》4卷）	136卷，28册	嘉庆二十四年刻本	北大、故宫
钦定工部续增则例	153卷，32册	嘉庆武英殿刻本	国图
钦定工部军器则例	60卷，34册	嘉庆十七年刻本	国图

续表

文献名	卷数·册数	成书或刊印时间	馆藏单位
钦定工部军器则例	24卷，24册	嘉庆二十一年刻本	国图
广储司磁器库铜作则例	1册	清抄本	国图
广储司锡作则例	1册	清抄本	国图
工程做法则例	74卷，20册	清刻本	国图
物料价值则例	存19卷，6册	清内府写本	科图
各省物料价值则例	存6卷，6册	清抄本	国图
钦定南河物料价值现行则例	存1~3卷	嘉庆十二年刻本	南大
杂项价值现行则例	1册	清抄本	国图
松木价值现行则例	1册	清抄本	国图
钦定硝磺铅斤价值则例	1卷，1册	清刻本	南大
内庭物料斤两尺寸价值则例	不分卷，1册	清抄本	国图
钦定河工则例章程	7册	嘉庆刻本	南图
题定河工则例	9册	清刻本	国图
钦定河工实价则例章程	5卷，首1卷，6册	清刻本	国图
内庭大木石搭土油裱画现行则例	4卷	清抄本	国图
圆明园修建工程则例	不分卷	稿本	北大、国图
圆明园工程则例	不分卷，20册	清抄本	国图
圆明园内工汇成工程则例	不分卷	稿本	国图
圆明园供器把莲则例	1册	清抄本	国图
圆明园画作现行则例	2册	清抄本	国图
圆明园佛像背光宝座龛案执事现行则例	1册	清抄本	国图
圆明园内土石作现行则例	1册	清抄本	国图
圆明园万寿山内廷汇同则例	不分卷	清抄本	国图
圆明园内工补集则例	1册	清抄本	国图
万寿山工程则例	19卷，19册	清抄本	国图
养心殿镀金则例	1册	清抄本	国图
大木作现行则例	1册	清抄本	国图
装修作现行则例	1册	清抄本	国图

续表

文献名	卷数·册数	成书或刊印时间	馆藏单位
石作现行则例	1 册	清抄本	国图
瓦作现行则例	1 册	清抄本	国图
搭彩作现行则例	1 册	清抄本	国图
土作现行则例	1 册	清抄本	国图
工部土作现行则例	1 册	清抄本	国图
油作现行则例	1 册	清抄本	国图
画作现行则例	2 册	清抄本	国图
裱作现行则例	1 册	清抄本	国图
硬木装修现行则例	1 册	清抄本	国图
漆作现行则例	1 册	清抄本	国图
佛作现行则例	1 册	清抄本	国图
陈设作现行则例	1 册	清抄本	国图
热河工程则例	存 17 卷，17 册	清抄本	国图
热河园庭现行则例	12 卷	清抄本	国图

表9 嘉庆至清末刊其他各部、院、寺、监则例文献举要

类别	文献名	卷数·册数	成书或刊印时间	馆藏单位
六部	六部处分则例	24 册	咸丰九年刻本	南图
	六部处分则例	存 48 卷，23 册	同治十二年刻本	南图
	钦定六部处分则例	24 册	光绪三年金东书行刻本	福建
	六部处分则例	25 册	光绪七年重修本	南图
	钦定六部处分则例	16 册	光绪十一年刻本	福建
	钦定六部处分则例	52 卷，8 册	光绪十八年上海图书集成局铅印本	北大、科图
	钦定六部处分则例	52 卷，8 册	光绪二十一年紫英山房刻本	南图、北大
	钦定续纂六部处分则例	47 卷，首 1 卷	嘉庆十年刻本	吉大
	钦定增修六部处分则例	24 卷，12 册	同治四年沈椒生、孙眉山校勘本	台傅
	钦定增修六部处分则例	52 卷，20 册	同治十年重刊道光二十七年官刻本	大木

续表

类别	文献名	卷数·册数	成书或刊印时间	馆藏单位
六部	钦定增修六部处分则例	24卷,12册	光绪十一年三善堂重刻本	台分图
	钦定重修六部处分则例	52卷,24册	咸丰五年刻本	法学所、北大
	钦定重修六部处分则例	24册	同治八年金东书行刻本	浙图
	钦定重修六部处分则例	52卷,8册	光绪十八年上海图书集成局刻本	武大
	钦定重修六部处分则例	52卷,18册	光绪二十三年刻本	香港新亚
礼部	钦定礼部则例	202卷,10册	嘉庆十一年刻本	国图
	钦定礼部则例	202卷,24册	嘉庆二十一年官修,刻本	大木
	钦定礼部则例	202卷,24册	嘉庆二十五年刻本	山东师大
	钦定礼部则例	202卷,24册	道光内府刻本	山东
	钦定礼部则例	202卷,24册	道光二十一年官修,刻本	大木
	钦定礼部则例	202卷,24册	道光二十四年官刻本	故宫、国图
	钦定礼部则例	202卷,24册	光绪二十一年官刻本	台分图
	钦定礼部则例	202卷,12册	光绪二十四年官刻本	台分图
	钦定学政全书	86卷,首1卷	嘉庆十七年武英殿刻本	故宫、法学所
	钦定科场条例	58卷,12册	嘉庆九年刻本	法学所
	钦定科场条例	60卷,20册	嘉庆二十三年重刻本	人大
	钦定科场条例	60卷,首1卷,19册	道光十四年刻本	国图
	钦定科场条例	60卷,22册	咸丰二年刻本	故宫、南图
	钦定科场条例	60卷,首1卷,24册	咸丰刻本	国图
	钦定科场条例	60卷,40册	光绪十三年内府刻本	国图
	新颁续增科场条例	16册	光绪十七年浙江书局刻本	南图
	续增科场条例	1卷,1册	光绪二十九年刻本	人大
	科场则例	1卷,1册	道光九年刻本	国图
	科场则例	1卷,1册	道光十九年增刻本	国图
兵部	钦定中枢政考	32卷,32册	嘉庆八年刻本	浙图
	钦定中枢政考	32卷,20册	嘉庆十三年刻本	安大、武大
	钦定中枢政考	40卷,首1卷,44册	嘉庆刻本	人大
	钦定中枢政考	72卷,72册	道光五年兵部刻本	辽图、故宫
	钦定中枢政考(八旗)	32卷,32册	道光五年官刻本	辽图

续表

类别	文献名	卷数·册数	成书或刊印时间	馆藏单位
兵部	钦定中枢政考（绿营）	40卷，15册	道光五年官刻本	辽图
	钦定中枢政考	30卷，30册	清刻本	台师大
	钦定中枢政考续纂	4卷，4册	道光十二年官刻本	法学所、故宫
	钦定兵部处分则例	76卷，8册	道光三年内府刻本	法学所、辽图
	钦定兵部处分则例	76卷，31册	道光兵部刻本	国图、上图
	钦定兵部续纂处分则例	4卷，4册	道光九年兵部刻本	上图、法学所
	钦定军器则例	32卷，12册	嘉庆十年刻本	国博
	钦定军器则例	24卷，24册	嘉庆十九年刻本	武大
	钦定军器则例	24卷，24册	嘉庆二十一年兵部刻本	浙图、国图
	钦定军器则例	32卷	嘉庆二十一年官刻本	故宫
	钦定军器则例	24卷，12册	光绪十七年排印本	台博、南图
	钦定军器则例	32卷，7册	清兵部刻本	国图
	督捕则例	2卷，1册	光绪十二年刻本	国图
	督捕则例附纂	1卷，1册	道光八年刻本	国图
	督捕则例附纂	2卷，1册	同治十一年湖北臧局刻本	国图、北大
	鞍库则例	1卷，1册	清内府抄本	中央民族
	钦定东省外海战船则例	4卷，4册	清末刻本	法学所
理藩院	钦定回疆则例	8卷，5册	道光二十二年官刻本	南图
	钦定回疆则例	8卷，9册	道光刻本	国图
	理藩院修改回疆则例	4卷，4册	咸丰内府抄本	国图
	钦定回疆则例	8卷，3册	光绪三十四年铅印本	国图
	钦定理藩院则例	63卷，通例等6卷，16册	嘉庆二十二年官刻本	故宫
	钦定理藩院则例	64卷，32册	道光二十三年刻本	辽图
	钦定理藩院则例	64卷	光绪十二年刻本	吉大
	钦定理藩院则例	64卷，32册	光绪十七年刻本	山东师大、国博
	钦定理藩部则例	64卷，16册	光绪三十四年刻本	北大、吉大
都察院	钦定台规	20卷，8册	嘉庆九年都察院刻本	法学所
	钦定台规	40卷，16册	道光七年官刻本	国博、故宫
	钦定台规	42卷，首1卷	光绪十六年官刻本	故宫、法学所

续表

类别	文献名	卷数·册数	成书或刊印时间	馆藏单位
太常寺	钦定太常寺则例	125卷，另辑6卷，首1卷，32册	嘉庆官刻本	大木
	钦定太常寺则例	133卷，64册	道光朱丝栏抄本	台分图
	钦定太常寺则例	127卷，另辑6卷，49册	道光刻本	国图
	钦定太常寺则例	127卷，另辑6卷，66册	道光太常寺刻本	国图
	钦定太常寺则例	6卷，4册	清刻本	大连
太仆寺	太仆寺则例	1卷，1册	清内府朱丝栏抄本	台故宫
光禄寺	光禄寺则例	104卷	道光内府抄本	故宫、国图
	光禄寺则例	104卷，53册	道光十九年武英殿刻本	辽图
	钦定光禄寺则例	90卷，丧仪14卷	咸丰五年刻本	国图、大连
国子监	钦定国子监则例	44卷，首6卷	嘉庆二年刻本	法学所、北大
	钦定国子监则例	44卷，首6卷，24册	嘉庆内府抄本	国图
	钦定国子监则例	45卷，9册	道光四年国子监刻本	国图、辽图

四　清代则例编纂的成就

清代在以《会典》为纲、则例为目的立法框架下，充分利用则例这一法律形式，建立起了中国古代历史上空前完善的法律制度。与明代及其以前各朝比较，清代则例编纂取得的突出成就有以下五个方面。

（一）则例作为经常编修的基本法律，覆盖了所有国家机关，是六部和其他中央机构日常活动必须遵守的规则，从而实现了国家行政运转的规范化和制度化

清代法制较前代的一个重要发展，就是运用则例这一立法形式，制定和确认了中央各部、院、寺、监及其下属机构活动的规则。在这些则例中，既有以"六部一体"为特色的《钦定六部则例》，又有单独编纂的《吏部则例》《户部则例》《礼部则例》《兵部则例》《刑部则例》《工部则例》《都察院则例》《通政使司则例》《大理寺则例》《翰林院则例》《起居注馆则例》《詹事府则例》《太常寺则例》《太仆寺则例》《光禄寺则例》《鸿胪寺则例》《国子监则例》《钦天监则例》等。还有关于各中央机构下属单位活动规则的则例，如吏部制定有《文选司则例》《考功司则例》《验封司则例》《稽勋司则例》等。此外还制定有跨部的则例，如《军需则例》就是一部这样的则例，分别颁行有《户部军需则例》《兵部军需则例》《工部军需则例》。

这些则例就朝廷各级机构的职掌和办事规程作了详细具体的规定。如乾隆三十五年（1770年）修订的《礼部则例》，内容是清初至乾隆中期各种礼仪的规定。其编纂体例以礼部仪制、祠祭、主客、精膳分类。仪制门下有朝贺通例、圣训、颁诏、册封、婚礼、冠服、仪仗、赏赐、学政、科举场规等92目；祠祭门下设有祭祀通例、太庙、丧仪、贡使等85目；主客门下设有朝贡通例、四译馆事例、边关禁令等21目；精膳门下设有太和殿宴、皇后宴、大婚宴、婚礼宴等22目。该则例曾于乾隆、嘉庆、道光、同治、光绪朝续修，可谓清代各种礼仪制度之大全。

又如《兵部则例》，另名曰《中枢政考》。清代编纂的有关兵部职掌和军政事务方面的则例，初修于康熙十一年（1672年），题名为《中枢政考》。雍正、乾隆、嘉庆、道光等朝对该法规均有修订。乾隆七年（1742年）颁行的该书武英殿刻本，分为八旗与绿营两个部分，八旗部分内有职制、公式、户役、仓库、田宅、仪制、军政、宫卫、邮驿、马政、关津、盗贼、营造、杂犯等门；绿营部分内有职制、公式、户役、仓库、漕运、田宅、仪制、马政、邮驿、关津、军政、土番、盗贼、营造、杂犯等门。各门之下又设有若干目，条举各种军政、军事规定。乾隆及以后各朝曾多次增补《中枢政考》，每次修订主要是增补了该书颁行后所定新例，删减了过时的条款。道光五年（1825年）对该法规的体例作了较大的修改，把八旗、绿营两部分分立编纂。其中八旗32卷，绿营40卷。八旗部分有品级、开列、补放、奏派、封荫、改武、世职、仪制、通例、公式、禁令、仓库、俸饷、户口、田宅、承催、营伍、军政、议功、关津、巡洋、缉捕、杂犯、八旗马、驻防马、训练、兵制、营造等卷。绿营部分有品级、营制、开列、京营、铨政、题调、水师、门卫、边俸、拣选、保举、考拔、封赠、荫袭、程限、开缺、亲老、土番、仪制、通例、公式、禁令、仓库、俸饷、户口、田宅、承催、漕运、营伍、军政、议功、巡洋、关津、缉捕、绿营马、牧马、马禁、驿额、驿费、驿递、给驿、兵制、考试、营造等卷。《中枢政考》经多次修订，内容逐步完善，编纂体例也更加规范。

各部、院、寺、监则例详细规定了国家机构的职掌、活动准则及办事细则。王钟翰先生指出："有清一代，凡十三朝，历二百六十有七载，不可谓不久者矣；然细推其所以维系之故，除刑律外，厥为则例。大抵每一衙门，皆有则例，有五年一修、十年一修、二十年一修不等。则例所标，为一事，或一部一署，大小曲折，无不该括。其范围愈延愈广，愈广愈变，六部而外，上起宫廷，如《宫中现行则例》；下及一事，如《王公俸禄章程》；不惟《会典》所不及赅，且多有因地因时，斟酌损益者；故不得不纂为则例，俾内外知所适从。"① 诚为的论。

（二）通过编纂《吏部则例》和《处分则例》，明确了吏部的办事规则，加强了对各级官吏的管理和监督，特别是《处分则例》对于官吏违制惩处的一系列规定，实现了行政责任与刑事责任分立、行政处分法规的相对独立

《吏部则例》是关于吏部办事规范及有关违制处罚的规定。如乾隆七年（1742年）刊行的《吏部则例》，内容包括满官品级考、汉官品级考、满官铨选、汉官铨选、处分则例五个部分。道光二十三年（1843年）颁行的《吏部则例》，内容除上述五个部分外，又增加了验封、稽勋等吏部所属清吏司则例。清代各朝增修的吏部铨选和文选、考功、验封、稽勋司则例，是《吏部则例》的实行细则，各朝颁行的方式不一，把其收入《吏部则例》者有之，单独刊行者亦有之。吏部铨选则例分为《吏部铨选满官则例》和《吏部铨选汉官则例》。《吏部铨选满官则例》内分开列、月选、拣选、杂

---

① 王钟翰：《清代则例及其与政法关系之研究》，《王钟翰清史论集》第3册，中华书局，2004，第1701页。

例、笔帖式等门。《吏部铨选汉官则例》内分开列、月选、升补、除授、拣练、拣选、杂例等门。吏部所属文选、考功、验封、稽勋四司则例，内容分别详细地规定了各清吏司办事规则。如《吏部验封司则例》内分世爵、封典、恩荫、难荫、土官、书吏等门。世爵门下有功臣封爵、世爵袭替、世爵犯罪、绿营世职等目；封典门下有请封品秩、封赠妻室、丁忧官给封等目；恩荫门下有承荫次序、荫生考试、荫生录用等目；难荫门下有难荫录用、殁于王事赠衔等目；土官门下有土官承袭、土官降罚、土官请封等目；书吏门下有充补书吏、书吏调缺等目。

《吏部处分则例》始修于康熙年间，雍正朝做过较大增补，乾隆及以后各朝均有增删，它规定了各级各类官吏办事违误应受处分的种类、适用原则和各种具体违法违纪行为的处分标准。清朝行政处分的方式有罚俸、降级、革职三种。罚俸以年月为差分为七等；降级有降级留任和降级调用之分，两者共为八等；革职仅一等。三种处分之法凡十六等。革职是行政处分的最高形式，被革职的人员中如有犯赃等情形，加"永不叙用"字样。革职不足以惩治者，交刑部议处。《吏部处分则例》以吏、户、礼、兵、刑、工六部分门别类，吏部有公式、降罚、举劾、考绩、旷职、营私等目；户部有仓场、漕运、田宅、盐法、钱法、关市、灾赈等目；礼部有科场、学校、仪制、祀典等目；兵部有驿递、马政、军政、海防等目；刑部有盗贼、人命、逃人、杂犯、提解、审断、禁狱、用刑等目；工部有河工、修造等目。该则例对上述这些方面的违制行为，规定了相应的行政处分。

清代还颁行了《钦定六部处分则例》。该则例始纂于康熙初，之后曾多次修订，内容是六部办事章程和违制的规定。另外，对于军职人员违制的惩处，清代在遵循《吏部处分则例·刑部》《六部处分则例·刑部》的基础上，又根据军职违制犯罪的实际情况，增加了许多有针对性的处分条款，编纂和多次修订过《钦定兵部处分则例》《续纂兵部处分则例》。《兵部处分则例》在各条下注明公罪、私罪，并要求对犯罪者引律议处。应处笞杖之刑者，公罪罚俸，私罪加倍；应处徒刑以上罪者，则有降级、留用、调用、革职之别；如有因立功表现而形成的加级记录，可以抵消。

在中国古代，历代对于官吏的犯罪行为，主要是依据刑律进行处置。

对于官场中经常发生的官吏渎职、违制、违纪行为，各代虽也有行政处分方面的规定，但很不系统和严密。清代编修的各类官吏处分则例，以专门法规的形式，详细、具体地把文武官员各种违制行为及应受的处罚从法律上确定下来，进一步强化了对官员的约束，使得对于违纪官吏的制裁有法可依、有规可循，这是中国古代行政立法的重大发展。

（三）为适应社会经济发展的需要，制定了一系列有关加强食货和工程管理的则例

《户部则例》的主要内容是有关户部收支钱粮及办事规则的规定。现见的这一则例有乾隆、嘉庆、道光、咸丰、同治年间修订的多种版本。《户部则例》分别对户口、田赋、库藏、仓庾、漕运、钱法、盐法、茶法、参课、关税、税则、廪禄、兵饷、蠲恤、杂支等方面的管理作了具体规定。属于户类的则例还有《户部续修则例》《军需则例》《漕运则例》《常税则例》《闽海关则例》《江海关则例》《夔关则例》《通商进口税则》等。

《工部则例》始修于雍正十二年（1734年），乾隆、嘉庆、光绪朝进行过续修，内容是有关工部职掌和工程标准的规定。乾隆朝续修的《工部则例》，为以后各朝进一步完善该法规奠定了基础。嘉庆三年（1798年）内务府刊行的《工部则例》为98卷，内分四门：一是营缮，有城垣、仓敖、营房、物料等目；二是虞衡，有钱法、军需、杂料等目；三是都水，有河工、漕河、水利、江防、关税等目；四是屯田，有薪炭、通例等目。嘉庆二十年（1815年）颁行的《钦定工部则例》，计142卷，例文1027条。光绪十年（1884年）颁行的《工部则例》沿袭了该书的体例，内容更加丰富和严密。光绪朝《钦定工部则例》在原四门的基础上，又增加了制造、节慎、通例三门，对有关制造、桥道、船政、恭理事宜等作了规定。除《工部则例》外，清代还颁布有《工部续增则例》《物料价值则例》《工程则例》《工程做法》《河工则例》《匠作则例》《圆明园工部则例》等。

（四）颁布了多个专门规范宫廷事务管理和皇室贵族行为的则例。清代制定的这方面的法律之健全，为历代之冠

清朝立国之初，就很注意通过法律手段限制皇室贵族的特权。当时发

布的这类法规法令，散见于各种法律、法规、政令之中。自乾隆朝起，朝廷陆续制定了一些专门规范宫廷内部管理和皇室贵族行为的法律和单行法规。宗人府是清代管理皇室贵族事务的专门机构。清顺治初，仿效明代建立宗人府，主要职责为纂修谱牒，给发宗室人员养赡、恩赏，办理袭封爵位及审理皇族成员犯罪等。清乾隆年间，始制定《宗人府则例》，内容是该府处理皇室宗族的各种事务的规定。该则例于嘉庆间颁行，并拟定每十年修一次。道光以前，所修则例内容较为简略。该则例曾于嘉庆、道光年间几次修订。现见的该书道光间刊本，下设命名、指婚、继嗣、封爵、册封、诰命、追封、封号、仪制、教养、授官、考试、优恤、职制、律例等门，内容较前大为充实。该则例在光绪二十四年（1898年）、三十四年（1908年）又先后修订，增补了许多新的条款，内容更加系统和规范。清廷还制定了用以规范王公行为及违制处罚的《王公处分则例》，内有处分条款、降级兼议罚俸分别抵消、公式、选举、考劾、户口、印信、考试、营伍、禁卫、火禁、缉捕、杂犯、缉逃、旷职、审断、刑狱、犯赃、窃盗等目。

清代制定的管理宫廷事务的法律和单行法规主要有《钦定宫中现行则例》《庆典则例》《庆典章程》等，其中《钦定宫中现行则例》是最重要的法律。它是规范宫中事务的法令、章则的汇纂，内容为列朝训谕、名号、礼仪、宴仪、册宝、典故、服色、宫规、宫分、铺宫、安设、谢恩、钱粮、岁修、处分、太监等目。该书初颁于乾隆七年（1742年），后每次纂修，多有增补。

清代对皇室及宫廷的管理由内务府总管，职责是管理皇帝统领的正黄旗、镶黄旗、正白旗的全部军政事务和宫廷内部的人事、财务、礼仪、防卫、营造、庄园、牧放、刑狱及皇帝、皇后、妃、皇子等的日常生活。《内务府则例》对内务府的职掌、办事规则和违制处分进行了规定。为了使内务府所属机构管理的事务有章可循，清代还编纂了《总管内务府堂现行则例》及各司、院、处则例，如《总管内务府广储司现行则例》《总管内务府都虞司现行则例》《总管内务府掌仪司现行则例》《总管内务府营造司现行则例》《总管内务府总理工程处现行则例》《总管内务府武备院现行则例》《总管内务府静明园现行则例》《总管内务府颐和园现行则例》《总管内务府管理三旗银两庄头处现行则例》《总管内务府造办处现行则例》《总管内务府南苑现行则例》《总管内务府禁城现行则例》等。

（五）通过制定《蒙古则例》《回疆则例》《理藩院则例》等法律，全面加强了对少数民族事务的管理

在蒙古地区，清代制定了《蒙古则例》，又称《蒙古律例》，作为适用于蒙古族居住地区的法律。《蒙古律例》初颁于乾隆六年（1741年），此后屡经修订，乾隆五十四年（1789年）校订为209条；嘉庆十九年（1814年）又纂入《增订则例》23条。它对于巩固北方边疆区域具有特别重要的意义。

清代适用新疆地区的代表性法律是《钦定回疆则例》，又称《回疆则例》《回例》。其适用范围主要是新疆南部及东部哈密、吐鲁番等地的维吾尔族、新疆西北部的哈萨克族，以及帕米尔高原以西的布鲁特（塔吉克）人、浩罕（吉尔吉斯）人等。《回疆则例》于嘉庆十九年修成后，因故未公布，直到道光二十二年（1842年）才正式颁行。《回疆则例》针对维吾尔族的宗教信仰特点，保护教会的正常活动，但又限制其干预政务，充分体现了因地制宜的民族立法特色。

在西藏地区，清代于乾隆五十八年（1793年）制定了《钦定西藏章程》29条，又称《西藏通制》，以法律形式确立了中央政府对西藏的国家主权。

为了加强对青海地区民族事务的管理，清政府曾制定《禁约青海十二事》，后又于雍正十二年（1734年）颁行了《西宁青海番夷成例》，又称《番律》或《番例》。《西宁青海番夷成例》是在摘选清立国后陆续形成的蒙古例的基础上编纂而成的，因而内容与《蒙古律例》有相同之处。这部法规专门适用于青海地区。它对于协调稳定青海的民族关系有很大作用，一直沿用到民国初年。

在清代的各种民族法律、法规中，《理藩院则例》是体系最为庞大、条款最多、适用范围最广泛的立法成果。它集清一代民族立法之大成，是我国古代民族立法的代表性法律。该则例于嘉庆二十二年（1817年）颁行。这部法律是在乾隆朝《蒙古律例》的基础上编纂而成的，并吸收了《钦定西藏章程》的内容，增加了有关蒙古地区行政规划的条款，分为"通例""旗分"等63门，共713条。在此之后，道光、光绪年间又经过3次增修。光绪朝增修的《理藩院则例》为64门，内有律条971条、条例1605条。它所适用的地域涵盖西北、东北地区以及部分西南地区。该法律的内容以行政法为主，并包括刑事、经济、宗教、民事、军事和对外关系等方面的法规，对于维护和巩固清王朝多民族国家的统一和稳定发挥了积极作用。

主要参阅文献

综合类

史记 （西汉）司马迁撰，中华书局，1999。

通典 （唐）杜佑撰，中华书局，影印本，1984。

册府元龟 （北宋）王钦若等编，中华书局，影印本，1960。

太平御览 （北宋）李昉等撰，中华书局，影印本，1985。

文苑英华 （北宋）李昉等编，中华书局，1966。

资治通鉴 （北宋）司马光撰，（元）胡三省音注，中华书局，1987。

文献通考 （元）马端临撰，清乾隆十二年武英殿刻本。

续文献通考 （明）王圻纂辑，中国科学院图书馆藏明万历三十一年松江府刻本。

永乐大典 （明）解缙、（明）姚广孝等编纂，中华书局，影印本，1986。

十三经注疏 （清）阮元校刻，中华书局，影印本，1996。

续通典 （清）嵇璜、（清）曹仁虎纂修，浙江古籍出版社，影印本，2000。

古今图书集成 （清）陈梦雷原编，（清）蒋廷锡等校勘重编，上海中华书局，1934。

历代刑法考 （清）沈家本撰，邓经元、骈宇骞点校，中华书局，1985。

中国珍稀法律典籍集成 刘海年、杨一凡主编，科学出版社，1994。

中国珍稀法律典籍续编 杨一凡、田涛主编，黑龙江人民出版社，2002。

官箴书集成 官箴书集成编委会编，黄山书社，影印本，1997。

《中国古代地方法律文献》（甲、乙编） 杨一凡、刘笃才编，世界图书出版公司北京公司，2006，2009。

《中国古代地方法律文献》丙编　杨一凡、刘笃才编，社会科学文献出版社，2012。

古代珍稀法律典籍新编　杨一凡编，中国民主法制出版社，2018。

明清珍稀食货立法资料辑存　杨一凡、王若时编，社会科学文献出版社，2020。

秦至元

睡虎地秦墓竹简　睡虎地秦墓竹简整理小组整理，文物出版社，1978。

汉书　（东汉）班固撰，（唐）颜师古注，中华书局，1983。

后汉书　（南朝宋）范晔撰，（唐）李贤等注，中华书局，1982。

三国志　（西晋）陈寿撰，中华书局，1982。

晋书　（唐）房玄龄等撰，中华书局，1982。

南史　（唐）李延寿撰，中华书局，1997。

北史　（唐）李延寿撰，中华书局，1997。

宋书　（南朝梁）沈约撰，中华书局，2006。

南齐书　（南朝梁）萧子显撰，中华书局，1983。

梁书　（唐）姚思廉撰，中华书局，1983。

陈书　（唐）姚思廉撰，中华书局，1982。

魏书　（北齐）魏收撰，中华书局，1984。

北齐书　（唐）李百药撰，中华书局，1983。

周书　（唐）令狐德棻等撰，中华书局，1983。

隋书　（唐）魏征、令狐德棻撰，中华书局，1982。

唐律疏议　（唐）长孙无忌等撰，刘俊文点校，中华书局，1983。

大唐六典　（唐）李林甫等撰，三秦出版社，1991。

旧唐书　（后晋）刘昫等撰，中华书局，1997。

新唐书　（宋）欧阳修、（宋）宋祁撰，中华书局，1997。

唐会要　（宋）王溥撰，中华书局，1955。

全唐文　（清）董诰、（清）阮元等奉敕编，清嘉庆十九年刻本。

旧五代史 （北宋）薛居正等撰，中华书局，1997。

新五代史 （北宋）欧阳修撰，（宋）徐无党注，中华书局，1997。

五代会要 （北宋）王溥撰，中华书局，1998。

辽史 （元）脱脱等撰，中华书局，1983。

宋刑统 （宋）窦仪等撰，吴翊如点校，中华书局，1984。

庆元条法事类 （南宋）谢深甫等编纂，戴建国点校，载《中国珍稀法律典籍续编》第1册，黑龙江人民出版社，2002。

宋史 （元）脱脱等撰，中华书局，1977。

宋会要辑稿 （清）徐松辑，中华书局，1957。

全宋文 四川大学古籍整理研究室整理，巴蜀书社，1989。

天盛改旧新定律令 史金波、聂鸿音、白滨译注，载《中国珍稀法律典籍集成》甲编第5册，科学出版社，1994。

金史 （元）脱脱等撰，中华书局，1983。

元史 （明）宋濂等撰，中华书局，1976。

新元史 柯劭忞撰，上海古籍出版社、上海书店，1989。

通制条格 黄时鉴点校，载《中国珍稀法律典籍续编》第2册，黑龙江人民出版社，2005。

元典章 陈高华等点校，天津古籍出版社，2011。

明代法律和法律文献

皇明制书 （明）张卤校勘，明万历七年保定大名府刻二十卷本。

皇明制书 杨一凡点校，社科文献出版社，2013。

大明会典 （明）徐溥等纂修，（明）李东阳等重校，中国国家图书馆（以下简称国图）藏明正德六年司礼监刻本。

明会典 （明）申时行等重修，中华书局，1989。

皇明诏令 （明）傅凤翔辑，杨一凡、田禾点校，载《中国珍稀法律典籍集成》乙编第3册，科学出版社，1994。

大明令 载《中国珍稀法律典籍集成》乙编第1册，科学出版社，1994。

大明律直解 〔朝鲜〕金祗撰，载《中国珍稀法律典籍集成》乙编第1

册，科学出版社，1994。

律解辩疑　（明）何广撰，杨一凡、吴艳红点校，载《中国珍稀法律典籍续编》第4册，黑龙江人民出版社，2002。

大明律附例　（明）舒化奉敕纂修，南京图书馆藏明万历十三年刻本。

律解附例　（明）胡琼纂辑，国图藏明正德十六年刻本。

大明集礼　明嘉靖刻本。

洪武礼制　国图藏明嘉靖刻《皇明制书》十四卷本。

慈孝录　国图藏明嘉靖刻《皇明制书》十四卷本。

礼仪定式　国图藏明嘉靖刻《皇明制书》十四卷本。

稽古定定　国图藏明嘉靖刻《皇明制书》十四卷本。

御制大诰　清华大学图书馆藏明洪武内府刻本。

御制大诰续编　清华大学图书馆藏明洪武内府刻本。

御制大诰三编　清华大学图书馆藏明洪武内府刻本。

大诰武臣　清华大学图书馆藏明洪武内府刻本。

诸司职掌　明嘉靖镇江府丹徒县官刊《皇明制书》本，载《中国珍稀法律典籍续编》第3册，黑龙江人民出版社，2002。

教民榜文　明嘉靖镇江府丹徒县官刊《皇明制书》本，载《中国珍稀法律典籍集成》乙编第1册，科学出版社，1994。

军政条例　明嘉靖镇江府丹徒县官刊《皇明制书》本，载《中国珍稀法律典籍集成》乙编第2册，科学出版社，1994。

宪纲事类　明嘉靖镇江府丹徒县官刊《皇明制书》本，载《中国珍稀法律典籍集成》乙编第2册，科学出版社，1994。

吏部条例　明嘉靖镇江府丹徒县官刊《皇明制书》本，载《中国珍稀法律典籍集成》乙编第2册，科学出版社，1994。

节行事例　明嘉靖镇江府丹徒县官刊《皇明制书》本，载《中国珍稀法律典籍续编》第3册，黑龙江人民出版社，2002。

皇明祖训　（明）朱元璋撰，载《中国珍稀法律典籍续编》第3册，黑龙江人民出版社，2002。

大明律讲解　（明）不著撰者，朝鲜光武七年活字本。

弘治《问刑条例》 （明）白昂等删定，明嘉靖镇江府丹徒县官刊《皇明制书》本，载《中国珍稀法律典籍集成》乙编第2册，科学出版社，1994。

皇明成化条例 （明）不著撰者，天一阁文物保管所藏明抄本。

皇明成化二十三年条例 （明）不著撰者，国图藏明抄本，载《中国珍稀法律典籍集成》乙编第2册，科学出版社，1994。

条例全文 （明）不著撰者，天一阁文物保管所藏明抄本。

皇明条法事类纂 日本东京大学总和图书馆藏明抄本，载《中国珍稀法律典籍集成》乙编第4、5、6册，科学出版社，1994。

嘉靖《重修问刑条例》 （明）顾应祥等纂修，载《中国珍稀法律典籍集成》乙编第2册，科学出版社，1994。

六部条例 （明）不著撰者，中山大学图书馆藏明抄本。

六部纂修条例 （明）不著撰者，天津图书馆藏明抄本。

明六部条例各衙门条例 （明）不著撰者，国图藏明抄本。

吏部四司条例 （明）蹇义辑，天一阁文物保管所藏明抄本。

考功验封司条例 （明）不著撰者，国图藏明抄本。

六部事例 （明）不著撰者，中山大学图书馆藏明抄本。

条例备考 （明）不著辑者，日本内阁文库藏明嘉靖刻本。

御倭军事条款 （明）李遂纂，国图藏明嘉靖刻本。

南京刑部志 （明）庞嵩等撰，美国国会图书馆藏明嘉靖刻本。

大明律直引 （明）不著撰者，明嘉靖五年刻本。

律条疏议 （明）张楷撰，明嘉靖二十三年黄巖符验重刻本，载杨一凡编《中国律学文献》第1辑第3册，黑龙江人民出版社，影印本，2004。

大明律释义 （明）应㮣撰，明嘉靖二十八年济南知府李迁重刻本。

军政条例类考 （明）霍冀辑，明嘉靖三十一年刻本，载《中国珍稀法律典籍续编》第4册，黑龙江人民出版社，2002。

军政条例续集 （明）孙联泉撰，天一阁文物保管所藏明嘉靖三十一年江西臬司刊残卷本。

读律琐言 （明）雷梦麟撰，明嘉靖四十二年歙县知县熊秉元重刻本。

嘉靖事例　（明）梁材等撰，明抄本，载《中国珍稀法律典籍集成》乙编第 2 册，科学出版社，1994。

嘉靖新例　（明）萧世延、（明）杨本仁、（明）范钦编，明嘉靖二十七年梧州府知府翁世经刻本，载《中国珍稀法律典籍集成》乙编第 2 册，科学出版社，1994。

嘉靖各部新例　（明）不著撰者，台湾"中研院"史语所傅斯年图书馆藏明抄本。

法辍　（明）唐枢撰，明嘉靖万历间刻本，载杨一凡编《中国律学文献》第 1 辑第 4 册，黑龙江人民出版社，影印本，2004。

读律私笺　（明）王樵撰，明万历刻本。

嘉隆新例　（明）张卤辑，明万历刻本，载《中国珍稀法律典籍集成》乙编第 2 册，科学出版社，1994。

宗藩条例　（明）李春芳等修订，明嘉靖礼部刻本，载《中国珍稀法律典籍集成》乙编第 2 册，科学出版社，1994。

吏部职掌　（明）张瀚纂，（明）宋启明增补，明天启刻本。

大明九卿事例按例　（明）不著撰者，台湾"中研院"史语所藏明抄本。

盐法条例　（明）不著撰者，明万历十三年刻本。

洲课条例　（明）王侹辑，台湾"中研院"史语所藏明抄本。

南京工部职掌条例　（明）刘汝勉等纂，国图藏清抄本。

工部厂库须知　（明）何士晋撰，国图藏明万历刻本。

军制条例　（明）谭纶等辑，日本内阁文库藏明万历二年刻本。

军政事宜　（明）庞尚鹏撰，国图藏明万历五年刻本。

催征钱粮降罚事例　天一阁文物保管所藏明万历五年福建布政司刻本。

增修条例备考　（明）翁遇汝等辑，（明）史继辰等校定，日本尊经阁文库藏明万历刻本。

真犯死罪充军为民例　（明）不著撰者，明万历二十九年巡按直隶监察御史应朝卿校增本，载《中国珍稀法律典籍集成》乙编第 2 册，科学出版社，1994。

两院发刻司道酌议钱粮征解事宜　（明）不著撰者，国图藏明万历四十四年刻本。

御倭条款 （明）王邦直辑，上海图书馆藏明万历四十五年刻本。

军政备例 （明）赵堂辑，天津图书馆藏清抄本。

兵部武选司条例 天一阁文物保管所藏明抄本。

重订赋役成规 （明）熊尚文等撰，天一阁文物保管所藏明万历四十三年刻本。

台规 （明）不著撰者，国图藏明刻本。

出巡条例 （明）不著撰者，重庆市图书馆藏明万历刻蓝印本。

南京都察院志 （明）祁伯裕、（明）施沛等纂辑，日本内阁文库藏明天启刻本。

天津卫屯垦条款 （明）不著撰者，国图藏明天启刻本。

四译馆增定馆则 新增馆则 （明）吕维祺辑，（清）曹溶、线缇增补，国图藏明崇祯刻清康熙十二年袁懋德补刻增修后印本。

皇明诏制 （明）孙贞运等辑，南京图书馆藏崇祯七年重刻本。

西都杂例 （明）不著撰者，天一阁文物保管所藏明抄本。

新镌官板律例临民宝镜 （明）苏茂相撰、郭万春注，法学所藏明金阊振叶堂刻本。

工部新刊事例 （明）冯梦龙辑，附于《甲申记事》十三卷后，中国科学院图书馆藏明弘光元年刻本。

唐明律合编 （清）薛允升撰，上海商务印书馆，1937。

历代刑法考 （清）沈家本撰，邓经元、骈宇骞点校，中华书局，1985。

明代律例汇编 黄彰健编著，台湾"中研院"史语所专刊之七十五，1979。

其他史籍

明实录 台湾"中研院"史语所据北京图书馆红格钞本微卷校印本。

明经世文编 （明）陈子龙等选辑，中华书局，1962。

明史 （清）张廷玉等撰，中华书局，1974。

明史纪事本末 （清）谷应泰撰，中华书局，1977。

明通鉴　（清）夏燮撰，汉仲九标点，中华书局，1980。

国榷　（明）谈迁撰，张宗详点校，中华书局，1958。

明文海　（清）黄宗羲编，中华书局，1987。

明会要　（清）龙文彬撰，中华书局，1956。

明纪　（清）陈鹤撰，上海世界书局，铅印本，1935。

国朝典汇　（明）徐学聚撰，明天启四年徐与参刻本。

明太祖御制文集　（明）朱元璋撰，明初内府刻本。

明太祖宝训　中国国家图书馆藏明万历三十年春秣陵周氏大有堂刻《新镌官板皇有宝训》本。

皇明宝训　（明）宋濂等撰，明万历刻本。

皇祖四大法　（明）何栋如撰，明万历刻本。

皇明大训记　（明）朱国祯辑，国图藏明刻本。

诚意伯文集　（明）刘基撰，明成化六年刻本。

逊志斋集　（明）方孝孺撰，《四部丛刊初编》缩印明刻本，上海商务印书馆，1936。

国初事迹　（明）刘辰撰，国图藏明秦氏绣石书堂抄本。

明朝小史　（明）吕恋撰，浙江图书馆藏明初刻本。

梵天庐丛录　（明）柴萼撰，上海中华书局，1926。

典故纪闻　（明）余继登撰，中华书局，1981。

草木子　（明）叶子奇撰，中华书局，1983。

菽园杂记　（明）陆容撰，中华书局，1985。

弇山堂别集　（明）王世贞撰，中华书局，1985。

弘治《徽州府志》　（明）汪舜民撰，明弘治刻本。

正德《松江府志》　（明）顾清撰，明正德七年刊本。

漕运通志　（明）杨宏、（明）谢纯撰，明嘉靖七年杨宏刻本。

余冬序录　（明）何孟春撰，明嘉靖七年刻本。

燕对录　（明）李东阳撰，明嘉靖十二年刻明良集本。

天顺日录　（明）李贤撰，明嘉靖十二年刻明良集本。

南廱志　（明）黄佐撰，民国景明嘉靖二十三年刻增修本。

马端肃奏议　（明）马文升撰，明嘉靖二十六年刻本。

盐政志　（明）朱廷立撰，明嘉靖刻本。

南京太仆寺志　（明）雷礼撰，明嘉靖刻本。

皇明经济文录　（明）万表撰，明嘉靖刻本。

余肃敏公奏议　（明）余子俊撰，明嘉靖刻本。

嘉靖《河间府志》　（明）樊深撰，明嘉靖刻本。

皇明九边考　（明）魏焕撰，明嘉靖刻本。

吾学编　（明）郑晓撰，明隆庆元年郑履淳刻本。

圣典　（明）朱睦㮮撰，明万历刻本。

皇明大政纪　（明）雷礼撰，明万历刻本。

国朝列卿纪　（明）雷礼撰，明万历徐鉴刻本。

三云筹俎考　（明）王士琦撰，明万历刻本。

四镇三关志　（明）刘效祖撰，明万历四年刻本。

万历会计录　（明）张学颜等奉敕撰，明万历十年刻本。

本兵疏议　（明）杨博撰，明万历十四年刻本。

宛署杂记　（明）沈榜撰，明万历二十一年刻本。

皇明疏钞　（明）孙旬编，明万历十二年自刻本。

万历《温州府志》　（明）汤日昭纂修，明万历刻本。

万历《绍兴府志》　（明）萧良幹等修　（明）张元忭等纂修，明万历刻本。

秘阁元龟政要　（明）不著撰者，明抄本。

古今鹾略　（明）汪砢玉撰，明抄本。

晁氏宝文堂书目　（明）晁瑮编，明钞本。

刚峰集　（明）海瑞撰，明刻本。

王国典礼　（明）朱勤美撰，明刻增修本。

杨一清集　（明）杨一清撰，中华书局，2001。

天府广记　（明）孙承泽撰，北京古籍出版社，1983。

复斋日记　（明）许诰撰，明历代小史本。

龙江船厂志　（明）李昭祥撰，《玄览堂丛书续集》本。

殊域周咨录　（明）严从简撰，明万历刻本。

金陵梵刹志　（明）葛寅亮撰，明万历刻天启印本。

涌幢小品　（明）朱国祯撰，明天启二年刻本。

救荒策会　（明）陈龙正撰，明崇祯十五年洁梁堂刻本。

皇明辅世编　（明）唐鹤征撰，明崇祯十五年陈睿谟刻本。

度支奏议　（明）毕自严撰，明崇祯刻本。

大学衍义补　（明）丘濬撰，明崇祯刻本。

王阳明集　（明）王守仁撰，上海古籍出版社，2012。

烈皇小识　（明）文秉等撰，北京古籍出版社，2002。

皇明从信录　（明）陈建撰，（明）沈国元补订，明末刻本。

天下郡国利病书　（清）顾炎武撰，四部丛刊三编本。

登坛必究　（明）王鸣鹤撰，清刻本。

翦胜野闻　（明）徐祯卿撰，国图藏清刻本。

青溪漫稿　（明）倪岳撰，清武林往哲遗著本。

何文简疏议　（明）何孟春撰，清文渊阁四库全书本。

弇山堂别集　（明）王世贞撰，清光绪间广雅书局刻本。

忠肃集　（明）于谦撰，清文津阁四库全书本。

炎徼纪闻　（明）田汝成撰，清指海本。

东西洋考　（明）张燮撰，清惜阴轩丛书本。

内阁藏书目录　（明）孙能传等撰，清迟云楼抄本。

客座赘语　（明）顾起元撰，明万历四十六年刻本。

南船纪　（明）沈启撰，清沈守义刻本。

今献备遗　（明）项笃寿撰，清文渊阁四库全书本。

马政记　（明）杨时乔撰，清文渊阁四库全书本。

名臣经济录　（明）黄训编，清文渊阁四库全书本。

礼部志稿　（明）俞汝楫，清文渊阁四库全书本。

白谷集　（明）孙传庭撰，清文渊阁四库全书补配清文津阁四库全书本。

文渊阁书目　（明）杨士奇编，清文渊阁四库全书本。

备忘集　（明）海瑞撰，清文渊阁四库全书本。

续通志　（清）嵇璜撰，清文渊阁四库全书本。

钦定续文献通考　（清）嵇璜等纂修，清乾隆四十九武英殿刻本。

续文献通考补　（清）朱奇龄撰，清抄本。

阳明先生集要经济录　（明）王守仁撰，四部丛刊本。

履园丛话　（明）钱泳撰，清道光十八年述德堂刻本。

西园闻见录　（明）张萱撰，民国哈佛燕京学社印本。

先进遗风　（明）耿定向撰，民国景明宝颜堂秘笈本。

茗斋集　（清）彭孙贻撰，四部丛刊续编景写本。

明臣奏议　（清）官修，清乾隆三十八年武英殿刻本。

廿二史札记　（清）赵翼撰，王树民校证，中华书局，1984。

罪惟录　（清）查继佐撰，浙江古籍出版社，1986。

春明梦余录　（清）孙承泽撰，王剑英点校，北京古籍出版社，1992。

千顷堂书目　（清）黄虞稷撰，清文渊阁四库全书本。

雍正浙江通志　（清）嵇曾筠等修，清文渊阁四库全书本。

通鉴辑览　（清）傅恒编纂，清文渊阁四库全书本。

阙里文献考　（清）孔继汾撰，清乾隆刻本。

日知录　（清）顾炎武撰，清乾隆刻本。

天一阁书目　（清）范邦甸撰，清嘉庆文选楼刻本。

日知录之余　（清）顾炎武撰，清宣统二年吴中刻本。

近人著述

九朝律考　程树德著，中华书局，1988。

中国法制史研究　（日）仁井田陞著，东京，1964。

中国法制史考证　杨一凡主编，中国社会科学出版社，2003。

明清律典与条例　苏亦工著，中国政法大学出版社，2000。

王钟翰清史论集　王钟翰著，中华书局，2004。

中国法律与中国社会　瞿同祖著，中华书局，1981。

中国法律发达史　杨鸿烈著，上海商务印书馆，1933。

中国法制史论略　徐道邻著，台北正中书局，1953。

中国法制史　陈顾远著，北京商务印馆，1959。

中国法制史概要　陈顾远著，北京商务印馆，1964。

中国法制史　戴炎辉著，台湾三民书局，1966。

中国文化与中国法系　陈顾远著，台湾三民书局，1969。

中国法制史论集　徐道邻著，台湾志文出版社，1975。

明代的审判制度　杨雪峰著，台湾黎明文化事业公司，1978。

明代史　孟森著，台北中华丛书委员会，1957。

明清史论著集刊　孟森著，中华书局，1959。

明清史讲义　孟森著，中华书局，1981。

明史考证　黄云眉著，中华书局，1979~1986。

明代律例汇编　黄彰健编著，台湾"中研院"史语所专刊之七十五，1979。

明清史研究丛稿　黄彰健著，台湾商务印书馆，1977。

历代例考　杨一凡、刘笃才著，社会科学文献出版社，2012。

日本学者中国法制史论著选　杨一凡、寺田浩明主编，中华书局，2016。

图书在版编目(CIP)数据

明代则例辑考/杨一凡著.--北京：社会科学文献出版社，2023.12（2024.5重印）
（中国社会科学院老年学者文库）
ISBN 978-7-5228-2137-5

Ⅰ.①明… Ⅱ.①杨… Ⅲ.①法制史-研究-中国-明代 Ⅳ.①D929.48

中国国家版本馆 CIP 数据核字（2023）第 134223 号

中国社会科学院老年学者文库
明代则例辑考

著　　者 / 杨一凡

出 版 人 / 冀祥德
组稿编辑 / 宋月华
责任编辑 / 李建廷
文稿编辑 / 公靖靖
责任印制 / 王京美

出　　版 / 社会科学文献出版社·人文分社（010）59367215
　　　　　 地址：北京市北三环中路甲29号院华龙大厦　邮编：100029
　　　　　 网址：www.ssap.com.cn
发　　行 / 社会科学文献出版社（010）59367028
印　　装 / 三河市东方印刷有限公司

规　　格 / 开　本：787mm×1092mm　1/16
　　　　　 印　张：39.25　字　数：600千字
版　　次 / 2023年12月第1版　2024年5月第2次印刷
书　　号 / ISBN 978-7-5228-2137-5
定　　价 / 268.00元

读者服务电话：4008918866

▲ 版权所有 翻印必究